CARTAS DE U]
EPÍSTOLAS MORALES A LUCILIO

LUCIO ANNEO SÉNECA

Traductor: Fabricio Terán, a partir de la traducción del latín al inglés de Richard Mott Gummere (1883-1969), publicada en tres volúmenes. Volumen 1 publicado en 1917; volumen 2 publicado en 1920; volumen 3 publicado en 1925.

MINERVA CLASSIC BOOKS

Índice

Introducción 1

Volumen 1 6

    I. Sobre el ahorro de tiempo 6

    II. Sobre la discursividad en la lectura 8

    III. Sobre la verdadera y la falsa amistad 10

    IV. Sobre los terrores de la muerte 12

    V. Sobre la media filosófica 15

    VI. Compartir conocimientos 18

    VII. Sobre las multitudes 20

    VIII. Sobre la reclusión del filósofo 24

    IX. Sobre la filosofía y la amistad 28

    X. Sobre vivir para uno mismo 35

    XI. Sobre el rubor de la modestia 37

    XII. Sobre la vejez 40

    XIII. Sobre los temores infundados 44

    XIV. Sobre las razones para retirarse del mundo 49

    XV. Sobre los músculos y el cerebro 55

    XVI. Sobre la filosofía, guía de la vida 59

    XVII. Sobre filosofía y riqueza 62

    XVIII. Sobre las fiestas y el ayuno 66

    XIX. Sobre la mundanidad y el retiro 71

    XX. Practicar lo que se predica 75

    XXI. Sobre el renombre que te darán mis escritos 79

    XXII. Sobre la futilidad de las medidas a medias 83

    XXIII. Sobre la verdadera alegría que proviene de la filosofía 88

    XXIV. Sobre el desprecio a la muerte 91

XXV. Sobre la reformación 99
XXVI. Sobre la vejez y la muerte...102
XXVII. Sobre el bien que permanece 105
XXVIII. Sobre el viaje como cura del descontento...............108
XXIX. Sobre el estado crítico de Marcelino 111
XXX. Sobre la conquista del conquistador..........................115
XXXI. Sobre los cantos de sirena 120
XXXII. Sobre el progreso..124
XXXIII. Sobre la inutilidad de aprender máximas 126
XXXIV. Sobre un alumno prometedor 130
XXXV. Sobre la amistad de las mentes afines 132
XXXVI. Sobre el valor de la jubilación.................................134
XXXVII. Sobre la lealtad a la virtud 138
XXXVIII. Sobre la conversación tranquila 140
XXXIX. Sobre las nobles aspiraciones 141
XL. Sobre el estilo propio de un discurso filosófico.............144
XLI. Sobre el dios que llevamos dentro 149
XLII. Sobre los valores 152
XLIII. Sobre la relatividad de la fama 155
XLIV. Sobre filosofía y pedigrí...157
XLV. Sobre la argumentación sofística 159
XLVI. Sobre un nuevo libro de Lucilio..................................163
XLVII. Sobre el amo y el esclavo 164
XLVIII. Sobre la argucia como indigna del filósofo 170
XLIX. Sobre la brevedad de la vida 175
L. Sobre nuestra ceguera y su cura 180
LI. Sobre Baiae y la moral...183

LII. Sobre la elección de nuestros maestros 186

LIII. Sobre las faltas del espíritu 192

LIV. Sobre el asma y la muerte 196

LV. En la villa de Vatia 199

LVI. Sobre el silencio y el estudio 203

LVII. Sobre las pruebas del viaje 208

LVIII. Sobre el ser 211

LIX. Sobre el placer y la alegría 222

LX. Sobre las oraciones perjudiciales 229

LXI. Sobre el alegre encuentro con la muerte 231

LXII. Sobre las buenas compañías 232

LXIII. Sobre el dolor por los amigos perdidos 233

LXIV. Sobre la tarea del filósofo 238

LXV. Sobre la causa primera 241

Volumen 2 249

LXVI. Sobre diversos aspectos de la virtud 249

LXVII. Sobre la mala salud y la resistencia al sufrimiento 265

LXVIII. Sobre la sabiduría y el retiro 270

LXIX. Sobre el descanso y la inquietud 274

LXX. Sobre el momento adecuado para deslizar el cable 276

LXXI. Sobre el bien supremo 285

LXXII. Sobre los negocios como enemigos de la filosofía 297

LXXIII. Sobre filósofos y reyes 301

LXXIV. Sobre la virtud como refugio de las distracciones mundanas 306

LXXV. Sobre las enfermedades del alma 317

LXXVI. Sobre el aprendizaje de la sabiduría en la vejez 322

LXXVII. Sobre quitarse la vida 332

LXXVIII. Sobre el poder curativo de la mente 339

LXXIX. Sobre la recompensa de los descubrimientos científicos 348

LXXX. Sobre los engaños mundanos 354

LXXXI. Sobre los beneficios 358

LXXXII. Sobre el miedo natural a la muerte 369

LXXXIII. Sobre la embriaguez 378

LXXXIV. Sobre la recopilación de ideas 387

LXXXV. Sobre algunos silogismos vanos 392

LXXXVI. Sobre la villa de Escipión 404

LXXXVII. Algunos argumentos a favor de la vida sencilla 411

LXXXVIII. Sobre los estudios liberales y vocacionales 424

LXXXIX. Sobre las partes de la filosofía 440

XC. Sobre el papel de la filosofía en el progreso del hombre 449

XCI. Sobre la lección que debe extraerse de la quema de Lyon 467

XCII. Sobre la vida feliz 476

Volumen 3 488

XCIII. Sobre la calidad de la vida en contraste con su duración 488

XCIV. Sobre el valor de los consejos 493

XCV. Sobre la utilidad de los principios básicos 516

XCVI. Sobre cómo afrontar las dificultades. 538

XCVII. Sobre la degeneración de la época 540

XCVIII. Sobre la inconstancia de la fortuna 545

XCIX. Sobre el consuelo a los afligidos 551

C. Sobre los escritos de Fabiano 561

CI. Sobre la inutilidad de planificar con antelación 566

CII. Sobre los presentimientos de nuestra inmortalidad 571

CIII. Sobre los peligros de la asociación con nuestros semejantes 580

CIV. Sobre el cuidado de la salud y la tranquilidad 582

CV. Enfrentarse al mundo con confianza 593

CVI. Sobre la corporeidad de la virtud 596

CVII. Sobre la obediencia a la voluntad universal 599

CVIII. Sobre los enfoques de la filosofía 603

CIX. Sobre la comunidad de sabios 616

CX. Sobre la verdadera y la falsa riqueza 621

CXI. Sobre la vanidad de la gimnasia mental 627

CXII. Sobre la reforma de los pecadores empedernidos......629

CXIII. Sobre la vitalidad del alma y sus atributos.................630

CXIV. El estilo como espejo del carácter 639

CXV. Sobre las bendiciones superficiales 650

CXVI. Sobre el autocontrol 657

CXVII. Sobre la ética real como superior a las sutilezas silogísticas 660

CXVIII. Sobre la vanidad de buscar un lugar........................670

CXIX. Sobre la naturaleza como nuestro mejor proveedor..676

CXX. Más sobre la virtud 681

CXXI. Sobre el instinto en los animales 689

CXXII. Sobre la oscuridad como velo de la maldad 696

CXXIII. Sobre el conflicto entre el placer y la virtud 703

CXXIV. Sobre el verdadero bien alcanzado por la razón 709

Apéndice 716

Índice de nombres propios 718

Índice de materias..747

Introducción

Entre las personalidades de los primeros tiempos del Imperio Romano, pocas ofrecen a los lectores de hoy en día un interés tan dramático como Lucio Anneo Séneca, el autor de las Epístolas que se traducen en este volumen. Nacido en una provincia, educado en Roma, prominente en la abogacía, exiliado distinguido, ministro de Estado de confianza y víctima condenada de un emperador caprichoso, Séneca está tan vinculado a la época en que vivió que al leer sus obras leemos las de un verdadero representante del período más emocionante de la historia romana.

Séneca nació en el año 4 a.C., una época de grandes oportunidades, en Corduba, en España, hijo del talentoso retórico Anneo Séneca. Sabemos que la familia se trasladó a Roma durante la infancia de Lucio, que fue educado para ejercer la abogacía y que pronto se sintió atraído por la filosofía estoica, la severa nodriza de los héroes durante el primer siglo del Imperio. Que sus relaciones sociales eran distinguidas lo deducimos de la prominencia y refinamiento de su hermano Galio, - el Galio del Nuevo Testamento, - del hecho de que él mismo fue notado y casi condenado a muerte por el emperador Calígula poco después de que comenzara a hablar en público, y especialmente porque su tía, a quien visitó en Egipto, era la esposa del gobernador de ese país.

Hasta el año 41 prosperó. Menciona a sus hijos, a su madre, que, como la madre de Goethe, parece haberle imbuido de idealismo y cierto misticismo, y a muchos amigos apreciados. Pero durante ese año, como resultado de una intriga de la corte, fue desterrado a la isla de Córcega. La acusación contra él era una excesiva intimidad con Iulia Livila, desafortunada hermana del difunto emperador y archienemiga de Mesalina, cuyo marido, Claudio, había sacado a la princesa del exilio. Podemos descartar cualquier delito por parte de Séneca porque incluso el chismoso Suetonio dice: "La acusación era vaga y no se dio al acusado la oportunidad de defenderse."

Los ocho años de exilio fueron muy productivos para la literatura. Las tragedias, que tanta influencia han tenido en la dramaturgia posterior, son fruto de este período, además de ciertos ensayos sobre temas filosóficos y una carta bastante desalentadora a Polibio, un rico liberto de la corte de Claudio. En el año 49, sin embargo, la Fortuna, a la que Séneca ridiculiza tan a menudo como estoico, acudió en su ayuda. Agripina le hizo volver y le nombró tutor de su joven hijo, que más tarde se convertiría en el emperador Nerón. Séneca ocupó los cargos de estado habituales y fue adquiriendo importancia, administrando los asuntos del príncipe en colaboración con Burrus, el pretoriano. Juntos mantuvieron el equilibrio de poder entre el trono y el Senado hasta la muerte de Burrus en el año 62. A partir de entonces, un filósofo sin el apoyo del poder militar fue incapaz de hacer frente a los vicios y caprichos del monstruo del trono.

Los dos últimos años de la vida de Séneca los pasó viajando por el sur de Italia, componiendo ensayos sobre historia natural y aliviando su agobiada alma mediante la correspondencia con su amigo Lucilio. En el año 65 se suicidó, anticipándose a un acto de violencia por parte del Emperador; en este acto de heroísmo fue noblemente apoyado por su joven esposa Paulina. El mejor relato de estos oscuros días se encuentra en Tácito.

Todas estas cartas están dirigidas a Lucilio. De las pruebas internas deducimos que el país natal de este Lucilio era Campania, y su ciudad natal Pompeya o Nápoles. Era un caballero romano que, como nos dice Séneca, había alcanzado esa posición gracias a su laboriosidad. Destacado en la función pública, había ocupado muchos cargos importantes y era, en la época en que se escribieron las Cartas, procurador en Sicilia. Parece haber tenido tendencias epicúreas, como tantos hombres de esta parte de Italia; el autor argumenta e intenta ganarlo para el estoicismo, de la manera más amable. Lucilio escribió libros, se interesó por la filosofía y la geografía, conoció íntimamente a muchas personas de alto rango, y algunos piensan que es el autor del poema Aetna.

No podemos decir cuándo comenzó su amistad. Las Naturales Quaestiones y las Cartas son obra de los últimos años de Séneca. Ambas están dirigidas a Lucilio. El ensayo De Providentia, que también le fue dedicado, es de fecha dudosa, y puede fijarse en cualquier momento entre el comienzo del exilio en Córcega y el período en que se escribieron las Cartas.

A pesar de los numerosos problemas a los que nos enfrentamos, se puede afirmar con seguridad que los años 63-65 constituyen el periodo de las Cartas. Encontramos posibles alusiones al terremoto de Campania del 63, una referencia al incendio de Lyon, que tuvo lugar en el 64 o en el 65, y varios indicios de que el filósofo viajaba por Italia para olvidar la política.

La forma de esta obra, como dice Bacon, es una colección de ensayos más que de cartas. A menudo se menciona el nombre del destinatario, pero su identidad es secundaria con respecto al propósito principal. Por ejemplo, el lenguaje al comienzo de la septuagésima quinta carta podría hacer suponer que se escribieron una tras otra: "Pero la ingeniosa yuxtaposición de palabras eficaces, el equilibrio en el estilo y el pensamiento, y la continua búsqueda del punto, indican que el lenguaje de la diatriba había afectado a la informalidad de la epístola.[1]

La estructura de cada carta es interesante. Un hecho concreto, como la mención de una enfermedad, un viaje por mar o por tierra, un incidente como la aventura en el túnel de Nápoles, una comida campestre o una reunión de amigos que discuten

---

[1] La forma en que Séneca llegó a este estilo "puntiagudo" será evidente para quien lea los ejemplos de discursos que figuran en el manual del anciano Séneca

cuestiones de Platón, Aristóteles o Epicuro, son los elementos que sirven para justificar las reflexiones que siguen. Después de esta introducción, el escritor retoma su tema; aborda temas abstractos, como el desprecio de la muerte, la entereza del sabio o la cualidad del Bien Supremo. No mencionaremos las fuentes de todos estos temas en notas a pie de página, sino que nos limitaremos a explicar lo que es oscuro en su significado o inusual en su importancia. La Teoría de las Ideas de Platón, las Categorías de Aristóteles, Teofrasto sobre la Amistad, Epicuro sobre el Placer, y todos los innumerables matices doctrinales de diferencia que encontramos en los líderes estoicos, están al menos esbozados.

Pero hay que reconocer todo el mérito a la propia originalidad del filósofo. En estas cartas, es imposible ignorar el avance desde un punto de vista un tanto acartonado y ciceroniano hacia el atractivo y discutible terreno de lo que podemos llamar con justicia ideas modernas. El estilo de las Epístolas es audaz, y también lo es el pensamiento.

Consideradas en su conjunto, las cartas forman un fructífero y útil manual, de amplísimo alcance e interés. El valor de la lectura inteligente y de los estudios que contribuyen a la cultura se presenta a Lucilio con frecuencia, especialmente en los números II y LXXXVIII. Séneca está de acuerdo con la definición de estudios superiores como "aquellos que no tienen referencia a la mera utilidad." La dignidad de la profesión de orador (XL. y CXIV.) llama la atención de un joven comerciante que se ha hecho a sí mismo y que parece inclinarse por la ostentación de estrado. La nota moderna aparece cuando el autor protesta contra los efectos sucios y degradantes de la esclavitud o los combates de gladiadores (XLVII. y LXX.); predica contra la degeneración de la embriaguez (LXXXIII.); describe los encantos de la vida sencilla y el amor a la naturaleza (LVII., LXVII., LXXIX., LXXXVI., LXXXVII., XC., XCIV.); recomienda el retiro (XVIII., LI., LVI., LXXX., CXXII.); o manifiesta un interés baconiano por los inventos científicos (LVII., LXXIX.). Lo más llamativo de todo es el alegato (XCIV.) a favor de la igualdad de los sexos y de la fidelidad conyugal en el marido, que debe interpretarse no menos estrictamente que el honor por parte de la esposa. También se analiza y reprende la manía por el atletismo (XV.).

Las Epístolas contienen también, por supuesto, los tipos literarios habituales que todo epistólogo romano se sentiría obligado a introducir. Está la consolatio; está el tema de la amistad; hay conferencias de segunda mano sobre filosofía tomadas de Platón y Aristóteles y Teofrasto, como hemos indicado antes; y varios elogios característicamente romanos de ciertos ancianos (incluido el propio autor) que luchan con enfermedades físicas. Pero la doctrina estoica no es interpretada mejor, desde el punto de vista romano, por ningún otro escritor latino. Los hechos de la vida de Séneca demuestran la sinceridad de sus declaraciones, y mitigan muchas de las burlas que encontramos en Dió Casio, en relación con las fabulosas sumas que tenía a interés y las costosas mesas compradas para el palacio de un millonario.

Por último, en ningún autor pagano, salvo quizá Virgilio, se presenta con tanta sinceridad la belleza de la santidad (XLI.) desde el punto de vista romano. Aunque se ha refutado su relación con la Iglesia primitiva, Séneca muestra el espíritu moderno, cristiano. Tres de los ideales mencionados anteriormente, el odio a los combates en la arena, el trato humano a los esclavos y la santidad del matrimonio, nos atraen hacia Séneca como hacia un maestro como Jeremy Taylor.

No hay ninguna pretensión de originalidad en el texto latino; el traductor ha adoptado, con muy pocas desviaciones, el de la segunda edición de O. Hense. Este texto le ha parecido excelente, y también se ha servido de las notas que acompañan a las Selected Letters de W. C. Summers.

Richard Mott Gummere

1916

Volumen 1

I. Sobre el ahorro de tiempo

Saludos de Séneca a su amigo Lucilio.

1. Continúa actuando así, mi querido Lucilio: libérate por tu propio bien; recoge y guarda tu tiempo, que hasta hace poco te ha sido forzado, o robado, o simplemente se te ha escapado de las manos. Hazte creer la verdad de mis palabras: que ciertos momentos nos son arrancados, que algunos nos son suavemente arrebatados, y que otros se deslizan más allá de nuestro alcance. Sin embargo, la pérdida más vergonzosa es la debida al descuido. Además, si prestas atención al problema, descubrirás que la mayor parte de nuestra vida transcurre mientras hacemos el mal, una buena parte mientras no hacemos nada, y la totalidad mientras hacemos lo que no sirve para nada. **2.** ¿Qué hombre puede mostrarme que dé algún valor a su tiempo, que calcule el valor de cada día, que entienda que está muriendo diariamente? Porque nos equivocamos cuando esperamos la muerte; la mayor parte de la muerte ya ha pasado. Los años que nos quedan están en manos de la muerte.

Por lo tanto, Lucilio, haz lo que me escribes que estás haciendo: mantén cada hora a tu alcance. Aférrate a la tarea de hoy, y no necesitarás depender tanto de la de mañana. Mientras posponemos, la vida pasa deprisa. **3.** Nada, Lucilio, es nuestro, excepto el tiempo. La naturaleza nos confió la propiedad de esta única cosa, tan fugaz y escurridiza que quien quiera puede despojarnos de ella. ¡Qué tontos son estos mortales! Permiten que las cosas más baratas e inútiles, que pueden ser reemplazadas fácilmente, sean cargadas en la cuenta, después de haberlas adquirido; pero nunca se consideran en deuda cuando han recibido algo de ese precioso bien, ¡el tiempo! Y sin embargo, el tiempo es el único préstamo que ni siquiera un receptor agradecido puede devolver.

4. Tal vez deseen saber cómo ejerzo yo, que les predico con tanta libertad. Lo confieso francamente: mi cuenta de gastos es equilibrada, como cabría esperar de alguien que practica a manos llenas, pero con cuidado. No puedo presumir de no malgastar nada, pero al menos puedo deciros lo que malgasto, y la causa y el modo de la pérdida; puedo daros las razones por las que soy un hombre pobre. Mi situación, sin embargo, es la misma que la de muchos que se ven reducidos a escasos recursos sin tener culpa alguna: todo el mundo les perdona, pero nadie acude en su ayuda.

5. ¿Cuál es, pues, el estado de cosas? Así es: No considero pobre a un hombre, si lo poco que le queda le basta. Te aconsejo, sin embargo, que guardes lo que realmente es tuyo; y no puedes empezar demasiado pronto. Porque, como creían nuestros antepasados, es demasiado tarde para ahorrar cuando se llega a las heces del barril.[2] De lo que queda en el fondo, la cantidad es escasa, y la calidad es vil. Adiós.

---

[2] Hesíodo, Trabajos y días, 369.

II. Sobre la discursividad en la lectura

1. A juzgar por lo que me escribes y por lo que oigo, me estoy formando una buena opinión respecto a tu futuro. No corres de aquí para allá ni te distraes cambiando de morada, pues tal inquietud es señal de un espíritu desordenado. El principal indicio, a mi entender, de una mente bien ordenada es la capacidad de un hombre para permanecer en un lugar y demorarse en su propia compañía. **2.** Sin embargo, ten cuidado, no sea que esta lectura de muchos autores y libros de todo tipo pueda tender a volverse discursivo e inestable. Debes permanecer entre un número limitado de maestros pensadores, y digerir sus obras, si quieres obtener ideas que se arraigue firmemente en tu mente. En todas partes significa en ninguna parte. Cuando una persona pasa todo su tiempo viajando por el extranjero, acaba teniendo muchos conocidos, pero ningún amigo. Y lo mismo debe suceder con los hombres que no buscan conocer íntimamente a ningún autor en particular, sino que los visitan a todos de manera apresurada y apresurada. **3.** Los alimentos no hacen ningún bien y no son asimilados por el cuerpo si abandonan el estómago tan pronto como son ingeridos; nada obstaculiza tanto una curación como el cambio frecuente de medicina; ninguna herida sanará cuando se prueba un ungüento tras otro; una planta que es movida a menudo nunca puede crecer fuerte. No hay nada tan eficaz que pueda ser útil mientras se mueve de un lado a otro. Y en la lectura de muchos libros está la distracción.

En consecuencia, puesto que no puedes leer todos los libros que puedas poseer, basta con poseer sólo tantos libros como puedas leer. **4.** "Pero", me respondes, "deseo sumergirme primero en un libro y luego en otro". Te digo que es señal de un apetito excesivo juguetear con muchos platos; porque cuando son múltiples y variados, empalagan pero no nutren. Por eso debes leer siempre a los autores de siempre; y cuando te apetezca un cambio, recurre a los que leíste antes. Cada día adquiere algo que te fortifique contra la pobreza, contra la muerte, de hecho, también contra otras desgracias; y después de haber atropellado muchos pensamientos, selecciona uno para digerirlo a fondo ese día. **5.** Esta es mi propia costumbre: de las muchas cosas que he leído, reclamo alguna parte para mí.

El pensamiento para hoy es uno que descubrí en Epicuro;[3] pues suelo cruzar incluso al campo enemigo, - no como desertor, sino como explorador. **6.** Dice: "La pobreza satisfecha es un estado honorable". De hecho, si está satisfecha, no es pobreza en absoluto. No es pobre el hombre que tiene demasiado poco, sino el que ansía más. ¿Qué importa cuánto tenga un hombre guardado en su caja fuerte o en su almacén, cuán grandes sean sus rebaños y cuán gordos sus dividendos, si codicia la propiedad de su vecino, y cuenta, no sus ganancias pasadas, sino sus esperanzas de ganancias venideras? ¿Preguntas cuál es el límite adecuado de la riqueza? Es, primero, tener lo necesario, y, segundo, tener lo suficiente. Adiós.

---

[3] Frag. 475 Usener

III. Sobre la verdadera y la falsa amistad

1. Usted me ha enviado una carta a través de un "amigo" suyo, como usted lo llama. Y en su misma frase siguiente me advierte que no discuta con él todos los asuntos que le concierne, diciendo que ni siquiera usted mismo acostumbra a hacerlo; en otras palabras, en la misma carta ha afirmado y negado que sea su amigo. **2.** Ahora bien, si usted usó esta palabra nuestra[4] en el sentido popular, y lo llamó "amigo" de la misma manera en que hablamos de todos los candidatos a las elecciones como "honorables caballeros", y como saludamos a todos los hombres que encontramos casualmente, si sus nombres se nos escapan por el momento, con el saludo "mi querido señor", que así sea. Pero si consideras amigo a cualquier hombre en quien no confías como en tí mismo, estás muy equivocados y no comprendes suficientemente lo que significa la verdadera amistad. De hecho, me gustaría que hablaras de todo con un amigo; pero ante todo habla del hombre mismo. Cuando se establece la amistad, hay que confiar; antes de que se forme la amistad, hay que juzgar. Esas personas, en efecto, ponen primero lo último y confunden sus deberes, quienes, violando las reglas de Teofrasto,[5] juzgan a un hombre después de haberlo hecho su amigo, en lugar de hacerlo su amigo después de haberlo juzgado. Reflexiona durante mucho tiempo si debes admitir en tu amistad a una persona determinada; pero cuando hayas decidido admitirla, acógela con todo tu corazón y toda tu alma. Habla con él con tanto denuedo como contigo mismo. **3.** En cuanto a ti mismo, aunque debes vivir de tal manera que no te confíes nada que no podrías confiar ni siquiera a tu enemigo, sin embargo, puesto que ocurren ciertos asuntos que la convención mantiene en secreto, debes compartir con un amigo al menos todas tus preocupaciones y reflexiones. Considéralo leal y lo harás leal. Algunos, por ejemplo, temiendo ser

---

[4] Es decir, una palabra que tiene un significado especial para los estoicos; véase Ep. xlviii, nota

[5] Frag. 74 Wimmer.

engañados, han enseñado a los hombres a engañar; con sus sospechas han dado a su amigo el derecho a hacer el mal. ¿Por qué he de guardarme alguna palabra en presencia de mi amigo? ¿Por qué no he de considerarme solo cuando estoy en su compañía?

4. Hay una clase de hombres que comunican, a cualquiera con quien se encuentren, asuntos que deberían ser revelados sólo a los amigos, y descargan sobre el oyente casual lo que les irrita. Otros, por el contrario, temen confiar en sus más íntimos; y si fuera posible, no se confiarían ni a sí mismos, enterrando sus secretos en lo más profundo de su corazón. Pero no debemos hacer ni lo uno ni lo otro. Es igual de defectuoso confiar en todo el mundo que no confiar en nadie. Sin embargo, el primer defecto es, diría yo, el más ingenuo; el segundo, el más seguro. **5.** Del mismo modo, debes reprender a estas dos clases de hombres, tanto a los que siempre carecen de reposo, como a los que siempre están en reposo. Porque el amor al bullicio no es industria, es sólo la inquietud de una mente cazadora. Y el verdadero reposo no consiste en condenar todo movimiento como mera vejación; esa clase de reposo es holgazanería e inercia. **6.** Por lo tanto, debes tener en cuenta el siguiente dicho, tomado de mi lectura de Pomponio:[6] "Algunos hombres se encogen en rincones oscuros, hasta tal punto que ven oscurecido de día". No, los hombres deben combinar estas tendencias, y el que reposa debe actuar y el que actúa debe reposar. Discute el problema con la naturaleza; ella te dirá que ha creado tanto el día como la noche. Adiós.

---

[6] Véase el índice.

IV. Sobre los terrores de la muerte

1. Continúa como has empezado, y apresúrate todo lo posible, para que puedas disfrutar por más tiempo de una mente mejorada, que está en paz consigo misma. No cabe duda de que gozarás durante el tiempo en que estés mejorando tu mente y poniéndola en paz consigo misma; pero muy diferente es el placer que proviene de la contemplación cuando la mente de uno está tan limpia de toda mancha que brilla. **2.** Recuerdas, por supuesto, qué alegría sentiste cuando dejaste a un lado las vestiduras de la niñez y te pusiste la toga de hombre, y fuiste escoltado al foro; sin embargo, puedes esperar una alegría aún mayor cuando hayas dejado a un lado la mente de la niñez y cuando la sabiduría te haya inscrito entre los hombres. Porque no es la niñez lo que permanece con nosotros, sino algo peor: la niñez. Y esta condición es aún más grave porque poseemos la autoridad de la vejez, junto con las locuras de la niñez, sí, incluso las locuras de la infancia. Los niños temen las nimiedades, los niños temen las sombras, nosotros tememos ambas cosas.

3. Basta con avanzar; así comprenderás que algunas cosas son menos temibles, precisamente porque nos inspiran un gran temor. No es grande el mal que es el último de todos. La muerte llega; sería una cosa de temer, si pudiera permanecer contigo. Pero la muerte, o no llega, o llega y se va.

4. "Es difícil, sin embargo", dices, "llevar la mente a un punto en que pueda despreciar la vida". Pero, ¿no ves qué insignificantes razones impulsan a los hombres a despreciar la vida? Uno se ahorca ante la puerta de su ama; otro se arroja desde lo alto de la casa para no tener que soportar más las burlas de un amo malhumorado; un tercero, para salvarse de ser arrestado después de huir, se clava una espada en las entrañas. ¿No supones que la virtud será tan eficaz como el miedo excesivo? No puede tener una vida apacible quien piensa demasiado en alargarla, o cree que vivir muchos consulados es una gran bendición. **5.** Porque muchos hombres se aferran a la vida, como se aferran a las zarzas y a los peñascos los que son arrastrados por un torrente.

La mayoría de los hombres fluctúan en la desdicha entre el miedo a la muerte y las penalidades de la vida; no quieren vivir y, sin embargo, no saben morir. **6.** Por esta razón, haz que la vida en su conjunto te resulte agradable desterrando toda preocupación por ella. Ninguna cosa buena hace feliz a su poseedor, a menos que su mente se reconcilie con la posibilidad de la pérdida; nada, sin embargo, se pierde con menos incomodidad que aquello que, cuando se pierde, no se puede echar de menos. Por lo tanto, anima y endurece tu espíritu contra los contratiempos que afligen incluso a los más poderosos. **7.** Por ejemplo, el destino de Pompeyo fue resuelto por un muchacho y un eunuco, el de Craso por un parto cruel e insolente. Cayo César ordenó a Lépido que desnudara su cuello para el hacha del tribuno Dexter; y él mismo ofreció su propia garganta a Chaerea.[7] Ningún hombre ha sido jamás tan aventajado por la fortuna como para que ésta no le amenazara tanto como antes le había complacido. No te fíes de su aparente calma; en un momento el mar se agita hasta sus profundidades. El mismo día en que los barcos han hecho un valiente espectáculo en los juegos, son engullidos. **8.** Reflexiona que un salteador de caminos o un enemigo pueden degollarte; y, aunque no sea tu amo, todo esclavo ejerce sobre ti el poder de la vida y de la muerte. Por eso te declaro: es el señor de tu vida el que desprecia la suya. Piensa en los que han perecido por complots en sus propias casas, asesinados abiertamente o por astucia; entonces comprenderás que tantos han sido asesinados por esclavos furiosos como por reyes furiosos. ¿Qué importa, pues, cuán poderoso sea aquel a quien temes, cuando todos poseen el poder que inspira tu temor? **9.** "Pero", dirás, "si por casualidad cayeras en manos del enemigo, el conquistador ordenará que te lleven", sí, hacia donde ya te están llevando.[8]

---

[7] Una referencia al asesinato de Calígula, en el Palatino, 41 d. C.

¿Por qué te engañas voluntariamente a ti mismo y exiges que se te diga ahora?, por primera vez, ¿cuál es el destino bajo el que has estado trabajando durante tanto tiempo? Créeme: desde el día en que naciste estás siendo conducido hacia allí. Debemos reflexionar sobre este pensamiento, y sobre otros semejantes, si queremos estar tranquilos mientras esperamos esa última hora, cuyo temor hace que todas las horas anteriores sean inquietantes.

10. Pero debo terminar mi carta. Permítanme compartir con ustedes el dicho que me agradó hoy. También está sacado del Jardín de otro hombre:[9] "La pobreza en conformidad con la ley de la naturaleza, es una gran riqueza." ¿Sabes qué límites nos impone esa ley de la naturaleza? Simplemente evitar el hambre, la sed y el frío. Para desterrar el hambre y la sed, no es necesario que paguéis la corte a las puertas del rico, ni que te sometas al ceño severo, ni a la bondad que humilla; tampoco es necesario que surques los mares, ni que hagas campaña; las necesidades de la naturaleza se proveen fácilmente y están a mano. **11.** Son las cosas superfluas por las que los hombres sudan, las cosas superfluas que desgastan nuestras togas, las que nos obligan a envejecer en el campamento, las que nos empujan a costas extranjeras. Lo que es suficiente está listo para nuestras manos. Quien ha hecho un pacto justo con la pobreza es rico. Adiós

---

[8] es decir, hasta la muerte.
[9] El jardín de Epicuro. Frag. 477 y 200 Usener.

V. Sobre la media filosófica

1. Te elogio y me alegro de que seas perseverante en tus estudios y de que, dejando todo lo demás a un lado, te esfuerces cada día por ser un hombre mejor. No me limito a exhortarle a que no ceje en su empeño, sino que se lo ruego. Te advierto, sin embargo, que no actúes a la moda de los que desean llamar la atención más que mejorar, haciendo cosas que susciten comentarios en cuanto a tu forma de vestir o de vivir en general. **2.** Debe evitarse el atuendo repelente, el cabello desarreglado, la barba descuidada, el desprecio abierto de la vajilla de plata, el sofá sobre la tierra desnuda y cualquier otra forma pervertida de exhibición de uno mismo. El mero nombre de filosofía, por muy tranquilamente que se siga, es objeto de suficiente desprecio; y ¿qué ocurriría si empezáramos a separarnos de las costumbres de nuestros semejantes? Interiormente, debemos ser diferentes en todos los aspectos, pero nuestro exterior debe ajustarse a la sociedad. **3.** No lleves una toga demasiado fina, ni tampoco demasiado fruncida. No se necesita una placa de plata, incrustada y repujada en oro macizo; pero no debemos creer que la falta de plata y oro sea prueba de una vida sencilla. Tratemos de mantener un nivel de vida más elevado que el de la multitud, pero no un nivel contrario; de lo contrario, espantaremos y repeleremos a las mismas personas a las que tratamos de mejorar. También hacemos que no quieran imitarnos en nada, porque temen verse obligados a imitarnos en todo.

4. Lo primero que la filosofía se compromete a dar es compañerismo con todos los hombres; en otras palabras, simpatía y sociabilidad. Nos separamos de nuestra promesa si no nos parecemos a los demás hombres. Debemos procurar que los medios con los que queremos atraer la admiración no sean absurdos y odiosos. Nuestro lema,[10] como sabéis, es "Vive según la naturaleza"; pero es muy contrario a la naturaleza

---

[10] Es decir, de la escuela estoica.

torturar el cuerpo, odiar la elegancia sin trabajo, estar sucio a propósito, comer alimentos no sólo vulgares, sino repugnantes y prohibitivos. **5.** Así como es un signo de lujo buscar manjares, es una locura evitar lo que es habitual y puede comprarse a un precio no muy alto. La filosofía llama a la vida sencilla, pero no a la penitencia; y podemos perfectamente ser sencillos y pulcros al mismo tiempo. Este es el medio que yo apruebo; nuestra vida debe observar un feliz término medio entre las costumbres de un sabio y las costumbres del mundo en general; todos los hombres deben admirarla, pero también deben comprenderla.

6. "Entonces, ¿actuaremos como los demás hombres? ¿No habrá distinción entre nosotros y el mundo?". Sí, una muy grande; que los hombres descubran que no somos como el rebaño común, si nos miran de cerca. Si nos visitan en casa, deberían admirarnos a nosotros, más que a nuestras citas domésticas. Es un gran hombre el que usa vajilla de barro como si fuera de plata; pero es igualmente grande el que usa plata como si fuera de barro. Es señal de una mente inestable no poder soportar las riquezas.

7. Pero también deseo compartir contigo el beneficio de hoy. Encuentro en los escritos de nuestro[11] Hecato que la limitación de los deseos ayuda también a curar los miedos: "Deja de esperar", dice, "y dejarás de temer". "Pero, ¿cómo", replicarás, "pueden convivir cosas tan distintas?". Así es, mi querido Lucilio: aunque parezcan discordantes, en realidad están unidas. Así como la misma cadena sujeta al prisionero y al soldado que lo custodia, así la esperanza y el temor, por disímiles que sean, mantienen el paso juntos; el temor sigue a la esperanza. **8.** No me sorprende que procedan así; cada uno pertenece por igual a una mente que está en suspenso, una mente que se inquieta mirando hacia el futuro. Pero la causa principal de ambos males es que no nos adaptamos al presente, sino que enviamos nuestros pensamientos muy lejos, hacia adelante. Y así la

---

[11] Frag. 25 Fowler.

previsión, la bendición más noble del género humano, se pervierte. **9.** Las bestias evitan los peligros que ven, y cuando han escapado de ellos están libres de preocupaciones; pero nosotros, los hombres, nos atormentamos tanto por lo que ha de venir como por lo que ha pasado. Muchas de nuestras bendiciones nos traen desgracia; porque la memoria recuerda las torturas del miedo, mientras que la previsión las anticipa. Sólo el presente no puede hacer desdichado a ningún hombre. Adiós.

VI. Compartir conocimientos

1. Siento, mi querido Lucilio, que estoy siendo no sólo reformado, sino transformado. Sin embargo, todavía no me aseguro, ni me permito la esperanza, de que no queden elementos en mí que necesiten ser cambiados. Por supuesto que hay muchos que deberían hacerse más compactos, o más delgados, o ser más prominentes. Y este mismo hecho es una prueba de que mi espíritu se ha transformado en algo mejor, de que puede ver sus propios defectos, que antes ignoraba. En ciertos casos los hombres enfermos son felicitados porque ellos mismos han percibido que están enfermos.

2. Por lo tanto, deseo comunicarte este repentino cambio en mí; entonces comenzaría a confiar más firmemente en nuestra amistad, la verdadera amistad que la esperanza, el miedo y el interés propio no pueden cortar, la amistad en la que y por la que los hombres se enfrentan a la muerte. **3.** Puedo mostraros a muchos a quienes les ha faltado, no un amigo, sino una amistad; esto, sin embargo, no es posible que suceda cuando las almas están unidas por idénticas inclinaciones en una alianza de deseos honorables. ¿Y por qué no puede suceder? Porque en tales casos los hombres saben que tienen todas las cosas en común, especialmente sus problemas.

No puedes concebir qué progreso tan distinto noto que me trae cada día. **4.** Y cuando dices: "Dame también parte en estos dones que te han sido tan útiles", te respondo que estoy deseoso de acumular todos estos privilegios sobre ti, y que estoy encantado de aprender para poder enseñar. Nada me complacerá jamás, por excelente o beneficioso que sea, si debo retener para mí el conocimiento de ello. Y si se me diera la sabiduría con la condición expresa de que la mantuviera oculta y no la pronunciara, la rechazaría. Ninguna cosa buena es agradable de poseer, sin amigos que la compartan.

5. Para que no pierdas tiempo buscando aquí y allá temas provechosos, marcaré ciertos pasajes, de modo que podáis dirigiros inmediatamente a los que yo apruebo y admiro. Por supuesto, sin embargo, la voz viva y la intimidad de una vida común les ayudarán más que la palabra escrita. Debes ir a la escena de la acción, primero, porque los hombres ponen más fe en sus ojos que en sus oídos,[12] y segundo, porque el camino es largo si uno sigue preceptos, pero corto y útil, si uno sigue patrones. **6.** Cleantes no podría haber sido la imagen expresa de Zenón, si se hubiera limitado a escuchar sus conferencias; compartió su vida, vio en sus propósitos ocultos, y lo observó para ver si vivía de acuerdo con sus propias reglas. Platón, Aristóteles y toda la multitud de sabios que estaban destinados a seguir cada uno su camino, sacaron más provecho del carácter que de las palabras de Sócrates. No fue el aula de Epicuro, sino la convivencia bajo el mismo techo, lo que hizo grandes hombres a Metrodoro, Hermarco y Polieno. Por eso te convoco, no sólo para que te beneficies, sino para que te beneficies, porque podemos ayudarnos mutuamente.

7. Mientras tanto, les debo mi pequeña contribución diaria; se los dirá lo que me ha complacido hoy en los escritos de Hecato;[13] son estas palabras: "¿Qué progreso, preguntas, he hecho? He empezado a ser amigo de mí mismo". Eso fue en verdad un gran beneficio; una persona así nunca puede estar sola. Puedes estar seguro de que un hombre así es amigo de toda la humanidad. Adiós.

---

[12] Cf. Heródoto, i. 8 ὦτα τυγχάνει ἀνθρώποισι ἐόντα ἀπιστότερα ὀφθαλμῶν.
[13] Frag. 26 Fowler.

VII. Sobre las multitudes

1. ¿Me preguntas qué es lo que debes evitar especialmente? Digo que las muchedumbres, porque todavía no se puede confiar en ellas con seguridad. En todo caso, admito mi propia debilidad, pues nunca traigo a casa el mismo carácter que llevé conmigo al extranjero. Algo de lo que he obligado a mantener en calma dentro de mí se altera; algunos de los enemigos que he derrotado vuelven de nuevo. Así como el enfermo, que ha estado débil durante mucho tiempo, se encuentra en tal estado que no se le puede sacar de casa sin que sufra una recaída, así nosotros mismos nos vemos afectados cuando nuestra alma se recupera de una enfermedad persistente. **2.** No hay persona

que no nos haga atractivo algún vicio, o nos lo imprima, o nos manche inconscientemente con él. Ciertamente, cuanto mayor es la multitud con la que nos mezclamos, mayor es el peligro.

Pero nada es tan perjudicial para el buen carácter como el hábito de holgazanear en los juegos; porque entonces es cuando el vicio se cuela sutilmente en uno a través de la avenida del placer. **3.** ¿Qué crees que quiero decir? Quiero decir que vuelvo a casa más codicioso, más ambicioso, más voluptuoso, e incluso más cruel e inhumano, porque he estado entre seres humanos. Por casualidad asistí a una exposición al mediodía, esperando un poco de diversión, ingenio y relajación, - una exposición en la que los ojos de los hombres tienen un respiro de la matanza de sus semejantes. Pero fue todo lo contrario. Los combates anteriores fueron la esencia de la compasión; pero ahora se dejan de lado todas las nimiedades y es puro asesinato.[14] Los hombres no tienen armadura defensiva. Están expuestos a golpes en todos los puntos, y nadie golpea en vano. **4.** Muchas personas prefieren este programa a las parejas habituales y a los combates "a petición". Por supuesto que sí; no

---

[14] Durante el intervalo del almuerzo, los criminales condenados eran a menudo conducidos a la arena y obligados a luchar, para diversión de los espectadores que permanecían durante todo el día.

hay casco ni escudo para desviar el arma. ¿Qué necesidad hay de armadura defensiva, o de habilidad? Todo eso significa retrasar la muerte. Por la mañana arrojan a los hombres a los leones y a los osos; al mediodía, a los espectadores. Los espectadores exigen que el asesino se enfrente al hombre que le va a matar a su vez; y siempre reservan al último vencedor para otra carnicería. El resultado de cada lucha es la muerte, y los medios son el fuego y la espada. Este tipo de cosas continúan mientras la arena está vacía. **5.** Puedes replicar: "¡Pero era un salteador de caminos; mató a un hombre!". ¿Y qué? Admitiendo que, como asesino, merecía este castigo, ¿qué crimen has cometido tú, pobre hombre, para merecer sentarte a ver este espectáculo? Por la mañana gritaban: "¡Mátenlo! ¡Azótenlo! ¡Quemenlo! ¿Por qué se enfrenta tan cobardemente a la espada? ¿Por qué golpea tan débilmente? ¿Por qué no muere en el juego? ¡Azótenlo para que reciba sus heridas! ¡Que reciban golpe por golpe, con el pecho desnudo y expuesto al golpe!" Y cuando los juegos se detienen para el intermedio, anuncian: "¡Un poco de degüello mientras tanto, para que todavía haya algo que hacer!"

Venga ya; ¿es que[15] no entiende ni siquiera esta verdad, que un mal ejemplo reacciona sobre el agente? Agradece a los dioses inmortales que estés enseñando crueldad a una persona que no puede aprender a ser cruel. **6.** El carácter joven, que no puede aferrarse a la rectitud, debe ser rescatado de la turba; es demasiado fácil ponerse del lado de la mayoría. Incluso Sócrates, Catón y Laelio podrían haber sido sacudidos en su fuerza moral por una multitud que no era como ellos; tan cierto es que ninguno de nosotros, por mucho que cultive sus habilidades, puede resistir el choque de las faltas que se acercan, por así decirlo, con un séquito tan grande. **7.** Mucho daño hace un solo caso de indulgencia o codicia; el amigo familiar, si es lujoso, nos debilita y ablanda imperceptiblemente;

---

[15] El comentario va dirigido a los espectadores embrutecidos.

el vecino, si es rico, despierta nuestra codicia; el compañero, si es calumniador, nos restriega algo de su herrumbre, aunque seamos intachables y sinceros. Entonces, ¿cuál crees que será el efecto sobre el carácter, cuando el mundo en general lo asalte? Hay que imitar al mundo o aborrecerlo.

8. No debes copiar a los malos simplemente porque son muchos, ni debes odiar a los muchos porque no se parecen a ti. Retírate en ti mismo, tanto como puedas. Asóciate con aquellos que harán de ti un hombre mejor. Acoge a quienes tú mismo puedas mejorar. El proceso es mutuo; pues los hombres aprenden mientras enseñan. **9.** No hay razón para que el orgullo de anunciar tus habilidades te atraiga a la publicidad, de modo que desees recitar o arengar ante el público en general. Por supuesto, yo estaría dispuesto a que lo hicieras si tuvieras un oficio que se adaptara a tal multitud; tal como están las cosas, no hay un solo hombre de ellos que pueda entenderte. Tal vez se interpongan en su camino uno o dos individuos, pero incluso éstos tendrán que ser moldeados y adiestrados por usted para que le comprendan. Usted puede decir: "¿Para qué he aprendido todas estas cosas?". Pero no debes temer haber desperdiciado tus esfuerzos; fue por ti mismo que las aprendiste.

10. Sin embargo, para que hoy no haya aprendido exclusivamente para mí, compartiré con ustedes tres excelentes dichos, del mismo tenor general, que han llegado a mi conocimiento. Esta carta te dará uno de ellos como pago de mi deuda; los otros dos puedes aceptarlos como contribución por adelantado. Demócrito[16] dice: "Un hombre significa para mí tanto como una multitud, y una multitud sólo tanto como un hombre". **11.** Lo que sigue también fue noblemente dicho por alguien u otro, pues se duda de quién fue el autor; le preguntaron cuál era el objeto de todo este estudio aplicado a un arte que no alcanzaría sino a muy pocos. Él respondió: "Me

---

[16] Frag. 302 Diels².

contento con pocos, me contento con uno, me contento con ninguno". El tercer dicho -y también digno de mención- es de Epicuro,[17] escrito a uno de los compañeros de sus estudios: "No escribo esto para los muchos, sino para ti; cada uno de nosotros es suficiente audiencia para el otro". **12.** Guarda en tu corazón estas palabras, Lucilio, para que desprecies el placer que te produce el aplauso de la mayoría. Muchos hombres te alaban; pero ¿tienes alguna razón para estar satisfecho de ti mismo, si eres una persona a la que los muchos pueden comprender? Tus buenas cualidades deben mirar hacia adentro. Adiós.

---

[17] Frag. 208 Usener.

VIII. Sobre la reclusión del filósofo

1. "¿Me ordenas", dices, "que rehúya la muchedumbre, y me aleje de los hombres, y me contente con mi propia conciencia? ¿Dónde están los consejos de tu escuela, que ordenan a un hombre morir en medio del trabajo activo?" En cuanto al curso[18] que te parece que te exhorto de vez en cuando, mi objeto al encerrarme y cerrar la puerta es poder ayudar a un mayor número. Nunca paso un día ocioso; incluso dedico una parte de la noche al estudio. No concedo tiempo al sueño, sino que cedo a él cuando debo hacerlo, y cuando mis ojos están cansados de despertar y a punto de cerrarse, los mantengo en su tarea. **2.** Me he retirado no sólo de los hombres, sino de los asuntos, especialmente de mis propios asuntos; estoy trabajando para las generaciones posteriores, escribiendo algunas ideas que pueden serles de ayuda. Hay ciertos consejos saludables, que pueden compararse a las recetas de medicamentos útiles; los pongo por escrito, porque me han sido útiles para curar mis propias llagas, que, si no se han curado del todo, al menos han dejado de extenderse.

3. Señalo a otros hombres el camino recto, que he encontrado tarde en la vida, cuando estaba cansado de vagar. Les grito: "Evita todo lo que complace a la multitud: ¡evita los dones del azar! Deténganse ante todo bien que los traiga el azar, con espíritu de duda y temor; pues son los animales mudos y los peces los que se dejan engañar por esperanzas tentadoras". ¿Llamas a estas cosas "dones" de la fortuna? Son trampas. Y cualquier hombre entre ustedes que desee vivir una vida segura evitará, en la medida de sus posibilidades, estas ramitas calcáreas de su favor, por las que nosotros, los mortales, más desdichados también en este aspecto, somos engañados; pues creemos que las tenemos en nuestras manos, pero ellas nos tienen en las suyas. **4.** Tal carrera nos lleva a caminos

---

[18] En contraste con la doctrina estoica general de tomar parte en el trabajo del mundo.

24

precipitados, y la vida en tales alturas termina en una caída. Además, ni siquiera podemos hacer frente a la prosperidad cuando empieza a llevarnos a sotavento; ni podemos hundirnos, tampoco, "con la nave al menos en su rumbo", o de una vez por todas;[19] La fortuna no nos hace zozobrar, - hunde nuestras proas bajo[20] y nos estrella contra las rocas.

5. "Aférrate, pues, a esta sana y saludable regla de vida: que mimes el cuerpo sólo en la medida necesaria para la buena salud." El cuerpo debe ser tratado más rigurosamente, para que no sea desobediente a la mente. Come sólo para calmar el hambre; bebe sólo para saciar la sed; vístete sólo para resguardarte del frío; alójate sólo para protegerte de las molestias personales. Poco importa que la casa esté construida de césped o de mármol importado de varios colores; comprende que un hombre se abriga igual de bien con una paja que con un tejado de oro. Desprecia todo lo que el trabajo inútil crea como ornamento y objeto de belleza. Y reflexiona que nada, excepto el alma, es digno de admiración; porque para el alma, si es grande, nada es grande."[21]

6. Cuando me comunico en tales términos conmigo mismo y con las generaciones futuras, ¿no crees que estoy haciendo más bien que cuando comparezco como abogado ante un tribunal, o estampo mi sello en un testamento, o presto mi ayuda en el senado, de palabra o de obra, a un candidato? Créeme, los que parecen no ocuparse de nada, se ocupan de las tareas más grandes; se ocupan al mismo tiempo de las cosas mortales y de las inmortales.

7. Pero debo detenerme, y pagar mi contribución habitual, para equilibrar esta carta. El pago no se hará de mi propiedad,

---

[19] Véase en Ep. lxxxv. 33 el famoso dicho del piloto rodiano.
[20] cernulat, equivalente al griego ἀναχαιτίζω, de un caballo que lanza a un jinete por encima de su cabeza.
[21] Cf. el precepto estoico nil admirandum.

porque todavía estoy estafando a Epicuro.[22] Leí hoy, en sus obras, la siguiente frase: "Si quieres gozar de verdadera libertad, debes ser esclavo de la filosofía". El hombre que se somete y se entrega a ella no se hace esperar; se emancipa[23] en el acto. Pues el servicio mismo de la filosofía es la libertad.

8. Es probable que me preguntes por qué cito tantas palabras nobles de Epicuro en lugar de palabras tomadas de nuestra propia escuela. Pero, ¿hay alguna razón para que las consideres dichos de Epicuro y no propiedad común? ¡Cuántos poetas exponen ideas que han sido pronunciadas, o pueden serlo, por filósofos! No necesito referirme a los trágicos y a nuestros dramaturgos nacionales;[24] porque estos últimos también son algo serios, y se sitúan a medio camino entre la comedia y la tragedia. ¡Qué cantidad de versos sagaces yacen enterrados en la mímica! ¡Cuántos versos de Publilio son dignos de ser pronunciados por actores vestidos con pieles de ante, así como por usuarios de zapatillas![25] **9.** Citaré un verso suyo que se refiere a la filosofía, y en particular a esa fase de la misma de la que hablábamos hace un momento, en la que dice que los dones del azar no deben considerarse como parte de nuestras posesiones:

Aún ajeno es lo que has ganado
codiciando.[26]

10. Recuerdo que tú mismo expresaste esta idea de forma mucho más feliz y concisa:

---

[22] Frag. 199 Usener
[23] Literalmente "girado" por el amo y despedido a la libertad. Cf. Persio, v. 75s.
[24] Las Fabulae togatae eran obras de teatro de tema romano, a diferencia de las adaptaciones del griego, llamadas palliatae. El término, en su sentido más amplio, incluye tanto la comedia como la tragedia.
[25] Es decir, cómicos o mimos.
[26] Syri Sententiae, p. 309 Ribbeck².

Lo que el azar ha hecho tuyo no es realmente tuyo.[27]

Y una tercera, dicha por ti aún más felizmente, no será omitida:

Lo bueno que se pueda dar, se puede quitar.[28]

No lo cargaré a la cuenta de gastos, porque te lo he dado de tus propias existencias. Adiós.

---

[27] Com. Rom. Frag. p. 394 Ribbeck².
[28] ibídem.

IX. Sobre la filosofía y la amistad

1. Deseas saber si Epicuro tiene razón cuando, en una de sus cartas,[29] reprende a los que sostienen que el sabio se basta a sí mismo y por ello no tiene necesidad de amistades. Esta es la objeción planteada por Epicuro contra Estilbo y los que creen[30] que el bien supremo es un alma insensible a los sentimientos.

2. Estamos destinados a encontrarnos con un doble significado si intentamos expresar el término griego "falta de sentimiento" sumariamente, en una sola palabra, traduciéndolo por la palabra latina *impatientia*. Porque puede entenderse en el sentido opuesto al que deseamos que tenga. Lo que queremos expresar es un alma que rechaza cualquier sensación de mal; pero la gente interpretará la idea como la de un alma que no puede soportar ningún mal. Considera, por tanto, si no es mejor decir "un alma que no puede ser dañada", o "un alma enteramente más allá del reino del sufrimiento." **3.** Existe esta diferencia entre nosotros y la otra escuela:[31] nuestro sabio ideal siente sus problemas, pero los supera; su sabio ni siquiera los siente. Pero tanto nosotros como ellos mantenemos la idea de que el sabio es autosuficiente. Sin embargo, desea amigos, vecinos y asociados, por mucho que se baste a sí mismo. **4.** Y obsérvese cuán autosuficiente es; porque en ocasiones puede contentarse con una parte de sí mismo. Si pierde una mano por enfermedad o guerra, o si algún accidente le saca uno o ambos ojos, estará satisfecho con lo que le queda, sintiendo tanto placer por su cuerpo dañado y mutilado como cuando estaba sano. Pero aunque no suspire por estas partes si le faltan, prefiere no perderlas. **5.** En este sentido el sabio es autosuficiente, que puede prescindir de los amigos, no que desee prescindir de ellos. Cuando digo "puede", quiero decir esto: soporta la pérdida de un amigo con ecuanimidad.

---

[29] Frag. 174 Usener.
[30] Es decir, los cínicos.
[31] Es decir, los cínicos.

Pero nunca le faltarán amigos, pues depende de él mismo lo pronto que pueda compensar una pérdida. Así como Fidias, si pierde una estatua, puede esculpir inmediatamente otra, del mismo modo nuestro maestro en el arte de hacer amistades puede llenar el lugar de un amigo que ha perdido. **6.** Si preguntas cómo puede uno hacerse amigo rápidamente, te lo diré, siempre que estemos de acuerdo en que puedo pagar mi deuda[32] de una vez y cuadrar la cuenta, en lo que a esta carta se refiere. Hecato,[33] dice: "Puedo mostrarte una filtre, compuesta sin drogas, hierbas, ni ningún encantamiento de bruja: 'Si quieres ser amado, ama'". Ahora hay un gran placer, no sólo en mantener viejas y establecidas amistades, sino también en comenzar y adquirir otras nuevas. **7.** Hay la misma diferencia entre ganar un nuevo amigo y haberlo ganado ya, que entre el agricultor que siembra y el que cosecha. El filósofo Atalo decía: "Es más agradable hacer que conservar un amigo, como para el artista es más agradable pintar que haber terminado de pintar". Cuando uno está ocupado y absorto en su trabajo, la propia absorción proporciona un gran deleite; pero cuando uno ha retirado la mano de la obra maestra terminada, el placer no es tan intenso. A partir de ese momento, son los frutos de su arte lo que disfruta; era el arte mismo lo que disfrutaba mientras pintaba. En el caso de nuestros hijos, su juventud da frutos más abundantes, pero su infancia fue más dulce.

8. Volvamos ahora a la cuestión. El sabio, digo yo, por muy autosuficiente que sea, desea, sin embargo, tener amigos, aunque sólo sea para practicar la amistad, a fin de que sus nobles cualidades no permanezcan latentes. Sin embargo, no con el fin mencionado por Epicuro[34] en la carta citada anteriormente: "Para que haya alguien que se siente a su lado cuando está enfermo, que le ayude cuando está en la cárcel o

---

[32] Es decir, la diurna mercedula; véase Ep. VI, 7
[33] Frag. 27 Fowler
[34] Frag. 175 Usener.

en la miseria", sino para tener a alguien junto a cuyo lecho de enfermo él mismo pueda sentarse, alguien prisionero en manos hostiles a quien él mismo pueda liberar. El que sólo se considera a sí mismo y entabla amistades por este motivo, se equivoca. El fin será como el principio: se ha hecho amigo de alguien que podría ayudarle a salir de la esclavitud; al primer traqueteo de la cadena tal amigo le abandonará. **9.** Estas son las amistades llamadas "de buen tiempo"; uno que es elegido por su utilidad será satisfactorio sólo mientras sea útil. De aquí que los hombres prósperos estén bloqueados por tropas de amigos; pero los que han fracasado se encuentran en medio de una inmensa soledad, huyendo sus amigos de la misma crisis que ha de poner a prueba su valor. De ahí, también, que veamos tantos casos vergonzosos de personas que, por miedo, desertan o traicionan. El principio y el fin no pueden sino armonizar. Aquel que comienza a ser tu amigo porque paga, también dejará de serlo porque paga. Un hombre se sentirá atraído por alguna recompensa ofrecida a cambio de su amistad, si es que se siente atraído por algo en la amistad que no sea la amistad misma.

10. ¿Con qué propósito, entonces, hago a un hombre mi amigo? Para tener a alguien por quien pueda morir, a quien pueda seguir al exilio, contra cuya muerte pueda apostar mi propia vida, y pagar también la prenda. La amistad que retratas es una negociación y no una amistad; sólo considera la conveniencia, y mira los resultados. **11.** No cabe duda de que el sentimiento de un amante tiene algo de amistad; podría decirse que es una amistad enloquecida. Pero, aunque esto sea cierto, ¿acaso alguien ama por afán de lucro, de promoción o de renombre? El amor puro[35], despreocupado de todo lo demás, enciende el alma con el deseo del objeto bello, no sin la esperanza de una devolución del afecto. Entonces, ¿qué? ¿Puede una causa que es más honorable producir una pasión que es vil? **12.** Podrás

---

[35] Amor puro", es decir, amor en su esencia, sin mezcla de otras emociones.

replicar: "No estamos discutiendo ahora la cuestión de si la amistad debe cultivarse por sí misma". Por el contrario, nada requiere más urgente demostración; pues si la amistad ha de buscarse por sí misma, puede buscarla quien se basta a sí mismo. "¿Cómo, entonces", preguntarás, "la busca?". Precisamente como busca un objeto de gran belleza, no atraído por el deseo de ganancia, ni atemorizado por la inestabilidad de la fortuna. Quien busca la amistad para las ocasiones favorables, la despoja de toda su nobleza.

13. "El sabio es autosuficiente". Esta frase, mi querido Lucilio, es explicada incorrectamente por muchos; porque retiran al sabio del mundo, y lo obligan a morar dentro de su propia piel. Pero debemos observar con cuidado lo que significa esta frase y hasta qué punto se aplica; el sabio se basta a sí mismo para una existencia feliz, pero no para la mera existencia. Porque necesita muchas ayudas para la mera existencia; pero para una existencia feliz sólo necesita un alma sana y recta, que desprecie la fortuna.

14. Quisiera también exponerles una de las distinciones de Crisipo,[36] quien declara que al sabio no le falta nada, y sin embargo necesita muchas cosas.[37] "En cambio", dice, "al necio no le hace falta nada, pues no entiende cómo usar nada, pero le falta de todo". El sabio necesita manos, ojos y muchas cosas que son necesarias para su uso diario; pero nada le falta. Porque la carencia implica una necesidad, y nada es necesario para el sabio. **15.** Por lo tanto, aunque es autosuficiente, tiene necesidad de amigos. Él anhela tantos amigos como sea posible, no, sin embargo, que él puede vivir felizmente; porque él vivirá feliz incluso sin amigos. El bien supremo no necesita ayudas prácticas del exterior; se desarrolla en casa, y surge

---

[36] Cf. su Frag. moral. 674 von Arnim.

[37] La distinción se basa en el significado de egere, "tener necesidad de" algo indispensable, y opus esse, "tener necesidad de" algo de lo que se puede prescindir.

enteramente dentro de sí mismo. Si el bien busca alguna porción de sí mismo en el exterior, comienza a estar sujeto al juego de la fortuna.

16. La gente puede decir: "Pero, ¿qué clase de existencia tendrá el sabio, si se queda sin amigos cuando lo meten en la cárcel, o cuando queda varado en alguna nación extranjera, o cuando se retrasa en un largo viaje, o cuando es arrojado a una orilla solitaria?". Su vida será como la de Júpiter, quien, en medio de la disolución del mundo, cuando los dioses se confunden y la naturaleza descansa por un espacio de su trabajo, puede retirarse a sí mismo y entregarse a sus propios pensamientos.[38] De alguna manera así actuará el sabio; se retirará a sí mismo y vivirá consigo mismo. **17.** Mientras se le permita ordenar sus asuntos según su juicio, es autosuficiente - y se casa con una esposa; es autosuficiente - y cría hijos; es autosuficiente - y sin embargo no podría vivir si tuviera que vivir sin la sociedad del hombre. Los impulsos naturales, y no sus propias necesidades egoístas, le atraen hacia las amistades. Así como otras cosas tienen para nosotros un atractivo inherente, lo mismo ocurre con la amistad. Así como odiamos la soledad y ansiamos la sociedad, así como la naturaleza atrae a los hombres los unos hacia los otros, así también en este asunto hay una atracción que nos hace desear la amistad. **18.** Sin embargo, aunque el sabio ame entrañablemente a sus amigos, comparándolos a menudo consigo mismo y poniéndolos por delante de sí mismo, todo el bien se limitará a su propio ser, y pronunciará las palabras que dijo el mismo Stilbo[39] a quien Epicuro critica en su carta. Pues Estilbo, después de haber sido capturado su país y de haber perdido a sus hijos y a su esposa, al salir de la desolación general solo y, sin embargo, feliz, habló así a Demetrio, llamado Saqueador de ciudades por la destrucción

---

[38] Se refiere a la conflagración estoica: después de ciertos ciclos su mundo fue destruido por el fuego. Cf. E. V. Arnold, Roman Stoicism, pp. 192 y ss.; cf. también Crisipo, Frag. phys. 1065 von Arni

[39] Gnomologici Vaticani 515 Sternberg.

que provocó en ellas, en respuesta a la pregunta de si había perdido algo: "¡Tengo todos mis bienes conmigo!" **19.** Ahí tienes a un hombre valiente y de corazón robusto. El enemigo venció, pero Estilbo venció a su vencedor. "¡No he perdido nada!" Sí, obligó a Demetrio a preguntarse si él mismo había vencido después de todo. "¡Todos mis bienes están conmigo!" En otras palabras, consideraba que nada de lo que le pudieran quitar era un bien.

Nos maravillamos de ciertos animales porque pueden atravesar el fuego sin sufrir ningún daño corporal; pero ¡cuánto más maravilloso es un hombre que ha marchado ileso e indemne a través del fuego, la espada y la devastación! ¿Comprendes ahora cuánto más fácil es conquistar a toda una tribu que a un solo *hombre*? Este dicho de Estilbo se une al estoicismo; el estoico también puede llevar sus bienes intactos a través de ciudades que han sido reducidas a cenizas, porque es autosuficiente. Tales son los límites que pone a su propia felicidad.

20. Pero no debes pensar que sólo nuestra escuela puede pronunciar palabras nobles; el mismo Epicuro, el injuriador de Estilbo, hablaba un lenguaje semejante;[40] lo pongo en mi haber, aunque ya he saldado mi deuda por el día de hoy.[41] Dice: "Quien no considera lo que tiene como riqueza amplísima, es infeliz, aunque sea dueño del mundo entero". O, si la siguiente le parece una frase más adecuada, -pues debemos tratar de interpretar el significado y no las meras palabras: "Un hombre puede dominar el mundo y aun así ser infeliz, si no se siente supremamente feliz". **21.** Sin embargo, para que sepas que estos sentimientos son universales,[42] sugeridos, por supuesto, por la Naturaleza, encontrarás en uno de los poetas cómicos este verso:

---

[40] Frag. 474 Usener.
[41] Cf. supra § 6
[42] Es decir, no se limita a los estoicos, etc.

Innoble es quien se cree innoble.[43]

Porque ¿qué importa tu condición, si es mala a tus propios ojos? **22.** Tú dirás: "¿Qué, pues? Si aquel hombre, rico por medios viles, y aquel otro, señor de muchos pero esclavo de más, se dicen felices, ¿los hará felices su propia opinión?". No importa lo que uno dice, sino lo que uno siente; también, no cómo uno se siente un día en particular, sino cómo uno se siente en todo momento. No hay razón, sin embargo, por la que debas temer que este gran privilegio caiga en manos indignas; sólo el sabio se complace en lo suyo. La insensatez está siempre atribulada por el hastío de sí misma. Adiós.

---

[43] Autor desconocido; tal vez, como piensa Buecheler, adaptado del griego

X. Sobre vivir para uno mismo

1. Sí, no cambio mi opinión: evita a los muchos, evita a los pocos, evita incluso al individuo. No conozco a nadie con quien estaría dispuesto a compartirte. Y mira qué opinión tengo de ti; pues me atrevo a confiarte tu propia persona. Dicen que Crates, el discípulo del mismísimo Stilbo que mencioné en una carta anterior, se fijó en un joven que caminaba solo y le preguntó qué hacía completamente solo. "Estoy en comunión conmigo mismo", respondió el joven. "Ten cuidado, entonces", dijo Crates, "y presta atención; ¡estás en comunión con un hombre malo!".

2. Cuando las personas están de luto o temerosas por algo, estamos acostumbrados a vigilarlas para evitar que hagan un mal uso de su soledad. Ninguna persona irreflexiva debe ser dejada sola; en tales casos no hace más que planear locuras y acumular peligros futuros para sí misma o para los demás; pone en juego sus bajos deseos; la mente muestra lo que el miedo o la vergüenza solían reprimir; despierta su audacia, agita sus pasiones y azuza su ira. Y finalmente, el único beneficio que confiere la soledad, el hábito de no confiar en nadie y de no temer a ningún testigo, lo pierde el necio, pues se traiciona a sí mismo.

Fíjate, pues, en lo que espero de ti; mejor dicho, en lo que me prometo a mí mismo, ya que la esperanza no es más que el título de una bendición incierta: No conozco a nadie con quien preferiría que te asociaras antes que contigo mismo. **3.** Recuerdo con qué alma tan grande soltaste ciertas frases, ¡y qué llenas de fuerza estaban! Inmediatamente me felicité y dije: "Estas palabras no han salido del borde de los labios; estas expresiones tienen un fundamento sólido. Este hombre no es uno de tantos; tiene en cuenta su verdadero bienestar." **4.** Habla y vive de este modo; procura que nada te detenga. En cuanto a tus oraciones anteriores, puedes dispensar a los dioses de responderlas; ofrece nuevas oraciones; reza por una mente sana y por la buena salud, primero del alma y luego del cuerpo.

Y, por supuesto, debes ofrecer esas oraciones con frecuencia. Invoca a Dios con valentía; no le estarás pidiendo lo que pertenece a otro.

5. Pero debo, como es mi costumbre, enviar un pequeño regalo junto con esta carta. Es un dicho verdadero que he encontrado en Atenodoro:[44] "Sabe que te has liberado de todos los deseos cuando has llegado a tal punto que no pides a Dios más que lo que puedes pedir abiertamente". Pero ¡qué tontos son ahora los hombres! Susurran al cielo la más baja de las plegarias; pero si alguien escucha, callan al instante. Lo que no quieren que los hombres sepan, se lo comunican a Dios. ¿No crees, entonces, que se te podría dar un consejo tan sano como éste? "Vive entre los hombres como si Dios te viera; habla con Dios como si los hombres te escucharan" Adiós.

---

[44] Frag. de superstitione 36 H., según Rossbach.

XI. Sobre el rubor de la modestia

1. Su amigo y yo hemos tenido una conversación. Es un hombre hábil; sus primeras palabras demostraron el espíritu y el entendimiento que posee, y los progresos que ya ha hecho. Me dio un anticipo, y no dejará de responder a ello. Porque no habló de antemano, sino que se vio sorprendido de repente. Cuando trató de serenarse, apenas pudo desterrar ese matiz de modestia, que es una buena señal en un hombre joven; el rubor que se extendió por su rostro parecía surgir de lo más profundo. Y estoy seguro de que su hábito de sonrojarse le acompañará cuando haya fortalecido su carácter, se haya despojado de todos sus defectos y se haya vuelto sabio. Porque la sabiduría no puede eliminar las debilidades naturales del cuerpo. Lo que es implantado e innato puede ser atenuado por el entrenamiento, pero no superado. **2.** Algunos tiemblan de rodillas cuando se levantan para hablar; sé de algunos a quienes les castañetean los dientes, les tiembla la lengua y les tiemblan los labios. El adiestramiento y la experiencia nunca pueden deshacerse de este hábito; la naturaleza ejerce su propio poder y a través de tal debilidad hace notar su presencia incluso a los más fuertes. **3.** Sé que el rubor, también, es un hábito de este tipo, que se extiende repentinamente sobre los rostros de los hombres más dignos. Es, en efecto, más frecuente en la juventud, debido a la sangre más caliente y al semblante sensible; sin embargo, tanto los hombres experimentados como los ancianos se ven afectados por él. Algunos son más peligrosos cuando enrojecen, como si dejaran escapar todo su sentido de la vergüenza. **4.** Sulla, cuando la sangre cubría sus mejillas, estaba en su humor más feroz. Pompeyo tenía el semblante más sensible; siempre se ruborizaba en presencia de una reunión, y especialmente en una asamblea pública. Fabiano también, recuerdo, enrojeció cuando compareció como testigo ante el senado; y su vergüenza se convirtió en él en un grado notable. **5.** Tal hábito no se debe a debilidad mental, sino a la novedad de una situación; una persona inexperta no se confunde necesariamente, sino que suele verse afectada, porque se desliza hacia este hábito por tendencia natural del cuerpo. Así como ciertos hombres son de sangre pura, otros son de sangre rápida y móvil, que se precipita en seguida a la cara.

6. Como ya he dicho, la sabiduría nunca puede eliminar este hábito, porque si pudiera borrar todos nuestros defectos, sería la señora del universo. Lo que nos es asignado por los términos de nuestro nacimiento y la mezcla en nuestras constituciones, se pegará a nosotros, no importa cuán duro o cuánto tiempo el alma puede haber tratado de dominarse a sí misma. Y no podemos prohibir estos sentimientos más de lo que podemos invocarlos. **7.** Los actores de teatro, que imitan las emociones, que representan el miedo y el nerviosismo, que representan la tristeza, imitan la timidez bajando la cabeza, bajando la voz y manteniendo los ojos fijos y clavados en el suelo. No pueden, sin embargo, ruborizarse, porque el rubor no puede prevenirse ni adquirirse. La sabiduría no nos asegurará un remedio, ni nos dará ayuda contra ella; viene o se va sin proponérselo, y es una ley en sí misma.

8. Pero mi carta exige su frase final. Escucha y tómate a pecho este útil y saludable lema:[45] "Aprecia a algún hombre de carácter elevado, y tenlo siempre ante tus ojos, viviendo como si él te observara, y ordenando todas tus acciones como si él las contemplara." **9.** Tal es, mi querido Lucilio, el consejo de Epicuro;[46] nos ha dado muy apropiadamente un guardián y un asistente. Podemos librarnos de la mayoría de los pecados, si tenemos un testigo que esté cerca de nosotros cuando es probable que nos equivoquemos. El alma debe tener a alguien a quien pueda respetar, alguien por cuya autoridad pueda hacer más sagrado incluso su santuario interior. [47] Dichoso el hombre que puede hacer mejores a los demás, no sólo cuando está en

---

[45] Epicuro, Frag. 210 Usener.

[46] Frag. 210 Usener.

[47] La figura está tomada del ἄδυτον, el Santo de los Santos en un templo. Cf. Virgilio, Eneida, vi. 10 secreta Sibyllas.

su compañía, sino incluso cuando está en sus pensamientos. Y feliz es también aquel que puede venerar a un hombre hasta el punto de calmarse y regularse a sí mismo recordándolo. Quien puede reverenciar así a otro, pronto será él mismo digno de reverencia. **10.** Elige, pues, a un Catón; o, si Catón te parece un modelo demasiado severo, elige a algún Laelio, un espíritu más suave. Elige un maestro cuya vida, conversación y rostro expresivo del alma te hayan satisfecho; imagínatelo siempre como tu protector o tu modelo. Porque debemos tener a alguien de acuerdo con quien podamos regular nuestro carácter; nunca podrás enderezar lo que está torcido a menos que uses una regla. Adiós.

XII. Sobre la vejez

1. Dondequiera que miro, veo evidencias de mi avanzada edad. Últimamente visité mi casa de campo y protesté por el dinero que se había gastado en el derruido edificio. Mi alguacil sostuvo que los desperfectos no se debían a su propio descuido; "él hacía todo lo posible, pero la casa era vieja." ¡Y ésta era la casa que creció bajo mis propias manos! ¿Qué me depara el futuro, si las piedras de mi propia edad ya se están desmoronando? **2.** Estaba furioso, y aproveché la primera oportunidad para desahogarme en presencia del alguacil. "Está claro -grité- que estos plátanos están descuidados; no tienen hojas. Sus ramas están tan nudosas y arrugadas; los troncos, tan ásperos y descuidados. Esto no pasaría, si alguien aflojara la tierra a sus pies, y los regara". El alguacil juró por mi deidad protectora que "hacía todo lo posible y no cejaba en su empeño, pero aquellos árboles eran viejos". Entre tú y yo, yo mismo había plantado esos árboles, los había visto en su primera hoja. **3.** Entonces me volví hacia la puerta y pregunté: "¿Quién es ese inútil? Has hecho bien en colocarlo a la entrada; porque está de salida.[48] ¿De dónde lo has sacado? ¿Qué placer te ha dado llevar a enterrar a un muerto ajeno?".[49] Pero el esclavo dijo: "¿No me conoce, señor? Soy Felicio; solías traerme pequeñas imágenes.[50] Mi padre era Filóstrato el mayordomo, y yo soy tu esclavo doméstico". "El hombre está loco de remate", comenté. "¿Mi esclavo doméstico ha vuelto a ser un chiquillo? Pero es muy posible; se le están cayendo los dientes".[51]

---

[48] Alusión jocosa al funeral romano; los pies del cadáver apuntan hacia la puerta.

[49] Su antiguo dueño debería haberlo conservado y enterrado.

[50] En las Saturnales se solían regalar a los niños pequeñas figuras, generalmente de terracota. Cf. Macrobio, i. 11. 49 sigila . . . pro se atque suis piaculum

[51] Es decir, el viejo esclavo se parece a un niño en que se le caen los dientes (pero por segunda vez)

4. Le debo a mi patria que mi vejez se hiciera patente dondequiera que me volviera. Cuidemos y amemos la vejez, pues está llena de placer si se sabe aprovecharla. Las frutas son más bienvenidas cuando están a punto de acabarse; la juventud es más encantadora en su final; el último trago deleita al bebedor, la copa que lo sazona y pone el broche final a su borrachera. **5.** Cada placer reserva para el final las mayores delicias que contiene. La vida es más deliciosa cuando se encuentra en la pendiente descendente, pero aún no ha llegado al abrupto declive. Y yo mismo creo que el período que se encuentra, por así decirlo, al borde del techo, posee placeres propios. O bien el hecho mismo de que no nos falten placeres ha ocupado el lugar de los placeres mismos. ¡Qué reconfortante es haber cansado los apetitos y haber acabado con ellos! **6.** "Pero", dirás, "¡es un fastidio estar mirando a la muerte a la cara!". La muerte, sin embargo, debe ser mirado a la cara por jóvenes y viejos por igual. No se nos convoca según nuestra clasificación en la lista del censor.[52] Además, nadie es tan viejo como para que le resulte impropio esperar otro día de existencia. Y un día, ojo, es una etapa en el viaje de la vida.

Nuestra vida está dividida en partes; consiste en grandes círculos que encierran otros más pequeños. Un círculo abarca y delimita el resto; abarca desde el nacimiento hasta el último día de existencia. El siguiente círculo limita el período de nuestra juventud. El tercero confina toda la infancia en su circunferencia. De nuevo, existe, en una clase por sí mismo, el año; contiene dentro de sí todas las divisiones del tiempo por cuya multiplicación obtenemos el total de la vida. El mes está delimitado por un anillo más estrecho. El círculo más pequeño de todos es el día; pero incluso un día tiene su principio y su fin, su salida y su puesta de sol. **7.** De ahí que Heráclito, cuyo oscuro estilo le dio su apellido, comentara en[53] : "Un día es igual a

---

[52] Es decir, seniores, en contraste con iuniores.

[53] ὁ σκοτεινός, "el Oscuro", Frag. 106 Diels².

todos los días". Diferentes personas han interpretado el dicho de diferentes maneras. Algunos sostienen que los días son iguales en número de horas, y esto es cierto; porque si por "día" entendemos veinticuatro horas de tiempo, todos los días deben ser iguales, en la medida en que la noche adquiere lo que el día pierde. Pero otros sostienen que un día es igual a todos los días por semejanza, porque el espacio de tiempo más largo no posee ningún elemento que no pueda encontrarse en un solo día, -a saber, la luz y las tinieblas-, e incluso hasta la eternidad el día hace estas alternancias[54] más numerosas, no siendo diferente cuando es más corto y diferente de nuevo cuando es más largo. **8.** Por lo tanto, cada día debe ser regulado como si cerrara la serie, como si redondeara y completara nuestra existencia.

Pacuvio, que con su larga ocupación hizo suya Siria,[55] solía celebrar un sacrificio funerario regular en su honor, con vino y el banquete fúnebre habitual, y luego se hacía llevar del comedor a su cámara, mientras los eunucos aplaudían y cantaban en griego con acompañamiento musical: "¡Ha vivido su vida, ha vivido su vida!". **9.** De este modo, Pacuvio se hacía enterrar todos los días. Sin embargo, hagamos por un buen motivo lo que él solía hacer por un motivo degradado; vayamos a dormir con alegría y regocijo; digamos:

He vivido; el curso que la fortuna me marcó
Está terminado.[56]

Y si Dios se complace en añadir otro día, debemos acogerlo con alegría. Es más feliz y está más seguro de sí mismo el hombre que puede esperar el día siguiente sin aprensión. Cuando un

---

[54] Es decir, de la luz y las tinieblas

[55] El *usus* era el mero disfrute de una propiedad; el *dominium* era el derecho exclusivo a su control. La posesión durante uno o dos años confería la propiedad. Véase Leage, Derecho privado romano, págs. 133, 152 y 164. Aunque Pacuvio fue gobernador tanto tiempo que la provincia parecía pertenecerle, sabía que podía morir cualquier día.

[56] Virgilio, Eneida, iv. 653

hombre ha dicho: "¡He vivido!", cada mañana que se levanta recibe una gratificación.

10. Pero ahora debo cerrar mi carta. "¿Qué?", dirás; "¿me llegará sin alguna pequeña ofrenda?". No temas; algo trae, más que algo, mucho. Pues qué hay más noble que el siguiente dicho[57] del que hago portadora a esta carta: "Está mal vivir bajo coacción; pero ningún hombre está obligado a vivir bajo coacción". Por supuesto que no. Por todas partes hay muchos caminos cortos y sencillos hacia la libertad; y demos gracias a Dios de que ningún hombre puede ser retenido en la vida. Podemos desdeñar las mismas restricciones que nos retienen.

11. "Epicuro", replicas, "pronunció estas palabras; ¿qué haces tú con la propiedad ajena?". Cualquier verdad, sostengo, es de mi propiedad. Y seguiré amontonando citas de Epicuro sobre ti, para que todas las personas que juran por las palabras de otro, y dan valor al hablante y no a la cosa hablada, entiendan que las mejores ideas son propiedad común. Adiós.

---

[57] Epicurus, Sprüche, 9 Wokte

XIII. Sobre los temores infundados

1. Sé que te sobra espíritu; porque aun antes de que empezaras a equiparte con máximas sanas y potentes para vencer los obstáculos, te enorgullecías de tu contienda con la fortuna; y esto es tanto más cierto, ahora que has luchado con la fortuna y has puesto a prueba tus poderes. Porque nuestros poderes nunca pueden inspirarnos una fe implícita en nosotros mismos, excepto cuando muchas dificultades nos han enfrentado por un lado y por otro, y ocasionalmente incluso han llegado a cuerpo a cuerpo con nosotros. Sólo así puede ponerse a prueba el verdadero espíritu, -el espíritu que nunca consentirá en someterse a la jurisdicción de cosas externas a nosotros mismos. **2.** El único competidor que puede entrar con confianza en las listas es el hombre que ha visto su propia sangre, que ha sentido el ruido de sus dientes bajo el puño de su adversario, que ha sido zancadilleado y ha sentido toda la fuerza de la carga de su adversario, que ha sido abatido en cuerpo pero no en espíritu, uno que, tan a menudo como cae, se levanta de nuevo con mayor desafío que nunca. **3.** Así, pues, para seguir con mi figura, la fortuna te ha vencido a menudo en el pasado, pero tú no te has rendido, sino que has saltado y te has mantenido firme con más ahínco aún. Pues la hombría gana mucha fuerza al ser desafiada; no obstante, si lo apruebas, permíteme ofrecerte algunas salvaguardas adicionales con las que puedes fortificarte.

4. Hay más cosas, Lucilio, susceptibles de asustarnos que de aplastarnos; sufrimos más a menudo en la imaginación que en la realidad. No estoy hablando contigo en el estilo estoico, sino en mi estilo más suave. Porque es nuestra moda estoica hablar de todas esas cosas, que provocan gritos y gemidos, como sin importancia y sin importancia; pero tú y yo debemos dejar de lado esas palabras que suenan tan grandes, aunque, Dios sabe, son bastante ciertas. Lo que les aconsejo es que no se sientan desdichados antes de que llegue la crisis; pues puede ser que los peligros ante los cuales palidezcas como si les amenazaran, no lleguen nunca sobre vosotros; ciertamente no han llegado todavía. **5.** En consecuencia, algunas cosas nos atormentan más de lo debido; otras nos atormentan antes de lo debido; y otras nos atormentan cuando no deberían atormentarnos en absoluto. Tenemos la costumbre de exagerar, imaginar o anticipar el dolor.

La primera de estas tres faltas[58] puede ser pospuesta por el momento, porque el tema está en discusión y el caso está todavía en los tribunales, por así decirlo. Lo que yo llamaría insignificante, tú sostendrás que es de lo más grave; porque, por supuesto, sé que algunos hombres se ríen mientras son azotados, y que otros hacen muecas de dolor ante una bofetada en la oreja. Consideraremos más adelante si estos males derivan su poder de su propia fuerza, o de nuestra propia debilidad.

6. Hazme el favor, cuando los hombres te rodeen y traten de convencerte de que eres infeliz, de considerar no lo que oyes sino lo que tú mismo sientes, y de asesorarte con tus sentimientos y cuestionarte independientemente, porque tú conoces tus propios asuntos mejor que nadie. Pregúntate: "¿Hay alguna razón por la que estas personas deban compadecerse de mí? ¿Por qué deberían preocuparse o incluso temer alguna infección de mi parte, como si los problemas pudieran transmitirse? ¿Hay algún mal en ello, o se trata simplemente de una mala fama, más que de un mal?". Hazte voluntariamente la pregunta: "¿Estoy atormentado sin razón suficiente, estoy malhumorado, y convierto lo que no es un mal en lo que es un mal?". **7.** Puedes replicar con la pregunta: "¿Cómo voy a saber si mis sufrimientos son reales o

---

[58] Séneca descarta el tema de los "males exagerados", porque los juicios difieren en cuanto a los problemas presentes; los estoicos, por ejemplo, no admitían que la tortura fuera un mal en absoluto. Luego pasa al tema de los "males imaginarios", §§ 6-7, y después a los "males anticipados", §§ 8-11. A partir del § 12, trata el tema de los "males imaginarios", §§ 11. A partir del § 12 se ocupa tanto de los males imaginarios como de los anticipados.

imaginarios?". He aquí la regla para tales cuestiones: Somos atormentados o por las cosas presentes, o por las cosas futuras, o por ambas. En cuanto a las cosas presentes, la decisión es fácil. Supongamos que tu persona goza de libertad y salud, y que no sufres ningún daño externo. En cuanto a lo que pueda sucederle en el futuro, lo veremos más adelante. Hoy no le pasa nada. **8.** "Pero", dices, "algo le pasará". En primer lugar, considera si tus pruebas de problemas futuros son seguras. Porque es más frecuente que nos perturben nuestras aprensiones, y que nos burle ese burlador, el rumor, que suele resolver las guerras, pero mucho más a menudo resuelve a los individuos. Sí, mi querido Lucilio; estamos de acuerdo demasiado rápido con lo que la gente dice. No ponemos a prueba las cosas que nos causan miedo; no las examinamos; nos acobardamos y nos retiramos como soldados que se ven obligados a abandonar su campamento a causa de una nube de polvo levantada por el ganado en estampida, o que entran en pánico por la propagación de algún rumor no autentificado. **9.** Y, de un modo u otro, lo que más nos perturba es el rumor ocioso. Porque la verdad tiene sus propios límites definidos, pero lo que surge de la incertidumbre se entrega a las conjeturas y a la licencia irresponsable de una mente asustada. Por eso ningún miedo es tan ruinoso e incontrolable como el miedo al pánico. Porque otros miedos son infundados, pero este miedo no tiene sentido.

10. Analicemos, pues, detenidamente el asunto. Es probable que nos sobrevengan algunos problemas; pero no es un hecho presente. ¡Cuántas veces ha sucedido lo inesperado! ¡Cuántas veces no ha sucedido lo esperado! Y aunque esté previsto que así sea, ¿de qué te sirve salir corriendo al encuentro de tu sufrimiento? Sufrirás pronto, cuando llegue; así que espera mientras tanto, cosas mejores. **11.** ¿Qué ganarás haciendo esto? El tiempo. Habrá muchos acontecimientos mientras tanto que servirán para posponer, o terminar, o pasar a otra persona, las pruebas que están cerca o incluso en tu propia presencia. Un incendio ha abierto el camino a la huida. Una catástrofe ha abatido suavemente a los hombres. A veces la espada se ha detenido incluso en la garganta de la víctima. Hombres han sobrevivido a sus propios verdugos. Incluso la mala fortuna es voluble. Tal vez llegue, tal vez no; mientras tanto, no. Así que espera cosas mejores.

12. La mente a veces se inventa falsas formas de maldad cuando no hay signos que apunten a ninguna maldad; tergiversa en la peor construcción alguna palabra de significado dudoso; o se imagina que algún rencor personal es más serio de lo que realmente es, considerando no cuán enojado está el enemigo, sino hasta dónde puede llegar si está enojado. Pero la vida no vale la pena de ser vivida, y no hay límite para nuestras penas, si consentimos nuestros temores en la mayor medida posible; en este asunto, deja que la prudencia te ayude, y desprecia con espíritu resuelto incluso cuando esté a la vista. Si no puedes hacer esto, contrarresta una debilidad con otra, y templa tu miedo con esperanza. No hay nada tan cierto entre estos objetos del temor que no sea más cierto aún que las cosas que tememos se hunden en la nada y que las cosas que esperamos se burlan de nosotros.

13. En consecuencia, sopesa cuidadosamente tus esperanzas así como tus temores, y siempre que todos los elementos estén en duda, decide a tu favor; cree lo que prefieras. Y si el temor gana la mayoría de los votos, inclínate de todos modos en la otra dirección, y deja de atormentar tu alma, reflexionando continuamente que la mayoría de los mortales, aun cuando no se avecinan problemas o no se esperan ciertamente en el futuro, se excitan y se inquietan. Nadie se detiene a sí mismo, cuando comienza a ser urgido hacia adelante; ni regula su alarma de acuerdo con la verdad. Nadie dice: "El autor de la historia es un tonto, y el que la ha creído es un tonto, así como el que la fabricó". Nos dejamos llevar por cada brisa; nos asustamos ante las incertidumbres, como si fueran ciertas. No observamos moderación alguna. La cosa más insignificante desequilibra la balanza y nos sume de inmediato en el pánico.

14. Pero me avergüenzo tanto de amonestaros severamente como de intentar seduciros con remedios tan suaves.[59] Que diga otro: "Quizá no ocurra lo peor". Tú mismo debes decir: "Bueno, ¿y si ocurre? ¡A ver quién gana! Tal vez ocurra por mi bien; puede ser que una muerte así arroje crédito sobre mi vida." Sócrates se ennobleció con el trago de cicuta. Arranca de la mano de Catón su espada, vindicadora de la libertad, y le privaréis de la mayor parte de su gloria. **15.** Los estoy exhortando demasiado tiempo, ya que necesitáis recordatorios más que exhortaciones. El camino por el que les conduzco no es distinto del que los lleva su naturaleza; naciste para una conducta como la que describo. De ahí que con mayor razón debas aumentar y embellecer el bien que hay en ti.

16. Pero ahora, para cerrar mi carta, sólo tengo que estampar en ella el sello acostumbrado, es decir, comprometer en ella algún noble mensaje para que te sea entregado: "El necio, con todos sus otros defectos, tiene también éste: siempre está preparándose para vivir".[60] Reflexiona, mi estimado Lucilio, lo que significa este dicho, y verás cuán repugnante es la inconstancia de los hombres que ponen cada día nuevos cimientos de vida, y comienzan a edificar nuevas esperanzas aun al borde de la tumba. **17.** Busca en tu interior ejemplos individuales; pensaras en ancianos que se preparan en ese mismo momento para una carrera política, o para viajar, o para los negocios. ¿Y qué hay más vil que prepararse para vivir cuando ya se es viejo? No debería nombrar al autor de este lema, salvo que es algo desconocido para la fama y no es uno de esos dichos populares de Epicuro que me he permitido alabar y apropiarme. Adiós.

---

[59] Cf. καί με κωτίλλοντα λείως τραχὺν ἐκφανεῖ νόον de Solón.
[60] Epicuro, Frag. 494 Usener.

XIV. Sobre las razones para retirarse del mundo

1. Confieso que todos tenemos un afecto innato por nuestro cuerpo; confieso que se nos ha confiado su custodia. No sostengo que el cuerpo no deba ser complacido en absoluto; pero sostengo que no debemos ser esclavos de él. Tendrá muchos amos quien haga de su cuerpo su amo, quien sea excesivamente temeroso en su favor, quien juzgue todo según el cuerpo. **2.** No debemos comportarnos como si tuviéramos que vivir para el cuerpo, sino como si no pudiéramos vivir sin él. Nuestro excesivo amor por él nos inquieta con temores, nos carga de preocupaciones y nos expone a insultos. La virtud es demasiado barata para el hombre que estima demasiado su cuerpo. Debemos cuidar el cuerpo con el mayor esmero; pero también debemos estar preparados, cuando la razón, el amor propio y el deber exijan el sacrificio, para entregarlo incluso a las llamas.

3. Evitemos, sin embargo, en la medida de lo posible, tanto las incomodidades como los peligros, y retirémonos a terreno seguro, pensando continuamente cómo podemos repeler todos los objetos de temor. Si no me equivoco, hay tres clases principales de éstos: tememos la necesidad, tememos la enfermedad, y tememos las molestias que resultan de la violencia del más fuerte. **4.** Y de todos ellos, el que más nos estremece es el temor que nos inspira el ascenso de nuestro vecino, pues va acompañado de gran clamor y alboroto. Pero los males naturales que he mencionado, la necesidad y la enfermedad, se abaten sobre nosotros silenciosamente, sin causar terror ni a los ojos ni a los oídos. El otro tipo de mal viene, por así decirlo, en forma de un gran desfile. Lo rodea un séquito de espadas y fuego y cadenas y una turba de bestias a las que se suelta sobre las entrañas destripadas de los hombres. **5.** Imagínate bajo este título la prisión, la cruz, el potro, el gancho y la estaca que atraviesan a un hombre hasta que sobresale de su garganta. Piensa en los miembros humanos despedazados por carros conducidos en direcciones opuestas, en la terrible camisa embadurnada y entretejida con materiales inflamables, y en todos los demás artificios ideados por la crueldad, además de los que he mencionado. [61] **6.** No es de extrañar, pues, que nuestro mayor terror sea semejante destino; porque se presenta bajo muchas formas y su parafernalia es aterradora. Porque, así como el torturador logra más en proporción al número de instrumentos que despliega, - de hecho, el espectáculo vence a aquellos que habrían soportado pacientemente el sufrimiento-, de manera similar, de todas las agencias que coaccionan y dominan nuestras mentes, las más efectivas son aquellas que pueden hacer una exhibición. Esas otras molestias no son, por supuesto, menos graves; me refiero al hambre, la sed, las úlceras de estómago y la fiebre que reseca nuestras entrañas. Son, sin embargo, secretas; no tienen bravatas ni pregones; pero éstas, como inmensas huestes de guerra, prevalecen en virtud de su despliegue y su equipo.

7. Procuremos, pues, abstenernos de ofender. A veces es al pueblo a quien debemos temer; o a veces a un cuerpo de oligarcas influyentes en el Senado, si el método de gobernar el Estado es tal que la mayor parte de los asuntos los hace ese cuerpo; y a veces a individuos dotados de poder por el pueblo y contra el pueblo. Es gravoso mantener la amistad de todas esas personas; basta con no enemistarse con ellas. Por eso el hombre sabio nunca provocará la cólera de los que están en el poder; es más, incluso desviará su rumbo, precisamente como se apartaría de una tempestad si gobernara un barco. **8.** Cuando viajaste a Sicilia, cruzaste el Estrecho. El piloto temerario despreció el fuerte viento del sur, el viento que agita el mar de Sicilia y lo fuerza a corrientes agitadas; no buscó la orilla de la izquierda,[62] sino la orilla junto al lugar donde Caribdis confunde

---

[61] Cf. Tácito, Anales, xv. 44, donde se describen las torturas infligidas a los cristianos.

[62] Escila era una roca del lado italiano del Estrecho. Caribdis era un remolino en el lado siciliano. Servius en Virgilio, Eneida, iii, 420 define el dextrum como la orilla "a la derecha de los que vienen del mar

los mares. Tu piloto más cuidadoso, sin embargo, pregunta a los que conocen la localidad sobre las mareas y el significado de las nubes; mantiene su rumbo lejos de esa región notoria por sus aguas arremolinadas. Nuestro hombre sabio hace lo mismo; rehúye a un hombre fuerte que puede serle perjudicial, haciendo un punto para no parecer que lo evita, porque una parte importante de la seguridad de uno radica en no buscar la seguridad abiertamente; porque lo que uno evita, lo condena.

9. Por lo tanto, debemos mirar a nuestro alrededor y ver cómo podemos protegernos de la turba. En primer lugar, no debemos tener ansias como las suyas, pues la rivalidad conduce a la contienda. Además, no poseamos nada que pueda sernos arrebatado en beneficio de un enemigo conspirador. Que haya tan poco botín como sea posible en tu persona. Nadie se propone derramar la sangre de sus semejantes por derramar sangre, al menos muy pocos. Son más los asesinos que especulan con sus ganancias que los que dan rienda suelta al odio. Si vas con las manos vacías, el salteador de caminos pasa de largo; incluso por un camino infestado, el pobre puede viajar en paz.[63] **10.** A continuación, debemos seguir el viejo adagio y evitar tres cosas con especial cuidado: el odio, los celos y el desprecio. Y sólo la sabiduría puede mostrarte cómo hacerlo. Es difícil observar un término medio; debemos guardarnos de dejar que el miedo a los celos nos lleve a convertirnos en objetos de desprecio, no sea que, cuando decidimos no pisotear a otros, les dejemos pensar que pueden pisotearnos a nosotros. El poder de inspirar temor ha causado miedo a muchos hombres.[64] Retirémonos en todos los sentidos; porque es tan perjudicial ser despreciado como ser admirado.

Jónico".
[63] Cf. Juvenal, x. 22 cantabit vacuus coram latrone viator.
[64] Cf. el proverbio necesse est multos timeat quem multi timent, que se encuentra en Séneca, de Ira, ii. 11. 4 a menudo en otros lugares. 4 y a menudo en otros lugares.

11. Por lo tanto, uno debe refugiarse en la filosofía; esta búsqueda, no sólo a los ojos de los hombres buenos, sino también a los ojos de aquellos que son incluso moderadamente malos, es una especie de emblema protector.[65] Porque la oratoria en el bar, o cualquier otra actividad que reclame la atención de la gente, gana enemigos para un hombre; pero la filosofía es pacífica y se ocupa de sus propios asuntos. Los hombres no pueden despreciarla; es honrada por todas las profesiones, incluso por las más viles. El mal nunca podrá crecer tan fuerte, y la nobleza de carácter nunca podrá ser tan conspirada contra ella, que el nombre de la filosofía deje de ser venerado y sagrado.

La filosofía en sí, sin embargo, debe practicarse con calma y moderación. **12.** "Muy bien, entonces", replicas, "¿consideras moderada la filosofía de Marco Catón? La voz de Catón se esforzó por detener una guerra civil. Catón separó las espadas de caudillos enloquecidos. Cuando unos se enemistaron con Pompeyo y otros con César, Catón desafió a ambos partidos a la vez." **13.** Sin embargo, cabe preguntarse si, en aquellos tiempos, un hombre sabio debería haber tomado parte en los asuntos públicos, y preguntarse: "¿Qué quieres decir, Marco Catón? No se trata ahora de libertad; hace tiempo que la libertad se ha ido al traste y a la ruina. La cuestión es si es César o Pompeyo quien controla el Estado. ¿Por qué?, ¿Catón, deberías tomar partido en esa disputa? No es asunto tuyo; se está eligiendo a un tirano. ¿Qué te importa quién venza? Puede que gane el mejor; pero el vencedor está destinado a ser el peor". [66] Me he referido al papel final de Catón. Pero ni siquiera en los años anteriores se permitía al sabio intervenir en semejante saqueo del Estado; pues ¿qué podía hacer Catón sino levantar la voz y pronunciar palabras inútiles? En una ocasión fue "apresado" por la muchedumbre y escupido y sacado a la fuerza del foro y

---

[65] Literalmente, "es tan bueno como un filete (de sacerdote)".
[66] Cf. Tac. Hist. i. 50 inter duos quorum bello solum id scires, deteriorem fore vicisset.

marcado para el exilio; en otra, fue llevado directamente a prisión desde la cámara del Senado.

14. Sin embargo, consideraremos más adelante[67] si el hombre sabio debe prestar su atención a la política; mientras tanto, te ruego que consideres a aquellos estoicos que, apartados de la vida pública, se han retirado a la intimidad con el propósito de mejorar la existencia de los hombres y de elaborar leyes para el género humano sin incurrir en el desagrado de quienes detentan el poder. El hombre sabio no trastornará las costumbres de la gente, ni llamará la atención del populacho con formas de vida novedosas.

15. "¿Entonces qué? ¿Puede alguien que sigue este plan estar seguro en cualquier caso?" No puedo garantizarte esto más de lo que puedo garantizar la buena salud en el caso de un hombre que observa la moderación; aunque, de hecho, la buena salud resulta de tal moderación. A veces un barco perece en el puerto, pero ¿qué crees que ocurre en alta mar? Y ¡cuánto más acosado por el peligro estaría el hombre, que ni siquiera en su ocio está seguro, si trabajara afanosamente en muchas cosas! A veces perecen inocentes; ¿quién lo niega? Pero los culpables perecen con más frecuencia. La habilidad de un soldado no es culpable si recibe el golpe de la muerte a través de su armadura.

16. Y finalmente, el hombre sabio considera la razón de todas sus acciones, pero no los resultados. El principio está en nuestro poder; la fortuna decide la cuestión, pero no le permito que dicte sentencia sobre mí mismo. Tú dirás: "Pero ella puede infligir una medida de sufrimiento y de problemas". El salteador de caminos no dicta sentencia cuando mata.

17. Ahora estás extendiendo tu mano para el regalo diario. De oro, en verdad, será el regalo con el que te cargaré; y, ya que hemos mencionado el oro, permíteme decirte cómo su uso y disfrute pueden traerte mayor placer. "El que menos necesita

---

[67] Véase, por ejemplo, la Carta xxii.

riquezas, más disfruta de ellas".[68] "¡Nombre del autor, por favor!", dirás. Ahora, para mostrarte cuán generoso soy, es mi intención elogiar los dictados de otras escuelas. La frase pertenece a Epicuro, o a Metrodoro, o a alguno de ese particular taller de pensamiento. **18.** Pero, ¿qué importa quién pronunció las palabras? Fueron pronunciadas para el mundo. Quien anhela las riquezas siente temor por ellas. Ningún hombre, sin embargo, disfruta de una bendición que trae ansiedad; siempre está tratando de añadir un poco más. Mientras se pregunta cómo aumentar su riqueza, se olvida de cómo usarla. Recoge sus cuentas, gasta el pavimento del foro, da la vuelta a su libro de cuentas,[69] - en resumen, deja de ser amo y se convierte en mayordomo. Adiós.

---

[68] Epicuro, Ep. iii. p. 63. 19 Usener
[69] Llamado kalendarium porque los intereses se calculaban según las calendas de cada mes.

XV. Sobre los músculos y el cerebro

1. Los antiguos romanos tenían una costumbre que ha sobrevivido incluso durante mi vida. Añadían a las palabras iniciales de una carta: "Si tú estás bien, está bien; yo también estoy bien". Las personas como nosotros haríamos bien en decir: "Si estás estudiando filosofía, está bien". Porque esto es precisamente lo que significa "estar bien". Sin filosofía la mente es enfermiza, y también el cuerpo, aunque sea muy poderoso, es fuerte sólo como es fuerte el de un loco o un lunático. **2.** Esta es, pues, la clase de salud que debes cultivar en primer lugar; la otra clase de salud viene en segundo lugar, e implicará poco esfuerzo, si deseas estar bien físicamente. En efecto, querido Lucilio, es insensato y muy impropio de un hombre cultivado esforzarse en desarrollar los músculos, ensanchar los hombros y fortalecer los pulmones. Porque aunque tu alimentación pesada produzca buenos resultados y tus tendones crezcan sólidos, nunca podrás estar a la altura, ni en fuerza ni en peso, de un toro de primera clase. Además, al sobrecargar el cuerpo con comida, estrangulas el alma y la haces menos activa. En consecuencia, limita la carne tanto como sea posible, y deja libre juego al espíritu. **3.** Muchos inconvenientes acechan a quienes se dedican a tales aficiones. En primer lugar, tienen sus ejercicios, en los que deben trabajar y gastar su fuerza vital y hacerla menos apta para soportar un esfuerzo o los estudios más severos. En segundo lugar, su agudo filo se embota con la comida pesada. Además, deben obedecer órdenes de esclavos de la más vil calaña, hombres que alternan entre el frasco de aceite[70] y la jarra, cuyo día pasa satisfactoriamente si han sudado bien y bebido, para compensar lo que han perdido en sudor, grandes tragos de licor que se hundirán más a causa de su ayuno. Beber y sudar, ¡es la vida de un dispéptico! [71]

---

[70] Es decir, el ring de los premios; los contendientes se frotaban con aceite antes de comenzar el combate.
[71] Cardiacus significaba, según Plinio, N. H. xxiii. 1. 24, una especie de dispepsia acompañada de fiebre y sudoración. Compárese el hombre

4. Ahora bien, hay ejercicios cortos y sencillos que cansan el cuerpo rápidamente, y así nos ahorran tiempo; y el tiempo es algo que debemos tener muy en cuenta. Estos ejercicios son correr, blandir pesas, y saltar, - salto de altura o salto ancho, o el tipo que puedo llamar, "la danza del sacerdote",[72] o, en términos despectivos, "el salto del limpiador de ropa". [73] Elige para practicar cualquiera de ellos y te resultará sencillo y fácil. **5.** Pero hagas lo que hagas, vuelve pronto del cuerpo a la mente. La mente debe ejercitarse tanto de día como de noche, ya que se nutre de un trabajo moderado; y esta forma de ejercicio no tiene por qué verse obstaculizada por el frío o el calor, o incluso por la vejez. Cultiva ese bien que mejora con los años. **6.** Por supuesto que no te ordeno que estés siempre inclinado sobre tus libros y tus materiales de escritura; la mente debe tener un cambio, - pero un cambio de tal tipo que no la desconcierte, sino que simplemente no la doblegue. Montar en litera sacude el cuerpo, y no interfiere con el estudio; uno puede leer, dictar, conversar o escuchar a otro; ni caminar impide ninguna de estas cosas.

7. No tienes por qué despreciar la cultura de la voz; pero te prohíbo que practiques subir y bajar la voz mediante escalas y entonaciones específicas. ¿Y si a continuación te propones tomar lecciones de marcha? Si consultas a la clase de persona a quien la inanición ha enseñado nuevos trucos, tendras a alguien que regule vuestros pasos, vigile cada bocado mientras comes, y llegue hasta donde tu mismo, soportándolo y creyendo en él, has animado a su descaro a llegar. "¿Qué, pues?", preguntarás; "¿mi voz ha de comenzar desde el principio con gritos y esforzando los pulmones al máximo?". No; lo natural es que se eleve a tal tono por etapas fáciles, lo mismo que las personas

---

de Juvenal v. 32, que no envía una cucharada de vino a un amigo enfermo de esta dolencia.

[72] Su nombre proviene de los Salii, o sacerdotes saltadores de Marte.

[73] El batanero, o lavandero, limpiaba la ropa saltando y zapateando sobre ella en la bañera.

que riñen comienzan con tonos ordinarios de conversación y luego pasan a gritar a pleno pulmón. Ningún orador grita "¡Ayudenme, ciudadanos!" al comienzo de su discurso. 8. 8. Por lo tanto, siempre que el impulso de tu espíritu te lo pida, levanta una algarabía, ahora en tonos más altos, ahora en tonos más suaves, de acuerdo con lo que tu voz, así como tu espíritu, te sugieran, cuando te sientas movido a tal actuación. Entonces, cuando la frenes y la llames de vuelta a la tierra, deja que tu voz descienda suavemente, no que se desplome; debe seguir en tonos a medio camino entre el alto y el bajo, y no debe caer abruptamente de su delirio a la manera grosera de los campesinos. Nuestro propósito no es ejercitar la voz, sino hacer que ella nos ejercite a nosotros.

9. Ya ves, te he aliviado de una molestia no pequeña; y voy a lanzar en un pequeño regalo complementario, - es griego, también. Aquí está el proverbio; es excelente: "La vida del tonto está vacía de gratitud y llena de temores; su curso se dirige totalmente hacia el futuro." "¿Quién pronunció estas palabras?", dirás. El mismo escritor que he mencionado antes.[74] ¿Y qué clase de vida crees que significa la vida del tonto? ¿La de Baba e Isio?[75] No; se refiere a la nuestra, pues estamos sumidos por nuestros ciegos deseos en empresas que nos perjudicarán, pero que ciertamente nunca nos satisfarán; pues si pudiéramos estar satisfechos con algo, ya lo estaríamos desde hace mucho tiempo; ni reflexionamos en lo agradable que es no exigir nada, en lo noble que es estar contento y no depender de la Fortuna. **10.** Por tanto, recuerda continuamente, Lucilio, cuántas ambiciones has alcanzado. Cuando veas muchas delante de ti, ¡piensa cuántas hay detrás! Si quisieras dar gracias a los dioses y estar agradecido por tu vida pasada, deberías contemplar a cuántos hombres has aventajado. Pero, ¿qué tienes que hacer con los demás? Te has superado a ti mismo.

---

[74] Epicuro, Frag. 491 Usener
[75] Tontos de la corte de la época.

11. Fija un límite que ni siquiera desearás traspasar, si tienes el poder. Por fin, entonces, ¡alejate de todos estos bienes traicioneros! Parecen mejores a los que los esperan que a los que los han alcanzado. Si hubiera algo sustancial en ellos, tarde o temprano te satisfacerían; tal como están las cosas, sólo despiertan la sed de los bebedores. ¡Fuera fruslerías que sólo sirven para el espectáculo! En cuanto a lo que me depara la incierta suerte del futuro, ¿por qué he de exigir a la fortuna que me dé, en vez de exigirme a mí mismo que no ansíe? ¿Y por qué he de anhelar? ¿He de amontonar mis ganancias y olvidar que la suerte del hombre es insustancial? ¿Con qué fin he de afanarme? Lo, hoy es el último; si no, está cerca del último. Adios.

XVI. Sobre la filosofía, guía de la vida

1. Estoy seguro de que tienes claro, Lucilio, que ningún hombre puede vivir una vida feliz, ni siquiera una vida soportable, sin el estudio de la sabiduría; sabes también que la vida feliz se alcanza cuando nuestra sabiduría se lleva a término, pero que la vida es al menos soportable incluso cuando nuestra sabiduría no ha hecho más que empezar. Esta idea, sin embargo, por clara que sea, debe ser fortalecida e implantada más profundamente por la reflexión diaria; es más importante para ti mantener las resoluciones que ya has tomado que seguir adelante y hacer otras nobles. Debes perseverar, debes desarrollar nuevas fuerzas mediante el estudio continuo, hasta que aquello que es sólo una buena inclinación se convierta en un buen propósito establecido. **2.** De ahí que ya no necesites venir a mí con mucha palabrería y protestas; sé que has hecho grandes progresos. Comprendo los sentimientos que impulsan tus palabras; no son palabras fingidas ni engañosas. Sin embargo, le diré lo que pienso: que por el momento tengo esperanzas en usted, pero no una confianza perfecta. Y desearía que usted adoptara la misma actitud respecto a sí mismo; no hay razón para que deposite su confianza en usted con demasiada rapidez y presteza. Examínate; escudríñate y obsérvate de diversas maneras; pero fíjate, antes que nada, si es en la filosofía o simplemente en la vida misma[76] en lo que has progresado. **3.** La filosofía no es un truco para atrapar al público; no está concebida para el espectáculo. No se trata de palabras, sino de hechos. No se persigue para que el día produzca alguna diversión antes de que se acabe, o para que nuestro ocio se vea aliviado de un tedio que nos irrita. Moldea y construye el alma; ordena nuestra vida, guía nuestra conducta, nos muestra lo que debemos hacer y lo que debemos dejar de hacer; se sienta al timón y dirige nuestro rumbo cuando vacilamos en medio de incertidumbres. Sin ella, nadie puede vivir sin miedo ni en paz.

---

[76] Es decir, simplemente han avanzado en años.

Son innumerables las cosas que suceden cada hora que exigen consejo; y ese consejo hay que buscarlo en la filosofía.

4. Quizás alguien diga: "¿Cómo puede ayudarme la filosofía, si existe el Destino? ¿De qué sirve la filosofía si Dios gobierna el universo? ¿De qué sirve, si el Azar lo gobierna todo? Porque no sólo es imposible cambiar las cosas que están determinadas, sino que también es imposible planear de antemano contra lo que es indeterminado; o Dios se ha adelantado a mis planes, y ha decidido lo que he de hacer, o bien la fortuna no da libre juego a mis planes." **5.** Ya sea que el destino nos ate por una ley inexorable, ya sea que Dios, como árbitro del universo, haya dispuesto todo, ya sea que el Azar conduzca y sacuda los asuntos humanos sin método, la filosofía debe ser nuestra defensa. Ella nos animará a obedecer a Dios alegremente, pero a la Fortuna desafiantemente; nos enseñará a seguir a Dios y a soportar el Azar. **6.** Pero no es mi propósito ahora entrar en una discusión sobre lo que está bajo nuestro propio control, - si la presciencia es suprema, o si una cadena de acontecimientos predestinados nos arrastra en sus garras, o si lo repentino y lo inesperado juegan el tirano sobre nosotros; vuelvo ahora a mi advertencia y mi exhortación, que no debes permitir que el impulso de tu espíritu se debilite y se enfríe. Aférrate a él y establécelo firmemente, para que lo que ahora es impulso se convierta en un hábito de la mente.

7. Si te conozco bien, ya has estado tratando de averiguar, desde el principio de mi carta, qué pequeña contribución te aporta. Criba la carta y la encontrarás. No tienes por qué asombrarte de ninguna genialidad mía; pues hasta ahora sólo soy pródigo en bienes ajenos. - Pero, ¿por qué he dicho "otros hombres"? Cualquier cosa bien dicha por cualquiera es mía. - Este también es un dicho de Epicuro:[77] "Si vives según la naturaleza, nunca serás pobre; si vives según la opinión, nunca serás rico." **8.** Las necesidades de la naturaleza son escasas; las

---

[77] Frag. 201 Usener.

exigencias de la opinión son ilimitadas. Supón que la propiedad de muchos millonarios se amontona en tu posesión. Supones que la fortuna te lleva mucho más allá de los límites de una renta privada, os adorna con oro, os viste de púrpura, y te lleva a tal grado de lujo y riqueza que puedes enterrar la tierra bajo tus suelos de mármol; que no sólo puedes poseer, sino pisar, riquezas. Añade estatuas, pinturas y todo lo que cualquier arte haya ideado para la satisfacción del lujo; sólo aprenderás de tales cosas a anhelar aún más.

9. Los deseos naturales son limitados; pero los que brotan de la falsa opinión no pueden tener punto de parada. Lo falso no tiene límites. Cuando viajas por un camino, debe haber un fin; pero cuando estás extraviado, tus andanzas no tienen límites. Recuerda, pues, tus pasos desde las cosas ociosas, y cuando quieras saber si lo que buscas se basa en un deseo natural o engañoso, considera si puede detenerse en algún punto definido. Si después de haber viajado lejos, descubres que siempre hay una meta más lejana a la vista, puedes estar seguro de que esta condición es contraria a la naturaleza. Adiós.

XVII. Sobre filosofía y riqueza

1. Desecha todo lo que sea de esa clase, si eres sabio; mejor dicho, para que seas sabio; esfuérzate por tener una mente sana a toda velocidad y con todas tus fuerzas. Si alguna atadura te detiene, desátala o córtala. "Pero", dices, "mi hacienda me retrasa; quiero disponer de ella de tal modo que me baste cuando no tenga nada que hacer, no sea que la pobreza sea una carga para mí, o yo mismo una carga para los demás." **2.** Cuando dices esto, no parece que conozcas la fuerza y el poder de ese bien que estás considerando. Ciertamente captas lo más importante, el gran beneficio que la filosofía confiere, pero aún no disciernes con precisión sus diversas funciones, ni sabes todavía cuán grande es la ayuda que recibimos de la filosofía en todo, en todas partes, -cómo, (para usar el lenguaje de Cicerón,[78]) no sólo nos ayuda en los asuntos más importantes, sino que también desciende hasta los más pequeños. Sigue mi consejo; llama a la sabiduría a consulta; ella te aconsejará que no te sientes para siempre ante tu libro de contabilidad. **3.** Sin duda, tu objeto, lo que deseas conseguir con ese aplazamiento de tus estudios, es que la pobreza no tenga que ser temida por ti. Pero, ¿y si es algo que se desea? Las riquezas han impedido a muchos alcanzar la sabiduría; la pobreza está desahogada y libre de preocupaciones. Cuando suena la trompeta, el pobre sabe que no está siendo atacado; cuando hay un grito de "¡Fuego!",[79] sólo busca una vía de escape, y no pregunta qué puede salvar; si el pobre debe hacerse a la mar, el puerto no resuena, ni los muelles bullen con el séquito de un individuo. Ninguna muchedumbre de esclavos rodea al pobre, - esclavos por cuyas bocas el amo debe codiciar las fértiles cosechas de las regiones más allá del mar. **4.** Es fácil llenar unos cuantos estómagos, cuando están bien entrenados y no ansían otra cosa que ser llenados. El hambre cuesta poco; los remilgos cuestan mucho.

---

[78] Tal vez del Hortensius; véase Müller, Frag. 98, p. 326
[79] Literalmente, "¡Agua!"

La pobreza se contenta con satisfacer las necesidades apremiantes.

¿Por qué, entonces, rechazar a la Filosofía como camarada? **5.** Incluso el hombre rico copia sus costumbres cuando está en sus cabales. Si deseas tener tiempo libre para tu mente, o bien sé un hombre pobre, o bien asemejate a un hombre pobre. El estudio no puede ser útil a menos que te esmeres en vivir con sencillez; y vivir con sencillez es pobreza voluntaria. Fuera, pues, todas las excusas del tipo: "Todavía no tengo bastante; cuando haya adquirido la cantidad deseada, entonces me dedicaré por entero a la filosofía". Y, sin embargo, este ideal, que estás aplazando y colocando en segundo lugar con respecto a otros intereses, deberías asegurarlo en primer lugar; deberías empezar por él. Tú replicas: "Deseo adquirir algo para vivir". Sí, pero aprende mientras lo adquieres; porque si algo te prohíbe vivir noblemente, nada te prohíbe morir noblemente. **6.** No hay razón para que la pobreza nos aleje de la filosofía. Porque cuando nos apresuramos a alcanzar la sabiduría, debemos soportar incluso el hambre. Los hombres han soportado el hambre cuando sus ciudades estaban sitiadas, y ¿qué otra recompensa obtuvieron por su resistencia que no caer bajo el poder del conquistador? ¡Cuánto mayor es la promesa del premio de la libertad eterna, y la seguridad de que no debemos temer ni a Dios ni a los hombres! Aunque muramos de hambre, debemos alcanzar esa meta. **7.** Los ejércitos han soportado toda clase de necesidades, han vivido de raíces y han resistido el hambre con alimentos demasiado repugnantes para mencionarlos. Todo esto lo han sufrido para ganar un reino, y, lo que es más maravilloso, para ganar un reino que será de otro. ¿Dudará alguien en soportar la pobreza para liberar su mente de la locura?

Por lo tanto, no se debe tratar de acumular riquezas primero; se puede llegar a la filosofía, sin embargo, incluso sin dinero para el viaje. **8.** Así es. Después de haber llegado a poseer todas las demás cosas, ¿desearás entonces poseer también la sabiduría?

¿Es la filosofía el último requisito de la vida, una especie de suplemento? No, tu plan debe ser éste: sé filósofo ahora, tengas o no tengas nada, pues si tienes algo, ¿cómo sabes que no tienes ya demasiado? - pero si no tienes nada, busca primero el entendimiento, antes que cualquier otra cosa. **9.** "Pero", dices, "me faltará lo necesario para vivir". En primer lugar, no te pueden faltar, porque la naturaleza exige poco, y el hombre sabio adapta sus necesidades a la naturaleza. Pero si llega la mayor pizca de necesidad, se despedirá rápidamente de la vida y dejará de ser una molestia para sí mismo. Si, por el contrario, sus medios de existencia son exiguos y escasos, sacará lo mejor de ellos, sin inquietarse ni preocuparse más que por lo estrictamente necesario; hará justicia a su vientre y a sus hombros; con espíritu libre y alegre se reirá del bullicio de los ricos y de las prisas de los que se apresuran en pos de la riqueza, **10.** y dirá: "¿Por qué posponer por tu propia voluntad tu verdadera vida a un futuro lejano? ¿Vas a esperar a que se venzan algunos intereses, o a recibir algún ingreso por tus mercancías, o a tener un lugar en el testamento de algún anciano rico, cuando puedes ser rico aquí y ahora? La sabiduría ofrece la riqueza en dinero pronto, y la paga a aquellos a cuyos ojos ha hecho superflua la riqueza." Estas observaciones se refieren a otros hombres; tú estás más cerca de la clase rica. Cambia la época en que vives y tendrás demasiado. Pero en cada época, lo que es suficiente sigue siendo lo mismo.

11. Podría terminar mi carta en este punto, si no te hubiera acostumbrado mal. Uno no puede saludar a la realeza parta sin traer un regalo; y en tu caso no puedo despedirme sin pagar un precio. Pero, ¿y qué? Tomaré prestado de Epicuro:[80] "La adquisición de riquezas ha sido para muchos hombres, no un fin, sino un cambio, de problemas." **12.** No me extraña. Porque la culpa no está en la riqueza, sino en la mente misma. Lo que había hecho de la pobreza una carga para nosotros, ha hecho de

---

[80] Frag. 479 Usener.

las riquezas también una carga. De la misma manera que importa poco si se acuesta a un enfermo en un lecho de madera o de oro, pues dondequiera que se le mueva llevará consigo su enfermedad, así no hay que preocuparse de si la mente enferma se deposita en la riqueza o en la pobreza. Su enfermedad va con el hombre. Adiós.

XVIII. Sobre las fiestas y el ayuno

1. Es el mes de diciembre, y sin embargo la ciudad está en este mismo momento en un sudor. Se da licencia al jolgorio general. Todo resuena con poderosos preparativos, ¡como si la Saturnalia difiriera en algo del día laborable habitual! Tan cierto es que la diferencia es nula, que considero correcta la observación del hombre que dijo: "Antes diciembre era un mes; ahora es un año".[81]

2. Si estuvieras conmigo, me encantaría consultarte y saber lo que crees que debería hacerse, si no deberíamos hacer ningún cambio en nuestra rutina diaria, o si, para no estar en desacuerdo con las costumbres del público, deberíamos cenar de una manera más alegre y quitarnos la toga.[82] Tal como es ahora, los romanos hemos cambiado nuestra vestimenta por el placer y las fiestas, aunque en tiempos pasados eso sólo era costumbre cuando el Estado estaba perturbado y había caído en días malos. **3.** Estoy seguro de que, si te conozco bien, jugando el papel de árbitro habrías deseado que no fuéramos ni como la multitud de[83] con gorra de la libertad en todos los sentidos, ni en todos los sentidos diferentes a ellos; a no ser, tal vez, que ésta sea precisamente la época en que debemos imponer la ley al alma, y ordenarle que se abstenga sola de los placeres justo cuando toda la muchedumbre se ha dejado llevar por los placeres; porque ésta es la prueba más segura que un hombre puede obtener de su propia constancia, si ni busca las cosas que son seductoras y le atraen al lujo, ni es llevado a ellas. **4.** Muestra mucho más valor permanecer seco y sobrio cuando la muchedumbre está ebria y vomitando; pero muestra mayor dominio de sí mismo negarse a retirarse y hacer lo que la muchedumbre hace, pero de un modo diferente, - de este modo ni se hace llamativo ni se convierte en uno de la

---

[81] Es decir, todo el año es una Saturnalia.
[82] Para un vestido de cena.
[83] El pilleus lo llevaban los esclavos recién liberados y la población romana en ocasiones festivas.

muchedumbre. Porque se puede estar de fiesta sin extravagancias.

5. Estoy tan firmemente decidido, sin embargo, a probar la constancia de tu mente que, basándome en las enseñanzas de los grandes hombres, te daré también una lección: Reserva un cierto número de días, durante los cuales te contentarás con la comida más escasa y barata, con vestidos toscos y ásperos, diciéndote mientras tanto: "¿Es ésta la condición que yo temía?". **6.** Es precisamente en los tiempos de inmunidad a los cuidados cuando el alma debe endurecerse de antemano para las ocasiones de mayor tensión, y es mientras la Fortuna es bondadosa cuando debe fortificarse contra su violencia. En días de paz, el soldado realiza maniobras, levanta terraplenes sin enemigo a la vista, y se cansa con trabajos gratuitos, a fin de estar a la altura de los trabajos inevitables. Si no quieres que un hombre se acobarde cuando llegue la crisis, entrénalo antes de que llegue. Tal es el curso que han seguido aquellos hombres[84] que, en su imitación de la pobreza, han llegado cada mes casi a la miseria, para no retroceder ante lo que tantas veces habían ensayado.

7. No hay que suponer que me refiero a comidas como las de Timón, o a "chozas de indigentes",[85] o cualquier otro artilugio que los millonarios lujosos utilizan para amenizar el tedio de sus vidas. Que el jergón sea de verdad, y la capa basta; que el pan sea duro y mugriento. Soporta todo esto durante tres o cuatro días seguidos, a veces más, para que sea una prueba para ti mismo en lugar de un mero pasatiempo. Entonces, te aseguro, mi querido Lucilio, que saltarás de alegría cuando te llenes con un penique de comida, y comprenderás que la tranquilidad de un hombre no depende de la fortuna; pues, incluso cuando está enfadada, concede lo suficiente para nuestras necesidades.

---

[84] Los epicúreos. Cf. § 9 y Epicuro, Frag. 158. Usener.
[85] Cf. Ep. c. 6 y Marcial, iii. 48

8. No hay razón, sin embargo, por la que debas pensar que estás haciendo algo grande; porque simplemente estarás haciendo lo que muchos miles de esclavos y muchos miles de hombres pobres hacen todos los días. Pero puedes estar seguro de que no lo harás por obligación, y que te será tan fácil soportarlo permanentemente como hacer el experimento de vez en cuando. Practiquemos nuestros golpes en el "muñeco";[86] intimemos con la pobreza, para que la fortuna no nos coja desprevenidos. Seremos ricos con mayor comodidad, si una vez aprendemos cuán lejos está la pobreza de ser una carga.

9. Incluso Epicuro, el maestro del placer, solía observar intervalos determinados, durante los cuales satisfacía su hambre de manera mezquina; quería ver si con ello se quedaba corto de la felicidad plena y completa, y, en caso afirmativo, en qué cantidad se quedaba corto, y si valía la pena adquirir esta cantidad al precio de un gran esfuerzo. En cualquier caso, hace tal declaración en la bien conocida carta escrita a Polyaenus en el archonship de Charinus.[87] En efecto, se jacta de que él mismo vivía con menos de un penique, pero que Metrodoro, cuyo progreso no era aún tan grande, necesitaba un penique entero. **10.** ¿Crees que puede haber plenitud con semejante comida? Sí, y también hay placer, no ese placer vacilante y fugaz que necesita un estímulo de vez en cuando, sino un placer firme y seguro. Porque, aunque el agua, la harina de cebada y las cortezas de pan de cebada no son una dieta alegre, es el mayor placer poder obtener placer de este tipo de alimentos, y haber reducido las necesidades de uno a ese mínimo que ninguna injusticia de la fortuna puede arrebatar. **11.** Incluso la comida de la prisión es más generosa; y aquellos que han sido destinados a

---

[86] El poste que utilizaban los gladiadores para prepararse para los combates en la arena.

[87] Suele identificarse con Chaerimus, 307-8 a.C. Pero Wilhelm, Öster Jahreshefte, V.136, ha demostrado que probablemente no hay confusión de nombres. Un Charinus fue arconte en Atenas en 290-89; véase Johnson, Class. Phil. ix. p. 256.

la pena capital no son alimentados tan mezquinamente por el hombre que va a ejecutarlos. Por lo tanto, ¡qué noble alma debe tener uno, para descender por propia voluntad a una dieta que incluso los que han sido condenados a muerte no tienen que temer! Esto sí que es adelantarse a los lances de la fortuna.

12. Comienza, mi querido Lucilio, a seguir la costumbre de estos hombres, y establece ciertos días en los que te retirarás de tus negocios y te acomodarás en tu casa con la comida más escasa. Establece relaciones comerciales con la pobreza.

Atrévete, oh amigo mío, a despreciar la vista de la riqueza,
Y moldéate al parentesco con tu Dios.[88]

13. Porque sólo es pariente de Dios quien ha despreciado la riqueza. Por supuesto que no te prohíbo que la poseas, pero quisiera que llegaras al punto de poseerla sin miedo; esto sólo puede lograrse persuadiéndote de que puedes vivir felizmente tanto sin ella como con ella, y considerando las riquezas siempre como susceptibles de eludirte.

14. Pero ahora debo empezar a doblar mi carta. "Resuelve tus deudas primero", gritas. Aquí hay una letra de Epicuro; él pagará la suma: "La ira incontrolada engendra locura."[89] No puedes evitar conocer la verdad de estas palabras, puesto que no sólo has tenido esclavos, sino también enemigos. **15.** Pero, en efecto, esta emoción arde contra toda clase de personas; brota del amor tanto como del odio, y se manifiesta no menos en los asuntos serios que en la broma y el deporte. Y no importa cuán importante sea la provocación, sino en qué clase de alma penetra. Lo mismo sucede con el fuego; no importa cuán grande sea la llama, sino sobre qué cae. Porque las maderas sólidas han repelido un fuego muy grande; por el contrario, las cosas secas y fácilmente inflamables alimentan la más mínima chispa hasta convertirla en una conflagración. Lo mismo sucede con la ira, mi

---

[88] Virgilio, Eneida, viii. 364 f.
[89] Frag. 484 Usener.

querido Lucilio; el resultado de una ira poderosa es la locura, y por lo tanto la ira debe ser evitada, no sólo para que podamos escapar de los excesos, sino para que podamos tener una mente sana. Adiós.

XIX. Sobre la mundanidad y el retiro

1. Salto de alegría cada vez que recibo cartas tuyas. Porque me llenan de esperanza; ya no son meras seguridades respecto a ti, sino garantías. Y le ruego y le ruego que proceda así; pues ¿qué mejor petición podría hacer a un amigo que la que debe hacerse por su propio bien? Si es posible, retírate de todos los asuntos de los que hablas; y si no puedes hacerlo, aléjate. Ya hemos disipado bastante nuestro tiempo; empecemos en la vejez a hacer las maletas. **2.** Seguramente no hay nada en esto que los hombres puedan envidiarnos. Hemos pasado nuestras vidas en alta mar; muramos en el puerto. No es que te aconseje que trates de ganar fama con tu retiro; el retiro de uno no debe ni exhibirse ni ocultarse. No oculto, digo, pues no iré tan lejos al exhortarte como para esperar que condenes a todos los hombres como locos y luego busques para ti un escondite y el olvido; más bien haz de esto tu asunto, que tu retiro no sea conspicuo, aunque debería ser obvio. **3.** En segundo lugar, mientras que aquellos cuya elección está libre de trabas desde el principio deliberarán sobre esa otra cuestión, si desean pasar sus vidas en la oscuridad, en tu caso no hay una elección libre. Tu capacidad y tu energía te han empujado al trabajo del mundo; también lo han hecho el encanto de tus escritos y las amistades que has entablado con hombres famosos y notables. El renombre ya te ha tomado por asalto. Puedes hundirte en las profundidades de la oscuridad y ocultarte por completo; sin embargo, tus actos anteriores te revelarán. **4.** No puedes seguir acechando en la oscuridad; gran parte del antiguo brillo te seguirá allá donde vueles.

Paz que puedes reclamar para ti mismo sin que nadie te desagrade, sin ningún sentimiento de pérdida y sin ninguna congoja de espíritu. Porque, ¿qué dejarás atrás que te imagines reacio a dejar? ¿Tus clientes? Pero ninguno de estos hombres te corteja por ti mismo; se limitan a cortejar algo de ti. La gente solía cazar amigos, pero ahora cazan dinero; si un anciano solitario cambia su voluntad, el llamador de la mañana se traslada a otra puerta. Las grandes cosas no pueden comprarse por pequeñas sumas; así que calcula si es preferible dejar tu verdadero yo, o simplemente algunas de tus pertenencias. **5.** Ojalá hubieras tenido el privilegio de envejecer en las circunstancias limitadas de tu origen, y que la fortuna no te hubiera elevado a tales alturas. Fuiste alejado de la vista de la vida sana por tu rápido ascenso a la prosperidad, por tu provincia, por tu posición de procurador,[90] y por todo lo que tales cosas prometen; a continuación adquirirás deberes más importantes y después de ellos aún más. ¿Y cuál será el resultado? **6.** ¿Por qué esperar a que no te quede nada que desear? Ese momento nunca llegará. Sostenemos que hay una sucesión de causas, a partir de las cuales se teje el destino; del mismo modo, puedes estar seguro, hay una sucesión en nuestros deseos; porque uno comienza donde termina su predecesor. Has sido empujado a una existencia que nunca pondrá fin por sí misma a tu miseria y a tu esclavitud. Retirad vuestro cuello irritado del yugo; es mejor que sea cortado de una vez para siempre, que flagelado para siempre. **7.** Si te retiras a la intimidad, todo será en menor escala, pero estarás satisfecho en abundancia; en tu condición actual, sin embargo, no hay satisfacción en la abundancia que se amontona sobre ti por todos lados. ¿Preferirías ser pobre y saciado, o rico y hambriento? La prosperidad no sólo es codiciosa, sino que también está expuesta a la codicia de los demás. Y mientras nada te satisfaga, tú mismo no podrás satisfacer a los demás.

8. "Pero", dirás, "¿cómo puedo pedir la baja?". Como quieras. Piensa en cuántos peligros has corrido por dinero y cuántos trabajos has hecho por un título. También debes atreverte a algo para ganar tiempo libre, o envejecer entre las preocupaciones de las procuradurías[91] en el extranjero y

---

[90] Véase la introducción, p. ix.

[91] El procurador hacía el trabajo de un cuestor en una provincia imperial. Los cargos en Roma a los que Lucilio podía suceder eran praefectus annonae, encargado del abastecimiento de grano, o

posteriormente de los deberes civiles en casa, viviendo en la agitación y en inundaciones siempre frescas de responsabilidades, que ningún hombre ha tenido éxito en evitar por la discreción o por la reclusión de la vida. ¿Qué relación tiene con el caso tu deseo personal de una vida retirada? Su posición en el mundo desea lo contrario. ¿Y si, incluso ahora, permites que esa posición aumente? Pero todo lo que se añada a tus éxitos se añadirá a tus miedos. **9.** En este punto me gustaría citar un dicho de Mecenas, que dijo la verdad cuando estaba en la cumbre misma: [92] "Hay truenos incluso en las cumbres más altas". Si me preguntan en qué libro se encuentran estas palabras, aparecen en el volumen titulado *Prometeo*.[93] Simplemente quería decir que estas elevadas cumbres tienen sus cimas rodeadas de tormentas de truenos. Pero, ¿acaso algún poder vale un precio tan alto que un hombre como tú, para obtenerlo, adoptaría un estilo tan libertino como ése?[94] Mecenas era, en efecto, un hombre de partes, que habría dejado un gran modelo a seguir para la oratoria romana, si su buena fortuna no lo hubiera hecho afeminado, es más, ¡si no lo hubiera castrado! A ti también te espera un final como el suyo, a menos que acortes inmediatamente las velas y, como Mecenas no quiso hacer hasta que fue demasiado tarde, te acerques a la orilla.

10. Este dicho de Mecenas podría haber cuadrado mi cuenta contigo; pero estoy seguro, conociéndote, de que sacarás un requerimiento contra mí, y que no estarás dispuesto a aceptar

---

praefectus urbi, director de seguridad pública, entre otros.

[92] Y por lo tanto podría hablar con autoridad en este punto

[93] Tal vez una tragedia, aunque Séneca utiliza la palabra liber para describirla. Mecenas escribió un Simposio, una obra De cultu suo, Octavia, algún verso perdido y quizá algo de historia. Véase Séneca, Epp. xcii. y ci.

[94] Séneca pretende caprichosamente suponer que el estilo literario excéntrico y la alta posición política van de la mano. Véase también la frase siguiente.

el pago de mi deuda en una moneda tan burda y degradada. Sea como fuere, recurriré al relato de Epicuro.[95] Él dice: "Debes reflexionar cuidadosamente de antemano con quién vas a comer y beber, en lugar de qué vas a comer y beber. Pues una cena de carnes sin la compañía de un amigo es como la vida de un león o de un lobo." **11.** Este privilegio no será tuyo a menos que te retires del mundo; de lo contrario, sólo tendrás como invitados a aquellos que tu esclavo-secretario[96] seleccione de entre la multitud de invitados. Sin embargo, es un error elegir a tu amigo en el salón de recepciones o ponerlo a prueba en la mesa. La desgracia más grave para un hombre ocupado y abrumado por sus posesiones es que cree que los hombres son sus amigos cuando él mismo no lo es para ellos, y que considera que sus favores son eficaces para ganar amigos, aunque, en el caso de ciertos hombres, cuanto más deben, más odian. Una deuda insignificante convierte a un hombre en su deudor; una grande, en su enemigo. **12.** "¿Qué?", dirás, "¿acaso las bondades no establecen amistades?". Lo hacen, si uno ha tenido el privilegio de elegir a quienes han de recibirlas, y si se colocan juiciosamente, en vez de ser esparcidas al voleo.

Por lo tanto, mientras empiezas a llamar a tu mente tuya, aplica entretanto esta máxima de los sabios: considera que es más importante quién recibe una cosa, qué es lo que recibe. Adiós.

---

[95] Epicuro, Frag. 542 Usener.
[96] Un esclavo que todo romano prominente tenía para identificar a los amigos y dependientes del amo.

XX. Practicar lo que se predica

1. Si gozas de buena salud y te crees digno de convertirte por fin en tu propio amo, me alegro. Pues el mérito será mío, si consigo sacarte de la inundación en que te ves zarandeado sin esperanza de salir a flote. Esto, sin embargo, mi querido Lucilio, te pido y suplico, por tu parte, que dejes que la sabiduría se hunda en tu alma, y que pruebes tu progreso, no por meros discursos o escritos, sino por la firmeza de corazón y la disminución del deseo. Prueba tus palabras con tus hechos.

2. La filosofía nos enseña a actuar, no a hablar; exige de cada hombre que viva de acuerdo con sus propias normas, que su vida no esté en desarmonía con sus palabras, y que, además, su vida interior tenga un mismo matiz y no esté en desarmonía con todas sus actividades. Este, digo, es el más alto deber y la más alta prueba de sabiduría, - que la acción y la palabra estén de acuerdo, que un hombre sea igual a sí mismo bajo todas las condiciones, y siempre el mismo.

"Pero", replicas, "¿quién puede mantener este nivel?". Muy pocos, sin duda; pero los hay. Es, en efecto, una empresa ardua, y no digo que el filósofo pueda mantener siempre el mismo ritmo. Pero siempre puede recorrer el mismo camino. **3.** Obsérvate, pues, y comprueba si tu vestido y tu casa son incoherentes, si te tratas con prodigalidad y a tu familia con mezquindad, si cenas frugalmente y, sin embargo, construyes casas lujosas. Deberías establecer, de una vez por todas, una única norma para vivir, y regular toda tu vida de acuerdo con esta norma. Algunos hombres se restringen en casa, pero se pavonean con hinchado puerto ante el público; tal discordancia es una falta, e indica una mente vacilante que aún no puede mantener el equilibrio. **4.** Y puedo deciros, además, de dónde surgen esta inestabilidad y discordancia de acción y propósito; es porque ningún hombre se resuelve sobre lo que desea, y, aunque lo haya hecho, no persiste en ello, sino que salta de pista; no sólo cambia, sino que vuelve y se desliza de nuevo a la conducta que ha abandonado y abjurado. **5.** Por lo tanto, para omitir las antiguas definiciones de sabiduría e incluir toda la forma de vida humana, puedo contentarme con lo siguiente: "¿Qué es la sabiduría? Desear siempre las mismas cosas y rechazar siempre las mismas cosas".[97] Puedes ser excusado de añadir la pequeña condición, - que lo que deseas, debe ser correcto; puesto que ningún hombre puede estar siempre satisfecho con la misma cosa, a menos que sea correcta.

6. Por esta razón los hombres no saben lo que desean, excepto en el momento mismo de desear; ningún hombre ha decidido nunca de una vez por todas desear o rechazar. El juicio varía de día en día, y cambia a lo contrario, haciendo que muchos hombres pasen su vida en una especie de juego. Prosigue, pues, como has comenzado; tal vez seas conducido a la perfección, o a un punto que sólo tú comprendas que aún está lejos de la perfección.

7. "Pero", dirás, "¿qué será de mi abarrotado hogar sin ingresos familiares?". Si dejas de mantener a esa multitud, ella se mantendrá sola; o tal vez aprenderás por la generosidad de la pobreza lo que no puedes aprender por tu propia generosidad. La pobreza conservará para ti a tus verdaderos y probados amigos; te librarás de los hombres que no te buscaban por ti mismo, sino por algo que tú tienes. ¿No es verdad, sin embargo, que debes amar la pobreza, aunque sólo sea por esta única razón: que te mostrará a aquellos por quienes eres amado? ¡Oh, cuándo llegará ese tiempo, en que nadie dirá mentiras para halagarte! **8.** En consecuencia, que tus pensamientos, tus esfuerzos, tus deseos, te ayuden a estar contento contigo mismo y con los bienes que de ti brotan; y encomienda todas tus demás oraciones a Dios. ¿Qué felicidad podría llegarte más cerca? Bájate a condiciones humildes, de las que no puedas ser expulsado; y para que puedas hacerlo con mayor presteza, la

---

[97] Séneca aplica a la sabiduría la definición de amistad, Salust, Catilina, 20. 4 idem velle atque idem nolle, ea demum firma amicitia est.

contribución contenida en esta carta se referirá a ese tema; te la concederé de inmediato.

9. Aunque mires con recelo, Epicurus[98] estará encantado de saldar una vez más mi deuda: "Créeme, tus palabras serán más imponentes si duermes en un catre y vistes harapos. Pues en ese caso no te limitarás a decirlas, sino que demostrarás su verdad". Yo, en todo caso, escucho con un espíritu diferente las palabras de nuestro amigo Demetrio, después de haberle visto recostado sin siquiera un manto que le cubra y, más aún, sin alfombras sobre las que tumbarse. No es sólo un maestro de la verdad, sino un testigo de la verdad. **10.** "¿No puede un hombre, sin embargo, despreciar la riqueza cuando la tiene en su propio bolsillo?". Por supuesto; también tiene alma grande quien ve las riquezas amontonadas a su alrededor y, después de preguntarse larga y profundamente porque han llegado a su posesión, sonríe, y oye más bien que siente que son suyas. Significa mucho no estropearse por la intimidad con las riquezas; y es verdaderamente grande quien es pobre en medio de las riquezas. **11.** "Sí, pero no sé", dices, "cómo soportará la pobreza el hombre de quien hablas, si cae en ella de repente". Yo tampoco sé, Epicuro, si el pobre del que hablas despreciará las riquezas, en caso de caer repentinamente en ellas; por consiguiente, en el caso de ambos, es la mente la que debe ser valorada, y debemos investigar si tu hombre está contento con su pobreza, y si mi hombre está disgustado con sus riquezas. De lo contrario, el catre y los harapos son una ligera prueba de sus buenas intenciones, si no ha quedado claro que la persona en cuestión soporta estas pruebas no por necesidad, sino por preferencia.

12. Sin embargo, es la marca de un espíritu noble no precipitarse en tales cosas[99] sobre la base de que son mejores, sino practicarlas sobre la base de que así son fáciles de soportar.

---

[98] Frag. 206 Usener.
[99] Es decir, la vida de pobreza voluntaria.

Y son fáciles de soportar, Lucilio; cuando, sin embargo, llegas a ellas después de un largo ensayo, son incluso agradables; porque contienen una sensación de libertad de la preocupación, - y sin esto nada es agradable. **13.** Por lo tanto, considero esencial hacer lo que te he dicho en una carta que los grandes hombres han hecho a menudo: reservar unos días en los que podamos prepararnos para la pobreza real por medio de la pobreza imaginaria. Con mayor razón, porque hemos estado impregnados de lujo y consideramos todos los deberes como duros y onerosos. Más bien hay que despertar el alma de su sueño y recordarle que la naturaleza nos ha prescrito muy poco. Nadie nace rico. A todo hombre, cuando ve la luz por primera vez, se le ordena contentarse con leche y harapos. Tal es nuestro comienzo, y sin embargo los reinos son demasiado pequeños para nosotros.[100] Adiós.

---

[100] Adaptado del epigrama sobre Alejandro Magno, "hic est quem non capit orbis". Véase Plutarco, Alejandro, § 6 ὦ παῖ ζήτει σεαυτῷ βασιλείαν ἴσην. Μακεδονια γάρ σε οὐ χωρεῖ, y Séneca, Ep. cxix. 8

XXI. Sobre el renombre que te darán mis escritos

1. ¿Concluyes que tienes dificultades con esos hombres acerca de los cuales me escribiste? Tu mayor dificultad es contigo mismo, porque tú eres tu propio obstáculo. No sabes lo que quieres. Se le da mejor aprobar el camino correcto que seguirlo. Ves dónde está la verdadera felicidad, pero no tienes el valor de alcanzarla. Permíteme decirte qué es lo que te obstaculiza, ya que tú mismo no lo disciernes.

Piensas que esta condición, que has de abandonar, es de importancia, y después de resolverte sobre ese estado ideal de calma al que esperas pasar, te detiene el brillo de tu vida presente, de la que es tu intención apartarte, igual que si estuvieras a punto de caer en un estado de suciedad y oscuridad. **2.** Esto es un error, Lucilio; pasar de tu vida presente a la otra es un ascenso. Hay la misma diferencia entre estas dos vidas que entre el mero brillo y la luz real; esta última tiene una fuente definida dentro de sí misma, la otra toma prestado su resplandor; la una es convocada por una iluminación que viene del exterior, y cualquiera que se interponga entre la fuente y el objeto convierte inmediatamente a este último en una densa sombra; pero la otra tiene un resplandor que viene de dentro.

Son tus propios estudios los que te harán brillar y te convertirán en una eminencia. Permíteme mencionar el caso de Epicuro. **3.** Escribía[101] a Idomeneo y trataba de hacerle pasar de una existencia vistosa a un renombre seguro y firme. Idomeneo era entonces un ministro de estado que ejercía una autoridad rigurosa y tenía importantes asuntos entre manos. "Si", le dijo Epicuro, "te atrae la fama, mis cartas te harán más renombrado que todas las cosas que aprecias y que hacen que te aprecien". **4.** ¿Hablaba Epicuro en falso? ¿Quién habría sabido de Idomeneo, si el filósofo no hubiera grabado así su nombre en aquellas cartas suyas? Todos los grandes y sátrapas, incluso el propio rey, a quien se le solicitó el título que pretendía

---

[101] Epicuro, Frag. 132 Usener.

Idomeneo, están hundidos en un profundo olvido. Las cartas de Cicerón impiden que el nombre de Atticus perezca. De nada le habría servido a Atico tener a un Agripa por yerno, a un Tiberio por marido de su nieta y a un Druso César por bisnieto; entre estos poderosos nombres nunca se hubiera pronunciado el suyo, si Cicerón no lo hubiera ligado a sí mismo.[102] **5.** El profundo diluvio del tiempo se extenderá sobre nosotros; algunos grandes hombres alzarán sus cabezas por encima de él y, aunque destinados al final a partir hacia los mismos reinos del silencio, lucharán contra el olvido y mantendrán su posición durante mucho tiempo.

Lo que Epicuro pudo prometer a su amigo, esto te prometo yo, Lucilio. Encontraré favor entre las generaciones posteriores; puedo llevar conmigo nombres que perdurarán tanto como el mío. Nuestro poeta Virgilio prometió un nombre eterno a dos héroes, y cumple su promesa:[103]

¡Benditos héroes los dos! Si mi canto tiene poder,
su nombres nunca se
borrarán del libro del tiempo, mientras
la tribu de Eneas conserve el Capitolio,
esa roca inamovible, y el señor romano
sostenga el imperio.

6. Siempre que los hombres han sido empujados hacia adelante por la fortuna, siempre que se han convertido en parte y parcela de la influencia de otro, han encontrado abundante favor, sus casas han sido abarrotadas, sólo mientras ellos mismos han mantenido su posición; cuando ellos mismos la han abandonado, han desaparecido inmediatamente de la memoria de los hombres. Pero en el caso de la habilidad innata, el respeto que se le tiene aumenta, y no sólo el honor se acumula

---

[102] Es decir, las cartas de Cicerón hicieron más por preservar el nombre de Atticus de lo que habría hecho una conexión de este tipo con la casa imperial.

[103] Eneida, ix. 446 y ss.

en el hombre mismo, sino que todo lo que se ha unido a su memoria se transmite de uno a otro.[104]

7. Para que Idomeneo no se introduzca gratuitamente en mi carta, deberá compensar la deuda de su propia cuenta. Fue a él a quien Epicuro dirigió el conocido dicho[105] instándole a hacer rico a Pitocles, pero no rico a la manera vulgar y equívoca. "Si quieres", le dijo, "hacer rico a Pitocles, no añadas a su reserva de dinero, sino resta a sus deseos". **8.** Esta idea es demasiado clara para necesitar explicación, y demasiado inteligente para necesitar refuerzo. Hay, sin embargo, un punto sobre el que le advertiría, - no considerar que esta afirmación se aplica sólo a las riquezas; su valor será el mismo, independientemente de cómo se aplique. "Si quieres hacer honorable a Pitocles, no añadas a sus honores, sino resta a sus deseos"; "si quieres que Pitocles tenga placeres para siempre, no añadas a sus placeres, sino resta a sus deseos"; "si quieres hacer de Pitocles un anciano, llenando su vida al máximo, no añadas a sus años, sino resta a sus deseos." **9.** No hay ninguna razón para sostener que estas palabras pertenecen sólo a Epicuro; son propiedad pública. Creo que deberíamos hacer en filosofía lo que se acostumbra a hacer en el Senado: cuando alguien ha presentado una moción, que apruebo en cierta medida, le pido que la presente en dos partes, y voto por la parte que apruebo. Por eso me complace tanto más repetir las distinguidas palabras de Epicuro, para demostrar a quienes recurren a él por un mal motivo, pensando que tendrán en él una pantalla para sus propios vicios, que deben vivir honradamente, independientemente de la escuela que sigan.

10. Ve a su Jardín y lee el lema tallado allí: "Forastero, aquí harás bien en quedarte; aquí nuestro mayor bien es el placer". El cuidador de esa morada, un amable anfitrión, estará listo

---

[104] Como en el caso de Epicuro e Idomeneo, Cicerón y Ático, Virgilioio y Euríalo y Niso, y Séneca y Lucilio.
[105] Frag. 135 Usener

para ti; te dará la bienvenida con comida de cebada y te servirá agua también en abundancia, con estas palabras: "¿No han sido bien agasajados?". "Este jardín", les dice, "no les abre el apetito, sino que lo sacia. Tampoco te da más sed con cada trago; apaga la sed con una cura natural, una cura que no exige ningún pago. Este es el 'placer' en el que he envejecido".

11. Al hablar contigo, sin embargo, me refiero a esos deseos que rechazan el alivio, a los que hay que sobornar para que cesen. En cuanto a los deseos excepcionales, que pueden ser pospuestos, que pueden ser castigados y controlados, tengo un pensamiento que compartir con vosotros: un placer de ese tipo está de acuerdo con nuestra naturaleza, pero no está de acuerdo con nuestras necesidades; no se le debe nada; todo lo que se gasta en él es un don gratuito. El vientre no escucha consejos; exige, importuna. Y, sin embargo, no es un acreedor molesto; puedes despedirlo a bajo costo, siempre y cuando le des lo que le debes, no sólo todo lo que puedes darle. Adiós.

XXII. Sobre la futilidad de las medidas a medias

1. A estas alturas ya comprendes que debes apartarte de esas actividades vistosas y depravadas; pero todavía deseas saber cómo puede lograrse esto. Hay ciertas cosas que sólo pueden ser indicadas por alguien que esté presente. El médico no puede prescribir por carta el momento adecuado para comer o bañarse; debe sentir el pulso. Hay un viejo adagio sobre los gladiadores, - que planean su lucha en el ring; mientras observan atentamente, algo en la mirada del adversario, algún movimiento de su mano, incluso una ligera flexión de su cuerpo, da una advertencia. **2.** Podemos formular reglas generales y ponerlas por escrito, en cuanto a lo que se suele hacer, o lo que se debe hacer; tales consejos pueden darse, no sólo a nuestros amigos ausentes, sino también a las generaciones venideras. Sin embargo, en lo que respecta a la segunda pregunta de[106] - cuándo o cómo debe llevarse a cabo tu plan-, nadie te aconsejará a largo plazo; debemos aconsejarnos en presencia de la situación real. **3.** Debes estar no sólo presente en el cuerpo, sino atento en la mente, si quieres aprovechar la fugaz oportunidad. En consecuencia, busque a su alrededor la oportunidad; si la ve, aprovéchela, y con toda su energía y con toda su fuerza dedíquese a esta tarea, - a librarse de esos deberes de negocios.

Ahora escucha atentamente la opinión que voy a ofrecerte; es mi opinión que deberías retirarte de esa clase de existencia, o bien de la existencia por completo. Pero también sostengo que debes tomar un camino suave, que puedes aflojar en lugar de cortar el nudo que has hecho tan mal al atarlo, siempre que, no haya otra manera de aflojarlo, puedas cortarlo. Ningún hombre es tan pusilánime que prefiera quedarse en suspenso para siempre antes que caer de una vez por todas. **4.** Mientras tanto,

---

[106] La primera pregunta, "¿Debo retirarme del mundo?" ha sido respondida, al parecer por el propio Lucilio. La segunda: "¿Cómo puedo lograrlo?". Séneca pretende responderla, aunque considera que debe hacerse en conferencia personal y no por escrito.

y esto es lo más importante, no te pongas trabas; conténtate con el asunto en el que te has metido o, como prefieres que piense la gente, en el que has caído. No hay razón para que luches por algo más; si lo haces, perderás todo motivo de excusa, y los hombres verán que no fue una caída. La explicación habitual que ofrecen los hombres es errónea: "Me vi obligado a hacerlo". Supongamos que fue contra mi voluntad; tuve que hacerlo". Pero nadie está obligado a perseguir la prosperidad a toda velocidad; algo significa hacer un alto, - aunque uno no ofrezca resistencia-, en lugar de presionar ansiosamente en pos de favorecer la fortuna. **5.** ¿Te enfadarás conmigo, si no sólo vengo a aconsejarte, sino que llamo a otros para que te aconsejen, cabezas más sabias que la mía, hombres ante los que suelo plantear cualquier problema sobre el que reflexiono? Lee la carta de Epicuro[107] que trata de este asunto; está dirigida a Idomeneo. El escritor le pide que se apresure todo lo que pueda, y que se retire antes de que alguna influencia más fuerte se interponga y le quite la libertad de retirarse. **6.** Pero también añade que no se debe intentar nada más que en el momento en que se puede intentar adecuada y oportunamente. Entonces, cuando llegue la ocasión tan deseada, que se ponga en marcha. Epicuro nos prohíbe[108] dormitar cuando estamos meditando la fuga; nos pide que esperemos una liberación segura incluso de las pruebas más duras, siempre que no tengamos demasiada prisa antes del momento, ni seamos demasiado dilatorios cuando éste llegue.

7. Ahora, supongo que también estás buscando un lema estoico. En realidad, no hay razón para que nadie te calumnie a esa escuela por su temeridad; de hecho, su cautela es mayor que su valentía. Tal vez esperes que la secta pronuncie palabras como éstas: "Es vil acobardarse ante una carga. Lucha con los deberes que has asumido una vez. Ningún hombre es valiente y

---

[107] Véase la carta precedente de Séneca.
[108] Frag. 133 Usener

serio si evita el peligro, si su espíritu no crece con la dificultad misma de su tarea." **8.** Palabras como éstas te serán dichas, si tu perseverancia tiene un objeto que valga la pena, si no tienes que hacer o sufrir nada indigno de un hombre de bien; además, un hombre de bien no se malgastará en un trabajo mezquino y desacreditable, ni estará ocupado sólo por estar ocupado. Tampoco, como te imaginas, se involucrará tanto en planes ambiciosos que tenga que soportar continuamente sus flujos y reflujos. Es más, cuando vea los peligros, incertidumbres y riesgos en los que antes se veía zarandeado, se retirará, no dando la espalda al enemigo, sino retrocediendo poco a poco hasta una posición segura. **9.** De los negocios, sin embargo, mi querido Lucilio, es fácil escapar, si tan sólo desprecias las recompensas de los negocios. Pensamientos como éstos nos retienen y nos impiden escapar: "¿Entonces qué? ¿Dejaré atrás estas grandes perspectivas? ¿Me iré en el mismo momento de la cosecha? ¿No tendré esclavos a mi lado, ni séquito para mi litera, ni multitud en mi sala de recepción?".

De ahí que los hombres abandonen de mala gana ventajas como éstas; aman la recompensa de sus penalidades, pero maldicen las penalidades mismas. **10.** Los hombres se quejan de sus ambiciones como se quejan de sus amantes; en otras palabras, si penetras en sus verdaderos sentimientos, encontrarás, no odio, sino disputas. Escudriña las mentes de aquellos que claman por lo que han deseado, que hablan de escapar de cosas de las que son incapaces de prescindir; comprenderás que se están demorando por su propia voluntad en una situación que declaran encontrar difícil y desdichada de soportar. **11.** Así es, mi querido Lucilio; son pocos los hombres a quienes la esclavitud sujeta, pero son muchos más los que se aferran a la esclavitud.

Sin embargo, si tienes la intención de librarte de esta esclavitud, si la libertad es realmente agradable a tus ojos, y si buscas consejo con este único propósito -que puedas tener la buena fortuna de lograr este propósito sin molestias perpetuas-,

¿cómo puede toda la compañía de pensadores estoicos dejar de aprobar tu curso? Zenón, Crisipo y todos los de su clase te darán consejos templados, honorables y adecuados. **12.** Pero si sigues dando vueltas y mirando a tu alrededor, para ver cuánto puedes llevarte contigo, y cuánto dinero puedes guardar para equiparte para la vida de ocio, nunca encontrarás una salida. Nadie puede nadar hasta la orilla y llevarse consigo su equipaje. Elevate a una vida superior, con el favor de los dioses; pero que no sea un favor del tipo que los dioses conceden a los hombres cuando con rostros amables y geniales otorgan males magníficos, justificados al hacerlo por el único hecho de que las cosas que irritan y torturan han sido otorgadas en respuesta a la oración.

13. Acababa de poner el sello a esta carta; pero es preciso romperlo de nuevo, para que pueda ir a ti con su acostumbrada contribución, llevando consigo alguna palabra noble. Y he aquí una que se me ocurre; no sé si es mayor su verdad o su nobleza de expresión. "¿Quién la dijo?", preguntarás. Por Epicuro;[109] pues todavía me estoy apropiando de las pertenencias de otros hombres. **14.** Las palabras son: "Cada uno sale de la vida como si acabara de entrar en ella." Saca a cualquiera de su guardia, joven, viejo o de mediana edad; encontrarás que todos tienen el mismo miedo a la muerte, e igual ignorancia de la vida. Nadie tiene nada terminado, porque hemos ido aplazando hacia el futuro todas nuestras empresas.[110] Ningún pensamiento de la cita anterior me agrada más que el que se burla de los ancianos por ser infantes. **15.** "Nadie", dice, "deja este mundo de manera diferente a quien acaba de nacer". Eso no es verdad; porque somos peores cuando morimos que cuando nacimos; pero es culpa nuestra, y no de la naturaleza. La naturaleza debería regañarnos, diciendo: "¿Qué significa esto? Te traje al mundo

---

[109] Frag. 495 Usener
[110] Es decir, el anciano es como el niño en esto, también, - que él puede mirar hacia atrás en nada de lo que ha terminado, porque siempre ha pospuesto terminar las cosas.

sin deseos ni temores, libre de supersticiones, traiciones y demás maldiciones. Sale como estabas cuando entraste".

16. Un hombre ha captado el mensaje de la sabiduría, si puede morir tan libre de preocupaciones como lo estaba al nacer; pero tal como son las cosas, todos nos agitamos ante la proximidad del temido fin. Nos falla el valor, palidecen nuestras mejillas; caen nuestras lágrimas, aunque sean inútiles. Pero, ¿qué hay más vil que inquietarse en el mismo umbral de la paz? **17.** La razón, sin embargo, es que hemos sido despojados de todos nuestros bienes, hemos arrojado por la borda nuestra carga de vida y estamos en apuros; porque ninguna parte de ella ha sido empaquetada en la bodega; toda ha sido arrojada por la borda y ha ido a la deriva. A los hombres no les importa cuán noblemente viven, sino sólo cuánto tiempo, aunque vivir noblemente está al alcance de todos, pero vivir mucho no está al alcance de nadie. Adiós.

XXIII. Sobre la verdadera alegría que proviene de la filosofía

1. ¿Supone usted que voy a escribirle sobre la bondad con que nos ha tratado la estación invernal -una estación corta y suave-, o sobre la primavera tan desagradable que estamos teniendo -frío fuera de temporada-, y todas las demás trivialidades que la gente escribe cuando no sabe qué temas tratar? No; le comunicaré algo que puede ayudarnos tanto a usted como a mí. ¿Y qué será ese "algo", sino una exhortación a la sensatez? ¿Preguntas cuál es el fundamento de una mente sana? Es, no encontrar alegría en cosas inútiles. Dije que era el fundamento; en realidad es el pináculo. **2.** Hemos alcanzado las alturas si sabemos en qué encontramos alegría y si no hemos puesto nuestra felicidad bajo el control de lo externo. El hombre que se deja llevar por la esperanza de cualquier cosa, aunque esté a su alcance, aunque sea de fácil acceso, y aunque sus ambiciones nunca le hayan jugado una mala pasada, está turbado e inseguro de sí mismo. **3.** Sobre todo, mi querido Lucilio, haz de esto tu asunto: aprende a sentir alegría.

¿Crees que ahora les estoy robando muchos placeres cuando intento acabar con los dones del azar, cuando aconsejo evitar la esperanza, la cosa más dulce que alegra nuestros corazones? Todo lo contrario; no deseo que les priven nunca de la alegría. Quisiera que naciera en tu casa; y nace allí, con tal que esté dentro de ti. Otros objetos de alegría no llenan el pecho del hombre; se limitan a alisarle la frente y son inconstantes, -a no ser que tal vez creas que el que ríe tiene alegría. El alma misma debe ser feliz y confiada, elevada por encima de toda circunstancia.

4. La verdadera alegría, créanme, es un asunto severo. ¿Crees que se puede despreciar la muerte con un semblante despreocupado, o con una expresión "alegre y feliz", como acostumbran a decir nuestros jóvenes dandis? ¿O puede uno abrir así su puerta a la pobreza, o poner freno a sus placeres, o contemplar la posibilidad de soportar el dolor? Quien reflexiona sobre estas cosas[111] en su corazón está, en efecto, lleno de alegría; pero no es una alegría alegre. Es precisamente esta alegría, sin embargo, de la que quiero que te hagas dueño; porque nunca te faltará una vez que hayas encontrado su fuente. **5.** El rendimiento de las minas pobres está en la superficie; las que son realmente ricas son aquellas cuyas vetas se esconden en las profundidades, y darán rendimientos más abundantes a quien escarbe sin cesar. Así también, los adornos que deleitan a la muchedumbre común no son más que un placer superficial, que se pone como una capa, y toda alegría que no es más que chapado carece de una base real. Pero la alegría de la que hablo, aquella a la que me esfuerzo por conducirte, es algo sólido, que se revela más plenamente a medida que penetras en ella. **6.** Por lo tanto, te ruego, mi queridísimo Lucilio, que hagas lo único que puede hacerte realmente feliz: desecha y pisotea todas aquellas cosas que brillan exteriormente y que te son ofrecidas[112] por otro o como obtenibles de otro; mira hacia el verdadero bien, y regocíjate sólo en aquello que proviene de tu propia reserva. ¿Y qué quiero decir con "de tu propio almacén"? Quiero decir de ti mismo, de lo que es lo mejor de ti. El frágil cuerpo, aunque no podamos hacer nada sin él, debe ser considerado más como necesario que como importante; nos envuelve en placeres vanos, efímeros y pronto lamentables, que, a menos que sean refrenados por un extremo autocontrol, se transformarán en lo contrario. Esto es lo que quiero decir: el placer, a menos que se mantenga dentro de unos límites, tiende a precipitarse en el abismo de la tristeza.

Pero es difícil mantenerse dentro de los límites de lo que uno cree que es bueno. El verdadero bien puede codiciarse con seguridad. **7.** ¿Me preguntas qué es este verdadero bien y de dónde procede? Yo se lo diré: procede de una buena conciencia,

---

[111] Muerte, pobreza, tentación y sufrimiento
[112] Por las diversas sectas que profesaban enseñar cómo se obtenía la felicidad.

de propósitos honorables, de acciones rectas, del desprecio de los dones del azar, de una manera de vivir uniforme y tranquila que no recorre más que un camino. Porque los hombres que saltan de un propósito a otro, o ni siquiera saltan, sino que son arrastrados por una especie de azar, ¿cómo pueden poseer un bien fijo y duradero esas personas vacilantes e inestables? **8.** Sólo unos pocos se controlan a sí mismos y a sus asuntos mediante un propósito rector; el resto no avanza; simplemente son arrastrados, como objetos a flote en un río. Y de estos objetos, algunos son retenidos por las aguas lentas y son transportados suavemente; otros son arrastrados por una corriente más violenta; algunos, que están más cerca de la orilla, son dejados allí cuando la corriente afloja; y otros son llevados al mar por el empuje de la corriente. Por tanto, debemos decidir lo que deseamos y atenernos a nuestra decisión.

9. Ahora es el momento de saldar mi deuda. Puedo darte un dicho de tu amigo Epicuro[113] y así librar a esta carta de su obligación: "Siempre es molesto estar comenzando la vida". U otro, que tal vez exprese mejor el significado: "Viven mal los que siempre están empezando a vivir". **10.** Tienes razón al preguntar por qué; el refrán ciertamente necesita un comentario. Es porque la vida de tales personas es siempre incompleta. Pero un hombre no puede estar preparado para la proximidad de la muerte si acaba de empezar a vivir. Debemos proponernos haber vivido ya lo suficiente. Nadie considera que lo ha hecho, si está a punto de planificar su vida. **11.** No hay que pensar que hay pocos de este tipo; prácticamente todo el mundo es de tal calaña. Algunos hombres, en efecto, sólo empiezan a vivir cuando les ha llegado la hora de dejar de vivir. Y si esto te parece sorprendente, añadiré algo que te sorprenderá aún más: Algunos hombres han dejado de vivir antes de haber empezado. Adiós.

---

[113] Frag. 493 Usener

XXIV. Sobre el desprecio a la muerte [114]

1. Me escribes que estás ansioso por el resultado de un pleito, con el que te amenaza un adversario furioso; y esperas que te aconseje que te imagines un resultado más feliz, y que descanses en los atractivos de la esperanza. ¿Por qué, en efecto, es necesario llamar a los problemas, - que deben ser soportados lo suficientemente pronto cuando han llegado, - o anticipar problemas y arruinar el presente por temor al futuro? En efecto, es insensato ser infeliz ahora porque se puede ser infeliz en algún momento futuro. **2.** Pero te conduciré a la paz de espíritu por otro camino: si quieres evitar toda preocupación, asume que lo que temes que pueda suceder, sucederá con toda seguridad en cualquier caso; cualquiera que sea el problema, mídelo en tu propia mente y calcula la cuantía de tu miedo. Así comprenderás que lo que temes es insignificante o efímero. **3.** Y no necesitas emplear mucho tiempo en reunir ilustraciones que te fortalezcan; todas las épocas las han producido. Deja que tus pensamientos viajen a cualquier época de la historia romana o extranjera, y se agolparán ante ti ejemplos notables de grandes logros o de grandes esfuerzos.

Si pierdes este caso, ¿puede ocurrirte algo más grave que ser enviado al exilio o conducido a prisión? ¿Existe un destino peor que pueda temer cualquier hombre que ser quemado o asesinado? Nombra tales penas una por una, y menciona a los hombres que las han despreciado; no hace falta cazarlos, - es simplemente una cuestión de selección. **4.** La sentencia condenatoria fue soportada por Rutilio como si la injusticia de la decisión fuera lo único que le molestara. El exilio fue soportado por Metelo con valentía, por Rutilio incluso con alegría; pues el primero consintió en volver sólo porque su país le llamaba; el segundo se negó a volver cuando Sula le llamó, - ¡y nadie en

---

[114] El tema de Séneca es sugerido por el miedo que posee Lucilio en cuanto a la cuestión de un pleito. Este miedo se toma como típico de todos los miedos, y Séneca dedica la mayor parte de su carta al mayor miedo de todos, el miedo a la muerte.

aquellos días decía "No" a Sula! Sócrates en la cárcel discurría, y declinó huir cuando ciertas personas le dieron la oportunidad; permaneció allí, para liberar a la humanidad del temor a dos cosas muy penosas, la muerte y la prisión. **5.** Mucio metió la mano en el fuego. Es doloroso quemarse, pero ¡cuánto más doloroso es infligirse tal sufrimiento a uno mismo! He aquí un hombre sin cultura, no preparado para afrontar la muerte y el dolor por ninguna palabra de sabiduría, y equipado sólo con el coraje de un soldado, que se castigó a sí mismo por su infructuoso atrevimiento; se quedó mirando cómo su propia mano derecha caía a pedazos sobre el brasero del enemigo,[115] ni retiró el miembro en disolución, con sus huesos al descubierto, hasta que su enemigo retiró el fuego. Podría haber logrado algo más exitoso en aquel campo, pero nunca algo más valiente. Ve cuánto más agudo es un hombre valiente para aferrarse al peligro que un hombre cruel para infligirlo: Porsenna estaba más dispuesto a perdonar a Mucio por querer matarlo que Mucio a perdonarse a sí mismo por no haber matado a Porsenna.

6. "Oh", dirás, "esas historias se han contado hasta la saciedad en todas las escuelas; muy pronto, cuando llegues al tema 'Sobre el desprecio a la muerte', me hablarás de Catón". Pero, ¿por qué no habría de hablarte de Catón, de cómo leyó el libro de Platón[116] en aquella última noche gloriosa, con una espada puesta junto a la almohada? Había previsto estos dos requisitos para sus últimos momentos: el primero, que tuviera la voluntad de morir, y el segundo, que dispusiera de los medios. Así que puso sus asuntos en orden, - tan bien como se puede poner en orden lo que estaba arruinado y cerca de su fin, - y pensó que debía velar por que nadie tuviera el poder de matar o la buena fortuna de sabe [117] Catón. **7.** Desenvainando la espada, - que

---

[115] El foculus en esta versión de la historia era evidentemente un fuego móvil, un brasero
[116] El Fedón sobre la inmortalidad del alma.
[117] Es decir, salvar y traer de vuelta a Roma como prisionero.

había guardado sin mancha de todo derramamiento de sangre hasta el día final, - gritó: "Fortuna, no has logrado nada resistiendo todos mis esfuerzos. He luchado, hasta ahora, por la libertad de mi país, y no por la mía propia, no me esforcé tan tenazmente por ser libre, sino sólo por vivir entre los libres. Ahora, ya que los asuntos de la humanidad están más allá de toda esperanza, que Catón sea retirado a un lugar seguro." **8.** Dicho esto, le infligió una herida mortal en el cuerpo. Después de que los médicos la hubieron vendado, Catón tenía menos sangre y menos fuerza, pero no menos valor; enfurecido ahora no sólo contra César, sino también contra sí mismo, alzó sus manos desarmadas contra su herida, y expulsó, en lugar de despedir, aquella noble alma que había sido tan desafiante de todo poder mundano.

9. No estoy ahora amontonando estas ilustraciones con el propósito de ejercitar mi ingenio, sino con el propósito de animarte a enfrentar lo que se piensa que es más terrible. Y los animaré con mayor facilidad demostrando que no sólo los hombres decididos han despreciado ese momento en que el alma exhala su último suspiro, sino que ciertas personas, que eran cobardes en otros aspectos, han igualado en este aspecto el valor de los más valientes. Tomemos, por ejemplo, a Escipión, el suegro de Gneo Pompeyo: se vio obligado a retroceder en la costa africana por un viento en contra y vio su barco en poder del enemigo. Por ello le atravesó el cuerpo con una espada; y cuando le preguntaron dónde estaba el comandante, respondió: "Todo está bien con el comandante". **10.** Estas palabras lo elevaron al nivel de sus antepasados y no permitió que la gloria que el destino dio a los Escipiones en África [118] perdiera su continuidad. Fue una gran hazaña conquistar Cartago, pero mayor hazaña fue vencer a la muerte. "¡Todo está

---

[118] Escipión Africano derrotó a Aníbal en Zama en 202 a.C. Escipión Aemiliano, también apellidado africano, era nieto por adopción del conquistador de Aníbal. Capturó Cartago en la Tercera Guerra Púnica, 146 a.C. El Escipión mencionado por Séneca murió en el 46 a.C.

bien con el comandante!" ¿Debería un general morir de otra manera, especialmente uno de los generales de Catón? **11.** No los remitiré a la historia, ni recopilaré ejemplos de aquellos hombres que a lo largo de los tiempos han despreciado la muerte; pues son muy numerosos. Considera estos tiempos nuestros, cuya enervación y excesivo refinamiento suscitan nuestras quejas; no obstante, incluirán hombres de todo rango, de toda suerte de vida y de toda edad, que han acortado sus desgracias con la muerte.

Créeme, Lucilio; la muerte es tan poco temible que por sus buenos oficios nada hay que temer. **12.** Por tanto, cuando tu enemigo te amenace, escucha despreocupado. Aunque tu conciencia te haga confiar, sin embargo, puesto que muchas cosas tienen peso que están fuera de tu caso,[119] tanto espera lo que es totalmente justo, como prepárate contra lo que es totalmente injusto. Recuerda, sin embargo, antes que nada, despojar a las cosas de todo lo que las perturba y confunde, y ver lo que cada una es en el fondo; entonces comprenderás que no contienen nada temible excepto el miedo real. **13.** Lo que ves que les sucede a los niños, también nos sucede a nosotros, que somos niños un poco más grandes: cuando aquellos a quienes aman, con quienes se relacionan diariamente, con quienes juegan, aparecen con máscaras, los niños se asustan mucho. Deberíamos quitar la máscara, no sólo a los hombres, sino también a las cosas, y devolver a cada objeto su propio aspecto.

14. "¿Por qué presentas ante mis ojos[120] espadas, fuegos y una muchedumbre de verdugos enfurecidos a tu alrededor? Quita todo ese vano espectáculo, tras el cual acechas y asustas a los tontos. ¡Ah, tú no eres más que la Muerte, a quien ayer mismo despreciaron un criado mío y una criada mía! ¿Por qué despliegas y extiendes de nuevo ante mí, con todo ese gran

---

[119] Se refiere a la demanda, como de nuevo en el § 16.
[120] Un apóstrofe a la Muerte y al Dolor.

despliegue, el látigo y el potro? ¿Por qué se preparan esas máquinas de tortura, una para cada miembro del cuerpo, y todas las demás máquinas innumerables para despedazar a un hombre por partes? ¡Fuera todas esas cosas, que nos entumecen de terror! Y tú, ¡calla los gemidos, los gritos y los chillidos amargos de la víctima mientras es desgarrada en el potro! Pues no eres más que Dolor, despreciado por aquel infeliz lleno de gota, soportado por aquel dispéptico en medio de sus manjares, soportado valientemente por la muchacha de parto. Leve eres, si puedo soportarte; corto eres si no puedo soportarte".

15. Reflexiona sobre estas palabras que tantas veces has oído y tantas veces has pronunciado. Además, prueba por el resultado si lo que has oído y pronunciado es verdad. Porque hay una acusación muy vergonzosa que a menudo se hace contra nuestra escuela, - que tratamos con las palabras, y no con los hechos, de la filosofía. ¿Qué, sólo en este momento has aprendido que la muerte pende sobre tu cabeza, en este momento el exilio, en este momento el dolor? Naciste para estos peligros. Pensemos en todo lo que puede suceder como algo que sucederá. **16.** Sé que realmente has hecho lo que te aconsejo; ahora te advierto que no ahogues tu alma en estas pequeñas ansiedades tuyas; si lo haces, el alma se embotará y le quedará muy poco vigor cuando llegue el momento de levantarse. Traslada la mente de este caso tuyo al caso de los hombres en general. Dite a ti mismo que nuestros pequeños cuerpos son mortales y frágiles; el dolor puede llegarles de otras fuentes que del mal o del poder del más fuerte. Nuestros placeres mismos se convierten en tormentos; los banquetes traen indigestión, los carruseles parálisis de los músculos y parálisis, los hábitos sensuales afectan a los pies, a las manos y a todas las articulaciones del cuerpo.

17. Puedo llegar a ser un pobre; entonces seré uno entre muchos. Puedo ser desterrado; entonces me consideraré nacido en el lugar al que me envíen. Pueden encadenarme. ¿Y entonces qué? ¿Estoy libre de ataduras? Contempla este estorbo de cuerpo al que la naturaleza me ha encadenado. "Moriré", dices; quieres decir "dejaré de correr el riesgo de la enfermedad; dejaré de correr el riesgo de la prisión; dejaré de correr el riesgo de la muerte." **18.** No soy tan necio como para repasar en esta coyuntura los argumentos en los que insiste Epicuro, y decir que los terrores del mundo de abajo son ociosos, - que Ixión no da vueltas en su rueda, que Sísifo no carga con su piedra cuesta arriba, que las entrañas de un hombre no pueden ser restauradas y devoradas cada día; [121] nadie es tan infantil como para temer a Cerbero, o a las sombras, o a la vestimenta espectral de aquellos que se mantienen unidos por nada más que sus huesos descarnados. La muerte nos aniquila o nos desnuda. Si nos libera, queda la mejor parte, una vez retirada la carga; si nos aniquila, no queda nada; lo bueno y lo malo se eliminan por igual.

19. Permíteme en este punto citar un versículo tuyo, sugiriendo primero que, cuando lo escribiste, lo decías para ti mismo no menos que para los demás. Es innoble decir una cosa y querer decir otra; ¡y cuánto más innoble es escribir una cosa y querer decir otra! Recuerdo que un día manejabas el conocido lugar común, -de que no caemos de repente sobre la muerte, sino que avanzamos hacia ella por ligeros grados; morimos todos los días. **20.** Pues cada día se nos quita un poco de vida; incluso cuando estamos creciendo, nuestra vida va menguando. Perdemos la infancia, luego la niñez y después la juventud. Contando incluso el ayer, todo el tiempo pasado es tiempo perdido; el mismo día que estamos pasando ahora está compartido entre nosotros y la muerte. No es la última gota la que vacía el reloj de agua, sino todo lo que ha fluido anteriormente; del mismo modo, la hora final en la que dejamos de existir no trae por sí misma la muerte; simplemente por sí misma completa el proceso de la muerte. Llegamos a la

---

[121] Como la mitología describe el tratamiento de Tityus o de Prometeo

muerte en ese momento, pero hemos estado mucho tiempo en el camino. **21.** Al describir esta situación, usted dijo con su estilo habitual (porque usted es siempre impresionante, pero nunca más mordaz que cuando pone la verdad en palabras apropiadas):

No es única la muerte que viene; la muerte
que nos arrebata no es sino la última de todas.

Prefiero que leas tus propias palabras antes que mi carta; porque entonces te quedará claro que esta muerte, de la que tenemos miedo, es la última, pero no la única.

22. Ya veo lo que buscas; preguntas qué he incluido en mi carta, qué frase inspiradora de alguna mente maestra, qué precepto útil. Así que te enviaré algo que trata precisamente de este tema que se ha estado discutiendo. Epicuro[122] reprende tanto a los que ansían la muerte como a los que la rechazan: "Es absurdo", dice, "correr hacia la muerte porque estás cansado de la vida, cuando es tu manera de vivir la que te ha hecho correr hacia la muerte." **23.** Y en otro pasaje: [123] "¿Qué hay de absurdo en buscar la muerte, cuando es por el miedo a la muerte por lo que has robado la paz a tu vida?". Y se puede añadir una tercera afirmación, del mismo tenor: [124] "Los hombres son tan desconsiderados, es más, tan locos, que algunos, por miedo a la muerte, se obligan a morir".

24. Cualquiera de estas ideas que medites, fortalecerás tu mente para soportar tanto la muerte como la vida. Porque necesitamos ser advertidos y fortalecidos en ambas direcciones, - no amar ni odiar la vida en exceso; incluso cuando la razón nos aconseja ponerle fin, el impulso no debe ser adoptado sin reflexión o a una velocidad precipitada. **25.** El hombre valiente y sabio no debe retirarse precipitadamente de la vida; debe hacer

---

[122] Frag. 496 Usener.
[123] Frag. 498 Usener.
[124] Frag. 497 Usener

una salida digna. Y, sobre todo, debe evitar la debilidad que se ha apoderado de tantos: el ansia de muerte. Porque así como hay una tendencia irreflexiva de la mente hacia otras cosas, así también, mi querido Lucilio, hay una tendencia irreflexiva hacia la muerte; ésta a menudo se apodera de los hombres más nobles y animosos, así como de los cobardes y abyectos. Los primeros desprecian la vida; los segundos la encuentran fastidiosa.

26. Otros también se mueven por la saciedad de hacer y ver las mismas cosas, y no tanto por odio a la vida como por estar empalagados de ella. Nos deslizamos en esta condición, mientras que la filosofía misma nos empuja, y decimos: "¿Cuánto tiempo debo soportar las mismas cosas? ¿Tendré que seguir despertando y durmiendo, pasando hambre y fatiga, temblando y sudando? Nada tiene fin; todas las cosas están conectadas en una especie de círculo; huyen y son perseguidas. La noche le pisa los talones al día, el día le pisa los talones a la noche; el verano termina en otoño, el invierno se precipita tras el otoño, y el invierno se suaviza en primavera; toda la naturaleza pasa de este modo, sólo para volver. No hago nada nuevo; no veo nada nuevo; tarde o temprano uno también se harta de esto". Hay muchos que piensan que vivir no es doloroso, sino superfluo. Adiós.

XXV. Sobre la reformación

1. Con respecto a estos dos amigos nuestros, debemos proceder en líneas diferentes; las faltas de uno deben ser corregidas, las del otro deben ser aplastadas. Me tomaré todas las libertades; pues no quiero a éste[125] si no estoy dispuesto a herir sus sentimientos. "¿Qué", dirás, "esperas mantener bajo tu tutela a un pupilo de cuarenta años? Considera su edad, ¡cuán endurecida está ahora, y pasada de manejos! **2.** A un hombre así no se le puede volver a moldear; sólo se moldean las mentes jóvenes". No sé si progresaré, pero prefiero no tener éxito a carecer de fe. No hay que desesperar de curar a los hombres enfermos, aunque la enfermedad sea crónica, si tan sólo se resiste el exceso y se les obliga a hacer y someterse a muchas cosas contra su voluntad. En cuanto a nuestro otro amigo, tampoco tengo la suficiente confianza, salvo por el hecho de que todavía tiene el suficiente sentido de la vergüenza como para sonrojarse por sus pecados. Esta modestia debe ser fomentada; mientras perdure en su alma, hay algún lugar para la esperanza. Pero en cuanto a este veterano tuyo, creo que deberíamos tratarlo con más cuidado, para que no se desespere de sí mismo. **3.** No hay mejor momento para acercarse a él que ahora, cuando tiene un intervalo de descanso y parece alguien que ha corregido sus faltas. Otros han sido engañados por este intervalo de virtud por su parte, pero él no me engaña. Estoy seguro de que esas faltas volverán, por así decirlo, con interés compuesto, porque ahora mismo, estoy seguro, están en suspenso pero no ausentes. Dedicaré algún tiempo al asunto y trataré de ver si se puede hacer algo o no.

4. Pero tú mismo, como de hecho estás haciendo, demuéstrame que tienes un corazón robusto; aligera tu equipaje para la marcha. Ninguna de nuestras posesiones es esencial. Volvamos a la ley de la naturaleza; porque entonces las riquezas están

---

[125] El segundo amigo, al que hay que aplastar sus defectos. Resulta tener unos cuarenta años; el otro es un joven.

guardadas para nosotros. Las cosas que realmente necesitamos son gratuitas para todos, o bien baratas; la naturaleza sólo anhela pan y agua. Nadie es pobre según esta norma; cuando un hombre ha limitado sus deseos dentro de estos límites, puede desafiar la felicidad del mismo Júpiter, como dice Epicuro. Debo insertar en esta carta uno o dos más de sus dichos: [126] **5.** "Hazlo todo como si Epicuro te observara". No hay duda real de que es bueno para uno haber designado un guardián sobre sí mismo, y tener a alguien a quien admirar, alguien a quien considerar como testigo de sus pensamientos. Es, en efecto, mucho más noble vivir como vivirías bajo los ojos de algún hombre bueno, siempre a tu lado; pero, sin embargo, me contento con que sólo actúes, en lo que sea que hagas, como actuarías si alguien en absoluto te estuviera mirando; porque la soledad nos incita a toda clase de males. **6.** Y cuando hayas progresado tanto que también te respetes a ti mismo, puedes despedir a tu asistente; pero hasta entonces, pon como guardia sobre ti la autoridad de algún hombre, ya sea que tu elección sea el gran Catón o Escipión, o Laelio, - o cualquier hombre en cuya presencia incluso los miserables abandonados frenarían sus malos impulsos. Mientras tanto, te dedicas a convertirte en el tipo de persona en cuya compañía no te atreverías a pecar. Cuando hayas logrado este objetivo y empieces a tenerte en cierta estima, te permitiré gradualmente hacer lo que Epicuro, en otro pasaje, sugiere:[127] "El momento en que más debes replegarte en ti mismo es cuando te ves obligado a estar en una multitud".

7. Debes distinguirte de la multitud. Por lo tanto, mientras aún no sea seguro retirarse a la soledad,[128] busca a ciertos individuos; porque todo el mundo está mejor en compañía de alguien u otro, -no importa de quién-, que en su propia

---

[126] Frag. 211 Usener.
[127] Frag. 209 Usener.
[128] Porque "la soledad incita al mal", § 5.

compañía a solas. "El momento en que más debes replegarte sobre ti mismo es cuando te ves obligado a estar entre una multitud". Sí, siempre que seas un hombre bueno, tranquilo y dueño de ti mismo; de lo contrario, más vale que te repliegues en una multitud para alejarte de ti mismo. Solo, estás demasiado cerca de un granuja. Adiós.

XXVI. Sobre la vejez y la muerte

1. Hace poco te decía que tenía la vejez a la vista[129]. Ahora temo haber dejado atrás la vejez. Porque otra palabra se aplicaría ahora a mis años, o en todo caso a mi cuerpo; ya que vejez significa un tiempo de vida que es cansado más que aplastado. Puedes considerarme de la clase de los agotados, de los que se acercan al final.

2. Sin embargo, me doy gracias a mí mismo, con vosotros como testigos, porque siento que la edad no ha hecho ningún daño a mi mente, aunque siento sus efectos en mi constitución. Sólo mis vicios, y las ayudas externas a estos vicios, han alcanzado la senilidad; mi mente es fuerte y se regocija de no tener más que una ligera relación con el cuerpo. Ha dejado a un lado la mayor parte de su carga. Está alerta; discute conmigo sobre el tema de la vejez; declara que la vejez es su tiempo de florecimiento. **3.** Déjame tomarle la palabra y que aproveche al máximo las ventajas que posee. La mente me pide que piense un poco y considere cuánto de esta paz de espíritu y moderación de carácter debo a la sabiduría y cuánto a mi tiempo de vida; me pide que distinga cuidadosamente lo que no puedo hacer y lo que no quiero hacer...[130] Pues, ¿por qué habría uno de quejarse o considerarlo como una desventaja, si han fallado poderes que deberían llegar a su fin? **4.** 4. "Pero", dices, "es la mayor desventaja posible desgastarse y morir, o más bien, si se me permite hablar literalmente, ¡derretirse! Porque no somos golpeados y abatidos de repente; nos desgastamos, y cada día se reducen en cierta medida nuestras facultades."

Pero, ¿hay un final mejor para todo esto que deslizarse hacia el propio refugio, cuando la naturaleza suelta el cable? No es que

---

[129] Véase la duodécima carta. Séneca tenía por entonces al menos sesenta y cinco años, y probablemente más.

[130] Este pasaje es irremediablemente corrupto. El curso del argumento requiere algo como esto: Porque tanto me beneficia no poder hacer lo que no quiero, como poder hacer lo que me da placer.

haya algo doloroso en un choque y una repentina partida de la existencia; es simplemente porque esta otra forma de partida es fácil, una retirada gradual. Yo, en todo caso, como si la prueba estuviera cerca y llegara el día que ha de pronunciar su decisión sobre todos los años de mi vida, me vigilo y comulgo así conmigo mismo: **5.** "Lo que hemos demostrado hasta ahora, de palabra o de obra, no cuenta para nada. Todo esto no es más que una insignificante y engañosa prenda de nuestro espíritu, y está envuelto en mucha charlatanería. Dejaré a la muerte que determine qué progresos he hecho. Por eso, sin desfallecer, me preparo para el día en que, dejando a un lado todo artificio escénico y colorete de actor, me juzgue a mí mismo: si sólo declamo sentimientos valientes, o si realmente los siento; si todas las audaces amenazas que he proferido contra la fortuna son un fingimiento y una farsa. **6.** Deja a un lado la opinión del mundo, que siempre es vacilante y siempre toma partido por uno u otro bando. Deja a un lado los estudios que has realizado a lo largo de tu vida; la muerte dictará sentencia definitiva en tu caso. Esto es lo que quiero decir: tus debates y charlas eruditas, tus máximas recogidas de las enseñanzas de los sabios, tu conversación culta, - todo esto no ofrece ninguna prueba de la verdadera fuerza de tu alma. Hasta el hombre más tímido puede pronunciar un discurso audaz. Lo que has hecho en el pasado sólo se manifestará en el momento en que exhalas tu último aliento. Acepto las condiciones; no rehúyo la decisión". **7.** Esto es lo que me digo a mí mismo, pero quiero que pienses que también te lo he dicho a ti. Tú eres más joven, pero ¿qué importa eso? No hay una cuenta fija de nuestros años. No saben dónde les espera la muerte; estén, pues, preparados para ella en todas partes.

8. Estaba a punto de detenerme, y mi mano se disponía a pronunciar la frase final; pero los ritos aún deben cumplirse y el dinero para el viaje de la carta debe ser desembolsado. Y suponga que no le digo de donde pienso pedir prestada la suma necesaria; usted sabe de las arcas de quien dependo. Espérame un momento, y te pagaré de mi propia cuenta;[131] mientras tanto, Epicuro me obligará con estas palabras:[132] "Piensa en la muerte", o más bien, si prefieres la frase, en la "migración al cielo". **9.** El significado es claro, - que es una cosa maravillosa aprender a fondo cómo morir. Tal vez consideres superfluo aprender un texto que sólo puede usarse una vez; pero ésa es precisamente la razón por la que debemos pensar en una cosa. Cuando nunca podemos probar si realmente sabemos una cosa, debemos estar siempre aprendiéndola. **10.** "Piensa en la muerte". Al decir esto, nos invita a pensar en la libertad. Quien ha aprendido a morir ha desaprendido la esclavitud; está por encima de cualquier poder externo, o, en todo caso, está más allá de él. ¿Qué terrores tienen para él las prisiones, los lazos y los barrotes? Su salida es clara. Sólo hay una cadena que nos ata a la vida, y es el amor a la vida. La cadena no puede ser soltada, pero puede ser frotada, de modo que, cuando la necesidad lo exija, nada pueda retardar o impedir que estemos listos para hacer de inmediato lo que en algún momento estamos obligados a hacer. Adiós.

---

[131] Es decir, el dinero será traído de casa, - el dicho será uno de los propios de Séneca.
[132] Epicuro, Frag. 205 Usener.

XXVII. Sobre el bien que permanece

1. "¿Qué", dirás tú, "me estás aconsejando? En efecto, ¿ya te has aconsejado a ti mismo, ya has corregido tus propias faltas? ¿Es ésta la razón por la que tienes tiempo libre para reformar a otros hombres?". No, no soy tan desvergonzado como para ocuparme de curar a mis semejantes cuando yo mismo estoy enfermo. Estoy, sin embargo, discutiendo contigo problemas que nos conciernen a ambos, y compartiendo el remedio contigo, como si estuviéramos enfermos en el mismo hospital. Escúchame, pues, como lo harías si estuviera hablando conmigo mismo. Te estoy admitiendo en mis pensamientos más íntimos, y estoy discutiendo conmigo mismo, simplemente sirviéndome de ti como pretexto. **2.** Me grito a mí mismo: "Cuenta tus años, y te avergonzarás de desear y perseguir las mismas cosas que deseabas en tu niñez. Asegúrate de esto para el día de tu muerte: que tus faltas mueran antes que tú mueras. Fuera esos placeres desordenados, que hay que pagar muy caros; no sólo me perjudican los que están por venir, sino también los que han venido y se han ido. Del mismo modo que los delitos, aunque no se hayan detectado cuando se cometieron, no permiten que la ansiedad termine con ellos; así con los placeres culpables, el arrepentimiento permanece incluso después de que los placeres hayan terminado. No son sustanciales, no son dignos de confianza; aunque no nos hagan daño, son fugaces. **3.** Busca más bien algún bien que permanezca. Pero no puede haber tal bien sino cuando el alma lo descubre por sí misma dentro de sí. Sólo la virtud proporciona alegría eterna y pacificadora; aunque surja algún obstáculo, no es más que como una nube intermedia, que flota bajo el sol, pero nunca prevalece contra él."

4. ¿Cuándo alcanzarás esta alegría? Hasta ahora no has sido perezoso, pero debes acelerar el paso. Queda mucho trabajo por hacer; para afrontarlo, tú mismo debes prodigar todas tus horas de vigilia, y todos tus esfuerzos, si deseas que el resultado se cumpla. Este asunto no puede delegarse en otra persona. **5.**

El otro tipo de actividad literaria[133] admite ayuda exterior. En nuestra época había un hombre rico llamado Calvisio Sabino, que tenía la cuenta bancaria y el cerebro de un liberto. [134] Nunca vi a un hombre cuya buena fortuna fuera una ofensa mayor contra el decoro. Su memoria era tan defectuosa que a veces olvidaba el nombre de Ulises, de Aquiles o de Príamo, nombres que conocemos tan bien como los de nuestros propios asistentes. Ningún mayordomo en su vejez, que no puede dar a los hombres sus nombres correctos, sino que se ve obligado a inventar nombres para ellos, -ningún hombre así, digo, llama a los nombres[135] de los miembros de la tribu de su amo tan atrozmente como Sabino solía llamar a los héroes troyanos y aqueos. Pero no por ello quería parecer menos erudito. **6.** Así que ideó este atajo para aprender: pagó precios fabulosos por los esclavos, -uno para saber a Homero de memoria y otro para saber a Hesíodo; también delegó un esclavo especial a cada uno de los nueve poetas líricos. No es de extrañar que pagara precios elevados por estos esclavos; si no los encontraba a mano, los mandaba hacer por encargo. Después de reunir este séquito, empezó a hacer la vida imposible a sus invitados; mantenía a estos tipos a los pies de su diván, y les pedía de vez en cuando versos que él pudiera repetir, y entonces se quebraba con frecuencia en mitad de una palabra. **7.** Satelio Cuadrato, que se alimentaba de millonarios adormecidos y, por consiguiente, los adulaba, y que también (pues esta cualidad va con las otras dos) se burlaba de ellos, sugirió a Sabino que tuviera filólogos que recogieran los trozos.[136] Sabino comentó

---

[133] Es decir, los estudios ordinarios, o la literatura, en contraste con la filosofía.
[134] Compárense con lo siguiente las vulgaridades de Trimalchio en la Sátira de Petronio, y el mal gusto de Nasidieno en Horacio (Sátira ii. 8).
[135] En la salutatio, o llamada matutina. El cargo de nomenclator, "llamador de nombres", se dedicaba originalmente a fines más estrictamente políticos. Aquí es principalmente social.
[136] Es decir, todas las ideas que salían de la cabeza de Sabino. El esclavo que recogía las migajas se llamaba analecta

que cada esclavo le costaba cien mil sestercios; Satelio replicó: "Podrías haber comprado otras tantas estanterías de libros por una suma menor". Pero Sabino era de la opinión de que lo que sabía cualquier miembro de su casa, también lo sabía él. **8.** Este mismo Satelio comenzó a aconsejar a Sabino que tomara lecciones de lucha, - enfermizo, pálido y delgado como estaba, Sabino respondió: "¿Cómo podría? Apenas puedo mantenerme con vida ahora". "No digas eso, te lo suplico", replicó el otro, "¡considera cuántos esclavos perfectamente sanos tienes!". Ningún hombre puede pedir prestada o comprar una mente sana; de hecho, según me parece, aunque las mentes sanas estuvieran a la venta, no encontrarían compradores. Las mentes depravadas, sin embargo, se compran y se venden todos los días.

9. Pero déjame pagar mi deuda y despedirme: "La verdadera riqueza es la pobreza ajustada a la ley de la Naturaleza".[137] Epicuro tiene este dicho en varias formas y contextos; pero nunca puede repetirse demasiado, ya que nunca puede aprenderse demasiado bien. Para algunas personas el remedio debe ser simplemente prescrito; en el caso de otras, debe ser forzado a tragarlo. Adiós.

---

[137] Epicuro, Frag. 477 Usener.

XXVIII. Sobre el viaje como cura del descontento

1. ¿Crees que sólo tú has tenido esta experiencia? ¿Te sorprende, como si fuera una novedad, que después de un viaje tan largo y de tantos cambios de escenario no hayas sido capaz de sacudirte la penumbra y la pesadez de tu mente? Necesitas un cambio de alma más que un cambio de clima.[138] Aunque cruces vastos espacios de mar, y aunque, como comenta nuestro Virgilio[139],

Tierras y ciudades quedan a popa, tus faltas te seguirán por dondequiera que viajes. **2.** Sócrates hizo la misma observación a uno que se quejaba; le dijo: "¿Por qué te extrañas de que viajar por el mundo no te ayude, ya que siempre te llevas a ti mismo contigo? La razón que te hizo errar te pisa siempre los talones". ¿Qué placer hay en ver nuevas tierras? ¿O en inspeccionar ciudades y lugares de interés? Todo tu ajetreo es inútil. ¿Preguntas por qué esa huida no te ayuda? Es porque huyes junto contigo mismo. Debes dejar a un lado las cargas de la mente; hasta que no lo hagas, ningún lugar te satisfará. **3.** Reflexiona que tu comportamiento actual es como el de la profetisa que describe Virgilioio:[140] está excitada y acuciada por la furia, y contiene en sí misma mucha inspiración que no es suya:

La sacerdotisa delira, si acaso puede sacudir al gran dios de su corazón.

Vagas de aquí para allá, para librarte de la carga que descansa sobre ti, aunque se vuelve más molesta a causa de tu misma inquietud, igual que en un barco la carga cuando está quieta no causa problemas, pero cuando se desplaza a un lado o a otro, hace que el barco escore más rápidamente en la dirección en

---

[138] Cf. Horacio, Ep. i. 11, 27 caelum non animum mutant qui trans mare currunt.
[139] Eneida, iii. 72.
[140] Eneida, vi. 78 f.

que se ha asentado. Cualquier cosa que hagas va en tu contra, y te haces daño a ti mismo por tu propia inquietud; porque estás sacudiendo a un hombre enfermo.

4. Que una vez eliminado el problema, todo cambio de escenario será placentero; aunque te lleven a los confines de la tierra, en cualquier rincón de una tierra salvaje que te encuentres, ese lugar, por prohibitivo que sea, será para ti una morada hospitalaria. La persona que eres importa más que el lugar al que vas; por eso no debemos hacer de la mente un esclavo de ningún lugar. Vive en esta creencia: "No he nacido para ningún rincón del universo; este mundo entero es mi patria". **5.** Si vieras este hecho claramente, no te sorprenderías de no obtener ningún beneficio de las nuevas escenas a las que vagas cada vez por cansancio de las viejas escenas. Pues la primera te habría complacido en cada caso, si la hubieras creído enteramente tuya.[141] Tal como están las cosas, sin embargo, no estás viajando; estás a la deriva y siendo conducido, sólo intercambiando un lugar por otro, aunque aquello que buscas, -vivir bien-, se encuentra en todas partes.[142] **6.** ¿Puede haber un lugar tan lleno de confusión como el Foro? Sin embargo, incluso allí se puede vivir tranquilamente, si es necesario. Por supuesto, si a uno se le permitiera hacer sus propios arreglos, yo huiría lejos de la vista y de la vecindad del Foro. Porque así como los lugares pestilentes asaltan incluso a la constitución más fuerte, hay algunos lugares que también son malsanos para una mente sana que aún no está del todo sana, aunque se esté recuperando de su dolencia. **7.** No estoy de acuerdo con quienes se lanzan en medio de las olas y, dando la bienvenida a una existencia tormentosa, luchan a diario con dureza de alma contra los problemas de la vida. El hombre sabio soportará todo eso, pero no lo elegirá; preferirá estar en paz antes que en guerra. De poco sirve haber desechado los propios defectos si

---

[141] Es decir, si hubieras podido decir patria mea totus mundus est.
[142] Cf. Horacio, Ep. i. 11, 28 - navibus atque Quadrigis petimus bene vivere; quod petis, hic est

hay que pelearse con los de los demás. **8.** Dice uno: "Había treinta tiranos rodeando a Sócrates, y sin embargo no pudieron quebrantar su espíritu"; pero ¿qué importa cuántos amos tenga un hombre? La "esclavitud" no tiene plural; y quien la ha despreciado es libre, -no importa en medio de cuán grande sea la turba de señores en que se encuentre.

9. Es hora de parar, pero no antes de haber cumplido con mi deber. "El conocimiento del pecado es el principio de la salvación". Este dicho de Epicuro[143] me parece noble. Porque quien no sabe que ha pecado no desea la corrección; debes descubrirte en el error antes de poder reformarte. **10.** Algunos se jactan de sus faltas. ¿Piensas que piensa enmendarse el hombre que cuenta sus vicios como si fueran virtudes? Por lo tanto, en la medida de lo posible, demuéstrate culpable, caza cargos contra ti mismo; juega el papel, primero de acusador, luego de juez, por último de intercesor. A veces sé duro contigo mismo.[144] Adiós.

---

[143] Frag. 522 Usener.
[144] es decir, rechaza tu propia intercesión.

XXIX. Sobre el estado crítico de Marcelino

1. Has estado preguntando por nuestro amigo Marcelino y deseas saber cómo le va. Rara vez viene a verme, no por otra razón sino porque teme oír la verdad, y en este momento está alejado de todo peligro de oírla; pues no se debe hablar a un hombre a menos que esté dispuesto a escuchar. Por eso se duda a menudo de si Diógenes y los demás cínicos, que empleaban una libertad de palabra indiscriminada y ofrecían consejo a todo el que se cruzaba en su camino, deberían haber seguido un plan semejante. **2.** Porque, ¿qué pasaría si uno tuviera que reprender a los sordos o a los mudos de nacimiento o por enfermedad? Pero tú respondes: "¿Por qué debería ahorrar palabras? No cuestan nada. No puedo saber si ayudaré al hombre a quien doy un consejo; pero sé bien que ayudaré a alguien si aconsejo a muchos. Debo esparcir estos consejos a puñados.[145] Es imposible que quien lo intenta a menudo no lo consiga alguna vez".

3. Esto mismo, mi querido Lucilio, es, creo yo, exactamente lo que un hombre de gran alma no debe hacer; su influencia se debilita; tiene muy poco efecto sobre aquellos a quienes podría haber enderezado si no se hubiera vuelto tan rancia. El arquero no debe dar en el blanco sólo a veces; debe errarlo sólo a veces. Lo que tiene efecto por casualidad no es un arte. Ahora bien, la sabiduría es un arte; debe tener una meta definida, eligiendo sólo a aquellos que progresarán, pero retirándose de aquellos a quienes ha llegado a considerar sin esperanza, -aunque sin abandonarlos demasiado pronto, y justo cuando el caso se está volviendo desesperado intentar remedios drásticos.

4. En cuanto a nuestro amigo Marcellinus, aún no he perdido la esperanza. Todavía puede salvarse, pero la mano amiga debe

---

[145]La expresión habitual es *plena manu spargere*, "con la mano llena", cf. Ep. cxx. 10. En el famoso dicho de Corinna a Píndaro: "Siembra con la mano y no con el saco", la idea es "con moderación" y no, como aquí, "generosamente".

ofrecerse pronto. En efecto, existe el peligro de que derribe a su ayudante, pues hay en él un carácter innato de gran vigor, aunque ya se inclina a la maldad. No obstante, afrontaré este peligro y me atreveré a mostrarle sus faltas. **5.** Actuará como de costumbre; recurrirá a su ingenio, el ingenio que puede arrancar sonrisas incluso a los dolientes. Se burlará primero de sí mismo y luego de mí. Se adelantará a cada palabra que yo vaya a pronunciar. Cuestionará nuestros sistemas filosóficos; acusará a los filósofos de aceptar dádivas, tener amantes y satisfacer sus apetitos. Me señalará a un filósofo que ha sido sorprendido en adulterio, a otro que frecuenta los cafés y a otro que aparece en la corte. **6.** Traerá a mi atención a Aristo, el filósofo de Marco Lépido, que solía celebrar discusiones en su carruaje; porque ése era el tiempo que se había tomado para redactar sus investigaciones, de modo que Scaurus dijo de él cuando le preguntaron a qué escuela pertenecía: "En todo caso, no es uno de los Filósofos Caminantes." También Julio Graecino, hombre distinguido, cuando se le pidió una opinión sobre el mismo punto, respondió: "No puedo decírselo, pues no sé lo que hace cuando está desmontado", como si la pregunta se refiriera a un gladiador de carros.[146] **7.** Es a este tipo de montaraces, para quienes sería más digno de crédito haber dejado en paz a la filosofía que traficar con ella, a quienes Marcelino me echará en cara. Pero he decidido aguantar las burlas; él puede provocar mi risa, pero yo tal vez le provoque lágrimas; o, si persiste en sus bromas, me regocijaré, por así decirlo, en medio de la tristeza, porque ha sido bendecido con un tipo de locura tan alegre. Pero esa clase de alegría no dura mucho. Observa a tales hombres, y notarás que en un corto espacio de tiempo ríen hasta el exceso y rabian hasta el exceso. **8.** Es mi plan acercarme a él y mostrarle cuánto mayor era su valor cuando muchos pensaban que era menor. Aunque no extirparé de raíz sus faltas, pondré

---

[146] Essedarius luchó desde un coche. Cuando su adversario le obligó a salir del coche, se vio obligado a continuar el combate a pie, como un caballero sin caballo

coto a ellas; no cesarán, pero se detendrán por un tiempo; y tal vez incluso cesen, si adquieren el hábito de detenerse. Esto es algo que no debe despreciarse, ya que para los hombres gravemente afectados la bendición del alivio es un sustituto de la salud. **9.** Así pues, mientras yo me dispongo a tratar con Marcelino, tú, que eres capaz, que sabes de dónde y hacia dónde te has encaminado y que, por eso mismo, intuyes la distancia que te queda por recorrer, regula tu carácter, despierta tu valor y mantente firme ante las cosas que te han aterrorizado. No cuentes el número de los que te inspiran temor. ¿No considerarías insensato a quien tuviera miedo de una multitud en un lugar por el que sólo pudiera pasar uno a la vez? Del mismo modo, no son muchos los que tienen acceso a ti para matarte, aunque sí son muchos los que te amenazan de muerte. La naturaleza lo ha ordenado así: como sólo uno te ha dado la vida, sólo uno te la quitará.

10. Si tuvieras vergüenza, me habrías librado de pagar el último plazo. Aun así, tampoco seré tacaño, sino que saldaré mis deudas hasta el último céntimo y os obligaré a pagar lo que todavía os debo. "Nunca he querido complacer a la multitud; porque lo que sé, ellos no lo aprueban, y lo que aprueban, yo no lo sé." [147] **11.** "¿Quién dijo esto?", preguntas, como si ignoraras a quién pongo a mi servicio; es Epicuro. Pero esta misma consigna resuena en tus oídos desde todas las sectas, - Peripatético, Académico, Estoico, Cínico. Pues, ¿quién que se complace en la virtud puede complacer a la multitud? Se necesitan artimañas para ganarse la aprobación popular; y es necesario que te hagas semejante a ellos; te negarán su aprobación si no te reconocen como uno de ellos. Sin embargo, lo que tú pienses de ti mismo es mucho más importante que lo que los demás piensen de ti. El favor de los hombres innobles sólo puede ganarse por medios innobles. **12.** ¿Qué beneficio, entonces, conferirá esa cacareada filosofía, cuyas alabanzas

---

[147] Epicuro, Frag. 187 Usener.

cantamos, y que, se nos dice, debe ser preferida a todo arte y a toda posesión? Con seguridad, te hará preferir complacerte a ti mismo antes que al populacho, te hará sopesar, y no meramente contar, los juicios de los hombres, te hará vivir sin temor a los dioses ni a los hombres, te hará vencer los males o acabar con ellos. Por lo demás, si te veo aplaudido por la aclamación popular, si tu entrada en escena es saludada por un estruendo de vítores y palmas, -marcas de distinción propias sólo de los actores-, si todo el Estado, incluso las mujeres y los niños, cantan tus alabanzas, ¿cómo puedo dejar de compadecerte? Porque sé qué camino conduce a tal popularidad. Hasta la vista.

XXX. Sobre la conquista del conquistador

1. He visto a Aufidio Bajo, ese noble hombre, quebrantado en su salud y luchando con sus años. Pero ya pesan tanto sobre él que no puede levantarse; la vejez se ha asentado sobre él con gran peso, sí, con todo su peso. Usted sabe que su cuerpo siempre fue delicado y sin savia. Durante mucho tiempo lo ha tenido bajo control, o, para hablar con más propiedad, lo ha mantenido unido; de repente se ha derrumbado. **2.** Al igual que en un barco que hace agua, siempre se puede tapar la primera o la segunda fisura, pero cuando empiezan a abrirse muchos agujeros que dejan entrar el agua, no se puede salvar el casco agujereado; del mismo modo, en el cuerpo de un anciano, hay un cierto límite hasta el que se puede sostener y apuntalar su debilidad. Pero cuando llega a parecerse a un edificio decrépito -cuando todas las juntas empiezan a abrirse y, mientras se repara una, otra se cae a pedazos-, entonces es el momento de que un hombre mire a su alrededor y considere cómo puede salir.[148]

3. Pero la mente de nuestro amigo Bassus es activa. La filosofía nos concede esta bendición; nos hace alegres ante la misma muerte, fuertes y valientes sin importar en qué estado se encuentre el cuerpo, alegres y nunca desfallecer, aunque el cuerpo nos falle. Un gran piloto puede navegar incluso cuando su lona está rota; si su barco está desmantelado, todavía puede arreglar lo que queda de su casco y mantenerlo en su rumbo. Esto es lo que está haciendo nuestro amigo Bassus; y contempla su propio fin con el valor y el semblante que usted consideraría como indiferencia indebida en un hombre que contemplara así el de otro.

4. Este es un gran logro, Lucilio, que requiere una larga práctica para aprenderlo: partir con calma cuando llega la hora inevitable. Otros tipos de muerte contienen un ingrediente de esperanza: una enfermedad llega a su fin; un incendio se apaga;

---

[148] Es decir, exeas e vita, "apartarse de la vida".

la caída de las casas ha puesto a salvo a aquellos a los que parecía que iban a aplastar; el mar ha arrojado a tierra ilesos a aquellos a los que había engullido, por la misma fuerza por la que los arrastró hacia abajo; el soldado ha retirado su espada del mismo cuello de su enemigo condenado. Pero aquellos a quienes la vejez conduce a la muerte no tienen nada que esperar; la vejez por sí sola no concede ningún indulto. Ningún final, sin duda, es más indoloro; pero no hay ninguno más prolongado.

5. Nuestro amigo Bassus me parecía estar asistiendo a su propio funeral, y disponiendo su propio cuerpo para el entierro, y viviendo casi como si hubiera sobrevivido a su propia muerte, y soportando con sabia resignación el dolor por su propia partida. Porque habla libremente de la muerte, esforzándose por persuadirnos de que, si este proceso contiene algún elemento de incomodidad o de miedo, es culpa del moribundo, y no de la muerte misma; también, que no hay más inconveniente en el momento real que el que hay después de que ha pasado. **6.** "Y es tan insensato", añade, "que un hombre tema lo que no le va a suceder, como que tema lo que no va a sentir si le sucede". ¿O es que alguien se imagina que es posible que la agencia por la que se elimina el sentimiento pueda ser ella misma sentida? "Por lo tanto", dice Bassus, "la muerte está tan lejos de todo mal que está más allá de todo temor a los males".

7. Sé que todo esto se ha dicho a menudo y que debería repetirse a menudo; pero ni cuando los leí fueron tales preceptos tan eficaces conmigo, ni cuando los oí de labios de aquellos que estaban a una distancia segura del temor de las cosas que ellos declaraban que no debían temerse. Pero este anciano tenía el mayor peso conmigo cuando hablaba de la muerte y la muerte estaba cerca. **8.** Pues debo decirte lo que yo mismo pienso: sostengo que uno es más valiente en el momento mismo de la muerte que cuando se acerca a ella. Porque la muerte, cuando está cerca de nosotros, da incluso a los hombres inexpertos el valor de no tratar de evitar lo inevitable. Así, el gladiador, que a lo largo de la lucha se ha mostrado no obstante pusilánime, ofrece su garganta a su adversario y dirige la vacilante espada al punto vital. [149] Pero un final que está cerca, y que está destinado a llegar, exige un valor tenaz del alma; esto es algo más raro, y nadie más que el hombre sabio puede manifestarlo.

9. En consecuencia, escuché a Bassus con el mayor placer; estaba emitiendo su voto respecto a la muerte y señalando qué clase de cosa es cuando se observa, por así decirlo, más cerca. Supongo que un hombre gozaría de su confianza en mayor grado, y tendría más peso para ustedes, si hubiera vuelto a la vida y declarara por experiencia que no hay mal en la muerte; y así, en cuanto a la proximidad de la muerte, les dirán mejor qué inquietud produce quienes se han puesto en su camino, quienes la han visto venir y le han dado la bienvenida. 10. Bassus puede incluirse entre estos hombres; y no tenía ningún deseo de engañarnos. Dice que es tan insensato temer a la muerte como temer a la vejez, porque la muerte sigue a la vejez precisamente como la vejez sigue a la juventud. Quien no desea morir no puede haber deseado vivir. Pues la vida se nos concede con la reserva de que moriremos; a este fin conduce nuestro camino. Por lo tanto, ¡qué insensato es temerla, ya que los hombres simplemente esperan lo que es seguro, pero sólo temen lo que es incierto! **11.** La muerte tiene su regla fija, - equitativa e inevitable. ¿Quién puede quejarse cuando se rige por términos que incluyen a todos? Pero la parte principal de la equidad es la igualdad.

Pero es superfluo en este momento defender la causa de la naturaleza; porque ella desea que nuestras leyes sean idénticas a las suyas; ella sólo resuelve lo que ha compuesto, y vuelve a

---

[149] Se supone que el gladiador derrotado está de espaldas, su oponente de pie sobre él y a punto de dar el golpe final. Mientras la hoja oscila en la garganta, buscando la vena yugular, la víctima dirige la punta.

componer lo que ha resuelto. **12.** Por otra parte, si a un hombre le toca la suerte de ser suavemente dejado a la deriva por la vejez, no arrancado repentinamente de la vida, sino retirado poco a poco, en verdad debería dar gracias a los dioses, a todos y cada uno, porque, después de que se ha saciado, es trasladado a un descanso que está ordenado para la humanidad, un descanso que es bienvenido para el cansado. Puedes observar a ciertos hombres que anhelan la muerte incluso más fervientemente de lo que otros suelen anhelar la vida. Y no sé qué hombres nos infunden más valor, si los que piden la muerte o los que se enfrentan a ella alegre y tranquilamente, pues la primera actitud está inspirada a veces por la locura y la ira repentina, mientras que la segunda es la calma que resulta de un juicio fijo. Hasta ahora los hombres han ido al encuentro de la muerte en un arrebato de cólera; pero cuando la muerte viene a su encuentro, nadie la recibe alegremente, excepto el hombre que hace tiempo que se ha compuesto para la muerte.

13. Admito, por lo tanto, que he visitado con más frecuencia a este querido amigo mío con muchos pretextos, pero con el propósito de saber si lo encontraría siempre igual, y si su fuerza mental estaba tal vez menguando en compañía de sus facultades corporales. Pero iba en aumento, como la alegría del auriga suele manifestarse más claramente cuando está en la séptima vuelta del recorrido[150] y se acerca al premio. **14.** En efecto, a menudo decía, de acuerdo con los consejos de Epicuro: [151]"Espero, en primer lugar, que no haya dolor en el momento en que un hombre exhala su último aliento; pero si lo hay, uno encontrará un elemento de consuelo en su misma brevedad. Ningún gran dolor dura mucho. Y en todo caso, un hombre encontrará alivio en el mismo momento en que el alma y el cuerpo se desgarran, aunque el proceso vaya acompañado

---

[150] Es decir, cuando esta en la recta final.
[151] Frag. 503 Usener

de un dolor insoportable, en el pensamiento de que después de que este dolor termine no podrá sentir más dolor. Estoy seguro, sin embargo, de que el alma de un anciano está en sus mismos labios, y que sólo se necesita un poco de fuerza para desprenderla del cuerpo. Un fuego que se ha apoderado de una sustancia que lo sostiene necesita agua para apagarse, o, a veces, la destrucción del propio edificio; pero el fuego que carece de combustible que lo sostenga se extingue por sí mismo."

15. Me alegra oír tales palabras, mi querido Lucilio, -no como nuevas para mí, sino como llevándome a la presencia de un hecho real. ¿Y entonces qué? ¿No he visto a muchos hombres romper el hilo de la vida? Los he visto, en efecto; pero tienen más peso para mí los que se acercan a la muerte sin aversión a la vida, dejándola entrar, por decirlo así, y no tirando de ella hacia sí. **16.** Bassus seguía diciendo: "Se debe a nuestra propia culpa que sintamos esta tortura, porque nos retraemos de morir sólo cuando creemos que nuestro fin está cerca". Pero, ¿quién no está cerca de la muerte? Está preparada para nosotros en todo lugar y en todo momento. "Consideremos", continuó diciendo, "cuando alguna agencia de la muerte parece inminente, cuánto más cerca están otras variedades de morir que no son temidas por nosotros." **17.** Un hombre es amenazado de muerte por un enemigo, pero esta forma de muerte es anticipada por un ataque de indigestión. Y si estamos dispuestos a examinar críticamente las diversas causas de nuestro temor, encontraremos que algunas existen, y otras sólo parecen existir. No tememos a la muerte; tememos el pensamiento de la muerte. Porque la muerte misma está siempre a la misma distancia de nosotros; por lo tanto, si hay que temerla, hay que temerla siempre. Porque, ¿qué época de nuestra vida está exenta de la muerte?

18. Pero lo que realmente debo temer es que odies esta larga carta más que a la propia muerte; así que me detendré. Sin embargo, piensa siempre en la muerte para que nunca la temas. Adiós.

XXXI. Sobre los cantos de sirena

1. ¡Ahora reconozco a mi Lucilio! Comienza a revelar el carácter del que prometía. Sigue el impulso que te impulsó a hacer todo lo que es mejor, pisando bajo tus pies lo que es aprobado por la multitud. No quiero que seas más grande ni mejor de lo que planeaste; pues en tu caso los meros cimientos han cubierto una gran extensión de terreno; sólo termina todo lo que has trazado, y toma en mano los planes que has tenido en mente. **2.** En resumen, serás un hombre sabio si taponas tus oídos; no basta con taparlos con cera; necesitas un tapón más denso que el que dicen que Ulises usaba para sus camaradas. La canción que él temía era seductora, pero no venía de todas partes; la canción, sin embargo, que tú tienes que temer, no resuena a tu alrededor desde un solo cabo, sino desde todos los rincones del mundo. Navega, pues, no más allá de una región de la que desconfías por sus delicias traicioneras, sino más allá de todas las ciudades. Haz oídos sordos a los que más te quieren; ruegan cosas malas con buenas intenciones. Y, si quieres ser feliz, ruega a los dioses que no se cumpla ninguno de sus afectuosos deseos para ti. **3.** Lo que desean para ti no son realmente cosas buenas; sólo hay un bien, la causa y el sostén de una vida feliz: la confianza en uno mismo. Pero esto no puede lograrse, a menos que uno haya aprendido a despreciar el trabajo y a considerarlo entre las cosas que no son ni buenas ni malas. Porque no es posible que una misma cosa sea mala unas veces y buena otras, a veces ligera y soportable, y a veces causa de espanto. **4.** El trabajo no es un bien.[152] Entonces, ¿qué es un bien? Digo, el desprecio del trabajo. Por eso debo reprender a los hombres que se afanan inútilmente. Pero cuando, por el contrario, un hombre lucha por cosas honrosas, en la medida en que se aplica más y más, y se deja vencer o detener cada vez menos,[153]

---

[152] El argumento es que el trabajo no es, en sí mismo, un bien; si lo fuera, no sería digno de alabanza en un momento y de ser depreciado en otro. Pertenece, por tanto, a la clase de cosas que los estoicos llaman ἀδιάφορα, indifferentia, res mediae; cf. Cicerón, de Fin. iii. 16

recomendaré su conducta y gritaré mi aliento, diciendo: "¡Tanto mejor! Levántate, toma aliento fresco, y supera esa colina, si es posible, ¡de un solo chorro!".

5. El trabajo es el sustento de las mentes nobles. No hay, pues, ninguna razón para que, de acuerdo con el viejo voto de tus padres, elijas qué fortuna deseas que caiga en tu suerte, o por qué debes rezar; además, es vil que un hombre que ya ha recorrido toda la ronda de los más altos honores siga importunando a los dioses. ¿Qué necesidad hay de votos? Hazte feliz a través de tus propios esfuerzos; puedes hacerlo, si una vez comprendes que todo lo que se mezcla con la virtud es bueno, y que todo lo que se une al vicio es malo. Así como nada brilla si no tiene luz mezclada con él, y nada es negro a menos que contenga oscuridad o atraiga hacia sí algo de penumbra, y como nada es caliente sin la ayuda del fuego, y nada frío sin aire; así es la asociación de virtud y vicio lo que hace que las cosas sean honorables o viles.

6. ¿Qué es, pues, el bien? El conocimiento de las cosas. ¿Qué es el mal? El desconocimiento de las cosas. Su sabio, que también es artesano, rechazará o elegirá en cada caso según convenga a la ocasión; pero no teme lo que rechaza, ni admira lo que elige, con tal que tenga un alma robusta e inconquistable. Te prohíbo que estés abatido o deprimido. No basta con que no rehuyas el trabajo; pídelo. **7.** "Pero", dirás, "¿no es un trabajo insignificante y superfluo, y un trabajo que ha sido inspirado por causas innobles, una mala clase de trabajo?". No; no más que el que se emplea en esfuerzos nobles, puesto que la misma cualidad que soporta el trabajo y se levanta a sí misma al esfuerzo duro y cuesta arriba, es del espíritu, que dice: "¿Por qué te vuelves flojo? No es propio del hombre temer el sudor". **8.** Y además de esto, para que la virtud sea perfecta, debe haber un temperamento uniforme y un esquema de vida que sea coherente consigo mismo en todo momento; y este resultado

---

[153] Literalmente, "llegar al final de su surco".

no puede alcanzarse sin el conocimiento de las cosas, y sin el arte[154] que nos permite comprender las cosas humanas y las divinas. Este es el mayor bien. Si te apoderas de este bien, empiezas a ser el asociado de los dioses, y no su suplicante.

9. "Pero, ¿cómo", preguntarás, "se alcanza ese objetivo?". No necesitas cruzar las colinas Pennine o Graian[155], o atravesar el desecho Candavian[156], o enfrentarte al Syrtes,[157] o Scylla, o Charybdis, aunque hayas viajado a través de todos estos lugares por el soborno de una insignificante gobernación; el viaje para el que la naturaleza te ha equipado es seguro y placentero. Ella te ha dado tales dones que puedes, si no les demuestras falsedad, elevarte a la altura de Dios. **10.** Tu dinero, sin embargo, no te pondrá a la altura de Dios; pues Dios no tiene propiedades. Tu túnica con bordes[158] no hará esto; porque Dios no está vestido con ropas; ni tu reputación, ni una exhibición de ti mismo, ni un conocimiento de tu nombre ampliamente difundido por el mundo; porque nadie tiene conocimiento de Dios; muchos incluso lo tienen en baja estima, y no sufren por ello. El tropel de esclavos que lleva tu litera por las calles de la ciudad y en lugares extranjeros no te ayudará; porque este Dios del que hablo, aunque es el más alto y poderoso de los seres, lleva todas las cosas sobre sus propios hombros. Ni la belleza ni la fuerza pueden hacerte dichoso, pues ninguna de estas cualidades puede resistir la vejez.

11. Lo que tenemos que buscar, entonces, es aquello que no pase cada día más y más bajo el control de algún poder que no pueda ser resistido.[159] ¿Y qué es esto? Es el alma, - pero el alma

---

[154] Es decir, la filosofía.
[155] Las rutas del Gran San Bernardo y del Pequeño San Bernardo por los Alpes
[156] Montaña de Iliria por la que pasaba la Vía Egnatia.
[157] Peligrosas arenas movedizas a lo largo de la costa norte de África.
[158] La toga praetexta, insignia del cargo oficial de Lucilio
[159] Por ejemplo, el Tiempo o el Azar.

que es recta, buena y grande. ¿Qué otra cosa podría llamarse a un alma así sino un dios que habita como huésped en un cuerpo humano? Un alma así puede descender tanto en un caballero romano como en el hijo de un liberto o en un esclavo. Pues, ¿qué es un caballero romano, un hijo de liberto o un esclavo? Son meros títulos, nacidos de la ambición o de la injusticia. Uno puede saltar al cielo desde los mismos barrios bajos. Sólo hay que elevarse

Y moldéate a ti mismo para emparentarte con tu Dios.[160]

Este moldeado no se hará en oro ni en plata; una imagen que ha de ser a semejanza de Dios no puede modelarse con tales materiales; recuerda que los dioses, cuando eran bondadosos con los hombres,[161] eran moldeados en arcilla. Adiós.

---

[160] Virgilio, Eneida, viii. 364 f.
[161] En la Edad de Oro, descrita en Ep. xc., cuando los hombres estaban más cerca de la naturaleza y "frescos de los dioses".

XXXII. Sobre el progreso

1. He estado preguntando por ustedes, y preguntando a todos los que vienen de su parte del país, qué hacen, y dónde pasan el tiempo, y con quién. No puedes engañarme, porque estoy contigo. Vive como si estuviera seguro de recibir noticias de tus actos, es más, como si estuviera seguro de contemplarlos. Y si te preguntas qué es lo que más me agrada saber de ti, es que no sé nada, que la mayoría de aquellos a quienes pregunto no saben lo que haces.

2. Esta es una buena práctica, abstenerse de asociarse con hombres de diferente sello y diferentes objetivos. Y estoy seguro de que no te desviarás de tu propósito, aunque la multitud te rodee y trate de distraerte. ¿Qué es, entonces, lo que tengo en mente? No tengo miedo de que produzcan un cambio en ti; pero tengo miedo de que obstaculicen tu progreso. Y mucho daño te hace incluso quien te detiene, sobre todo porque la vida es tan corta; y nosotros la hacemos aún más corta con nuestra inestabilidad, haciendo siempre nuevos comienzos en la vida, ahora uno e inmediatamente otro. Dividimos la vida en pedacitos, y la desperdiciamos. **3.** Apresúrate, pues, queridísimo Lucilio, y reflexiona cuánto acelerarías la marcha si tuvieras un enemigo a tus espaldas, o si sospecharas que la caballería se aproxima y presiona con fuerza sobre tus pasos mientras huyes. Es verdad; el enemigo, en efecto, te está acosando; debes, pues, aumentar tu velocidad y escapar lejos y alcanzar una posición segura, recordando continuamente qué cosa tan noble es redondear tu vida antes de que llegue la muerte, y esperar entonces en paz la porción restante de tu tiempo, sin reclamar[162] nada para ti, puesto que estás en posesión de la vida feliz; pues tal vida no se hace más

---

[162] El texto parece corrupto. Hense cree que expectare debe sustituirse por nihil sibi - "No esperar nada para uno mismo"; pero el uso del verbo en dos significados sería duro. El pensamiento parece ser "no pedir años añadidos"; y uno sospecha que la pérdida de una palabra como adrogantem antes de nihil.

feliz por ser más larga. **4.** Oh, ¿cuándo verás el momento en que sabrás que el tiempo no significa nada para ti, cuando estarás en paz y tranquilo, despreocupado del día siguiente, porque estás disfrutando de tu vida al máximo?

¿Sabes por qué los hombres están ávidos de futuro? Es porque nadie se ha encontrado todavía a sí mismo. Tus padres, sin duda, pidieron otras bendiciones para ti; pero yo mismo rezo más bien para que desprecies todas aquellas cosas que tus padres desearon para ti en abundancia. Sus oraciones despojan a muchas otras personas, simplemente para que tú te enriquezcas. Lo que a ti te hagan de más, a otro se lo han de quitar. **5.** Rezo para que consigas tal control sobre ti mismo que tu mente, ahora sacudida por pensamientos errantes, pueda por fin llegar a descansar y ser firme, que pueda estar contenta consigo misma y, habiendo alcanzado una comprensión de qué cosas son verdaderamente buenas, -y están en nuestra posesión tan pronto como tenemos este conocimiento-, que no tenga necesidad de años añadidos. El que por fin ha superado todas las necesidades, - el que ha ganado su honorable descarga y es libre, - el que todavía vive después de que su vida se ha completado. Adiós.

XXXIII. Sobre la inutilidad de aprender máximas

1. Deseas que cierre estas cartas también, como cerré mis cartas anteriores, con ciertas declaraciones tomadas de los jefes de nuestra escuela. Pero ellos no se interesaron en extractos escogidos; toda la textura de su obra está llena de fuerza. Hay desigualdad, ya lo sabes, cuando algunos objetos sobresalen por encima de otros. Un solo árbol no es notable si todo el bosque se eleva a la misma altura. **2.** La poesía está repleta de expresiones de este tipo, al igual que la historia. Por esta razón, no quiero que pienses que estas expresiones pertenecen a Epicuro: son propiedad común y son enfáticamente nuestras.[163] Sin embargo, son más notables en Epicuro, porque aparecen a intervalos infrecuentes y cuando uno no las espera, y porque es sorprendente que las palabras valientes sean pronunciadas en cualquier momento por un hombre que hizo una práctica de ser afeminado. Eso es lo que sostiene la mayoría. En mi opinión, sin embargo, Epicuro es realmente un hombre valiente, aunque llevara mangas largas.[164] La fortaleza, la energía y la disposición para la batalla se encuentran entre los persas,[165] tanto como entre los hombres que se han ceñido a lo alto.

3. Por lo tanto, no es necesario que me pidas extractos y citas; los pensamientos que uno puede extraer aquí y allá en las obras de otros filósofos recorren todo el cuerpo de nuestros escritos. De ahí que no tengamos "mercancías de escaparate", ni engañemos al comprador de tal manera que, si entra en nuestra tienda, no encuentre nada más que lo que se expone en el escaparate. Permitimos que los propios compradores obtengan sus muestras de donde les plazca. **4.** Supongamos que quisiéramos separar cada lema de la colección general, ¿a quién

---

[163] Estoico y Epicúreo.

[164] En contraste con alte cinctos. La túnica sin mangas y "ceñida" es el signo de la energía; cf. Horacio, Sat. i. 5. 5, y Suetonio, Calígula, 52: el afeminado Calígula "aparecía en público con una túnica de manga larga y brazaletes".

[165] Que llevaba mangas

se los acreditaríamos? ¿A Zenón, a Cleanto, a Crisipo, a Panecio o a Posidonio? Los estoicos no somos súbditos de un déspota: cada uno de nosotros reivindica su propia libertad. Con ellos,[166] en cambio, todo lo que diga Hermarco, o Metrodoro, se atribuye a una sola fuente. En esa hermandad, todo lo que un hombre dice se dice bajo el liderazgo y la autoridad de mando[167] de uno solo. Sostengo que, por mucho que lo intentemos, no podemos elegir nada entre una multitud tan grande de cosas igualmente buenas.

Sólo el pobre cuenta su rebaño.[168]

Dondequiera que dirija su mirada, se encontrará con algo que podría destacar sobre el resto, si el contexto en el que lo lee no fuera igualmente notable.

5. Por esta razón, renuncia a esperar que puedas hojear, por medio de epítomes, la sabiduría de hombres distinguidos. Mira su sabiduría como un todo; estúdiala como un todo. Están elaborando un plan y tejiendo, línea sobre línea, una obra maestra, de la que no se puede quitar nada sin dañar el conjunto. Examina las partes separadas, si quieres, siempre que las examines como partes del hombre mismo. No se trata de una mujer hermosa de la que se alaba el tobillo o el brazo, sino de aquella cuyo aspecto general hace que te olvides de admirar sus atributos individuales.

6. Si insistes, sin embargo, no seré tacaño contigo, sino pródigo; porque hay una enorme multitud de estos pasajes; están esparcidos en profusión, -no necesitan ser reunidos, sino simplemente recogidos. No gotean de vez en cuando, sino que

---

[166] Es decir, los epicúreos.
[167] Para la frase ductu et auspiciis véase Plauto, Amph. i. 1. 41 ut gesserit rem publicam ductu imperio auspicio suo; y Horacio, Od. i. 7. 27 Teucro duce et auspice Teucro. El significado original de la frase se refiere al derecho del comandante en jefe a tomar los auspicios.
[168] Ovidio, Metamorfosis, xiii. 824

fluyen continuamente. Son interrumpidos y están estrechamente conectados. Sin duda serían de mucho provecho para los que todavía son novicios y adoran fuera del santuario; porque las máximas individuales se hunden más fácilmente cuando están marcadas y delimitadas como un verso. **7.** Por eso damos a los niños un proverbio, o lo que los griegos llaman *Chria*,[169] para que lo aprendan de memoria; ese tipo de cosas pueden ser comprendidas por la mente joven, que todavía no puede contener más. Para un hombre, sin embargo, cuyo progreso es definitivo, perseguir extractos escogidos y apuntalar su debilidad con los dichos más conocidos y breves y depender de su memoria, es vergonzoso; es hora de que se apoye en sí mismo. Debería hacer tales máximas y no memorizarlas. Pues es vergonzoso incluso para un anciano, o para alguien que ha divisado la vejez, tener un conocimiento de cuaderno. "Esto es lo que dijo Zenón". Pero, ¿qué has dicho tú mismo? "Esta es la opinión de Cleantes." ¿Pero cuál es tu propia opinión? ¿Cuánto tiempo marcharás bajo las órdenes de otro hombre? Toma el mando y pronuncia alguna palabra que la posteridad recuerde. Propón algo de tu propia cosecha. **8.** Por esta razón sostengo que no hay nada de eminente en todos los hombres como éstos, que nunca crean nada por sí mismos, sino que siempre acechan a la sombra de otros, jugando el papel de intérpretes, sin atreverse nunca a poner una vez en práctica lo que han estado tanto tiempo aprendiendo. Han ejercitado su memoria en el material de otros hombres. Pero una cosa es recordar y otra saber. Recordar no es más que salvaguardar algo confiado a la memoria; conocer, en cambio, significa hacerlo todo propio; significa no depender de la copia y no mirar todo el tiempo hacia atrás, hacia el maestro. **9.** "¡Así dijo Zenón, así dijo Cleantes, en verdad!". ¡Que haya una diferencia entre tú mismo y tu libro! ¿Durante cuánto tiempo serás un aprendiz? ¡A partir de ahora sé también maestro! "Pero, ¿por qué", pregunta uno,[170]

---

[169] O "máximas" o "esquemas", "temas". Para una discusión sobre ellos véase Quintiliano, Inst. Orat. i. 9. 3 ss.

"tengo que seguir oyendo conferencias sobre lo que puedo leer?". "La voz viva", se responde, "es una gran ayuda". Tal vez, pero no la voz que se limita a hacerse portavoz de las palabras de otro, y sólo cumple el deber de cronista.

10. Considera también este hecho. Los que nunca han alcanzado su independencia mental comienzan, en primer lugar, por seguir al líder en los casos en que todos lo han abandonado; luego, en segundo lugar, lo siguen en los asuntos en que todavía se está investigando la verdad. Sin embargo, nunca se descubrirá la verdad si nos contentamos con los descubrimientos ya realizados. Además, quien sigue a otro no sólo no descubre nada, sino que ni siquiera está investigando. **11.** Entonces, ¿qué? ¿No seguiré las huellas de mis predecesores? Utilizaré, en efecto, el camino antiguo, pero si encuentro otro que acorte el camino y sea más fácil de recorrer, abriré el camino nuevo. Los hombres que han hecho estos descubrimientos antes que nosotros no son nuestros maestros, sino nuestros guías. La verdad está abierta para todos; aún no ha sido monopolizada. Y aún queda mucho por descubrir para la posteridad. Adiós.

---

[170] El objetor es el supuesto auditor. La respuesta a la objeción da el punto de vista habitual en cuanto al poder de la voz viva; a esto Séneca asiente, siempre que la voz tenga un mensaje propio.

XXXIV. Sobre un alumno prometedor

1. Crezco en espíritu y doy saltos de alegría y me sacudo los años de encima y mi sangre vuelve a correr caliente, cada vez que comprendo, por tus acciones y tus cartas, hasta qué punto te has superado a ti mismo; pues en cuanto al hombre ordinario, hace tiempo que lo dejaste en la retaguardia. Si el agricultor se alegra cuando su árbol se desarrolla hasta dar fruto, si el pastor se complace en el aumento de sus rebaños, si todo hombre mira a su alumno como si discerniera en él su propia temprana madurez, -¿qué, entonces, crees que son los sentimientos de aquellos que han entrenado una mente y moldeado una joven idea, cuando la ven crecer de repente hasta la madurez?

2. Te reclamo para mí; eres obra mía. Cuando vi tus capacidades, puse mi mano sobre ti,[171] te exhorté, te apliqué el aguijón y no permití que marcharas perezosamente, sino que te desperté continuamente. Y ahora yo hago lo mismo; pero esta vez animo a uno que está en la carrera y que, a su vez, me anima a mí.

3. "¿Qué más quieres de mí, entonces?", preguntas; "la voluntad sigue siendo mía". Pues bien, la voluntad en este caso es casi todo, y no meramente la mitad, como en el proverbio "Una tarea una vez empezada está medio hecha". Es más que la mitad, pues la materia de que hablamos está determinada por el alma.[172] De ahí que la mayor parte de la bondad sea la voluntad de llegar a ser bueno. ¿Sabes lo que entiendo por un hombre bueno? Uno que es completo, acabado, - a quien ninguna coacción o necesidad puede volver malo. **4.** Veo a una

---

[171] Una referencia al acto (iniectio) por el cual un romano tomó posesión de una cosa que le pertenecía, por ejemplo, un esclavo fugitivo, - sin una decisión del tribunal.

[172] Es decir, el proverbio puede aplicarse a las tareas que un hombre realiza con sus manos, pero se queda corto cuando se aplica a las tareas del alma.

persona así en ti, si tan sólo te mantienes firme y te entregas a tu tarea, y te aseguras de que todas tus acciones y palabras armonicen y se correspondan entre sí y estén estampadas en el mismo molde. Si los actos de un hombre no están en armonía, su alma está torcida. Adiós.

XXXV. Sobre la amistad de las mentes afines

1. Cuando te exhorto con tanta insistencia a que te dediques a tus estudios, es mi propio interés el que estoy consultando; quiero tu amistad, y no puede caer en mi suerte a menos que procedas, como has comenzado, con la tarea de desarrollarte. Por ahora, aunque me amas, todavía no eres mi amigo. "Pero", replicas, "¿son estas palabras de distinto significado?". Es más, su significado es totalmente distinto. [173] Un amigo te ama, por supuesto; pero quien te ama no es en todos los casos tu amigo. La amistad, por consiguiente, siempre es útil, pero el amor a veces incluso hace daño. Intenta perfeccionarte, aunque sólo sea para aprender a amar.

2. Apresúrate, pues, para que, mientras te perfeccionas en mi provecho, no hayas aprendido la perfección en provecho de otro. Por cierto, ya estoy sacando algún provecho imaginando que los dos seremos de un mismo sentir, y que cualquier porción de mi fuerza que haya cedido a la edad, volverá a mí de tu fuerza, aunque no haya tanta diferencia en nuestras edades. **3.** Sin embargo, deseo alegrarme por el hecho consumado. Sentimos una alegría por aquellos a quienes amamos, incluso cuando estamos separados de ellos, pero tal alegría es ligera y fugaz; la vista de un hombre, y su presencia, y la comunión con él, proporcionan algo de placer vivo; esto es cierto, en todo caso, si uno no sólo ve al hombre que desea, sino la clase de hombre que desea. Entrégate a mí, por lo tanto, como un regalo de gran precio, y, para que te esfuerces más, reflexiona que tú mismo eres mortal, y que yo soy viejo. **4.** Apresúrate a encontrarme, pero apresúrate primero a encontrarte a ti mismo. Progresa y, ante todo, procura ser consecuente contigo mismo. Y cuando quieras saber si has logrado algo, considera si deseas hoy las mismas cosas que deseabas ayer. Un cambio de

---

[173] La pregunta de Lucilio representa la opinión popular, que considera que el amor incluye la amistad. Pero, según Séneca, sólo el amor perfecto, del que se ha eliminado todo egoísmo, es idéntico a la amistad.

la voluntad indica que la mente está en el mar, dirigiéndose en varias direcciones, según el curso del viento. Pero lo que es firme y sólido no se mueve de su sitio. Esta es la bendita suerte del hombre completamente sabio, y también, hasta cierto punto, de aquel que está progresando y ha hecho algún avance. Ahora bien, ¿cuál es la diferencia entre estas dos clases de hombres? El uno está en movimiento, sin duda, pero no cambia de posición; simplemente se balancea arriba y abajo donde está; el otro no está en movimiento en absoluto. Adiós.

XXXVI. Sobre el valor de la jubilación

1. Anima a tu amigo a despreciar de todo corazón a los que le vituperan porque ha buscado la sombra del retiro y ha abdicado de su carrera de honores, y, aunque podría haber alcanzado más, ha preferido la tranquilidad a todos ellos. Que demuestre cada día a esos detractores cuán sabiamente ha velado por sus propios intereses. Aquellos a quienes los hombres envidian continuarán marchando a su lado; algunos serán empujados fuera de las filas, y otros caerán. La prosperidad es algo turbulento; se atormenta a sí misma. Agita el cerebro de más de una manera, incitando a los hombres a diversos objetivos, - algunos al poder, y otros a la alta vida. A unos los infla, a otros los afloja y los enerva por completo.

2. "Pero", viene la réplica, "fulano lleva bien su prosperidad". Sí; igual que lleva su licor. Así que no tienes que dejar que esta clase de hombres los persuada de que uno que está asediado por la multitud es feliz; corren hacia él como las multitudes corren hacia un charco de agua, enturbiándolo mientras lo drenan. Pero tú dices: "Los hombres llaman a nuestro amigo bribón y perezoso". Hay hombres, tú lo sabes, cuyo discurso es torcido, que usan los términos contrarios[174]. Lo llamaron feliz; ¿y qué? ¿Era feliz? **3.** Incluso el hecho de que a ciertas personas les parezca un hombre de mentalidad muy áspera y sombría, no me preocupa. Aristo[175] solía decir que prefería a un joven de carácter severo que a uno que fuera un tipo alegre y agradable para la multitud. "Porque", añadía, "el vino que, cuando nuevo, parecía áspero y agrio, se convierte en buen vino; pero el que sabía bien en la vendimia no soporta la edad". Que le llamen, pues, severo y enemigo de su propio progreso. Es justamente esta severidad la que irá bien cuando envejezca, con tal de que continúe acariciando la virtud y absorbiendo a fondo los

---

[174] Es decir, no están más en lo cierto ahora, cuando lo llamaron bribón, de lo que estaban antes, cuando lo llamaron feliz.
[175] Aristo de Quíos, Frag. 388 von Armin.

estudios que hacen a la cultura, -no aquellos con los que basta que un hombre se rocíe, sino aquellos en los que la mente debe estar empapada. **4.** Ahora es el momento de aprender. "¿Qué? ¿Hay algún tiempo en que un hombre no deba aprender?". De ninguna manera; pero así como es digno de crédito que cada edad estudie, tampoco es digno de crédito que cada edad se instruya. Un anciano aprendiendo su A B C es un objeto vergonzoso y absurdo; el joven debe almacenar, el anciano debe usar. Por lo tanto, harás una cosa muy útil para ti mismo si haces de este amigo tuyo un hombre tan bueno como sea posible; esas bondades, nos dicen, deben ser buscadas y otorgadas, que benefician tanto al que las da como al que las recibe; y son incuestionablemente la mejor clase.

5. Por último, ya no tiene libertad en el asunto; ha empeñado su palabra. Y es menos vergonzoso comprometerse con un acreedor que comprometerse con un futuro prometedor. Para pagar su deuda de dinero, el hombre de negocios debe tener un viaje próspero, el agricultor debe tener campos fructíferos y un tiempo amable; pero la deuda que tiene tu amigo puede pagarse completamente con la simple buena voluntad. **6.** La fortuna no tiene jurisdicción sobre el carácter. Que regule de tal modo su carácter, que en perfecta paz pueda llevar a la perfección ese espíritu que hay en él, que no siente ni pérdida ni ganancia, sino que permanece en la misma actitud, no importa cómo se presenten las cosas. Un espíritu así, si está colmado de bienes terrenales, se eleva por encima de su riqueza; si, por el contrario, el azar le ha despojado de una parte de su riqueza, o incluso de toda, no se ve perjudicado.

7. Si vuestro amigo hubiera nacido en Partia, de niño habría empezado a tensar el arco; si en Alemania, habría blandido inmediatamente su esbelta lanza; si hubiera nacido en los días de nuestros antepasados, habría aprendido a montar a caballo y a golpear a su enemigo cuerpo a cuerpo. Estas son las ocupaciones que el sistema de cada raza recomienda al individuo, -sí, le prescribe. **8.** ¿A qué, pues, dedicará su atención[176] su atención? Digo que aprenda lo que es útil contra todas las armas, contra toda clase de enemigos: el desprecio de la muerte; porque nadie duda de que la muerte tiene en sí algo que inspira terror, de modo que conmociona incluso nuestras almas, que la naturaleza ha moldeado de tal modo que aman su propia existencia; pues de otro modo no habría necesidad de prepararnos para la muerte.[177] no habría necesidad de prepararnos, y de avivar nuestro valor, para enfrentarnos a aquello hacia lo que debemos movernos con una especie de instinto voluntario, precisamente como todos los hombres tienden a conservar su existencia. **9.** Ningún hombre aprende una cosa para que, en caso de necesidad, pueda tumbarse tranquilamente en un lecho de rosas; sino que forja su valor con este fin, para no rendir su fe prometida a la tortura, y para que, en caso de necesidad, pueda permanecer algún día de guardia en las trincheras, aunque esté herido, sin apoyarse siquiera en su lanza; porque el sueño es probable que se arrastre sobre los hombres que se apoyan en cualquier sostén.

En la muerte no hay nada perjudicial; pues debe existir algo a lo que sea perjudicial.[178] **10.** Y sin embargo, si estás poseído por un anhelo tan grande de una vida más larga, reflexiona que ninguno de los objetos que desaparecen de nuestra mirada y son reabsorbidos en el mundo de las cosas, de donde han salido

---

[176] Como romano, viviendo en una época en que la filosofía era recomendada y prescrita

[177] Es decir, si la muerte no inspiraba terror.

[178] Y puesto que después de la muerte no existimos, la muerte no puede ser perjudicial para nosotros. Séneca tiene en mente el argumento de Epicuro (Diógenes Laercio, x. 124-5): "Por lo tanto, el más temible de todos los males, la muerte, no es nada para nosotros; porque cuando existimos, la muerte no está presente en nosotros, y cuando la muerte está presente, entonces no existimos. Por lo tanto, no concierne ni a los vivos ni a los muertos; porque para los vivos no tiene existencia, y los muertos no existen en sí mismos." Lucrecio utiliza este argumento, concluyéndolo con (iii. 830): Nil igitur mors est ad nos neque pertinet hilum.

y pronto volverán a salir, es aniquilado; simplemente terminan su curso y no perecen. Y la muerte, que tememos y de la que nos encogemos, sólo interrumpe la vida, pero no nos la arrebata; volverá el tiempo en que seremos devueltos a la luz del día; y muchos hombres se opondrían a esto, si no fuesen traídos de vuelta en el olvido del pasado.

11. Pero quiero mostrarte más tarde,[179] con más cuidado, que todo lo que parece perecer simplemente cambia. Puesto que estás destinado a volver, debes partir con la mente tranquila. Observa cómo la ronda del universo repite su curso; verás que ninguna estrella de nuestro firmamento se apaga, sino que todas se ponen y se levantan alternativamente. El verano se ha ido, pero otro año lo traerá de nuevo; el invierno yace bajo, pero será restaurado por sus propios meses; la noche ha abrumado al sol, pero el día pronto volverá a vencer a la noche. Las estrellas errantes vuelven sobre sus pasos anteriores; una parte del cielo se eleva sin cesar, y otra parte se hunde. **12.** Una palabra más y me detendré; los niños, los muchachos y los que se han vuelto locos no temen a la muerte, y es muy vergonzoso que la razón no pueda proporcionarnos la paz mental a la que han sido llevados por su locura. Adiós.

---

[179] Por ejemplo, en Ep. lxxvii.

XXXVII. Sobre la lealtad a la virtud

1. Has prometido ser un buen hombre; te has alistado bajo juramento; ésa es la cadena más fuerte que te mantendrá en un sano entendimiento. Cualquier hombre se burlará de ti si dice que éste es un tipo de soldado afeminado y fácil. No permitiré que los engañen. Las palabras de este pacto tan honorable son las mismas que las de aquel tan vergonzoso, a saber:[180] "A través de la hoguera, la prisión o la muerte por la espada". **2.** De los hombres que alquilan sus fuerzas para la arena, que comen y beben lo que deben pagar con su sangre, se toma la seguridad de que soportarán tales pruebas, aunque no estén dispuestos; de vosotros, de que las soportaran de buena gana y con presteza. El gladiador puede bajar su arma y probar la piedad de la gente;[181] pero tú ni bajarás tu arma ni suplicarás por la vida. Debes morir erguido e inflexible. Además, ¿de qué sirve ganar unos días o unos años? No hay descarga para nosotros desde el momento en que nacemos.

3. "Entonces, ¿cómo puedo liberarme?", te preguntarás. No puedes escapar de las necesidades, pero puedes superarlas.

A la fuerza se hace un camino.[182]

Y este camino te lo proporcionará la filosofía. Entrégate, pues, a la filosofía si quieres estar seguro, tranquilo, feliz, en fin, si quieres ser -y esto es lo más importante- libre. No hay otro camino para alcanzar este fin. **4.** La locura[183] es baja, abyecta, mezquina, servil y expuesta a muchas de las pasiones más

---

[180] Se refiere al famoso juramento que hacía el gladiador cuando se alquilaba al maestro de lucha; uri, vinciri, verberari, ferroque necari patior; cf. Petronio, Sat. 117. El juramento está abreviado en el texto, probablemente por el propio Séneca, que lo parafrasea en Ep. lxxi. 23

[181] Esperando la señal de "pulgar arriba" o "pulgar abajo". Cf. Juvenal, iii. 36 verso pollice, vulgus Quem iubet occidunt populariter.

[182] Virgilio, Eneida, ii. 494.

[183] En el lenguaje del estoicismo, ἀμαθία, stultitia, "necedad", es la antítesis de σοφία, sapientia, "sabiduría".

crueles. Estas pasiones, que son pesados capataces, a veces gobernando por turnos, y a veces juntas, pueden ser desterradas de ti por la sabiduría, que es la única verdadera libertad. Sólo hay un camino que conduce allí, y es un camino recto; no te extraviarás. Avanza con paso firme, y si quieres tener todas las cosas bajo tu control, ponte bajo el control de la razón; si la razón se convierte en tu gobernante, te convertirás en gobernante de muchos. Aprenderás de ella lo que debes emprender, y cómo debe hacerse; no te equivocarás en las cosas. **5.** No puedes mostrarme a ningún hombre que sepa cómo empezó a desear lo que desea. No ha sido llevado a ese paso por previsión; ha sido conducido a él por impulso. La Fortuna nos ataca tan a menudo como nosotros atacamos a la fortuna. Es vergonzoso, en lugar de avanzar, dejarse llevar, y luego, de repente, en medio del torbellino de los acontecimientos, preguntar aturdido: "¿Cómo he llegado a esta situación?" Adiós.

XXXVIII. Sobre la conversación tranquila

1. Tienes razón cuando insistes en que aumentemos nuestro tráfico mutuo de cartas. Pero el mayor beneficio se deriva de la conversación, porque se introduce gradualmente en el alma. Las conferencias preparadas de antemano y pronunciadas en presencia de una multitud tienen en ellas más ruido pero menos intimidad. La filosofía es un buen consejo; y nadie puede dar consejos a pleno pulmón. Por supuesto que a veces también debemos recurrir a estas arengas, si se me permite llamarlas así, cuando hay que espolear a un miembro dubitativo; pero cuando el objetivo es hacer que un hombre aprenda, y no simplemente que desee aprender, debemos recurrir a las palabras en tono bajo de la conversación. No necesitamos muchas palabras, sino palabras eficaces.

2. Las palabras deben esparcirse como la semilla; por pequeña que sea la semilla, si una vez ha encontrado terreno favorable, despliega su fuerza y de insignificante se extiende hasta su mayor crecimiento. La razón crece de la misma manera; no es grande a la vista exterior, pero aumenta a medida que realiza su obra. Se pronuncian pocas palabras; pero si la mente las ha captado verdaderamente, cobran su fuerza y brotan. Sí, los preceptos y las semillas tienen la misma cualidad; producen mucho, y sin embargo son cosas leves. Sólo, como he dicho, deja que una mente favorable los reciba y asimile. Entonces, por sí misma, la mente también producirá generosamente a su vez, devolviendo más de lo que ha recibido. Adiós.

XXXIX. Sobre las nobles aspiraciones

1. En efecto, dispondré para ti, en orden cuidadoso y estrecho compás, las notas que me pides. Pero considere si no obtendrá más ayuda del método acostumbrado[184] que del que ahora se llama comúnmente "breviario", aunque en los buenos tiempos, cuando se hablaba verdadero latín, se llamaba "resumen".[185] El primero es más necesario para quien está aprendiendo una materia, el segundo para quien la conoce. Porque uno enseña, el otro estimula la memoria. Pero te daré abundantes oportunidades para ambos.[186] Un hombre como tú no debería pedirme esta o aquella autoridad; el que proporciona un comprobante de sus afirmaciones se argumenta a sí mismo como desconocido. **2.** Por lo tanto, escribiré exactamente lo que deseas, pero lo haré a mi manera; hasta entonces, tenéis muchos autores cuyas obras presumiblemente mantendrán vuestras ideas suficientemente en orden. Recoge la lista de los filósofos; ese mismo acto te obligará a despertar, cuando veas cuántos hombres han estado trabajando en tu beneficio. Desearás ansiosamente ser tú mismo uno de ellos. Pues esta es la cualidad más excelente que el alma noble tiene en sí misma, que puede ser despertada para cosas honorables.

---

[184] El método habitual de estudio de la filosofía era, como se deduce de esta carta, un curso de lectura de los filósofos. Séneca desaprueba el uso del "repaso", que es sólo una ayuda para la memoria, como sustituto de la lectura, sobre la base de que con su uso uno no aprende, en primer lugar, el tema, y, en segundo lugar y principalmente, que uno pierde la inspiración que se deriva del contacto directo con los grandes pensadores. La petición de Lucilio de un resumen sugiere así el tema principal de la carta, que se aborda en el segundo párrafo.

[185] Es decir, la palabra *breviarium*, "resumen", ha desplazado a la mejor palabra *summarium*, "resumen de los puntos principales".

[186] Es decir, hacer la lectura y repasarla mediante el resumen. La lectura permitirá a Lucilio identificar por sí mismo a los autores de los diversos pasajes o doctrinas

Ningún hombre de dones exaltados se complace con lo que es bajo y mezquino; la visión de un gran logro lo convoca y lo eleva. **3.** Así como la llama brota directamente al aire y no puede ser contenida ni retenida, como tampoco puede reposar en la quietud, así nuestra alma está siempre en movimiento, y cuanto más ardiente es, tanto mayor es su movimiento y actividad. Pero ¡feliz es el hombre que le ha dado este impulso hacia cosas mejores! Se colocará fuera de la jurisdicción del azar; controlará sabiamente la prosperidad; disminuirá la adversidad, y despreciará lo que otros tienen por admiración. **4.** Es la cualidad de un alma grande despreciar las cosas grandes y preferir lo que es ordinario a lo que es demasiado grande. Porque una condición es útil y vivificante; pero la otra hace daño sólo porque es excesiva. Del mismo modo, un suelo demasiado rico hace que el grano se aplaste, las ramas se quiebran bajo una carga demasiado pesada, la excesiva productividad no lleva el fruto a su madurez. Así sucede también con el alma; pues se arruina por una prosperidad incontrolada, que se emplea no sólo en perjuicio de los demás, sino también en perjuicio de sí misma. **5.** ¿Qué enemigo fue jamás tan insolente con ningún adversario como lo son sus placeres con ciertos hombres? La única excusa que podemos permitir para la incontinencia y loca lujuria de estos hombres es el hecho de que sufren los males que han infligido a otros. Y con razón son acosados por esta locura, porque el deseo debe tener espacio ilimitado para sus excursiones, si transgrede el medio de la naturaleza. Pues ésta tiene sus límites, pero la rebeldía y los actos que brotan de la concupiscencia voluntaria no tienen límites. **6.** La utilidad mide nuestras necesidades; pero ¿con qué criterio se puede controlar lo superfluo? Por esta razón los hombres se hunden en los placeres, y no pueden prescindir de ellos una vez que se han acostumbrado a ellos, y por esta razón son los más desgraciados, porque han llegado a tal extremo que lo que antes les era superfluo se ha convertido en indispensable. Y así son esclavos de sus placeres en lugar de disfrutarlos; incluso aman sus propios males,[187] - ¡y ése es el peor mal de todos! Entonces se llega al colmo de la infelicidad, cuando los hombres no sólo se sienten atraídos, sino incluso complacidos, por cosas vergonzosas, y cuando ya no hay lugar para el remedio, ahora que esas cosas que antes eran vicios se han convertido en hábitos. Adiós.

---

[187] Es decir, sus placeres. Estos males, al ser cultivados, se convierten en vicios.

XL. Sobre el estilo propio de un discurso filosófico

1. Te agradezco que me escribas tan a menudo, pues me revelas tu verdadero yo de la única manera que puedes hacerlo. Nunca recibo una carta suya sin estar inmediatamente en su compañía. Si las imágenes de nuestros amigos ausentes nos son agradables, aunque sólo refresquen la memoria y alivien nuestra nostalgia con un consuelo irreal e insustancial, ¡cuánto más agradable es una carta que nos trae rastros reales, evidencias reales, de un amigo ausente! Porque lo que es más dulce cuando nos encontramos cara a cara nos lo proporciona la huella de la mano de un amigo en su carta, el reconocimiento.

2. Me escribes que escuchaste una conferencia del filósofo Serapio,[188] cuando desembarcó en tu actual lugar de residencia. "Acostumbra", me dices, "a arrancar sus palabras con gran ímpetu, y no las deja fluir una a una, sino que las hace agolparse y chocar unas contra otras.[189] Porque las palabras vienen en tal cantidad que una sola voz es inadecuada para pronunciarlas". No apruebo esto en un filósofo; su discurso, como su vida, debe ser compuesto; y nada que se precipite y se apresure está bien ordenado. Por eso, en Homero, el estilo rápido, que arrasa sin pausa como una nevada, se asigna al orador más joven; del anciano la elocuencia fluye suavemente, más dulce que la miel.[190]

3. Por lo tanto, fíjense en mis palabras; esa manera enérgica de hablar, rápida y copiosa, es más propia de un charlatán que de un hombre que está discutiendo y enseñando un tema importante y serio. Pero me opongo con la misma fuerza a que gotee sus palabras como a que vaya a toda velocidad; ni debe mantener el oído atento, ni ensordecerlo. Porque ese estilo

---

[188] Esta persona no puede ser identificada.

[189] La explicación del profesor Summers parece acertada: la metáfora está tomada del torrente de una montaña. Compárese la descripción del estilo de Cratino en Aristófanes, Ach. 526, o la de Píndaro en Horacio, Od. iv. 2. 5 ss.

[190] Ilíada, iii. 222 (Odiseo), e i. 249 (Néstor)

pobre e hilado fino también hace que el público esté menos atento porque está cansado de su lentitud balbuceante; sin embargo, la palabra que ha sido largamente esperada se hunde más fácilmente que la palabra que nos pasa revoloteando al vuelo. Por último, se habla de "transmitir" preceptos a los alumnos; pero no se "transmite" lo que se escapa a la comprensión. **4.** Además, el discurso que trata de la verdad debe ser sencillo y sin adornos. Este estilo popular no tiene nada que ver con la verdad; su objetivo es impresionar al rebaño común, embelesar los oídos desatentos por su velocidad; no se ofrece a la discusión, sino que se arrebata a sí mismo de la discusión. Pero, ¿cómo puede gobernar a otros un discurso que no puede gobernarse a sí mismo? ¿No puedo también observar que todo discurso que se emplea con el propósito de curar nuestras mentes, debe hundirse en nosotros? Los remedios no sirven de nada a menos que permanezcan en el sistema.

5. Además, este tipo de discurso contiene una gran cantidad de pura vacuidad; tiene más sonido que poder. Hay que calmar mis terrores, apaciguar mis irritaciones, sacudir mis ilusiones, frenar mis indulgencias, reprender mi avaricia. ¿Y cuál de estas curaciones puede realizarse con prisa? ¿Qué médico puede curar a su paciente en una visita relámpago? ¿Puedo añadir que semejante jerga de palabras confusas y mal elegidas tampoco puede proporcionar placer? **6.** No; pero así como en la mayoría de los casos uno está satisfecho de haber visto trucos que no creía que pudieran hacerse,[191] en el caso de estos gimnastas de las palabras, con haberlos oído una vez es más que suficiente. ¿Qué puede desear un hombre aprender o imitar en ellos? ¿Qué puede pensar de sus almas, cuando su discurso es enviado

---

[191] La frase de Séneca, quae fieri posse non crederes, se ha interpretado como una definición de παράδοξα. Es más probable, sin embargo, que esté comparando con los trucos del malabarista las actuaciones verbales de ciertos conferenciantes, ante cuya jerga uno se maravilla, pero no le interesa volver a oír.

a la carga en absoluto desorden, y no se puede mantener en la mano? **7.** Del mismo modo que, cuando corres cuesta abajo, no puedes detenerte en el punto donde habías decidido parar, sino que tus pasos son arrastrados por el ímpetu de tu cuerpo y son llevados más allá del lugar donde deseabas detenerte; así esta velocidad del habla no tiene control sobre sí misma, ni es conveniente para la filosofía; puesto que la filosofía debe colocar cuidadosamente sus palabras, no arrojarlas, y debe proceder paso a paso.

8. "¿Qué, pues?", diras; "¿no debería la filosofía adoptar a veces un tono más elevado?". Por supuesto que sí; pero debe conservarse la dignidad del carácter, y ésta es despojada por una fuerza tan violenta y excesiva. Que la filosofía posea grandes fuerzas, pero bien controladas; que su corriente fluya incesantemente, pero que nunca se convierta en un torrente. Y yo difícilmente permitiría incluso a un orador una rapidez de palabra como ésta, que no puede ser retirada, que se adelanta sin ley; porque ¿cómo podrían seguirla los jurados, que a menudo son inexpertos y no están entrenados? Incluso cuando el orador se deja llevar por su deseo de mostrar sus poderes, o por una emoción incontrolable, ni siquiera entonces debe acelerar el paso y amontonar palabras hasta un punto que el oído no pueda soportar.

9. Por lo tanto, actuarás correctamente si no consideras a aquellos hombres que buscan cuánto pueden decir, en lugar de cómo deben decirlo, y si por ti mismo eliges, siempre que haya que elegir, hablar como Publio Vinicio el tartamudo. Cuando le preguntaron a Asellius cómo hablaba Vinicius, respondió: ¡"Gradualmente"! (Por cierto, fue un comentario de Geminus Varius: "No veo cómo puedes llamar a ese hombre 'elocuente'; porque, no puede decir tres palabras juntas"). Entonces, ¿por qué no elegir hablar como lo hace Vinicio? **10.** Aunque, por supuesto, puede cruzarse en tu camino algún gracioso, como el que dijo, cuando Vinicius arrastraba sus palabras una a una, como si dictara y no hablara. "Oiga, ¿no tiene nada que decir?".

Y, sin embargo, ésa era la mejor opción, pues la rapidez de Quinto Haterio, el orador más famoso de su época, es, en mi opinión, algo que debe evitar un hombre sensato. Haterius nunca vacilaba, nunca se detenía; sólo arrancaba y se detenía una vez.

11. Sin embargo, supongo que ciertos estilos de hablar también son más o menos adecuados a las naciones; en un griego se puede soportar el estilo desenfrenado, pero los romanos, incluso al escribir, nos hemos acostumbrado a separar nuestras palabras.[192] Y nuestro compatriota Cicerón, con quien saltó a la fama la oratoria romana, también era de ritmo lento.[193] La lengua romana es más proclive a hacer balance de sí misma, a sopesar y a ofrecer algo que merezca la pena ser sopesado. **12.** Fabiano, un hombre notable por su vida, su conocimiento y, menos importante que cualquiera de estos, también por su elocuencia, solía discutir un tema con prontitud más que con prisa; por lo tanto, podrías llamarlo facilidad más que rapidez. Apruebo esta cualidad en el hombre sabio; pero no la exijo; sólo que su discurso proceda sin trabas, aunque prefiero que se pronuncie deliberadamente en lugar de escupirlo.

13. Sin embargo, tengo otra razón para ahuyentarte de este último mal, a saber, que sólo podrías tener éxito en la práctica de este estilo perdiendo el sentido de la modestia; tendrías que borrar toda vergüenza de tu semblante,[194] y negarte a oírte hablar. Pues ese flujo desatento llevará consigo muchas expresiones que desearías criticar. **14.** Y, repito, no podrías lograrlo y al mismo tiempo conservar tu sentido de la

---

[192] Los textos griegos aún se escribían sin separación de las palabras, a diferencia de los romanos.

[193] Gradarius puede contrastarse con tolutarius, "trotón". La palabra también podría significar alguien que camina con paso digno, como en una procesión religiosa.

[194] Cf. Marcial, xi. 27. 7 aut cum perfricuit frontem posuitque pudorem. Después de un frotamiento violento, la cara no mostraba rubor.

vergüenza. Además, necesitarías practicar todos los días, y transferir tu atención de la materia a las palabras. Pero las palabras, aunque te llegaran fácilmente y fluyeran sin ningún esfuerzo por tu parte, tendrías que mantenerlas bajo control. Porque, al igual que un andar menos ostentoso hace al filósofo, lo mismo ocurre con un estilo de hablar comedido, alejado de la osadía. Por lo tanto, el núcleo último de mis observaciones es éste: Les pido que hablen despacio. Adiós.

XLI. Sobre el dios que llevamos dentro

1. Estás haciendo una cosa excelente, que será saludable para ti, si, como me escribes, persistes en tu esfuerzo por alcanzar el sano entendimiento; es una tontería rezar por esto cuando puedes adquirirlo por ti mismo. No necesitamos levantar las manos hacia el cielo, ni rogar al guardián de un templo que nos permita acercarnos al oído de su ídolo, como si de este modo nuestras plegarias tuvieran más probabilidades de ser escuchadas. Dios está cerca de ti, está contigo, está dentro de ti. **2.** Esto es lo que quiero decir, Lucilio: un espíritu santo mora en nosotros, uno que marca nuestras buenas y malas acciones, y es nuestro guardián. Según tratemos a este espíritu, así seremos tratados por él. En efecto, ningún hombre puede ser bueno sin la ayuda de Dios. ¿Puede uno elevarse por encima de la fortuna a menos que Dios le ayude a elevarse? Él es quien da consejos nobles y rectos. En cada hombre bueno

Un dios habita, pero qué dios no sabemos.[195]

3. Si alguna vez te has topado con una arboleda llena de árboles centenarios que han crecido hasta una altura inusual, cerrando la vista del cielo por un velo de ramas plisadas y entrelazadas, entonces la altivez del bosque, el aislamiento del lugar y tu maravilla ante la espesa sombra ininterrumpida en medio de los espacios abiertos, te probarán la presencia de la deidad. O si una cueva, hecha por el profundo desmoronamiento de las rocas, sostiene una montaña en su arco, un lugar no construido con las manos, sino ahuecado en tal amplitud por causas naturales, tu alma se sentirá profundamente conmovida por una cierta insinuación de la existencia de Dios. Adoramos las fuentes de ríos caudalosos; erigimos altares en lugares donde

---

[195] Virgilio, Eneida, viii. 352, Hoc nemus, hunc, inquit, frondoso vertice collem, Quis deus incertum est, habitat deus, y cf. Quintiliano, i. 10. 88, donde habla de Ennius, a quien "sicut sacros vetustate lucos adoremus, in quibus grandia et antiqua robora iam non tantum habent speciem quantem religionem".

grandes arroyos irrumpen repentinamente de fuentes ocultas; adoramos manantiales de agua caliente como divinos, y consagramos ciertos estanques por sus aguas oscuras o su profundidad inconmensurable. **4.** Si ves a un hombre que no se aterroriza en medio de los peligros, que no es tocado por los deseos, que es feliz en la adversidad, pacífico en medio de la tormenta, que mira a los hombres desde un plano superior y ve a los dioses en pie de igualdad, ¿no te invadirá un sentimiento de reverencia hacia él? No dirás: "¿Esta cualidad es demasiado grande y elevada para ser considerada como semejante a este cuerpo insignificante en el que habita? Un poder divino ha descendido sobre ese hombre". **5.** Cuando un alma se eleva por encima de otras almas, cuando está bajo control, cuando pasa por todas las experiencias como si fueran de poca importancia, cuando sonríe a nuestros temores y a nuestras oraciones, es movida por una fuerza del cielo. Una cosa así no puede mantenerse en pie si no la apuntala lo divino. Por eso, la mayor parte de ella permanece en el lugar de donde bajó a la tierra. Así como los rayos del sol tocan la tierra, pero permanecen en la fuente de la que proceden, así también el alma grande y sagrada, que ha descendido para que conozcamos más de cerca la divinidad, se asocia con nosotros, pero se aferra a su origen; depende de esa fuente, allí dirige su mirada y se esfuerza por ir, y se preocupa de nuestras acciones sólo como un ser superior a nosotros.

6. ¿Qué es, pues, un alma así? Una que no resplandece con ningún bien externo, sino sólo con el suyo propio. Porque, ¿qué hay más insensato que alabar en un hombre las cualidades que le vienen de fuera? ¿Y qué es más insensato que maravillarse de características que al instante siguiente pueden pasar a otra persona? Un bocado de oro no hace un caballo mejor. El león de crines doradas, en proceso de adiestramiento y obligado por el cansancio a soportar la decoración, es enviado a la arena de manera muy diferente al león salvaje cuyo espíritu no ha sido quebrantado; este último, en efecto, audaz en su ataque, como la naturaleza quiso que fuera, impresionante por su aspecto salvaje, -y es su gloria que nadie pueda mirarlo sin temor-, es favorecido[196] con preferencia al otro león, ese bruto lánguido y dorado.

7. Nadie debe gloriarse sino de lo que es suyo. Alabamos una vid si hace que los sarmientos crezcan, si con su peso dobla hasta el suelo los mismos postes que sostienen su fruto; ¿preferiría alguien a esta vid una de la que cuelguen uvas y hojas de oro? En la vid, la virtud que le es propia es la fecundidad; también en el hombre debemos alabar lo que le es propio. Supongamos que tiene un séquito de esclavos elegantes y una casa hermosa, que su granja es grande y grandes sus ingresos; ninguna de estas cosas está en el hombre mismo; todas están en el exterior. **8.** Elogia la cualidad en él que no puede ser dada ni arrebatada, aquello que es la propiedad peculiar del hombre. ¿Preguntas qué es esto? Es el alma, y la razón llevada a la perfección en el alma. Pues el hombre es un animal que razona. Por lo tanto, el mayor bien del hombre se alcanza, si ha realizado el bien para el que la naturaleza lo diseñó al nacer. **9.** ¿Y qué es lo que esta razón exige de él? Lo más fácil del mundo: vivir de acuerdo con su propia naturaleza. Pero esto se convierte en una dura tarea por la locura general de la humanidad; nos empujamos unos a otros al vicio. ¿Y cómo puede un hombre ser llamado a la salvación, cuando no tiene a nadie que lo contenga, y toda la humanidad que lo impulse? Adiós.

---

[196] Los espectadores de la pelea, que tendrá lugar entre los dos leones, aplauden al león salvaje y apuestan por él.

XLII. Sobre los valores

1. ¿Ese amigo tuyo ya te ha hecho creer que es un buen hombre? Y, sin embargo, es imposible que en tan poco tiempo uno llegue a ser bueno o sea conocido como tal.[197] ¿Sabes a qué clase de hombre me refiero ahora cuando hablo de "un buen hombre"? Me refiero a uno de segunda clase, como tu amigo. Porque uno de la primera clase tal vez surja a la existencia, como el ave fénix, sólo una vez cada quinientos años. Y no es sorprendente, tampoco, que la grandeza se desarrolle sólo a largos intervalos; la fortuna a menudo hace surgir poderes comunes, que nacen para complacer al populacho; pero mantiene para nuestra aprobación lo que es extraordinario por el mismo hecho de que lo hace raro.

2. Este hombre, sin embargo, de quien hablaste, está todavía lejos del estado que profesa haber alcanzado. Y si supiera lo que significa ser "un buen hombre", todavía no se creería tal; tal vez incluso desesperaría de su capacidad para llegar a ser bueno. "Pero", dirás, "piensa mal de los hombres malos". Pues bien, lo mismo hacen los propios hombres malos; y no hay peor pena para el vicio que el hecho de estar descontento de sí mismo y de todos sus semejantes. **3.** "Pero odia a los que hacen un uso desenfrenado de un gran poder adquirido repentinamente". Yo replico que él hará lo mismo tan pronto como adquiera los mismos poderes. En el caso de muchos hombres, sus vicios, al ser impotentes, escapan a la atención; aunque, tan pronto como las personas en cuestión se hayan satisfecho de su propia fuerza, los vicios no serán menos atrevidos que los que la prosperidad ya ha revelado. **4.** Estos hombres carecen simplemente de los medios que les permitan desplegar su maldad. Del mismo modo, uno puede manejar incluso una serpiente venenosa mientras está rígida por el frío; el veneno

---

[197] Séneca tiene sin duda en mente el famoso pasaje de Simónides, ἄνδρ' ἀγαθὸν μὲν ἀληθῶς γενέσθαι χαλεπόν, comentado por Platón, Protágoras, 339 A.

no falta; simplemente está adormecido en la inacción. En el caso de muchos hombres, a su crueldad, ambición e indulgencia sólo les falta el favor de la fortuna para atreverse a crímenes que igualarían a los peores. Que sus deseos son los mismos lo descubrirás en un momento, de esta manera: dales el poder igual a sus deseos.

5. ¿Recuerdas cómo, cuando declaraste que cierta persona estaba bajo tu influencia, yo le declaré inconstante y ave de paso, y dije que no le sujetabas por el pie sino meramente por un ala? ¿Me equivoqué? Usted lo agarró sólo por una pluma; él la dejó en sus manos y escapó. Sabe usted la exhibición que hizo después ante usted, cuántas de las cosas que intentó se volvieron contra su propia cabeza. No vio que al poner en peligro a otros se tambaleaba hacia su propia caída. No reflexionó en lo onerosos que eran los objetivos que se empeñaba en alcanzar, aunque no fueran superfluos.

6. Por lo tanto, con respecto a los objetos que perseguimos, y por los cuales nos esforzamos con gran empeño, debemos notar esta verdad: o no hay nada deseable en ellos, o lo indeseable es preponderante. Algunos objetos son superfluos; otros no valen el precio que pagamos por ellos. Pero no vemos esto con claridad, y consideramos las cosas como regalos gratuitos cuando en realidad nos cuestan muy caras. **7.** Nuestra estupidez puede demostrarse claramente por el hecho de que sostenemos que "comprar" se refiere sólo a los objetos por los que pagamos en efectivo, y consideramos como regalos gratuitos las cosas por las que gastamos nuestro propio dinero. Nos negaríamos a comprarlas si nos viéramos obligados a dar en pago nuestras casas o alguna propiedad atractiva y rentable; pero estamos ansiosos por conseguirlas a costa de la ansiedad, del peligro y de la pérdida del honor, de la libertad personal y del tiempo; tan cierto es que cada hombre considera que nada es más barato que él mismo.

8. Actuemos, pues, en todos nuestros planes y conducta, tal como estamos acostumbrados a actuar siempre que nos acercamos a un buhonero que tiene ciertas mercancías en venta; veamos cuánto debemos pagar por aquello que anhelamos. Muy a menudo las cosas que no cuestan nada son las que más nos cuestan; puedo mostraros muchos objetos cuya búsqueda y adquisición nos han arrancado la libertad de las manos. Deberíamos pertenecernos a nosotros mismos, si tan sólo estas cosas no nos pertenecieran.

9. Quiero, pues, que reflexiones así, no sólo cuando se trata de ganancia, sino también cuando se trata de pérdida. "Este objeto está destinado a perecer". Sí, era un mero extra; vivirás sin él con la misma facilidad con que has vivido antes. Si lo has poseído durante mucho tiempo, lo pierdes después de haberte saciado de él; si no lo has poseído mucho tiempo, entonces lo pierdes antes de haberte encariñado con él. "Tendrás menos dinero". Sí, y menos problemas. **10.** "Menos influencia". Sí, y menos envidia. Mira a tu alrededor y observa las cosas que nos vuelven locos, que perdemos con un torrente de lágrimas; percibirás que no es la pérdida lo que nos perturba con referencia a estas cosas, sino una noción de pérdida. Nadie siente que se han perdido, pero su mente le dice que ha sido así. El que se posee a sí mismo no ha perdido nada. Pero ¡qué pocos hombres son bendecidos con la propiedad de sí mismos! Adiós.

XLIII. Sobre la relatividad de la fama

1. ¿Preguntas cómo me llegó la noticia y quién me informó de que tenías esa idea, de la que no habías dicho nada a nadie? Fue la persona que más sabe, el chisme. "¿Qué?", dirá usted, "¿soy tan gran personaje que puedo suscitar chismes?". Ahora bien, no hay razón para que te midas según esta parte del mundo; [198] ten en cuenta sólo el lugar donde estás morando. **2.** Cualquier punto que se eleva por encima de los puntos adyacentes es grande, en el lugar donde se eleva. Pues la grandeza no es absoluta; la comparación la aumenta o la disminuye. Un barco que es grande en el río parece pequeño en el océano. Un timón que es grande para un barco, es pequeño para otro.

3. Así que tú en tu provincia[199] eres realmente importante, aunque te desprecies a ti mismo. Los hombres te preguntan qué haces, cómo cenas y cómo duermes, y también se enteran; de ahí que haya más razones para que vivas con circunspección. Sin embargo, no te consideres verdaderamente feliz hasta que descubras que puedes vivir ante los ojos de los hombres, hasta que tus muros te protejan, pero no te oculten; aunque somos propensos a creer que estos muros nos rodean, no para permitirnos vivir con más seguridad, sino para que podamos pecar más secretamente. **4.** Mencionaré un hecho por el cual puedes sopesar el valor del carácter de un hombre: difícilmente encontrarás a alguien que pueda vivir con su puerta abierta de par en par. Es nuestra conciencia, y no nuestro orgullo, la que ha puesto porteros en nuestras puertas; vivimos de tal manera que ser descubiertos repentinamente a la vista equivale a ser sorprendidos en el acto. Sin embargo, ¿de qué nos sirve escondernos y evitar los ojos y los oídos de los hombres? **5.** La buena conciencia acoge a la muchedumbre, pero la mala, aun en la soledad, se turba y se turba. Si tus obras son honrosas, que todo el mundo las conozca; si son viles, ¿qué importa que nadie

---

[198] Es decir, Roma.
[199] Lucilio era en ese momento el procurador imperial en Sicilia.

las conozca, con tal de que tú mismo las conozcas? ¡Qué desdichado eres si desprecias a tal testigo! Adiós.

XLIV. Sobre filosofía y pedigrí

1. Vuelves a insistirme en que no eres nadie, y dices que la naturaleza, en primer lugar, y la fortuna, en segundo, te han tratado con demasiada rudeza, ¡y esto a pesar de que tienes en tu mano separarte de la multitud y elevarte a la más alta felicidad humana! Si hay algo bueno en la filosofía, es que nunca mira a los pedigríes. Todos los hombres, si se remontan a su fuente original, brotan de los dioses. **2.** Tú eres un caballero romano, y tu persistente trabajo te promovió a esta clase; sin embargo, seguramente hay muchos a quienes las catorce filas están vedadas;[200] la cámara del senado no está abierta a todos; el ejército, también, es escrupuloso en la elección de aquellos a quienes admite al trabajo y al peligro. Pero una mente noble es libre para todos los hombres; según esta prueba, todos podemos obtener distinción. La filosofía no rechaza ni selecciona a nadie; su luz brilla para todos. **3.** Sócrates no era un aristócrata. Cleantes trabajaba en un pozo y servía como jornalero regando un jardín. La filosofía no encontró a Platón ya noble, sino que lo hizo noble. ¿Por qué, pues, has de desesperar de llegar a estar a la altura de hombres como éstos? Todos ellos son tus antepasados, si te comportas de un modo digno de ellos; y lo conseguirás si te convences desde el principio de que ningún hombre te supera en nobleza real. **4.** Todos hemos tenido el mismo número de antepasados; no hay hombre cuyo primer comienzo no trascienda la memoria. Platón dice: "Todo rey surge de una raza de esclavos, y todo esclavo ha tenido reyes entre sus antepasados". [201] El vuelo del tiempo, con sus vicisitudes, ha revuelto todas esas cosas, y la Fortuna las ha vuelto del revés. **5.** Entonces, ¿quién es bien nacido? El que por naturaleza está bien dotado para la virtud. Este es el único punto a considerar; de lo contrario, si te remontas a la antigüedad, todo el mundo se remonta a una fecha antes de la cual no hay nada. Desde los más remotos comienzos del

---

[200] En alusión a los asientos reservados a los caballeros en el teatro.
[201] Platón, Teeteto, p. 174 E

universo hasta el presente, hemos sido conducidos hacia adelante desde orígenes que fueron alternativamente ilustres e innobles. Una sala llena de bustos cubiertos de humo no hace al noble. Ninguna vida pasada ha sido vivida para prestarnos gloria, y lo que ha existido antes que nosotros no es nuestro; sólo el alma nos hace nobles, y puede surgir superior a la Fortuna de cualquier condición anterior, no importa cuál haya sido esa condición.[202]

6. Supongamos, entonces, que no fueras un caballero romano, sino un liberto, podrías, sin embargo, por tus propios esfuerzos llegar a ser el único hombre libre en medio de una multitud de caballeros. "¿Cómo? Simplemente distinguiendo entre lo bueno y lo malo sin tomar tu opinión del populacho. Debes fijarte, no en la fuente de la que proceden estas cosas, sino en la meta hacia la que tienden. Si hay algo que puede hacer feliz la vida, es bueno por méritos propios; porque no puede degenerar en mal. **7.** ¿Dónde reside, pues, el error, ya que todos los hombres anhelan la vida feliz? En que consideran los medios para producir la felicidad como la felicidad misma, y, mientras buscan la felicidad, en realidad huyen de ella. Porque, aunque la suma y la sustancia de la vida feliz es la ausencia total de preocupaciones, y aunque el secreto de esa libertad es la confianza inquebrantable, los hombres reúnen todo aquello que les causa preocupación y, mientras recorren el traicionero camino de la vida, no sólo tienen cargas que soportar, sino que incluso se atraen cargas a sí mismos; de ahí que se alejen cada vez más de la consecución de lo que buscan, y cuanto más esfuerzo emplean, más se entorpecen a sí mismos y más retroceden. Esto es lo que sucede cuando uno se apresura a través de un laberinto; cuanto más rápido va, peor se enreda. Adiós.

---

[202] Compárese con todo el argumento Menandro, Frag. 533 Kock, final: ὃς ἂν εὖ γεγονὼς ᾖ τῇ φύσει πρὸς τἀγαθά, κἂν Αἰθίοψ ᾖ, μῆτερ, ἐστὶν εὐγενής

XLV. Sobre la argumentación sofística

1. Te quejas de que en tu región escasean los libros. Pero es la calidad, más que la cantidad, lo que importa; una lista limitada de lecturas beneficia; un surtido variado sólo sirve para deleitar. El que quiera llegar al fin señalado debe seguir un solo camino y no vagar por muchos caminos. Lo que sugieres no es viajar; es mero vagabundeo.

2. "Pero", dices, "prefiero que me des consejos a que me des libros". Aun así, estoy dispuesto a enviarle todos los libros que tengo, a saquear todo el almacén. Si fuera posible, yo mismo me reuniría con usted allí; y si no fuera por la esperanza de que pronto completará su mandato, me habría impuesto este viaje de anciano; ni Escila ni Caribdis ni sus estrechos relatos podrían haberme espantado. No sólo habría cruzado, sino que habría estado dispuesto a nadar sobre esas aguas, con tal de poder saludarte y juzgar en tu presencia cuánto habías crecido en espíritu.

3. Su deseo, sin embargo, de que le envíe mis propios escritos no me hace creerme erudito, como tampoco halagaría mi belleza una petición de mi retrato. Sé que se debe más a su caridad que a su juicio. E incluso si es el resultado de un juicio, fue la caridad la que te obligó a juzgar. **4.** Pero sea cual fuere la calidad de mis obras, léelas como si aún buscara, y no lo supiera, la verdad, y además la buscara obstinadamente. Pues no me he vendido a nadie; no llevo el nombre de ningún amo. Doy mucho crédito al juicio de los grandes hombres; pero también reclamo algo para mí. Porque estos hombres, también, nos han dejado, no descubrimientos positivos, sino problemas cuya solución está todavía por buscar. Tal vez habrían descubierto lo esencial, si no hubieran buscado también lo superfluo. **5.** Perdieron mucho tiempo en discusiones sobre palabras y en argumentaciones sofísticas; todas esas cosas ejercitan el ingenio inútilmente. Hacemos nudos y atamos palabras con doble sentido, y luego tratamos de desatarlas.

¿Tenemos suficiente ocio para esto? ¿Sabemos ya cómo vivir o morir? Deberíamos más bien proceder con toda nuestra alma hacia el punto en el que es nuestro deber tener cuidado no sea que las cosas, así como las palabras, nos engañen. **6.** ¿Por qué, por favor, discriminas entre palabras similares, cuando nadie es engañado por ellas excepto durante la discusión? Son las cosas las que nos extravían: es entre las cosas entre las que hay que discriminar. Abrazamos el mal en lugar del bien; rezamos por algo opuesto a aquello por lo que hemos rezado en el pasado. Nuestras oraciones chocan con nuestras oraciones, nuestros planes con nuestros planes. **7.** ¡Cuánto se parece la adulación a la amistad! No sólo imita a la amistad, sino que la supera, sobrepasándola en la carrera; con oídos muy abiertos e indulgentes es bien recibida y se hunde en lo más profundo del corazón, y es agradable precisamente allí donde hace daño. Muéstrame cómo puedo ser capaz de ver a través de esta semejanza. Un enemigo viene a mí lleno de cumplidos, disfrazado de amigo. Los vicios se cuelan en nuestros corazones bajo el nombre de virtudes, la temeridad acecha bajo el apelativo de valentía, la moderación se llama pereza, y al cobarde se le considera prudente; hay gran peligro si nos extraviamos en estos asuntos. Por eso hay que ponerles etiquetas especiales.

8. Entonces, también, el hombre al que se le pregunta si tiene cuernos en la cabeza[203] no es tan tonto como para palparlos en su frente, ni tampoco tan tonto o denso como para que se le pueda persuadir por medio de una argumentación, por sutil que sea, de que desconoce los hechos. Tales argucias son tan inofensivamente engañosas como el cubilete y los dados del malabarista, en los que es precisamente el truco lo que me agrada. Pero muéstrame cómo se hace el truco, y habré perdido mi interés en él. Y lo mismo opino de estos juegos de palabras

---

[203] Cf. Gellius, xviii. 2. 9 quod non perdidisti, habes; cornua non perdidisti; habes igitur cornua; cf. también Seneca, Ep. xlviii

tramposos; pues ¿con qué otro nombre se puede llamar a tales sofismas? No conocerlos no hace ningún mal, y dominarlos no hace ningún bien. **9.** En todo caso, si quieres cribar significados dudosos de esta clase, enséñanos que el hombre feliz no es aquel a quien la muchedumbre considera feliz, es decir, aquel en cuyas arcas han afluido poderosas sumas, sino aquel cuyas posesiones están todas en su alma, que es recto y exaltado, que desdeña la inconstancia, que no ve a ningún hombre con quien desee cambiar de lugar, que valora a los hombres sólo por su valor como hombres, que toma a la naturaleza por maestra, acatando sus leyes y viviendo como ella manda, a quien ninguna violencia puede despojar de sus bienes, que convierte el mal en bien, que es infalible en el juicio, inquebrantable, sin miedo, que puede ser movido por la fuerza, pero nunca distraído, a quien la fortuna, cuando lanza contra él con toda su fuerza el misil más mortífero de su arsenal, puede rozar, aunque raramente, pero nunca herir. Porque los otros proyectiles de la fortuna, con los que vence a la humanidad en general, rebotan en él, como el granizo que golpea el tejado sin dañar a quien lo habita y luego se derrite.

10. ¿Por qué me aburre con eso que usted mismo llama la falacia del "mentiroso",[204] sobre la que se han escrito tantos libros? Vamos, suponga que toda mi vida es una mentira; demuestre que eso es falso y, si es lo bastante agudo, recondúzcala a la verdad. En la actualidad considera esenciales cosas de las que la mayor parte son superfluas. E incluso lo que no es superfluo carece de importancia con respecto a su poder de hacernos afortunados y dichosos. Porque si una cosa es necesaria, no significa que sea un bien. De otro modo degradamos el significado de "bien", si aplicamos ese nombre al pan y a las gachas de cebada y a otros productos sin los cuales no podemos vivir. **11.** El bien debe ser en todo caso necesario;

---

[204] p. ej. Gellius, xviii. 2. 10 cum mentior et mentiri me dico, mentior an verum dico?

pero lo que es necesario no es en todo caso un bien, puesto que ciertas cosas muy míseras son en verdad necesarias. Nadie ignora hasta tal punto el noble significado de la palabra "bien", como para rebajarlo al nivel de estas utilidades monótonas.

12. ¿Qué, pues? ¿No transferiréis más bien vuestros esfuerzos a hacer comprender a todos los hombres que la búsqueda de lo superfluo significa un gran gasto de tiempo, y que muchos han pasado la vida acumulando simplemente los instrumentos de la vida? Considera a los individuos, examina a los hombres en general; no hay ninguno cuya vida no mire hacia el mañana. **13.** ¿Qué daño hay en esto? Un daño infinito; porque tales personas no viven, sino que se preparan para vivir. Lo posponen todo. Aunque prestáramos estricta atención, la vida pronto se nos adelantaría; pero tal como somos ahora, la vida nos encuentra demorados y pasa de largo como si perteneciera a otro, y aunque termina el día final, perece cada día.

Pero no debo exceder los límites de una carta, que no debe llenar la mano izquierda del lector. [205] Así que pospondré para otro día nuestro alegato contra los tacaños, esos tipos demasiado sutiles que hacen de la argumentación algo supremo en lugar de subordinado. Adiós.

---

[205] El libro se desenrollaba con la mano derecha y el lector recogía la parte ya leída con la izquierda. Casi todos los libros de esta época eran rollos de papiro, al igual que las cartas de gran extensión.

XLVI. Sobre un nuevo libro de Lucilio

1. He recibido el libro que me prometiste. Lo abrí apresuradamente con la idea de hojearlo con calma, pues sólo pretendía saborear el volumen. Pero, por su propio encanto, el libro me indujo a recorrerlo más detenidamente. Puede usted comprender por este hecho lo elocuente que era; porque parecía estar escrito en el estilo suave,[206] y sin embargo no se parecía a su obra ni a la mía, sino que a primera vista podría haberse atribuido a Tito Livio o a Epicuro. Además, me sentí tan impresionado y arrastrado por su encanto que lo terminé sin aplazarlo. La luz del sol me llamaba, el hambre me avisaba, y las nubes bajaban; pero absorbí el libro de principio a fin.

2. No sólo me alegré, sino que me regocijé. ¡Estaba tan lleno de ingenio y espíritu! Habría añadido "fuerza" si el libro hubiera tenido momentos de reposo, o si hubiera alcanzado la energía sólo a intervalos. Pero me pareció que no había ningún estallido de fuerza, sino un flujo uniforme, un estilo vigoroso y casto. Sin embargo, noté de vez en cuando su dulzura, y aquí y allá esa suavidad suya. Tu estilo es elevado y noble; quiero que mantengas esta manera y esta dirección. Tu tema también aportó algo; por eso debes elegir temas productivos, que se apoderen de la mente y la despierten.

3. Hablaré del libro con más detenimiento después de leerlo por segunda vez; mientras tanto, mi juicio es un tanto incierto, como si lo hubiera oído leer en voz alta y no lo hubiera leído yo mismo. Permíteme que yo también lo examine. No debes temer; oirás la verdad. ¡Qué suerte, no dar a un hombre la oportunidad de mentir a tan larga distancia! A menos que, incluso ahora, cuando se eliminan las excusas para mentir, la costumbre sirva de excusa para que nos digamos mentiras unos a otros. Adiós.

---

[206] Posiblemente levis en el sentido de ligero, refiriéndose al tamaño.

XLVII. Sobre el amo y el esclavo

1. Me alegra saber, a través de los que vienen de usted, que vive en términos amistosos con sus esclavos. Esto corresponde a un hombre sensato y bien educado como usted. "Son esclavos", dice la gente.[207] No, más bien son hombres. "¡Esclavos!" No, camaradas. "¡Esclavos!" No, son amigos sin pretensiones. "¡Esclavos!" No, son nuestros compañeros-esclavos, si uno reflexiona que la Fortuna tiene iguales derechos sobre esclavos y hombres libres por igual.

2. Por eso sonrío a quienes consideran degradante que un hombre cene con su esclava. Pero ¿por qué deberían considerarlo degradante? Es sólo porque la etiqueta orgullosa de su cartera rodea a un cabeza de familia en su cena con una turba de esclavos de pie. El amo come más de lo que puede sostener, y con monstruosa avaricia carga su vientre hasta que se estira y al final deja de hacer el trabajo de un vientre; de modo que se esfuerza más en descargar toda la comida de lo que se esforzaba en llenarla. **3.** Durante todo este tiempo los pobres esclavos no pueden mover los labios, ni siquiera para hablar. El más leve murmullo es reprimido con la vara; incluso un sonido fortuito -una tos, un estornudo o un hipo- es castigado con el látigo. La más mínima falta de silencio se castiga con una pena muy severa. Toda la noche deben permanecer de pie, hambrientos y mudos.

4. El resultado de todo esto es que estos esclavos, que no pueden hablar en presencia de su amo, hablan de su amo. Pero los esclavos de antaño, a quienes se les permitía conversar no sólo en presencia de su amo, sino realmente con él, cuyas bocas no estaban bien cosidas, estaban dispuestos a desnudar sus cuellos por su amo, a atraer sobre sus propias cabezas cualquier peligro que lo amenazara; hablaban en la fiesta, pero guardaban

---

[207] Gran parte de lo que sigue es citado por Macrobio, Sat. i. 11. 7 ss., en el pasaje que comienza vis tu cogitare eos, quos ios tuum vocas, isdem seminibus ortos eodem frui caelo, etc.

silencio durante la tortura. **5.** Por último, en alusión a este mismo trato prepotente, se hace corriente el dicho: "Tantos enemigos como esclavos tengas". No son enemigos cuando los adquirimos; los hacemos enemigos.

Pasaré por alto otras conductas crueles e inhumanas hacia ellos; porque los maltratamos, no como si fueran hombres, sino como si fueran bestias de carga. Cuando nos reclinamos en un banquete, un esclavo friega la comida degollada, otro se agacha debajo de la mesa y recoge las sobras de los invitados achispados. **6.** Otro trincha las aves de caza de valor incalculable; con golpes certeros y mano hábil corta bocados selectos a lo largo de la pechuga o la grupa. Desdichado el que viva sólo para cortar correctamente gordos capones, - a no ser, en verdad, que el otro hombre sea aún más infeliz que él, que enseña este arte por placer, más que el que lo aprende porque debe hacerlo. **7.** Otro, que sirve el vino, debe vestirse como una mujer y luchar con su avanzada edad; no puede alejarse de su niñez; es arrastrado de nuevo a ella; y aunque ya ha adquirido la figura de un soldado, se le mantiene imberbe alisándole el pelo o arrancándoselo de raíz, y debe permanecer despierto toda la noche, dividiendo su tiempo entre la embriaguez de su amo y su lujuria; en la cámara debe ser un hombre, en la fiesta un muchacho.[208] **8.** Otro, cuyo deber es poner en valor a los invitados, debe ceñirse a su tarea, pobre hombre, y vigilar para ver de quién son los halagos y la inmodestia, ya sea de apetito o de lenguaje, para conseguirles una invitación para mañana. Piensa también en los pobres proveedores de comida, que toman nota de los gustos de sus amos con delicada destreza, que saben qué sabores especiales agudizarán su apetito, qué complacerá sus ojos, qué nuevas combinaciones despertarán

---

[208] Glabri, delicati o exoleti eran esclavos favoritos, mantenidos artificialmente jóvenes por los romanos de la clase más disoluta. Cf. Catulo, lxi. 142, y Séneca, De Brevitate Vitae, 12. 5 (pasaje muy parecido a la descripción de Séneca), donde el amo se enorgullece del aspecto elegante y los gestos graciosos de estos favoritos.

sus cariacontecidos estómagos, qué comida excitará su aversión por pura saciedad, y qué les despertará el hambre en ese día en particular. Con esclavos como éstos el amo no puede soportar cenar; ¡pensaría que está por debajo de su dignidad asociarse con su esclavo en la misma mesa! ¡Dios nos libre!

Pero ¡cuántos amos está creando en estos mismos hombres! **9.** He visto en la fila, ante la puerta de Calixto, al antiguo amo,[209] de Calixto; he visto al propio amo excluido mientras se daba la bienvenida a otros, - el amo que una vez le puso el boleto de "Se vende" a Calixto y lo puso en el mercado junto con los esclavos buenos para nada. Pero le ha pagado aquel esclavo que fue barajado en el primer lote de aquellos sobre los que el pregonero ensaya sus pulmones; también el esclavo, a su vez, ha recortado *su* nombre de la lista y, a su vez, lo ha declarado no apto para entrar en su casa. El amo vendió a Calixto, pero ¡cuánto le ha hecho pagar Calixto a su amo!

10. Recuerda amablemente que aquel a quien llamas tu esclavo nació de la misma estirpe, es sonreído por los mismos cielos y, en igualdad de condiciones que tú, respira, vive y muere. Es tan posible que tú veas en él a un hombre nacido libre como que él vea en ti a un esclavo. Como resultado de las masacres de la época de Mario,[210] , muchos hombres de distinguida cuna, que estaban dando los primeros pasos hacia el rango senatorial sirviendo en el ejército, fueron humillados por la fortuna, convirtiéndose uno en pastor, otro en cuidador de una casa de campo. Desprecia, pues, si te atreves, a aquellos a cuyo estado puedas descender en cualquier momento, incluso cuando los estés despreciando.

---

[209] El maestro de Calixto, antes de convertirse en el favorito de Calígula, es desconocido.

[210] Hay dudas sobre si no deberíamos leer Variana, como sugiere Lipsius. Este método de calificar para senador se adapta mejor al Imperio que a la República. Variana haría referencia a la derrota de Varo en Germania, 9 d.C.

11. No deseo inmiscuirme en una cuestión demasiado amplia y discutir el trato a los esclavos, hacia los cuales los romanos somos excesivamente altivos, crueles e insultantes. Pero éste es el núcleo de mi consejo: Trata a tus inferiores como te tratarían tus superiores. Y tantas veces como reflexiones sobre el poder que tienes sobre un esclavo, recuerda que tu amo tiene otro tanto sobre ti. **12.** "Pero yo no tengo amo", dices. Todavía eres joven; tal vez tengas uno. ¿No sabes a qué edad entró en cautiverio Hécuba, o Creso, o la madre de Darío, o Platón, o Diógenes?[211]

13. Asociate con tu esclavo en términos amables, incluso afables; déjalo hablar con ustedes, planear con ustedes, vivir con ustedes. Sé que en este punto todos los exquisitos clamarán contra mí en masa; dirán: "No hay nada más degradante, más vergonzoso que esto". Pero estas son las mismas personas a las que a veces sorprendo besando las manos de los esclavos de otros hombres. **14.** ¿No ven también esto, - cómo nuestros antepasados quitaban a los amos todo lo envidioso, y a los esclavos todo lo insultante? Llamaron al amo "padre de familia", y a los esclavos "miembros de la familia", costumbre que aún se mantiene en el mimo. Establecieron un día festivo en el que amos y esclavos debían comer juntos, -no como único día para esta costumbre, sino como obligatorio en ese día en cualquier caso. Permitían a los esclavos alcanzar honores en el hogar y pronunciar juicios[212] ; sostenían que un hogar era una mancomunidad en miniatura.

15. "¿Quieres decir", viene la réplica, "que debo sentar a todos mis esclavos en mi propia mesa?". No, no más de lo que

---

[211] Platón tenía unos cuarenta años cuando visitó Sicilia, de donde fue deportado por Dionisio el Viejo. Fue vendido como esclavo en Egina y rescatado por un hombre de Cirene. Se dice que Diógenes, mientras viajaba de Atenas a Egina, fue capturado por piratas y vendido en Creta, donde fue comprado por un corintio y liberado.

[212] Es decir, como normalmente acostumbraba a hacer el propio pretor.

deberías invitar a todos los hombres libres a ella. Te equivocas si piensas que yo excluiría de mi mesa a ciertos esclavos cuyas tareas son más humildes, como, por ejemplo, aquel arriero o aquel boyero; propongo valorarlos según su carácter, y no según sus tareas. Cada uno adquiere su carácter por sí mismo, pero el accidente asigna sus deberes. Invita a unos a tu mesa porque merecen el honor, y a otros para que lleguen a merecerlo. Porque si hay alguna cualidad servil en ellos como resultado de sus bajas asociaciones, será sacudida por el trato con hombres de crianza más gentil. **16.** No es necesario, querido Lucilio, que busques amigos sólo en el foro o en el Senado; si eres cuidadoso y atento, los encontrarás también en casa. Un buen material a menudo queda ocioso por falta de un artista; haz el experimento y lo comprobarás. Así como es un necio quien, al comprar un caballo, no considera los puntos del animal, sino meramente su montura y brida; así es doblemente necio quien valora a un hombre por sus ropas o por su rango, que en verdad es sólo un manto que nos viste.

17. "Es un esclavo". Su alma, sin embargo, puede ser la de un hombre libre. "Es un esclavo". Pero, ¿se interpondrá eso en su camino? Muéstrame un hombre que no sea esclavo; uno es esclavo de la lujuria, otro de la codicia, otro de la ambición, y todos los hombres son esclavos del miedo. Los nombraré a un ex cónsul esclavo de una vieja bruja, a un millonario esclavo de una sirvienta; os mostraré a jóvenes de la más noble cuna esclavos de actores de pantomima. No hay servidumbre más vergonzosa que la autoimpuesta.

Por lo tanto, no debe dejarse disuadir por estos quisquillosos de mostrarse ante sus esclavos como una persona afable y no orgullosamente superior a ellos; deben respetarle más que temerle. **18.** Algunos pueden sostener que ahora estoy ofreciendo la gorra de la libertad a los esclavos en general y derribando a los señores de su alto rango, porque digo a los esclavos que respeten a sus amos en vez de temerles. Dicen: "Esto es lo que quiere decir claramente: ¡los esclavos deben rendir respeto como si fueran clientes o madrugadores!". Quien sostiene esta opinión olvida que lo que es suficiente para un dios no puede ser demasiado poco para un amo. Respeto significa amor, y amor y miedo no pueden mezclarse. **19.** Así pues, considero que tienes toda la razón al no querer que tus esclavos te teman y al azotarles sólo con la lengua; sólo los animales mudos necesitan la correa.

Lo que nos molesta no necesariamente nos hiere; pero nuestra vida lujosa nos lleva a una furia salvaje, de modo que todo lo que no responde a nuestros caprichos despierta nuestra ira. **20.** Tenemos el temperamento de los reyes. Porque ellos también, olvidando tanto su propia fuerza como la debilidad de otros hombres, se ponen al rojo vivo de ira, como si hubieran recibido una injuria, cuando están enteramente protegidos del peligro de tal injuria por su exaltada posición. No ignoran que esto es verdad, pero al encontrar faltas aprovechan las oportunidades para hacer daño; insisten en que han recibido injurias, para poder infligirlas.

21. No quiero demorarte más, pues no necesitas exhortación. Esto, entre otras cosas, es una marca del buen carácter: forma sus propios juicios y se atiene a ellos; pero la maldad es voluble y cambia con frecuencia, no para mejor, sino para algo diferente. Adiós.

XLVIII. Sobre la argucia como indigna del filósofo

1. En respuesta a la carta que me escribió durante el viaje, una carta tan larga como el viaje mismo, le responderé más tarde. Debería retirarme y considerar qué clase de consejo debería darle. Porque usted mismo, que me consulta, también reflexionó durante mucho tiempo si debía hacerlo; ¡cuánto más, entonces, debería reflexionar yo mismo, ya que se necesita más deliberación para resolver un problema que para proponerlo! Y esto es particularmente cierto cuando una cosa es ventajosa para ti y otra para mí. ¿Estoy hablando otra vez como un epicúreo? [213] **2.** Pero el hecho es que lo mismo me beneficia a mí que a ti; porque yo no soy tu amigo a menos que lo que te concierna a ti también me concierna a mí. La amistad produce entre nosotros una asociación en todos nuestros intereses. No existe la buena o la mala fortuna para el individuo; vivimos en común. Y nadie puede vivir felizmente si sólo se considera a sí mismo y transforma todo en una cuestión de su propia utilidad; debes vivir para tu prójimo, si quieres vivir para ti mismo. **3.** Esta comunión, mantenida con escrupuloso cuidado, que nos hace mezclarnos como hombres con nuestros semejantes y sostiene que el género humano tiene ciertos derechos en común, es también de gran ayuda para cultivar la comunión más íntima que se basa en la amistad, acerca de la cual comencé a hablar más arriba. En efecto, quien tiene mucho en común con un semejante, tendrá todo en común con un amigo.

4. Y sobre este punto, mi excelente Lucilio, me gustaría que esos sutiles dialécticos tuyos me aconsejaran cómo debo ayudar a un

---

[213] Los epicúreos, que reducían todos los bienes a "utilidades", no podían considerar la ventaja de un amigo como idéntica a la ventaja propia. Sin embargo, hacían hincapié en la amistad como una de las principales fuentes de placer. Para un intento de reconciliar estas dos posturas, véase Cicerón, De Finibus, i. 65 ss. Séneca ha utilizado inadvertidamente una frase que implica una diferencia entre el interés de un amigo y el propio. Esto le lleva a reafirmar la visión estoica de la amistad, que adoptó como lema κοινὰ τὰ τῶν φίλων

amigo, o cómo a un semejante, en vez de decirme de cuántas maneras se usa la palabra "amigo", y cuántos significados posee la palabra "hombre". He aquí que la Sabiduría y la Locura toman bandos opuestos. ¿A cuál me uno? ¿A qué partido quieres que siga? En ese bando, "hombre" equivale a "amigo"; en el otro, "amigo" no equivale a "hombre". El uno quiere un amigo para su propia ventaja; el otro quiere convertirse en una ventaja para su amigo.[214] Lo *que* me ofreces no es más que distorsión de palabras y desdoblamiento de sílabas. **5.** Es evidente que, a menos que pueda idear algunas premisas muy tramposas y, mediante falsas deducciones, hilvanar con ellas una falacia que brote de la verdad, no podré distinguir entre lo que es deseable y lo que debe evitarse. Estoy avergonzado. Viejos como somos, enfrentados a un problema tan serio, ¡hacemos de él un juego!

6. "'Ratón' es una sílaba.[215] Ahora bien, un ratón come queso; por lo tanto, una sílaba come queso". Supongamos ahora que no puedo resolver este problema; ¡vean qué peligro se cierne sobre mi cabeza como resultado de tal ignorancia! ¡En qué aprieto me encontraré! Sin duda debo tener cuidado, o algún día estaré atrapando sílabas en una ratonera, o, si me descuido, ¡un libro puede devorar mi queso! A menos que, tal vez, el siguiente silogismo sea aún más astuto: "'Ratón' es una sílaba. Ahora bien, una sílaba no come queso. Por lo tanto un ratón no come queso". **7.** ¡Qué tontería más infantil! ¿Acaso fruncimos el ceño ante este tipo de problemas? ¿Nos dejamos crecer la barba por esta razón? ¿Es éste el asunto que enseñamos con caras agrias y pálidas?

---

[214] Los lados se dan en orden inverso en las dos cláusulas: para el estoico los términos "amigo" y "hombre" son coextensivos; es amigo de todos, y su motivo en la amistad es servir; el epicúreo, sin embargo, estrecha la definición de "amigo" y lo considera meramente un instrumento para su propia felicidad.

[215] En este párrafo Séneca expone la insensatez de intentar demostrar una verdad mediante trucos lógicos, y ofrece una caricatura de los que eran corrientes entre los filósofos de los que se burla.

¿Sabes realmente lo que la filosofía ofrece a la humanidad? La filosofía ofrece consejo. La muerte llama a un hombre, y la pobreza escuece a otro; un tercero está preocupado por la riqueza de su vecino o por la suya propia. Fulano teme la mala suerte; otro desea alejarse de su propia buena fortuna. Unos son maltratados por los hombres, otros por los dioses. **8.** ¿Por qué, pues, me propones juegos como éstos? No es ocasión para bromas; se te retiene como consejero de la infeliz humanidad. Has prometido ayudar a los que están en peligro en el mar, a los cautivos, a los enfermos y a los necesitados, y a aquellos cuyas cabezas están bajo el hacha preparada. ¿Hacia dónde te diriges? ¿Qué estás haciendo?

Este amigo, en cuya compañía bromeas, tiene miedo. Ayúdale y quítale la soga del cuello. Los hombres te tienden las manos implorantes por todas partes; vidas arruinadas y en peligro de ruina te suplican alguna ayuda; las esperanzas de los hombres, los recursos de los hombres, dependen de ti. Te piden que los liberes de todas sus inquietudes, que les reveles, dispersos y errantes como están, la clara luz de la verdad. **9.** Diles lo que la naturaleza ha hecho necesario y lo que es superfluo; diles cuán simples son las leyes que ella ha establecido, cuán agradable y sin obstáculos es la vida para los que siguen estas leyes, pero cuán amarga y perpleja es para los que han puesto su confianza en la opinión y no en la naturaleza.

Consideraría que tus juegos de lógica son de alguna utilidad para aliviar las cargas de los hombres, si primero pudieras mostrarme qué parte de estas cargas alivian. ¿Cuál de estos juegos tuyos destierra la lujuria? ¿O la controla? ¡Ojalá pudiera decir que simplemente no son provechosos! Son realmente perjudiciales. Puedo hacer que te quede perfectamente claro, siempre que lo desees, que un espíritu noble, cuando se ve envuelto en tales sutilezas, se ve perjudicado y debilitado. **10.** Me avergüenza decir qué armas suministran a los hombres que están destinados a ir a la guerra con la fortuna, ¡y cuán mal los equipan! ¿Es éste el camino del mayor bien? ¿Acaso la filosofía ha de proceder por semejantes paparruchas[216] y por argucias que serían una vergüenza y un reproche incluso para los expositores[217] de la ley? Porque ¿qué otra cosa hacen ustedes, cuando deliberadamente atrapan a la persona a la que están haciendo preguntas, sino hacer parecer que el hombre ha perdido su caso por un error técnico?[218] Pero así como el juez puede restituir a los que han perdido un pleito de esta manera, así la filosofía ha restituido a estas víctimas de la argucia a su condición anterior. **11.** ¿Por qué abandonan sus poderosas promesas y, después de haberme asegurado en un lenguaje altisonante que no permitirán que el brillo del oro deslumbre mi vista más que el brillo de la espada, y que rechazaré, con poderosa firmeza, tanto lo que todos los hombres anhelan como lo que todos los hombres temen, por qué desciendes al ABC de los pedantes escolásticos? ¿Cuál es tu respuesta?

¿Es éste el camino al cielo?[219]

Pues eso es exactamente lo que me promete la filosofía, que seré igual a Dios. Para esto he sido convocado, para esto he venido. ¡Filosofía, cumple tu promesa!

---

[216] Literalmente, "o si o no", palabras empleadas constantemente por los lógicos en los instrumentos jurídicos. Para esto último cf. Cicerón, Pro Caecina, 23. 65 tum illud, quod dicitur, "sive nive" irrident, tum aucupia verborum et litterarum tendiculas in invidiam vocant.

[217] Literalmente, "a los que se sientan a estudiar los edictos del pretor". El álbum es el tablón de anuncios, en el que se colgaban los edictos del pretor, en los que se daban las fórmulas y estipulaciones para procesos legales de diversa índole.

[218] En ciertas acciones, el pretor nombraba a un juez y establecía una fórmula, indicando la pretensión del demandante y el deber del juez. Si la declaración era falsa, o la demanda excesiva, el demandante perdía el caso; bajo ciertas condiciones (véase la última frase de Séneca § 11) el demandado podía reclamar la anulación de la fórmula y hacer que el caso se juzgara de nuevo. Tales casos no se perdían en cuanto al fondo, y por esa razón el abogado que se aprovechaba a propósito de tal ventaja estaba haciendo algo despreciable.

[219] Virgilio, Eneida, ix. 641.

12. Por lo tanto, mi querido Lucilio, aléjate lo más posible de estas excepciones y objeciones de los llamados filósofos. La franqueza y la sencillez son propias de la verdadera bondad. Aunque te quedaran muchos años, habrías tenido que gastarlos frugalmente para tener lo suficiente para las cosas necesarias; pero tal como están las cosas, cuando tu tiempo es tan escaso, ¡qué locura es aprender cosas superfluas! Adiós.

XLIX. Sobre la brevedad de la vida

1. Un hombre es ciertamente perezoso y descuidado, mi querido Lucilio, si se acuerda de un amigo sólo por ver algún paisaje que remueva la memoria; y sin embargo, hay veces en que los viejos lugares familiares despiertan un sentimiento de pérdida que se ha almacenado en el alma, no trayendo recuerdos muertos, sino despertándolos de su estado latente, al igual que la visión del esclavo favorito de un amigo perdido, o su capa, o su casa, renueva el dolor del doliente, a pesar de que se ha suavizado por el tiempo.

Ahora, he aquí que Campania, y especialmente Nápoles y tu amada Pompeya,[220] me impactaron, cuando las contemplé, con un sentimiento maravillosamente fresco de añoranza por ti. Estás ante mis ojos. Estoy a punto de separarme de ti. Te veo ahogando tus lágrimas y resistiendo sin éxito las emociones que brotan en el preciso momento en que intentas contenerlas. Me parece que te he perdido hace un momento. Porque, ¿qué no es "hace un momento" cuando se empieza a utilizar el recuerdo? **2.** Hace sólo un momento que me senté, siendo un muchacho, en la escuela del filósofo Sotion,[221] hace sólo un momento que empecé a alegar en los tribunales, hace sólo un momento que perdí el deseo de alegar, hace sólo un momento que perdí la habilidad. Infinitamente veloz es el vuelo del tiempo, como ven más claramente los que miran hacia atrás. Porque cuando estamos atentos al presente, no lo notamos, tan suave es el paso del vuelo precipitado del tiempo. **3.** ¿Preguntas la razón de esto? Todo el tiempo pasado está en el mismo lugar; todo nos presenta el mismo aspecto, yace junto. Todo se desliza en el mismo abismo. Además, un acontecimiento que en su conjunto es de breve compás no puede contener largos intervalos. El tiempo que pasamos viviendo no es más que un

---

[220] Probablemente el lugar de nacimiento de Lucilio.
[221] El pitagórico. Para sus opiniones sobre el vegetarianismo y su influencia en Séneca, véase Ep. CVIII. 17 ss.

punto, incluso menos que un punto. Pero este punto de tiempo, infinitesimal como es, la naturaleza lo ha burlado haciéndolo parecer exteriormente de mayor duración; ha tomado una porción de él y la ha convertido en infancia, otra en niñez, otra en juventud, otra en la pendiente gradual, por así decirlo, de la juventud a la vejez, y la vejez misma es todavía otra. ¡Cuántos escalones para tan corta subida! **4.** Hace sólo un momento que te vi partir; y, sin embargo, este "hace un momento" constituye una buena parte de nuestra existencia, que es tan breve, debemos reflexionar, que pronto llegará a su fin por completo. En otros años no me parecía que el tiempo pasara tan deprisa; ahora me parece que va más deprisa de lo que puedo creer, tal vez porque siento que la línea de meta se acerca a mí, o tal vez porque he empezado a prestar atención y a calcular mis pérdidas.

5. Por eso me enoja tanto más que algunos hombres reclamen la mayor parte de este tiempo para cosas superfluas, tiempo que, por muy cuidadosamente que se guarde, no puede bastar ni siquiera para las cosas necesarias. Cicerón[222] declaró que si se duplicara el número de sus días, no tendría tiempo para leer a los poetas líricos.[223] Y se puede clasificar a los dialécticos en la misma clase; pero son tontos de una manera más melancólica. Los poetas líricos son abiertamente frívolos; pero los dialécticos creen que ellos mismos se dedican a asuntos serios. **6.** No niego que haya que echar una ojeada a la dialéctica; pero debe ser una mera ojeada, una especie de saludo desde el umbral, simplemente para no dejarse engañar, ni juzgar que estas actividades contienen asuntos ocultos de gran valor.

¿Por qué te atormentas y pierdes peso por un problema que es más inteligente despreciar que resolver? Cuando un soldado no es molestado y viaja a sus anchas, puede cazar bagatelas a lo

---

[222] Fuente desconocida; tal vez, como piensa Hense, del Hortensius.
[223] Un equívoco intencionado por parte de Cicerón, que da a entender que "no perderá tiempo" en leerlos.

largo de su camino; pero cuando el enemigo se acerca por la retaguardia, y se da la orden de acelerar el paso, la necesidad le hace desechar todo lo que recogió en momentos de paz y ocio. **7.** No tengo tiempo para investigar inflexiones discutibles de las palabras, ni para probar mi astucia con ellas.

Contempla los clanes que se reúnen, las puertas que se cierran rápidamente
y las armas preparadas para la guerra.[224]

Necesito un corazón robusto para oír sin inmutarme este fragor de batalla que suena a mi alrededor. **8.** Y todos pensarían con razón que estoy loco si, cuando los barbas grises y las mujeres amontonan rocas para las fortificaciones, cuando los jóvenes vestidos con armaduras dentro de las puertas esperan, o incluso exigen, la orden de una incursión, cuando las lanzas de los enemigos tiemblan en nuestras puertas y el suelo mismo se sacude con minas y pasadizos subterráneos, -digo, pensarían con razón que estoy loco si me quedo de brazos cruzados, poniendo cosas tan insignificantes como esta: "Lo que no has perdido, lo tienes. Pero no has perdido ningún cuerno. Por lo tanto, tienes cuernos",[225] u otros trucos construidos siguiendo el modelo de esta pieza de pura estulticia. **9.** Y sin embargo, puedo parecer a tus ojos no menos loco, si gasto mis energías en ese tipo de cosas; porque incluso ahora estoy en estado de sitio. Y, sin embargo, en el primer caso sería simplemente un peligro desde el exterior que me amenazaba, y un muro que me separaba del enemigo; como lo es ahora, peligros de muerte están en mi propia presencia. No tengo tiempo para tonterías; tengo entre manos una empresa de gran envergadura. ¿Qué voy a hacer? La muerte me pisa los talones y la vida se me escapa; **10.** enséñame algo con qué afrontar estos problemas. Haz que deje de intentar escapar de la muerte, y que la vida

---

[224] Virgilio, Eneida, viii. 385 f
[225] Un ejemplo de disparate silogístico, citado también por Gellius, xviii. 2. 9. Véase también Ep. xlv. 8.

deje de escapar de mí. Dame valor para afrontar las dificultades; haz que me serene ante lo inevitable. Relaja los estrechos límites del tiempo que me ha sido asignado. Muéstrame que lo bueno de la vida no depende de su duración, sino del uso que hacemos de ella; también, que es posible, o más bien habitual, que un hombre que ha vivido mucho haya vivido demasiado poco. Dime cuando me acueste a dormir: "¡Puede que no vuelvas a despertar!" Y cuando me despierte: "¡No puedes volver a dormirte!" Dime cuando salga de mi casa: "¡No puedes volver!" Y cuando regrese: "¡No puedes volver a salir!" **11.** Te equivocas si piensas que sólo en un viaje por mar hay un espacio muy pequeño[226] entre la vida y la muerte. No, la distancia es igual de estrecha en todas partes. No es en todas partes donde la muerte se muestra tan cercana; sin embargo, en todas partes está igual de cerca.

Libradme de estos terrores sombríos; entonces me entregaréis más fácilmente la instrucción para la que me he preparado. En nuestro nacimiento la naturaleza nos hizo enseñables, y nos dio la razón, no perfecta, pero capaz de ser perfeccionada. **12.** Discute para mí la justicia, el deber, el ahorro y esa doble pureza, tanto la que se abstiene de la persona de otro, como la que cuida de uno mismo. Si te niegas a guiarme por sendas secundarias, alcanzaré más fácilmente la meta a la que aspiro. Porque, como dice el poeta trágico[227] :

El lenguaje de la verdad es sencillo.

No debemos, por tanto, hacer intrincado ese lenguaje; pues nada hay menos apropiado para un alma de gran esfuerzo que tan astuta astucia. Adiós.

---

[226] Es decir, los maderos del barco. Compárese la misma figura en Ep. xxx. 2.

[227] Eurípides, Phoenissae, 469 ἁπλοῦς ὁ μῦθος τῆς ἀληθείας ἔφυ.

L. Sobre nuestra ceguera y su cura

1. Recibí su carta muchos meses después de que usted la hubiera enviado; en consecuencia, pensé que era inútil preguntar al transportista en qué estaba usted ocupado. Debe de tener muy buena memoria para acordarse de eso. Pero espero que a estas alturas vivas de tal manera que pueda estar segura de lo que te ocupa, estés donde estés. Porque ¿de qué otra cosa te ocupas sino de mejorarte a ti mismo cada día, dejando de lado algún error y llegando a comprender que los defectos que atribuyes a las circunstancias están en ti mismo? En efecto, somos propensos a atribuir ciertos defectos al lugar o al tiempo; pero esos defectos nos seguirán, por mucho que cambiemos de lugar.

2. Conoces a Harpasté, la payasa de mi mujer; se ha quedado en mi casa, una carga derivada de un legado. Particularmente desapruebo a estos fenómenos; cuando deseo disfrutar de las ocurrencias de un payaso, no me veo obligado a cazar lejos; puedo reírme de mí mismo. Ahora bien, este payaso se quedó ciego de repente. La historia parece increíble, pero les aseguro que es cierta: ella no sabe que es ciega. No para de pedir a su ayudante que la cambie de habitación; dice que sus aposentos son demasiado oscuros.

3. Puedes ver claramente que lo que nos hace sonreír en el caso de Harpasté nos ocurre a todos los demás; nadie entiende que él mismo sea avaro, o que sea codicioso. Sin embargo, los ciegos piden un guía, mientras que nosotros vagamos sin él, diciendo: "No soy egoísta; pero no se puede vivir en Roma de otra manera. No soy extravagante, pero el mero hecho de vivir en la ciudad exige un gran desembolso. No es culpa mía que tenga un carácter colérico, ni que no me haya asentado en ningún esquema definido de vida; se debe a mi juventud." **4.** ¿Por qué nos engañamos a nosotros mismos? El mal que nos aflige no es exterior, está dentro de nosotros, situado en nuestras mismas entrañas; por eso alcanzamos la salud con mayor dificultad, porque no sabemos que estamos enfermos.

Supongamos que hemos comenzado la cura; ¿cuándo nos desharemos de todas estas enfermedades, con toda su virulencia? En la actualidad, ni siquiera consultamos al médico, cuyo trabajo sería más fácil si se le llamara cuando la dolencia está en sus primeras fases. Las mentes tiernas e inexpertas seguirían sus consejos si les indicara el camino correcto. **5.** A ningún hombre le resulta difícil volver a la naturaleza, excepto al hombre que la ha abandonado. Nos ruboriza recibir instrucción en el sano sentido; pero, por el cielo, si nos parece bajo buscar un maestro de este arte, también deberíamos abandonar toda esperanza de que un bien tan grande pueda sernos inculcado por mera casualidad.

No, debemos trabajar. A decir verdad, ni siquiera el trabajo es grande, si tan sólo, como dije, comenzamos a moldear y reconstruir nuestras almas antes de que sean endurecidas por el pecado. Pero no desespero ni siquiera de un pecador endurecido. **6.** No hay nada que no se rinda al tratamiento persistente, a la atención concentrada y cuidadosa; por mucho que se doble la madera, puedes enderezarla de nuevo. El calor desdobla las vigas curvadas, y la madera que crecía naturalmente de otra forma se modela artificialmente según nuestras necesidades. ¡Cuánto más fácilmente se deja moldear el alma, tan flexible como es y más flexible que cualquier líquido! ¿Qué otra cosa es el alma sino aire en cierto estado? Y ya ves que el aire es más adaptable que cualquier otra materia, en proporción a que es más raro que cualquier otra.

7. No hay nada, Lucilio, que te impida abrigar buenas esperanzas acerca de nosotros, sólo porque estemos ahora en las garras del mal, o porque hayamos sido poseídos por él durante mucho tiempo. No hay hombre a quien una mente buena llegue antes que una mala. Es la mente malvada la que se apodera primero de todos nosotros. Aprender la virtud significa desaprender el vicio. **8.** Por lo tanto, debemos proceder a la tarea de liberarnos de las faltas con mayor valentía porque, una vez comprometido con nosotros, el bien es una posesión eterna; la virtud no se desaprende. Pues los opuestos encuentran dificultad en aferrarse donde no les corresponde, por lo que pueden ser expulsados y alejados; pero las cualidades que llegan a un lugar que les corresponde permanecen fielmente. La virtud es conforme a la naturaleza; el vicio es opuesto a ella y hostil. **9.** Pero aunque las virtudes, una vez admitidas, no pueden alejarse y son fáciles de guardar, los primeros pasos para acercarse a ellas son arduos, porque es característico de una mente débil y enferma temer lo que no le es familiar. La mente debe, por lo tanto, ser forzada a hacer un comienzo; a partir de entonces, la medicina no es amarga; porque tan pronto como nos está curando comienza a dar placer. Uno disfruta de otras curas sólo después de haber recuperado la salud, pero un trago de filosofía es al mismo tiempo saludable y placentero. Adiós.

LI. Sobre Baiae y la moral

1. Cada uno hace lo que puede, querido Lucilio. Ustedes tienen allí el Etna,[228] , la montaña más alta y célebre de Sicilia (aunque no entiendo por qué Mesala, o fue Valgio, pues he leído en ambos idiomas, la ha llamado "única", ya que muchas regiones arrojan fuego, no sólo las altas, donde el fenómeno es más frecuente, presumiblemente porque el fuego se eleva a la mayor altura posible, sino también los lugares bajos). En cuanto a mí, hago lo que puedo; he tenido que contentarme con Baiae;[229] y yo la abandonamos al día siguiente de llegar a ella; pues Baiae es un lugar que debe evitarse, porque, aunque tiene ciertas ventajas naturales, el lujo la ha reclamado para su propio y exclusivo balneario. **2.** "¿Por qué, pues", dirías, "habría de señalarse algún lugar como objeto de aversión?". En absoluto. Pero así como, para el hombre sabio y recto, un estilo de ropa es más adecuado que otro, sin que sienta aversión por ningún color en particular, sino porque piensa que algunos colores no convienen a quien ha adoptado la vida sencilla; así también hay lugares, que el hombre sabio o el que está en camino hacia la sabiduría evitará como extraños a las buenas costumbres. **3.** Por lo tanto, si está contemplando retirarse del mundo, no elegirá Canopus[230] (aunque Canopus no impide a ningún hombre vivir con sencillez), ni tampoco Baiae; porque ambos lugares han comenzado a ser centros de vicio. En Canopus el lujo se mima al máximo; en Baiae es aún más laxo, como si el propio lugar exigiera cierta licencia.

4. Debemos elegir moradas que sean saludables no sólo para el cuerpo, sino también para el carácter. Así como no me gusta

---

[228] El Etna era de especial interés para Lucilio. Además de ser gobernador de Sicilia, es posible que escribiera el poema Aetna. Sobre la curiosidad de Séneca por la montaña, véase Ep. lxxix. 5 ss.

[229] No lejos de Nápoles, y al otro lado de la bahía de Puteoli. Era un balneario de moda y disoluto.

[230] Situada en la desembocadura del brazo más occidental del Nilo, y proverbial en la literatura latina por la laxitud de su moral.

vivir en un lugar de tortura, tampoco me gusta vivir en un café. Ser testigo de personas que deambulan ebrias por la playa, de la juerga desenfrenada de las fiestas en veleros, de los lagos a-din con el canto coral,[231] y de todas las demás formas en que el lujo, cuando está, por así decirlo, liberado de las restricciones de la ley, no sólo peca, sino que exhibe sus pecados por doquier, ¿por qué debo presenciar todo esto? **5.** Debemos procurar huir a la mayor distancia posible de las provocaciones al vicio. Debemos endurecer nuestras mentes y alejarlas de los atractivos del placer. Un solo invierno relajó la fibra de Aníbal; sus mimos en Campania le quitaron el vigor a aquel héroe que había triunfado sobre las nieves de los Alpes. Venció con sus armas, pero fue vencido por sus vicios. **6.** Nosotros también tenemos una guerra que librar, un tipo de guerra en la que no hay descanso ni tregua. A vencer, en primer lugar, son los placeres, que, como veis, se han llevado hasta los caracteres más severos. Si un hombre ha comprendido una vez cuán grande es la tarea que ha emprendido, verá que no debe tener una conducta delicada o afeminada. ¿Qué tengo yo que ver con esos baños calientes o con la sala de sudar donde encierran el vapor seco que ha de agotar tus fuerzas? La transpiración debe fluir sólo después del trabajo.

7. Supongamos que hacemos lo que hizo Aníbal: detener el curso de los acontecimientos, abandonar la guerra y entregar nuestros cuerpos para que los mimen. Todo el mundo nos culparía con razón por nuestra pereza inoportuna, algo cargado de peligros incluso para el vencedor, por no hablar de quien sólo está en camino de la victoria. Y tenemos aún menos derecho a hacerlo que aquellos seguidores de la bandera cartaginesa; porque nuestro peligro es mayor que el suyo si

---

[231] Existen muchas dudas sobre si la sinfonía era música vocal o instrumental. El pasaje se refiere probablemente a cantantes de glee (como en Venecia hoy en día) o a bandas de flautistas que tocan música de parte. Cicerón (Verr. iii. 44. 105) los menciona como entretenimiento en los banquetes.

aflojamos, y nuestro trabajo es mayor que el suyo incluso si seguimos adelante. **8.** La fortuna lucha contra mí y no cumpliré sus órdenes. Me niego a someterme al yugo; es más, me sacudo el yugo que pesa sobre mí, acto que exige un valor aún mayor. El alma no debe ser mimada; rendirse al placer significa también rendirse al dolor, rendirse al trabajo, rendirse a la pobreza. Tanto la ambición como la ira querrán tener sobre mí los mismos derechos que el placer, y me veré desgarrado, o más bien hecho pedazos, en medio de todas estas pasiones conflictivas. **9.** He puesto la libertad ante mis ojos y me esfuerzo por alcanzarla. ¿Y qué es la libertad? Significa no ser esclavo de ninguna circunstancia, de ninguna coacción, de ninguna casualidad; significa obligar a la fortuna a entrar en las listas en igualdad de condiciones. Y el día en que yo sepa que tengo la sartén por el mango, su poder no será nada. Cuando tenga la muerte bajo mi control, ¿aceptaré órdenes de ella?

10. Por lo tanto, un hombre ocupado en tales reflexiones debe elegir una morada austera y pura. El espíritu se debilita con los ambientes demasiado agradables, y sin duda el lugar de residencia puede contribuir a menoscabar su vigor. Los animales cuyas pezuñas se endurecen en terreno áspero pueden recorrer cualquier camino; pero cuando se ceban en praderas blandas y pantanosas, sus pezuñas se desgastan pronto. El soldado más valiente procede de regiones acribilladas por las rocas; pero el criado en la ciudad y el criado en casa son perezosos en la acción. La mano que pasa del arado a la espada nunca se opone al trabajo; pero tu dandi elegante y bien vestido se acobarda ante la primera nube de polvo. **11.** Ser entrenado en un país accidentado fortalece el carácter y lo prepara para grandes empresas. Fue más honorable para Escipión pasar su exilio en Liternum[232] que en Baiae; su caída no necesitaba un escenario tan afeminado. Aquellos en cuyas manos la creciente fortuna de Roma transfirió por primera vez la riqueza del estado, Cayo

---

[232] Véase la Carta lxxxvi.

Mario, Cneo Pompeyo y César, construyeron villas cerca de Baiae, pero las situaron en las cimas de las montañas. Esto les parecía más propio de soldados, pues les permitía contemplar desde lo alto las tierras que se extendían a lo largo y ancho. Observa la situación, la posición y el tipo de edificio que eligieron; verás que no eran lugares de campo, sino campamentos. **12.** ¿Crees que Catón habría vivido alguna vez en un palacio de recreo, para poder contar las mujeres lascivas que pasaban navegando, las muchas clases de barcazas pintadas de todos los colores, las rosas que ondeaban en el lago, o para poder escuchar las peleas nocturnas de los serenateros? ¿No habría preferido permanecer al abrigo de una trinchera levantada por sus propias manos para servir durante una sola noche? ¿Acaso nadie que sea un hombre querría ver interrumpido su sueño por una trompeta de guerra antes que por un coro de serenateros?

13. Pero ya he arengado bastante contra Baiae; aunque nunca pude arengue con suficiente frecuencia contra el vicio. Contra el vicio, Lucilio, es contra lo que quiero que procedas, sin límite y sin fin. Porque no tiene límite ni fin. Si algún vicio te desgarra el corazón, arráncalo de ti; y si no puedes librarte de él de otro modo, arráncate también el corazón. Sobre todo, aleja de tu vista los placeres. Ódialos más que a ninguna otra cosa, pues son como los bandidos que los egipcios llaman "amantes",[233] que nos abrazan sólo para darnos garrote. Adiós.

LII. Sobre la elección de nuestros maestros

1. ¿Qué es esta fuerza, Lucilio, que nos arrastra en una dirección cuando apuntamos en otra, urgiéndonos al lugar exacto del que anhelamos retirarnos? ¿Qué es lo que lucha con nuestro

---

[233] Los egipcios usaban la palabra φηλητής en el sentido de "bribón" o "calzonazos". La palabra se encuentra en la Hécate de Calímaco. Hesiquio la define como igual a κλώψ "ladrón". Se pronunciaba de la misma forma que φιλητής "amante", y en griego tardío se escribía de la misma manera.

espíritu y no nos permite desear nada de una vez por todas? Vamos de un plan a otro. Ninguno de nuestros deseos es gratuito, ninguno es incondicional, ninguno es duradero. **2.** "Pero es el necio", dices, "el que es inconsecuente; nada le conviene por mucho tiempo". Pero, ¿cómo o cuándo *podemos arrancarnos* de esta locura? Ningún hombre por sí mismo tiene fuerza suficiente para salir de ella; necesita una mano que le ayude y alguien que le saque de ella.

3. Epicuro[234] señala que algunos hombres se han abierto camino hacia la verdad sin ayuda de nadie, abriéndose paso por sí mismos. Y a éstos los alaba especialmente, porque su impulso ha surgido de su interior y se han abierto camino por sí mismos. También hay otros que necesitan ayuda externa, que no seguirán adelante a menos que alguien les marque el camino, pero que les seguirán fielmente. De éstos, dice, Metrodoro era uno; este tipo de hombre también es excelente, pero pertenece al segundo grado. Nosotros tampoco pertenecemos a esa primera clase; seremos bien tratados si somos admitidos en la segunda. Tampoco es necesario despreciar a un hombre que sólo puede obtener la salvación con la ayuda de otro; la voluntad de salvarse también significa mucho.

4. Encontrarán aún otra clase de hombres, y una clase que no debe ser despreciada, que pueden ser forzados e impulsados hacia la rectitud, que no necesitan una guía tanto como necesitan a alguien que los aliente y, por así decirlo, los obligue a seguir adelante. Esta es la tercera variedad. Si me preguntas también por un hombre de este tipo, Epicuro nos dice que Hermarco lo era. Y de las dos clases nombradas en último lugar, está más dispuesto a felicitar a la una,[235] pero siente más respeto por la otra; pues aunque ambas alcanzaron la misma meta, es un mayor mérito haber logrado el mismo resultado con el material más difícil sobre el que trabajar.

---

[234] Frag. 192 Usener.
[235] Es decir, la de Metrodoro, que tenía la naturaleza más feliz.

5. Supongamos que se han erigido dos edificios, diferentes en cuanto a sus cimientos, pero iguales en altura y grandeza. Uno de ellos está construido sobre un terreno impecable, y el proceso de erección sigue adelante. En el otro caso, los cimientos han agotado los materiales de construcción, pues se han hundido en un terreno blando y movedizo y se ha desperdiciado mucho trabajo para llegar a la roca sólida. Al observar ambos casos, se ve claramente el progreso del primero, pero se oculta la parte más grande y difícil del segundo. **6.** Lo mismo sucede con las disposiciones de los hombres; algunas son flexibles y fáciles de manejar, pero otras tienen que ser laboriosamente labradas a mano, por así decirlo, y están totalmente empleadas en la construcción de sus propios cimientos. En consecuencia, yo consideraría más afortunado al hombre que nunca ha tenido ningún problema consigo mismo; pero el otro, creo, ha merecido más de sí mismo, quien ha ganado una victoria sobre la mezquindad de su propia naturaleza, y no se ha conducido suavemente, sino que ha luchado su camino, hacia la sabiduría.

7. Puedes estar seguro de que esta naturaleza refractaria, que exige mucho trabajo, ha sido implantada en nosotros. Hay obstáculos en nuestro camino; luchemos, pues, y llamemos en nuestra ayuda a algunos colaboradores. "¿A quién", dirias, "invocaré? ¿A éste o a aquél?".[236] También tienes otra opción: puedes acudir a los antiguos, porque ellos tienen tiempo para ayudarte. Podemos obtener ayuda no sólo de los vivos, sino también de los del pasado. **8.** Sin embargo, elijamos entre los vivos, no a los hombres que pronuncian sus palabras con la mayor ligereza, exponiendo lugares comunes y celebrando, por así decirlo, sus pequeñas exhibiciones privadas,[237] - no a éstos,

---

[236] Es decir, un representante de una u otra escuela. La respuesta de Séneca es, en efecto, "A ninguna escuela actual; acude a los antiguos".
[237] Los "circulatores" eran artistas ambulantes que se dedicaban a tragar espadas y encantar serpientes, u oradores baratos que exhibían su elocuencia en las esquinas de las calles con la esperanza de ganar

digo, sino a hombres que nos enseñan con sus vidas, hombres que nos dicen lo que debemos hacer y luego lo demuestran con la práctica, que nos muestran lo que debemos evitar, y luego nunca son sorprendidos haciendo aquello que nos han ordenado evitar.

Elige como guía a alguien a quien admires más cuando le veas actuar que cuando le oigas hablar. **9.** Por supuesto, no te impediré que escuches también a aquellos filósofos que acostumbran a celebrar reuniones y debates públicos, siempre que se presenten ante el pueblo con el propósito expreso de mejorarse a sí mismos y a los demás, y no ejerzan su profesión en aras del egoísmo. Porque, ¿qué hay más bajo que la filosofía que busca el aplauso? ¿Acaso el enfermo alaba al cirujano mientras le opera? **10.** En silencio y con reverente temor sométete a la cura.[238] Aunque clamáis aplausos, escucharé vuestros gritos como si gimieras al tocar tus llagas. ¿Quieres dar testimonio de que estas atentos, de que te conmueve la grandeza del tema? Puedes hacerlo en el momento oportuno; les permitiré, por supuesto, emitir un juicio y un voto sobre el mejor camino. Pitágoras obligó a sus alumnos a guardar silencio durante cinco años; ¿crees que por ello tenían derecho a prorrumpir inmediatamente en aplausos?

11. ¡Qué loco es aquel que abandona la sala de conferencias con un estado de ánimo feliz simplemente por los aplausos de los ignorantes! ¿Por qué te complaces en ser alabado por hombres que tú mismo no puedes alabar? Fabiano solía dar conferencias populares, pero su auditorio escuchaba con autocontrol. De vez en cuando estallaba un fuerte grito de alabanza, pero era impulsado por la grandeza de su tema, y no por el sonido de la oratoria que se deslizaba agradable y

---

unos peniques. La palabra también aparece en el sentido de "vendedor ambulante".
[238] Esto y lo que sigue, al § 11, son las palabras con las que se supone que un verdadero filósofo se dirige a sus oyentes.

suavemente. **12.** Debe haber una diferencia entre el aplauso del teatro y el aplauso de la escuela; y hay una cierta decencia incluso en la concesión de elogios. Si los observas cuidadosamente, todos los actos son siempre significativos, y puedes calibrar el carácter incluso por los signos más insignificantes. El hombre lascivo se revela por su modo de andar, por un movimiento de la mano, a veces por una sola respuesta, por tocarse la cabeza con un dedo,[239] por el desplazamiento de la mirada. El bribón se muestra por su risa; el loco por su rostro y aspecto general. Estas cualidades se dan a conocer por ciertas marcas; pero se puede conocer el carácter de cada hombre cuando se ve cómo da y recibe elogios. **13.** El público del filósofo, desde este rincón y desde aquel otro, tiende las manos con admiración, y a veces la muchedumbre adoradora casi cuelga sobre la cabeza del conferenciante. Pero, si realmente lo entiendes, eso no es alabanza; es simplemente aplauso. Esos gritos deben dejarse para las artes que pretenden agradar a la multitud; que la filosofía sea adorada en silencio. **14.** Los jóvenes, en efecto, deben tener a veces libre albedrío para seguir sus impulsos, pero sólo cuando actúen por impulso y no puedan obligarse a callar. Un elogio como ése da un cierto tipo de estímulo a los propios oyentes, y actúa como un acicate para la mente juvenil. Pero que se les estimule por el asunto, y no por el estilo; de otro modo, la elocuencia les hace daño, enamorándoles de sí misma, y no del tema.

15. Por el momento pospondré este tema; exige una investigación larga y especial, para mostrar cómo debe dirigirse al público, qué indulgencias deben permitirse a un orador en una ocasión pública, y qué debe permitirse a la multitud misma en presencia del orador. No cabe duda de que la filosofía ha

---

[239] Rascarse la cabeza con un dedo se consideraba, por alguna razón, una señal de afeminamiento o vicio; cf. la acusación formulada contra Pompeyo, Plutarco, Moralia, 89 E y Ammiano, 17. 11 quod genuino quodam more caput digito uno scalpebat . . . ut dissolutum. Compárese también Juvenal, ix. 133 scalpere caput digito.

sufrido una pérdida, ahora que ha expuesto sus encantos a la venta. Pero ella todavía puede ser vista en su santuario, si su expositor es un sacerdote y no un vendedor ambulante. Adiós.

LIII. Sobre las faltas del espíritu

1. Hace poco me convencieron de que viajara por mar. Soltamos amarras cuando el mar estaba perezosamente liso; el cielo, por cierto, estaba cargado de nubes desagradables, como las que suelen romper en lluvias o borrascas. Aun así, pensé que las pocas millas que separaban Puteoli de vuestra querida Parthenope[240] podrían recorrerse en poco tiempo, a pesar del cielo incierto y cada vez más bajo. Así que, para alejarme más rápidamente, me dirigí directamente mar adentro hacia Nesis,[241] con el propósito de atajar por todas las ensenadas. **2.** Pero cuando ya estábamos tan lejos que me daba lo mismo regresar o continuar, la calma que me había seducido se esfumó. Aún no había comenzado la tormenta, pero el oleaje de fondo era cada vez mayor y las olas no dejaban de crecer. Comencé a pedirle al piloto que me llevara a tierra en algún sitio; me contestó que la costa estaba agitada y era un mal lugar para desembarcar, y que en una tormenta temía más una costa a sotavento que cualquier otra cosa. **3.** Pero yo sufría demasiado para pensar en el peligro, pues me asolaba un lento mareo que no me aliviaba, de esos que trastornan el hígado sin limpiarlo. Por lo tanto, impuse la ley a mi piloto, obligándole a dirigirse a la orilla. Cuando nos acercamos, no esperé a que se hicieran las cosas de acuerdo con las órdenes de Virgilio, hasta que

Proa orientada hacia el mar [242]

---

[240] El nombre poético de Nápoles; tal vez fue una vez un pueblo cercano que dio una especie de romántico segundo título a la ciudad más grande. El profesor Summers cree que este nombre poético, junto con tua, indica una referencia a un pasaje de los versos de Lucilio. Sin embargo, es posible que tua no signifique más que "el lugar que tantos amas", ya que se encuentra cerca de Pompeya, la ciudad natal de Lucilio.

[241] Un islote cerca de la desembocadura de la bahía donde se encontraba Baiae. Puteoli estaba en el lado opuesto de la bahía de Baiae.

[242] Eneida, vi. 3. Este era el método habitual de amarrar un barco en la antigüedad.

o

Ancla clavada desde proa;[243]

Recordé mi profesión[244] como veterano devoto del agua fría y, enfundado como estaba en mi manto, me dejé caer al mar, como debe hacer un bañista de agua fría. **4.** ¿Cuáles crees que fueron mis sentimientos, trepando por las rocas, buscando el camino, o haciéndome uno? Comprendí que los marineros tienen buenas razones para temer la tierra. Es difícil creer lo que soporté cuando no podía soportarme a mí mismo; puedes estar seguro de que la razón por la que Ulises naufragó en todas las ocasiones posibles no fue tanto porque el dios del mar estuviera enfadado con él desde su nacimiento; simplemente estaba sujeto al mareo. Y en el futuro yo también, si tengo que ir a alguna parte por mar, sólo llegaré a mi destino en el vigésimo año.[245]

5. Cuando por fin calmé mi estómago (pues ya se sabe que del mareo no se escapa huyendo del mar) y refresqué mi cuerpo con una friega, empecé a reflexionar sobre lo completamente que olvidamos o ignoramos nuestros defectos, incluso los que afectan al cuerpo, que continuamente nos están recordando su existencia, -por no hablar de los que son más graves en proporción a que están más ocultos-. **6.** Una ligera agonía nos engaña; pero cuando ha aumentado y ha comenzado a arder una verdadera fiebre, obliga incluso a un hombre resistente, que puede soportar muchos sufrimientos, a admitir que está enfermo. Hay dolor en el pie y una sensación de hormigueo en las articulaciones, pero seguimos ocultando la dolencia y anunciamos que nos hemos torcido una articulación o que estamos cansados por un exceso de ejercicio. Entonces la dolencia, incierta al principio, debe recibir un nombre; y cuando

---

[243] Eneida, iii. 277.
[244] Compárese Ep. lxxxiii. 5.
[245] Ulises tardó diez años en su viaje, a causa del mareo; Séneca necesitará el doble.

empieza a hinchar también los tobillos, y ha convertido nuestros dos pies en pies "derechos",[246] estamos obligados a confesar que tenemos gota. **7.** Lo contrario sucede con las enfermedades del alma; cuanto peor se está, menos se percibe. No debes sorprenderte, mi amado Lucilio. Pues aquel cuyo sueño es ligero persigue visiones durante el sueño, y a veces, aunque dormido, es consciente de que lo está; pero el sueño profundo aniquila nuestros mismos sueños y hunde el espíritu tan profundamente que no tiene percepción de sí mismo. **8.** ¿Por qué nadie confiesa sus faltas? Porque está todavía en sus garras; sólo el que está despierto puede contar su sueño, y del mismo modo una confesión de pecado es una prueba de mente sana.

Despertemos, pues, para poder corregir nuestros errores. La filosofía, sin embargo, es el único poder que puede removernos, el único poder que puede sacudir nuestro profundo sueño. Dedícate por entero a la filosofía. Tú eres digno de ella; ella es digna de ti; saludaos con un abrazo amoroso. Despídete de todos los demás intereses con valor y franqueza. No estudies filosofía sólo en tus ratos libres.[247]

9. Si estuvieras enfermo, dejarías de ocuparte de tus asuntos personales y olvidarías tus deberes profesionales; no tendrías en suficiente estima a ningún cliente como para ocuparte activamente de su caso mientras durara un ligero alivio de tus sufrimientos. Intentaría por todos los medios librarse de la enfermedad lo antes posible. ¿Y entonces? ¿No hará lo mismo ahora? Deja a un lado todos los obstáculos y dedica tu tiempo a conseguir una mente sana; porque ningún hombre puede alcanzarla si está absorto en otros asuntos. La filosofía ejerce su propia autoridad; ella fija su propio tiempo y no permite que se

---

[246] Es decir, están tan hinchados que la izquierda y la derecha se parecen

[247] Literalmente "con permiso", siempre que otros asuntos lo permitan. Cf. Plinio, Ep. vii. 30 precario studeo, - "sujeto a la interrupción de otros".

lo fijen a ella. Ella no es una cosa a seguir en momentos extraños, sino un tema para la práctica diaria; ella es la señora, y ella ordena nuestra asistencia. **10.** Alejandro, cuando cierto estado le prometió una parte de su territorio y la mitad de toda su propiedad, respondió: "Invadí Asia con la intención, no de aceptar lo que pudieras dar, sino de permitir conservar lo que yo pudiera dejar". Del mismo modo, la filosofía sigue diciendo a todas las ocupaciones: "No pretendo aceptar el tiempo que os sobra, sino que os permitiré conservar lo que yo mismo dejaré".

11. Vuélvete, pues, a ella con toda tu alma, siéntate a sus pies, acaríciala; una gran distancia comenzará entonces a separarte de los demás hombres. Estarás muy por delante de todos los mortales, y ni siquiera los dioses te aventajarán. ¿Te preguntas cuál será la diferencia entre tú y los dioses? Ellos vivirán más. Pero, por mi fe, es el signo de un gran artista haber confinado una semejanza completa a los límites de una miniatura. La vida del sabio se extiende para él sobre una superficie tan grande como la eternidad para un dios. Hay un punto en el que el sabio tiene ventaja sobre el dios; pues un dios se libra de los terrores por la generosidad de la naturaleza, el sabio por su propia generosidad. **12.** ¡Qué maravilloso privilegio, tener las debilidades de un hombre y la serenidad de un dios! El poder de la filosofía para mitigar los golpes del azar es increíble. Ningún misil puede posarse en su cuerpo; está bien protegida y es impenetrable. Algunos proyectiles los rechaza con los pliegues sueltos de su vestido, como si no tuvieran poder para dañar; otros los aparta y los lanza con tal fuerza que retroceden sobre el remitente. Adiós.

LIV. Sobre el asma y la muerte

1. Mi mala salud me había permitido un largo permiso, cuando de repente reanudó el ataque. "¿Qué clase de enfermedad?", dirá usted. Y sin duda tienes derecho a preguntar, porque es cierto que no me es desconocida ninguna clase. Pero he sido consignado, por así decirlo, a una dolencia especial. No sé por qué debería llamarla por su nombre griego;[248] porque está bien descrita como "falta de aliento". Su ataque es de muy breve duración, como el de una borrasca en el mar; por lo general termina en una hora. En efecto, ¿quién podría exhalar el último suspiro durante mucho tiempo? **2.** He pasado por todos los males y peligros de la carne; pero nada me parece más molesto que esto. Y, naturalmente, así es; porque cualquier otra cosa puede llamarse enfermedad; pero esto es una especie de "último suspiro" continuado.[249] De ahí que los médicos lo llamen "practicar cómo morir". Porque algún día el aliento conseguirá hacer lo que tantas veces ha intentado. **3.** ¿Crees que escribo esta carta con espíritu alegre, sólo porque he escapado? Sería absurdo alegrarse de ese supuesto restablecimiento de la salud, como lo sería para un acusado imaginar que ha ganado su caso cuando ha conseguido aplazar su juicio. Sin embargo, en medio de mi difícil respiración no dejaba de descansar seguro en pensamientos alegres y valientes.

4. "¿Qué?" me digo; "¿tantas veces me pone a prueba la muerte? Que lo haga; yo mismo he puesto a prueba a la muerte durante mucho tiempo". "¿Cuándo?", me preguntas. Antes de nacer. La muerte es la no existencia, y ya sé lo que eso significa. Lo que fue antes de mí volverá a suceder después de mí. Si hay sufrimiento en este estado, también debió haberlo en el pasado, antes de que llegáramos a la luz del día. Sin embargo,

---

[248] Es decir, asma. Séneca opina que el nombre latino es suficiente.

[249] Celsus (iv. 8) presenta esta enfermedad como la segunda de las que afectan a los órganos respiratorios; cum vehementior est, ut spirare aeger sine sono et anhelatione non possit.

de hecho, entonces no sentíamos ningún malestar. **5.** Y yo te pregunto: ¿no dirías que es un gran tonto el que cree que una lámpara está peor cuando se apaga que antes de encenderse? Nosotros, los mortales, también nos encendemos y nos apagamos; el período de sufrimiento viene entre medias, pero a ambos lados hay una profunda paz. Porque, a menos que esté muy equivocado, mi querido Lucilius, nos equivocamos al pensar que la muerte sólo nos sigue, cuando en realidad nos ha precedido y a su vez nos seguirá. Cualquier condición que haya existido antes de nuestro nacimiento, es la muerte. Pues ¿qué importa que no empiece o que se vaya, ya que el resultado de ambos estados es la no existencia?

6. Nunca he dejado de animarme con consejos alentadores de este tipo, en silencio, por supuesto, ya que no tenía la facultad de hablar; luego, poco a poco, esta falta de aliento, ya reducida a una especie de jadeo, apareció a intervalos mayores, y luego se hizo más lenta y finalmente cesó. Incluso en este momento, aunque el jadeo ha cesado, la respiración no va y viene normalmente; todavía siento una especie de vacilación y retraso en la respiración. Que sea como quiera, con tal de que no haya suspiros del alma.[250] **7.** Acepta de mí esta seguridad: Nunca me asustaré cuando llegue la última hora; ya estoy preparado y no planeo un día entero por adelantado. Pero alaba[251] e imita al hombre a quien no le irrita morir, aunque se complace en vivir. Pues ¿qué virtud hay en marcharse cuando te echan? Y sin embargo hay virtud incluso en esto: Ciertamente me echan, pero es como si me fuera voluntariamente. Por eso, el sabio nunca puede ser expulsado, porque eso significaría alejarse de

---

[250] Es decir, que el suspiro sea físico -un jadeo asmático- y no causado por la angustia del alma.

[251] El argumento es: Yo estoy dispuesto a morir, pero no me elogies por ello; reserva tus elogios para aquel que no se resiste a morir, aunque (a diferencia de mí) encuentra un placer vivir (porque goza de buena salud). Sí, pues no hay más virtud en aceptar la muerte cuando se odia la vida, que en abandonar un lugar cuando se es expulsado.

un lugar que no estaba dispuesto a abandonar; y el sabio no hace nada de mala gana. Escapa a la necesidad, porque quiere hacer lo que la necesidad está a punto de imponerle. Adiós.

LV. En la villa de Vatia

1. Acabo de regresar de un paseo en mi litera; y estoy tan cansado como si hubiera caminado la distancia, en lugar de estar sentado. Incluso ser llevado a cuestas durante algún tiempo es un trabajo duro, tal vez tanto más cuanto que es un ejercicio antinatural; porque la naturaleza nos dio piernas con las que hacer nuestro propio andar, y ojos con los que hacer nuestra propia vista. Nuestros lujos nos han condenado a la debilidad; hemos dejado de ser capaces de hacer aquello que durante mucho tiempo declinamos hacer. **2.** Sin embargo, me pareció necesario sacudir mi cuerpo, para que la bilis que se me había acumulado en la garganta, si ése era mi problema, pudiera salir, o, si el propio aliento dentro de mí se había vuelto, por alguna razón, demasiado espeso, que la sacudida, que he sentido que era algo bueno para mí, pudiera hacerlo más delgado. Así que insistí en que me llevaran más tiempo de lo habitual, a lo largo de una atractiva playa, que se curva entre Cumas y la casa de campo de Servilio Vatia,[252] encerrada por el mar a un lado y el lago al otro, como un estrecho sendero. Como saben, las olas, cuando golpean la playa con fuerza y firmeza, la nivelan; pero un período continuado de buen tiempo la afloja, cuando la arena, que se mantiene firme gracias al agua, pierde su humedad.

3. Como es mi costumbre, empecé a buscar por allí algo que pudiera serme útil, cuando mis ojos se posaron en la villa que había pertenecido a Vatia. Así que éste era el lugar donde aquel famoso millonario pretoriano pasó su vejez. No era famoso por otra cosa que por su vida de ocio, y sólo por eso se le consideraba afortunado. Porque siempre que los hombres se

---

[252] Cumae estaba en la costa, a unas seis millas al norte del cabo Miseno. El lago Aqueronte (véase § 6) era un estanque de agua salada situado entre esos dos puntos, separado del mar por un banco de arena; se encontraba cerca del lago Averno y probablemente derivó su nombre de ese hecho. El Vatia mencionado aquí es desconocido; no debe confundirse con Isaurio.

arruinaban por su amistad con Asinio Galo[253] siempre que otros se arruinaban por su odio a Sejano, y más tarde[254] por su intimidad con él, -pues no era más peligroso haberlo ofendido que haberlo amado-, la gente solía gritar: "¡Oh Vatia, sólo tú sabes vivir!". **4.** Pero lo que él sabía era cómo esconderse, no cómo vivir; y hay mucha diferencia si tu vida es de ocio o de ociosidad. Por eso, en vida de Vatia, nunca pasé por su casa de campo sin decirme a mí mismo: "¡Aquí yace Vatia!"

Pero, mi querido Lucilio, la filosofía es una cosa de santidad, algo que debe ser adorado, tanto que la misma falsificación agrada. Pues la mayoría de la humanidad considera que una persona que se ha retirado de la sociedad, está libre de preocupaciones, es autosuficiente y vive para sí misma, se encuentra a sus anchas; pero estos privilegios sólo pueden ser la recompensa del hombre sabio. El que es víctima de la ansiedad, ¿sabe vivir para sí mismo? ¿Cómo? ¿Sabe siquiera (y eso es lo más importante) cómo vivir? **5.** Porque el hombre que ha huido de los asuntos y de los hombres, que ha sido desterrado a la reclusión por la infelicidad que sus propios deseos le han traído, que no puede ver a su prójimo más feliz que él mismo, que por miedo se ha ocultado, como un animal asustado y perezoso, esta persona no vive para sí misma; vive para su vientre, su sueño y su lujuria, y eso es lo más vergonzoso del mundo. Quien no vive para nadie no vive necesariamente para sí mismo. Sin embargo, hay tanto en la firmeza y la adhesión al propio propósito que incluso la pereza, si se mantiene obstinadamente, asume un aire de autoridad[255] con nosotros.

---

[253] Hijo de Asinio Polión; su franqueza le trajo problemas y murió de inanición en una mazmorra en el año 33 d.C. Tácito, Ann. i. 32. 2, cita a Augusto, hablando de su propio sucesor, diciendo de Gallus avidus et minor. Sejano fue derrocado y ejecutado en el año 31 d.C.
[254] Es decir, después de su caída
[255] Es decir, nos impone

6. No podría describir la villa con exactitud, pues sólo conozco la fachada de la casa y las partes que están a la vista del público y que puede ver un simple transeúnte. Hay dos grutas, que costaron mucho trabajo, tan grandes como el salón más espacioso, hechas a mano. Una de ellas no admite los rayos del sol, mientras que la otra los retiene hasta que el sol se pone. También hay un riachuelo que atraviesa un bosquecillo de plátanos y se abastece tanto del mar como del lago Aqueronte; cruza el bosquecillo como una pista de carreras,[256] y es lo suficientemente grande como para albergar peces, aunque sus aguas se retiran continuamente. Cuando el mar está en calma, sin embargo, no utilizan el arroyo, sólo tocan las aguas bien surtidas cuando las tormentas dan a los pescadores unas vacaciones forzadas. **7.** Pero lo más conveniente de la villa es el hecho de que Baiae está al lado, está libre de todos los inconvenientes de ese balneario, y sin embargo disfruta de sus placeres. Yo mismo entiendo estos atractivos, y creo que es una villa adecuada para cada estación del año. Hace frente al viento del oeste, que intercepta de tal manera que Baiae le es negado. Asi que parece que Vatia no era tonto cuando selecciono este lugar como el mejor en el que pasar su ocio cuando ya era infructuoso y decadente.

8. El lugar donde uno vive, sin embargo, puede contribuir poco a la tranquilidad; es la mente la que debe hacer que todo sea agradable para sí misma. He visto hombres abatidos en una villa alegre y encantadora, y los he visto a todas luces llenos de negocios en medio de una soledad. Por esta razón, no debes negarte a creer que tu vida está bien situada por el mero hecho de que no estés ahora en Campania. Pero, ¿por qué no estás allí? Deja que tus pensamientos viajen, incluso a este lugar. **9.** Puedes mantener conversaciones con tus amigos cuando estén ausentes, y de hecho tan a menudo como desees y durante

---

[256] Literalmente, "como un Euripo", en referencia al estrecho que divide Eubea de Beocia en Calcis. Su corriente es rápida.

tanto tiempo como quieras. Pues disfrutamos de éste, el mayor de los placeres, tanto más cuando estamos ausentes unos de otros. Porque la presencia de los amigos nos hace fastidiosos; y porque en cualquier momento podemos hablar o sentarnos juntos, cuando una vez nos hemos separado no damos un pensamiento a los que acabamos de contemplar. **10.** Y debemos soportar alegremente la ausencia de los amigos, porque todo el mundo está obligado a ausentarse a menudo de sus amigos, incluso cuando están presentes. Inclúyanse entre tales casos, en primer lugar, las noches pasadas separados, luego los diferentes compromisos que cada uno de dos amigos tiene, después los estudios privados de cada uno y sus excursiones al campo, y verán que los viajes al extranjero no nos roban gran cosa. **11.** Un amigo debe conservarse en el espíritu; un amigo así no puede faltar nunca. Puede ver todos los días a quien desee ver.

Por lo tanto, me gustaría que compartieras conmigo tus estudios, tus comidas y tus paseos. Viviríamos dentro de límites demasiado estrechos si algo estuviera vedado a nuestros pensamientos. Te veo, mi querido Lucilio, y en este mismo momento te oigo; estoy contigo hasta tal punto que dudo si no debería empezar a escribirte notas en lugar de cartas. Adiós

LVI. Sobre el silencio y el estudio

1. Búrlate de mí si pienso que hay algo más necesario que el silencio para un hombre que se recluye para estudiar. Imagínese qué variedad de ruidos resuenan en mis oídos. Me alojo justo al lado de un balneario. Así que imagínate la variedad de sonidos, que son lo suficientemente fuertes como para hacerme odiar mis propias facultades auditivas. Por ejemplo, cuando un caballero extenuado se ejercita con pesas de plomo; cuando trabaja duro, o finge trabajar duro, le oigo gruñir; y cada vez que suelta el aliento, le oigo jadear con tonos sibilantes y agudos. O tal vez me fije en algún perezoso que se contenta con una friega barata, y oigo el chasquido de la mano que le golpea el hombro, cuyo sonido varía según la mano se ponga plana o hueca. Entonces, tal vez, aparezca un profesional de[257] gritando la partitura; ese es el toque final. **2.** Añádase a esto la detención ocasional de un ladrón o un carterista, el alboroto del hombre al que siempre le gusta oír su propia voz en el cuarto de baño,[258] o el aficionado que se zambulle en el tanque de natación con un ruido y un chapoteo desmesurados. Además de todos aquellos cuyas voces, si no otra cosa, son buenas, imagínense al depilador con su voz penetrante y chillona, -con fines publicitarios-, dándole continuamente rienda suelta y sin morderse nunca la lengua, excepto cuando se depila las axilas y hace gritar a su víctima en su lugar. Luego el vendedor de pasteles con sus gritos variados, el salchichero, el confitero y todos los vendedores de comida que pregonan sus mercancías, cada uno con su propia entonación distintiva.

3. Así que dices: "¡Qué nervios de hierro o qué oídos embotados debes tener, si tu mente puede resistir en medio de tantos ruidos, tan variados y tan discordantes, cuando nuestro amigo

---

[257] Pilicrepus probablemente significa "contador de bolas", es decir, alguien que lleva un registro de los golpes. Compárese con "marcador de billar".

[258] Esto era especialmente cierto en el caso de los poetas, cf. Horacio, Sat. i. 4. 76 suave locus voci resonat conclusus, y Marcial, iii. 44.

Crisipo[259] es llevado a la muerte por las continuas buenasmuertes que lo saludan!". Pero te aseguro que este barullo no significa para mí más que el ruido de las olas o del agua al caer; aunque me recordarás que cierta tribu trasladó una vez su ciudad simplemente porque no podían soportar el estruendo de una catarata del Nilo.[260] **4.** Las palabras parecen distraerme más que los ruidos, porque las palabras exigen atención, pero los ruidos simplemente llenan los oídos y los golpean. Entre los sonidos que bullen a mi alrededor sin distraerme, incluyo los carruajes que pasan, un maquinista en el mismo bloque, un afilador de sierras cerca, o algún tipo que está haciendo una demostración con pequeñas flautas y tubos en la Fuente de las Goteras,[261] gritando más que cantando.

5. Además, un ruido intermitente me molesta más que uno constante. Pero a estas alturas ya he templado mis nervios contra todo ese tipo de cosas, de modo que puedo soportar incluso que un contramaestre marque la hora con tonos agudos para su tripulación. Porque fuerzo a mi mente a concentrarse, y evito que se desvíe hacia cosas ajenas a ella; todo afuera puede ser un caos, siempre que no haya perturbación en mi interior, siempre que el miedo no esté luchando con el deseo en mi pecho, siempre que la mezquindad y la prodigalidad no estén en desacuerdo, una acosando a la otra. Porque ¿de qué sirve un vecindario tranquilo, si nuestras emociones están alborotadas?

6. Era de noche y todo el mundo estaba adormecido.[262]

---

[259] Del famoso filósofo estoico Crisipo no se cuenta en ninguna otra parte que se opusiera a los saludos de sus amigos; y, además, el saludo matutino era una costumbre romana, no griega. Lipsio, por tanto, probablemente tenía razón cuando propuso leer aquí, por Crisipo, Crispo, uno de los amigos de Séneca; cf. Epigr. 6.

[260] La misma historia se cuenta en Naturalis Quaestiones, iv. 2. 5.

[261] Fuente en forma de cono, parecida a un poste giratorio (meta) del circo, de la que brotaba el agua a través de muchos chorros; de ahí lo de "sudar" (sudans). Sus restos pueden verse aún hoy, no lejos del Coliseo, en la Velia.

Esto no es cierto, porque no se puede encontrar un verdadero descanso cuando la razón no ha hecho el adormecimiento. La noche trae nuestros problemas a la luz, en lugar de desterrarlos; simplemente cambia la forma de nuestras preocupaciones. Pues incluso cuando buscamos el sueño, nuestros momentos de insomnio son tan acosadores como los diurnos. La verdadera tranquilidad es el estado que alcanza una mente no pervertida cuando está relajada. **7.** Piensa en el desdichado que corteja el sueño entregando su espaciosa mansión al silencio, que, para que su oído no sea perturbado por ningún sonido, manda callar a todo el séquito de sus esclavos y que quien se le acerque camine de puntillas; se zarandea de un lado a otro y busca un sueño irregular en medio de sus inquietudes. **8.** Se queja de que ha oído sonidos, cuando no los ha oído en absoluto. ¿Preguntas la razón? Su alma está alborotada; es preciso calmarla y refrenar su murmullo rebelde. No es necesario suponer que el alma está en paz cuando el cuerpo está quieto. A veces la tranquilidad significa inquietud.

Debemos, pues, despertarnos a la acción y ocuparnos en intereses que sean buenos, tantas veces como estemos presos de una pereza incontrolable. **9.** Los grandes generales, cuando ven que sus hombres se amotinan, los controlan mediante algún tipo de trabajo o los mantienen ocupados con pequeñas incursiones. El hombre muy ocupado no tiene tiempo para el desenfreno, y es un lugar común obvio que los males del ocio pueden ser sacudidos por el trabajo duro. Aunque la gente haya pensado a menudo que buscaba la reclusión porque estaba disgustado con la política y lamentaba mi posición desventurada e ingrata,[263] sin embargo, en el retiro al que la aprensión y el cansancio me han empujado, mi ambición a veces se desarrolla de nuevo. Pues no es porque mi ambición haya sido desarraigada por lo que ha disminuido, sino porque se ha

---

[262] Fragmento de la Argonáutica de Varrón Atacino
[263] Véase Introducción, página viii

cansado o tal vez incluso se ha destemplado por el fracaso de sus planes. **10.** Y así también con el lujo, que a veces parece haberse alejado, y luego, cuando hemos hecho profesión de frugalidad, comienza a inquietarnos y, en medio de nuestras economías, busca los placeres que simplemente hemos dejado pero no condenado. En efecto, cuanto más sigilosamente llega, mayor es su fuerza. Porque todos los vicios no disimulados son menos graves; también una enfermedad está más lejos de curarse cuando sale de la ocultación y manifiesta su poder. Así sucede con la avaricia, la ambición y los demás males de la mente, - puedes estar seguro de que hacen más daño cuando se ocultan tras una apariencia de solidez.

11. Los hombres piensan que estamos en retiro, y sin embargo no lo estamos. Porque si nos hemos retirado sinceramente, y hemos hecho sonar la señal de retirada, y hemos despreciado las atracciones externas, entonces, como señalé anteriormente,[264] ninguna cosa externa nos distraerá; ninguna música de hombres o de pájaros[265] puede interrumpir los buenos pensamientos, cuando una vez se han vuelto firmes y seguros. **12.** La mente que se inicia en las palabras o en los sonidos casuales es inestable y aún no se ha replegado sobre sí misma; contiene en sí misma un elemento de ansiedad y miedo arraigado, y esto hace que uno sea presa de la preocupación, como dice nuestro Virgilio:

Yo, a quien antaño ningún dardo podía hacer huir,
Ni los griegos, con apiñadas líneas de infantería.
Ahora tiemblo a cada ruido y temo al aire,
tanto por mi hijo como por la carga que llevo.[266]

13. Este hombre en su primer estado es sabio; no se estremece ante la lanza blandida, ni ante el choque de las armaduras del

---

[264] § 4 de esta carta.
[265] Una alusión a las sirenas y Ulises, cf. § 15 infra.
[266] Eneas huye de Troya, Eneida, ii. 726 ss.

enemigo serrado, ni ante el estruendo de la ciudad golpeada. Este hombre en su segundo estado carece de conocimiento temiendo por sus propios intereses, palidece ante cualquier sonido; cualquier grito es tomado por el grito de batalla y lo derriba; la menor perturbación lo deja sin aliento por el miedo. Es la carga lo que le hace temer.[267] **14.** Elige a quien quieras de entre tus favoritos de la fortuna, arrastrando sus muchas responsabilidades, llevando sus muchas cargas, y contemplarás una imagen del héroe de Virgilio, "temiendo tanto por su hijo como por la carga que lleva."

Por lo tanto, puedes estar seguro de que estás en paz contigo mismo, cuando ningún ruido te alcanza, cuando ninguna palabra te sacude de ti mismo, ya sea de adulación o de amenaza, o simplemente un sonido vacío que zumba a tu alrededor con un estruendo sin sentido. **15.** "¿Entonces qué?", dirás, "¿no es a veces más sencillo simplemente evitar el alboroto?". Lo admito. En consecuencia, me cambiaré de mis actuales aposentos. Sólo quería ponerme a prueba y practicar. ¿Por qué atormentarme más, cuando Ulises encontró una cura tan sencilla para sus camaradas[268] incluso contra los cantos de las sirenas? Adiós.

---

[267] Eneas lleva a Anquises; el rico lleva su carga de riqueza.
[268] No sólo tapándoles los oídos con cera, sino también ordenándoles que remasen lo más deprisa posible para evitar a las sirenas. Odisea, xii. 182.

LVII. Sobre las pruebas del viaje

1. Cuando llegó el momento de regresar a Nápoles desde Baiae, me convencí fácilmente de que había una tormenta, para evitarme otro viaje por mar; y sin embargo, el camino estaba tan lleno de barro, durante todo el trayecto, que se puede pensar que hice un viaje. Aquel día tuve que soportar toda la suerte de un atleta; a la unción[269] con la que comenzamos le siguió la salpicadura de arena en el túnel de Nápoles.[270] **2.** Ningún lugar podía ser más largo que aquella prisión; nada podía ser más oscuro que aquellas antorchas, que nos permitían, no ver en medio de la oscuridad, sino ver la oscuridad. Pero, aun suponiendo que hubiera luz en el lugar, el polvo, que es una cosa opresiva y desagradable incluso al aire libre, destruiría la luz; ¡cuánto peor es el polvo allí, donde se enrolla sobre sí mismo, y, estando encerrado sin ventilación, sopla hacia atrás en las caras de los que lo ponen en marcha! Así que soportamos dos inconvenientes al mismo tiempo, y eran diametralmente diferentes: luchamos tanto con el barro como con el polvo en el mismo camino y en el mismo día.

3. Sin embargo, la penumbra me proporcionó algunos elementos de reflexión; sentí un cierto estremecimiento mental, y una transformación no acompañada de miedo, debida a la novedad y a lo desagradable de un hecho insólito. Por supuesto, no estoy hablando de mí mismo en este punto, porque estoy lejos de ser una persona perfecta, o incluso un hombre de cualidades medianas; me refiero a alguien sobre quien la fortuna ha perdido su control. Incluso la mente de un hombre así será golpeada por una emoción y cambiará de color. **4.** Porque hay ciertas emociones, querido Lucilio, que ningún

---

[269] Es decir, una "unción" con barro

[270] Una figura característica. Tras la unción, se rociaba al luchador con arena, para que la mano del adversario no resbalara. El túnel de Nápoles ofrecía un atajo a quienes, como Séneca en esta carta, no deseaban tomarse el tiempo de viajar por la ruta costera a lo largo del promontorio de Pausilipum.

valor puede evitar; la naturaleza recuerda al valor lo perecedero que es. Y así, contraerá el ceño cuando la perspectiva sea prohibitiva, se estremecerá ante las apariciones repentinas y se mareará cuando se encuentre al borde de un alto precipicio y mire hacia abajo. Esto no es miedo; es un sentimiento natural que la razón no puede vencer. **5.** Esta es la razón por la que ciertos hombres valientes, más dispuestos a derramar su propia sangre, no pueden soportar ver la sangre de otros. Algunas personas se desploman y se desmayan a la vista de una herida recién infligida; a otras les ocurre lo mismo al tocar o ver una vieja herida que supura. Y otros reciben el golpe de espada más fácilmente de lo que lo ven asestar.

6. En consecuencia, como he dicho, experimenté una cierta transformación, aunque no podría llamarse confusión. Luego, al primer atisbo de luz diurna restablecida, mi buen ánimo volvió sin premeditación ni orden. Y me puse a cavilar y a pensar cuán necios somos al temer ciertos objetos en mayor o menor grado, puesto que todos terminan de la misma manera. Pues ¿qué más da que se nos venga encima una atalaya o una montaña? No hay ninguna diferencia. Sin embargo, habrá algunos hombres que teman en mayor grado este último percance, aunque ambos accidentes sean igualmente mortales; tan cierto es que el temor no mira al efecto, sino a la causa del efecto. **7.** ¿Supones que me refiero ahora a los estoicos,[271] que sostienen que el alma de un hombre aplastado por un gran peso no puede permanecer, y se dispersa inmediatamente, porque no ha tenido la libre oportunidad de partir? No es eso lo que estoy haciendo; quienes así piensan están, en mi opinión, equivocados. **8.** Así como el fuego no puede ser aplastado, ya

---

[271] Cf. Hicks, *Stoic and Epicurean*, p. 61, sobre la doctrina de la interpenetración, que explica la difusión del alma por todo el cuerpo; y Rohde, *Psyche*, ii. 319, sobre la superstición popular de que a quien muere en un torbellino los espíritus del viento le arrebatan el alma. La doctrina a la que se refiere Séneca no es, sin embargo, una doctrina puramente estoica.

que escapará por los bordes del cuerpo que lo abruma; así como el aire no puede ser dañado por latigazos y golpes, o incluso cortado, sino que fluye de vuelta alrededor del objeto al que da lugar; de manera similar el alma, que consiste en las partículas más sutiles, no puede ser detenida o destruida dentro del cuerpo, sino que, en virtud de su delicada sustancia, más bien escapará a través del mismo objeto por el que está siendo aplastada. Del mismo modo que el rayo, por muy lejos que caiga y fulmine, hace su retorno a través de una estrecha abertura,[272] así el alma, que es aún más sutil que el fuego, tiene una vía de escape a través de cualquier parte del cuerpo. **9.** Llegamos, pues, a la cuestión de si el alma puede ser inmortal. Pero estad seguros de esto: si el alma sobrevive al cuerpo después de que el cuerpo sea aplastado, el alma no puede ser aplastada de ninguna manera, precisamente porque no perece; porque la regla de la inmortalidad nunca admite excepciones, y nada puede dañar lo que es eterno. Adiós.

---

[272] Para esta creencia, compárese Jenofonte, Mem. iv. 3. 14, "Nadie ve el rayo ni en su descenso ni en su regreso". El propio Séneca se interesó mucho por los rayos cf. N. Q. ii. 40. 2.

LVIII. Sobre el ser

1. Hasta hoy no había comprendido lo escaso de palabras que es nuestro idioma, es más, lo pobre que está. Estábamos hablando de Platón, y surgieron mil temas de discusión, que necesitaban nombres y sin embargo no los tenían; y había otros que una vez los tuvieron, pero que desde entonces han perdido sus palabras porque fuimos demasiado amables en su uso. Pero, ¿quién puede soportar ser amable en medio de la pobreza?[273] **2.** Hay un insecto, llamado por los griegos *oestrus*,[274] que enloquece al ganado y lo esparce por todos sus pastos; solía llamarse *asilus* en nuestra lengua, como podéis creer por la autoridad de Virgilioio:-.

Cerca de las arboledas de Silarus, y de las sombras de Alburnus
de robles verdes revolotea un insecto, llamado
Asilus por los romanos; en griego la
palabra se traduce como *celo*. Con un
sonido áspero
y estridente zumba y enloquece a
los rebaños aterrorizados por todo el bosque.[275]

3. Por lo que deduzco que la palabra está en desuso. Y, para no hacerlos esperar demasiado, había ciertas palabras no compuestas corrientes, como *cernere ferro inter se*, como demostrará de nuevo Virgilioio: -

Grandes héroes, nacidos en diversas tierras, habían venido
a *dirimir asuntos* mutuamente con la espada.[276]

---

[273] Este tema fue enfatizado por Lucrecio, i. 136 y 832, y iii. 260. Munro piensa, sin embargo, que "Lucrecio tenía demasiado en lugar de demasiado poco lenguaje técnico para un poeta." Séneca conocía a Lucrecio; cf. Epp. lviii. 12, xc. 11, etc.
[274] La mosca cojonera.
[275] Geórgicas, iii. 146 ss.
[276] Eneida, xii. 708 f

Este "resolver asuntos" lo expresamos ahora con *decernere*. La palabra llana ha quedado obsoleta. **4.** Los antiguos solían decir *iusso, en* lugar de *iussero*, en las cláusulas condicionales. No hace falta que me tomes la palabra, pero puedes recurrir de nuevo a Virgilioio: -

Los otros soldados conducirán la lucha
conmigo, donde yo *ordene*.[277]

5. No es mi propósito mostrar, con esta serie de ejemplos, cuánto tiempo he perdido en el estudio del lenguaje; sólo quiero que entiendas cuántas palabras, que eran corrientes en las obras de Ennio y Accio, se han enmohecido con la edad; mientras que incluso en el caso de Virgilioio, cuyas obras se exploran a diario, algunas de sus palabras nos han sido hurtadas.

6. Dirías, supongo: "¿Cuál es la finalidad y el sentido de este preámbulo?". No los mantendré en la oscuridad; deseo, si es posible, decirles la palabra *essentia* y obtener una audiencia favorable. Si no puedo hacerlo, me arriesgaré a ello, aunque eso os ponga de mal humor. Tengo a Cicerón,[278] como autoridad para el uso de esta palabra, y lo considero una autoridad poderosa. Si deseas un testimonio de fecha posterior, citaré a Fabiano,[279] cuidadoso en el uso de la palabra, culto y de estilo tan pulido que se adaptará incluso a nuestros buenos gustos. ¿Qué podemos hacer, mi querido Lucilio? ¿De qué otro modo podemos encontrar una palabra para lo que los griegos llaman

---

[277] Eneida, xi. 467.

[278] Cicerón suele decir natura. La palabra, según Quintiliano, fue utilizada por primera vez por un tal Sergio Flavio. También se encuentra en Apulcius, Macrobius y Sidonius.

[279] Véase Ep. c. Papirius Fabianus, que vivió en tiempos de Tiberio y Calígula, fue alumno del Sextius de Ep. lix. y fue (Pliny, N. H. xxxvi. 15. 24) naturae rerum peritissimus. Es elogiado por el anciano Séneca (Cont. 2. Praef.) quien, sin embargo, dice de él deerat robur - splendor aderat.

οὐσία, algo que es indispensable, algo que es el sustrato natural de todo? Les ruego, en consecuencia, que me permitan utilizar esta palabra *essentia*. No obstante, me esforzaré por ejercer el privilegio, que me ha concedido, con la mayor parquedad posible; tal vez me contente con el mero derecho. **7.** Pero ¿de qué me servirá su indulgencia si no puedo expresar en latín[280] el significado de la palabra que me dio la oportunidad de denunciar la pobreza de nuestra lengua? Y condenarás aún más nuestros estrechos límites romanos, cuando descubras que hay una palabra de una sílaba que no puedo traducir. "¿Qué es esto?", preguntarás. Es la palabra ὄν. Crees que me falta facilidad; crees que la palabra está a mano, que podría traducirse por *quod est*. Yo noto, sin embargo, una gran diferencia; tú me obligas a traducir un sustantivo por un verbo. **8.** Pero si debo hacerlo, lo traduciré por *quod est*. Hay seis maneras[281] en que Platón expresa esta idea, de acuerdo con un amigo nuestro, un hombre de gran erudición, que mencionó el hecho de hoy. Y los las explicaré todas, si me permites señalar primero que hay algo que se llama *género* y algo que se llama *especie*.

Por el momento, sin embargo, buscamos la idea primaria de *género*, de la que dependen las demás, las diferentes *especies*, que es la fuente de toda clasificación, el término bajo el que se engloban las ideas universales. Y la idea de *género* se alcanzará si comenzamos a remontarnos a partir de los particulares; pues de este modo seremos conducidos a la noción primaria. **9.** Ahora bien, el "hombre" es una *especie*, como dice Aristóteles[282] ; también lo es el "caballo" o el "perro". Debemos, pues, descubrir algún nexo común a todos estos términos, uno que

---

[280] Es decir, no debo utilizar otras palabras importadas para explicar essentia, que no es una palabra latina nativa, sino inventada como traducción literal de οὐσία

[281] Cf. § 16.

[282] Categorías 2 b 11 y a menudo.

los abarque y los mantenga subordinados a sí mismo. ¿Y cuál es? Es "animal". Y así comienza a haber un *género* "animal", que incluye todos estos términos, "hombre", "caballo" y "perro". **10.** Pero hay ciertas cosas que tienen vida (*anima*) y, sin embargo, no son "animales". Pues está convenido que las plantas y los árboles poseen vida, y por eso hablamos de ellos como vivientes y moribundos. Por lo tanto, el término "cosas vivas" ocupará un lugar aún más elevado, porque tanto los animales como las plantas están incluidos en esta categoría. Sin embargo, algunos objetos carecen de vida, como las rocas. Por lo tanto, habrá otro término que prevalecerá sobre el de "seres vivos", y es el de "sustancia". Clasificaré la "sustancia" diciendo que todas las sustancias son animadas o inanimadas. **11.** Pero todavía hay algo superior a "sustancia"; pues hablamos de ciertas cosas como poseedoras de sustancia, y de ciertas cosas como carentes de sustancia. ¿Cuál será, pues, el término del que se derivan estas cosas? Es aquel al que últimamente dimos un nombre inapropiado, "lo que existe". Pues con este término se dividirán en *especies, de* modo que podamos decir: lo que existe posee o carece de sustancia.

12. Esto es, por tanto, el *género,* lo primario, lo original y (jugando con la palabra) "general". Por supuesto, existen otros *géneros*, pero son *géneros* "especiales": El "hombre" es, por ejemplo, un *género*. Porque el "hombre" comprende especies: por naciones, - griega, romana, parta; por colores, - blanco, negro, amarillo. El término comprende también a los individuos: Catón, Cicerón, Lucrecio. Así, "hombre" pertenece a la categoría de *género, en la medida en* que incluye muchos tipos; pero en la medida en que está subordinado a otro término, pertenece a la categoría de *especie*. Pero el *género* "lo que existe" es general y no tiene ningún término superior a él. Es el primer término en la clasificación de las cosas, y todas las cosas están incluidas en él.

13. Los estoicos antepondrían a éste otro *género* aún más primario, del cual hablaré inmediatamente, después de probar que el *género de que se ha* hablado antes, ha sido colocado con razón en primer lugar, siendo, como es, capaz de incluirlo todo. **14.** Distribuyo, pues, "lo que existe" en estas dos especies: las cosas con sustancia y las cosas sin sustancia. No hay una tercera clase. ¿Y cómo distribuyo la "sustancia"? Diciendo que es animado o inanimado. ¿Y cómo distribuyo lo "animado"? Diciendo: "Ciertas cosas tienen mente, mientras que otras sólo tienen vida". O la idea puede expresarse de la siguiente manera: "Ciertas cosas tienen el poder del movimiento, del progreso, del cambio de posición, mientras que otras están arraigadas en la tierra; se alimentan y crecen sólo a través de sus raíces". De nuevo, ¿en qué especies divido los "animales"? Son perecederos o imperecederos. **15.** Algunos estoicos consideran el *género* primario [283] como el "algo". Añadiré las razones que dan para su creencia; dicen: "en el orden de la naturaleza algunas cosas existen, y otras no existen. E incluso las cosas que no existen son realmente parte del orden de la naturaleza. Qué son éstas se le ocurrirá fácilmente a la mente, por ejemplo, centauros, gigantes y todas las demás invenciones de razonamientos poco sólidos, que han comenzado a tener una forma definida, aunque no tienen consistencia corporal."

16. Pero ahora vuelvo al tema que prometí discutir para usted, a saber, cómo es que Platón[284] divide todas las cosas existentes en seis formas diferentes. La primera clase de "lo que existe" no puede ser captada por la vista ni por el tacto, ni por ninguno de los sentidos; pero puede ser captada por el pensamiento. Cualquier concepción genérica, como la idea genérica "hombre", no entra dentro del alcance de los ojos; pero "hombre" en particular sí; como, por ejemplo, Cicerón, Catón. El término "animal" no se ve; se capta sólo con el pensamiento.

---

[283] Es decir, el género más allá de "lo que existe".

[284] Cf. § 8. La división habitual de Platón era triple, - αἰσθητά, μαθηματικά, εἴδη (sensibilia, mathematica, ideae), - división que cita a menudo Aristóteles.

Un animal en particular, sin embargo, se ve, por ejemplo, un caballo, un perro.

17. La segunda clase de "cosas que existen", según Platón, es la que es prominente y sobresale por encima de todo lo demás; ésta, dice, existe en grado preeminente.[285] La palabra "poeta" se usa indistintamente, pues se aplica a todos los escritores de versos; pero entre los griegos ha llegado a ser la marca distintiva de un solo individuo. Sabes que se refiere a Homero cuando oyes a los hombres decir "el poeta". ¿Cuál es, entonces, este ser preeminente? Dios, sin duda, uno que es más grande y más poderoso que cualquier otro.

18. La tercera clase está formada por aquellas cosas que existen en el sentido propio del término;[286] son innumerables en número, pero están situadas más allá de nuestra vista. "¿Qué son éstas? Son los muebles de Platón, por así decirlo; él las llama "ideas", y a partir de ellas se crean todas las cosas visibles, y según su modelo se forman todas las cosas. Son inmortales, inmutables, inviolables. **19.** Y esta "idea", o más bien, la concepción de Platón de la misma,[287] es la siguiente: "La 'idea' es el modelo eterno de aquellas cosas que son creadas por la naturaleza". Explicaré esta definición para aclarar el tema: Supongamos que deseo hacer una semejanza de usted; poseo en su propia persona el modelo de esta imagen, de donde mi mente recibe un cierto contorno, que debe encarnar en su propia obra. Esa apariencia externa, entonces, que me da instrucción y guía, este patrón para que yo lo imite, es la "idea".

---

[285] Εἶναι κατ' ἐξοχήν. Tras ilustrar al poeta κατ' ἐξοχήν, Homero, pasa a τὸ ὂν κατ' ἐξοχήν, Dios.

[286] Ὄντως τὰ ὄντα. "Cada idea es una esencia única, independiente, separada, autoexistente, perfecta y eterna"; Adán, La República de Platón, ii. 169. Véase en Platón de Zeller (p. 237) una lista de palabras griegas utilizadas por Platón para indicar la realidad de estas ideas.

[287] Cf., por ejemplo, Parménides 132 D. Lo que sigue no es una cita directa, y el mismo pensamiento se encuentra en otros lugares.

Tales modelos, por lo tanto, la naturaleza posee en número infinito, - de hombres, peces, árboles, según cuyo modelo se elabora todo lo que la naturaleza tiene que crear.

20. En cuarto lugar pondremos "forma".[288] Y si quieres saber lo que significa "forma", debes prestar mucha atención, llamando a Platón, y no a mí, para dar cuenta de la dificultad del tema. Sin embargo, no podemos hacer distinciones finas sin encontrar dificultades. Hace un momento me he servido del artista como ilustración. Cuando el artista deseaba reproducir a Virgilioio en colores, miraba al propio Virgilioio. La "idea" era el aspecto exterior de Virgilio, y éste era el patrón de la obra que pretendía realizar. Lo que el artista extrae de esta "idea" y ha plasmado en su propia obra, es la "forma." **21.** ¿Me preguntas dónde está la diferencia? La primera es el patrón; mientras que la segunda es la forma tomada del patrón y plasmada en la obra. Nuestro artista sigue lo uno, pero lo otro lo crea. Una estatua tiene una apariencia externa determinada; esta apariencia externa de la estatua es la "forma". Y el propio patrón[289] tiene una cierta apariencia externa, mirando a la que el escultor ha dado forma a su estatua; esta es la "idea". Si deseas una distinción más amplia, diré que la "forma" está en la obra del artista, la "idea" fuera de su obra, y no sólo fuera de ella, sino anterior a ella.

22. La quinta clase está formada por las cosas que existen en el sentido habitual del término. Estas cosas son las primeras que tienen que ver con nosotros; aquí tenemos todas las cosas tales como los hombres, el ganado y las cosas. En la sexta clase va todo lo que tiene una existencia ficticia, como el vacío o el tiempo.

Todo lo que es concreto a la vista o al tacto, Platón no lo incluye entre las cosas que él cree existentes en el sentido estricto del término.[290] Estas cosas son las primeras que tienen que ver con

---

[288] Εἶδος.
[289] Es decir, el "original".

nosotros: aquí tenemos todas las cosas tales como los hombres, el ganado y las cosas. Pues están en estado de flujo, disminuyendo o aumentando constantemente. Ninguno de nosotros es el mismo hombre en la vejez que en la juventud; ni el mismo mañana que el día anterior. Nuestros cuerpos se apresuran como aguas que fluyen; cada objeto visible acompaña al tiempo en su vuelo; de las cosas que vemos, nada es fijo. Incluso yo mismo, al comentar este cambio, me cambio a mí mismo. **23.** Esto es justamente lo que dice Heráclito[291]: "Bajamos dos veces al mismo río, y sin embargo a un río diferente". Pues la corriente sigue conservando el mismo nombre, pero el agua ya ha pasado. Por supuesto, esto es mucho más evidente en los ríos que en los seres humanos. Sin embargo, nosotros, los mortales, también somos llevados al pasado en un curso no menos rápido; y esto me lleva a maravillarme de nuestra locura de apegarnos con gran afecto a una cosa tan fugaz como el cuerpo, y de temer que algún día podamos morir, cuando cada instante significa la muerte de nuestra condición anterior.[292] ¿No dejarás de temer que suceda una vez lo que en realidad sucede todos los días? **24.** Tanto para el hombre, -una sustancia que fluye y cae, expuesta a toda influencia; pero también el universo, inmortal y perdurable como es, cambia y nunca permanece igual. Pues, aunque tiene dentro de sí todo lo que ha tenido, lo tiene de un modo distinto de aquel en que lo ha tenido; no cesa de cambiar su disposición.

25. "Muy bien", dirás, "¿de qué me servirá todo este fino razonamiento?". Ninguno, si quieres que responda a tu pregunta. Sin embargo, así como un grabador descansa sus ojos cuando han estado mucho tiempo bajo tensión y están cansados, y los llama de su trabajo, y los "agasaja", como dice el

---

[290] Es decir, κυρίως ὄντα. Véase más arriba, § 16f

[291] Frag. 49🗌 Diels² ποταμοῖς τοῖς αὐτοῖς ἐμβαίνομέν τε καὶ οὐκ ἐμβαίνομεν, εἶμέν τε καὶ οὐκ εἶμεν.

[292] Esta idea ya la desarrolló Séneca en Ep. XXIV. 20.

refrán; así nosotros a veces deberíamos aflojar nuestras mentes y refrescarlas con alguna clase de entretenimiento. Pero que incluso tu entretenimiento sea trabajo; e incluso de estas diversas formas de entretenimiento seleccionarás, si has estado atento, algo que pueda resultar saludable. **26.** Esa es mi costumbre, Lucilio: Trato de extraer y hacer útil algún elemento de cada campo del pensamiento, por muy alejado que esté de la filosofía. Ahora bien, ¿qué podría reformar menos el carácter que los temas que hemos estado discutiendo? ¿Y cómo puedo convertirme en un hombre mejor gracias a las "ideas" de Platón? ¿Qué puedo sacar de ellas que ponga freno a mis apetitos? Tal vez el pensamiento mismo de que a todas estas cosas que atienden a nuestros sentidos, que nos despiertan y excitan, Platón les niega un lugar entre las cosas que realmente existen. **27.** Tales cosas son, por tanto, imaginarias, y aunque por el momento presentan una cierta apariencia externa, no son en ningún caso permanentes o sustanciales; sin embargo, las deseamos como si fueran a existir siempre, o como si fuéramos a poseerlas siempre.

Somos seres débiles y acuosos en medio de irrealidades; por tanto, dirijamos nuestra mente a las cosas eternas. Elevemos la mirada a los contornos ideales de todas las cosas, que revolotean en lo alto, y al Dios que se mueve entre ellas y planea cómo puede defender de la muerte aquello que no pudo hacer imperecedero porque su sustancia se lo impedía, y así por la razón puede superar los defectos del cuerpo. **28.** Porque todas las cosas permanecen, no porque sean imperecederas, sino porque están protegidas por el cuidado de aquel que gobierna todas las cosas; pero lo que fuera imperecedero no necesitaría guardián. El Maestro Constructor las mantiene a salvo, superando la debilidad de su tejido por su propio poder. Despreciemos todo lo que es tan poco objeto de valor que nos hace dudar de su existencia. **29.** Reflexionemos al mismo tiempo, viendo que la Providencia rescata de sus peligros al mundo mismo, que no es menos mortal que nosotros mismos, que hasta cierto punto nuestros insignificantes cuerpos pueden permanecer más tiempo sobre la tierra gracias a nuestra propia providencia, si tan sólo adquirimos la capacidad de controlar y frenar aquellos placeres por los que perece la mayor parte de la humanidad. **30.** El propio Platón, a fuerza de esmero, llegó a la vejez. Ciertamente, era el afortunado poseedor de un cuerpo fuerte y sano (su propio nombre le fue dado por su amplio pecho[293]); pero su fuerza se vio muy mermada por los viajes por mar y las aventuras desesperadas. Sin embargo, gracias a una vida frugal, a la limitación de todo lo que despierta los apetitos y a una esmerada atención a sí mismo, alcanzó esa avanzada edad a pesar de muchos obstáculos. **31.** Sabes, estoy seguro, que Platón tuvo la suerte, gracias a su vida cuidadosa, de morir el día de su cumpleaños, después de cumplir exactamente sus ochenta y un años. Por esta razón los sabios de Oriente, que por entonces se encontraban en Atenas, le sacrificaron después de su muerte, creyendo que su duración de días era demasiado completa para un hombre mortal, ya que había redondeado el número perfecto de nueve por nueve. No dudo de que hubiera estado muy dispuesto a renunciar a algunos días de este total, así como al sacrificio.

32. Una vida frugal puede llevarnos a la vejez; y, en mi opinión, la vejez no debe rechazarse más de lo que se desea. Hay un placer en estar en la propia compañía tanto como sea posible, cuando un hombre se ha hecho a sí mismo digno de ser disfrutado. La cuestión, por lo tanto, sobre la que tenemos que dejar constancia de nuestro juicio es si uno debe rehuir la vejez extrema y debe acelerar el final artificialmente, en lugar de esperar a que llegue. El hombre que aguarda perezosamente su destino es casi un cobarde, lo mismo que el inmoderadamente dado al vino que vacía la jarra y aspira hasta las heces. **33.** Pero nos haremos también esta pregunta: "¿Es la extremidad de la

---

[293] Diógenes Laercio, iii. 1, que recoge también otras explicaciones del nombre Platón, que sustituyó al nombre de pila Aristocles.

vida la escoria, o es la parte más clara y pura de todas, con tal que la mente esté intacta, y los sentidos, todavía sanos, den su apoyo al espíritu, y el cuerpo no esté gastado y muerto antes de tiempo?". Pues es muy diferente que un hombre alargue su vida o su muerte. **34.** Pero si el cuerpo es inútil para el servicio, ¿por qué no liberar el alma que lucha? Tal vez habría que hacerlo un poco antes de que venza la deuda, no sea que, cuando venza, sea incapaz de realizar el acto. Y puesto que el peligro de vivir en la miseria es mayor que el de morir pronto, es un necio quien rehúsa apostar un poco de tiempo y ganar un riesgo de gran ganancia.[294]

Pocos han durado desde la vejez extrema hasta la muerte sin sufrir menoscabo alguno, y muchos han permanecido inertes, sin hacer ningún uso de sí mismos. ¿Cuánto más cruel, entonces, supones que es realmente haber perdido una porción de tu vida, que haber perdido tu derecho a terminar con esa vida? **35.** No me escuches con desgana, como si mi afirmación se aplicase directamente a ti, sino sopesa lo que tengo que decir. Es esto: que no abandonaré la vejez, si la vejez me conserva intacto para mí mismo, e intacto en cuanto a la mejor parte de mí mismo; pero si la vejez comienza a destrozar mi mente, y a hacer pedazos sus diversas facultades, si me deja, no la vida, sino sólo el aliento de vida, saldré corriendo de una casa que se desmorona y se tambalea. **36.** No evitaré la enfermedad buscando la muerte, siempre que la enfermedad sea curable y no impida mi alma. No me impondré manos violentas sólo porque sienta dolor, pues la muerte en tales circunstancias es una derrota. Pero si descubro que el dolor debe soportarse siempre, me marcharé, no por el dolor, sino porque será un estorbo para mí en cuanto a todas mis razones para vivir. El que muere sólo porque siente dolor es un débil, un cobarde; pero el que vive sólo para soportar ese dolor, es un necio.

---

[294] Cf. Platón, Fedón, 114 D καὶ ἄξιον κινδυνεῦσαι, οἰομένῳ οὕτως ἔχειν· καλὸς γὰρ ὁ κίνδυνος, siendo la "oportunidad" la inmortalidad.

37. Pero me estoy extendiendo demasiado; y, además, aquí hay materia para llenar un día. ¿Y cómo puede un hombre terminar su vida, si no puede terminar una carta? Así que adiós. Esta última palabra[295] la leerás con más placer que toda mi mortal charla sobre la muerte. Adiós.

---

[295] Ya que vale significa "que te vaya bien" no menos que "adiós".

LIX. Sobre el placer y la alegría

1. He recibido con gran placer tu carta; permíteme usar estas palabras en su significado cotidiano, sin insistir en su significado estoico. Pues los estoicos sostenemos que el placer es un vicio. Es muy probable que sea un vicio; pero estamos acostumbrados a usar la palabra cuando queremos indicar un estado de ánimo feliz. **2.** Soy consciente de que si evaluamos las palabras según nuestra fórmula,[296] incluso el placer es algo de mala reputación, y la alegría sólo puede ser alcanzada por los sabios. Porque la "alegría" es una euforia del espíritu, - de un espíritu que confía en la bondad y la verdad de sus propias posesiones. El uso común, sin embargo, es que derivamos gran "alegría" de la posición de un amigo como cónsul, o de su matrimonio, o del nacimiento de su hijo; pero estos acontecimientos, lejos de ser asuntos de alegría, son más a menudo el comienzo de la tristeza por venir. No, una característica de la verdadera alegría es que nunca cesa y nunca se transforma en su opuesto.[297]

3. En consecuencia, cuando nuestro Virgilio habla de

Las malvadas alegrías de la mente,[298]

sus palabras son elocuentes, pero no estrictamente apropiadas. Pues ninguna "alegría" puede ser mala. Él ha dado el nombre de "alegría" a los placeres, y así ha expresado su significado. Pues ha transmitido la idea de que los hombres se deleitan en su propio mal. **4.** Sin embargo, no me equivoqué al decir que recibí un gran "placer" de tu carta; porque aunque un hombre ignorante[299] puede obtener "alegría" si la causa es honorable, sin embargo, dado que su emoción es caprichosa, y es probable

---

[296] Una cifra extraída del edicto del pretor, que se expuso públicamente en una tablilla blanca, álbum.

[297] Es decir, pena.

[298] Eneida, vi. 278.

[299] El sabio, en cambio, tiene sus emociones bajo control, y es menos probable que se deje llevar por "una opinión relativa a un bien espurio".

que pronto tome otra dirección, la llamo "placer"; porque está inspirada por una opinión relativa a un bien espurio; excede el control y es llevada al exceso.

Pero, volviendo al tema, permíteme decirle lo que me ha encantado de su carta. Tienes tus palabras bajo control. No se deja llevar por su lenguaje, ni lo lleva más allá de los límites que ha determinado. **5.** Muchos escritores se ven tentados por el encanto de alguna frase seductora hacia algún tema distinto del que se habían propuesto tratar. Pero no ha sido así en tu caso; todas tus palabras son compactas, y adecuadas al tema, dices todo lo que deseas, y quieres decir aún más de lo que dices. Esto es una prueba de la importancia de su tema, mostrando que su mente, asi como sus palabras, no contienen nada superfluo o ampuloso.

6. Sin embargo,[300] encuentro algunas metáforas, no ciertamente atrevidas, sino del tipo que ha resistido la prueba del uso. También encuentro símiles; por supuesto, si alguien nos prohíbe usarlos, sosteniendo que sólo los poetas tienen ese privilegio, aparentemente no ha leído a ninguno de nuestros antiguos escritores en prosa, quienes aún no habían aprendido a crear un estilo que ganara aplausos. Porque aquellos escritores, cuya elocuencia era sencilla y se dirigía sólo a probar su caso, están llenos de comparaciones; y creo que éstas son necesarias, no por la misma razón que las hace necesarias para los poetas, sino para que sirvan de apoyo a nuestra debilidad, para poner a orador y oyente cara a cara con el tema que se discute. **7.** Por ejemplo, en este mismo momento estoy leyendo a Sexcio;[301] es un hombre agudo, y un filósofo que, aunque escribe en griego, tiene la norma romana de la ética. Uno de sus símiles me atrajo

---

[300] Es decir, a pesar de que su estilo es compacto.
[301] Q. Sextius fue un estoico con inclinaciones pitagóricas que vivió en tiempos de Julio César. También se le menciona en Epp. lxiv. y lxxiii. Se le atribuye, tal vez erróneamente, un libro de Sententiae morales, retomado por la Iglesia.

especialmente, el de un ejército marchando en un cuadrado hueco,[302] en un lugar donde se puede esperar que el enemigo aparezca de cualquier lado, listo para la batalla. "Esto", decía, "es justo lo que debe hacer el hombre sabio; debe tener desplegadas todas sus cualidades de combate por todos lados, de modo que dondequiera que amenace el ataque, allí estén listos sus apoyos y puedan obedecer la orden del capitán sin confusión." Esto es lo que notamos en los ejércitos que sirven bajo grandes jefes; vemos cómo todas las tropas comprenden simultáneamente las órdenes de su general, pues están dispuestas de tal modo que una señal dada por un hombre pasa por las filas de caballería y de infantería en el mismo momento.
8. Esto, declara, es aún más necesario para hombres como nosotros; porque los soldados han temido a menudo a un enemigo sin razón, y la marcha que creían más peligrosa ha sido de hecho la más segura; pero la locura no trae reposo, el miedo la acecha tanto en la furgoneta como en la retaguardia de la columna, y ambos flancos están en pánico. La locura es perseguida y confrontada por el peligro. Se acobarda ante todo; no está preparada; le asustan incluso las tropas auxiliares.[303] Pero el hombre sabio se fortifica contra todas las incursiones; está alerta; no retrocederá ante el ataque de la pobreza, o de la pena, o de la desgracia, o del dolor. Caminará impertérrito tanto contra ellos como entre ellos.

9. Los seres humanos estamos encadenados y debilitados por muchos vicios; nos hemos revolcado en ellos durante mucho tiempo, y nos cuesta limpiarnos. No sólo estamos manchados, sino también teñidos por ellos. Pero, para no pasar de una

---

[302] El agmen quadratum era un ejército en formación cuadrada, con el equipaje en el centro, listo para la batalla, en contraste con el agmen iustum (filas cerradas) y el acies triplex (formación estacionaria, casi rectangular). El agmen quadratum aparece por primera vez en las campañas españolas del siglo II a.C.

[303] Es decir, por las tropas de segunda línea, que en formación y calidad eran inferiores a las tropas de la legión.

figura[304] a otra, plantearé esta cuestión, que a menudo considero en mi propio corazón: ¿por qué la locura nos agarra con tanta insistencia? Es, en primer lugar, porque no la combatimos con suficiente fuerza, porque no luchamos hacia la salvación con todas nuestras fuerzas; en segundo lugar, porque no ponemos suficiente confianza en los descubrimientos de los sabios, y no bebemos sus palabras con el corazón abierto; abordamos este gran problema con un espíritu demasiado trivial. **10.** Pero ¿cómo puede un hombre aprender, en la lucha contra sus vicios, una cantidad que sea suficiente, si el tiempo que dedica a aprender es sólo el que le dejan sus vicios? Ninguno de nosotros profundiza bajo la superficie. Sólo rozamos la parte superior, y consideramos que el poco tiempo que dedicamos a la búsqueda de la sabiduría es suficiente y sobra para un hombre ocupado. **11.** Si nos encontramos con alguien que nos llama hombres buenos, o sensatos, o santos, nos vemos reflejados en su descripción. No contentos con la alabanza moderada, aceptamos todo lo que la adulación desvergonzada amontona sobre nosotros, como si fuera lo que nos corresponde. Estamos de acuerdo con quienes nos declaran los mejores y más sabios de los hombres, aunque sabemos que son dados a mentir mucho. Y somos tan autocomplacientes que deseamos elogios por ciertas acciones cuando somos especialmente adictos a todo lo contrario. Aquel que se oye llamar "el más gentil" cuando está infligiendo torturas, o "el más generoso" cuando se dedica al pillaje, o "el más templado" cuando está en medio de la embriaguez y la lujuria. Así resulta que no estamos dispuestos a ser reformados, sólo porque nos creemos los mejores de los hombres.

12. Alejandro vagaba hasta la India, asolando tribus poco conocidas incluso por sus vecinos. Durante el bloqueo de cierta ciudad, mientras estaba reconociendo las murallas y buscando

---

[304] Es decir, de la del "grillete" a la del "polvo y tinte". En el § 6 Séneca ha elogiado a Lucilio por su juicioso empleo de las metáforas.

el punto más débil de las fortificaciones, fue herido por una flecha. Sin embargo, continuó el asedio durante mucho tiempo, decidido a terminar lo que había empezado. Sin embargo, el dolor de su herida, a medida que la superficie se secaba y se frenaba el flujo de sangre, aumentaba; su pierna se entumecía gradualmente mientras montaba a caballo y, finalmente, cuando se vio obligado a retirarse, exclamó: "Todos los hombres juran que soy hijo de Júpiter, pero esta herida grita que soy mortal".[305] **13.** Actuemos también nosotros de la misma manera. A cada hombre, según su suerte en la vida, le embrutece la adulación. Debemos decir a quien nos adula: "Me llamas hombre sensato, pero comprendo cuántas de las cosas que ansío son inútiles, y cuántas de las que deseo me harán daño. Ni siquiera tengo el conocimiento, que la saciedad enseña a los animales, de cuál debe ser la medida de mi comida o mi bebida. Aún no sé cuánto puedo contener".

14. Ahora te mostraré cómo puedes saber que no eres sabio. El sabio es alegre, feliz y tranquilo, imperturbable; vive en un plano con los dioses. Ahora ve, pregúntate a ti mismo; si nunca estás abatido, si tu mente no está acosada por ninguna aprensión, por la anticipación de lo que está por venir, si día y noche tu alma mantiene su curso uniforme e inquebrantable, recta y contenta consigo misma, entonces has alcanzado el mayor bien que los mortales pueden poseer. Si, por el contrario, buscas placeres de todo tipo y en todas direcciones, debes saber que estás tan lejos de la sabiduría como de la alegría. La alegría es la meta que deseas alcanzar, pero te alejas del camino, si esperas alcanzar tu meta mientras estás en medio de riquezas y títulos oficiales, - en otras palabras, si buscas la alegría en medio de las preocupaciones. Esos objetos por los que te esfuerzas con tanto afán, como si fueran a darte felicidad y placer, no son más que causas de aflicción.

---

[305] Varias historias similares se relatan sobre Alejandro, por ejemplo, Plutarco, Moralia, 180 E, donde dice a sus adoradores, señalando una herida recién recibida: "¡Mira, esto es sangre, no icor!".

15. Todos los hombres de esta clase, sostengo, se afanan en la búsqueda de la alegría, pero no saben dónde pueden obtener una alegría que sea a la vez grande y duradera. Uno la busca en el festín y la autocomplacencia; otro, en la búsqueda de honores y en estar rodeado de una multitud de clientes; otro, en su amante; otro, en la ociosa exhibición de cultura y en la literatura que no tiene poder para curar; Todos estos hombres se dejan llevar por deleites engañosos y efímeros, como la embriaguez, por ejemplo, que paga una sola hora de locura hilarante con una enfermedad de muchos días, o como el aplauso y la popularidad de la aprobación entusiasta, que se obtienen y expían a costa de una gran inquietud mental.

16. Reflexiona, pues, sobre esto: que el efecto de la sabiduría es una alegría ininterrumpida y continua.[306] La mente del sabio es como el firmamento ultralunar;[307] la calma eterna invade esa región. Tienes, pues, una razón para desear ser sabio, si el sabio nunca está privado de alegría. Esta alegría brota únicamente del conocimiento de que posees las virtudes. Nadie sino el valiente, el justo, el que se contiene a sí mismo, puede alegrarse. **17.** Y cuando preguntas: "¿Qué quieres decir? ¿Acaso no se alegran también los necios y los malvados?". Respondo: No más que los leones que han cazado su presa. Cuando los hombres se han fatigado con el vino y la lujuria, cuando la noche les falla antes de que su desenfreno haya terminado, cuando los placeres que han amontonado sobre un cuerpo que es demasiado pequeño para sostenerlos comienzan a supurar, en esos momentos pronuncian en su miseria esas líneas de Virgilioio:[308]

---

[306] Séneca retoma la definición de gaudium dada en el § 2: "La verdadera alegría nunca cesa y nunca se transforma en su contrario". No está sujeta a altibajos.

[307] Cf. Séneca, De Ira, iii. 6. 1. El firmamento superior, cerca de las estrellas, está libre de nubes y tormentas. Está en calma, aunque los relámpagos juegan abajo.

[308] Eneida, vi. 513 s. La noche es la que precedió al saqueo de Troya.

Tú sabes cómo, entre falsas alegrías relucientes.
 Pasamos la última de las noches.

18. Los amantes del placer pasan cada noche entre falsas alegrías relucientes, y como si fuera la última. Pero la alegría que viene a los dioses, y a los que imitan a los dioses, no se interrumpe, ni cesa; pero seguramente cesaría si fuera prestada de fuera. Sólo porque no está en poder de otro otorgarla, tampoco está sujeta a los caprichos de otro. Lo que la fortuna no ha dado, no puede quitarlo. Adiós.

LX. Sobre las oraciones perjudiciales

1. Presento una queja, entablo una demanda, me enfado. ¿Aún deseas lo que tu enfermera, tu tutor o tu madre han rogado en tu favor? ¿Aún no comprendes el mal por el que rezaron? ¡Ay, qué hostiles nos son los deseos de nuestra propia gente! Y son tanto más hostiles cuanto más se cumplen. No me sorprende, a mi edad, que sólo nos acompañe el mal desde nuestra primera juventud, pues hemos crecido en medio de las maldiciones invocadas por nuestros padres. Y que los dioses escuchen también nuestro grito, pronunciado en nuestro propio nombre, ¡un grito que no pide favores!

2. ¿Hasta cuándo seguiremos exigiendo a los dioses, como si aún fuéramos incapaces de mantenernos a nosotros mismos? ¿Hasta cuándo seguiremos llenando de grano las plazas de mercado de nuestras grandes ciudades? ¿Hasta cuándo tendrá que recogerlo el pueblo? ¿Cuánto tiempo tendrán que transportar muchos barcos los productos necesarios para una sola comida, sin traerlos de un solo mar? El toro se sacia cuando se alimenta en unas pocas hectáreas; y un bosque es suficientemente grande para una manada de elefantes. El hombre, sin embargo, obtiene sustento tanto de la tierra como del mar. **3.** Entonces, ¿qué? ¿nos dio la naturaleza vientres tan insaciables, cuando nos dio estos cuerpos enclenques, para que superáramos en codicia a los animales más enormes y voraces? En absoluto. ¿Qué tan pequeña es la cantidad que satisface a la naturaleza? Con muy poco quedará satisfecha. No es el hambre natural de nuestros estómagos lo que nos cuesta caro, sino nuestras ansias solícitas. **4.** Por lo tanto, aquellos que, como dice Sallust[309], "hacen caso a sus estómagos", deben ser contados entre los animales, y no entre los hombres; y ciertos hombres, de hecho, deben ser contados, ni siquiera entre los animales, sino entre los muertos. Vive realmente quien se sirve de muchos; vive realmente quien se sirve de sí mismo. Esos

---

[309] Catilina, i. 1.

hombres, sin embargo, que se meten en un agujero y se vuelven torpes[310] no están mejor en sus casas que si estuvieran en sus tumbas. Allí mismo, en el dintel de mármol de la casa de un hombre así, puedes inscribir su nombre,[311] pues ha muerto antes de estar muerto. Adiós.

---

[310] Es decir, como los animales.
[311] Es decir, puedes poner un epitafio en su morada como si fuera una tumba.

LXI. Sobre el alegre encuentro con la muerte

1. Dejemos de desear lo que hemos estado deseando. Yo, al menos, estoy haciendo esto: en mi vejez he dejado de desear lo que deseaba de niño. A este único fin dedico mis días y mis noches; ésta es mi tarea, éste es el objeto de mis pensamientos: poner fin a mis males crónicos. Me esfuerzo por vivir cada día como si fuera una vida completa. De hecho, no lo tomo como si fuera el último; sin embargo, lo considero como si pudiera ser el último. **2.** La presente carta te la escribo pensando en esto, como si la muerte estuviera a punto de llamarme en el acto mismo de escribirla. Estoy listo para partir, y disfrutaré de la vida sólo porque no estoy demasiado ansioso por la fecha futura de mi partida.

Antes de envejecer intenté vivir bien; ahora que soy viejo, intentaré morir bien; pero morir bien significa morir con gusto. Procura no hacer nunca nada de mala gana. **3.** Lo que ha de ser una necesidad si te rebelas, no lo es si lo deseas. Esto es lo que quiero decir: el que acata sus órdenes de buen grado, escapa a la parte más amarga de la esclavitud: hacer lo que uno no quiere hacer. El hombre que hace algo bajo órdenes no es infeliz; es infeliz el que hace algo contra su voluntad. Pongamos, pues, en orden nuestra mente para que deseemos lo que nos exijan las circunstancias, y sobre todo para que reflexionemos sin tristeza sobre nuestro fin. **4.** Debemos prepararnos para la muerte antes de prepararnos para la vida. La vida está suficientemente bien amueblada, pero somos demasiado codiciosos en cuanto a su mobiliario; siempre nos parece que falta algo, y siempre nos parecerá que falta. Haber vivido lo suficiente no depende ni de nuestros años ni de nuestros días, sino de nuestra mente. Yo he vivido, mi querido amigo Lucilio, lo suficiente. He tenido mi ración;[312] espero la muerte. Adiós.

---

[312] Una reminiscencia de Lucrecio, iii. 938 f. Cur non ut plenus vitae conviva recedus Aequo animoque capis securam, stulte, quietem? Cf. también Horacio, Sat. i. 1. 118 f. vitae Cedat uti conviva satur.

LXII. Sobre las buenas compañías

1. Nos engañan los que quieren hacernos creer que una multitud de asuntos bloquea la prosecución de sus estudios liberales; fingen sus compromisos y los multiplican, cuando sus compromisos son sólo consigo mismos. En cuanto a mí, Lucilio, mi tiempo es libre; es realmente libre, y dondequiera que esté, soy dueño de mí mismo. Porque no me entrego a mis asuntos, sino que me presto a ellos, y no busco excusas para perder el tiempo. Y dondequiera que esté situado, prosigo mis propias meditaciones y medito en mi mente algún pensamiento sano. **2.** Cuando me entrego a mis amigos, no me retiro de mi propia compañía, ni me entretengo con aquellos que están asociados conmigo por alguna ocasión especial o algún caso que surge de mi posición oficial. Sino que paso mi tiempo en compañía de todos los mejores; no importa en qué tierras hayan vivido, o en qué edad, dejo que mis pensamientos vuelen hacia ellos. **3.** A Demetrio por ejemplo,[313] el mejor de los hombres, lo llevo conmigo y, dejando a los que visten de púrpura y lino fino, hablo con él, semidesnudo como está, y lo tengo en gran estima. ¿Por qué no habría de tenerlo en alta estima? He descubierto que no le falta de nada. Cualquiera puede despreciarlo todo, pero nadie puede poseerlo todo. El camino más corto hacia la riqueza es despreciarla. Nuestro amigo Demetrio, sin embargo, vive no sólo como si hubiera aprendido a despreciar todas las cosas, sino como si las hubiera entregado para que otros las posean.[314] Adiós.

---

[313] Demetrio de Sunio, filósofo cínico, que enseñó en Roma durante el reinado de Calígula y fue desterrado por Nerón.
[314] Es decir, ha alcanzado el ideal estoico de independencia de todo control externo; es un rey y tiene todas las cosas para otorgar a los demás, pero no necesita nada para sí mismo.

LXIII. Sobre el dolor por los amigos perdidos

1. Me apena oír que tu amigo Flaccus ha muerto, pero no quiero que te aflijas más de lo debido. Apenas me atrevo a insistir en que no te lamentes en absoluto; y, sin embargo, sé que es lo mejor. Pero, ¿qué hombre podrá ser bendecido con esa ideal firmeza de alma, a menos que ya se haya elevado muy por encima del alcance de la fortuna? Incluso un hombre así se sentirá aguijoneado por un acontecimiento como éste, pero será sólo un aguijón. Nosotros, sin embargo, podemos ser perdonados por romper a llorar, si nuestras lágrimas no han fluido en exceso, y si las hemos contenido por nuestros propios esfuerzos. No dejemos que los ojos se sequen cuando hemos perdido a un amigo, ni que se desborden. Podemos llorar, pero no debemos lamentarnos.

2. ¿Crees que la ley que te impongo es dura, cuando el más grande de los poetas griegos ha extendido el privilegio del llanto a un solo día, en los versos donde nos dice que incluso Niobe pensó en la comida?[315] ¿Quieres saber la razón de las lamentaciones y del llanto excesivo? Es porque buscamos las pruebas de nuestra aflicción en nuestras lágrimas, y no nos entregamos a la tristeza, sino que nos limitamos a hacer alarde de ella. Nadie se lamenta por sí mismo. ¡Qué vergüenza de locura inoportuna! Hay un elemento de egoísmo incluso en nuestro dolor.

3. "¿Qué," dices, "voy a olvidar a mi amigo?" Seguramente es un recuerdo efímero el que le vales, si ha de durar sólo lo que dura tu pena; dentro de poco ese ceño tuyo se suavizará en risas por alguna circunstancia, por casual que sea. Es para un tiempo no más lejano que éste que pospongo el alivio de todo pesar, el apaciguamiento incluso de la pena más amarga. Tan pronto como dejes de observarte a ti mismo, el cuadro de dolor que has contemplado se desvanecerá; en este momento estás vigilando tu propio sufrimiento. Pero incluso mientras vigilas, se

---

[315] Homero, Ilíada, xix. 229 y xxiv. 602.

te escapa, y cuanto más agudo es, más rápidamente llega a su fin.

4. Procuremos que el recuerdo de aquellos a quienes hemos perdido se convierta en una memoria agradable para nosotros. Nadie vuelve con placer a un tema sobre el que no puede reflexionar sin dolor. De la misma manera, los nombres de aquellos a quienes hemos amado y perdido vuelven a nosotros con una especie de aguijón; pero hay un placer incluso en este aguijón. **5.** Porque, como solía decir mi amigo Attalus[316]: "El recuerdo de los amigos perdidos es agradable de la misma manera que ciertas frutas tienen un sabor agradablemente ácido, o como en los vinos extremadamente viejos es su misma amargura lo que nos agrada". En efecto, después de cierto lapso de tiempo, todo pensamiento que daba dolor se apaga, y el placer nos llega sin paliativos." **6.** Si tomamos la palabra de Atalo, "pensar en los amigos que viven y están bien es como disfrutar de una comida de pasteles y miel; el recuerdo de los amigos que han fallecido proporciona un placer que no está exento de un toque de amargura". Sin embargo, ¿quién negará que incluso estas cosas, que son amargas y contienen un elemento de acidez, sirven para excitar el estómago?". **7.** Por mi parte, no estoy de acuerdo con él. Para mí, el pensamiento de mis amigos muertos es dulce y atrayente. Porque los he tenido como si un día los fuera a perder; los he perdido como si aún los tuviera.

Por lo tanto, Lucilio, actúa como corresponde a tu propia serenidad de ánimo, y deja de dar una interpretación errónea a los dones de la fortuna. La fortuna ha quitado, pero la fortuna ha dado. **8.** Disfrutemos con avidez de nuestros amigos, porque no sabemos por cuánto tiempo tendremos este privilegio. Pensemos cuántas veces los dejaremos cuando emprendamos viajes lejanos, y cuántas veces dejaremos de verlos cuando permanezcamos juntos en el mismo lugar; así comprenderemos

---

[316] El maestro de Séneca, a menudo mencionado por él.

que hemos perdido demasiado de su tiempo mientras vivían. **9.** Pero ¿tolerarás a los hombres que se despreocupan más de sus amigos, y luego los lloran más abyectamente, y no aman a nadie a menos que lo hayan perdido? La razón por la que se lamentan demasiado desenfrenadamente en esos momentos es que temen que los hombres duden de si realmente han amado; demasiado tarde buscan pruebas de sus emociones **10.** Si tenemos otros amigos, seguramente nos mereceremos un mal de sus manos y pensaremos mal de ellos, si son de tan poca importancia que no consiguen consolarnos por la pérdida de uno. Si, por el contrario, no tenemos otros amigos, nos hemos perjudicado a nosotros mismos más de lo que nos ha perjudicado la fortuna; puesto que la fortuna nos ha robado un amigo, pero nosotros nos hemos robado a cada amigo que hemos dejado de hacer. **11.** Además, el que no ha podido amar a más de uno, no ha tenido demasiado amor ni siquiera por ése.[317] Si un hombre que ha perdido su única túnica a causa de un robo prefiere lamentarse de su situación en vez de buscar a su alrededor algún modo de escapar del frío, o algo con que cubrirse los hombros, ¿no pensarías que es un completo necio?

Has enterrado a alguien a quien amabas; busca a alguien a quien amar. Es mejor reemplazar a tu amigo que llorar por él. **12.** Lo que voy a añadir es, lo sé, una observación muy manida, pero no la omitiré simplemente porque sea una frase común: Un hombre acaba con su pena por el mero paso del tiempo, aunque no la haya acabado por voluntad propia. Pero la cura más vergonzosa para la pena, en el caso de un hombre sensato, es cansarse de llorar. Preferiría que abandonaras la pena, a que la pena te abandonara a ti; y deberías dejar de afligirte lo antes posible, ya que, aunque lo desees, es imposible mantenerlo durante mucho tiempo. **13.** Nuestros antepasados[318] han

---

[317] La razón es, como observó Lipsius, que la amistad es esencialmente una virtud social, y no se limita a un objeto. La pretendida amistad por uno y sólo uno es una forma de amor propio, y no es amor desinteresado.

promulgado que, en el caso de las mujeres, un año debe ser el límite para el luto; no es que necesiten llorar durante tanto tiempo, sino que no deben llorar más. En el caso de los hombres, no se establecen reglas, porque no se considera honorable guardar luto. Por todo ello, ¿qué mujer puedes mostrarme, de entre todas las patéticas hembras que apenas pudieron ser arrastradas lejos de la pila funeraria o arrancadas del cadáver, cuyas lágrimas hayan durado un mes entero? Nada se vuelve ofensivo tan rápidamente como la pena; cuando está fresca, encuentra quien la consuele y atrae a uno u otro hacia sí; pero después de hacerse crónica, se la ridiculiza, y con razón. Porque o es asumida o es tonta.

14. El que te escribe estas palabras no soy otro que yo, que lloré tan excesivamente por mi querido amigo Anneo Sereno[319] que, a pesar de mis deseos, debo ser incluido entre los ejemplos de hombres que han sido vencidos por el dolor. Hoy, sin embargo, condeno este acto mío, y comprendo que la razón por la que me lamenté tanto fue principalmente que nunca había imaginado que fuera posible que su muerte precediera a la mía. El único pensamiento que se me ocurrió fue que él era el más joven, y mucho más joven también, ¡como si las Parcas se atuvieran al orden de nuestras edades!

15. Por tanto, pensemos continuamente tanto en nuestra propia mortalidad como en la de todos aquellos a quienes amamos. En otros tiempos debería haber dicho: "Mi amigo Sereno es más joven que yo; pero ¿qué importa eso? naturalmente moriría después de mí, pero puede precederme". Precisamente porque no hice esto, no estaba preparado cuando la fortuna me asestó el repentino golpe. Ahora es el momento de que reflexiones, no sólo que todas las cosas son mortales,

---

[318] Según la tradición, desde la época de Numa Pompilio

[319] Amigo íntimo de Séneca, probablemente pariente, que murió en el año 63 por comer setas envenenadas (Plinio, N. H. xxii. 96). Séneca dedicó a Sereno varios de sus ensayos filosóficos.

sino también que su mortalidad no está sujeta a ninguna ley fija. Todo lo que puede suceder en cualquier momento puede suceder hoy. **16.** Reflexionemos, pues, mi amado Lucilio, que pronto llegaremos a la meta que este amigo, a nuestro pesar, ha alcanzado. Y tal vez, si sólo el cuento contado por los sabios es cierto[320] y hay un camino para darnos la bienvenida, entonces aquel a quien pensamos que hemos perdido sólo ha sido enviado por delante. Adiós.

---

[320] Cf. el capítulo final de la Agrícola de Tácito: si, ut sapientibus placet, non cum corpore exstinguuntur magnae animae, etc.

LXIV. Sobre la tarea del filósofo

1. Ayer estuviste con nosotros. Podrías quejarte si dijera simplemente "ayer". Por eso he añadido "con nosotros". Porque, por lo que a mí respecta, siempre estás conmigo. Habían llegado unos amigos, por cuya causa se encendió un fuego algo más vivo, no del tipo que suele salir de las chimeneas de las cocinas de los ricos y asusta a los vigilantes, sino el fuego moderado que significa que han venido invitados. **2.** Nuestra conversación versó sobre diversos temas, como es natural en una cena; no siguió una cadena de pensamientos hasta el final, sino que saltó de un tema a otro. Luego nos leyeron un libro de Quinto Sexcio el Viejo.[321] Es un gran hombre, si se tiene confianza en mi opinión, y un verdadero estoico, aunque él mismo lo niegue. **3.** Dioses, ¡qué fuerza y espíritu se encuentran en él! No sucede así con todos los filósofos; hay algunos hombres de ilustre nombre cuyos escritos carecen de savia. Establecen reglas, argumentan y discuten; no infunden espíritu simplemente porque no lo tienen. Pero cuando leas a Sextius, dirás: "Está vivo; es fuerte; es libre; es más que un hombre; me llena de una poderosa confianza antes de cerrar su libro." **4.** Te reconoceré el estado de ánimo en que me encuentro cuando leo sus obras: Quiero desafiar todos los peligros; quiero gritar: "¿Por qué me haces esperar, fortuna? ¡Entra en las listas! He aquí que estoy listo para ti". Asumo el espíritu de un hombre que busca dónde ponerse a prueba, dónde demostrar su valía:

Y agitándose en medio de los rebaños poco belicosos reza para que algún jabalí de espuma se cruce en su camino, o bien un león leonado acechando por las colinas.[322]

---

[321] Véase Ep. lix. 7. Como indica la frase siguiente, parece que se consideraba ecléctico en filosofía, y que era mitad estoico, mitad pitagórico.

[322] Virgilio, Eneida, iv. 158 y ss. El niño Ascanio, en la cacería de Dido, anhela una caza más salvaje que los ciervos y las cabras.

5. Quiero algo que superar, algo en lo que pueda poner a prueba mi resistencia. Pues ésta es otra cualidad notable que posee Sextius: te mostrará la grandeza de la vida feliz y, sin embargo, no te hará desesperar por alcanzarla; comprenderás que está en las alturas, pero que es accesible a quien tenga la voluntad de buscarla.

6. Y la virtud misma tendrá el mismo efecto sobre ti, de hacerte admirarla y, sin embargo, esperar alcanzarla. En mi caso, en todo caso, la sola contemplación de la sabiduría me quita mucho tiempo; la contemplo con perplejidad, como a veces contemplo el firmamento mismo, que a menudo contemplo como si lo viera por primera vez. **7.** Por eso adoro los descubrimientos de la sabiduría y a sus descubridores; entrar, por decirlo así, en la herencia de muchos predecesores es una delicia. Fue para mí que ellos guardaron este tesoro; fue para mí que ellos trabajaron. Pero nosotros debemos desempeñar el papel de un padre de familia cuidadoso; debemos aumentar lo que hemos heredado. Esta herencia pasará de mí a mis descendientes más grande que antes. Queda mucho por hacer, y siempre quedará mucho, y al que nazca dentro de mil años no se le negará la oportunidad de añadir algo más. **8.** Pero, aunque los viejos maestros lo hayan descubierto todo, una cosa será siempre nueva: la aplicación y el estudio científico y la clasificación de los descubrimientos hechos por otros. Supongamos que se nos han transmitido recetas para la curación de los ojos; no hay necesidad de que yo busque otras además; pero por todo eso, estas recetas deben adaptarse a la enfermedad particular y a la etapa particular de la enfermedad. Utilice esta receta para aliviar la granulación de los párpados, que para reducir la hinchazón de los párpados, esto para evitar el dolor repentino o un torrente de lágrimas, que para agudizar la visión. Luego componga estas varias prescripciones, vigile el momento oportuno de su aplicación y aplique el tratamiento adecuado en cada caso.

Las curas para el espíritu también han sido descubiertas por los antiguos; pero es nuestra tarea aprender el método y el tiempo de tratamiento. **9.** Nuestros predecesores han realizado muchas mejoras, pero no han resuelto el problema. Sin embargo, merecen respeto y deben ser venerados con un ritual divino. ¿Por qué no conservar estatuas de grandes hombres para encender mi entusiasmo y celebrar sus cumpleaños? ¿Por qué no saludarles continuamente con respeto y honor? La reverencia que debo a mis propios maestros se la debo en igual medida a aquellos maestros del género humano, fuente de la que han brotado los comienzos de tan grandes bendiciones. **10.** Si me encuentro con un cónsul o un pretor, le rendiré todos los honores que su puesto de honor suele recibir: Desmontaré, me descubriré y le cederé el paso. ¿Qué, pues? ¿Admitiré en mi alma con menos que las más altas muestras de respeto a Marco Catón, el Viejo y el Joven, a Laelio el Sabio, a Sócrates y Platón, a Zenón y a Cleantes? Los venero en verdad, y siempre me levanto para hacer honor a tan nobles nombres. Adiós.

LXV. Sobre la causa primera

1. Ayer compartí mi tiempo con la mala salud;[323] reclamó para sí todo el período anterior al mediodía; por la tarde, sin embargo,

---

[323] Para los problemas de Séneca a este respecto, véase también Epp.

cedió ante mí. Y así, primero puse a prueba mi espíritu leyendo; luego, cuando la lectura me fue posible, me atreví a exigirle más, o tal vez debería decir, a hacerle más concesiones. Escribí un poco, y por cierto con más concentración que de costumbre, pues estoy luchando con un tema difícil y no deseo que me derriben. En medio de esto, me visitaron algunos amigos, con el propósito de emplear la fuerza y de refrenarme, como si fuera un enfermo que se entregara a algún exceso. **2.** Así pues, la conversación sustituyó a la escritura; y de esta conversación los comunicaré el tema que sigue siendo objeto de debate, pues los hemos designado árbitro.[324] Tiene usted más tarea de la que supone, pues el argumento es triple.

Nuestros filósofos estoicos, como sabes, declaran que hay dos cosas en el universo que son la fuente de todo, a saber, la causa y la materia.[325] La materia yace perezosa, una sustancia lista para cualquier uso, pero segura de permanecer desempleada si nadie la pone en movimiento. La causa, sin embargo, es decir, la razón, moldea la materia y la hace girar en la dirección que quiere, produciendo así diversos resultados concretos. Por consiguiente, debe haber, en el caso de cada cosa, aquello de lo que está hecha, y, a continuación, un agente por el que está hecha. Lo primero es su materia, lo segundo su causa.

3. Todo arte no es sino imitación de la naturaleza; por lo tanto, permítaseme aplicar estas afirmaciones de principios generales a las cosas que han de ser hechas por el hombre. Una estatua, por ejemplo, ha proporcionado materia que debía someterse al tratamiento de las manos del artista, y ha tenido un artista que debía dar forma a la materia. Por lo tanto, en el caso de la estatua, el material era el bronce, la causa era el obrero. Y así

---

liv. y civ.

[324] El árbitro era un juez designado para juzgar un caso de acuerdo con la bona fides (equidad), en contraste con el iudex propiamente dicho, cuyo deber era definido por el magistrado.

[325] Véase Zeller's Stoics (traducido por Reichel), pp. 139 y ss.

sucede con todas las cosas, - consisten en lo que está hecho, y en el hacedor. **4.** Los estoicos creen en una sola causa, el hacedor; pero Aristóteles piensa que la palabra "causa" puede usarse de tres maneras: "La primera causa", dice, "es la materia misma, sin la cual nada puede ser creado. La segunda es el obrero. La tercera es la forma, que se imprime en toda obra, - una estatua, por ejemplo". Esto último es lo que Aristóteles llama el *idos*.[326] "Hay, además", dice, "un cuarto, - el propósito de la obra en su conjunto". **5.** Ahora te mostraré lo que significa esto último. El bronce es la "primera causa" de la estatua, pues nunca podría haberse hecho a menos que hubiera habido algo de lo que pudiera fundirse y moldearse. La "segunda causa" es el artista, pues sin las hábiles manos de un obrero ese bronce no habría podido moldearse según los contornos de la estatua. La "tercera causa" es la forma, ya que nuestra estatua nunca podría llamarse El portador de la lanza o El muchacho que se ata el pelo,[327] si no se le hubiera impreso esta forma especial. La "cuarta causa" es la finalidad de la obra. Pues si este propósito no hubiera existido, la estatua no se habría hecho. **6.** Ahora bien, ¿cuál es esta finalidad? Es lo que atrajo al artista, lo que siguió cuando hizo la estatua. Puede haber sido el dinero, si la ha hecho para venderla; o el renombre, si ha trabajado por la reputación; o la religión, si la ha forjado como regalo para un templo. Por lo tanto, esto también es una causa que contribuye a la realización de la estatua; ¿o crees que debemos evitar

---

[326] La figura de la estatua es frecuente en filosofía; cf. Ep. ix. 5. La "forma" de Aristóteles se remonta a la "idea" de Platón. Estas cuatro causas son las causas de Aristóteles, la materia (ὕλη), la forma (εἶδος), la fuerza (τὸ κινοῦν) y el fin (τὸ τέλος); cuando todas ellas concurren, se pasa de la posibilidad al hecho. Aristóteles da ocho categorías en Phys. 225 b 5; y diez en Categ. 1 b 25, -sustancia, cantidad, cualidad, relación, lugar, tiempo, situación, posesión, acción, pasión. Para una definición de εἶδος véase Aristóteles, Phys 190 b 20 γίγνεται πᾶν ἔκ τε τοῦ ὑποκειμένου καὶ τῆς μορφῆς (es decir, τοῦ εἴδους).

[327] Obras conocidas de Policleto, siglo V a.C.

incluir, entre las causas de una cosa que ha sido hecha, aquel elemento sin el cual la cosa en cuestión no habría sido hecha?

7. A estas cuatro, Platón añade una quinta causa: el modelo, que él mismo denomina "idea", pues es ésta la que el artista contempló en[328] cuando creó la obra que había decidido realizar. Ahora bien, es indiferente que tenga su modelo fuera de sí mismo, para que pueda dirigir su mirada hacia él, o dentro de sí mismo, concebido y colocado allí por él mismo. Dios tiene en sí mismo estos modelos de todas las cosas, y su mente comprende las armonías y las medidas de toda la totalidad de las cosas que han de llevarse a cabo; está lleno de estas formas que Platón llama las "ideas", imperecederas, inmutables, no sujetas a decadencia. Y por eso, aunque los hombres mueran, la humanidad misma, o la idea del hombre, según la cual el hombre es moldeado, perdura, y aunque los hombres se afanen y perezcan, no sufre cambio alguno. **8.** Por consiguiente, hay cinco causas, como dice Platón:[329] la materia, el agente, la formación, el modelo y el fin. Por último está el resultado de todas ellas. Como en el caso de la estatua, -volviendo a la figura con la que comenzamos-, el material es el bronce, el agente es el artista, el maquillaje es la forma que se adapta al material, el modelo es el patrón imitado por el agente, el fin en vista es el propósito en la mente del fabricante y, finalmente, el resultado de todo esto es la estatua misma. **9.** En opinión de Platón, el universo también posee todos estos elementos. El agente es Dios; la fuente, la materia; la forma, la figura y la disposición del

---

[328] Explicando la derivación de la palabra griega, - ἰδεῖν, "contemplar". Para una discusión de las "ideas" de Platón, esas "esencias independientes, separadas, autoexistentes, perfectas y eternas" (República vi. y vii.) véase Adam, La República de Platón, ii. 168-179. Según Adam, Platón debe su teoría de las ideas a Sócrates, a los eleáticos y al estudio de la geometría; pero su deuda no es tan grande como su descubrimiento.

[329] Es decir, las cuatro categorías establecidas por Aristóteles, más la "idea" de Platón.

mundo visible. El patrón es, sin duda, el modelo según el cual Dios ha hecho esta grande y bellísima creación. **10.** El propósito es el objeto que Dios persigue al hacerla. ¿Te preguntas cuál es el propósito de Dios? Es la bondad. Platón, en todo caso, dice: "¿Cuál fue la razón de Dios para crear el mundo? Dios es bueno, y ninguna persona buena es rencorosa con nada que sea bueno. Por lo tanto, Dios hizo el mejor mundo posible". Da, pues, tu opinión, oh juez; declara quién te parece que dice lo que es más verdadero, y no quién dice lo que es absolutamente verdadero. Porque hacer eso está tan lejos de nuestro conocimiento como la verdad misma.

11. Esta multitud de causas, definida por Aristóteles y Platón, abarca demasiado o demasiado poco.[330] Pues si consideran "causas" de un objeto que ha de ser hecho todo aquello sin lo cual el objeto no puede ser hecho, han nombrado demasiado poco. El tiempo debe incluirse entre las causas, pues nada puede hacerse sin el tiempo. También deben incluir el lugar, porque si no hay un lugar donde una cosa pueda ser hecha, no será hecha. Y también el movimiento; nada se hace ni se destruye sin movimiento. No hay arte sin movimiento, ni cambio de ninguna clase. **12.** Ahora, sin embargo, estoy buscando la primera, la causa general; ésta debe ser simple, en la medida en que la materia, también, es simple. ¿Preguntamos qué es la causa? Seguramente es la Razón Creadora,[331] - en otras palabras, Dios. Pues esos elementos a los que te has referido no son una gran serie de causas independientes; todas dependen de una sola, y esa será la causa creadora. **13.**

---

[330] El punto de vista estoico (véase § 2 de esta carta), además de hacer las cuatro categorías de "sustancia", "forma", "variedad" y "variedad de relación", consideraba las cosas materiales como las únicas que poseían el ser. Así pues, los estoicos difieren de Aristóteles y Platón en que nada es real excepto la materia; además, relacionan todo con una causa última, la fuerza actuante o causa eficiente.

[331] Es decir, el λόγος σπερματικός, la fuerza creadora de la naturaleza, es decir, la Providencia, o la voluntad de Zeus.

¿Sostiene usted que la forma es una causa? Es sólo lo que el artista imprime a su obra; es parte de una causa, pero no la causa. El modelo tampoco es una causa, sino un instrumento indispensable de la causa. Su modelo es tan indispensable para el artista como el cincel o la lima; sin ellos, el arte no puede progresar. Pero por todo ello, estas cosas no son ni partes del arte, ni causas del mismo. **14.** "Entonces", dirás quizá, "el propósito del artista, aquello que le lleva a emprender la creación de algo, es la causa". Puede ser una causa; no es, sin embargo, la causa eficiente, sino sólo una causa accesoria. Pero hay innumerables causas accesorias; lo que estamos discutiendo es la causa general. Ahora bien, la afirmación de Platón y Aristóteles no concuerda con su penetración habitual, cuando sostienen que todo el universo, la obra perfectamente realizada, es una causa. Pues hay una gran diferencia entre una obra y la causa de una obra.

15. Dé su opinión o, como es más fácil en casos de este tipo, declare que el asunto no está claro y convoque otra vista.[332] Pero usted replicará: "¿Qué placer obtienes perdiendo el tiempo en estos problemas, que no te alivian ninguna de tus emociones, ni te roban ninguno de tus deseos?". Por lo que a mí respecta, los trato y discuto como asuntos que contribuyen en gran medida a calmar el espíritu, y me escudriño primero a mí mismo, y luego al mundo que me rodea. **16.** Y ni siquiera ahora estoy, como crees, perdiendo el tiempo. Pues todas estas cuestiones, siempre que no sean troceadas y desmenuzadas en refinamientos tan poco provechosos, elevan y aligeran el alma, que está agobiada por una pesada carga y desea ser liberada y volver a los elementos de los que un día formó parte. Porque este cuerpo nuestro es un peso sobre el alma y su penitencia; a medida que la carga presiona hacia abajo, el alma es aplastada y está esclavizada, a menos que la filosofía haya venido en su ayuda y le haya ordenado tomar nuevo coraje contemplando el

---

[332] Es decir, replantear la pregunta y volver a escuchar las pruebas.

universo, y la haya vuelto de las cosas terrenales a las divinas. Allí tiene su libertad, allí puede vagar;[333] mientras tanto escapa de la custodia en la que está atada, y renueva su vida en el cielo. **17.** Del mismo modo que los obreros expertos, que han estado trabajando en alguna obra delicada que les cansa los ojos con esfuerzo, si la luz que tienen es escasa o incierta, salen al aire libre y en algún parque dedicado a la recreación del pueblo deleitan sus ojos con la generosa luz del día, así el alma, encarcelada como ha estado en esta casa sombría y oscura, busca el cielo abierto siempre que puede, y en la contemplación del universo encuentra descanso.

18. El sabio, el buscador de la sabiduría, está estrechamente ligado a su cuerpo, pero está ausente en lo que concierne a su yo mejor, y concentra sus pensamientos en cosas elevadas. Atado, por así decirlo, a su juramento de lealtad, considera el período de la vida como su período de servicio. Está tan entrenado que ni ama ni odia la vida; soporta una suerte mortal, aunque sabe que le espera una suerte más amplia. **19.** ¿Me prohibes contemplar el universo? ¿Me obligas a apartarme del todo y a limitarme a una parte? ¿No puedo preguntar cuáles son los comienzos de todas las cosas, quién moldeó el universo, quién tomó la masa confusa y conglomerada de materia perezosa y la separó en sus partes? ¿Acaso no puedo preguntar quién es el Maestro Constructor de este universo, cómo la poderosa masa fue puesta bajo el control de la ley y el orden, quién reunió los átomos dispersos, quién separó los elementos desordenados y asignó una forma exterior a los elementos que

---

[333] Según los estoicos, el alma, que consistía en fuego o aliento y formaba parte de la esencia divina, ascendía al morir al éter y se unía a las estrellas. Séneca (Consolatio ad Marciam) afirma en otro lugar que el alma pasaba por una especie de proceso purificador, opinión que puede haber influido en el pensamiento cristiano. Los estoicos sostenían que las almas de los buenos estaban destinadas a durar hasta el fin del mundo, mientras que las almas de los malos se extinguirían antes de ese momento.

yacían en una vasta falta de forma? ¿O de dónde procede toda la extensión de la luz? ¿Y si es fuego, o algo aún más brillante que el fuego?[334] **20.** ¿No debo hacer estas preguntas? ¿Debo ignorar las alturas de donde he descendido? ¿Si he de ver este mundo una sola vez, o nacer muchas veces? ¿Cuál será mi destino después? ¿Qué morada aguarda a mi alma cuando se libere de las leyes de la esclavitud entre los hombres? ¿Me prohibes tener parte en el cielo? En otras palabras, ¿me ordenas vivir con la cabeza gacha? **21.** No, estoy por encima de semejante existencia; nací para un destino mayor que el de ser una mera servidumbre de mi cuerpo, y considero que este cuerpo no es más que una cadena[335] que encadena mi libertad. Por lo tanto, lo ofrezco como una especie de amortiguador a la fortuna, y no permitiré que ninguna herida penetre a través de mi alma. Pues mi cuerpo es la única parte de mí que puede sufrir heridas. En esta morada, expuesta al peligro, mi alma vive libre. **22.** Esta carne nunca me llevará a sentir miedo, ni a fingir lo que no es digno de un hombre de bien. Jamás mentiré para honrar este insignificante cuerpo. Cuando me parezca apropiado, romperé mi relación con él. Y en el presente, mientras estemos unidos, nuestra alianza no será, sin embargo, de igualdad; el alma llevará todas las disputas ante su propio tribunal. Despreciar nuestros cuerpos es libertad segura.

23. Volviendo a nuestro tema; esta libertad se verá muy favorecida por la contemplación de la que acabamos de hablar. Todas las cosas se componen de materia y de Dios;[336] Dios

---

[334] La secuencia de elementos desde la tierra hacia fuera y hacia arriba era tierra, agua, aire y fuego. El fuego superior era el éter. Zenón (citado por Cicerón, Acad. i. 11. 39) se negó a reconocer una quinta esencia: statuebat enim ignem esse ipsam naturam, quae quaeque gigneret, et mentem et sensus.

[335] La "prisión del cuerpo" es una figura frecuente en estoico como en toda la filosofía. Véase, por ejemplo, el § 16 de esta carta, "el alma en la esclavitud".

[336] Una reafirmación de la observación anterior hecha en esta carta; véase la nota sobre el § 11.

controla la materia, que lo engloba y lo sigue como su guía y jefe. Y lo que crea, es decir, Dios, es más poderoso y precioso que la materia, sobre la que actúa Dios. **24.** El lugar de Dios en el universo corresponde a la relación del alma con el hombre. La materia del mundo corresponde a nuestro cuerpo mortal; por tanto, que lo inferior sirva a lo superior. Seamos valientes ante los peligros. No temamos los agravios, ni las heridas, ni las ataduras, ni la pobreza. ¿Y qué es la muerte? Es el fin o un proceso de cambio. No temo dejar de existir; es lo mismo que no haber comenzado. Tampoco me asusta cambiar a otro estado, porque bajo ninguna condición estaré tan estrecho como ahora. Adiós.

Volumen 2

LXVI. Sobre diversos aspectos de la virtud

Acabo de ver a mi antiguo compañero de escuela, Claranus, por primera vez en muchos años. No hace falta que esperes a que añada que es un anciano; pero les aseguro que lo encontré sano de espíritu y robusto, aunque lucha con un cuerpo frágil y endeble. Porque la naturaleza actuó injustamente al darle un pobre domicilio para un alma tan rara; o tal vez fue porque quiso demostrarnos que una mente absolutamente fuerte y feliz puede ocultarse bajo cualquier exterior. Sea como fuere, Claranus supera todos estos obstáculos, y despreciando su propio cuerpo ha llegado a un punto en el que puede despreciar también otras cosas. **2.** El poeta que cantaba

Vale la pena mostrarse más agradable en una forma que es justo,[337]

está, en mi opinión, equivocado. Pues la virtud no necesita nada que la realce; ella misma es su gran gloria, y santifica el cuerpo en el que habita. En cualquier caso, he empezado a ver a Claranus bajo una luz diferente; me parece guapo, y tan bien dispuesto en cuerpo como en mente. **3.** Un gran hombre puede surgir de un cuchitril; lo mismo puede un alma bella y grande de un cuerpo feo e insignificante. Por esta razón me parece que la naturaleza cría ciertos hombres de esta estampa con la idea de probar que la virtud brota al nacer en cualquier lugar. Si le hubiera sido posible producir almas por sí mismas y desnudas, lo habría hecho; tal como están las cosas, la naturaleza hace una cosa aún mayor, pues produce ciertos hombres que, aunque obstaculizados en sus cuerpos, sin embargo rompen la obstrucción. **4.** Creo que Claranus ha sido producido como un modelo, para que podamos entender que el alma no es desfigurada por la fealdad del cuerpo, sino más bien lo contrario, que el cuerpo es embellecido por la belleza del alma.

---

[337] Virgilio, Eneida, v. 344.

Ahora bien, aunque Claranus y yo hemos pasado muy pocos días juntos, hemos tenido, sin embargo, muchas conversaciones, que en seguida verteré y los transmitiré. **5.** El primer día investigamos este problema: ¿cómo pueden ser iguales los bienes si son de tres clases?[338] Porque algunos de ellos, según nuestros principios filosóficos, son primarios, como la alegría, la paz y el bienestar de la patria. Otros son de segundo orden, moldeados en un material infeliz, como la resistencia al sufrimiento y el autocontrol durante una enfermedad grave. Rezaremos directamente por los bienes de la primera clase; por los de la segunda sólo rezaremos si surge la necesidad. Hay todavía una tercera variedad, como, por ejemplo, un andar modesto, un semblante tranquilo y honesto, y un porte que convenga al hombre de sabiduría. **6.** Ahora bien, ¿cómo pueden ser iguales estas cosas cuando las comparamos, si concedes que debemos orar por las unas y evitar las otras? Si queremos hacer distinciones entre ellas, será mejor que volvamos al Primer Bien y consideremos cuál es su naturaleza: el alma que contempla la verdad, que es experta en lo que debe buscarse y en lo que debe evitarse, estableciendo normas de valor no según la opinión, sino según la naturaleza, - el alma que penetra en el mundo entero y dirige su mirada contemplativa sobre todos sus fenómenos, prestando estricta atención a los pensamientos y a las acciones, igualmente grandes y contundentes, superior tanto a las dificultades como a los encantos, que no cede a ningún extremo de la fortuna, que se eleva por encima de todas las bendiciones y tribulaciones, absolutamente bella, perfectamente dotada de gracia así como de fuerza, sana y nervuda,[339] imperturbable, imperturbable, que

---

[338] Séneca no habla aquí de las tres virtudes genéricas (físicas, éticas, lógicas), ni de los tres tipos de bienes (basados en la ventaja corporal) que fueron clasificados por la escuela peripatética; sólo habla de tres clases de circunstancias bajo las cuales el bien puede manifestarse. Y en §§ 36 ss. muestra que sólo considera bienes reales las dos primeras clases. Véase Zeller, Estoicos, p. 230, n. 3.

[339] Siccus (no en el sentido de Ep. xviii. 4) significa aquí "vigoroso",

ninguna violencia puede destrozar, que los actos del azar no pueden ni exaltar ni deprimir, - un alma así es la virtud misma. **7.** He aquí su aspecto exterior, si es que alguna vez, bajo una sola mirada, se muestra en toda su plenitud. Pero tiene muchos aspectos. Se despliegan según varía la vida y según difieren las acciones; pero la virtud en sí misma no se vuelve menor o mayor.[340] Porque el Bien Supremo no puede disminuir, ni la virtud retroceder; más bien se transforma, ahora en una cualidad y ahora en otra, modelándose según el papel que ha de desempeñar. **8.** Todo lo que toca lo hace semejante a sí mismo y lo tiñe con su propio color. Adorna nuestras acciones, nuestras amistades y, a veces, hogares enteros en los que ha entrado y ha puesto orden. Todo lo que ha tocado lo hace inmediatamente amable, notable, admirable.

Por lo tanto, el poder y la grandeza de la virtud no pueden elevarse a mayores alturas, porque se niega el aumento a lo que es superlativamente grande. No encontrarás nada más recto que lo recto, nada más verdadero que la verdad, y nada más templado que lo que es templado. **9.** Toda virtud es ilimitada, pues los límites dependen de medidas definidas. La constancia no puede ir más lejos que la fidelidad, la veracidad o la lealtad. ¿Qué puede añadirse a lo que es perfecto? Nada que no fuera perfecto a lo que se ha añadido algo. Tampoco se puede añadir nada a la virtud, porque si se le puede añadir algo, debe haber contenido un defecto. El honor tampoco permite ningún añadido, pues es honorable por las mismas cualidades que he mencionado.[341] Entonces, ¿qué? ¿Piensas que la corrección, la justicia, la legalidad, no pertenecen también al mismo tipo, y que se mantienen dentro de límites fijos? La capacidad de aumentar es prueba de que una cosa es todavía imperfecta.

"sano", "seco"; es decir, libre de hidropesía, catarro, etc.
[340] Cf., entre otros muchos pasajes, Ep. lxxi. 20 ss. y xcii. 16 ss.
[341] Es decir, constancia, fidelidad, etc.

10. El bien, en todos los casos, está sujeto a estas mismas leyes. La ventaja del Estado y la del individuo están unidas; de hecho, es tan imposible separarlas como separar lo loable de lo deseable. Por lo tanto, las virtudes son mutuamente iguales; y también lo son las obras de virtud, y todos los hombres que son tan afortunados como para poseer estas virtudes. **11.** Pero, puesto que las virtudes de las plantas y de los animales son perecederas, son también frágiles, fugaces e inciertas. Surgen y se hunden de nuevo, y por esta razón no se les atribuye el mismo valor; pero a las virtudes humanas sólo se les aplica una regla. Pues la recta razón es única y de una sola clase. Nada hay más divino que lo divino, ni más celestial que lo celestial. **12.** Las cosas mortales decaen, caen, se desgastan, crecen, se agotan y se reponen. Por eso, en su caso, dada la incertidumbre de su suerte, hay desigualdad; pero de las cosas divinas la naturaleza es una. La razón, sin embargo, no es otra cosa que una porción del espíritu divino colocada en un cuerpo humano.[342] Si la razón es divina, y el bien en ningún caso carece de razón, entonces el bien en todos los casos es divino. Y además, no hay distinción entre las cosas divinas; por tanto, tampoco la hay entre los bienes. Por tanto, se sigue que la alegría y el valiente aguante inquebrantable de la tortura son bienes iguales; porque en ambos hay la misma grandeza de alma relajada y alegre en un caso, en el otro combativa y preparada para la acción. **13.** ¿Qué? ¿No crees que la virtud del que asalta valientemente la fortaleza del enemigo es igual a la del que soporta un asedio con la mayor paciencia? Grande es Escipión cuando invade Numancia,[343] y constriñe y obliga a las manos de un enemigo, al que no pudo conquistar, a recurrir a su propia destrucción.

---

[342] Ratio (λόγος) se define también como Dios, como Verdad Absoluta, Destino, etc. La misma idea es evidente en la definición de sapientia (el objeto de la filosofía) como rerum divinarum et humanarum . . . scientia (Cic. Off. ii. 2. 5, etc.), y nosse divina et humana et horum causas, etc.

[343] Ciudad española, reducida y arrasada en 133 a.C. por Escipión Africano, el conquistador de Cartago.

Grandes son también las almas de los defensores, hombres que saben que, mientras esté abierto el camino a la muerte, el bloqueo no es completo, hombres que exhalan su último aliento en los brazos de la libertad. Del mismo modo, las demás virtudes también son iguales entre sí: tranquilidad, sencillez, generosidad, constancia, ecuanimidad, resistencia. Pues en todas ellas subyace una única virtud: la que hace al alma recta e inquebrantable.

14. "¿Qué, pues", dirás; "no hay diferencia entre la alegría y el aguante inquebrantable del dolor?". Ninguna en absoluto, en cuanto a las virtudes mismas; muy grande, sin embargo, en las circunstancias en que se manifiesta cualquiera de estas dos virtudes. En un caso, hay una relajación y relajación natural del alma; en el otro hay un dolor antinatural. De ahí que estas circunstancias, entre las que se puede establecer una gran distinción, pertenezcan a la categoría de cosas indiferentes,[344] pero la virtud mostrada en cada caso es igual. **15.** La virtud no cambia por la materia con la que trata; si la materia es dura y obstinada, no empeora la virtud; si es agradable y alegre, no la mejora. Por tanto, la virtud permanece necesariamente igual. Porque, en cada caso, lo que se hace se hace con igual rectitud, con igual sabiduría y con igual honor. Por lo tanto, los estados de bondad implicados son iguales, y es imposible que un hombre trascienda estos estados de bondad conduciéndose mejor, ya sea el uno en su alegría, o el otro en medio de su sufrimiento. Y dos bienes, ninguno de los cuales puede ser mejor, son iguales. **16.** Porque si las cosas extrínsecas a la virtud pueden disminuir o aumentar la virtud, entonces lo que es honorable[345] deja de ser el único bien. Si concedes esto, el honor ha perecido por completo. ¿Por qué? Permíteme que te lo diga: porque no es honorable ningún acto realizado por un

---

[344] Cf. Ep. xxxi. 4 y nota a pie de página (Vol. I.).
[345] Cf. Cicerón, De Fin. ii. 14 f. Rackham traduce como "valor moral", - una reminiscencia de τὸ καλόν.

agente involuntario, que sea obligatorio. Todo acto honorable es voluntario. Alíalo con desgana, quejas, cobardía o miedo, y pierde su mejor característica: la autoaprobación. Lo que no es libre no puede ser honorable; porque el miedo significa esclavitud. **17.** Lo honorable está totalmente libre de ansiedad y es tranquilo; si alguna vez objeta, se lamenta o considera algo como un mal, se vuelve sujeto a perturbaciones y comienza a tambalearse en medio de una gran confusión. Porque, por un lado, la apariencia de lo correcto le llama; por otro, la sospecha del mal le arrastra hacia atrás. Por lo tanto, cuando un hombre está a punto de hacer algo honorable, no debe considerar los obstáculos como males, aunque los considere inconvenientes, sino que debe querer hacer el acto, y hacerlo de buena gana. Porque todo acto honorable se hace sin órdenes ni coacción; es puro y no contiene ninguna mezcla de mal.

18. Sé lo que podrías replicarme en este punto: "¿Intentas hacernos creer que no importa si un hombre siente alegría, o si yace en el potro y cansa a su torturador?". Yo podría responder: "Epicuro sostiene también que el sabio, aunque esté siendo quemado en el toro de Falaris,[346] gritará: 'Es agradable, y no me concierne en absoluto'". ¿Por qué los extrañas, si yo sostengo que el que se reclina en un banquete y la víctima que soporta con entereza la tortura poseen bienes iguales, cuando Epicuro sostiene una cosa más difícil de creer, a saber, que es agradable ser asado de esta manera? **19.** Pero la respuesta que doy es que hay una gran diferencia entre el gozo y el dolor; si se me pide que elija, buscaré el primero y evitaré el segundo. Lo primero es conforme a la naturaleza, lo segundo contrario a ella. Mientras se las califique según este criterio, hay un gran abismo entre ellas; pero cuando se trata de una cuestión de la virtud implicada, la virtud en cada caso es la misma, ya venga a través de la alegría o del dolor. **20.** La fatiga, el dolor y otros

---

[346] Uno de los rasgos de heroísmo atribuidos al sabio ideal. Cf. Epicuro (Frag. 601 Usener), Cicerón, Tusc. ii. 7. 17, etc.

inconvenientes no tienen importancia, porque son superados por la virtud. Así como el resplandor del sol oscurece todas las luces menores, así la virtud, por su propia grandeza, destroza y abruma todos los dolores, molestias y agravios; y dondequiera que llega su resplandor, se extinguen todas las luces que brillan sin la ayuda de la virtud; y los inconvenientes, cuando entran en contacto con la virtud, no desempeñan un papel más importante que el que desempeña una nube de tormenta en el mar.

21. Esto puede probársete por el hecho de que el hombre bueno se apresurará sin vacilar a cualquier acto noble; aunque se enfrente al verdugo, al torturador y a la hoguera, persistirá, considerando no lo que debe sufrir, sino lo que debe hacer; y se confiará tan fácilmente a un acto honorable como lo haría a un hombre bueno; lo considerará ventajoso para sí mismo, seguro, propicio. Y tendrá la misma opinión acerca de una obra honorable, aunque esté cargada de penas y dificultades, que acerca de un hombre bueno que es pobre o se consume en el exilio. **22.** Ahora bien, si comparamos a un hombre bueno y rico con un hombre que no tiene nada, excepto que en sí mismo lo tiene todo, ambos serán igualmente buenos, aunque su fortuna sea desigual. Esta misma norma, como he observado, debe aplicarse tanto a las cosas como a los hombres; la virtud es tan digna de alabanza si habita en un cuerpo sano y libre, como en uno que está enfermo o sometido. **23.** Por lo tanto, también en lo que se refiere a tu propia virtud, no la alabarás más, si la fortuna la ha favorecido concediéndote un cuerpo sano, que si la fortuna te ha dotado de un cuerpo tullido en algún miembro, ya que eso significaría calificar a un señor de bajo porque está vestido como un esclavo. Pues todas las cosas sobre las que el azar ejerce su dominio son bienes muebles: dinero, persona, posición; son débiles, cambiantes, propensas a perecer y de tenencia incierta. Por otra parte, las obras de la virtud son libres e insubordinadas, ni más dignas de ser buscadas cuando la fortuna las trata amablemente, ni menos dignas cuando alguna adversidad pesa sobre ellas.

24. Ahora bien, la amistad en el caso de los hombres corresponde a la deseabilidad en el caso de las cosas. Supongo que no amarás más a un hombre bueno si es rico que si es pobre, ni amarás más a una persona fuerte y musculosa que a otra delgada y de constitución delicada. Del mismo modo, tampoco buscaréis ni amaréis más un bien alegre y tranquilo que otro lleno de perplejidades y fatigas. **25.** O, si haces esto, en el caso de dos hombres igualmente buenos, te preocuparás más por el que está aseado y bien arreglado que por el que está sucio y desarreglado. Luego llegarías al extremo de preocuparte más por un buen hombre que está sano en todos sus miembros y sin defecto, que por uno que es débil o ciego; y gradualmente tu fastidiosidad llegaría a tal punto que, de dos hombres igualmente justos y prudentes, ¡elegirías al que tiene el pelo largo y rizado! Siempre que la virtud en cada uno es igual, la desigualdad en sus otros atributos no es aparente. Pues todas las demás cosas no son partes, sino meros accesorios. **26.** ¿Alguien juzgaría a sus hijos tan injustamente como para preocuparse más por un hijo sano que por uno enfermizo, o por un hijo alto de estatura inusual más que por uno bajo o de estatura mediana? Las bestias salvajes no muestran favoritismo entre sus crías; se tumban para amamantar a todos por igual; las aves distribuyen equitativamente su alimento. Ulises se apresura a volver a las rocas de su Ítaca con la misma impaciencia con que Agamenón acelera hacia las murallas reales de Micenas. Porque ningún hombre ama su tierra natal porque sea grande; la ama porque es suya.[347]

---

[347] Una ligera variación de la idea en Cicerón, De Orat. i. 196 si nos... nostra patria delectat, cuius rei tanta est vis ac tanta natura, ut Ithacam illam in asperrimis saxulis tamquam nidulum adfixam sapientissimus vir immortalitati anteponeret.

27. ¿Y cuál es el propósito de todo esto? Para que sepas que la virtud mira a todas sus obras bajo la misma luz, como si fueran sus hijos, mostrando igual bondad hacia todos, y una bondad aún más profunda hacia aquellos que encuentran dificultades; porque incluso los padres se inclinan con más afecto hacia aquellos de sus vástagos por los que sienten compasión. La virtud, también, no ama necesariamente más profundamente aquellas de sus obras que ve en problemas y bajo pesadas cargas, pero, como los buenos padres, les da más de su cuidado.

28. ¿Por qué ningún bien es mayor que otro? Porque nada puede ser más adecuado que lo que es adecuado, y nada más nivelado que lo que es nivelado. No se puede decir que una cosa sea más igual a un objeto dado que otra cosa; por lo tanto, tampoco nada es más honorable que lo que es honorable. **29.** Por consiguiente, si todas las virtudes son por naturaleza iguales, las tres variedades[348] de bienes son iguales. Esto es lo que quiero decir: hay igualdad entre sentir alegría con autodominio y sufrir dolor con autodominio. La alegría en un caso no supera en el otro a la firmeza de alma que se traga el gemido cuando la víctima está en las garras del torturador; los bienes de la primera clase son deseables, mientras que los de la segunda son dignos de admiración; y en cada caso no son menos iguales, porque cualquier inconveniente que acompaña a los segundos es compensado por las cualidades del bien, que es mucho mayor. **30.** Los bienes verdaderos tienen el mismo peso y la misma anchura.[349] Los espurios contienen mucho vacío; por eso, cuando se los pesa en la balanza, se los encuentra faltos, aunque a la vista parezcan imponentes y grandiosos.

31. Sí, mi querido Lucilio, el bien que la verdadera razón aprueba es sólido y eterno; fortalece el espíritu y lo enaltece, de modo que siempre estará en las alturas; pero aquellas cosas

---

[348] Es decir, del alma, del cuerpo y de los bienes exteriores
[349] Buecheler cree que esta frase aliterada de Séneca es un eco de algún proverbio popular o de una línea tomada de una obra de teatro.

que son alabadas irreflexivamente, y son bienes en opinión de la muchedumbre meramente nos hinchan de alegría vacía. Y además, las cosas que se temen como si fueran males no hacen más que inspirar inquietud en la mente de los hombres, pues la mente se turba ante la apariencia de peligro, igual que se turban los animales. **32.** Por eso no tiene razón que ambas cosas distraigan y aguijoneen el espíritu; ni la una es digna de alegría, ni la otra de temor. Sólo la razón es inmutable, se mantiene firme en sus decisiones. Pues la razón no es esclava de los sentidos, sino que los domina. La razón es igual a la razón, como una línea recta a otra; por lo tanto, la virtud también es igual a la virtud. La virtud no es otra cosa que la recta razón. Todas las virtudes son razones. Las razones son razones, si son razones correctas. Si son rectas, también son iguales. **33.** Como es la razón, así son también las acciones; por eso todas las acciones son iguales. Pues puesto que se asemejan a la razón, también se asemejan entre sí. Además, sostengo que las acciones son iguales entre sí en la medida en que son acciones honorables y rectas. Habrá, por supuesto, grandes diferencias según varíe la materia, según sea más amplia o más estrecha, más gloriosa o más vil, más amplia o más limitada. Sin embargo, lo que es mejor en todos estos casos es igual; todas son honorables. **34.** Del mismo modo, todos los hombres buenos, en cuanto buenos, son iguales. Hay, ciertamente, diferencias de edad, - uno es más viejo, otro más joven; de cuerpo, - uno es apuesto, otro es feo; de fortuna, - este hombre es rico, aquel hombre pobre, éste es influyente, poderoso, y bien conocido por ciudades y pueblos, aquel hombre es desconocido por la mayoría, y es oscuro. Pero todos, en cuanto a aquello en que son buenos, son iguales. **35.** Los sentidos[350] no deciden sobre las cosas buenas y malas; no saben lo que es útil y lo que no lo es. No pueden registrar su opinión a menos que

---

[350] Séneca recuerda aquí a Lucilio, como tantas veces en las cartas anteriores, que la evidencia de los sentidos es sólo un peldaño hacia las ideas superiores, un principio epicúreo.

se les ponga cara a cara con un hecho; no pueden ver el futuro ni recordar el pasado; y no saben qué resulta de qué. Pero es a partir de tal conocimiento que se teje una secuencia y sucesión de acciones, y se crea una unidad de vida, - una unidad que procederá en un curso recto. La razón, por lo tanto, es el juez del bien y del mal; lo que es ajeno y externo lo considera escoria, y lo que no es ni bueno ni malo lo juzga meramente accesorio, insignificante y trivial. Pues todo su bien reside en el alma.

36. Pero hay ciertos bienes que la razón considera primarios, a los que se dirige deliberadamente; éstos son, por ejemplo, la victoria, los buenos hijos y el bienestar de la patria. Otros los considera secundarios, que sólo se manifiestan en la adversidad; por ejemplo, la ecuanimidad en la enfermedad grave o en el exilio. Ciertos bienes son indiferentes; éstos no son más acordes con la naturaleza que contrarios a ella, como, por ejemplo, un andar discreto y una postura sedente en una silla. Pues sentarse es un acto que no es menos conforme a la naturaleza que estar de pie o caminar. **37.** Los bienes primarios son conformes a la naturaleza, como el gozo que se deriva del comportamiento obediente de los hijos y del bienestar de la patria. Los secundarios son contrarios a la naturaleza, - como la fortaleza para resistir la tortura o para soportar la sed cuando la enfermedad afiebra los vitales. **38.** "¿Qué, pues", dirás; "puede ser un bien todo lo que es contrario a la naturaleza?". Por supuesto que no; pero aquello en lo que este bien se origina es a veces contrario a la naturaleza. Porque ser herido, consumirse en el fuego, estar aquejado de mala salud, - tales cosas son contrarias a la naturaleza; pero está de acuerdo con la naturaleza que un hombre conserve un alma indomable en medio de tales aflicciones. **39.** Para explicar brevemente mi pensamiento, la materia de que se ocupa un bien es a veces contraria a la naturaleza, pero un bien en sí mismo nunca es contrario, puesto que ningún bien carece de razón, y la razón está de acuerdo con la naturaleza.

"¿Qué es entonces la razón?", te preguntarás. Es copiar la naturaleza.[351] "¿Y cuál", dices, "es el mayor bien que el hombre puede poseer?" Es conducirse según lo que quiere la naturaleza. **40.** "No hay duda", dice el objetor, "de que la paz proporciona más felicidad cuando no ha sido asaltada que cuando ha sido recuperada a costa de grandes matanzas." "No hay duda también", continúa, "de que la salud que no ha sido menoscabada proporciona más felicidad que la salud que ha sido restablecida por medio de la fuerza, por así decirlo, y de la resistencia al sufrimiento, después de graves enfermedades que amenazan la vida misma. Y del mismo modo no habrá duda de que la alegría es un bien mayor que la lucha de un alma por soportar hasta el amargo final los tormentos de las heridas o la hoguera." **41.** De ninguna manera. Pues las cosas que resultan del azar admiten amplias distinciones, ya que se califican según su utilidad a los ojos de quienes las experimentan, pero respecto a los bienes, el único punto a considerar es que estén de acuerdo con la naturaleza; y esto es igual en el caso de todos los bienes. Cuando en una reunión del Senado votamos a favor de la moción de alguien, no puede decirse: "A. está más de acuerdo con la moción que B.". Todos por igual votan a favor de la misma moción. Hago la misma afirmación con respecto a las virtudes, -todas están de acuerdo con la naturaleza; y la hago también con respecto a los bienes, -todos están de acuerdo con la naturaleza. **42.** Un hombre muere joven, otro en la vejez y otro en la infancia, sin haber disfrutado más que de un mero atisbo de vida. Todos han estado igualmente sujetos a la muerte, aunque la muerte ha permitido al uno avanzar más por el camino de la vida, ha cortado la vida del segundo en su flor, y ha quebrado la vida del tercero en su mismo comienzo. **43.** Algunos obtienen su liberación en la mesa de la cena. Otros prolongan su sueño hasta el sueño de la muerte. Algunos se borran durante la disipación.[352] Ahora contrasten con estas

---

[351] Otra definición, que desarrolla la idea expresada en el § 12.
[352] Nota del transcriptor: El latín, que Gummere traduce cortésmente,

personas los individuos que han sido atravesados por la espada, o mordidos hasta la muerte por serpientes, o aplastados en ruinas, o torturados poco a poco hasta dejar de existir por la prolongada torsión de sus tendones. Algunas de estas muertes pueden considerarse mejores, otras peores, pero el acto de morir es igual en todos los casos. Los métodos para poner fin a la vida son diferentes, pero el fin es el mismo. La muerte no tiene grados de mayor o menor, porque tiene el mismo límite en todos los casos: el fin de la vida.

44. Lo mismo sucede, lo aseguro, con los bienes; encontraras a uno en medio de circunstancias de puro placer, a otro en medio de penas y amarguras. El uno controla los favores de la fortuna; el otro vence sus embates. Cada uno es igualmente un bien, aunque el uno recorre un camino llano y fácil, y el otro un camino áspero. Y el fin de todos ellos es el mismo: son bienes, son dignos de alabanza, acompañan a la virtud y a la razón. La virtud hace que todas las cosas que reconoce sean iguales entre sí. **45.** No debes extrañarte de que éste sea uno de nuestros principios; encontramos mencionados en las obras de Epicuro[353] dos bienes, de los que se compone su Bien Supremo, o bienaventuranza, a saber, un cuerpo libre de dolor y un alma libre de perturbaciones. Estos bienes, si son completos, no aumentan, pues ¿cómo puede aumentar lo que es completo? El cuerpo está, supongamos, libre de dolor; ¿qué aumento puede haber a esta ausencia de dolor? El alma está serena y tranquila; ¿qué aumento puede haber a esta tranquilidad? **46.** Así como el buen tiempo, purificado en la más pura brillantez, no admite un grado aún mayor de claridad; así, cuando un hombre cuida de su cuerpo y de su alma, tejiendo con ambos la textura de su bien, su condición es perfecta, y ha encontrado la consumación de sus oraciones, si no hay conmoción en su alma ni dolor en su cuerpo. Cualquier deleite que le corresponda por encima de

---

es: "Aliquem concubitus extinxit", es decir, "Otros se extinguen durante el sexo".
[353] Frag. 434 Usener.

estas dos cosas no aumenta su Bien Supremo; simplemente lo sazona, por así decirlo, y le añade especias. Pues el bien absoluto de la naturaleza del hombre se satisface con la paz en el cuerpo y la paz en el alma. **47.** Puedo mostrarte en este momento en los escritos de Epicuro[354] una lista graduada de bienes igual a la de nuestra propia escuela. Pues hay cosas, declara, que prefiere que le toquen en suerte, como el descanso corporal libre de todo inconveniente, y la relajación del alma al deleitarse en la contemplación de sus propios bienes. Y hay otras cosas que, aunque preferiría que no sucedieran, alaba y aprueba, por ejemplo, el tipo de resignación, en tiempos de mala salud y graves sufrimientos, a la que he aludido hace un momento, y que Epicuro mostró en el último y más bendito día de su vida. Pues nos dice[355] que tuvo que soportar una agonía insoportable a causa de una vejiga enferma y de un estómago ulcerado, tan aguda que no permitía que aumentara el dolor; "y sin embargo", dice, "aquel día fue igualmente feliz". Y ningún hombre puede pasar un día así en felicidad a menos que posea el Bien Supremo.

48. Por lo tanto, encontramos mencionados, incluso por Epicuro,[356] aquellos bienes que uno preferiría no experimentar; los cuales, sin embargo, porque las circunstancias así lo han decidido, deben ser bienvenidos y aprobados y colocados a la altura de los bienes más elevados. No podemos decir que el bien que ha redondeado[357] una vida feliz, el bien por el que Epicuro dio las gracias en las últimas palabras que pronunció, no esté a la altura de los más grandes. **49.** Permíteme, excelente Lucilio, pronunciar una palabra aún más audaz: si algunos bienes pudieran ser mayores que otros, preferiría aquellos que parecen duros a los que son suaves y seductores, y los

---

[354] Frag. 449 Usener.
[355] Frag. 138 Usener
[356] Véase más arriba, § 47
[357] Clausula tiene, entre otros significados, el de "un período" (Quintil. viii. 5), y "el cierre rítmico de un período" (Cic. De Orat. iii. 192).

declararía mayores. Porque es más logro abrirse paso a través de las dificultades que mantener la alegría dentro de los límites. **50.** Se requiere el mismo uso de razón, estoy plenamente consciente, para que un hombre soporte bien la prosperidad y también soporte valientemente la desgracia. Tan valiente puede ser el hombre que duerme frente a las murallas sin temor al peligro cuando ningún enemigo ataca el campamento, como el que, cuando le han cortado los tendones de las piernas, se sostiene sobre las rodillas y no deja caer las armas; pero es al soldado manchado de sangre que regresa del frente a quien los hombres gritan: "¡Bien hecho, héroe!"[358] Y por eso debería conceder mayores elogios a aquellos bienes que han resistido la prueba, y muestran valor, y han luchado con fortuna. **51.** ¿Debo dudar si alabar más la mano mutilada y arrugada de Mucio[359] que la mano intacta del hombre más valiente del mundo? Allí estaba Mucio, despreciando al enemigo y despreciando el fuego, y miraba cómo su mano goteaba sangre sobre el fuego del altar de su enemigo, hasta que Porsenna, envidiando la fama del héroe cuyo castigo defendía, ordenó que se retirara el fuego contra la voluntad de la víctima.

52. ¿Por qué no he de contar este bien entre los bienes primarios, y considerarlo en tanto mayor que aquellos otros bienes que están desprovistos de peligro y no han hecho prueba de fortuna, como es cosa más rara haber vencido a un enemigo con una mano perdida que con una mano armada? "¿Qué, pues?", dirás; "¿deseas este bien para ti?". Por supuesto que sí. Pues esto es algo que un hombre no puede conseguir a menos que también pueda desearlo. **53.** ¿Debería desear, en cambio, que se me permitiera extender mis miembros para que mis esclavos los masajearan,[360] o que una mujer, o un hombre

---

[358] Para un análisis completo de esta frase, véase Conington, Excursus to Virgilio's Aeneid, ix. 641.
[359] Para la historia, véase Livio, ii. 12 ss.
[360] Palabra rara -a veces deletreada malacisso- utilizada por Plauto (Bacch. 73) y Laberius, pero no en sentido técnico.

transformado en semejanza de mujer, me tirara de las articulaciones de los dedos? No puedo evitar creer que Mucio tuvo más suerte aún porque manipuló las llamas con tanta calma como si estuviera tendiendo la mano al manipulador. Había borrado todos sus errores anteriores; terminó la guerra desarmado y mutilado; y con ese muñón de mano conquistó a dos reyes.[361] Adiós.

---

[361] Porsenna y Tarquin.

LXVII. Sobre la mala salud y la resistencia al sufrimiento

1. Si se me permite comenzar con una observación banal,[362] la primavera se está revelando gradualmente; pero aunque se acerca el verano, cuando uno esperaría un tiempo caluroso, se ha mantenido más bien fresco, y uno no puede estar seguro de ello. A menudo vuelve a ser invierno. ¿Quieres saber cuán incierto es todavía? Todavía no me fío de un baño que esté completamente frío; incluso en este momento rompo su frío. Dirás que esto no es manera de demostrar la resistencia ni al calor ni al frío; muy cierto, querido Lucilius, pero a mi edad uno acaba por contentarse con el frío natural del cuerpo. Apenas puedo descongelarme en pleno verano. En consecuencia, paso la mayor parte del tiempo abrigado; **2.** y doy gracias a la vejez por mantenerme sujeto a mi cama.[363] ¿Por qué no habría de agradecérselo? Lo que no debería desear hacer, carezco de la capacidad para hacerlo. La mayor parte de mi conversación es con libros. Cada vez que llegan sus cartas, me imagino que estoy con usted, y tengo la sensación de que estoy a punto de decir mi respuesta, en lugar de escribirla. Por lo tanto, investiguemos juntos la naturaleza de este problema suyo, como si estuviéramos conversando entre nosotros.[364]

3. Me preguntas si todo bien es deseable. Dices: "Si es un bien ser valiente bajo la tortura, ir a la hoguera con un corazón robusto, soportar la enfermedad con resignación, se deduce que estas cosas son deseables. Pero no veo que valga la pena rezar por ninguna de ellas. En todo caso, hasta ahora no he sabido de ningún hombre que haya pagado un voto por haber sido cortado en pedazos por la vara, o torcido por la gota, o hecho más alto por el potro." **4.** Mi querido Lucilio, debes

---

[362] Véase la Introducción (Vol. I. p. x), y las frases iniciales de Epp. lxxvii., lxxxvii. y otros

[363] Séneca tenía una constitución delicada (véase Introducción). En las cartas habla de padecer asma (liv.), catarro (lxxviii.) y fiebre (civ.).

[364] Cf. lxxv. 1 qualis sermo meus esset, si una sederemus aut ambularemus.

distinguir entre estos casos; entonces comprenderás que hay algo en ellos que es de desear. Yo preferiría librarme de la tortura; pero si llega el momento en que haya que soportarla, desearé conducirme en ella con valentía, honor y coraje. Por supuesto que prefiero que no haya guerra; pero si la hay, desearé poder soportar noblemente las heridas, el hambre y todo lo que la exigencia de la guerra conlleva. Tampoco estoy tan loco como para desear la enfermedad; pero si debo sufrirla, desearé no hacer nada que demuestre falta de moderación, ni nada que sea poco varonil. La conclusión no es que las penurias sean deseables, sino que es deseable la virtud que nos permite soportar pacientemente las penurias.

5. Algunos de nuestra escuela,[365] piensan que, de todas esas cualidades, no es deseable la resistencia, aunque tampoco hay que desaprobarla, porque debemos buscar mediante la oración sólo el bien que es puro, pacífico y está fuera del alcance de los problemas. Personalmente, no estoy de acuerdo con ellos. ¿Por qué? En primer lugar, porque es imposible que algo sea bueno sin ser también deseable. Porque, de nuevo, si la virtud es deseable, y si nada de lo que es bueno carece de virtud, entonces todo lo bueno es deseable. Y, por último, porque un aguante valiente incluso bajo tortura es deseable. **6.** En este punto te pregunto: ¿No es deseable la valentía? Y, sin embargo, la valentía desprecia y desafía el peligro. Lo más bello y admirable de la valentía es que no se arredra ante la hoguera, avanza al encuentro de las heridas, y a veces ni siquiera evita la lanza, sino que la recibe con el pecho opuesto. Si la valentía es deseable, también lo es soportar pacientemente la tortura; pues esto forma parte de la valentía. Sólo tamiza estas cosas, como te he sugerido; entonces no habrá nada que pueda llevarte por mal camino. Pues lo deseable no es el mero aguante de la tortura, sino el aguante valiente. Por lo tanto, deseo ese "valiente" aguante; y esto es virtud.

---

[365] Es decir, los estoicos.

7. "Pero", dirás, "¿quién ha deseado jamás tal cosa para sí mismo?". Algunas oraciones son abiertas y francas, cuando las peticiones se ofrecen específicamente; otras oraciones se expresan indirectamente, cuando incluyen muchas peticiones bajo un mismo título. Por ejemplo: "Deseo una vida honrosa". Ahora bien, una vida de honor incluye varios tipos de conducta; puede incluir el cofre en el que fue confinado Régulo, o la herida de Catón que fue desgarrada por la propia mano de Catón, o el exilio de Rutilio,[366] o la copa de veneno que llevó a Sócrates de la cárcel al cielo. En consecuencia, al orar por una vida de honor, he orado también por aquellas cosas sin las cuales, en algunas ocasiones, la vida no puede ser honorable

8. Oh tres y cuatro veces benditos fueron

Que bajo los altos muros de Troya
conocieron la muerte feliz ante los ojos de sus padres.[367]

¿Qué importa que ofrezca esta oración por algún individuo, o que admita que fue deseable en el pasado? **9.** Decio se sacrificó por el Estado; puso espuelas a su caballo y se precipitó en medio del enemigo, buscando la muerte. El segundo Decio, rivalizando con el valor de su padre, reproduciendo las palabras que se habían convertido en sagradas[368] y ya en palabras familiares, se precipitó en lo más espeso de la lucha, ansioso únicamente de que su sacrificio pudiera traer presagios de éxito,[369] y considerando una muerte noble como algo deseable. ¿Dudas, entonces, si es mejor morir glorioso y realizando alguna hazaña de valor? **10.** Cuando uno soporta la tortura con

---

[366] Desterrado de Roma en 92 a.C. Cf. Ep. xxiv. 4.

[367] Virgilio, Eneida, i. 94 ss.

[368] Cf. Livio, vii. 9. 6 ss... legiones auxiliaque hostium mecum deis manibus Tellurique devoveo

[369] Ut litaret: es decir, que con su sacrificio pudiera asegurarse un presagio de éxito. Cf. Plinio, N. H. viii. 45, y Suetonio, Augusto, 96: "En el asedio de Perusia, al comprobar que los sacrificios no eran favorables (sacrificio non litanti), Augusto pidió más víctimas."

valentía, está haciendo uso de todas las virtudes. Tal vez la resistencia sea la única virtud que está a la vista y es más manifiesta; pero la valentía también está ahí, y la resistencia y la resignación y la longanimidad son sus ramas. También está la previsión, porque sin previsión no se puede emprender ningún plan; es la previsión la que aconseja soportar con la mayor valentía posible las cosas que no se pueden evitar. También está la firmeza, que no puede ser desalojada de su posición, a la que ninguna fuerza puede hacer abandonar su propósito. Está toda la inseparable compañía de las virtudes; cada acto honorable es obra de una sola virtud, pero está de acuerdo con el juicio de todo el consejo. Y lo que es aprobado por todas las virtudes, aunque parezca obra de una sola, es deseable.

11. ¿Qué? ¿Piensas que sólo son deseables aquellas cosas que nos llegan en medio del placer y la facilidad, y que engalanamos nuestras puertas para recibirlas?[370] Hay ciertos bienes cuyas características son prohibitivas. Hay ciertas oraciones que son ofrecidas por una multitud, no de hombres que se regocijan, sino de hombres que se inclinan reverentemente y adoran. **12.** ¿No fue de esta manera, piensas, que Régulo oró para poder llegar a Cartago? Revístete del valor de un héroe y aléjate por un tiempo de las opiniones del hombre común. Fórmate un concepto adecuado de la imagen de la virtud, cosa de suma belleza y grandeza; esta imagen no ha de ser adorada por nosotros con incienso o guirnaldas, sino con sudor y sangre. **13.** ¡Contempla a Marco Catón, poniendo sobre ese pecho sagrado sus manos inmaculadas, y desgarrando las heridas que no habían sido lo suficientemente profundas como para matarlo!

---

[370] Donaria a las puertas de los templos significaba regocijo público; cf. Tibulo, i. 15 s.
Flava Ceres, tibi sit nostro de rure corona
Spicea, quae templi pendeat ante fores.
El mirto adornaba la puerta de la casa del novio; las guirnaldas anunciaban el nacimiento de un niño (Juvenal, ix. 85).

¿Qué, ruega, le dirás: "Espero que todo sea como deseas" y "Estoy apenado", o "¡Buena suerte en tu empresa!"?

14. A este respecto pienso en nuestro amigo Demetrio, que llama "Mar Muerto" a una existencia fácil, no turbada por los ataques de la Fortuna.[371] Si no tienes nada que te agite y te incite a la acción, nada que ponga a prueba tu resolución con sus amenazas y hostilidades; si te reclinas en una comodidad inquebrantable, no es tranquilidad; es simplemente una calma plana. **15.** El estoico Atalo solía decir: "Preferiría que la fortuna me mantuviera en su campo antes que en el regazo del lujo. Si me torturan, pero lo soporto con valentía, todo está bien; si muero, pero muero con valentía, también está bien." Escucha a Epicuro; él te dirá que en realidad es agradable.[372] Yo mismo nunca aplicaré una palabra afeminada a un acto tan honorable y austero. Si voy a la hoguera, iré invicto. **16.** ¿Por qué no habría de considerarlo deseable, no porque el fuego me queme, sino porque no me vence? Nada hay más excelente ni más bello que la virtud; todo lo que hacemos obedeciendo sus órdenes es bueno y deseable. Adiós.

---

[371] Cf. Plinio, N. H. iv. 13. Además del mar Muerto de Palestina, el término se aplicaba a cualquier masa de agua estancada.
[372] Cf. Ep. lxvi. 18.

LXVIII. Sobre la sabiduría y el retiro

1. Me apunto a tu plan; retírate y escóndete en reposo. Pero al mismo tiempo oculta también tu retiro. Al hacer esto, puedes estar seguro de que estarás siguiendo el ejemplo de los estoicos, si no su precepto. Pero también estarás actuando de acuerdo con su precepto; así satisfarás tanto a ti mismo como a cualquier estoico que te plazca. **2.** Nosotros los estoicos[373] no exhortamos a los hombres a asumir la vida pública en todos los casos, ni en todo momento, ni sin ninguna condición. Además, cuando hemos asignado a nuestro sabio aquel campo de la vida pública que es digno de él -es decir, el universo-, entonces no está apartado de la vida pública, aunque se retire; es más, tal vez ha abandonado sólo un pequeño rincón de ella y ha pasado a regiones mayores y más amplias; y cuando ha sido colocado en los cielos, comprende cuán humilde era el lugar en el que se sentó cuando subió a la silla del curul o al tribunal. Ten en cuenta esto: que el hombre sabio nunca es más activo en los asuntos que cuando las cosas divinas, así como las humanas, han llegado a su conocimiento.

3. Ahora vuelvo al consejo que quería darte: que mantengas tu jubilación en un segundo plano. No hay necesidad de ponerte una pancarta con las palabras: "Filósofo y Quietista". Ponle otro nombre a tu propósito; llámalo mala salud y debilidad corporal, o simple pereza. Presumir de nuestro retiro no es más que un egoísmo ocioso. **4.** Ciertos animales se ocultan de ser descubiertos confundiendo las marcas de sus pisadas en la vecindad de sus guaridas. Tú deberías hacer lo mismo. De lo contrario, siempre habrá alguien siguiendo tus pasos. Muchos hombres pasan de lo que está a la vista y buscan lo que está

---

[373] El estoicismo predicaba la "ciudadanía mundial", y esto se interpretó de diversas maneras en diferentes épocas. Los maestros griegos veían en ello una oportunidad para una cultura más amplia; los romanos, una misión más práctica. Para profundizar en este tema, véase Ep. lxxiii. 1 ss. Los argumentos de Séneca están teñidos por los hechos de su vida en esta época.

oculto y escondido; una habitación cerrada invita al ladrón. Las cosas que están a la vista parecen baratas; el ladrón de casas pasa por lo que está expuesto a la vista. Este es el camino del mundo, y el camino de todos los hombres ignorantes: ansían irrumpir en las cosas ocultas. Por tanto, es mejor no alardear del propio retiro. **5.** Es, sin embargo, una especie de vanagloria hacer demasiado alarde del propio ocultamiento y de la propia retirada de la vista de los hombres. Fulano de tal[374] se ha retirado a Tarento; aquel otro se ha encerrado en Nápoles; este tercero hace muchos años que no cruza el umbral de su propia casa. Anunciar el propio retiro es reunir una multitud. **6.** Cuando te retiras del mundo, lo tuyo es hablar contigo mismo, no hacer que los hombres hablen de ti. Pero, ¿de qué hablarás? Haz lo que la gente suele hacer cuando habla de sus vecinos: habla mal de ti mismo cuando estés solo; así te acostumbrarás a hablar y a oír la verdad. Pero, sobre todo, reflexiona sobre lo que consideres tu mayor debilidad. **7.** Cada uno conoce mejor que nadie los defectos de su propio cuerpo. Y así, uno alivia su estómago vomitando, otro lo apuntala comiendo con frecuencia, otro drena y purga su cuerpo con ayunos periódicos. Aquellos a quienes les duelen los pies se abstienen de beber vino o de bañarse. En general, los hombres que son descuidados en otros aspectos se desviven por aliviar la enfermedad que con frecuencia les aflige. Lo mismo sucede con nuestras almas; hay en ellas ciertas partes que están, por así decirlo, en la lista de enfermos,[375] y a estas partes debe aplicarse la cura.

8. ¿Qué hago yo con mi tiempo libre? Trato de curar mis propias llagas. Si te mostrara un pie hinchado, o una mano inflamada, o algunos tendones marchitos en una pierna marchita, me permitirías que me quedara quieto en un lugar y me aplicara lociones en el miembro enfermo.[376] Pero mi problema es mayor

---

[374] Cf. Ep. lv. §§ 3 ss. para el retiro de Vatia: ille latere sciebat, non vivere.

[375] Causarii (Livio, vi. 6) eran soldados de baja.

[376] Para un argumento del mismo tipo, véase Horacio, Epist. i. 1. 93-

que cualquiera de estos, y no puedo mostrártelo. El absceso, o úlcera, está en lo profundo de mi pecho. Reza, reza, no me elogies, no digas: "¡Qué gran hombre! Ha aprendido a despreciar todas las cosas; condenando las locuras de la vida del hombre, ¡ha logrado escapar!". No he condenado nada, excepto a mí mismo. **9.** No hay ninguna razón para que desees venir a verme para progresar. Te equivocas si crees que obtendrás alguna ayuda de este barrio; no es un médico el que mora aquí, sino un enfermo. Preferiría que dijera, al abandonar mi presencia: "Solía pensar que era un hombre feliz y culto, y había aguzado el oído para escucharle; pero he sido defraudado. No he visto nada, ni oído nada de lo que ansiaba y de lo que volví para oír". Si sientes así, y hablas así, algún progreso se ha hecho. Prefiero que perdones a que envidies mi retiro.

10. Entonces dices: "¿Es la jubilación, Séneca, lo que me recomiendas? Pronto recaerás en las máximas de Epicuro!".[377] Sí te recomiendo la jubilación, pero sólo para que la emplees en actividades mayores y más hermosas que aquellas a las que has renunciado; llamar a las altivas puertas de los influyentes, hacer listas alfabéticas de ancianos sin hijos,[378] ostentar la más alta autoridad en la vida pública, -este tipo de poder te expone al odio, es efímero y, si lo valoras en su justa medida, es chabacano. **11.** Un hombre me aventajará en influencia en la vida pública, otro en salario como oficial del ejército y en la posición que de ello se deriva, otro en la multitud de sus

---

104:
Si curatus inaequali tonsore capillos
Occurri, paseos...
...quid, mea cum pugnat sententia secum?

[377] Es una referencia al dicho de Epicuro, λαθὲ βιώσας, "vive retirado".

[378] Cf. Horacio, Sat. ii. 5. 23 y ss.: captes astutus ubique senum y vivet uter locuples sine gnatis . . . illius esto defensor. El capturador era una figura bien conocida en Roma; cf. también el notorio enemigo de Plinio, Régulo, y las muchas palabras de desprecio de Juvenal hacia los que practicaban este arte.

clientes; pero vale la pena ser superado por todos estos hombres, siempre que yo mismo pueda superar a la Fortuna. Y yo no soy rival para ella en la multitud; ella tiene el mayor respaldo.[379]

12. ¡Ojalá en otros tiempos hubieras tenido la intención de seguir este propósito! Ojalá no estuviéramos hablando de la vida feliz a la vista de la muerte. Pero ahora no nos demoremos. Porque ahora podemos tomar la palabra de la experiencia, que nos dice que hay muchas cosas superfluas y hostiles; para esto hace tiempo que deberíamos haber tomado la palabra de la razón. **13.** Hagamos lo que suelen hacer los hombres cuando se demoran en ponerse en camino y quieren recuperar el tiempo perdido aumentando la velocidad. Nuestro tiempo de vida es el mejor posible para estas actividades, porque el período de ebullición y formación de espuma ya ha pasado.[380] Los defectos que fueron incontrolados en el primer calor feroz de la juventud están ahora debilitados, y sólo se necesita poco esfuerzo para extinguirlos.

14. "¿Y cuándo", preguntas, "te aprovechará eso que no aprendes hasta tu partida, y en qué te aprovechará?". Precisamente de esta manera, que partiré siendo un hombre mejor. No debes pensar, sin embargo, que cualquier momento de la vida es más adecuado para la consecución de una mente sana que la que ha ganado la victoria sobre sí misma por muchas pruebas y por el arrepentimiento largo y repetido de los errores pasados, y, sus pasiones apaciguadas, ha alcanzado un estado de salud. Este es, en verdad, el momento de haber adquirido este bien; quien ha alcanzado la sabiduría en su vejez, la ha alcanzado por sus años. Adiós.

---

[379] Es decir, el apoyo de Fortune proviene de las multitudes.
[380] Cf. De Ira, ii. 20 ut nimius ille fervor despumet.

LXIX. Sobre el descanso y la inquietud

No me gusta que cambies de cuartel general y te desplaces de un lugar a otro. Mis razones son, - primero, que ese frecuente deambular significa un espíritu inestable. Y el espíritu no puede, mediante el retiro, crecer en unidad a menos que haya cesado en su inquisición y su vagabundeo. Para poder mantener tu espíritu bajo control, primero debes detener la huida desbocada del cuerpo. **2.** Mi segunda razón es que los remedios más útiles son los que no se interrumpen.[381] No debes permitir que tu tranquilidad, o el olvido al que has relegado tu vida anterior, sean interrumpidos. Da tiempo a tus ojos para que desaprendan lo que han visto, y a tus oídos para que se acostumbren a palabras más sanas. Siempre que te muevas en el extranjero encontrarás, incluso al pasar de un lugar a otro, cosas que te devolverán tus antiguas apetencias. **3.** De la misma manera que el que trata de librarse de un antiguo amor debe evitar todo recuerdo de la persona a la que una vez quiso (pues nada vuelve a crecer tan fácilmente como el amor), del mismo modo, el que quiera dejar a un lado su deseo por todas las cosas que solía desear tan apasionadamente, debe apartar tanto los ojos como los oídos de los objetos que ha abandonado. Las emociones vuelven pronto al ataque; **4.** A cada paso advertirán ante sus ojos un objeto digno de su atención. No hay mal que no ofrezca alicientes. La avaricia promete dinero; el lujo, un variado surtido de placeres; la ambición, una túnica púrpura y el aplauso, y la influencia que resulta del aplauso, y todo lo que la influencia puede hacer. **5.** Los vicios te tientan por las recompensas que te ofrecen; pero en la vida de que hablo, debes vivir sin que te paguen. Apenas bastará toda una vida para someter nuestros vicios y hacer que acepten el yugo, hinchados como están por la indulgencia prolongada; y menos aún, si acortamos nuestro breve lapso con alguna interrupción. Ni siquiera el cuidado y la atención constantes pueden llevar a término una empresa. **6.** Si

---

[381] Cf. Ep. ii. § 3 nil aeque sanitatem impedit quam remediorum crebra mutatio.

quieres escuchar mi consejo, reflexiona y practica esto: cómo dar la bienvenida a la muerte, o incluso, si las circunstancias lo recomiendan, cómo invitarla. No hay diferencia entre que la muerte venga a nosotros o que nosotros vayamos a la muerte. Hazte creer que todos los hombres ignorantes se equivocan cuando dicen: "Es una cosa hermosa morir la propia muerte."[382] Pero no hay hombre que no muera su propia muerte. Es más, puedes reflexionar sobre este pensamiento: Nadie muere sino en su propio día. No pierdes nada de tu propio tiempo, pues lo que dejas atrás no te pertenece. Adiós.

---

[382] Tal vez la idea inversa de "vivir la propia vida". Significa "morir cuando llegue el momento apropiado", y es el argumento del hombre común contra el suicidio. El pensamiento quizá sugiera el tema de la siguiente carta.

LXX. Sobre el momento adecuado para deslizar el cable

1. Después de mucho tiempo he visto su querida Pompeya.[383] Me encontré de nuevo cara a cara con los días de mi juventud. Y me pareció que todavía podía hacer, es más, que hacía poco tiempo que había hecho, todas las cosas que hice allí cuando era joven. **2.** Hemos navegado por la vida pasada, Lucilio, como si estuviéramos en un viaje, e igual que cuando estamos en el mar, por citar a nuestro poeta Virgilio,

Tierras y ciudades quedan a popa,[384]

Aun así, en este viaje donde el tiempo vuela con la mayor velocidad, ponemos bajo el horizonte primero nuestra niñez y luego nuestra juventud, y después el espacio que se extiende entre la juventud y la edad madura y que bordea a ambas, y a continuación, los mejores años de la propia vejez. Por último, comenzamos a vislumbrar el horizonte general de la raza humana. **3.** Y si un hombre ha llegado a este puerto en sus primeros años, no tiene más derecho a quejarse que un marinero que ha hecho un viaje rápido. Porque algunos marineros, como sabes, son engañados y retenidos por vientos flojos, y se cansan y enferman de la calma lenta; mientras que otros son llevados rápidamente a casa por vendavales constantes.

4. Puedes considerar que a nosotros nos sucede lo mismo: la vida ha llevado a algunos hombres con la mayor rapidez al puerto, el puerto al que estaban destinados a llegar aunque se demoraran en el camino, mientras que a otros los ha inquietado y acosado. Como sabes, no siempre hay que aferrarse a una vida así. Porque vivir no es un bien, sino vivir bien. En consecuencia, el hombre sabio vivirá tanto como deba, no tanto como pueda.[385] **5.** Señalará en qué lugar, con quién y cómo ha

---

[383] Probablemente el lugar de nacimiento de Lucilio.
[384] Eneida, iii. 72.
[385] Aunque Sócrates dice (Fedón, 61 s.) que el filósofo no debe, según

de conducir su existencia, y lo que va a hacer. Siempre reflexiona sobre la calidad, y no la cantidad, de su vida. Tan pronto como hay muchos acontecimientos en su vida que le causan problemas y perturban su paz mental, se libera. Y este privilegio es suyo, no sólo cuando la crisis está sobre él, sino tan pronto como la fortuna parece jugarle una mala pasada; entonces mira a su alrededor cuidadosamente y ve si debe, o no, acabar con su vida por ese motivo. Sostiene que no le importa si su despegue es natural o autoinfligido, si llega más tarde o más temprano. No lo mira con temor, como si fuera una gran pérdida; porque nadie puede perder mucho cuando sólo le queda una gotita. **6.** No se trata de morir antes o después, sino de morir bien o mal. Y morir bien significa escapar del peligro de vivir mal.

Por eso considero muy poco viriles las palabras del conocido rodiano[386]. Esta persona fue arrojada a una jaula por su tirano, y alimentada allí como un animal salvaje. Y cuando cierto hombre le aconsejó que acabara con su vida ayunando, respondió: "Un hombre puede esperar cualquier cosa mientras tenga vida". **7.** Esto puede ser cierto; pero la vida no se compra a cualquier precio. Por grandes o seguras que sean ciertas recompensas, no me esforzaré por alcanzarlas al precio de una vergonzosa confesión de debilidad. ¿Debo reflexionar que la Fortuna tiene todo el poder sobre el que vive, en vez de reflexionar que no tiene ningún poder sobre el que sabe morir? **8.** Hay veces, sin embargo, en que un hombre, aunque le aceche una muerte segura y sepa que le espera la tortura, se abstendrá de echar una mano a su propio castigo, a sí mismo, sin

---

Filolao, quitarse la vida contra la voluntad de Dios, los estoicos interpretaron el problema de diferentes maneras. Algunos sostenían que un propósito noble justificaba el suicidio; otros, que cualquier razón era suficientemente buena. Cf. Ep. lxxvii. 5 ss.

[386] Telesforo de Rodas, amenazado por el tirano Lisímaco. Sobre el proverbio, véase Cicerón, Ad Att. ix. 10. 3, y Terencio, Heauton. 981 modo liceat vivere, est spes

embargo, se echaría una mano.[387] Es una locura morir por miedo a morir. El verdugo está sobre ti; espéralo. ¿Por qué anticiparse a él? ¿Por qué asumir la dirección de una tarea cruel que pertenece a otro? ¿Acaso envidias a tu verdugo su privilegio, o te limitas a aliviarle de su tarea? **9.** Sócrates podría haber puesto fin a su vida ayunando; podría haber muerto de inanición en lugar de envenenado. Pero en lugar de esto pasó treinta días en prisión esperando la muerte, no con la idea de que "todo puede suceder", o de que "en un intervalo tan largo caben muchas esperanzas", sino para mostrarse sumiso a las leyes[388] y hacer que los últimos momentos de Sócrates fueran una edificación para sus amigos. ¿Qué habría sido más insensato que despreciar la muerte y, sin embargo, temer el veneno?[389]

10. Scribonia, una mujer del tipo viejo y severo, era tía de Drusus Libo.[390] Este joven era tan estúpido como bien nacido, con ambiciones más elevadas de lo que se podía esperar de alguien en aquella época, o de un hombre como él en cualquier época. Cuando Libo fue sacado enfermo de la casa del senado en su litera, aunque ciertamente con un escaso séquito de seguidores -pues todos sus parientes le abandonaron, cuando ya no era un criminal sino un cadáver-, empezó a considerar si debía suicidarse o esperar la muerte. Escribonia le dijo: "¿Qué placer encuentras en hacer el trabajo de otro hombre?" Pero él no siguió su consejo; se puso violentamente las manos encima.

---

[387] Es decir, si debe elegir entre contribuir a su castigo mediante el suicidio o ayudarse a sí mismo a seguir vivo bajo la tortura y practicar las virtudes que de este modo se ponen en juego, elegirá lo segundo, -*sibi commodare*

[388] Véase el diálogo imaginario en el Crito de Platón (50 ss.) entre Sócrates y las Leyes, pasaje que desarrolla este pensamiento.

[389] Y suicidarse para escapar del envenenamiento.

[390] Para un relato más completo de esta tragedia, véase Tácito, Anales, ii. 27 y ss. Libo fue engañado por Firmio Catus (16 d.C.) en busca del poder imperial, fue detectado y finalmente obligado por Tiberio a suicidarse.

Y, después de todo, tenía razón, porque cuando un hombre está condenado a morir en dos o tres días a voluntad de su enemigo, en realidad está "haciendo el trabajo de otro hombre" si sigue viviendo.

11. Por lo tanto, no se puede hacer una afirmación general con respecto a la cuestión de si, cuando un poder fuera de nuestro control nos amenaza con la muerte, debemos anticiparnos a ella o esperarla. Porque hay muchos argumentos para empujarnos en una u otra dirección. Si una muerte va acompañada de tortura, y la otra es simple y fácil, ¿por qué no optar por la segunda? Del mismo modo que elegiré mi barco cuando vaya a emprender un viaje o mi casa cuando me proponga fijar mi residencia, así elegiré mi muerte cuando vaya a apartarme de la vida. **12.** Además, así como una vida prolongada no significa necesariamente una vida mejor, así una muerte prolongada significa necesariamente una muerte peor. No hay ocasión en que el alma deba ser más humilde que en el momento de la muerte. Que el alma parta como se sienta impulsada a ir;[391] ya sea que busque la espada, o el ronzal, o alguna corriente que ataque las venas, que proceda y rompa los lazos de su esclavitud. Todo hombre debe hacer que su vida sea aceptable para otros además de él, pero su muerte sólo para sí mismo. La mejor forma de muerte es la que nos gusta. **13.** Son necios los hombres que reflexionan así: "Una persona dirá que mi conducta no fue lo suficientemente valiente; otra, que fui demasiado testarudo; una tercera, que un tipo particular de muerte habría denotado más espíritu". Lo que realmente deberías reflexionar es: "¡Tengo en consideración un propósito con el que la charla de los hombres no tiene nada que ver!". Tu

---

[391] Cuando las "ventajas naturales" (τὰ κατὰ φύσιν) de vivir se ven superadas por las desventajas correspondientes, el hombre honorable puede, según la opinión estoica general, tomar su partida. Sócrates y Catón tenían razón al hacerlo, según Séneca; pero éste condena (Ep. xxiv. 25) a aquellos contemporáneos que recurrieron al suicidio como un mero capricho de la moda.

único objetivo debe ser escapar de la fortuna lo más rápidamente posible; de lo contrario, no faltará quien piense mal de lo que has hecho.

14. Se pueden encontrar hombres que han llegado a profesar la sabiduría y, sin embargo, sostienen que no se debe ofrecer violencia a la propia vida, y consideran maldito que un hombre sea el medio de su propia destrucción; debemos esperar, dicen, el fin decretado por la naturaleza. Pero quien dice esto no ve que está cerrando el camino de la libertad. Lo mejor que ordenó la ley eterna fue que nos permitió una entrada en la vida, pero muchas salidas. **15.** ¿Debo esperar la crueldad de la enfermedad o del hombre, cuando puedo salir por en medio de la tortura, y sacudirme mis problemas? Esta es la única razón por la que no podemos quejarnos de la vida: no retiene a nadie contra su voluntad. La humanidad está bien situada, porque ningún hombre es infeliz sino por su propia culpa. Vive, si así lo deseas; si no, puedes volver al lugar de donde viniste. **16.** A menudo te han hecho ventosas para aliviarte el dolor de cabeza.[392] Te han cortado venas con el propósito de reducir tu peso. Si quieren perforarse el corazón, no es necesaria una herida abierta; una lanceta os abrirá el camino hacia esa gran libertad, y la tranquilidad puede comprarse al precio de un pinchazo.

¿Qué es, entonces, lo que nos hace perezosos y perezosas? Ninguno de nosotros reflexiona que algún día ha de salir de esta casa de la vida; así como a los viejos inquilinos el cariño a un lugar determinado y la costumbre les impiden mudarse, aun a pesar de los malos tratos. **17.** ¿Quieres liberarte de las ataduras de tu cuerpo? Vive en él como si fueras a abandonarlo. Sigue pensando en el hecho de que algún día serás privado de esta tenencia; entonces serás más valiente contra la necesidad de partir. Pero ¿cómo pensará un hombre en su propio fin, si ansía

---

[392] Por medio de la cucurbita. Cf. Juvenal, xiv. 58 caput ventosa cucurbita quaerat. Se utilizaba a menudo como remedio contra la locura o el delirio.

todas las cosas sin fin? **18.** Y, sin embargo, no hay nada tan esencial que debamos considerar. Porque nuestro entrenamiento en otras cosas es quizás superfluo. Nuestras almas se han preparado para afrontar la pobreza; pero nuestras riquezas han resistido. Nos hemos armado para despreciar el dolor; pero hemos tenido la buena fortuna de poseer cuerpos sanos y saludables, por lo que nunca nos hemos visto obligados a poner a prueba esta virtud. Nos hemos enseñado a soportar valientemente la pérdida de los que amamos; pero la fortuna nos ha preservado a todos los que amábamos. **19.** Sólo en este asunto llegará el día en que tendremos que poner a prueba nuestra formación.

No es necesario pensar que sólo los grandes hombres han tenido la fuerza para romper los lazos de la servidumbre humana; no es necesario creer que esto no puede hacerse sino por un Catón, - Catón, que con su mano arrastró el espíritu que no había logrado liberar por la espada. Es más, hombres de la suerte más miserable en la vida han escapado por un poderoso impulso a la seguridad, y cuando no se les permitió morir a su propia conveniencia, o para adaptarse a sí mismos en la elección de los instrumentos de la muerte, han arrebatado todo lo que estaba a mano, y por pura fuerza han convertido objetos que eran por naturaleza inofensivos en armas propias. **20.** Por ejemplo, había recientemente en una escuela de entrenamiento para gladiadores de fieras un alemán, que se estaba preparando para la exhibición de la mañana; se retiró para hacer sus necesidades, única cosa que se le permitía hacer en secreto y sin la presencia de un guardia. Mientras hacía sus necesidades, cogió un palo de madera con punta de esponja, destinado a los usos más viles, y se lo metió, tal como estaba, por la garganta; de este modo le obstruyó la tráquea y le ahogó el aliento. ¡Eso sí que era insultar a la muerte! **21.** Sí, en efecto; no era una manera muy elegante ni decorosa de morir; pero ¿qué hay más tonto que ser demasiado amable al morir? ¡Qué valiente! Sin duda merecía que se le permitiera elegir su destino. ¡Con qué valor habría blandido una espada! ¡Con qué valor se habría arrojado a las profundidades del mar o por un precipicio! Sin recursos por todas partes, encontró la manera de proveerse de la muerte y de un arma para la muerte. De ahí que puedas comprender que nada, salvo la voluntad, necesita aplazar la muerte. Que cada uno juzgue como quiera la acción de este celoso hombre, siempre que estemos de acuerdo en este punto: que la muerte más horrible es preferible a la más hermosa esclavitud.

22. Ya que comencé con una ilustración tomada de la vida humilde, seguiré con esa clase. Porque los hombres se exigirán más a sí mismos, si ven que la muerte puede ser despreciada incluso por la clase más despreciada de hombres. A los Catos, a los Escipiones y a otros cuyos nombres solemos oír con admiración, los consideramos fuera de la esfera de la imitación; pero ahora os probaré que la virtud de que hablo se encuentra con tanta frecuencia en la escuela de entrenamiento de los gladiadores como entre los líderes de una guerra civil. **23.** Últimamente un gladiador, que había sido enviado a la exhibición de la mañana, estaba siendo transportado en un carro junto con los otros prisioneros;[393] cabeceando como si estuviera pesado por el sueño, dejó caer la cabeza hasta tal punto que quedó atrapada en los radios; luego mantuvo su cuerpo en posición el tiempo suficiente para romperse el cuello por la revolución de la rueda. Así escapó por medio del mismo vagón que lo llevaba a su castigo.

24. Cuando un hombre desea irrumpir y partir, nada se interpone en su camino. Es un espacio abierto en el que la naturaleza nos protege. Cuando nuestra situación lo permite, podemos buscar a nuestro alrededor una salida fácil. Si tienes muchas oportunidades a mano, por medio de las cuales puedes liberarte, puedes hacer una selección y pensar en la mejor

---

[393] Custodia en el sentido de "prisionero" (abstracto por concreto) es un uso posterior a Augusto. Véase. Ep. v. 7, y la nota de Summers.

manera de obtener la libertad; pero si una oportunidad es difícil de encontrar, en lugar de la mejor, arrebata la siguiente mejor, aunque sea algo inaudito, algo nuevo. Si no te falta el valor, no te faltará la astucia, para morir. **25.** Mira cómo hasta el esclavo de la clase más baja, cuando el sufrimiento lo incita, se despierta y descubre la manera de engañar incluso a los guardias más vigilantes. Es verdaderamente grande quien no sólo se ha dado a sí mismo la orden de morir, sino que también ha encontrado los medios.

Les he prometido, sin embargo, algunas ilustraciones más extraídas de los mismos juegos. **26.** Durante el segundo acto de un simulacro de lucha naval, uno de los bárbaros se clavó en la garganta una lanza que le habían dado para que la usara contra su enemigo. "¿Por qué, oh por qué", dijo, "no he escapado hace mucho tiempo de toda esta tortura y de toda esta burla? ¿Por qué debo estar armado y, sin embargo, esperar que llegue la muerte?". Esta exhibición fue aún más sorprendente por la lección que los hombres aprenden de ella: morir es más honorable que matar.

27. ¿Qué, pues? Si tal espíritu lo poseen los hombres abandonados y peligrosos, ¿no lo poseerán también los que se han entrenado para hacer frente a tales contingencias mediante una larga meditación, y mediante la razón, dueña de todas las cosas? Es la razón la que nos enseña que el destino tiene diversos caminos de aproximación, pero el mismo fin, y que no hace diferencia en qué punto comienza el inevitable acontecimiento. **28.** También la razón nos aconseja morir, si podemos, según nuestro gusto; si esto no puede ser, nos aconseja morir según nuestra capacidad, y aprovechar cualquier medio que se nos ofrezca para hacernos violencia a nosotros mismos. Es criminal "vivir robando";[394] pero, por otra parte, es muy noble "morir robando". Adiós.

---

[394] Es decir, robándose la vida; pero la antítesis con la frase de Virgilioio (Aen. ix. 613) es artificial.

LXXI. Sobre el bien supremo

1. Usted me remite continuamente cuestiones especiales, olvidando que nos separa una vasta extensión de mar. Sin embargo, como el valor de un consejo depende sobre todo del momento en que se da, tiene que resultar necesariamente que cuando mi opinión sobre ciertos asuntos llega a usted, la opinión contraria es la mejor. Porque los consejos se ajustan a las circunstancias; y nuestras circunstancias nos llevan, o más bien nos arremolinan. En consecuencia, el consejo debe producirse a corto plazo; e incluso esto es demasiado tarde; debe "crecer mientras trabajamos", como dice el refrán. Y me propongo mostrarte cómo puedes descubrir el método.

2. Tan a menudo como desees saber lo que debe evitarse o lo que debe buscarse, considera su relación con el Bien Supremo, con el propósito de toda tu vida. Porque todo lo que hacemos debe estar en armonía con esto; ningún hombre puede poner en orden los detalles a menos que ya haya puesto ante sí el propósito principal de su vida. El artista puede tener todos sus colores preparados, pero no puede producir un retrato a menos que ya haya decidido lo que desea pintar.[395] La razón por la que cometemos errores es porque todos consideramos las partes de la vida, pero nunca la vida como un todo. **3.** El arquero debe saber qué es lo que quiere acertar; entonces debe apuntar y controlar el arma con su destreza. Nuestros planes fracasan porque no tienen puntería. Cuando un hombre no sabe a qué puerto se dirige, ningún viento es el adecuado. El azar ha de tener necesariamente gran influencia en nuestra vida, porque vivimos del azar. **4.** Sin embargo, algunos hombres no saben que saben ciertas cosas. Así como a menudo vamos en busca de los que están a nuestro lado, así también somos propensos a olvidar que la meta del bien supremo está cerca de nosotros.

---

[395] Un argumento similar se encuentra en Ep. lxv. §§ 5 ss., que contiene la misma figura de pensamiento.

Para deducir la naturaleza de este bien supremo, no se necesitan muchas palabras ni ninguna discusión indirecta; debe señalarse con el índice, por así decirlo, y no disiparlo en muchas partes. Porque ¿de qué sirve dividirlo en pedacitos, cuando se puede decir: el bien supremo es lo que es honorable?[396] Además (y puede que esto te sorprenda aún más), lo que es honorable es el único bien; todos los demás bienes están aleados y degradados. 5. Si una vez te convences de esto, y si llegas a amar devotamente la virtud (pues el mero amor no es suficiente), cualquier cosa que haya sido tocada por la virtud estará cargada de bendición y prosperidad para ti, sin importar cómo sea considerada por los demás. La tortura, si tan sólo, mientras yaces sufriendo, eres más tranquilo de mente que tu mismo torturador; la enfermedad, si tan sólo no maldices a la fortuna y no cedes a la enfermedad - en resumen, todas esas cosas que otros consideran males se volverán manejables y terminarán en bien, si logras elevarte por encima de ellas.

Que esto quede claro una vez, que no hay nada bueno excepto lo que es honorable, y todas las penurias tendrán un justo título al nombre de "bienes", cuando una vez la virtud las haya hecho honorables. 6. Muchos piensan que los estoicos abrigamos esperanzas mayores de las que admite nuestra suerte humana; y tienen derecho a pensar así. Pues sólo se fijan en el cuerpo. Pero que vuelvan al alma, y pronto medirán al hombre con el rasero de Dios. Anímate, excelentísimo Lucilio, y abandona todo este juego de palabras de los filósofos, que reducen un tema gloriosísimo a una cuestión de sílabas, y rebajan y desgastan el alma enseñando fragmentos; entonces llegarás a ser como los hombres que descubrieron estos preceptos, en lugar de aquellos que con su enseñanza hacen todo lo posible para que la filosofía parezca más difícil que grande.[397]

---

[396] Para una definición de honestum véase Cicerón, De Fin. ii. 45 y ss., y la nota de Rackham, que lo explica como "τὸ καλόν, lo moralmente bello o bueno".

7. Sócrates, que recordó[398] toda la filosofía a reglas de conducta, y afirmó que la más alta sabiduría consistía en distinguir entre el bien y el mal, dijo: "Sigue estas reglas, si mis palabras tienen peso para ti, a fin de que seas feliz; y deja que algunos hombres te consideren incluso un necio. Permite que cualquier hombre que lo desee te insulte y te haga mal; pero si en ti sólo habita la virtud, no sufrirás nada. Si quieres ser feliz, si quieres ser de buena fe un hombre de bien,[399] deja que una u otra persona te desprecie". Ningún hombre puede lograr esto a menos que haya llegado a considerar todos los bienes como iguales, por la razón de que ningún bien existe sin lo que es honorable, y lo que es honorable es en todos los casos igual. **8.** Dirás: "¿Entonces qué? ¿No hay diferencia entre que Catón sea elegido pretor y que fracase en las urnas? ¿O entre que Catón sea vencido o vencedor en la línea de batalla de Farsalia? Y cuando Catón no pudo ser derrotado, aunque su partido encontró la derrota, ¿no era esta bondad suya igual a la que le habría correspondido si hubiera regresado victorioso a su tierra natal y hubiera concertado una paz?". Por supuesto que lo era; porque es por la misma virtud que la mala fortuna es vencida y la buena fortuna es controlada. La virtud, sin embargo, no puede aumentar ni disminuir; su estatura es uniforme. **9.** "Pero", objetarán, "Gneo Pompeyo perderá su ejército; los patricios, esos patrones más nobles de la creación del Estado, y los hombres de primera fila del partido de Pompeyo, un senado en armas, serán derrotados en un solo enfrentamiento; las ruinas de esa gran oligarquía se esparcirán por todo el mundo; ¡una división caerá en Egipto, otra en África y otra en España![400] Y al pobre Estado no se le permitirá ni siquiera el privilegio de

---

[397] Véase, por ejemplo, el despliegue silogístico que se ridiculiza en Ep. xlviii. 6.

[398] Es decir, de ser un mero juego de palabras.

[399] Hense sugiere que Séneca puede estar interpretando la frase de Simónides - ἀνὴρ ἀληθῶς ἀγαθός

[400] Egipto - 47 a.C.; África (Thapsus) - 46 a.C.; España (Munda) - 45 a.C.

arruinarse de una vez por todas!". **10.** Sí, todo esto puede suceder; la familiaridad de Juba con todas las posiciones de su propio reino puede no servirle de nada, de nada la resuelta valentía de su pueblo cuando lucha por su rey; incluso los hombres de Útica, aplastados por sus problemas, pueden vacilar en su lealtad; y la buena fortuna que siempre acompañó a los hombres del nombre de Escipión puede abandonar a Escipión en África. Pero hace tiempo que el destino "se encargó de que Catón no sufriera ningún daño".[401]

11. "¡Fue vencido a pesar de todo!" Bueno, puedes incluir esto entre los "fracasos" de Catón; Catón soportará con un corazón igual de fuerte cualquier cosa que le frustre su victoria, como soportó lo que le frustró su pretorio. El día en que fracasó en su elección, lo pasó jugando; la noche en que pretendía morir, la pasó leyendo.[402] Consideraba del mismo modo la pérdida de su pretorio y la pérdida de su vida; se había convencido de que debía soportar cualquier cosa que pudiera suceder. **12.** ¿Por qué no iba a sufrir, con valentía y serenidad, un cambio en el gobierno? Porque, ¿qué está libre del riesgo del cambio? Ni la tierra, ni el cielo, ni todo el tejido de nuestro universo, aunque esté controlado por la mano de Dios. No conservará siempre su orden actual; será arrojado de su curso en los días venideros.[403]
13. Todas las cosas se mueven de acuerdo con sus tiempos señalados; están destinadas a nacer, crecer y ser destruidas. Las estrellas que ves moverse sobre nosotros, y esta tierra aparentemente inamovible a la que nos aferramos y sobre la que estamos asentados, se consumirán y dejarán de existir. No hay nada que no tenga su vejez; los intervalos son meramente desiguales en los que la naturaleza envía todas estas cosas hacia

---

[401] Una especie de parodia seria del senatus consultum ultimum. Para un análisis de la historia y el significado de la frase, véase Cicero, de W. Warde Fowler, pp. 151-158.

[402] El Fedón de Platón. Catón se suicidó en Utica, 46 a.C., tras la derrota de Escipión en Thapsus.

[403] Cf. Ep. ix. 16 f. *resoluto mundo*, etc.

la misma meta. Todo lo que es dejará de ser, y sin embargo no perecerá, sino que se resolverá en sus elementos. **14.** Para nuestras mentes, este proceso significa perecer, porque sólo contemplamos lo que está más cerca; nuestra mente perezosa, bajo la lealtad al cuerpo, no penetra en los lugares más lejanos. Si no fuera así, la mente soportaría con mayor coraje su propio fin y el de sus posesiones, si tan sólo pudiera esperar que la vida y la muerte, como todo el universo que nos rodea, van por turnos, que todo lo que se ha unido se vuelve a unir, que todo lo que se ha unido se vuelve a unir, y que la artesanía eterna de Dios, que controla todas las cosas, está trabajando en esta tarea.

15. Por eso el sabio dirá exactamente lo que diría un Marco Catón, después de repasar su vida pasada: "Toda la raza humana, tanto la que es como la que ha de ser, está condenada a morir. De todas las ciudades que en algún tiempo han dominado el mundo, y de todas las que han sido espléndidos ornamentos de imperios que no eran los suyos, los hombres preguntarán algún día dónde estaban, y serán barridas por destrucciones de diversos tipos; algunas serán arruinadas por las guerras, otras se consumirán por la inactividad y por el tipo de paz que termina en la pereza, o por ese vicio que está cargado de destrucción incluso para las dinastías poderosas, el lujo. Todas estas fértiles llanuras quedarán sepultadas hasta perderse de vista por un repentino desbordamiento del mar, o un deslizamiento del suelo, al asentarse en niveles más bajos, las arrastrará súbitamente a un enorme abismo. ¿Por qué, pues, he de enojarme o sentir pena, si precedo a la destrucción general por un ínfimo intervalo de tiempo?". **16.** Que las grandes almas cumplan con los deseos de Dios, y sufran sin vacilar cualquier destino que la ley del universo ordene; porque el alma al morir es enviada a una vida mejor, destinada a morar con la deidad en medio de mayor resplandor y calma, o bien, al menos, sin sufrir ningún daño para sí misma, se mezclará de nuevo con la naturaleza, y volverá al universo.[404]

Por lo tanto, la honorable muerte de Catón no fue un bien menor que su honorable vida, ya que la virtud no admite estiramientos.[405] Sócrates decía que la verdad[406] y la virtud eran lo mismo. Así como la verdad no crece, tampoco crece la virtud, pues tiene sus debidas proporciones y es completa. **17.** No tienes, pues, que extrañarte de que los bienes sean iguales,[407] tanto los que se han de elegir deliberadamente, como los que las circunstancias han impuesto. Porque si una vez adoptas el punto de vista de que son desiguales, considerando, por ejemplo, un valiente aguante de la tortura como uno de los bienes menores, estarás incluyéndolo también entre los males; pronunciarás infeliz a Sócrates en su prisión, infeliz a Catón cuando reabre sus heridas con más valor del que mostró al infligirlas, y a Régulo el más malhadado de todos cuando paga la pena por mantener su palabra incluso con sus enemigos. Y, sin embargo, ningún hombre, ni siquiera la persona más afeminada del mundo, se ha atrevido jamás a sostener tal opinión. Pues, aunque tales personas niegan que un hombre como Régulo sea feliz, con todo, niegan también que sea desdichado. **18.** Los primeros académicos[408] admiten, en efecto, que un hombre es feliz incluso en medio de tales torturas, pero no admiten que

---

[404] Para una discusión clara y completa sobre las opiniones estoicas acerca de la inmortalidad del alma, y la opinión del propio Séneca al respecto, véase E. V. Arnold, Roman Stoicism, pp. 262 y ss.

[405] Cf. § 20 de esta carta: *¿rigida re quid amplius intendi potest?*

[406] Es decir, el conocimiento de los hechos, como tantas veces dice Séneca. Cf. Platón, Meno, 87 C ἐπιστήμη τις ἡ ἀρετή, y Aristóteles, Eth. vi. 13 Σωκράτης... λόγους τὰς ἀρετὰς ᾤετο εἶναι, ἐπιστήμας γὰρ εἶναι πάσας.

[407] Esta es la doctrina estoica aceptada; véase Ep. lxvi. 5. Los bienes son iguales, absolutos e independientes de las circunstancias; aunque, como aquí sostiene Séneca, las circunstancias pueden poner en mayor juego uno u otro de ellos.

[408] Por ejemplo, Jenócrates y Speusippus; cf. Ep. lxxxv. 18. Para otra respuesta a la objeción de que el bien depende de circunstancias externas cf. Ep. xcii. 14 f.

sea completamente o plenamente feliz. Con este punto de vista no podemos estar de acuerdo de ninguna manera; porque a menos que un hombre sea feliz, no ha alcanzado el Bien Supremo; y el bien que es supremo no admite un grado más alto, si sólo la virtud existe dentro de este hombre, y si la adversidad no perjudica su virtud, y si, aunque el cuerpo sea herido, la virtud permanece ilesa. Y así es. Porque entiendo que la virtud es de espíritu elevado y exaltado, de modo que se excita por cualquier cosa que la moleste. **19.** Este espíritu, que los jóvenes de noble linaje asumen a menudo, cuando están tan profundamente conmovidos por la belleza de algún objeto honorable que desprecian todos los dones del azar, es ciertamente infundido en nosotros y comunicado a nosotros por la sabiduría. La sabiduría traerá la convicción de que sólo hay un bien, el que es honorable; que éste no puede acortarse ni extenderse, como no puede doblarse la regla de un carpintero, con la que se prueban las líneas rectas. Cualquier cambio en la regla significa estropear la línea recta. **20.** Aplicando, pues, esta misma figura a la virtud, diremos: La virtud también es recta y no admite dobleces. ¿Qué puede hacerse más tenso que una cosa que ya es rígida? Tal es la virtud, que juzga todo, pero nada juzga a la virtud. Y si esta regla, la virtud, no puede ella misma hacerse más recta, tampoco las cosas creadas por la virtud pueden ser en un caso más rectas y en otros menos rectas. Pues necesariamente deben corresponder a la virtud; de ahí que sean iguales.

21. "¿A qué", dirás, "llamas igualmente bueno reclinarse en un banquete y someterse a la tortura?". ¿Te parece sorprendente? Te sorprenderá aún más lo siguiente, - que reclinarse en un banquete es un mal, mientras que reclinarse en el potro es un bien, si el primer acto se hace de una manera vergonzosa, y el segundo de una manera honorable. No es el material lo que hace que estas acciones sean buenas o malas; es la virtud. Todos los actos en que se ha manifestado la virtud son de la misma medida y valor. **22.** En este momento, el hombre que mide las almas de todos los hombres por la suya propia me está sacudiendo el puño en la cara porque sostengo que hay una paridad entre los bienes implicados en el caso de uno que dicta sentencia honorablemente, y de uno que sufre sentencia honorablemente; o porque sostengo que hay una paridad entre los bienes de uno que celebra un triunfo, y de uno que, invicto en espíritu, es llevado ante el carro del vencedor. Porque tales críticos piensan que lo que ellos mismos no pueden hacer, no se hace; juzgan la virtud a la luz de sus propias debilidades. **23.** ¿Por qué te maravillas si ayuda a un hombre, y en ocasiones incluso le agrada, ser quemado, herido, asesinado o atado en prisión? Para un hombre lujoso, una vida sencilla es una pena; para un perezoso, el trabajo es un castigo; el dandi compadece al hombre diligente; para el perezoso, los estudios son una tortura. Del mismo modo, consideramos duras e insoportables aquellas cosas con respecto a las cuales todos somos enfermizos de disposición, olvidando qué tormento es para muchos hombres abstenerse del vino o ser expulsados de sus camas al amanecer. Estas acciones no son esencialmente difíciles; somos nosotros mismos los que somos blandos y flácidos. **24.** Debemos juzgar los grandes asuntos con grandeza de alma; de lo contrario, lo que en realidad es culpa nuestra parecerá culpa suya. Así sucede que ciertos objetos que son perfectamente rectos, cuando se hunden en el agua aparecen al espectador como doblados o rotos.[409] No importa sólo lo que se ve, sino con qué ojos se ve; nuestras almas están demasiado embotadas de visión para percibir la verdad. **25.** Pero dame un joven impoluto y de mente robusta; declarará más afortunado a quien sostiene sobre hombros indoblegables todo el peso de la adversidad, a quien destaca por encima de la fortuna. No es motivo de asombro que uno no sea zarandeado cuando el tiempo está en calma; reserva tu asombro para los casos en que

---

[409] "Un remo, aunque completamente entero, presenta la apariencia de estar roto cuando se ve en aguas claras y poco profundas". - Séneca, N. Q. 1. 3 (Clarke y Geikie).

un hombre es levantado cuando todos los demás se hunden, y mantiene su pie cuando todos los demás están postrados.

26. ¿Qué elemento de maldad hay en la tortura y en las otras cosas que llamamos privaciones? Me parece que hay este mal, - que la mente se hunde, y se dobla, y se derrumba. Pero ninguna de estas cosas puede sucederle al sabio; él se mantiene erguido bajo cualquier carga. Nada puede subyugarlo; nada de lo que debe soportar lo molesta. Porque no se queja de haber sido golpeado por lo que puede golpear a cualquier hombre. Conoce su propia fuerza; sabe que nació para llevar cargas. **27.** No retiro al sabio de la categoría de hombre, ni le niego el sentido del dolor como si fuera una roca que no tiene sentimientos. Recuerdo que se compone de dos partes: una parte es irracional, es la que puede ser mordida, quemada o herida; la otra parte es racional, es la que se aferra resueltamente a las opiniones, es valiente e inconquistable.[410] En esta última se sitúa el Bien Supremo del hombre. Antes de que esto se logre completamente, la mente vacila en la incertidumbre; sólo cuando se logra plenamente, la mente está fija y estable. **28.** Y así, cuando uno acaba de empezar, o está en camino hacia las alturas y está cultivando la virtud, o incluso si uno se está acercando al bien perfecto, pero todavía no ha puesto el toque final en él, uno retrocederá a veces y habrá una cierta disminución del esfuerzo mental. Pues tal hombre aún no ha atravesado el terreno dudoso; todavía está parado en lugares resbaladizos. Pero el hombre feliz, cuya virtud es completa, se ama a sí mismo sobre todo cuando su valentía ha sido sometida a la prueba más severa, y cuando no sólo, soporta, sino que da la bienvenida a lo que todos los demás hombres miran con

---

[410] Este dualismo de alma y cuerpo se remonta a religiones anteriores, y especialmente a la persa. La parte racional (τὸ λογιστικόν), aunque sostenida por la mayoría de los estoicos como corpórea, o parte del mundo-cosas, está estrechamente relacionada con el ἡγεμονικόν, o "principado".

temor, si es el precio que debe pagar por el cumplimiento de un deber que el honor impone, y prefiere enormemente que los hombres digan de él: "¡cuánto más noble!" que "¡cuánta más suerte!".[411]

29. Y ahora he llegado al punto al que me convoca tu paciente espera. No debes pensar que nuestra virtud humana trasciende la naturaleza; el hombre sabio temblará, sentirá dolor, palidecerá,[412] . Pues todas éstas son sensaciones del cuerpo. ¿Dónde está, pues, la morada de la angustia absoluta, de lo que es verdaderamente un mal? En la otra parte de nosotros, sin duda, si es la mente la que estas pruebas arrastran, obligan a confesar su servidumbre y hacen lamentar su existencia. **30.** El sabio, en efecto, vence a la fortuna por su virtud, pero muchos que profesan la sabiduría se asustan a veces por las amenazas más insustanciales. Y a estas alturas es un error por nuestra parte exigir lo mismo al sabio y al aprendiz.[413] Todavía me exhorto a mí mismo a hacer aquello que recomiendo; pero mis exhortaciones todavía no son seguidas. Y aunque así fuera, no tendría estos principios tan listos para la práctica, ni tan bien entrenados, como para que corrieran en mi ayuda en cada crisis. **31.** Así como la lana toma ciertos colores en seguida,[414] mientras que hay otros que no absorbe a menos que sea empapada y remojada en ellos muchas veces; así otros sistemas de doctrina pueden ser aplicados inmediatamente por las mentes de los hombres después de haber sido aceptados una vez, pero este sistema del que hablo, a menos que haya calado hondo y se haya hundido durante mucho tiempo, y no sólo haya coloreado sino impregnado completamente el alma, no cumple

---

[411] Es decir, porque ha soportado y vencido la desgracia en lugar de escapar de ella.

[412] Para un pensamiento similar, cf. Ep. xi. 6.

[413] Tres etapas de progreso (προκοπή) fueron definidas por Crisipo. Cf. también Sen. Epp. lxxii. 6 y lxxv. 8 ss.

[414] Ovidio, Metam. VI. 9, habla de bibula lana, y Horacio, Ep. I. 10. 27, de vellera potantia fucum

ninguna de sus promesas. **32.** El asunto puede ser impartido rápidamente y en muy pocas palabras: "La virtud es el único bien; en todo caso no hay bien sin virtud; y la virtud misma está situada en nuestra parte más noble, es decir, la parte racional". ¿Y cuál será esta virtud? Un juicio verdadero y nunca vacilante. Pues de él brotarán todos los impulsos mentales, y por su acción se aclarará toda apariencia externa que despierte nuestros impulsos. **33.** Será conforme a este juicio juzgar todas las cosas que han sido coloreadas por la virtud como bienes, y como bienes iguales.

Los bienes corporales son, sin duda, buenos para el cuerpo; pero no son absolutamente buenos. En efecto, tendrán algún valor; pero no poseerán ningún mérito verdadero, porque diferirán mucho; unos serán menores, otros mayores. **34.** Y nos vemos obligados a reconocer que hay grandes diferencias entre los mismos adeptos de la sabiduría. Uno ya ha progresado tanto que se atreve a levantar los ojos y mirar a Fortuna a la cara, pero no persistentemente, pues sus ojos caen pronto, deslumbrados por su abrumador esplendor; otro ha progresado tanto que es capaz de igualar miradas con ella, -es decir, a menos que ya haya alcanzado la cima y esté lleno de confianza.[415] **35.** Lo que está lejos de la perfección es forzosamente inestable, a veces progresa, a veces retrocede o se debilita; y retrocederá sin duda si no se esfuerza en seguir adelante; porque si el hombre ceja en su celo y en su aplicación fiel, retrocederá. Nadie puede reanudar su progreso en el punto donde lo dejó. **36.** Por tanto, sigamos adelante y perseveremos. Queda mucho más camino que el que hemos dejado atrás; pero la mayor parte del progreso es el deseo de progresar.

Comprendo perfectamente en qué consiste esta tarea. Es algo que deseo, y lo deseo con todo mi corazón. Veo que tú también te has despertado y te apresuras con gran celo hacia la belleza infinita. Apresurémonos, pues; sólo en estos términos la vida

---

[415] En cuyo caso, él sería completamente superior a ella.

será una bendición para nosotros; de lo contrario, hay demora, y en verdad vergonzosa demora, mientras nos ocupamos de cosas repugnantes. Procuremos que todo el tiempo nos pertenezca. Esto, sin embargo, no puede ser a menos que, en primer lugar, nuestro propio ser comience a pertenecernos. **37.** ¿Y cuándo será nuestro privilegio despreciar ambas clases de fortuna? ¿Cuándo será nuestro privilegio, después de que todas las pasiones hayan sido subyugadas y puestas bajo nuestro propio control, pronunciar las palabras "¡He vencido!"? ¿Me preguntas a quién he vencido? Ni a los persas, ni a los lejanos medos, ni a ninguna raza guerrera que se encuentre más allá del Dahae;[416] no son éstos, sino la codicia, la ambición y el miedo a la muerte lo que ha conquistado a los conquistadores del mundo. Adiós.

---

[416] Una tribu escita nómada al este del mar Caspio

LXXII. Sobre los negocios como enemigos de la filosofía

1. El tema[417] sobre el que me pregunta fue una vez claro para mi mente, y no requería ningún pensamiento, tan completamente lo había dominado. Pero hace tiempo que no pongo a prueba mi memoria y, por lo tanto, no lo recuerdo con facilidad. Siento que he sufrido el destino de un libro cuyos rollos se han pegado por el desuso; mi mente necesita ser desenrollada, y lo que haya sido almacenado allí debe ser examinado de vez en cuando, para que pueda estar listo para su uso cuando la ocasión lo requiera. Dejemos, pues, este tema por el momento, porque exige mucho trabajo y mucho cuidado. Tan pronto como pueda permanecer algún tiempo en el mismo lugar, me ocuparé de su pregunta. **2.** Porque hay ciertos temas sobre los que se puede escribir incluso viajando en un bólido, y también hay temas que necesitan una silla de estudio, tranquilidad y reclusión. Sin embargo, debo lograr algo incluso en días como estos, días que están completamente ocupados, y de hecho desde la mañana hasta la noche. Porque nunca hay un momento en que no surjan nuevas ocupaciones; las sembramos, y por esta razón de una surgen varias. Entonces, también, seguimos aplazando nuestros propios casos,[418] diciendo: "En cuanto termine con esto, me dedicaré al trabajo duro", o: "Si alguna vez pongo en orden este asunto tan molesto, me dedicaré a estudiar".

3. Pero el estudio de la filosofía no debe posponerse hasta que se disponga de tiempo libre;[419] hay que descuidar todo lo demás para poder atender a la filosofía, pues ningún tiempo es suficiente para ella, aunque nuestra vida se prolongue desde la niñez hasta los límites máximos del tiempo asignado al hombre. Poco importa que se abandone por completo la filosofía o que

---

[417] El contexto no ofrece ninguna pista sobre el tema.

[418] Séneca es aficionado a las figuras jurídicas; cf. Ep. lxv. 15. Para la dilatio véase Plinio, Ep. i. 18. 1 rogas ut dilationem petam.

[419] Cf. Ep. liii. 9 (philosophia) non est res subsiciva ("un asunto para el tiempo libre"), ordinaria est; domina est, adesse iubet.

se la estudie intermitentemente; pues no permanece como estaba cuando se la dejó, sino que, al haberse roto su continuidad, vuelve a la posición en que estaba al principio, como las cosas que vuelan cuando se las estiran tensas. Hay que resistirse a los asuntos que ocupan nuestro tiempo; no hay que desenredarlos, sino apartarlos. En efecto, no hay tiempo que sea inadecuado para los estudios provechosos; y, sin embargo, muchos dejan de estudiar en medio de las mismas circunstancias que hacen necesario el estudio. **4.** Dice: "Algo sucederá que me lo impida". No, no en el caso del hombre cuyo espíritu, sean cuales fueren sus negocios, está feliz y alerta. Es a los que aún están lejos de la perfección a quienes se les puede romper la felicidad; la alegría de un hombre sabio, en cambio, es una tela tejida, que no se rompe por ningún suceso fortuito ni por ningún cambio de fortuna; en todo momento y en todo lugar está en paz. Porque su alegría no depende de nada externo y no espera ninguna bendición del hombre o de la fortuna. Su felicidad es algo que está dentro de él mismo; se alejaría de su alma si entrara desde fuera; nace allí. **5.** A veces un suceso externo le recuerda su mortalidad, pero es un golpe leve, y simplemente roza la superficie de su piel.[420] Algún problema, repito, puede tocarle como un soplo de viento, pero ese Bien Supremo suyo permanece inquebrantable. Esto es lo que quiero decir: hay desventajas externas, como granos y forúnculos que brotan en un cuerpo que normalmente es fuerte y sano; pero no hay ninguna enfermedad profundamente arraigada. **6.** La diferencia, digo, entre un hombre de perfecta sabiduría y otro que progresa en sabiduría es la misma que existe entre un hombre sano y otro que está convaleciente de una enfermedad grave y prolongada, para quien "salud" significa sólo un ataque más leve de su enfermedad. Si este último no tiene cuidado, hay una recaída inmediata y un retorno al mismo viejo problema; pero el hombre sabio no

---

[420] Cf. Ep. xlv. 9 intrepidus, quem aliqua vis movet, nulla perturbat, quem fortuna... pungit, non vulnerat, et hoc raro.

puede retroceder, o deslizarse en ninguna enfermedad más en absoluto. Porque la salud del cuerpo es una cuestión temporal que el médico no puede garantizar, aunque la haya restablecido; es más, a menudo se le levanta de la cama para visitar al mismo paciente que le llamó antes. La mente, sin embargo, una vez curada, queda curada para siempre.

7. Te diré lo que entiendo por salud: si la mente está contenta consigo misma; si tiene confianza en sí misma; si comprende que todas esas cosas por las que los hombres rezan, todos los beneficios que se conceden y se buscan, carecen de importancia en relación con una vida de felicidad; en tales condiciones es sana. Porque todo lo que puede ser añadido es imperfecto; todo lo que puede sufrir pérdida no es duradero; pero que el hombre cuya felicidad ha de ser duradera, se regocije en lo que es verdaderamente suyo. Ahora bien, todo lo que la multitud persigue, fluye y refluye. La fortuna no nos da nada que realmente podamos poseer.[421] Pero incluso estos dones de la fortuna nos agradan cuando la razón los ha templado y mezclado a nuestro gusto; porque es la razón la que hace aceptables para nosotros incluso los bienes externos que son desagradables de usar si los absorbemos con demasiada avidez.
8. Atalo solía emplear el siguiente símil: "¿Has visto alguna vez a un perro chasquear con las fauces abiertas los trozos de pan o de carne que le arroja su amo? Todo lo que coge se lo traga enseguida, y siempre abre las fauces con la esperanza de algo más. Lo mismo nos sucede a nosotros; estamos expectantes, y lo que la fortuna nos ha arrojado lo echamos inmediatamente a correr, sin ningún placer real, y luego permanecemos alerta y frenéticos en busca de algo más que arrebatar". Pero no es así con el sabio; él está satisfecho. Aunque le caiga algo, se limita a

---

[421] Cf. Lucrecio, iii. 971 vita mancipio nulli datur, omnibus usu. Nuestras vidas sólo nos son prestadas; la Naturaleza conserva el dominium. Cf. también la frecuente figura de Séneca de la vida como una posada, contrastada con una casa sobre la que uno tiene la propiedad.

aceptarlo despreocupadamente y a dejarlo a un lado. **9.** La felicidad que disfruta es supremamente grande, es duradera, es suya. Supongamos que un hombre tiene buenas intenciones y ha progresado, pero aún está lejos de las alturas; el resultado es una serie de altibajos; ahora se eleva al cielo, ahora desciende a la tierra. Para aquellos que carecen de experiencia y entrenamiento, no hay límite para el curso cuesta abajo; tal persona cae en el Caos[422] de Epicuro, - vacío y sin límites. **10.** Hay todavía una tercera clase de hombres, los que juegan con la sabiduría; no la han tocado, pero la tienen a la vista, y la tienen, por así decirlo, al alcance de la mano. No van a la deriva, pero tampoco retroceden; no están en tierra firme, pero ya están en el puerto.

11. Por lo tanto, considerando la gran diferencia entre los que están en las alturas y los que están en las profundidades, y viendo que incluso los que están en el medio son perseguidos por un flujo y reflujo peculiar a su estado y perseguidos también por un enorme riesgo de volver a sus caminos degenerados, no debemos entregarnos a asuntos que ocupan nuestro tiempo. Hay que cerrarles el paso; si una vez consiguen entrar, traerán a otros para ocupar su lugar. Resistámoslos en sus primeras etapas. Es mejor que nunca comiencen a que cesen. Adiós.

---

[422] El vacío (inane), o espacio infinito, en contraste con los átomos que forman nuevos mundos en continua sucesión.

LXXIII. Sobre filósofos y reyes[423]

1. Me parece erróneo creer que quienes se han dedicado lealmente a la filosofía son tercos y rebeldes, despreciativos de los magistrados o de los reyes o de quienes controlan la administración de los asuntos públicos. Pues, por el contrario, ninguna clase de hombre es tan popular para el filósofo como lo es el gobernante; y con razón, porque los gobernantes no conceden a ningún hombre mayor privilegio que a aquellos a quienes se permite disfrutar de la paz y el ocio. **2.** Mucho más, en todo caso, que aquellas personas inquietas que están siempre a la vista del público, que deben mucho al gobernante, pero que también esperan mucho de él, y que nunca son tan generosamente colmadas de favores que sus ansias, que crecen al ser satisfechas, queden plenamente satisfechas. Y, sin embargo, aquel cuyos pensamientos son los beneficios venideros, ha olvidado los beneficios recibidos; y no hay mayor mal en la codicia que su ingratitud. **3.** Además, ningún hombre en la vida pública piensa en los muchos a quienes ha aventajado; piensa más bien en aquellos por quienes es aventajado. Y a estos hombres les resulta menos agradable ver a muchos detrás de ellos que molesto ver a alguien delante de ellos.[424] Ése es el problema de toda ambición: que no mira hacia atrás. No es sólo la ambición la que es inconstante, sino también todo tipo de deseo, porque siempre empieza donde debería terminar.

4. Pero ese otro hombre, recto y puro, que ha dejado el senado y la abogacía y todos los asuntos de estado, para poder retirarse a asuntos más nobles,[425] aprecia a aquellos que le han hecho

---

[423] Esta carta es especialmente interesante por sus indicios autobiográficos y su relación con los esfuerzos del propio Séneca por librarse de la vida cortesana y buscar el ocio del sabio. Véase la Introducción al Vol. I. pp. viii f.

[424] Cf. Horacio, Sat. i. 1. 115f. -
Instat equis auriga snos vincentibus, illum
Praeteritum temnens extremos inter euntem.

posible hacer esto con seguridad; él es la única persona que les devuelve espontáneamente las gracias, la única persona que les debe una gran deuda sin que ellos lo sepan. Del mismo modo que un hombre honra y venera a sus maestros, por cuya ayuda ha encontrado la liberación de sus primeros vagabundeos, el sabio honra también a estos hombres, bajo cuya tutela puede poner en práctica sus buenas teorías. **5.** Pero tú respondes: "Otros hombres también están protegidos por el poder personal de un rey". Perfectamente cierto. Pero del mismo modo que, de entre un número de personas que se han beneficiado del mismo tramo de tiempo tranquilo, un hombre considera que su deuda con Neptuno es mayor si su carga durante ese viaje ha sido más extensa y valiosa, y del mismo modo que el voto es pagado con más voluntad por el mercader que por el pasajero, y del mismo modo que, de entre los propios mercaderes, da las gracias de corazón el comerciante en especias, telas púrpuras y objetos que valen su peso en oro, que aquel que ha recogido mercancías baratas que no serán más que lastre para su barco; Del mismo modo, los beneficios de esta paz, que se extiende a todos, son más profundamente apreciados por aquellos que hacen buen uso de ella.

6. Porque hay muchos de nuestros ciudadanos vestidos de toga a quienes la paz trae más problemas que la guerra. ¿O acaso deben tanto como nosotros por la paz de que disfrutan aquellos que la gastan en la embriaguez, o en la lujuria, o en otros vicios que valdría la pena incluso interrumpir con una guerra? No, a menos que pienses que el sabio es tan injusto como para creer que como individuo no debe nada a cambio de las ventajas de que disfruta con todos los demás. Tengo una gran deuda con el sol y con la luna; y, sin embargo, no salen sólo para mí. Estoy personalmente en deuda con las estaciones y con el dios que las controla, aunque en ningún aspecto hayan sido repartidas en mi

---

[425] Para un interesante relato de la filosofía y su relación con la historia romana, véase E. V. Arnold, Roman Stoicism, cap. xvi. Este tema es tratado ampliamente por Cicerón, De Off. i. 71 s., y por Séneca, Ep. xc.

beneficio. **7.** La insensata codicia de los mortales distingue entre posesión y propiedad,[426] y cree que no tiene propiedad de nada en lo que el público en general tenga parte. Pero nuestro filósofo no considera nada más verdaderamente suyo que aquello que comparte en sociedad con toda la humanidad. Pues estas cosas no serían propiedad común, como de hecho lo son, a menos que cada individuo tuviera su cuota; incluso un interés conjunto basado en la más mínima participación lo convierte a uno en socio. **8.** Además, los grandes y verdaderos bienes no se reparten de tal manera que cada uno tenga sólo un pequeño interés; pertenecen en su totalidad a cada individuo. En una distribución de grano los hombres reciben sólo la cantidad que se ha prometido a cada persona; el banquete y la carne,[427] o todo lo demás que un hombre puede llevarse consigo, se dividen en partes. Estos bienes, sin embargo, son indivisibles -me refiero a la paz y la libertad- y pertenecen en su totalidad a todos los hombres tanto como a cada individuo.

9. Por eso el filósofo piensa en la persona que le hace posible usar y disfrutar de estas cosas, en la persona que le exime cuando la extrema necesidad del Estado les llama a las armas, a los centinelas, a la defensa de las murallas y a las múltiples exacciones de la guerra; y da gracias al timonel de su Estado. Esto es lo que la filosofía enseña más que nada: reconocer honorablemente la deuda de los beneficios recibidos y pagarlos honorablemente; a veces, sin embargo, el reconocimiento mismo constituye el pago. **10.** Nuestro filósofo reconocerá, pues, que tiene una gran deuda con el gobernante que hace posible, por su gestión y previsión, que disfrute de un rico ocio, del control de su propio tiempo y de una tranquilidad no interrumpida por los empleos públicos.

---

[426] Para esta figura cf. Ep. lxxii. 7 y nota; véase también el lenguaje similar de lxxxviii. 12 hoc, quod tenes, quod tuum dicis, publicum est et quidem generis humani.

[427] Durante ciertas fiestas, se distribuía entre la gente carne cruda o cocida.

¡Pastor! Un dios me dio este ocio,

Porque él será mi dios eternamente.[428]

11. Y si incluso un ocio como el de nuestro poeta tiene una gran deuda con su autor, aunque su mayor beneficio sea éste:

Como puedes ver,

Me dejó sacar mi ganado a pastar,
y tocar lo que se me antojara en un junco rústico;[429]

¿cuánto hemos de valorar este ocio del filósofo, que se pasa entre los dioses y nos hace dioses? **12.** Sí, eso es lo que quiero decir, Lucilio; y te invito al cielo por un atajo.

Sextius solía decir que Júpiter no tenía más poder que el hombre bueno. Por supuesto, Júpiter tiene más dones que puede ofrecer a la humanidad; pero cuando se trata de elegir entre dos hombres buenos, el más rico no es necesariamente el mejor, del mismo modo que, en el caso de dos pilotos de igual habilidad en el manejo del timón, se llamaría mejor a aquel cuya nave es más grande e imponente. **13.** ¿En qué es Júpiter superior a nuestro hombre bueno? Su bondad dura más tiempo; pero el hombre sabio no se da a sí mismo un valor inferior, sólo porque sus virtudes estén limitadas por un lapso más breve. O tomemos dos hombres sabios; el que ha muerto a una edad mayor no es más feliz que aquel cuya virtud se ha limitado a menos años: del mismo modo, un dios no tiene ventaja sobre un hombre sabio en punto a felicidad,[430] aunque tenga tal ventaja en punto a años. No es mayor la virtud que dura más.

---

[428] Virgilio, Égloga, i. 6 s. Virgilio tiene una deuda con el Emperador, y lo considera un "dios" por la concesión de la felicidad terrenal; ¡cuánto mayor es la deuda del filósofo, que tiene la oportunidad de estudiar las cosas celestiales!

[429] Virgilioio, Égloga, i. 9 s.

[430] En la religión cristiana, Dios lo es todo; entre los estoicos, el sabio es igual a los dioses. Cf., por ejemplo, Ep. XLI. 4.

14. Júpiter posee todas las cosas, pero seguramente ha cedido la posesión de ellas a otros; el único uso de ellas que le pertenece es éste: él es la causa de su uso para todos los hombres. El sabio examina y desprecia todas las posesiones de los demás tan tranquilamente como lo hace Júpiter, y se considera a sí mismo con la mayor estima porque, mientras Júpiter no puede hacer uso de ellas, él, el sabio, no desea hacerlo. **15.** Creamos, pues, a Sexcio cuando nos muestra el camino de la belleza perfecta, y clama: "Éste es 'el camino a las estrellas'[431] ; ¡éste es el camino, observando el ahorro, la moderación y el valor!".

Los dioses no son desdeñosos ni envidiosos; te abren la puerta; te echan una mano mientras subes. **16.** ¿Te maravilla que el hombre vaya a los dioses? Dios viene a los hombres; es más, se acerca, - entra en los hombres.[432] Ninguna mente que no tenga a Dios, es buena. Las semillas divinas están esparcidas por nuestros cuerpos mortales; si un buen labrador las recibe, brotan a semejanza de su fuente y de una paridad con aquellas de las que proceden. En cambio, si el labrador es malo, como una tierra estéril o pantanosa, mata las semillas y hace crecer cizaña en lugar de trigo. Adiós.

---

[431] Virgilio, Eneida, ix. 641.
[432] Cf. Ep. xli. §§ 1 f. *prope est a te deus, tecum est, intus est.*

LXXIV. Sobre la virtud como refugio de las distracciones mundanas

1. Su carta me ha complacido y me ha sacado de la pereza. También ha estimulado mi memoria, que durante algún tiempo ha estado floja y sin fuerzas.

Tienes razón, por supuesto, mi querido Lucilio, al considerar que el principal medio para alcanzar la vida feliz consiste en la creencia de que el único bien reside en lo que es honorable.[433] Pues quien considera buenas otras cosas, se pone en poder de la fortuna y se somete al dominio de otro; pero quien ha definido en todos los casos el bien por lo honorable, es feliz con una felicidad interior.

2. Un hombre se entristece cuando sus hijos mueren; otro se angustia cuando enferman; un tercero se amarga cuando hacen algo vergonzoso, o sufren una mancha en su reputación. Observarás que a un hombre le tortura la pasión por la mujer de su vecino, a otro la pasión por la suya. Encontrarás hombres que están completamente trastornados por no haber ganado una elección, y otros que en realidad están atormentados por los cargos que han ganado. **3.** Pero la mayor multitud de infelices entre los mortales son aquellos a quienes la expectativa de la muerte, que los amenaza por todas partes, los lleva a la desesperación. Porque no hay lugar de donde la muerte no se acerque. Por eso, como los soldados que exploran el país enemigo, deben mirar en todas direcciones y volver la cabeza a cada ruido; a menos que el pecho se libre de este temor, se vive con el corazón palpitante. **4.** Recordarás fácilmente a aquellos que han sido llevados al exilio y desposeídos de sus propiedades. Recordarás también (y ésta es la clase más grave de indigencia) a los que son pobres en medio de sus riquezas.[434] Recordarás a los hombres que han naufragado, o a aquellos

---

[433] Doctrina expresada a menudo en las cartas; cf., por ejemplo, LXXI. 4.

[434] Cf. Horacio, Carm. iii. 16. 28 magnas inter opes inops.

cuyos sufrimientos se asemejan a un naufragio; porque estaban tranquilos y tranquilas, cuando la ira o tal vez la envidia del pueblo, - un misil muy mortal para los que están en lugares altos,[435] - los desmanteló como una tormenta que suele levantarse cuando uno está más confiado en la calma continua, o como un rayo repentino que incluso hace temblar la región a su alrededor. Pues así como el que se encuentra cerca del rayo queda aturdido y se asemeja al que ha sido alcanzado, así en estos repentinos y violentos percances, aunque sólo una persona se ve abrumada por el desastre, el resto se ve abrumado por el miedo, y la posibilidad de que puedan sufrir les hace estar tan abatidos como el que realmente sufre.

5. Todo hombre se turba de espíritu por los males que sobrevienen repentinamente a su prójimo. Como los pájaros, que se acobardan incluso ante el zumbido de una honda vacía, nos distraen tanto los simples sonidos como los golpes. Por tanto, nadie puede ser feliz si se abandona a tan necias fantasías. Porque nada trae felicidad a menos que también traiga calma; es una mala clase de existencia la que se gasta en aprensión. **6.** Quien se ha entregado en gran medida al poder de la fortuna, ha creado para sí mismo una enorme red de inquietud, de la que no puede liberarse; si uno quiere ganar un camino hacia la seguridad, sólo hay un camino: despreciar lo externo y contentarse con lo que es honorable. Porque los que consideran cualquier cosa mejor que la virtud, o creen que hay algún bien excepto la virtud, están extendiendo sus brazos para recoger lo que la fortuna arroja fuera, y están esperando ansiosamente sus favores. **7.** Imagínate ahora que la fortuna está celebrando un festival, y está derramando honores, riquezas e influencia sobre esta multitud de mortales; algunos de estos regalos ya se han hecho pedazos en las manos de

---

[435] Para el mismo pensamiento cf. Ep. iv. 7 Neminem eo fortuna provexit, ut non tantum illi minaretur, quantum permiserat. Noli huic tranquillitati confidere; momento mare evertitur. Eodem die ubi luserunt navigia, sorbentur.

aquellos que tratan de arrebatárselos, otros han sido divididos por asociaciones traicioneras, y aún otros se han apoderado con gran perjuicio de aquellos en cuya posesión han llegado. Algunos de estos favores han caído en manos de los hombres mientras estaban distraídos;[436] otros se han perdido para sus buscadores porque los arrebataban con demasiada avidez, y, por el mero hecho de apoderarse de ellos con codicia, les han sido arrebatados de las manos. Sin embargo, no hay hombre entre todos ellos, -incluso el que ha tenido suerte en el botín que le ha caído-, cuya alegría por su botín haya durado hasta el día siguiente.

Por eso, el hombre más sensato, en cuanto ve que se trae la limosna,[437] huye del teatro; porque sabe que se paga un alto precio por pequeños favores. Nadie forcejeará con él a la salida, ni le golpeará al marcharse; las riñas tienen lugar donde están los premios. 8. Lo mismo sucede con los regalos que nos hace la fortuna; desgraciados de nosotros, nos excitamos, nos desgarramos, deseamos tener muchas manos, miramos ahora en esta dirección y ahora en aquella. Con demasiada lentitud, según parece, se lanzan los dones en nuestra dirección; no hacen más que excitar nuestras ansias, puesto que sólo pueden alcanzar a unos pocos y son esperados por todos. 9. Estamos ansiosos por interceptarlos cuando caen. Nos alegramos si nos hemos apoderado de algo; y algunos han sido burlados por la vana esperanza de apoderarse; o bien hemos pagado un alto precio por un botín sin valor con alguna desventaja para nosotros, o bien hemos sido defraudados y nos han dejado en la estacada. Retirémonos, pues, de un juego como éste, y cedamos el paso a la chusma codiciosa; dejemos que contemplen esos "bienes", que cuelgan suspendidos sobre ellos, y queden ellos mismos aún más en suspenso.[438]

---

[436] Es decir, ocupado en otra cosa. Cf. Ep. i. 1.

[437] Reparto de monedas, etc., en los juegos públicos. También se repartía comida a la población en ocasiones similares.

[438] Esta figura de la dádiva aplicada a la fortuna se sostiene en una

10. Quien se proponga ser feliz debe concluir que el bien consiste sólo en lo que es honorable. Porque si considera buena cualquier otra cosa, está, en primer lugar, emitiendo un juicio desfavorable sobre la Providencia por el hecho de que los hombres rectos sufren a menudo desgracias,[439] y que el tiempo que se nos asigna no es más que corto y escaso, si lo comparas con la eternidad que se asigna al universo.

11. A consecuencia de quejas como éstas, somos poco agradecidos en nuestros comentarios sobre los dones del cielo; nos quejamos porque no siempre se nos conceden, porque son pocos e inseguros y fugaces. Por eso no tenemos voluntad ni de vivir ni de morir; estamos poseídos por el odio a la vida, por el miedo a la muerte. Nuestros planes están en el mar, y ninguna prosperidad puede satisfacernos. Y la razón de todo esto es que aún no hemos alcanzado ese bien que es inconmensurable e insuperable, en el que todo deseo por nuestra parte debe cesar, porque no hay lugar más allá de lo más alto. **12.** ¿Preguntas por qué la virtud no necesita nada? Porque está satisfecha con lo que tiene, y no codicia lo que no tiene. Todo lo que es suficiente es abundante a los ojos de la virtud.

Discrepa de este juicio, y el deber y la lealtad no permanecerán. Pues quien desea exhibir estas dos cualidades debe soportar mucho de lo que el mundo llama malo; debemos sacrificar muchas cosas a las que somos adictos, pensando que son bienes. **13.** Desaparece el valor, que debería ponerse a prueba continuamente; desaparece la grandeza de alma, que no puede sobresalir claramente a menos que haya aprendido a despreciar como trivial todo lo que la multitud codicia como supremamente importante; y desaparece la bondad y la retribución de la bondad, si tememos el trabajo, si hemos

---

medida inusual en Séneca.

[439] Esta frase recuerda el título de uno de los ensayos filosóficos de Séneca: De Providentia, o Quare Bonis Viris Mala Accidant cum sit Providentia.

reconocido que algo es más precioso que la lealtad, si nuestros ojos están fijos en cualquier cosa excepto en lo mejor.

14. Pero para dejar pasar estas cuestiones: o bien estos llamados bienes no son bienes, o bien el hombre es más afortunado que Dios, porque Dios no disfruta de las cosas que nos son dadas.[440] Porque la lujuria no pertenece a Dios, ni los banquetes elegantes, ni la riqueza, ni ninguna de las cosas que seducen a la humanidad y la conducen a través de la influencia del placer degradante. Por lo tanto, o no es increíble que haya bienes que Dios no posea, o bien el hecho mismo de que Dios no los posea es en sí mismo una prueba de que estas cosas no son bienes. **15.** Además, muchas cosas que suelen considerarse como bienes se conceden a los animales en mayor medida que a los hombres. Los animales comen su alimento con mejor apetito, no se debilitan en el mismo grado por la indulgencia sexual, y tienen una constancia mayor y más uniforme en su fuerza. En consecuencia, son mucho más afortunados que el hombre. Pues no hay maldad, ni perjuicio para sí mismos, en su modo de vivir. Disfrutan de sus placeres y los toman más a menudo y más fácilmente, sin ninguno de los temores que resultan de la vergüenza o el arrepentimiento.

16. Siendo así, debes considerar si se tiene derecho a llamar bien a algo en lo que Dios es superado por el hombre. Limitemos el bien supremo al alma; pierde su sentido si se toma de la mejor parte de nosotros y se aplica a la peor, es decir, si se transfiere a los sentidos; pues los sentidos son más activos en las bestias mudas. La suma total de nuestra felicidad no debe depositarse en la carne; los verdaderos bienes son los que otorga la razón, sustanciales y eternos; no pueden decaer, ni menguar, ni disminuir. **17.** Otras cosas son bienes según la opinión, y aunque se las llame con el mismo nombre que los bienes verdaderos, la esencia de la bondad no está en ellas. Llamémoslas, pues, "ventajas", y, para emplear nuestro término

---

[440] Cf. Ep. lxxiii. § 14 Iuppiter uti illis non potest.

técnico, cosas "preferidas".[441] Reconozcamos, sin embargo, que son nuestros bienes muebles, no partes de nosotros mismos; y tengámoslos en nuestra posesión, pero tengamos cuidado de recordar que están fuera de nosotros. Aunque estén en nuestra posesión, deben ser consideradas como cosas subordinadas y pobres, cuya posesión no da a nadie derecho a envanecerse. Porque, ¿qué hay más insensato que envanecerse de algo que uno no ha conseguido con su propio esfuerzo? **18.** Que todo lo de esta naturaleza se nos añada y no se nos pegue, de modo que, si se nos retira, pueda desprenderse sin arrancarnos ninguna parte. Usemos estas cosas, pero no nos jactemos de ellas, y usémoslas con moderación, como si nos hubieran sido dadas para guardarlas y nos fueran a ser retiradas. Quien no emplea la razón en su posesión de ellos, nunca los conserva mucho tiempo; porque la prosperidad por sí misma, si no está controlada por la razón, se abruma a sí misma. Si alguien ha puesto su confianza en los bienes más efímeros, pronto se ve despojado de ellos, y, para evitar ser despojado, sufre angustia. A pocos hombres se les ha permitido desprenderse suavemente de la prosperidad. Los demás caen todos, junto con las cosas en medio de las cuales han llegado a la eminencia, y son lastrados por las mismas cosas que antes los habían exaltado. **19.** Por esta razón, la previsión debe entrar en juego, para insistir en un límite o en la frugalidad en el uso de estas cosas, ya que la licencia derriba y destruye su propia abundancia. Lo que no tiene límites nunca ha perdurado, a menos que la razón, que establece límites, lo haya contenido. El destino de muchas ciudades probará la verdad de esto; su dominio ha cesado en el mismo apogeo porque se entregaron al lujo, y el exceso ha arruinado todo lo que había sido ganado por la virtud. Debemos fortificarnos contra tales calamidades. Pero no se puede erigir ningún muro contra la fortuna que ella no pueda tomar por asalto; reforcemos nuestras defensas interiores. Si la parte

---

[441] Producta es una traducción del término estoico προηγμένα. Para una exposición clara de este tema, véase Cicerón, De Fin. iii. 52 ss.

interior está a salvo, el hombre puede ser atacado, pero nunca capturado.

¿Desea saber cuál es esta arma de defensa? **20.** Es la capacidad de abstenerse de quejarse por cualquier cosa que le suceda a uno, de saber que las mismas agencias que parecen traer daño están trabajando para la preservación del mundo, y son una parte del plan para llevar a cabo el orden del universo y sus funciones. Que el hombre se complazca con lo que ha complacido a Dios; que se maraville de sí mismo y de sus propios recursos por esta misma razón, que no puede ser vencido, que tiene los mismos poderes del mal, sujetos a su control, y que somete el azar, el dolor y el mal por medio de ese poder más fuerte que es la razón. **21.** ¡Ama la razón! El amor a la razón te armará contra las mayores dificultades. Las bestias salvajes se lanzan contra la lanza del cazador por amor a sus crías, y es su salvajismo y su precipitación impremeditada lo que les impide ser domadas; a menudo el deseo de gloria ha incitado a la mente de la juventud a despreciar tanto la espada como la estaca; la mera visión y apariencia de la virtud impulsa a ciertos hombres a una muerte autoimpuesta. En la medida en que la razón sea más fuerte y firme que cualquiera de estas emociones, tanto más enérgicamente se abrirá camino en medio de terrores y peligros absolutos.

22. Los hombres nos dicen: "Te equivocas si sostienes que nada es un bien excepto lo que es honorable; una defensa como ésta no te pondrá a salvo de la fortuna ni libre de sus asaltos. Pues sostienes que los hijos obedientes, el país bien gobernado y los buenos padres deben considerarse bienes; pero no puedes ver estos objetos queridos en peligro y estar tranquilos. Tu calma se verá perturbada por un asedio dirigido contra tu país, por la muerte de tus hijos o por la esclavitud de tus padres." **23.** Expondré primero lo que solemos responder los estoicos[442] a

---

[442] Véase Ep. lxvi. 6. Los estoicos, a diferencia de los académicos y los peripatéticos, sostenían que el bien debe tener "un valor

estos objetores, y luego añadiré qué respuesta adicional debería, en mi opinión, darse.

La situación es completamente diferente en el caso de los bienes cuya pérdida implica alguna dificultad sustituida en su lugar; por ejemplo, cuando la buena salud se deteriora hay un cambio a la mala salud; cuando el ojo se apaga, nos visitan con la ceguera; no sólo perdemos nuestra velocidad cuando nuestros músculos de las piernas se cortan, pero la enfermedad toma el lugar de la velocidad. Pero no existe tal peligro en el caso de los bienes a los que nos hemos referido hace un momento. ¿Por qué? Si he perdido a un buen amigo, no tengo un falso amigo que deba soportar en su lugar; ni si he enterrado a un hijo obediente, debo afrontar a cambio una conducta poco filial. **24.** En segundo lugar, esto no significa para mí el despojo de un amigo o de un hijo; es el mero despojo de sus cuerpos. Pero un bien sólo puede perderse de un modo, transformándose en lo que es malo; y esto es imposible según la ley de la naturaleza, porque toda virtud, y toda obra de virtud, permanece incorrupta. Además, aunque hayan perecido los amigos, o los hijos de bondad aprobada que cumplen las oraciones de su padre por ellos, hay algo que puede llenar su lugar. ¿Preguntas qué es esto? Es aquello que los había hecho buenos en primer lugar, a saber, la virtud. **25.** La virtud no deja ningún espacio sin ocupar en nosotros; se apodera de toda el alma y elimina toda sensación de pérdida. Sólo ella basta, pues en la virtud misma están la fuerza y el principio de todos los bienes. ¿Qué importa si el agua corriente se corta y fluye lejos, mientras la fuente de la que ha fluido esté ilesa? No sostendrás que la vida de un hombre es más justa si sus hijos están ilesos que si han fallecido, ni tampoco mejor nombrados, ni más inteligentes, ni más honorables; por tanto, tampoco mejores. La suma de amigos no lo hace a uno más sabio, ni su quita lo hace más necio; por lo tanto, tampoco más feliz ni más desdichado.

---

incondicional" (Zeller).

Mientras tu virtud esté ilesa, no sentirás la pérdida de nada de lo que te haya sido retirado. **26.** Puedes decir: "Vamos, ¿no es un hombre más feliz cuando está rodeado de una gran compañía de amigos e hijos?". ¿Por qué habría de ser así? Porque el bien supremo no se perjudica ni aumenta con ello; permanece dentro de sus propios límites, no importa cómo se haya conducido la fortuna. Tanto si le toca a uno una larga vejez, como si el fin le llega a este lado de la vejez, la medida del bien supremo es invariable, a pesar de la diferencia de años.

27. Tanto si dibujas un círculo más grande como uno más pequeño, su tamaño afecta a su área, no a su forma. Un círculo puede permanecer tal como es durante mucho tiempo, mientras que puedes contraer el otro inmediatamente, o incluso fundirlo completamente con la arena en la que fue dibujado;[443] sin embargo, cada círculo ha tenido la misma forma. Lo que es recto no se juzga por su tamaño, ni por su número, ni por su duración; no puede alargarse más de lo que puede acortarse. Disminuye la vida honorable tanto como quieras de los cien años completos, y redúcela a un solo día; es igualmente honorable.[444] **28.** A veces la virtud se extiende, gobernando reinos, ciudades y provincias, creando leyes, desarrollando amistades y regulando los deberes que rigen entre parientes e hijos; otras veces está limitada por los estrechos límites de la pobreza, el exilio o el duelo. Pero no es menor cuando se reduce de las alturas más orgullosas a una estación privada, de un palacio real a una humilde morada, o cuando de una jurisdicción general y amplia se recoge en los estrechos límites de una casa particular o de un minúsculo rincón. **29.** La virtud es igualmente grande, aun cuando se haya replegado sobre sí misma y esté encerrada por todas partes. Porque su espíritu no es menos grande y recto, su sagacidad no es menos completa, su justicia no es menos inflexible. Por lo

---

[443] Cf. Itane in geometriae pulvere haerebo?, Ep. lxxxviii. 39 y nota.
[444] Véase el argumento en Ep. xii. 6 s., y a menudo en otros lugares.

tanto, es igualmente feliz. Porque la felicidad tiene su morada en un solo lugar, a saber, en la mente misma, y es noble, firme y tranquila; y este estado no puede alcanzarse sin un conocimiento de las cosas divinas y humanas.

30. La otra respuesta, que prometí[445] hacer a tu objeción, se sigue de este razonamiento. El sabio no se aflige por la pérdida de los hijos o de los amigos. Pues soporta su muerte con el mismo espíritu con que espera la suya. Y teme a uno tan poco como se aflige por el otro. Porque el principio subyacente de la virtud es la conformidad;[446] todas las obras de la virtud están en armonía y de acuerdo con la virtud misma. Pero esta armonía se pierde si el alma, que debería estar elevada, se abate por el dolor o la sensación de pérdida. Es siempre una deshonra para un hombre estar turbado e inquieto, estar entumecido cuando hay alguna llamada a la actividad. Porque lo que es honorable está libre de preocupaciones y sin trabas, no tiene miedo y está preparado para la acción. **31.** "¿Qué," preguntas, "el sabio no experimentará ninguna emoción como la perturbación del espíritu? ¿No cambiarán de color sus facciones,[447] se agitará su semblante, y se enfriarán sus miembros? Y hay otras cosas que hacemos, no bajo la influencia de la voluntad, sino inconscientemente y como resultado de una especie de impulso natural." Admito que esto es cierto; pero el sabio conservará la firme creencia de que ninguna de estas cosas es mala, o lo bastante importante como para hacer que una mente sana se derrumbe. **32.** Lo que quede por hacer, la virtud puede hacerlo con valor y prontitud. Porque cualquiera admitiría que es una marca de insensatez hacer con espíritu perezoso y rebelde cualquier cosa que uno tenga que hacer, o dirigir el cuerpo en

---

[445] Véase el artículo 23

[446] Llamada por los primeros estoicos ὁμολογία; la idea de "conformidad con la naturaleza" es una doctrina fundamental de la escuela. Véase Rackham sobre Cicerón, De Fin. iii. 21.

[447] Cf. Epp. xi. 6 y lxxi. 29.

una dirección y la mente en otra, y así estar desgarrado entre emociones completamente conflictivas. Pues la necedad es despreciada precisamente por las cosas de las que se vanagloria y admira, y no hace con gusto ni siquiera aquellas de las que se enorgullece. Pero si la necedad teme algún mal, se siente agobiada por él en el mismo momento en que lo espera, como si ya hubiera llegado, sufriendo ya en su aprensión lo que teme sufrir. **33.** Así como en el cuerpo los síntomas de la mala salud latente preceden a la enfermedad, hay, por ejemplo, una cierta pereza débil,[448] una lasitud que no es el resultado de ningún trabajo, un temblor y un escalofrío que impregna los miembros, así el espíritu débil es sacudido por sus males mucho tiempo antes de ser vencido por ellos. Se anticipa a ellos y se tambalea antes de tiempo.

Pero, ¿qué mayor locura que torturarse por el futuro y no ahorrar fuerzas para el sufrimiento real, sino invitar y provocar la desdicha? Si no puedes librarte de ella, al menos deberías posponerla. **34.** ¿No comprenderás que ningún hombre debe atormentarse por el futuro? El hombre a quien se le ha dicho que tendrá que soportar la tortura dentro de cincuenta años no se perturba por ello, a menos que haya saltado por encima de los años intermedios, y se haya proyectado en el problema que está destinado a llegar una generación más tarde. De la misma manera, las almas que disfrutan estando enfermas y que buscan excusas para el dolor, se entristecen por los acontecimientos pasados hace mucho tiempo y borrados de los registros. El pasado y el futuro están ausentes; no sentimos ninguno de los dos. Pero no puede haber dolor sino como resultado de lo que se siente. Adiós.

---

[448] Tal vez una especie de malaria.

LXXV. Sobre las enfermedades del alma

1. Te has estado quejando de que mis cartas están escritas con bastante descuido. Ahora bien, ¿quién habla con cuidado a menos que también desee hablar con afecto?[449] Prefiero que mis cartas sean lo que sería mi conversación [450] si tú y yo estuviéramos sentados en compañía o paseando juntos, espontánea y fácil, porque mis cartas no tienen nada de forzadas o artificiales. **2.** Si fuera posible, preferiría mostrar mis sentimientos antes que hablar. Aunque estuviera discutiendo un punto, no daría pisotones, ni sacudiría los brazos, ni levantaría la voz; sino que dejaría ese tipo de cosas al orador, y me contentaría con haberte transmitido mis sentimientos sin haberlos adornado ni rebajado su dignidad. **3.** Quisiera convencerte enteramente de este hecho: que siento lo que digo, que no sólo lo siento, sino que estoy casado con ello. Una clase de beso es el que un hombre da a su amante, y otra la que da a sus hijos; sin embargo, también en el abrazo del padre, por santo y comedido que sea, se revela mucho afecto.

Prefiero, sin embargo, que nuestra conversación sobre asuntos tan importantes no sea escasa y árida; porque ni siquiera la filosofía renuncia a la compañía de la inteligencia. No hay que prestar, sin embargo, demasiada atención a las meras palabras. **4.** Que éste sea el núcleo de mi idea: digamos lo que sentimos, y sintamos lo que decimos; que el habla armonice con la vida.[451] Ha cumplido su promesa aquel hombre que es la misma persona tanto cuando se le ve como cuando se le oye. **5.** No dejaremos de ver qué clase de hombre es y cuán grande es, con tal de que sea uno y el mismo. Nuestras palabras no deben

---

[449] Para putidum (lo que ofende al gusto, es decir, es demasiado artificialmente formal) véase Cic. De Orat. iii. 41 nolo exprimi litteras putidius, nolo obscurari neglegentius.

[450] Cf. Ep. lxvii. 2 si quando intervenerunt epistulae tuae, tecum esse mihi videor, etc.

[451] Cf. Ep. cxiv. 1 talis hominibus fuit oratio qualis vita, y passim en Epp. xl., lxxv. y cxiv.

tener por objeto agradar, sino ayudar. Sin embargo, si puedes alcanzar la elocuencia sin esfuerzo, y si estás naturalmente dotado o puedes ganar elocuencia a bajo costo, aprovéchala al máximo y aplícala a los usos más nobles. Pero que sea de tal manera que muestre los hechos más que a sí misma. Ésta y las demás artes se ocupan enteramente de la astucia;[452] pero nuestro asunto aquí es el alma.

6. Un enfermo no llama a un médico que es elocuente; pero si sucede que el médico que puede curarlo también habla con elegancia sobre el tratamiento que debe seguir, el paciente lo tomará a bien. Sin embargo, no encontrará ningún motivo para felicitarse por haber descubierto a un médico elocuente. Pues el caso no difiere del de un piloto experto que además es guapo. **7.** ¿Por qué me haces cosquillas en los oídos? ¿Por qué me entretienes? Hay otros asuntos entre manos; deben cauterizarme, operarme o ponerme a dieta. Para eso te han llamado.

Usted debe curar una enfermedad crónica y grave que afecta al bienestar general. Tienes entre manos un asunto tan serio como el de un médico durante una plaga. ¿Le preocupan *las palabras*? Alégrate en este instante si puedes hacer frente a *las cosas*. ¿Cuándo aprenderás todo lo que hay que aprender? ¿Cuándo plantarás de tal modo en tu mente lo que has aprendido, que no pueda escapar? ¿Cuándo lo pondrás todo en práctica? Porque no basta con memorizar estas cosas, como otras cuestiones; hay que ponerlas a prueba en la práctica. No es feliz quien sólo las sabe, sino quien las pone en práctica. **8.** Tú respondes: "¿Qué? ¿No hay grados de felicidad por debajo de tu hombre "feliz"? ¿Hay un puro descenso inmediatamente por debajo de la sabiduría?". Yo creo que no. Porque aunque el que

---

[452] La elocuencia y otras artes agradan principalmente por su ingenio; ni la filosofía abjura de tal ingenio como estilo; pero aquí en estas cartas, en las que estamos discutiendo el alma, las gracias del habla no son de interés.

progresa se encuentra entre los necios, está separado de ellos por un largo intervalo. Entre las mismas personas que progresan hay también grandes espacios intermedios. Se dividen en tres clases,[453] como creen ciertos filósofos. **9.** En primer lugar están los que aún no han alcanzado la sabiduría, pero ya han ganado un lugar cercano. Sin embargo, incluso lo que no está lejos sigue estando fuera. Estos, si me preguntas, son hombres que ya han dejado a un lado todas las pasiones y vicios, que han aprendido qué cosas hay que abrazar; pero su seguridad aún no ha sido puesta a prueba. Todavía no han puesto en práctica su bien, pero a partir de ahora no pueden volver a caer en las faltas de las que se han librado. Ya han llegado a un punto del que no se puede retroceder, pero todavía no son conscientes de ello; como recuerdo haber escrito en otra carta: "Ignoran su conocimiento".[454] Ahora les ha sido concedido gozar de su bien, pero todavía no estar seguros de ello. **10.** Algunos definen esta clase, de la que he estado hablando, una clase de hombres que están progresando, como habiendo escapado de las enfermedades de la mente, pero no todavía de las pasiones, y como estando todavía en terreno resbaladizo; porque nadie está más allá de los peligros del mal excepto aquel que se ha librado completamente de él. Pero nadie se ha librado de él, excepto el hombre que ha adoptado la sabiduría en su lugar.

11. A menudo he explicado antes la diferencia entre las enfermedades de la mente y sus pasiones. Y lo recordaré una vez más: las enfermedades son vicios endurecidos y crónicos, tales como la avaricia y la ambición; han envuelto la mente en un apretón demasiado estrecho, y han comenzado a ser males permanentes de la misma. Para dar una breve definición: por "enfermedad" entendemos una perversión persistente del juicio, de modo que las cosas que son ligeramente deseables se consideran altamente deseables. O, si se prefiere, podemos

---

[453] Crisipo, sin embargo, sólo reconocía las dos primeras clases, al igual que Epicteto (iv. 2).
[454] Ep. lxxi. 4.

definirla así: ser demasiado celoso en esforzarse por cosas que son sólo ligeramente deseables o no deseables en absoluto, o valorar altamente cosas que deberían ser valoradas pero ligeramente o no valoradas en absoluto. **12.** "Pasiones" son impulsos objetables del espíritu, repentinos y vehementes; han venido tan a menudo, y se les ha prestado tan poca atención, que han causado un estado de enfermedad; igual que un catarro,[455] cuando no ha habido más que un solo ataque y el catarro no se ha hecho todavía habitual, produce tos, pero causa tisis cuando se ha hecho regular y crónica. Por lo tanto, podemos decir que los que más han progresado están fuera del alcance de las "enfermedades"; pero siguen sintiendo las "pasiones" incluso cuando están muy cerca de la perfección.

13. La segunda clase se compone de aquellos que han dejado a un lado los mayores males de la mente y sus pasiones, pero aún no están en posesión segura de la inmunidad.[456] Pues aún pueden recaer en su estado anterior. **14.** La tercera clase está fuera del alcance de muchos de los vicios y particularmente de los grandes vicios, pero no fuera del alcance de todos. Por ejemplo, se han librado de la avaricia, pero siguen sintiendo ira; ya no les atormenta la lujuria, pero siguen atormentados por la ambición; ya no tienen deseo, pero siguen teniendo miedo. Y sólo porque temen, aunque son lo bastante fuertes para resistir ciertas cosas, hay ciertas cosas ante las que ceden; desprecian la muerte, pero tienen terror al dolor.

15. Reflexionemos un momento sobre este tema. Nos irá bien si somos admitidos en esta clase. El segundo estadio se obtiene por una gran fortuna en cuanto a nuestras dotes naturales y por

---

[455] Para las luchas del propio Séneca con esta enfermedad cf. Ep. lxxviii. 1.

[456] La diferencia entre la primera y la segunda clase está bien descrita en Ep. lxxii. 6 hoc interest inter consummatae sapientiae virum et alium procedentis, quod inter sanum et ex morbo gravi ac diutino emergentem.

una gran e incesante aplicación al estudio. Pero ni siquiera el tercer tipo debe despreciarse. Piensa en la multitud de males que ves a tu alrededor; contempla cómo no hay crimen que no esté ejemplificado, cuánto avanza la maldad cada día, y cuán frecuentes son los pecados en el hogar y en la comunidad. Veréis, pues, que ganamos mucho, si no somos contados entre los más bajos.

16. "Pero en cuanto a mí", dices, "¡espero que esté en mí elevarme a un rango más alto que ése!". Yo rogaría, más que prometer, que pudiéramos alcanzarlo; se nos ha adelantado. Nos apresuramos hacia la virtud mientras nos estorban los vicios. Me avergüenza decirlo, pero adoramos lo que es honorable sólo en la medida en que tenemos tiempo de sobra.[457] Pero ¡qué rica recompensa nos espera si tan sólo rompemos con los asuntos que nos adelantan y con los males que se aferran a nosotros con total tenacidad! **17.** Entonces ni el deseo ni el miedo nos vencerán. Imperturbables por los temores, incontaminados por los placeres, no temeremos ni a la muerte ni a los dioses; sabremos que la muerte no es un mal y que los dioses no son poderes del mal. Lo que daña no tiene mayor poder que lo que recibe daño, y las cosas que son completamente buenas no tienen poder alguno para dañar.[458] **18.** Nos espera, si alguna vez escapamos de estas bajas heces a esa sublime y elevada altura, la paz de la mente y, cuando todo error haya sido expulsado, la libertad perfecta. ¿Preguntan qué es esta libertad? Significa no temer ni a los hombres ni a los dioses; significa no desear la maldad ni el exceso; significa poseer un poder supremo sobre uno mismo Y es un bien inestimable ser dueño de uno mismo. Hasta la vista.

---

[457] Esta idea es una de las favoritas de Séneca; cf. Ep. liii. 8 non est quod precario philosopheris, y § 9 (philosophia) non est res subsiciva, "una ocupación para el tiempo libre".

[458] Por lo tanto, la muerte no tiene poder para dañar, ya que el hombre no es dañado por ella, y los dioses, que son totalmente buenos, no pueden ser la fuente del mal.

LXXVI. Sobre el aprendizaje de la sabiduría en la vejez

1. Me has estado amenazando con tu enemistad, si no te mantengo informado de todas mis acciones diarias. Pero vea, ahora, en qué francos términos vivimos usted y yo: pues confiaré incluso el siguiente hecho a sus oídos. He estado oyendo las conferencias de un filósofo; hace ya cuatro días que asisto a su escuela y escucho la arenga, que comienza a las dos. "¡Buen momento de la vida para eso!", dirá usted. Sí, desde luego. Ahora bien, ¿qué hay más tonto que negarse a aprender, simplemente porque uno no ha estado aprendiendo durante mucho tiempo? **2.** "¿Qué quieres decir? ¿Debo seguir la moda que marcan los petimetres[459] y los jóvenes?". Pero estoy bastante bien si esto es lo único que desacredita mis años declinantes. En esta aula se admiten hombres de todas las edades. Tú replicas: "¿Envejecemos sólo para ir detrás de los jóvenes?". Pero si yo, un anciano, voy al teatro, y me llevan a las carreras, y no permito que ningún duelo en la arena llegue a su fin sin mi presencia, ¿me avergonzaré de asistir a una conferencia de un filósofo?

3. Debes seguir aprendiendo mientras seas ignorante, -incluso hasta el final de tu vida, si hay algo en el proverbio. Y el proverbio se adapta al caso presente tan bien como cualquier otro: "Mientras vivas, sigue aprendiendo a vivir". Por todo eso, también hay algo que puedo enseñar en esa escuela. ¿Me preguntas qué puedo enseñar? Que incluso un anciano debe seguir aprendiendo. **4.** Pero me avergüenzo de la humanidad, tan pronto como entro en la sala de conferencias. De camino a la casa de Metronax[460] me veo obligado a pasar, como sabes, por delante del Teatro Napolitano. El edificio está abarrotado; los hombres deciden, con tremendo celo, quién tiene derecho a ser llamado un buen flautista; incluso el gaitero griego y el

---

[459] Apodo superheroico para los caballeros, derivado de la ciudad de Trossulum en Etruria, que capturaron mediante una carga sensacional. Véase Persio, i. 82, y Séneca, Ep. lxxxvii. 9.
[460] Véase también Ep. xciii.

heraldo atraen a sus multitudes. Pero en el otro lugar, donde la pregunta que se discute es: "¿Qué es un buen hombre?" y la lección que aprendemos es "¿Cómo ser un buen hombre?", muy pocos asisten, y la mayoría piensa que incluso estos pocos no se dedican a ningún buen negocio; tienen el nombre de ser ociosos con la cabeza vacía. Espero ser bendecido con esa clase de burlas; porque uno debe escuchar con espíritu imperturbable las reprimendas de los ignorantes; cuando uno marcha hacia la meta del honor, debe despreciar el desprecio mismo.

5. Procede, pues, Lucilio, y date prisa, no sea que tú mismo te veas obligado a aprender en tu vejez, como es mi caso. Es más, debes apresurarte aún más, porque durante mucho tiempo no has abordado el tema, que difícilmente podrás aprender a fondo cuando seas viejo. "¿Cuánto debo avanzar?", te preguntas. Tanto como te esfuerces en hacer. **6.** ¿Por qué esperas? La sabiduría no llega a nadie al azar. El dinero vendrá por sí solo; los títulos te serán dados; la influencia y la autoridad quizás te sean impuestas; pero la virtud no caerá sobre ti por casualidad. Tampoco el conocimiento de la misma se gana con un ligero esfuerzo o un pequeño trabajo; pero trabajar vale la pena cuando uno está a punto de ganar todos los bienes de un solo golpe. **7.** En todas las demás cosas que la opinión general apruebe, no encontrarás verdad ni certeza. Por qué, sin embargo, no hay más que un bien, a saber, lo que es honorable, te lo diré ahora, en la medida en que juzgues que en mi anterior carta[461] no llevé la discusión lo suficientemente lejos, y pienses que esta teoría te fue recomendada más que probada. También comprimiré en estrecho compás las observaciones de otros autores.

8. Todo se valora por su propio bien. La vid se valora por su productividad y el sabor de su vino, el ciervo por su velocidad. En cuanto a las bestias de carga, nos preguntamos por la robustez de su lomo, pues su única utilidad es llevar cargas. Si

---

[461] Ep. lxxiv.

un perro ha de encontrar el rastro de una bestia salvaje, la agudeza de su olfato es lo más importante; si ha de atrapar a su presa, la rapidez de pies; si ha de atacarla y acosarla, el valor. En cada cosa debe ser mejor aquella cualidad por la cual la cosa es traída a la existencia y por la cual es juzgada. **9.** ¿Y qué cualidad es la mejor en el hombre? Es la razón; en virtud de la razón supera a los animales, y sólo es superado por los dioses. La razón perfecta es, pues, el bien propio del hombre; todas las demás cualidades las comparte en cierto grado con los animales y las plantas. El hombre es fuerte; también lo es el león. El hombre es hermoso, como el pavo real. El hombre es veloz; también lo es el caballo. No digo que el hombre sea superado en todas estas cualidades. No busco lo que es más grande en él, sino lo que es peculiarmente suyo. El hombre tiene cuerpo; los árboles también. El hombre tiene el poder de actuar y moverse a voluntad; también lo tienen las bestias y los gusanos. El hombre tiene voz; pero ¡cuánto más fuerte es la voz del perro, ¡cuánto más estridente la del águila!, ¡cuánto más profunda la del toro!, ¡cuánto más dulce y melodiosa la del ruiseñor! **10.** ¿Qué es, pues, lo propio del hombre? La razón. Cuando ésta es recta y ha alcanzado la perfección, la felicidad del hombre es completa. Por lo tanto, si todo es digno de alabanza y ha alcanzado el fin previsto por su naturaleza, cuando ha llevado su bien peculiar a la perfección, y si el bien peculiar del hombre es la razón, entonces, si un hombre ha llevado su razón a la perfección, es digno de alabanza y ha alcanzado el fin adecuado a su naturaleza. Esta razón perfecta se llama virtud, y es asimismo lo que es honorable.

11. De ahí que sólo en el hombre hay un bien que sólo al hombre pertenece. Pues no se trata ahora de descubrir qué es un bien, sino qué bien es del hombre. Y si no hay otro atributo que pertenezca peculiarmente al hombre excepto la razón, entonces la razón será su único bien peculiar, pero un bien que vale por todos los demás juntos. Si un hombre es malo, supongo que se le mirará con desaprobación; si es bueno, supongo que se le mirará con aprobación. Por lo tanto, aquel atributo del hombre por el cual es aprobado o desaprobado es su principal y único bien. **12.** No dudas de que esto sea un bien; sólo dudas de que sea el único bien. Si un hombre posee todas las demás cosas, como salud, riqueza, pedigrí,[462] un salón de recepciones abarrotado, pero es confesadamente malo, lo desaprobarás. Del mismo modo, si un hombre no posee ninguna de las cosas que he mencionado, y carece de dinero, o una escolta de clientes, o rango y una línea de abuelos y bisabuelos, pero es confesadamente bueno, lo aprobarás. Por lo tanto, éste es el único bien peculiar del hombre, y quien lo posee debe ser alabado, aunque carezca de otras cosas; pero quien no lo posee, aunque posea todo lo demás en abundancia, es condenado y rechazado. **13.** Lo mismo vale para los hombres que para las cosas. Se dice que un barco es bueno no cuando está decorado con colores costosos, ni cuando su proa está cubierta de plata u oro o su mascarón de proa[463] repujado en marfil, ni cuando está cargado con las rentas imperiales[464] o con las riquezas de los reyes, sino cuando es firme y firme y tenso, con costuras que impiden el paso del agua, lo bastante robusto para soportar el embate de las olas obediente a su timón, veloz y sin preocuparse por los vientos. **14.** Hablarás de una espada como buena, no cuando su cinto sea de oro, o su vaina esté tachonada de piedras preciosas, sino cuando su filo sea fino para cortar y su punta atraviese cualquier armadura. Tomemos la regla del carpintero: no preguntamos cuán bella es, sino cuán recta es. Cada cosa es alabada en relación con el atributo que se toma como su estándar, en relación con lo que es su cualidad peculiar.

---

[462] Literalmente "muchas máscaras" de sus antepasados. Se colocaron en el atrio.
[463] Literalmente "la deidad guardiana"; cf. Horacio, Od. i. 14. 10. Eran imágenes de los dioses, que los antiguos llevaban e invocaban, del mismo modo que hoy se hace con San Nicolás.
[464] El *fiscus* era el tesoro privado del emperador romano, a diferencia del aerarium, teóricamente controlado por el Senado.

15. Por lo tanto, tampoco en el caso del hombre es pertinente saber cuántas hectáreas ara, cuánto dinero tiene a interés, cuántos invitados asisten a sus recepciones, cuán costoso es el lecho en el que yace, cuán transparentes son las copas de las que bebe, sino cuán bueno es. Es bueno, sin embargo, si su razón está bien ordenada y es recta y adaptada a lo que su naturaleza ha querido. **16.** Esto es lo que se llama virtud; esto es lo que entendemos por "honorable";[465] es el único bien del hombre. Pues, puesto que sólo la razón lleva al hombre a la perfección, sólo la razón, una vez perfeccionada, hace al hombre feliz. Este es, además, el único bien del hombre, el único medio por el que se le hace feliz. Decimos, en efecto, que también[466] son bienes las cosas que son promovidas y reunidas por la virtud, es decir, todas las obras de la virtud; pero la virtud misma es por esto el único bien, porque no hay bien sin virtud. **17.** Si todo bien está en el alma, todo lo que la fortalece, la eleva y la engrandece es un bien; pero la virtud la fortalece, la eleva y la engrandece. Porque todas las demás cosas, que despiertan nuestros deseos, deprimen el alma y la debilitan, y cuando creemos que elevan el alma, no hacen más que hincharla y engañarla con mucho vacío. Por tanto, sólo es bueno aquello que mejorará el alma.

18. Todas las acciones de la vida, tomadas en su conjunto, están controladas por la consideración de lo que es honorable o vil; es con referencia a estas dos cosas que nuestra razón se rige al hacer o no hacer una cosa en particular. Explicaré lo que quiero decir: Un hombre de bien hará lo que considere honorable, aunque le suponga trabajo; lo hará, aunque le suponga un daño; lo hará, aunque le suponga un peligro; y no hará lo que le parezca vil, aunque le reporte dinero, placer o poder. Nada lo disuadirá de lo que es honorable, y nada lo tentará a la bajeza. **19.** Por consiguiente, si está resuelto a seguir invariablemente lo

---

[465] Es decir, "valor moral".
[466] Es decir, la paz, el bienestar de la patria, los hijos obedientes, etc.

que es honorable, a evitar invariablemente la bajeza, y a tener en cuenta estas dos cosas en todos los actos de su vida, sin considerar nada más bueno que lo que es honorable, ni nada más malo que lo que es vil; si la virtud es la única que no se pervierte en él y mantiene por sí misma su curso uniforme, entonces la virtud es el único bien de ese hombre, y nada puede sucederle en lo sucesivo que la convierta en otra cosa que no sea buena. Ha escapado a todo riesgo de cambio; la locura puede arrastrarse hacia la sabiduría, pero la sabiduría nunca retrocede hacia la locura.

20. Tal vez recuerdes que dije en[467] que las cosas que generalmente se han deseado y temido han sido pisoteadas por muchos hombres en momentos de pasión repentina. Se han encontrado hombres que pondrían sus manos en las llamas, hombres cuyas sonrisas no podrían ser detenidas por el torturador, hombres que no derramarían ni una lágrima en el funeral de sus hijos, hombres que se enfrentarían a la muerte sin inmutarse. Son el amor, por ejemplo, la ira, la lujuria, los que han desafiado a los peligros. Si una terquedad momentánea puede lograr todo esto cuando es despertada por algún aguijón que aguijonea el espíritu, ¡cuánto más puede lograrlo la virtud, que no actúa impulsiva ni repentinamente, sino uniformemente y con una fuerza que es duradera! **21.** De aquí se sigue que las cosas que suelen despreciar los hombres movidos por una pasión repentina, y que siempre desprecian los sabios, no son ni bienes ni males. La virtud misma es, pues, el único bien; ella marcha orgullosa entre los dos extremos de la fortuna, con gran desprecio de ambos.

22. Sin embargo, si aceptas la opinión de que hay algo bueno además de lo que es honorable, todas las virtudes sufrirán. Porque nunca será posible que ninguna virtud sea ganada y mantenida, si hay algo fuera de sí misma que la virtud deba tomar en consideración. Si existe tal cosa, entonces está en

---

[467] Cf. Ep. lxxiv. 21.

desacuerdo con la razón, de la que brotan las virtudes, y también con la verdad, que no puede existir sin la razón. Cualquier opinión, sin embargo, que esté en desacuerdo con la verdad, es errónea. **23.** Reconocerás que un hombre bueno debe tener el más alto sentido del deber hacia los dioses. Por eso soportará con ánimo imperturbable cuanto le suceda, pues sabrá que ha sucedido como consecuencia de la ley divina, por la que se mueve toda la creación. Siendo así, habrá para él un bien, y sólo uno, a saber, el que es honorable; pues uno de sus dictados es que obedezcamos a los dioses y no nos encendamos en cólera ante las desgracias repentinas ni deploremos nuestra suerte, sino que aceptemos pacientemente el destino y obedezcamos sus mandatos. **24.** Si todo lo que no sea honorable es bueno, nos acosará la codicia por la vida y por las cosas que proporcionan a la vida su mobiliario, un estado intolerable, sin límites, inestable. El único bien, por tanto, es el que es honorable, el que está sujeto a límites.

25. He declarado[468] que la vida del hombre sería más dichosa que la de los dioses, si aquellas cosas que los dioses no disfrutan son bienes, - tales como el dinero y los cargos de dignidad. Hay otra consideración: si sólo es verdad que nuestras almas, cuando son liberadas del cuerpo, aún permanecen, les está reservada una condición más feliz que la que tienen mientras moran en el cuerpo. Y, sin embargo, si esas cosas son bienes de los que hacemos uso por causa de nuestros cuerpos, nuestras almas estarán peor cuando sean liberadas; y eso es contrario a nuestra creencia, decir que el alma es más feliz cuando está encerrada y confinada que cuando es libre y se ha entregado al universo. **26.** También dije[469] que si las cosas que los animales

---

[468] Cf. Ep. lxxiv. 14 aut ista bona non sunt, quae vocantur, aut homo felicior deo est, quoniam quidem quae parata nobis sunt, non habet in usu deus.

[469] p. ej., Ep. lxxiv. 16 summum bonum . . . obsolescit, si ab optima nostri parte ad pessimam transit et transfertur ad sensus, qui agiliores sunt animalibus mutis

mudos poseen igualmente que el hombre son bienes, entonces también los animales mudos llevarán una vida feliz; lo cual es, por supuesto, imposible. Uno debe soportar todas las cosas en defensa de lo que es honorable; pero esto no sería necesario si existiera algún otro bien además de lo que es honorable.

Aunque esta cuestión fue tratada por mí bastante extensamente en una carta anterior,[470] la he tratado de forma resumida y he repasado brevemente el argumento. **27.** Pero una opinión de este tipo nunca te parecerá verdadera a menos que exaltes tu mente y te preguntes si, ante la llamada del deber, estarías dispuesto a morir por tu país, y comprar la seguridad de todos tus conciudadanos al precio de la tuya propia; si ofrecerías tu cuello no sólo con paciencia, sino también con alegría. Si haces esto, no hay otro bien a tus ojos. Porque lo dejas todo para adquirir este bien. Considera cuán grande es el poder de lo que es honorable: morirás por tu país, incluso en un momento, cuando sepas que debes hacerlo. **28.** A veces, como resultado de una conducta noble, uno gana una gran alegría incluso en un espacio de tiempo muy corto y fugaz; y aunque ninguno de los frutos de un acto que se ha realizado corresponderá al que lo ha realizado después de que haya muerto y se haya alejado de la esfera de los asuntos humanos, la mera contemplación de un acto que se va a realizar es un deleite, y el hombre valiente y recto, imaginándose a sí mismo las guerras de su muerte, - guerras tales como la libertad de su país y la liberación de todos aquellos por los que está pagando su vida, - participa del mayor placer y disfruta del fruto de su propio peligro. **29.** Pero también aquel hombre que se ve privado de esta alegría, la alegría que proporciona la contemplación de algún último esfuerzo noble, saltará a la muerte sin dudarlo un instante, contento de actuar correcta y obedientemente. Es más, puede enfrentarse a muchos desalientos; puede decir: "Tu obra será rápidamente olvidada",

---

[470] Ep. lxxiv., esp § 14.

o "Tus conciudadanos te ofrecerán escaso agradecimiento". Él responderá: "Todos estos asuntos quedan fuera de mi tarea. Pienso en la obra en sí. Sé que es honorable. Por lo tanto, adondequiera que me conduzca y me convoque el honor, iré".

30. Este, por tanto, es el único bien, y no sólo es consciente de él toda alma que ha alcanzado la perfección, sino también toda alma que es por naturaleza noble y de rectos instintos; todos los demás bienes son triviales y mutables. Por esta razón nos sentimos acosados si los poseemos. Aunque, por la bondad de la fortuna, se hayan amontonado, pesan mucho sobre sus dueños, presionándolos siempre y a veces aplastándolos. **31.** Ninguno de aquellos a quienes ves vestidos de púrpura es feliz, como tampoco lo es uno de esos actores[471] a quienes la obra otorga un cetro y un manto mientras están en escena; se pavonean su hora ante una casa llena, con el puerto hinchado y el pie tupido; pero una vez que hacen su salida se quitan el calzado y vuelven a su estatura apropiada. Ninguno de los que han sido elevados a una altura mayor por la riqueza y los honores es realmente grande. ¿Por qué entonces te parece grande? Porque estás midiendo el pedestal junto con el hombre. Un enano no es alto, aunque esté en la cima de una montaña; una estatua colosal seguirá siendo alta, aunque la coloques en un pozo. **32.** Este es el error por el que trabajamos; esta es la razón por la que se nos impone: no valoramos al hombre por lo que es, sino que añadimos al hombre mismo los atavíos de que está revestido. Pero cuando quieras averiguar el verdadero valor de un hombre, y saber qué clase de hombre es, míralo cuando esté desnudo; haz que se despoje de su patrimonio heredado, de sus títulos y de los demás engaños de la fortuna; que incluso se despoje de su cuerpo. Considera su

---

[471] Compárese el argumento de la Ep. lxxx. § 7, "Esta farsa de vivir, en la que tan mal representamos nuestros papeles"; § 8, el imitador bocazas de héroes, que duerme sobre harapos; y § 9 ¿hominem involutum aestimas?

alma, su calidad y su estatura, y así sabrás si su grandeza es prestada o propia.

33. Si un hombre puede contemplar con ojos inquebrantables el destello de una espada, si sabe que le da lo mismo que su alma vuele por la boca o por una herida en la garganta,[472] puedes llamarle feliz; también puedes llamarle feliz si, cuando se ve amenazado de tortura corporal, ya sea por accidente o por la fuerza del más fuerte, puede oír sin preocupación hablar de cadenas, o de destierro, o de todos los temores ociosos que agitan las mentes de los hombres, y puede decir:

"Oh doncella, ninguna nueva forma repentina de trabajo

Brota ante mis ojos; dentro de mi alma
he previsto y examinado todo.[473]

Hoy son ustedes quienes me amenazan con estos terrores; pero yo siempre me he amenazado a mí mismo con ellos, y me he preparado como hombre para afrontar el destino del hombre."
34. Si un mal ha sido meditado de antemano, el golpe es suave cuando llega. Para el necio, sin embargo, y para el que confía en la fortuna, cada acontecimiento a medida que llega "se presenta en forma nueva y repentina", y una gran parte del mal, para el inexperto, consiste en su novedad. Lo prueba el hecho de que los hombres soportan con mayor valor, cuando una vez se han acostumbrado a ellas, las cosas que al principio habían considerado como penalidades. **35.** De aquí que el hombre sabio se acostumbre a los problemas venideros, aligerando con una larga reflexión los males que otros aligeran con una larga resistencia. A veces oímos decir al inexperto: "Yo sabía que esto

---

[472] Así como el alma-mundo se difunde por el universo, el alma humana (como el fuego o el aliento) se difunde por el cuerpo y puede partir de diversas maneras.

[473] Virgilioio, Eneida, vi. 103 ss. (La respuesta de Eneas a la profecía de la Sibila).

me esperaba". Pero el sabio sabe que todo le está reservado. Pase lo que pase, dice: "Lo sabía". Adiós.

LXXVII. Sobre quitarse la vida

1. De repente aparecieron hoy a nuestra vista los barcos "alejandrinos", -me refiero a los que suelen enviarse por delante para anunciar la llegada de la flota; se llaman "barcos-correo". Los campanienses se alegran de verlos; toda la chusma de Puteoli[474] se para en los muelles, y puede reconocer los barcos "alejandrinos", por grande que sea la multitud de navíos, por el mismo ribete de sus velas. Porque sólo ellos pueden mantener desplegadas sus gavias, que todos los barcos usan cuando están en el mar, **2.** porque nada hace avanzar tan bien a un barco como su lona superior; ahí es donde se obtiene la mayor parte de la velocidad. Así que cuando la brisa se ha endurecido y se hace más fuerte de lo que es cómodo, ponen sus velas más bajas, ya que el viento tiene menos fuerza cerca de la superficie del agua. En consecuencia, cuando han llegado a Capreae y al cabo de donde

La alta Palas vigila en el pico tormentoso,[475]

todos los demás barcos deben contentarse con la vela mayor, y la gavia destaca en los barcos correo "alejandrinos".

3. Mientras todo el mundo bullía y se apresuraba a la orilla del agua, yo sentía un gran placer en mi pereza, porque, aunque pronto iba a recibir cartas de mis amigos, no tenía ninguna prisa por saber cómo marchaban mis asuntos en el extranjero, ni qué noticias traían las cartas; desde hacía algún tiempo no tenía pérdidas, ni tampoco ganancias. Aunque no fuera un anciano, no habría podido evitar sentir placer por ello; pero tal como son las cosas, mi placer fue mucho mayor. Porque, por pequeñas que fuesen mis posesiones, aún me sobraría más dinero de viaje que viaje para viajar, sobre todo teniendo en cuenta que este

---

[474] Puteoli, en la bahía de Nápoles, era la sede en Italia del importante comercio de grano con Egipto, del que dependían los magistrados romanos para alimentar a la población.
[475] Autor desconocido.

viaje que hemos emprendido es un viaje que no es necesario seguir hasta el final. **4.** Una expedición estará incompleta si uno se detiene a mitad de camino, o en cualquier lugar a este lado de su destino; pero la vida no está incompleta si es honorable. Sea cual sea el punto en el que dejes de vivir, siempre que lo hagas con nobleza, tu vida estará completa.[476] A menudo, sin embargo, hay que dejarlo con valentía, y nuestras razones no tienen por qué ser trascendentales; porque tampoco son trascendentales las razones que nos retienen aquí.

5. Tulio Marcelino,[477] un hombre al que conocías muy bien, que en su juventud fue un alma tranquila y envejeció prematuramente, cayó enfermo de una enfermedad que no era en absoluto irremediable; pero era prolongada y molesta, y exigía mucha atención; por eso empezó a pensar en morirse. Convocó a muchos de sus amigos. Cada uno de ellos aconsejaba a Marcelino: el amigo tímido le instaba a hacer lo que había decidido; el amigo adulador y seductor le daba consejos que suponía serían más agradables para Marcelino cuando reflexionara sobre el asunto; **6.** pero nuestro amigo estoico, un hombre poco común y, para alabarlo en el lenguaje que se merece, un hombre valiente y vigoroso[478] le amonestó mejor que nadie, según me parece a mí. Pues comenzó de la siguiente manera: "No te atormentes, mi querido Marcelino, como si la cuestión que estás sopesando fuera un asunto de importancia. No es un asunto importante vivir; todos tus esclavos viven, y

---

[476] Este pensamiento, que se encuentra en Ep. xii. 6 y a menudo en otros lugares, es uno de los favoritos de Séneca.

[477] No es probable que este Marcellinus sea la misma persona que el Marcellinus Ep. xxix., debido a sus diferentes puntos de vista sobre la filosofía (Summers). Pero no hay pruebas definitivas a favor o en contra.

[478] Un cumplido romano; los griegos habrían usado καλὸς κἀγαθός; cf. Horacio, *Ep.* i. 7. 46
Strenuus et fortis causisque Philippus agendis
Clarus.

también todos los animales; pero es importante morir honorablemente, sensiblemente, valientemente. Reflexiona cuánto tiempo llevas haciendo lo mismo: comida, sueño, lujuria, ésta es la ronda diaria de uno. El deseo de morir puede ser sentido, no sólo por el hombre sensato o el hombre valiente o infeliz, sino incluso por el hombre que simplemente está hartado."

7. Marcelino no necesitaba alguien que le urgiera, sino alguien que le ayudara; sus esclavos se negaban a cumplir sus órdenes. Por ello, el estoico les quitó el miedo, mostrándoles que no había ningún riesgo para la casa, salvo cuando no se sabía con certeza si la muerte del amo era buscada por él mismo o no; además, era tan mala práctica matar al amo como impedir que se suicidara por la fuerza. **8.** Luego sugirió al propio Marcelino que sería un acto de bondad repartir regalos entre los que le habían asistido durante toda su vida, cuando ésta terminara, del mismo modo que, cuando se acaba un banquete,[479] se reparte la porción sobrante entre los asistentes que están alrededor de la mesa. Marcelino era de una disposición complaciente y generosa, incluso cuando se trataba de sus propios bienes; así que distribuyó pequeñas sumas entre sus esclavos afligidos, y además los consoló. **9.** No tuvo necesidad de espada ni de derramamiento de sangre; durante tres días ayunó e hizo levantar una tienda en su misma alcoba.[480] Luego le trajeron una tina; se tendió en ella durante largo tiempo, y, como el agua caliente se derramaba continuamente sobre él, poco a poco se fue desvaneciendo, no sin una sensación de placer, como él mismo comentó, - una sensación como la que suele dar una lenta disolución. Los que nos hemos desmayado alguna vez sabemos por experiencia lo que es esta sensación.

---

[479] Para este frecuente símil del "banquete de la vida" véase Ep. xcviii. 15 ipse vitae plenus est, etc.

[480] Para que no se escape el vapor. Uno piensa en las últimas horas de Séneca: Tac. Ann. xv. 64 stagnum calidae aquae introiit . . . exin balneo inlatus et vapore eius exanimatus.

10. Esta pequeña anécdota en la que he divagado no te desagradará. Porque verás que tu amigo no se fue ni con dificultad ni con sufrimiento. Aunque se suicidó, se retiró muy suavemente, deslizándose fuera de la vida. La anécdota también puede ser útil, porque a menudo las crisis exigen ejemplos como éste. Hay momentos en que deberíamos morir y no queremos; a veces morimos y no queremos. **11.** Nadie es tan ignorante como para no saber que en algún momento debemos morir; sin embargo, cuando uno se acerca a la muerte, se da a la fuga, tiembla y se lamenta. ¿No te parecería un completo necio el que llorase por no estar vivo hace mil años? ¿Y no es igual de necio el que llora porque no estará vivo dentro de mil años? Es lo mismo: no estarás y no estuviste. Ninguno de estos períodos de tiempo te pertenece. **12.** Has sido arrojados sobre este punto del tiempo;[481] si quieres alargarlo, ¿cuánto más lo alargaras? ¿Por qué llorar? ¿Por qué rezar? Te afanás en vano.

Deja de pensar que tus oraciones pueden doblegar

Los decretos divinos desde su fin predestinado.[482]

Estos decretos son inalterables y fijos; están regidos por una poderosa y eterna compulsión. Su meta será la meta de todas las cosas. ¿Qué hay de extraño en esto para ti? Naciste para estar sujeto a esta ley; este destino le ocurrió a tu padre, a tu madre, a tus antepasados, a todos los que vinieron antes que tú; y le ocurrirá a todos los que vengan después de ti. Una secuencia que no puede ser rota o alterada por ningún poder une todas las cosas y atrae todas las cosas en su curso. **13.** Piensa en las multitudes de hombres condenados a muerte que vendrán después de ti, ¡en las multitudes que irán contigo! Tú morirías más valientemente, supongo, en compañía de muchos miles; y, sin embargo, hay muchos miles, tanto de hombres

---

[481] Para el mismo pensamiento cf. Ep. xlix. 3 punctum est quod vivimus et adhuc puncto minus.
[482] Virgilio, Eneida, vi. 376.

como de animales, que en este mismo momento, mientras tú estás irresoluto acerca de la muerte, están exhalando su último suspiro, en sus diversas maneras. Pero tú, ¿creías que no alcanzarías algún día la meta hacia la que siempre has viajado? Ningún viaje tiene fin.

14. Supongo que pensarás que ahora debo citar algunos ejemplos de grandes hombres. No, citaré más bien el caso de un muchacho. Se ha conservado la historia del muchacho espartano: cautivo cuando aún era un muchacho, gritaba en su dialecto dórico: "¡No seré esclavo!", y cumplió su palabra; pues la primera vez que se le ordenó realizar un servicio servil y degradante, y la orden fue ir a buscar un orinal, se rompió los sesos contra la pared.[483] **15.** Tan cerca está la libertad, ¿y hay alguien que siga siendo esclavo? ¿No preferirías que tu propio hijo muriera así antes que llegar a la vejez cediendo débilmente? ¿Por qué, pues, te angustias, cuando hasta un muchacho puede morir tan valientemente? Supón que te niegas a seguirle; serás conducido. Toma bajo tu control lo que ahora está bajo el control de otro. ¿No tomarás prestado el coraje de ese muchacho, y dirás: "¡No soy un esclavo!" Infeliz, eres esclavo de los hombres, eres esclavo de tu negocio, eres esclavo de la vida. Porque la vida, si falta el valor para morir, es esclavitud.

16. ¿Tienes algo por lo que merezca la pena esperar? Sus mismos placeres, que los hacen tardar y los retienen, ya han sido agotados por ustedes. Ninguno de ellos es una novedad para ti, y no hay ninguno que no se haya vuelto ya odioso porque estás empalagado con él. Conoces el sabor del vino y de los cordiales. Da igual que cien o mil medidas[484] pasen por tu

---

[483] Véase Plutarco, Mor. 234 b, para un acto similar del niño espartano capturado por el rey Antígono. Hense (Rhein. Mus. xlvii. pp. 220 y ss.) cree que esta historia puede proceder de Bion, el satírico y filósofo moral del siglo III.

[484] Unos 5¾ galones.

vejiga; no eres más que un colador de vino.[485] Eres un conocedor del sabor de la ostra y del salmonete;[486] tu lujo no te ha dejado nada sin probar para los años venideros; y, sin embargo, éstas son las cosas de las que te separas de mala gana. **17.** ¿Qué otra cosa hay que lamentarías que te arrebataran? ¿Los amigos? Pero, ¿quién puede ser un amigo para ti? ¿La patria? ¿Qué? ¿Piensas lo suficiente en tu país como para llegar tarde a cenar? ¿La luz del sol? Si pudieras, la apagarías, porque ¿qué has hecho que sea digno de ser visto a la luz? Confiesa la verdad; no es porque anheles la cámara del senado o el foro, o incluso el mundo de la naturaleza, por lo que te gustaría aplazar la muerte; es porque te da pereza dejar la pescadería, aunque hayas agotado sus provisiones.[487]

18. Tienes miedo de la muerte; pero ¿cómo puedes despreciarla en medio de una cena de setas?[488] Deseas vivir; pues bien, ¿sabes vivir? Tienes miedo de morir. Pero vamos: ¿es esta vida tuya otra cosa que la muerte? Pasaba Cayo César por la Vía Latina, cuando un hombre salió de entre las filas de los prisioneros, con la barba cana colgando hasta el pecho, y suplicó que le dieran muerte. "¿Qué?", dijo César, "¿estás vivo ahora?". Esa es la respuesta que debe darse a los hombres a los que la muerte vendría como un alivio. "Tienes miedo de morir; ¡qué! ¿estás vivo ahora?". **19.** "Pero", dice uno, "deseo vivir, pues me dedico a muchas actividades honrosas. Me resisto a dejar los deberes de la vida, que cumplo con lealtad y celo." ¿Seguro que sabes que morir es también uno de los deberes de

---

[485] Cf. Plinio, xiv. 22 *quin immo ut plus capiamus, sacco frangimus vires*. El vino colado podía beberse en mayores cantidades sin intoxicación.

[486] Cf. Dio Cassius, xl. 54, sobre el disfrute del exiliado Milo de las lisas de Marsella.

[487] Probablemente el fuerte tono de desaprobación empleado en este párrafo se dirige contra el romano en general más que contra el laborioso Lucilio. Es característico de la diatriba.

[488] Séneca puede estar recordando la muerte del emperador Claudio

la vida? No abandonas ningún deber, pues no hay un número definido establecido que estés obligado a cumplir. **20.** No hay vida que no sea corta. Comparada con el mundo de la naturaleza, incluso la vida de Néstor fue corta, o la de Sattia,[489] la mujer que hizo grabar en su lápida que había vivido noventa y nueve años. Algunas personas, como ves, presumen de sus largas vidas; pero ¿quién habría podido soportar a la anciana si hubiera tenido la suerte de cumplir sus cien años? Ocurre con la vida lo mismo que con una obra de teatro: no importa cuánto dure la acción, sino lo buena que sea la actuación. No importa en qué momento te detengas. Detente cuando quieras; sólo asegúrate de que el final esté bien logrado.[490] Adiós.

---

[489] Un ejemplo tradicional de vejez, mencionado por Marcial y el anciano Plinio.

[490] Compárense las últimas palabras del emperador Augusto: amicos percontatus ecquid iis videretur mimum vitae commode transegisse (Suet. Aug. 99).

LXXVIII. Sobre el poder curativo de la mente

1. Me apena oír que con frecuencia sufre los resoplidos del catarro y los breves ataques de fiebre que siguen a los ataques catarrales crónicos y prolongados, sobre todo porque yo mismo he padecido este tipo de enfermedad y la he despreciado en sus primeras fases. Cuando aún era joven, podía soportar las dificultades y hacer frente a la enfermedad con valentía. Pero finalmente sucumbí, y llegué a tal estado que no podía hacer otra cosa que resoplar, reducido como estaba al extremo de la delgadez.[491] **2.** A menudo tuve el impulso de poner fin a mi vida en ese mismo momento, pero el pensamiento de mi bondadoso padre me hizo retroceder. Porque reflexioné, no en cuán valientemente tenía yo el poder de morir, sino en cuán poco poder tenía él para soportar valientemente mi pérdida. Y así me ordené vivir. Porque a veces vivir es un acto de valentía.

3. Ahora te diré lo que me consoló durante esos días, declarando desde el principio que estas mismas ayudas a mi paz mental fueron tan eficaces como la medicina. El consuelo honroso tiene como resultado la curación; y todo lo que ha elevado el alma ayuda también al cuerpo. Mis estudios fueron mi salvación. Atribuyo a la filosofía el mérito de haberme recuperado y de haber recobrado mis fuerzas. Debo mi vida a la filosofía, ¡y ésa es la menor de mis obligaciones! **4.** Mis amigos también me ayudaron mucho a recuperar la salud; solían consolarme sus palabras alentadoras, las horas que pasaban junto a mi cama y su conversación. Nada, mi excelente Lucilio, refresca y ayuda tanto a un enfermo como el afecto de sus amigos; nada aleja tanto la espera y el temor de la muerte. De hecho, no podía creer que, si ellos me sobrevivían, yo estuviera muriendo. Sí, repito, me parecía que debía seguir viviendo, no con ellos, sino a través de ellos. Imaginaba que no les entregaba mi alma, sino que se la entregaba a ellos.

---

[491] Hasta tal punto que Calígula, enemigo de Séneca, se abstuvo de ejecutarlo, alegando que moriría pronto.

Todas estas cosas me dieron la inclinación a socorrerme a mí mismo y a soportar cualquier tortura; además, es un estado de lo más miserable haber perdido las ganas de morir, y no tener ganas de vivir. **5.** Estos son, pues, los remedios a que debes recurrir. El médico le prescribirá sus paseos y su ejercicio; le advertirá que no se haga adicto a la ociosidad, como es la tendencia del inválido inactivo; le ordenará que lea en voz más alta y que ejercite sus pulmones[492] cuyos conductos y cavidad están afectados; o que navegue y agite sus intestinos con un poco de movimiento suave; le recomendará la comida apropiada, y el momento adecuado para ayudar a sus fuerzas con vino o abstenerse de él para evitar que su tos se irrite y se agite. Pero en cuanto a mí, mi consejo para ti es éste, -y es una cura, no sólo de esta enfermedad tuya, sino de toda tu vida-: "Desprecia la muerte". No hay pena en el mundo, cuando hemos escapado del temor a la muerte. **6.** En toda enfermedad existen estos tres graves elementos: el miedo a la muerte, el dolor corporal y la interrupción de los placeres. Sobre la muerte ya se ha dicho bastante, y sólo añadiré una palabra: este miedo no es un miedo a la enfermedad, sino un miedo a la naturaleza. La enfermedad ha pospuesto a menudo la muerte, y la visión de la muerte ha sido la salvación de muchos hombres.[493] Morirás, no porque estés enfermo, sino porque estás vivo; incluso cuando te hayas curado, te espera el mismo final; cuando te hayas recuperado, no será de la muerte, sino de la mala salud, de lo que habrás escapado.

7. Volvamos ahora a la consideración del inconveniente característico de la enfermedad: va acompañada de grandes sufrimientos. El sufrimiento, sin embargo, se hace soportable por interrupciones; porque la tensión del dolor extremo debe llegar a su fin.[494] Ningún hombre puede sufrir tanto

---

[492] Cf. Ep. xv. 7 ss.
[493] Es decir, los hombres se han vuelto más sanos tras pasar por una enfermedad grave.
[494] Cf. Epicuro, Frag. 446 Usener.

severamente como durante mucho tiempo; la naturaleza, que nos ama tiernamente, nos ha constituido de tal modo que el dolor sea soportable o breve.[495] **8.** Los nervios, las articulaciones y cualquier otro de los conductos estrechos, duelen más cruelmente cuando han desarrollado problemas dentro de sus espacios contraídos. Pero estas partes pronto se entumecen, y a causa del dolor mismo pierden la sensación de dolor, ya sea porque la fuerza vital, cuando se detiene en su curso natural y se cambia para peor, pierde el poder peculiar a través del cual prospera y a través del cual nos advierte, o porque los humores enfermos del cuerpo, cuando dejan de tener un lugar en el que puedan fluir, son arrojados hacia atrás sobre sí mismos, y privan de sensación a las partes donde han causado congestión. **9.** Así, la gota, tanto en los pies como en las manos, y todos los dolores en las vértebras y en los nervios, tienen sus intervalos de descanso en los momentos en que han embotado las partes que antes habían torturado; las primeras punzadas,[496] en todos estos casos, son las que causan la angustia, y su aparición se ve frenada por el lapso de tiempo, de modo que hay un final del dolor cuando el entumecimiento se ha establecido. El dolor en los dientes, ojos y oídos es más agudo por la misma razón de que comienza entre los espacios estrechos del cuerpo, no menos agudo, de hecho, que en la propia cabeza. Pero si es más violento de lo habitual, se convierte en delirio y estupor. **10.** Esto es, en consecuencia, un consuelo para el dolor excesivo, - que no se puede dejar de sentirlo si se siente en exceso. La razón, sin embargo, por la que los inexpertos se impacientan cuando sus cuerpos sufren, es que no se han acostumbrado a estar contentos en espíritu. Han estado estrechamente asociados con el cuerpo. Por lo tanto, un hombre de mente elevada y sensata separa el alma del cuerpo, y vive mucho con

---

[495] Compárese, entre muchos paralelos, Ep. xxiv. 14 (dolor) levis es, si ferre possum, brevis es, si ferre non possum
[496] Véase también Ep. xcv. 17. La palabra significa literalmente "gusanos", "bots", en caballos o ganado.

la parte mejor o divina, y sólo en la medida en que debe hacerlo con esta parte quejumbrosa y frágil.

11. "Pero es una dificultad", dicen los hombres, "prescindir de nuestros placeres habituales, - ayunar, sentir sed y hambre". En efecto, éstos son graves cuando uno se abstiene de ellos por primera vez. Más tarde el deseo se apaga, porque los apetitos mismos que conducen al deseo se cansan y nos abandonan; entonces el estómago se vuelve petulante, entonces la comida que antes anhelábamos se vuelve odiosa. Nuestros deseos desaparecen. Pero no hay amargura en prescindir de lo que se ha dejado de desear. **12.** Además, todo dolor cesa a veces, o en todo caso disminuye; más aún, uno puede tomar precauciones contra su retorno, y, cuando amenaza, puede detenerlo por medio de remedios. Cada tipo de dolor tiene sus síntomas premonitorios; esto es cierto, en todo caso, para el dolor que es habitual y recurrente. Uno puede soportar el sufrimiento que conlleva la enfermedad, si ha llegado a considerar sus resultados con desprecio. **13.** Pero no hagas por tu cuenta más pesadas tus penas y te agobies quejándote. El dolor es leve si la opinión no le ha añadido nada; pero si, por otra parte, empiezas a animarte y a decir: "No es nada, - un asunto insignificante a lo sumo; mantén un corazón robusto y pronto cesará"; entonces, al pensarlo leve, lo harás leve. Todo depende de la opinión; la ambición, el lujo, la codicia, todo depende de la opinión. Es según la opinión que sufrimos. **14.** Un hombre es tan desdichado como se convence a sí mismo de que lo es. Sostengo que deberíamos acabar con las quejas sobre sufrimientos pasados y con todo lenguaje como éste: "Nadie ha estado nunca peor que yo. ¡Qué sufrimientos, qué males he soportado! Nadie ha pensado que me recuperaré. ¡Cuántas veces mi familia me ha llorado y los médicos me han dado por muerto! Los hombres que son puestos en el potro no se desgarran con tanta agonía". Sin embargo, aunque todo esto sea cierto, ya ha pasado. ¿Qué beneficio hay en revisar sufrimientos pasados, y en ser infeliz, sólo porque una vez fuiste infeliz? Además, cada uno añade mucho a sus propios males y se miente a sí mismo. Y lo que fue amargo de soportar es agradable de haber soportado; es natural regocijarse por el fin de los propios males.

Por lo tanto, hay que desarraigar de una vez por todas dos elementos: el temor a los sufrimientos futuros y el recuerdo de los sufrimientos pasados; puesto que el segundo ya no me concierne, y el primero todavía no me concierne. **15.** Pero cuando uno se encuentra en medio de los problemas debe decir:

Quizá algún día el recuerdo de esta pena

Incluso traerá deleite.[497]

Que tal hombre luche contra ellos con todas sus fuerzas: si cede una vez, será vencido; pero si se esfuerza contra sus sufrimientos, vencerá. Sin embargo, tal como están las cosas, lo que la mayoría de los hombres hacen es arrastrar sobre sus propias cabezas una ruina que cae y que deberían tratar de sostener. Si empiezas a retirar tu apoyo de lo que empuja hacia ti y se tambalea y está listo para hundirse, te seguirá y se inclinará más pesadamente sobre ti; pero si te mantienes firme y te decides a empujar contra él, se verá obligado a retroceder. **16.** ¡Qué golpes reciben los atletas en la cara y en todo el cuerpo! Sin embargo, por su afán de fama soportan todas las torturas, y se someten a ellas no sólo porque luchan, sino para poder luchar. Su propio entrenamiento significa tortura. Así pues, ganemos también nosotros el camino de la victoria en todas nuestras luchas, -pues la recompensa no es una guirnalda o una palma o un trompetista que pida silencio al proclamar nuestros nombres, sino la virtud, la firmeza del alma y una paz que se gana para siempre, si una vez la fortuna ha sido completamente vencida en cualquier combate. Dices: "Siento un fuerte dolor". **17.** ¿Qué, pues, estás aliviado de sentirlo, si lo

---

[497] Virgilio, Eneida, i. 203.

soportas como una mujer? Al igual que un enemigo es más peligroso para un ejército en retirada, así cada problema que nos trae la fortuna nos ataca con más fuerza si nos rendimos y le damos la espalda. "Pero el problema es serio". ¿Qué? ¿Es con este propósito que somos fuertes, - para que podamos tener cargas ligeras que soportar? ¿Quieres que tu enfermedad sea larga y prolongada, o prefieres que sea rápida y breve? Si es larga, significa un respiro, te permite un período para descansar, te concede la bendición del tiempo en abundancia; así como surge, también debe remitir. Una enfermedad corta y rápida hará una de dos cosas: se apagará o se apagará. ¿Y qué más da que no lo sea o que no lo sea? En cualquiera de los dos casos hay un final del dolor.

18. Esto también te ayudará: desviar la mente hacia pensamientos sobre otras cosas y así alejarte del dolor. Recuerda las acciones honorables o valientes que has hecho; considera el lado bueno de tu propia vida.[498] Repasa en tu memoria aquellas cosas que has admirado especialmente. Luego piensa en todos los hombres valientes que han vencido el dolor: en aquel que continuó leyendo su libro mientras permitía que le cortaran las venas varicosas; en aquel que no dejó de sonreír, aunque esa misma sonrisa enfurecía tanto a sus torturadores que probaron con él todos los instrumentos de su crueldad. Si el dolor puede ser vencido por una sonrisa, ¿no lo será por la razón? **19.** Puedes hablarme ahora de lo que quieras: de resfriados, de fuertes accesos de tos que sacan partes de nuestras entrañas, de fiebres que nos abrasan las entrañas, de sed, de miembros tan retorcidos que las articulaciones sobresalen en distintas direcciones; pero peor que éstos son la estaca, el potro, las planchas al rojo vivo, el instrumento que reabre las heridas mientras las propias heridas están todavía hinchadas y que deja su huella aún más profunda.[499] Sin

---

[498] Literalmente, quizás, "los nobles papeles que has interpretado". Summers compara Ep. xiv. 13 ultimas partes Catonis - "las escenas finales de la vida de Catón".

embargo, ha habido hombres que no han emitido un gemido en medio de estas torturas. "¡Más todavía!" dice el torturador; pero la víctima no ha suplicado que la liberen. "¡Más todavía!", vuelve a decir; pero no ha habido respuesta. "La víctima ha sonreído, y de todo corazón. ¿No te atreves, después de un ejemplo como éste, a burlarte del dolor?

20. "Pero", objetas, "mi enfermedad no me permite hacer nada; me ha retirado de todos mis deberes". Es tu cuerpo el que se ve obstaculizado por la mala salud, y no también tu alma. Por eso atasca los pies del corredor y entorpece el trabajo manual del zapatero o del artesano; pero si tu alma está habitualmente en práctica, suplicarás y enseñarás, escucharás y aprenderás, investigarás y meditarás. ¿Qué más es necesario? ¿Crees que no haces nada si posees autocontrol en tu enfermedad? Estarás demostrando que una enfermedad puede ser vencida, o en todo caso soportada. **21.** Te aseguro que hay lugar para la virtud incluso en el lecho de la enfermedad. No sólo la espada y la línea de batalla demuestran que el alma está alerta y no se deja vencer por el miedo; un hombre puede mostrar valentía incluso envuelto en sus ropas de cama. Tienes algo que hacer: luchar valientemente contra la enfermedad. Si no te obliga a nada, si no te engaña a nada, es un ejemplo notable el que muestras. Si pudiéramos tener espectadores de nuestra enfermedad, ¡cuánta fama tendríamos! Sé tu propio espectador; busca tu propio aplauso.

22. Una vez más, hay dos clases de placeres. La enfermedad frena los placeres del cuerpo, pero no los suprime. Más aún, si se considera la verdad, sirve para excitarlos; pues cuanto más sediento está un hombre, tanto más disfruta de la bebida; cuanto más hambriento está, tanto más disfruta de la comida. Todo lo que cae en suerte después de un período de abstinencia es recibido con mayor entusiasmo. Sin embargo, los placeres de

---

[499] Cf. Ep. xiv. 4 ss. y el crucibus adfixi, flamma usti, etc., de Tac. Ann. xv. 44.

la mente, que son más elevados y menos inciertos, ningún médico puede negárselos al enfermo. Quien los busca y sabe bien lo que son, desprecia todos los encantos de los sentidos. **23.** Los hombres dicen: "¡Pobre enfermo!". Pero, ¿por qué? ¿Es porque no mezcla nieve con su vino, o porque no reaviva el frío de su bebida -mezclada como está en un cuenco de buen tamaño- echándole hielo? ¿O porque no tiene ostras Lucrine[500] abiertas en su mesa? ¿O porque no hay bullicio de cocineros en su comedor, ya que traen sus propios utensilios de cocina junto con sus viandas? Porque el lujo ya ha ideado esta moda: hacer que la cocina acompañe la cena, para que la comida no se entibie o no esté lo bastante caliente para un paladar que ya se ha endurecido. **24.** "¡Pobre enfermo!" - comerá tanto como pueda digerir. No habrá jabalí ante sus ojos,[501] desterrado de la mesa como si fuera una carne común; y en su aparador no se amontonarán pechugas de aves, porque le da asco ver aves servidas enteras. Pero, ¿qué mal se te ha hecho? Cenarás como un enfermo, es más, a veces como un hombre sano.[502]

25. Todas estas cosas, sin embargo, pueden soportarse fácilmente - gachas, agua tibia y cualquier otra cosa que parezca insoportable para un hombre fastidioso, para alguien que se revuelca en el lujo, enfermo del alma más que del cuerpo - si tan sólo dejamos de estremecernos ante la muerte. Y dejaremos de hacerlo, si una vez que hayamos adquirido un conocimiento de los límites del bien y del mal; entonces, y sólo entonces, la vida no nos cansará, ni la muerte nos dará miedo. **26.** Porque el exceso de sí mismo nunca puede apoderarse de una vida que estudia todas las cosas que son múltiples, grandes, divinas; sólo el ocio ocioso suele hacer que los hombres odien sus vidas. Para alguien que vaga[503] por el universo, la verdad

---

[500] El lacus Lucrinus era una laguna de agua salada, cerca de Baiae, en Campania.
[501] Es decir, para ser mirado; hay mejores manjares en la mesa.
[502] Sanus se utiliza (1) como "sano de cuerpo" y (2) como opuesto a insanus.

nunca puede empalidecer; serán las falsedades las que empalagarán. **27.** Y, por otra parte, si la muerte se acerca con su llamada, aunque sea inoportuna en su llegada, aunque corte a uno en la flor de la vida, un hombre ha probado todo lo que la vida más larga puede dar. Un hombre así ha llegado a comprender en gran medida el universo. Sabe que las cosas honorables no dependen del tiempo para su crecimiento; pero cualquier vida debe parecer corta a aquellos que miden su duración por placeres que son vacíos y por esa razón ilimitados.

28. Refréscate con pensamientos como éstos, y mientras tanto reserva algunas horas para nuestras cartas. Llegará un momento en que volveremos a estar unidos y reunidos; por breve que sea este tiempo, lo haremos largo sabiéndolo emplear. Porque, como dice Posidonio:[504] "Un solo día entre los doctos dura más que la más larga vida de los ignorantes." **29.** Mientras tanto, aférrate a este pensamiento, y tómalo con fuerza: no cedas ante la adversidad; no confíes en la prosperidad; mantén ante tus ojos todo el alcance del poder de la fortuna, como si ella seguramente hiciera todo lo que está en su poder hacer. Lo que ha sido largamente esperado llega más suavemente. Adiós.

---

[503] Tal vez una reminiscencia de Lucrecio i. 74 omne immensum peragravit mente animoque.

[504] Séneca cita a menudo a Posidonio, como también lo hace Cicerón. Estas palabras pueden haber sido tomadas de su Προτρεπτικά (o Λόγοι προτρεπτικοί), Exhortaciones, una obra en la que sostuvo que los hombres deben hacer un estudio minucioso de la filosofía, a pesar de las diversas opiniones de sus expositores.

LXXIX. Sobre la recompensa de los descubrimientos científicos

1. He estado esperando una carta tuya, para que me informaras de qué nuevo asunto te fue revelado durante tu viaje por Sicilia,[505] y especialmente para que me dieras más información sobre la propia Caribdis.[506] Sé muy bien que Escila es una roca, y de hecho una roca no temida por los marineros; pero con respecto a Caribdis me gustaría tener una descripción completa, con el fin de ver si está de acuerdo con los relatos de la mitología; y, si por casualidad la ha investigado (ya que es realmente digna de su investigación), por favor, acláreme lo siguiente: ¿Es azotado en un remolino por un viento de una sola dirección, o todas las tormentas por igual sirven para perturbar sus profundidades? Es cierto que los objetos arrebatados hacia abajo por el remolino en ese estrecho son arrastrados durante muchas millas bajo el agua, y luego salen a la superficie en la playa cerca de Tauromenio?[507] **2.** Si me escribes una relación completa de estos asuntos, tendré entonces la audacia de pedirle que lleves a cabo otra tarea, -también escalar el Aetna a petición mía especial. Ciertos naturalistas han deducido que la montaña se está desgastando y asentando gradualmente, porque los marineros solían ser capaces de verla desde una mayor distancia. La razón de esto puede ser, no que la altura de la montaña esté disminuyendo, sino porque las llamas se han vuelto tenues y las erupciones menos fuertes y menos copiosas, y porque por la misma razón el humo también es menos activo de día. Sin embargo, cualquiera de estas dos cosas es posible de creer: que, por una parte, la montaña se hace más pequeña porque se consume de día en día, y que, por otra parte, permanece igual en tamaño porque la montaña no se devora a

---

[505] Ellis sugiere que el poema Aetna, de autoría incierta, puede haber sido escrito por Lucilio en respuesta a esta carta. Su opinión es plausible, pero no universalmente aceptada.

[506] Véase Ep. xiv. § 8 y nota (Vol. I.).

[507] La Taormina moderna.

sí misma, sino que en lugar de esto la materia que brota se acumula en algún valle subterráneo y se alimenta de otro material, encontrando en la montaña misma no el alimento que requiere, sino simplemente una vía de salida. **3.** Hay un lugar bien conocido en Licia -llamado por los habitantes "Hephaestion"[508] - donde el suelo está lleno de agujeros en muchos lugares y está rodeado por un fuego inofensivo, que no hace daño a las plantas que crecen allí. De ahí que el lugar sea fértil y exuberante en crecimiento, porque las llamas no queman, sino que simplemente brillan con una fuerza que es suave y débil.

4. Pero pospongamos esta discusión y examinemos el asunto cuando me haya dado una descripción de la distancia a la que se encuentra la nieve del cráter; me refiero a la nieve que no se derrite ni siquiera en verano, tan a salvo está del fuego adyacente. Pero no hay motivo para que cargue usted este trabajo a mi cuenta, pues estaba a punto de satisfacer su propia manía de escribir bien, sin encargo de nadie en absoluto. **5.** No, ¿qué voy a ofrecerte para que *no te* limites a describir[509] Aetna en tu poema, y *no toques* ligeramente un tema que es una cuestión ritual para todos los poetas? No se podía impedir a Ovidio[510] que utilizara este tema simplemente porque Virgilioio[511] ya lo hubiera tratado por completo; ni tampoco podía ninguno de estos escritores asustar a Cornelio Severo. Además, el tema les ha servido a todos ellos con felices resultados, y los que les han precedido me parece que no han adelantado todo lo que podría decirse, sino que simplemente han abierto el camino.

---

[508] Otra descripción de esta región la da Plinio, N. H. ii. 106, quien dice que las piedras de los ríos estaban al rojo vivo. El fenómeno suele explicarse suponiendo manantiales de nafta ardiente.

[509] Es decir, simplemente como un episodio, en lugar de dedicar todo un poema al tema.

[510] Metam. xv. 340 y ss.

[511] Eneida, iii. 570 ss.

6. En este último caso, el tema crece día a día, y lo que ya se ha descubierto no impide nuevos descubrimientos. Además, el que escribe en último lugar se lleva la mejor parte; ya tiene a mano palabras que, cuando se utilizan de otra manera, muestran una cara nueva. Y no las hurta, como si pertenecieran a otro, cuando las utiliza, pues son propiedad común. **7.** Ahora bien, si Aetna no te hace la boca agua, me equivoco contigo. Llevas tiempo deseando escribir algo en el gran estilo y al nivel de la vieja escuela. Pues tu modestia no te permite poner tus esperanzas más altas; esta cualidad tuya es tan pronunciada que, me parece, es probable que frenes la fuerza de tu habilidad natural, si hubiera algún peligro de superar a otros; tanto veneras a los viejos maestros. **8.** La sabiduría tiene esta ventaja, entre otras: que ningún hombre puede ser superado por otro, excepto durante la escalada. Pero cuando se ha llegado a la cima, es un empate;[512] no hay lugar para más ascensos, el juego ha terminado. ¿Puede el sol aumentar su tamaño? ¿Puede la luna avanzar más allá de su plenitud habitual? Los mares no aumentan de volumen. El universo conserva el mismo carácter, los mismos límites. **9.** Las cosas que han alcanzado su plena estatura no pueden crecer más. Los hombres que han alcanzado la sabiduría serán, pues, iguales y estarán en pie de igualdad. Cada uno de ellos poseerá sus dones peculiares[513] : uno será más afable, otro más desenvuelto, otro más pronto para hablar, un cuarto más elocuente; pero en cuanto a la cualidad que nos ocupa, -el elemento que produce la felicidad-, es igual en todos ellos. **10.** No sé si esta Aetna tuya puede derrumbarse y caer en ruinas, si esta elevada cima, visible a muchas millas sobre el profundo mar, es consumida por el incesante poder de las llamas; pero sí sé que la virtud no será llevada a un plano

---

[512] El significado habitual de paria esse, o paria facere (una frase favorita de Séneca - véase por ejemplo Ep. ci. 7), es "cuadrar la cuenta", "equilibrar".

[513] "Cualidades deseables en sí mismas, pero no esenciales para la posesión de la sabiduría, la προηγμένα de los estoicos", (Summers).

inferior ni por las llamas ni por las ruinas. La suya es la única grandeza que no conoce el abatimiento; para ella no puede haber más elevación o hundimiento. Su estatura, como la de las estrellas en los cielos, es fija. Esforcémonos, pues, por elevarnos a esta altura.

11. Ya se ha cumplido gran parte de la tarea; no, más bien, si me atrevo a confesar la verdad, no mucho. Porque la bondad no significa meramente ser mejor que lo más bajo. ¿Quién que sólo pudiera vislumbrar la luz del día se jactaría de su poder de visión? El que ve brillar el sol a través de la niebla puede estar contento mientras tanto de haber escapado de las tinieblas, pero no goza todavía de la bendición de la luz. **12.** Nuestras almas no tendrán razón para alegrarse de su suerte hasta que, liberadas de esta oscuridad en la que andan a tientas, no se hayan limitado a vislumbrar el resplandor con una visión débil, sino que hayan absorbido la plena luz del día y hayan sido restituidas a su lugar en el cielo, - hasta que, de hecho, hayan recuperado el lugar que ocupaban en la asignación de su nacimiento. El alma es llamada hacia arriba por su propio origen. Y alcanzará esa meta incluso antes de ser liberada de su prisión inferior, tan pronto como se haya despojado del pecado y, en pureza y ligereza, haya saltado a los reinos celestiales del pensamiento.

13. Me alegro, amado Lucilio, de que nos ocupemos de este ideal, de que lo persigamos con todas nuestras fuerzas, aunque pocos lo sepan, o ninguno. La fama es la sombra de la virtud; acompañará a la virtud incluso contra su voluntad. Pero, como la sombra a veces precede y a veces sigue, o incluso se queda atrás, así la fama a veces va delante de nosotros y se muestra a la vista, y a veces está en la retaguardia, y es tanto mayor cuanto más tarda en llegar, cuando una vez la envidia ha batido retirada. **14.** ¡Cuánto tiempo creyeron los hombres que Demócrito[514] estaba loco! La gloria apenas llegó a Sócrates. Y

---

[514] Existe una historia no autentificada según la cual los hombres de

¡cuánto tiempo permaneció nuestro estado en la ignorancia de Catón! Lo rechazaron y no conocieron su valor hasta que lo perdieron. Si Rutilio[515] no se hubiera resignado al mal, su inocencia y virtud habrían pasado desapercibidas; la hora de su sufrimiento fue la hora de su triunfo. ¿Acaso no dio gracias por su suerte y recibió su exilio con los brazos abiertos? He mencionado hasta ahora a aquellos a quienes la fortuna ha dado renombre en el momento mismo de la persecución; pero ¡cuántos hay cuyo progreso hacia la virtud sólo ha salido a la luz después de su muerte! ¿Y cuántos han sido arruinados, no rescatados, por su reputación? **15.** Ahí está Epicuro, por ejemplo; fíjate cuán admirado es, no sólo por los más cultos, sino también por esta chusma ignorante. Este hombre, sin embargo, era desconocido en la propia Atenas, cerca de la cual se había escondido. Y así, cuando ya había sobrevivido muchos años a su amigo Metrodoro, añadió en una carta estas últimas palabras, proclamando con agradecido aprecio la amistad que había existido entre ellos: "Tan grandemente bendecidos fuimos Metrodoro y yo, que no nos ha perjudicado ser desconocidos, y casi inauditos, en esta conocida tierra de Grecia."[516] **16.** ¿No es cierto, por tanto, que los hombres no le descubrieron hasta después de haber dejado de ser? ¿No ha resplandecido su renombre, a pesar de todo? Metrodoro también admite este hecho en una de sus cartas:[517] que Epicuro y él no eran bien conocidos por el público; pero declara que después de la vida de Epicuro y de él mismo cualquier hombre que quisiera seguir sus pasos ganaría un gran renombre ya hecho.

17. La virtud nunca se pierde de vista; y sin embargo, haberse perdido de vista no es una pérdida. Vendrá un día que la revelará, aunque oculta o suprimida por el rencor de sus contemporáneos. Ese hombre nace sólo para unos pocos, que

---

Abdera llamaron a Hipócrates para tratar su enfermedad.
[515] Cf. Ep. xxiv. 4 exilium . . . tulit Rutilius etiam libenter.
[516] Frag. 188 Usener.
[517] Frag. 43 Körte

sólo piensa en la gente de su propia generación. Muchos miles de años y muchos miles de pueblos vendrán después de ti; es a ellos a quienes debes tener en cuenta. Puede que la malicia haya impuesto silencio sobre las bocas de todos los que vivían en tu época; pero vendrán hombres que te juzgarán sin prejuicios y sin favoritismos. Si hay alguna recompensa que la virtud recibe de manos de la fama, ni siquiera ésta puede pasar. Nosotros mismos, en efecto, no nos veremos afectados por las habladurías de la posteridad; sin embargo, la posteridad nos apreciará y celebrará, aunque no seamos conscientes de ello. **18.** La virtud nunca ha dejado de recompensar a un hombre, tanto durante su vida como después de su muerte, siempre que la haya seguido con lealtad, siempre que no se haya engalanado ni pintado, sino que haya sido siempre el mismo, tanto si aparecía ante los ojos de los hombres después de haber sido anunciado, como si lo hacía de repente y sin preparación. El fingimiento no consigue nada. A pocos engaña una máscara que se coloca fácilmente sobre el rostro. La verdad es la misma en todas partes. Las cosas que nos engañan no tienen sustancia real. Las mentiras son material delgado; son transparentes, si las examinas con cuidado. Adiós.

LXXX. Sobre los engaños mundanos

1. Hoy tengo algo de tiempo libre, gracias no tanto a mí mismo como a los juegos, que han atraído a todos los aburridos al combate de boxeo.[518] Nadie me interrumpirá ni perturbará el curso de mis pensamientos, que avanzan más audazmente como resultado de mi propia confianza. Mi puerta no cruje continuamente sobre sus goznes, ni se descorre mi cortina;[519] mis pensamientos pueden marchar con seguridad, - y eso es tanto más necesario para quien va por libre y sigue su propio camino. ¿No sigo entonces a ningún predecesor? Sí, pero me permito descubrir algo nuevo, alterar, rechazar. No soy esclavo de ellos, aunque les doy mi aprobación.

2. Y, sin embargo, esa fue una palabra muy atrevida que pronuncié cuando me aseguré de que tendría un poco de tranquilidad y un retiro ininterrumpido. Pues he aquí que una gran ovación viene del estadio, y aunque no me distrae, desplaza mi pensamiento a un contraste sugerido por este mismo ruido. ¡Cuántos hombres, me digo, entrenan sus cuerpos y cuán pocos sus mentes![520] ¡Cuántas multitudes acuden a los juegos, por espurios que sean y organizados como mero pasatiempo, y qué soledad reina donde se enseñan las buenas artes! ¡Cuánto cerebro de pluma tienen los atletas cuyos músculos y hombros admiramos! **3.** La cuestión que más me preocupa es ésta: si el cuerpo puede ser entrenado a tal grado de resistencia que pueda soportar los golpes y patadas de varios oponentes a la vez y a tal grado que un hombre pueda durar todo el día y resistir el sol abrasador en medio del polvo ardiente, empapado todo el tiempo con su propia sangre, - si esto puede hacerse, ¿cuánto más fácilmente podría endurecerse la mente para que pudiera recibir los golpes de la

---

[518] Probablemente un concurso en el que los participantes se ataban pesos de plomo a las manos para aumentar la fuerza de los golpes.
[519] Compárese el "den" de Plinio (Ep. ii. 17. 21): *quae specularibus et velis obductis reductisve modo adicitur cubiculo modo aufertur.*
[520] Compárense las ideas expresadas en Ep. xv. 2 ss.

fortuna y no ser vencida, para que pudiera volver a levantarse después de haber sido abatida, después de haber sido pisoteada?

Porque aunque el cuerpo necesita muchas cosas para ser fuerte, la mente crece desde dentro, dándose a sí misma alimento y ejercicio. Aquellos atletas deben tener abundante comida, abundante bebida, copiosas cantidades de aceite y, además, un largo entrenamiento; pero tú puedes adquirir la virtud sin equipamiento y sin gastos. Todo lo que hace de ti un hombre de bien está dentro de ti mismo. **4.** ¿Y qué necesitas para ser bueno? Desearlo. Pero, ¿qué mejor cosa puedes desear que liberarte de esta esclavitud que nos oprime a todos, esclavitud de la que hasta los más humildes, nacidos en medio de tal degradación, se esfuerzan por despojarse de todas las maneras posibles? A cambio de la libertad pagan los ahorros que han reunido engañando a sus propios vientres; ¿no estarás *tú* ansioso por alcanzar la libertad a cualquier precio, ya que la reclamas como tu derecho de nacimiento? **5.** ¿Por qué miras hacia tu caja fuerte? La libertad no se compra. Por lo tanto, es inútil anotar en tu libro mayor[521] la partida de "Libertad", pues la libertad no la poseen ni los que la han comprado, ni los que la han vendido. Debes darte este bien a ti mismo, y buscarlo de ti mismo.

En primer lugar, libérate del miedo a la muerte, pues la muerte nos pone el yugo al cuello; luego libérate del miedo a la pobreza. **6.** Si quieres saber cuán poco mal hay en la pobreza, compara los rostros de los pobres con los de los ricos; el pobre sonríe más a menudo y más genuinamente; sus problemas no calan hondo; aunque le sobrevenga alguna ansiedad, pasa como una nube pasajera. Pero la alegría de aquellos a quienes los hombres llaman felices es fingida, mientras que su tristeza es pesada y enconada, y tanto más pesada cuanto que no pueden

---

[521] Para esta figura, véanse los "lucellum", "diurna mercedula", etc., de las cartas iniciales de la correspondencia (vol. I).

entretanto exhibir su dolor, sino que deben representar el papel de la felicidad en medio de penas que carcomen su mismo corazón. **7.** A menudo me siento llamado a usar la siguiente ilustración, y me parece que ninguna expresa más eficazmente este drama de la vida humana, en el que se nos asignan los papeles que tan mal hemos de representar. Ahí está el hombre que se pasea por el escenario con el oporto hinchado y la cabeza echada hacia atrás, y dice:

Yo soy aquel a quien Argos aclama como señor,

A quien Pélope dejó como heredero de las tierras que se extienden
desde el Helesponto y desde el mar Jónico
hasta los estrechos ístmicos.[522]

¿Y quién es éste? No es más que un esclavo; su salario son cinco medidas de grano y cinco denarios. **8.** Y aquel otro que, orgulloso y caprichoso e hinchado por la confianza en su poder, exclama:

¡Paz, Menelao, o esta mano te matará![523]

recibe una miseria diaria y duerme sobre harapos. Se puede hablar de la misma manera de todos esos dandis que se ven cabalgando en literas por encima de las cabezas de los hombres y de la multitud; en todos los casos su felicidad está puesta como la máscara del actor. Arranquesela y los despreciaran.

9. Cuando compras un caballo, ordenas que le quiten la manta; a los esclavos que se anuncian en venta les quitas las vestiduras,

---

[522] Autores desconocidos; Ribbeck, Frag. Trag. pp. 289 y 276. El primer pasaje (con un cambio) también es citado por Quintiliano, ix. 4. 140. Véase, sin embargo, Tyrrell, Latin Poetry, p.39, que llama a este pasaje el comienzo del Atreo de Attius.

[523] Autores desconocidos; Ribbeck, Frag. Trag. pp. 289 y 276. El primer pasaje (con un cambio) también es citado por Quintiliano, ix. 4. 140. Véase, sin embargo, Tyrrell, Latin Poetry, p.39, que llama a este pasaje el comienzo del Atreo de Attius.

para que no se te escape ningún defecto corporal; si juzgas a un hombre, ¿lo juzgas cuando está envuelto en un disfraz? Los traficantes de esclavos ocultan bajo alguna clase de galas cualquier defecto que pueda ofender,[524] y por eso los mismos atavíos despiertan la sospecha del comprador. Si alcanzan a ver una pierna o un brazo atado con telas, exigen que se los despojen y que se les revele el propio cuerpo. **10.** ¿Ves a aquel rey escita o sármata, con la cabeza adornada con la insignia de su cargo? Si quieres ver a qué equivale y conocer todo su valor, quítale la diadema; bajo ella se esconde mucho mal. Pero, ¿por qué hablo de otros? Si quieres valorarte a ti mismo, deja a un lado tu dinero, tus propiedades, tus honores, y mira en tu propia alma. En este momento, tomas la palabra de otros por lo que eres. Adiós.

LXXXI. Sobre los beneficios[525]

1. Te quejas de que te has encontrado con una persona desagradecida. Si es su primera experiencia de este tipo,

---

[524] Un truco favorito; cf. Quintil. ii. 15. 25 mangones, qui colorem fuco et verum robur inani sagina mentiuntur.

debería dar las gracias a su buena suerte o a su prudencia. En este caso, sin embargo, la prudencia no puede tener otro efecto que el de volverte poco generoso. Porque si deseas evitar tal peligro, no conferirás beneficios; y así, para que los beneficios no se pierdan con otro hombre, se perderán para ti mismo.

Sin embargo, es mejor no obtener beneficios que no obtenerlos. Incluso después de una mala cosecha hay que volver a sembrar; pues a menudo las pérdidas debidas a la esterilidad continuada de un suelo improductivo se han compensado con la fertilidad de un año. **2.** Para descubrir a una persona agradecida, vale la pena probar a muchas desagradecidas. Ningún hombre tiene una mano tan infalible cuando confiere beneficios que no sea frecuentemente engañado; es bueno que el viajero se extravíe, para que pueda volver a aferrarse al camino. Después de un naufragio, los marineros vuelven a probar el mar. El banquero no es ahuyentado del foro por el estafador. Si uno se viera obligado a abandonar todo lo que le causa problemas, la vida pronto se volvería aburrida en medio de una perezosa ociosidad; pero en tu caso esta misma condición puede impulsarte a ser más caritativo. Porque cuando el resultado de cualquier empresa es incierto, debes intentarlo una y otra vez, para tener éxito en última instancia. **3.** Sin embargo, he discutido el asunto con suficiente plenitud en los volúmenes que he escrito, titulados "Sobre los beneficios."[526]

Lo que creo que más bien habría que investigar es esto, - una cuestión que creo que no ha quedado suficientemente clara: "Si quien nos ha ayudado ha cuadrado la cuenta y nos ha liberado de nuestra deuda, si después nos ha hecho daño." Puedes añadir también esta pregunta, si quieres: "cuando el perjuicio

---

[525] Al lector le interesará comparar esta carta con el tratado (o ensayo) Sobre los beneficios, De Beneficiis, dedicado a Aebutius Liberalis, tema de la Ep. xci.

[526] Véase De Ben. i. 1. 9 f. non est autem quod tardiores faciat ad bene merendum turba ingratorum.

causado después ha sido mayor que la ayuda prestada anteriormente". **4.** Si buscas la decisión formal y justa de un juez estricto, encontrarás que tacha un acto por otro, y declara: "Aunque los perjuicios superan a los beneficios, sin embargo debemos acreditar a los beneficios todo lo que subsiste incluso después del perjuicio". El daño causado fue ciertamente mayor, pero el acto beneficioso se hizo primero. De ahí que también deba tenerse en cuenta el tiempo. **5.** Otros casos son tan claros que no hace falta que le recuerde que también debe tener en cuenta aspectos como: Con cuánta alegría se ofreció la ayuda y con cuánta renuencia se hizo el daño, -ya que los beneficios, así como las lesiones, dependen del espíritu. "No quise conferir el beneficio; pero fui ganado por mi respeto al hombre, o por la importunidad de su petición, o por la esperanza". **6.** Nuestro sentimiento acerca de cada obligación depende en cada caso del espíritu con el que se confiere el beneficio; no sopesamos el volumen del regalo, sino la calidad de la buena voluntad que lo impulsó. Así pues, dejémonos de conjeturas: la primera acción fue un beneficio, y la segunda, que trascendió al beneficio anterior, es un perjuicio. El hombre de bien ordena de tal modo los dos lados de su libro de contabilidad[527] que se engaña voluntariamente a sí mismo añadiendo al beneficio y restando al perjuicio.

El magistrado más indulgente, sin embargo (y yo preferiría serlo), nos ordenará olvidar la injuria y recordar el alojamiento. **7.** "Pero seguramente", dirías, "es parte de la justicia dar a cada uno lo que le corresponde: gracias a cambio de un beneficio, y retribución,[528] o en todo caso mala voluntad, a cambio de una injuria". Esto, digo, será cierto cuando sea un hombre quien

---

[527] Los cálculos eran contadores que se extendían sobre el ábaco o tablero de recuento; iban en columnas, por millones, cientos de miles, etc.

[528] Talio (de talis, "tanto") es la antigua ley romana del "ojo por ojo y diente por diente". A medida que el derecho se hizo menos crudo, dio paso a las multas

haya infligido la injuria, y otro hombre quien haya conferido el beneficio; porque si es el mismo hombre, la fuerza de la injuria queda anulada por el beneficio conferido. En efecto, un hombre que debe ser perdonado, aunque no se le hayan acreditado buenas acciones en el pasado, debe recibir algo más que mera indulgencia si comete un agravio cuando tiene un beneficio en su haber. **8.** No doy el mismo valor a los beneficios que a las injurias. Valoro más un beneficio que un perjuicio. No todas las personas agradecidas saben lo que implica estar en deuda por un beneficio; incluso un tipo desconsiderado y tosco, uno del rebaño común, puede saberlo, especialmente poco después de haber recibido el regalo; pero no sabe hasta qué punto está en deuda por ello. Sólo el sabio sabe exactamente qué valor debe darse a cada cosa; porque el necio que acabo de mencionar, por muy buenas que sean sus intenciones, o paga menos de lo que debe, o lo paga en el momento o lugar equivocados. Aquello por lo que debería hacer devolución lo malgasta y lo pierde. **9.** Existe una fraseología maravillosamente precisa aplicada a ciertos temas,[529] una terminología establecida desde hace mucho tiempo que indica ciertos actos por medio de símbolos que son los más eficaces y que sirven para delinear los deberes de los hombres. Como usted sabe, solemos hablar así: "A. ha devuelto el favor concedido por B.". Devolver significa entregar por propia voluntad lo que se debe. No decimos: "Ha devuelto el favor"; porque "devolver" se usa de un hombre al que se le exige un pago, de los que pagan contra su voluntad, de los que pagan bajo cualquier circunstancia y de los que pagan a través de un tercero. No decimos: "Ha "restituido" la prestación", o "la ha liquidado"; nunca nos hemos conformado con una palabra que se aplica propiamente a una deuda de dinero. **10.** Hacer

---

[529] Esta "terminología de larga tradición" se aplica al verborum proprietas de la dicción filosófica, con especial referencia a τὰ καθήκοντα, los deberes apropiados del filósofo y del buscador de la sabiduría. Así, referre se distingue de reddere, reponere, solvere y otros términos financieros.

una devolución significa ofrecer algo a aquel de quien se ha recibido algo. La frase implica una devolución voluntaria; quien ha hecho tal devolución ha cumplido la cédula sobre sí mismo.

El hombre sabio indagará en su propia mente todas las circunstancias: cuánto ha recibido, de quién, cuándo, dónde, cómo. Y así,[530] declara que nadie sino el hombre sabio sabe cómo devolver un favor; más aún, nadie sino el hombre sabio sabe cómo conferir un beneficio, es decir, aquel hombre que disfruta dando más de lo que el receptor disfruta recibiendo. **11.** Ahora bien, alguien considerará esta observación como una de las afirmaciones generalmente sorprendentes que los estoicos solemos hacer y que los griegos llaman "paradojas",[531] y dirá: "¿Sostienes, entonces, que sólo el sabio sabe devolver un favor? ¿Sostienes que nadie más sabe restituir una deuda a un acreedor? ¿O, al comprar una mercancía, pagar su valor íntegro al vendedor?". Con el fin de no atraer el odio sobre mí, permítanme decirles que Epicuro dice lo mismo. En todo caso, Metrodoro comenta[532] que sólo el sabio sabe devolver un favor. **12.** De nuevo, el objetor antes mencionado se extraña de que digamos: "Sólo el sabio sabe amar, sólo el sabio es un verdadero amigo". Y, sin embargo, es parte del amor y de la amistad devolver los favores; es más, es un acto ordinario, y sucede con más frecuencia que la verdadera amistad. Además, este mismo objetor se extraña de que digamos: "No hay lealtad sino en el sabio", ¡como si él mismo no dijera lo mismo! ¿O acaso cree que hay lealtad en quien no sabe devolver un favor? **13.** Estos hombres, en consecuencia, deberían dejar de desacreditarnos, tal como si estuviéramos profiriendo una jactancia imposible; deberían comprender que la esencia del honor reside en el sabio, mientras que entre la muchedumbre sólo encontramos el

---

[530] Es decir, los estoicos

[531] Por ejemplo: "Sólo el sabio es rey", "no hay término medio entre la virtud y el vicio", "el dolor no es un mal", "sólo el sabio es libre", "la riqueza no es un bien", etc.

[532] Frag. 54 Körte.

fantasma y la apariencia del honor. Sólo el sabio sabe devolver un favor. Incluso un necio puede devolverlo en proporción a su conocimiento y su poder; su falta sería falta de conocimiento más que falta de voluntad o deseo. A la voluntad no se llega enseñando.

14. El hombre sabio comparará todas las cosas entre sí; porque el mismo objeto se hace mayor o menor, según el tiempo, el lugar y la causa. A menudo las riquezas que se gastan con profusión en un palacio no pueden lograr tanto como mil *denarios* dados en el momento oportuno. Ahora bien, es muy diferente si das directamente o si acudes en ayuda de un hombre, si tu generosidad lo salva o lo prepara para la vida. A menudo el regalo es pequeño, pero las consecuencias son grandes. ¿Y qué diferencia crees que hay entre tomar algo de lo que uno carece -algo que fue ofrecido- y recibir un beneficio para conferir uno a cambio?

15. Pero no debemos volver al tema que ya hemos investigado suficientemente. En este balance de beneficios y perjuicios, el hombre de bien juzgará, sin duda, con el mayor grado de justicia, pero se inclinará hacia el lado del beneficio; se volverá más fácilmente en esta dirección. **16.** Además, en este tipo de asuntos, la persona en cuestión suele contar mucho. Los hombres dicen: "Me otorgaste un beneficio en el asunto del esclavo, pero me hiciste un daño en el caso de mi padre" o, "Salvaste a mi hijo, pero me robaste un padre". Del mismo modo, seguirá todos los demás asuntos en los que se puedan hacer comparaciones, y si la diferencia es muy pequeña, fingirá no notarla. Aunque la diferencia sea grande, pero si la concesión puede hacerse sin menoscabo del deber y la lealtad, nuestro buen hombre la pasará por alto, es decir, siempre que el perjuicio afecte exclusivamente al propio buen hombre. **17.** Resumiendo, la cuestión es la siguiente: el hombre de bien será indulgente a la hora de establecer un equilibrio; permitirá que se cargue demasiado contra su crédito. No estará dispuesto a pagar un beneficio compensando el perjuicio. El lado hacia el que se inclinará, la tendencia que mostrará, es el deseo de estar obligado por el favor, y el deseo de devolverlo. Porque quien recibe un beneficio con más gusto del que lo devuelve se equivoca. Así como el que paga es más alegre que el que pide prestado, así también debe ser más alegre el que se desahoga de la mayor deuda -un beneficio recibido- que el que contrae las mayores obligaciones. **18.** Porque también en esto se equivocan los hombres ingratos: tienen que pagar a sus acreedores tanto el capital como los intereses,[533] pero piensan que los beneficios son moneda de cambio que pueden utilizar sin intereses. Así que las deudas crecen por aplazamiento, y cuanto más se aplaza la acción más queda por pagar. Un hombre es un ingrato si devuelve un favor sin intereses. Por lo tanto, también hay que tener en cuenta los intereses, cuando comparas tus recibos y tus gastos. **19.** Debemos intentar por todos los medios ser lo más agradecidos posible.

Porque la gratitud es algo bueno para nosotros mismos, en un sentido en el que la justicia, que comúnmente se supone que concierne a otras personas, no lo es; la gratitud se devuelve en gran medida a sí misma. No hay hombre que, cuando ha beneficiado a su prójimo, no se haya beneficiado a sí mismo, - no quiero decir por la razón de que aquel a quien has ayudado deseará ayudarte, o que aquel a quien has defendido deseará protegerte, o que un ejemplo de buena conducta retorna en un círculo para beneficiar a quien lo hace, así como los ejemplos de mala conducta retroceden sobre sus autores, y como los hombres no encuentran piedad si sufren agravios que ellos mismos han demostrado la posibilidad de cometer; sino que la recompensa por todas las virtudes reside en las virtudes mismas. Pues no se practican con vistas a la recompensa; el salario de una buena acción es haberla realizado.[534] **20.**

---

[533] Literalmente, "más que el capital y además del tipo de interés".

[534] La beneficencia es una subdivisión de la segunda virtud cardinal de los estoicos, la justicia. Cicerón trata ampliamente este tema en *De Off*. i. 42 ss.

Agradezco, no para que mi prójimo, provocado por el acto de bondad anterior, esté más dispuesto a beneficiarme, sino simplemente para que yo realice un acto muy agradable y hermoso; me siento agradecido, no porque me beneficie, sino porque me agrada. Y, para probaros la verdad de esto, declaro que, aunque no pueda ser agradecido sin parecer ingrato, aunque sólo pueda devolver un beneficio con un acto que se asemeje a una injuria; aun así, me esforzaré con la mayor serenidad de espíritu hacia el propósito que exige el honor, en medio mismo de la desgracia. Nadie, creo, valora más la virtud ni está más consagrado a ella que aquel que ha perdido su reputación de hombre de bien para no perder la aprobación de su conciencia. **21.** Así, pues, como he dicho, que seas agradecido es más conducente a tu propio bien que al bien de tu prójimo. Porque mientras que tu prójimo ha tenido una experiencia común y corriente, a saber, recibir de vuelta el don que él le había concedido, tú has tenido una gran experiencia que es el resultado de una condición absolutamente feliz del alma, la de haber sentido gratitud. Porque si la maldad hace infelices a los hombres y la virtud los hace bienaventurados, y si es una virtud ser agradecido, entonces la devolución que has hecho es sólo lo acostumbrado, pero la cosa a la que has llegado no tiene precio, - la conciencia de gratitud, que sólo viene al alma que es divina y bienaventurada. El sentimiento opuesto a éste, sin embargo, va inmediatamente acompañado de la mayor infelicidad; ningún hombre, si es ingrato, será infeliz en el futuro. No le concedo ningún día de gracia; es infeliz de inmediato.

22. Evitemos, pues, ser desagradecidos, no por los demás, sino por nosotros mismos. Cuando hacemos el mal, sólo la menor y más ligera parte de él repercute en el prójimo; la peor y, si se me permite el término, la más densa, se queda en casa y molesta al dueño.[535] Mi maestro Atalo solía decir: "El mal mismo

---

[535] Tal vez una figura de la vendimia. Para la misma metáfora, aunque

bebe la mayor parte de su propio veneno". El veneno que las serpientes llevan para la destrucción de otros, y segregan sin daño para sí mismas, no es como este veneno; pues esta clase es ruinosa para el que la posee. **23.** El hombre ingrato se tortura y atormenta a sí mismo; odia los dones que ha aceptado, porque debe retribuirlos, y trata de menospreciar su valor, pero en realidad agranda y exagera las injurias que ha recibido. ¿Y qué hay más desdichado que un hombre que olvida sus beneficios y se aferra a sus injurias?

La Sabiduría, por el contrario, presta gracia a todo beneficio, y por su propia voluntad lo encomienda a su propio favor, y deleita su alma con el continuo recuerdo del mismo. **24.** Los hombres malos sólo tienen un placer en los beneficios, y un placer muy efímero; dura sólo mientras los reciben. Pero el sabio obtiene de ellos un gozo permanente y eterno. Porque no se complace tanto en recibir el don como en haberlo recibido; y esta alegría nunca perece; permanece siempre con él. Desprecia los agravios que se le hacen; los olvida, no accidentalmente, sino voluntariamente. **25.** No le da a todo una interpretación errónea, ni busca a alguien a quien hacer responsable de cada suceso; más bien atribuye incluso los pecados de los hombres a la casualidad. No malinterpreta una palabra o una mirada; no le da importancia a los contratiempos, sino que los interpreta con generosidad.[536] No se acuerda más de un agravio que de un servicio. En la medida de lo posible, deja que su memoria descanse sobre la acción anterior y mejor, sin cambiar nunca su actitud hacia aquellos que han merecido algo bueno de él,

---

en una conexión diferente, ver Ep. i. 5, y Ep. cviii. 26: *quemadmodum ex amphora primum, quod est sinceríssimum, effluit, gravissimum quodque turbidumque subsidit, sic in aetate nostra quod est optimum, in primo est.*

[536] Cf. § 6: "El hombre bueno arregla de tal modo los dos lados de su libro de cuentas que se engaña voluntariamente a sí mismo añadiendo al beneficio y restando al perjuicio". Cf. también § 17: "El hombre de bien será indulgente al hacer balance; permitirá que se ponga demasiado contra su crédito."

excepto en los casos en que las malas acciones superan con creces a las buenas, y el espacio entre ellas es obvio incluso para quien cierra los ojos ante ello; incluso entonces sólo hasta este punto, que se esfuerza, después de recibir el perjuicio preponderante, por reanudar la actitud que tenía antes de recibir el beneficio. Pues cuando la injuria simplemente iguala al beneficio, queda una cierta cantidad de sentimiento bondadoso. **26.** Así como un acusado es absuelto cuando los votos son iguales, y así como el espíritu de bondad siempre trata de inclinar cada caso dudoso hacia la mejor interpretación, así la mente del hombre sabio, cuando los méritos de otro meramente igualan sus malas acciones, dejará, sin duda, de sentir una obligación, pero no deja de desear sentirla, y actúa precisamente como el hombre que paga sus deudas incluso después de que han sido legalmente canceladas.[537]

27. Pero ningún hombre puede ser agradecido a menos que haya aprendido a despreciar las cosas que llevan al rebaño común a la distracción; si deseas corresponder a un favor, debes estar dispuesto a ir al exilio, o a derramar tu sangre, o a sufrir la pobreza, o -y esto sucederá con frecuencia- incluso a dejar que tu propia inocencia sea manchada y expuesta a vergonzosas calumnias. No es poco el precio que un hombre debe pagar por ser agradecido. **28.** No hay nada más caro que un beneficio, mientras lo buscamos; no hay nada más barato después de haberlo recibido. ¿Preguntas qué es lo que nos hace olvidar los beneficios recibidos? Es nuestra extrema avidez por recibir otros. No consideramos lo que hemos obtenido, sino lo que debemos buscar. Nos desvían del camino recto las riquezas, los títulos, el poder, y todo lo que es valioso en nuestra opinión, pero carece de valor cuando se evalúa en su valor real. **29.** No sabemos cómo sopesar los asuntos;[538] deberíamos tomar

---

[537] Cuando por ley o promulgación especial se concedían *novae tabellae* a clases especiales de deudores, se cancelaban sus deudas, como en nuestros tribunales de quiebras.
[538] Cf. Ep. xxxi. 6 quid ergo est bonum? rerum scientia.

consejo respecto a ellos, no con su reputación sino con su naturaleza; esas cosas no poseen grandeza con la cual entusiasmar nuestras mentes, excepto el hecho de que nos hemos acostumbrado a maravillarnos de ellas. Pues no son alabadas porque deban ser deseadas, sino que son deseadas porque han sido alabadas; y cuando el error de los individuos ha creado una vez el error por parte del público, entonces el error público sigue creando el error por parte de los individuos.

30. Pero así como asumimos por fe tales estimaciones de valores, asumamos por fe del pueblo esta verdad: que nada es más honorable que un corazón agradecido. De esta frase se harán eco todas las ciudades y todas las razas, incluso las de países salvajes. Sobre este punto estarán de acuerdo buenos y malos. **31.** Unos alaban el placer, otros prefieren el trabajo; unos dicen que el dolor es el mayor de los males, otros que no es ningún mal; unos incluirán las riquezas en el bien supremo, otros dirán que su descubrimiento significó un daño para el género humano, y que nadie es más rico que aquel a quien la fortuna no ha encontrado nada que dar. En medio de toda esta diversidad de opiniones, todos los hombres votarán con una sola voz, como suele decirse, "sí" a la proposición de que se devuelva el agradecimiento a quienes han merecido bien de nosotros. En esta cuestión el rebaño común, rebelde como es, estará todo de acuerdo, pero en la actualidad seguimos devolviendo agravios en lugar de beneficios, y la razón principal por la que un hombre es desagradecido es que le ha resultado imposible ser suficientemente agradecido. **32.** Nuestra locura ha llegado a tales extremos, que es cosa muy peligrosa conferir grandes beneficios a una persona; pues sólo porque piense que es vergonzoso no retribuir, así no le quedaría nadie vivo a quien retribuir. "Guarda para ti lo que has recibido; no te lo pido de vuelta; no te lo exijo. Que sea seguro haber conferido un favor".[539]

---

[539] Las palabras se ponen en boca de un benefactor imaginario que teme por su propia vida.

No hay peor odio que el que brota de la vergüenza por la profanación de un beneficio.[540] Adiós.

---

[540] Cf. Tac. Agric. 42 *proprium humani ingenii est odisse quem laeseris*

LXXXII. Sobre el miedo natural a la muerte

1. Ya he dejado de preocuparme por ti. "¿A quién de los dioses", preguntas, "has encontrado como tu vale?".[541] Un dios, déjame decirte, que no engaña a nadie, - un alma enamorada de lo que es recto y bueno. Lo mejor de ti está en terreno seguro. La fortuna puede infligirte daño; lo que es más pertinente es que no temo que te hagas daño a ti mismo. Procede como has comenzado, y establécete en esta manera de vivir, no lujosamente, sino con calma. **2.** Prefiero estar en apuros antes que en el lujo; y es mejor que interpretes el término "en apuros" como el uso popular acostumbra a interpretarlo: viviendo una vida "dura", "áspera", "trabajosa". Estamos acostumbrados a escuchar las vidas de ciertos hombres elogiadas de la siguiente manera, cuando son objetos de impopularidad: "Fulano de tal vive lujosamente"; pero con esto quieren decir: "Se ablanda con el lujo". Porque el alma se hace mujer por grados, y se debilita hasta igualarse con la facilidad y pereza en que yace. He aquí, ¿no es mejor para uno que es realmente un hombre incluso endurecerse?[542] A continuación, estos mismos dandis temen aquello a lo que han asemejado sus propias vidas. ¡Mucha diferencia hay entre yacer ocioso y yacer enterrado![543] **3.** "Pero", dirán, "¿no es mejor incluso yacer ocioso que arremolinarse en estos remolinos de distracción empresarial?". Ambos extremos deben ser desaprobados, tanto la tensión como la pereza. Yo sostengo que el que yace en un diván perfumado no está menos muerto que el que es arrastrado por el garfio del verdugo.

---

[541] El que incurre en responsabilidad asumiendo la deuda de otro. Forma parte del proceso conocido como intercessio.

[542] En lugar de mollis.

[543] Conditivum (más frecuente y propiamente conditorium) es una broma lúgubre. La palabra se encuentra sobre todo en un sentido adjetival que se aplica a frutas y grano almacenados para su uso posterior.

El ocio sin estudio es la muerte; es una tumba para el hombre vivo. **4.** ¿Cuál es entonces la ventaja del retiro? ¡Como si las verdaderas causas de nuestras angustias no nos siguieran allende los mares! ¿Qué escondrijo hay donde no entre el miedo a la muerte? ¿Qué apacibles refugios hay, tan fortificados y tan retirados, que el dolor no los llene de temor? Dondequiera que te escondas, los males humanos harán alboroto a tu alrededor. Hay muchas cosas externas que nos rodean, para engañarnos o agobiarnos; hay muchas cosas internas que, incluso en medio de la soledad, nos inquietan y fermentan.

5. Por tanto, cíñete de filosofía, una muralla inexpugnable. Aunque sea asaltada por muchas máquinas, la fortuna no podrá encontrar paso en ella. El alma se encuentra en terreno inexpugnable, si ha abandonado las cosas externas; es independiente en su propia fortaleza, y todas las armas que se lanzan se quedan cortas. La fortuna no tiene el largo alcance con el que la acreditamos; ella no puede apoderarse de nadie excepto de aquel que se aferra a ella. **6.** Alejémonos de ella tanto como podamos. Esto sólo nos será posible mediante el conocimiento de nosotros mismos y del mundo[544] de la naturaleza. El alma debe saber adónde va y de dónde viene, qué es bueno para ella y qué es malo, qué busca y qué evita, y cuál es esa razón que distingue entre lo deseable y lo indeseable, y así domar la locura de nuestros deseos y calmar la violencia de nuestros temores.

7. Algunos hombres se vanaglorian de haber controlado estos males por sí mismos, incluso sin la ayuda de la filosofía; pero cuando algún accidente les coge desprevenidos, se les arranca una tardía confesión de error. Sus palabras jactanciosas perecen de sus labios cuando el torturador les ordena extender sus manos, y cuando la muerte se acerca. Podrías decirle a un hombre así: "Era fácil para ti desafiar males que no estaban cerca; pero aquí viene el dolor, que declaraste que podías

---

[544] Compare la definición decimonónica de cultura de Arnold.

soportar; ¡aquí viene la muerte, contra la que te jactaste valientemente muchas veces! El látigo chasquea, la espada relampaguea:

Ah, Eneas, debes ser fornido.

Y fuerte de corazón".[545]

8. Esta fortaleza de corazón, sin embargo, vendrá del estudio constante, siempre que practiques, no con la lengua sino con el alma, y siempre que te prepares para encontrarte con la muerte. Para prepararte a afrontar la muerte, no esperes aliento ni ánimo de aquellos que intentan hacerte creer, por medio de su lógica de pelos y señales, que la muerte no es un mal. Pues me complazco, excelente Lucilio, en burlarme de los absurdos de los griegos, de los que, para mi continua sorpresa, aún no he logrado librarme. **9.** Nuestro maestro Zenón[546] utiliza un silogismo como éste: "Ningún mal es glorioso; pero la muerte es gloriosa; luego la muerte no es ningún mal". ¡Una cura, Zenón! Me he liberado del miedo; en adelante no vacilaré en desnudar mi cuello en el cadalso. ¿No dirás palabras más duras en vez de provocar la risa de un moribundo? En efecto, Lucilio, no sabría decirte si es más insensato el que creyó aplacar el miedo a la muerte con este silogismo, o el que intentó refutarlo, como si tuviera algo que ver con el asunto. **10.** Porque el mismo refutador propuso un contra-silogismo, basado en la proposición de que consideramos la muerte como "indiferente", - una de las cosas que los griegos llaman ἀδιάφορα.[547] "Nada", dice, "que sea indiferente puede ser glorioso; la muerte es gloriosa; por tanto, la muerte no es indiferente". Comprendes la falacia tramposa que encierra este

---

[545] Virgilio, Eneida, vi. 261.
[546] Frag. 196 von Arnim
[547] Definidas por los griegos como "cosas que no tienen relación directa ni con la felicidad ni con la infelicidad". Véase Cicerón, De Finibus, iii. 50 y ss.

silogismo: la mera muerte no es, en efecto, gloriosa; pero una muerte valerosa es gloriosa. Y cuando dices: "Nada que sea indiferente es glorioso", te concedo esto, y declaro que nada es glorioso excepto en lo que se refiere a las cosas indiferentes. Clasifico como "indiferentes", es decir, ni buenas ni malas, la enfermedad, el dolor, la pobreza, el exilio, la muerte. **11.** Ninguna de estas cosas es intrínsecamente gloriosa; pero nada puede ser glorioso aparte de ellas. Pues no es la pobreza lo que alabamos, sino al hombre a quien la pobreza no puede humillar ni doblegar. Tampoco es el exilio lo que alabamos, sino al hombre que se retira al exilio con el mismo espíritu con el que habría enviado a otro al exilio. No es el dolor lo que alabamos, sino al hombre a quien el dolor no ha coaccionado. No se alaba a la muerte, sino al hombre a quien la muerte arrebata el alma antes de que pueda confundirla. **12.** Todas estas cosas no son en sí mismas ni honorables ni gloriosas; pero cualquiera de ellas que la virtud haya visitado y tocado se hace honorable y gloriosa por la virtud; simplemente se encuentran en medio,[548] y la cuestión decisiva es sólo si la maldad o la virtud se ha apoderado de ellas. Por ejemplo, la muerte que en el caso de Catón es gloriosa, es en el caso de Bruto[549] inmediatamente vil y vergonzosa. Por esto Bruto, condenado a muerte, intentaba obtener un aplazamiento; se retiró un momento para tranquilizarse; cuando se le citó para morir y se le ordenó que desnudara su garganta, exclamó: "¡Desnudaré mi garganta, con tal de vivir!". ¡Qué locura es huir, cuando es imposible volver atrás! "¡Me degüello con tal de vivir!" Estuvo a punto de decir también: "¡incluso bajo Antonio!" Este hombre merecía ser condenado a *cadena perpetua*.

---

[548] Es decir, son "indiferentes" (cf. § 14 *indifferentia ac media dicuntur*).
[549] Presumiblemente D. Junio Bruto, que finalmente se ganó la enemistad de Octavio y Antonio. Murió ignominiosamente a manos de un galo cuando huía para reunirse con M. Bruto en Macedonia.

13. Pero, como iba a comentar, ves que la muerte en sí misma no es ni un mal ni un bien; Catón experimentó la muerte de la manera más honorable, Bruto de la manera más vil. Todo, si se le añade la virtud, asume una gloria que antes no poseía. Hablamos de una habitación soleada, aunque esa misma habitación esté completamente oscura por la noche. **14.** Así sucede con las cosas que llamamos indiferentes y "medias",[550] como la riqueza, la fuerza, la belleza, los títulos, la realeza, y sus contrarios, -la muerte, el exilio, la mala salud, el dolor y todos los males semejantes, cuyo temor nos perturba en mayor o menor grado; es la maldad o la virtud la que confiere el nombre de bueno o malo. Un objeto no es por su propia esencia ni frío ni caliente; se calienta cuando se arroja a un horno, y se enfría cuando se deja caer en el agua. La muerte es honorable cuando se relaciona con lo que es honorable; con esto me refiero a la virtud y a un alma que desprecia las peores penurias.

15. Además, hay grandes distinciones entre estas cualidades que llamamos "medias". Por ejemplo, la muerte no es tan indiferente como la cuestión de si el cabello debe llevarse uniforme o desigual. La muerte pertenece a esas cosas que no son realmente males, pero que aún tienen en sí una apariencia de mal; porque hay implantado en nosotros el amor a nosotros mismos, un deseo de existencia y autoconservación, y también un aborrecimiento de la disolución, porque la muerte parece robarnos muchos bienes y apartarnos de la abundancia a la que nos hemos acostumbrado. Y hay otro elemento que nos aleja de la muerte: ya estamos familiarizados con el presente, pero ignoramos el futuro al que nos trasladaremos, y nos encogemos ante lo desconocido. Además, es natural temer el mundo de las sombras, al que se supone que conduce la muerte. **16.** Por eso, aunque la muerte sea algo indiferente, no es, sin embargo, algo que podamos ignorar fácilmente. El alma debe endurecerse

---

[550] *media*: palabra técnica de la filosofía estoica que significa ni bueno ni malo.

mediante una larga práctica, para que aprenda a soportar la visión y la proximidad de la muerte.

La muerte debería despreciarse más de lo que suele despreciarse. Porque nos creemos demasiadas historias sobre la muerte. Muchos pensadores se han esforzado por aumentar su mala fama; han descrito la prisión en el mundo de abajo y la tierra abrumada por la noche eterna, donde

Dentro de su cueva manchada de sangre el guardián del Infierno enorme

Desparrama su fea longitud sobre huesos medio encogidos,
y aterroriza a los fantasmas incorpóreos
con sus ladridos incesantes.[551]

Incluso si puedes ganar tu punto de vista y demostrar que se trata de meras historias y que no queda nada que temer para los muertos, otro miedo te invade. Porque el miedo a ir al inframundo es igual al miedo a no ir a ninguna parte.

17. Frente a estas nociones, que la opinión de larga data ha cantado en nuestros oídos, ¿cómo puede la valiente resistencia a la muerte ser otra cosa que gloriosa, y digna de figurar entre los mayores logros de la mente humana? Porque la mente nunca se elevará a la virtud si cree que la muerte es un mal; pero sí lo hará si sostiene que la muerte es un asunto indiferente. No está en el orden de la naturaleza que un hombre proceda con un gran corazón hacia un destino que cree que es malo; irá perezosamente y con desgana. Pero nada glorioso puede resultar de la desgana y de la cobardía; la virtud no hace nada bajo coacción. **18.** Además, ningún acto que un hombre realice es honorable, a menos que se haya dedicado a él y lo haya atendido con todo su corazón, sin rebelarse contra él con ninguna porción de su ser. Sin embargo, cuando un hombre va a enfrentarse con un mal, ya sea por temor a males peores o por

---

[551] Véase Virgilio, Eneida, vi. 400 y ss. y viii. 296 y ss.

la esperanza de bienes cuya consecución es lo suficientemente importante para él como para que pueda tragarse el único mal que debe soportar, - en ese caso el juicio del agente se dirige en dos direcciones. Por un lado, está el motivo que le obliga a llevar a cabo su propósito; por otro, el motivo que le frena y le hace huir de algo que ha despertado su aprensión o que le conduce al peligro. De ahí que se vea desgarrado en diferentes direcciones; y si esto sucede, la gloria de su acto desaparece. Pues la virtud sólo realiza sus planes cuando el espíritu está en armonía consigo mismo. No hay elemento de temor en ninguna de sus acciones.

No cedas a los males, sino, aún más valiente, ve

Donde tu fortuna te lo permita.[552]

19. No puedes "ir aún más valiente", si estás persuadido de que esas cosas son los verdaderos males. Desarraiga esta idea de tu alma; de lo contrario, tus aprensiones permanecerán indecisas y frenarán así el impulso a la acción. Serás empujado hacia aquello hacia lo que deberías avanzar como un soldado.

Los de nuestra escuela, es cierto, querrían que los hombres pensaran que el silogismo de Zenón [553] es correcto, pero que el segundo[554] que he mencionado, que se opone al suyo, es engañoso y erróneo. Pero yo, por mi parte, me niego a reducir tales cuestiones a una cuestión de reglas dialécticas o a las sutilezas de un sistema totalmente desgastado. Lejos, digo, de todo ese tipo de cosas, que hacen que un hombre sienta, cuando se le propone una pregunta, que está acorralado, y le obligan a admitir una premisa, y luego le hacen decir una cosa en su respuesta cuando su verdadera opinión es otra.[555] Cuando la verdad está en juego, debemos actuar con más franqueza; y

---

[552] Virgilioio, Eneida, vi. 95 y ss., el consejo de la Sibila a Eneas.
[553] Cf. §§ 9 y 10
[554] Cf. §§ 9 y 10
[555] Cf. Ep. xlviii. 4 ss.

cuando hay que combatir el miedo, debemos actuar con más valentía. **20.** Tales cuestiones, que los dialécticos envuelven en sutilezas, yo prefiero resolverlas y sopesarlas racionalmente, con el propósito de ganar la convicción y no de forzar el juicio.

Cuando un general está a punto de conducir a la acción a un ejército preparado para encontrar la muerte por sus esposas e hijos, ¿cómo va a exhortarles a la batalla? les recuerdo a los Fabios,[556] que tomaron sobre un solo clan una guerra que concernía a todo el estado. Yo se lo señalo a los lacedemonios en posición en el mismo paso de las Termópilas. No tienen ninguna esperanza de victoria, ninguna esperanza de regresar. El lugar donde se encuentran será su tumba. **21.** ¿Con qué lenguaje les animas a cerrar el paso con sus cuerpos y a cargar con la ruina de toda su tribu, y a retirarse de la vida antes que de su puesto? ¿Dirás: "Lo que es malo no es glorioso; pero la muerte es gloriosa; por tanto, la muerte no es un mal"? ¡Qué discurso tan poderoso! Después de tales palabras, ¿quién vacilaría en arrojarse sobre las lanzas serradas de los enemigos y morir en el acto? Pero, por ejemplo, Leónidas: ¡con qué valentía se dirigió a sus hombres! Dijo: "¡Compañeros, vamos a desayunar, sabiendo que cenaremos en el Hades!"[557] La comida de aquellos hombres no se les hizo grumosa en la boca, ni se les atascó en la garganta, ni se les escurrió de los dedos; ¡aceptaron con entusiasmo la invitación al desayuno, y también a la cena! **22.** Piensa, también, en el famoso general romano;[558] sus soldados habían sido enviados a tomar una posición, y cuando estaban a punto de abrirse paso a través de un enorme ejército del enemigo, se dirigió a ellos con las palabras: "¡Ahora debéis

---

[556] Cf. Livio, ii. 49. 1 *familiam unam subisse civitatis onus*

[557] Οὕτως ἀριστᾶτε ὡς ἐν ᾅδου δειπνήσοντες, - citado por Estobeo, Plutarco y Diodoro. Cicerón dice (*Tusc.* i. 101) *hodie apud inferos fortasse cenabimus*.

[558] Calpurnio, en Sicilia, durante la primera guerra púnica. Cf. Livio, xxii. 60. 11.

ir, compañeros soldados, a aquel lugar, de donde no hay que volver!".

Ya veis, pues, cuán recta y perentoria es la virtud; pero ¿a qué hombre de la tierra puede vuestra lógica engañosa hacer más valiente o más recto? Más bien quiebra el espíritu, que nunca debe estar menos estrecho ni obligado a tratar con problemas mezquinos y espinosos que cuando se proyecta alguna gran obra. **23.** No son los Trescientos,[559] - es toda la humanidad la que debería ser aliviada del miedo a la muerte. Pero, ¿cómo demostrar a todos esos hombres que la muerte no es un mal? ¿Cómo puedes superar las nociones de toda nuestra vida pasada, nociones con las que estamos teñidos desde nuestra infancia? ¿Qué socorro puedes descubrir para la impotencia del hombre? ¿Qué puedes decir que haga que los hombres se precipiten, ardiendo de celo, en medio del peligro? ¿Con qué discurso persuasivo puedes desviar este sentimiento universal de miedo, con qué fuerza de ingenio puedes desviar la convicción de la raza humana que se te opone firmemente? ¿Te propones construirme latiguillos o hilvanar insignificantes silogismos? Se necesitan grandes armas para abatir grandes monstruos. **24.** Recuerdas la feroz serpiente de África, más temible para las legiones romanas que la guerra misma, y atacada en vano por flechas y hondas; no podía ser herida ni siquiera por "Pythius",[560] ya que su enorme tamaño, y la dureza que correspondía a su volumen, hacían que las lanzas, o cualquier arma lanzada por la mano del hombre, se desvanecieran. Finalmente fue destruido por rocas del tamaño de piedras de molino. Entonces, ¿lanzas armas insignificantes como las tuyas incluso contra la muerte? ¿Puedes detener la embestida de un león con un punzón?[561] Vuestros argumentos

---

[559] Los soldados de Leónidas.

[560] Una máquina especialmente grande para asaltar muros; un apodo, como el moderno "Long Tom".

[561] Cf. Ep. lxxxv. 1 pudet in aciem descendere pro dis hominibusque susceptam subula armatum.

son ciertamente afilados; pero no hay nada más afilado que un tallo de grano. Y ciertos argumentos se vuelven inútiles e infructuosos por su misma sutileza. Adiós.

LXXXIII. Sobre la embriaguez

1. Me pides que te dé cuenta de cada día por separado, y también de todo el día; así que debes tener una buena opinión de mí si piensas que en estos días míos no hay nada que ocultar. En todo caso, así es como debemos vivir, como si viviéramos a la vista de todos; y así es como debemos pensar, como si hubiera alguien que pudiera mirar en lo más íntimo de nuestras almas; y hay alguien que puede mirar así. Pues ¿de qué sirve que algo esté oculto al hombre? Nada se oculta a la vista de Dios. Él es testigo de nuestras almas,[562] y entra en medio de nuestros pensamientos - entra en ellos, digo, como alguien que puede partir en cualquier momento. **2.** Por lo tanto, haré lo que me pides, y con gusto te informaré por carta lo que estoy haciendo, y en qué secuencia. Me vigilaré a mí mismo continuamente, y -un hábito muy útil- revisaré cada día.[563] Porque esto es lo que nos hace malvados: que ninguno de nosotros mira hacia atrás en su propia vida. Sólo pensamos en lo que vamos a hacer. Y, sin embargo, nuestros planes para el futuro dependen siempre del pasado.

3. El día de hoy ha sido ininterrumpido; nadie me ha robado la más mínima parte de él. Todo el tiempo ha estado dividido entre el descanso y la lectura. Un breve espacio se ha dedicado al ejercicio corporal, y en esto puedo dar gracias a la vejez: mi ejercicio cuesta muy poco esfuerzo; tan pronto como me muevo, estoy cansado. Y el cansancio es el objetivo y el fin del ejercicio, por muy fuerte que uno sea. **4.** ¿Preguntas quiénes son mis marcapasos? Me basta con uno, el esclavo Fario, un tipo agradable, como sabes; pero lo cambiaré por otro. A mi edad necesito uno de más tierna edad. Fario, en todo caso, dice que él y yo estamos en el mismo período de la vida, pues a ambos se nos están cayendo los dientes.[564] Sin embargo, incluso

---

[562] Cf. Ep. xli. 2 sacer intra nos spiritus, . . . malorum bonorumque nostrorum observator et custos.
[563] Cf. Ep. i. 4 ratio constat inpensae (refiriéndose a su intento de emplear su tiempo provechosamente).

ahora apenas puedo seguir su paso cuando corre, y dentro de muy poco tiempo no podré seguirle en absoluto; así que ya ves qué provecho sacamos del ejercicio diario. Muy pronto se abre un amplio intervalo entre dos personas que recorren caminos diferentes. Mi esclavo está subiendo en el mismo momento en que yo estoy bajando, y usted seguramente sabe cuánto más rápido es este último. No, me equivoqué; pues ahora mi vida no está bajando; está cayendo en picado. **5.** ¿Preguntas, por todo eso, cómo resultó nuestra carrera de hoy? Corrimos hasta empatar,[565] - algo que rara vez ocurre en una carrera. Después de cansarme de esta manera (porque no puedo llamarlo ejercicio), me di un baño frío; esto, en mi casa, significa poco menos que caliente. Yo, el antiguo entusiasta del agua fría, que solía celebrar el año nuevo zambulléndome en el canal, que, con la misma naturalidad con que me disponía a leer o escribir, o a componer un discurso, solía inaugurar el primero del año zambulléndome en el acueducto de Virgo,[566] he cambiado mi lealtad, primero al Tíber, y luego a mi tanque favorito, que sólo se calienta con el sol, en los momentos en que estoy más robusto y cuando no hay un fallo en mis procesos corporales. Me quedan muy pocas energías para bañarme. **6.** Después del baño, un poco de pan duro y desayuno sin mesa; no hace falta lavarse las manos después de semejante comida. Luego viene una siesta muy corta. Ya conoces mi costumbre: aprovecho un poco de sueño, por así decirlo, para desentumecerme.[567] Me doy por satisfecho si puedo dejar de estar despierto. A veces sé que he dormido; otras, tengo una mera sospecha.

---

[564] Véase Ep. xii. 3 para una ocurrencia similar.

[565] *Hieran* (*coronam*), como piensa Lipsius, cuando el resultado era dudoso, la guirnalda se ofrecía a los dioses. Del griego ἱερός, sagrado.

[566] Construida por Marco Agripa; actualmente es la fuente de Trevi.

[567] La misma palabra es utilizada por Séneca en De Tranq. An. xvii. 7 quidam medio die interiunxerunt et in postmeridianas horas aliquid levioris operae distulerunt.

7. ¡Lo, ahora el estruendo de las Carreras suena a mi alrededor! Mis oídos son azotados por súbitos y generales vítores. Pero esto no altera mis pensamientos ni siquiera rompe su continuidad. Puedo soportar un alboroto con total resignación. El popurrí de voces mezcladas en una sola nota me suena como el batir de las olas,[568] o como el viento que azota las copas de los árboles, o como cualquier otro sonido que no transmite ningún significado.

8. ¿Qué es, entonces, preguntarás, a lo que he estado prestando atención? se lo diré. Una idea se me ha quedado grabada en la mente desde ayer, a saber, lo que los hombres de mayor sagacidad han querido decir cuando han ofrecido las pruebas más triviales e intrincadas para problemas de la mayor importancia, pruebas que pueden ser verdaderas, pero que no por ello dejan de parecerse a falacias. **9.** Zenón, el más grande de los hombres, el venerado fundador de nuestra valiente y santa escuela de filosofía, desea disuadirnos de la embriaguez. Escuchad, pues, sus argumentos que prueban que el hombre de bien no se emborracha: "Nadie confía un secreto a un hombre borracho; pero uno confiará un secreto a un hombre bueno; por lo tanto, el hombre bueno no se emborrachará".[569] Obsérvese cuán ridículo queda Zenón cuando contraponemos un silogismo similar al suyo. Hay muchos, pero bastará uno: "Nadie confía un secreto a un hombre cuando está dormido; pero se confía un secreto a un hombre bueno; por tanto, el hombre bueno no se duerme."[570] **10.** Posidonio defiende la causa de nuestro maestro Zenón de la única manera posible; pero yo sostengo que ni

---

[568] Cf. Ep. lvi. 3 *istum fremitum non magis curo quam fluctum aut deiectum aquae.*

[569] Zenón, Frag. 229 von Arnim, - citando también a Filón εἰ τῷ μεθύοντι οὐκ ἄν τις εὐλόγως λόγον ἀπόρρητον παρακατάθοιτο. . . οὐκ ἄρα μεθύει ὁ ἀστεῖος.

[570] Cf. Ep. xlix. 8 *quod non perdidisti, habes; cornua autem non perdidisti; cornua ergo habes,* - y los silogismos dados en Ep. xlviii.

siquiera así puede defenderse. Pues Posidonio sostiene que la palabra "borracho" se usa de dos maneras, - en un caso de un hombre que está cargado de vino y no tiene control sobre sí mismo; en el otro, de un hombre que está acostumbrado a emborracharse, y es esclavo del hábito. Zenón, dice, se refería a este último, al hombre que está acostumbrado a emborracharse, no al hombre que está borracho; y nadie confiaría a esta persona ningún secreto, porque podría ser delatado cuando el hombre estuviera en sus copas. **11.** Esto es una falacia. Porque el primer silogismo se refiere al que está realmente borracho y no al que está a punto de emborracharse. Seguramente admitirás que hay una gran diferencia entre un hombre que está borracho y un borracho. El que está realmente borracho puede encontrarse en este estado por primera vez y no tener el hábito, mientras que el borracho suele estar libre de embriaguez. Por lo tanto, interpreto la palabra en su sentido habitual, sobre todo porque el silogismo lo establece un hombre que hace un negocio del uso cuidadoso de las palabras, y que sopesa su lenguaje. Además, si esto es lo que Zenón quería decir, y lo que quería que significara para nosotros, estaba tratando de aprovecharse de una palabra equívoca con el fin de trabajar en una falacia, y nadie debe hacer esto cuando la verdad es el objeto de la investigación.

12. Pero admitamos, en efecto, que quiso decir lo que dice Posidonio; aun así, la conclusión es falsa: que no se confían secretos a un borracho habitual. Piénsese cuántos soldados no siempre sobrios han recibido de un general, de un capitán o de un centurión mensajes que no debían ser divulgados. En cuanto al famoso complot para asesinar a Cayo César -me refiero al César que venció a Pompeyo y se hizo con el control del Estado-, a Tilio Címber se le confió nada menos que a Cayo Casio. Casio bebió agua durante toda su vida, mientras que Tilio Címber era un borracho y un pendenciero. El propio Címber aludió a este hecho, diciendo: "¿Llevo un maestro? No puedo llevar mi licor". **13.** Así pues, que cada uno recuerde a aquellos a quienes, según su conocimiento, se les puede confiar mal el vino, pero bien la palabra hablada; y aún se me ocurre un caso, que relataré, para que no caiga en el olvido. Porque la vida debe estar provista de ilustraciones conspicuas. No nos remontemos siempre al pasado.

14. Lucio Piso, Director de Seguridad Pública de Roma, se emborrachó desde el mismo momento de su nombramiento. Solía pasar la mayor parte de la noche en banquetes, y dormía hasta el mediodía. Así pasaba las mañanas. Sin embargo, se aplicaba con la mayor diligencia a sus deberes oficiales, que incluían la tutela de la ciudad. Incluso el santo Augusto le confió órdenes secretas cuando lo puso al mando de Tracia.[571] Piso conquistó ese país. También Tiberio confió en él cuando tomó sus vacaciones en Campania, dejando tras de sí en la ciudad muchos asuntos críticos que despertaron tanto sospechas como odios. **15.** Me imagino que fue porque la embriaguez de Piso resultó bien para el Emperador que nombró para el cargo de prefecto de la ciudad a Cossus, un hombre de autoridad y equilibrio, pero tan empapado y empapado en bebida que una vez, en una reunión del Senado, adonde había llegado después de un banquete, fue vencido por un sueño del que no pudo ser despertado, y tuvo que ser llevado a casa. Fue a este hombre a quien Tiberio envió muchas órdenes, escritas de su puño y letra, órdenes que creía que no debía confiar ni siquiera a los funcionarios de su casa. A Cossus no se le escapaba ni un solo secreto, ni personal ni público.

16. Abolamos, pues, todas las arengas como ésta: "Ningún hombre en los lazos de la embriaguez tiene poder sobre su alma. Como las mismas tinajas se revientan con el vino nuevo, y como las heces del fondo suben a la superficie por la fuerza de la fermentación, así, cuando el vino efervesce, todo lo que yace

---

[571] En 11 a.C., cuando los tracios atacaban Macedonia. La campaña duró tres años, y Piso fue recompensado con un triunfo al final de la misma.

oculto debajo sube y se hace visible. De la misma manera que un hombre borracho no puede retener la comida cuando se ha excedido con el vino, tampoco puede retener un secreto. Vierte imparcialmente tanto sus propios secretos como los de otras personas." **17.** Esto, por supuesto, es lo que comúnmente sucede, pero también esto, - que tomamos consejo sobre temas serios con aquellos que sabemos que tienen el hábito de beber libremente. Por lo tanto, esta proposición, que se presenta como una defensa del silogismo de Zenón, es falsa: que los secretos no se confían al borracho habitual.

¡Cuánto mejor es denunciar francamente la embriaguez y exponer sus vicios! Porque incluso el hombre medianamente bueno los evita, por no hablar del sabio perfecto, que se contenta con calmar su sed; el sabio, aunque de vez en cuando se deje llevar por la buena alegría que, por el bien de un amigo, se lleva un poco demasiado lejos, siempre se detiene lejos de la embriaguez. **18.** Pero mientras tanto, si quieres demostrar que un hombre de bien no debe emborracharse, ¿por qué hacerlo por lógica? Demuestra cuán vil es beber más licor del que se puede beber y no conocer la capacidad del propio estómago; demuestra cuán a menudo el borracho hace cosas que le hacen sonrojarse cuando está sobrio; afirma que la embriaguez[572] no es más que una condición de locura asumida a propósito. Prolonga el estado del borracho varios días; ¿tendrás alguna duda sobre su locura? Incluso así, la locura no es menor; simplemente dura menos tiempo. **19.** Piensa en Alejandro de Macedonia,[573] que apuñaló a Clito, su amigo más querido y leal, en un banquete; después de que Alejandro comprendió lo que había hecho, deseó morir, y ciertamente debería haber muerto.

---

[572] Como la ira, que los antiguos interpretaban como "locura pasajera".
[573] Para un relato dramático del asesinato, véase Alejandro de Plutarco, cap. 51.

La embriaguez enciende y revela todo tipo de vicio, y elimina el sentido de vergüenza que cubre nuestras malas acciones.[574] Pues son más los hombres que se abstienen de acciones prohibidas porque se avergüenzan de pecar que porque sus inclinaciones sean buenas. **20.** Cuando la fuerza del vino ha llegado a ser demasiado grande y se ha apoderado de la mente, todo mal acechante sale de su escondrijo. La embriaguez no crea el vicio, sino que lo pone a la vista; en esos momentos el hombre lujurioso no espera ni siquiera la intimidad de una alcoba, sino que sin aplazamiento da rienda suelta a las exigencias de sus pasiones; en esos momentos el hombre incasto proclama y publica su enfermedad; en esos momentos tu compañero de malas pulgas no refrena su lengua ni su mano. El soberbio aumenta su arrogancia, el despiadado su crueldad, el calumniador su rencor. A todo vicio se le da libre juego y pasa a primer plano. **21.** Además, nos olvidamos de quiénes somos, pronunciamos palabras entrecortadas y mal enunciadas, la mirada es inestable, el paso vacila, la cabeza se marea, el propio techo se mueve como si un ciclón arremolinara toda la casa, y el estómago sufre una tortura cuando el vino genera gases y hace que se hinchen nuestras propias entrañas. Sin embargo, en su momento, estas molestias pueden soportarse, siempre que el hombre conserve su fuerza natural; pero ¿qué puede hacer cuando el sueño merma sus facultades, y cuando lo que era embriaguez se convierte en indigestión?

22. ¡Piensa en las calamidades causadas por la embriaguez en una nación! Este mal ha traicionado a sus enemigos a las razas más briosas y guerreras; este mal ha abierto brechas en murallas defendidas por la guerra tenaz de muchos años; este mal ha obligado a someterse al dominio extranjero a pueblos que eran completamente inflexibles y desafiantes al yugo; este

---

[574] Esta es la firme convicción de Séneca, él mismo un hombre de lo más templado. Los §§ 14 y 15 admiten que el genio natural puede triunfar sobre la embriaguez; el § 17 puede permitir (con Crisipo) una cierta cantidad de hilaridad; pero la conclusión general es obvia.

mal ha conquistado por la copa de vino a los que en el campo eran invencibles. **23.** Alejandro, a quien acabo de mencionar, pasó a través de sus muchas marchas, sus muchas batallas, sus muchas campañas de invierno (a través de las cuales se abrió camino superando desventajas de tiempo o lugar), los muchos ríos que fluyeron de fuentes desconocidas, y los muchos mares, todos a salvo; fue la intemperancia en la bebida lo que lo derribó, y el famoso tazón de Hércules que le dio la muerte.[575]

24. ¿Qué gloria hay en llevar mucho licor? Cuando has ganado el premio, y los otros banqueteros, dormidos o vomitando, han declinado tu desafío a otros brindis; cuando eres el último superviviente del jolgorio; cuando has vencido a todos con tu magnífica demostración de destreza y no hay nadie que haya demostrado tener tanta capacidad como tú, - eres vencido por el barril. **25.** Marco Antonio fue un gran hombre, un hombre de distinguida capacidad; pero ¿qué fue lo que le arruinó y le llevó a hábitos extraños y a vicios no romanos, si no fue la embriaguez y -no menos potente que el vino- el amor a Cleopatra? Esto fue lo que le convirtió en enemigo del estado; esto fue lo que hizo que no fuera rival para sus enemigos; esto fue lo que le hizo cruel, cuando, sentado a la mesa, le traían las cabezas de los líderes del estado; cuando, en medio de los banquetes más elaborados y del lujo real, identificaba los rostros y las manos de los hombres a los que había proscrito;[576] cuando, a pesar de estar cargado de vino, aún tenía sed de sangre. Era intolerable que se emborrachara mientras hacía

---

[575] Lipsio cita a Ateneo diciendo que las copas de plata beocias de gran tamaño se llamaban así porque el Hércules beocio bebía de ellas; Servius, sin embargo, en Verg. Aen. viii. 278, declaró que el nombre derivaba del gran cuenco de madera llevado por Hércules a Italia y utilizado con fines sacrificiales.

[576] "Antonio ordenó a los que iban a matar a Cicerón que le cortaran la cabeza y la mano derecha...; y, cuando los trajeron ante él, los contempló alegremente, estallando más de una vez en carcajadas, y cuando se hubo saciado de verlos, ordenó que los colgaran... en el foro" (traducción de Clough del *Antonio* de Plutarco, p. 172).

tales cosas; ¡cuánto más intolerable que las hiciera estando realmente borracho! **26.** A la embriaguez suele seguir la crueldad, pues la cordura del hombre se corrompe y se vuelve salvaje. Así como una enfermedad prolongada vuelve a los hombres quejumbrosos e irritables y los enloquece al menor cruce de sus deseos, así las borracheras continuas bestializan el alma. Porque cuando las personas están a menudo fuera de sí, el hábito de la locura perdura, y los vicios que el licor generó conservan su poder incluso cuando el licor ha desaparecido.

27. Por lo tanto, debes exponer por qué el hombre sabio no debe emborracharse. Explica con hechos, y no con meras palabras, lo espantoso de la cosa y sus males atormentadores. Haz lo más fácil de todo, es decir, demuestra que lo que los hombres llaman placeres son castigos en cuanto han sobrepasado los límites debidos. Pues si tratas de probar que el sabio puede embriagarse con mucho vino y, sin embargo, mantener su rumbo recto, aunque esté en sus copas, puedes seguir deduciendo por silogismos que no morirá si traga veneno, que no dormirá si toma una poción para dormir, que no vomitará y rechazará la materia que obstruye su estómago cuando le des eléboro.[577] Pero, cuando los pies de un hombre se tambalean y su lengua es inestable, ¿qué razón tienes para creer que está medio sobrio y medio borracho? Adiós.

---

[577] Planta con propiedades catárticas muy utilizada por los antiguos. También se aplicaba en casos de enajenación mental. El término nativo en latín es *veratrum*.

LXXXIV. Sobre la recopilación de ideas[578]

1. Los viajes a que te refieres -viajes que sacuden la pereza de mi organismo- los considero provechosos tanto para mi salud como para mis estudios. Ya ve por qué benefician a mi salud: puesto que mi pasión por la literatura me hace perezoso y descuidado con mi cuerpo, puedo hacer ejercicio por suplencia; en cuanto a mis estudios, le mostraré por qué mis viajes los ayudan, ya que no he dejado de leer en lo más mínimo. Y la lectura, sostengo, es indispensable -principalmente, para evitar que me satisfaga sólo conmigo mismo, y además, después de haber aprendido lo que otros han descubierto por sus estudios, para permitirme emitir un juicio sobre sus descubrimientos y reflexionar sobre los descubrimientos que quedan por hacer. La lectura alimenta la mente y la refresca cuando está fatigada por el estudio; sin embargo, este refresco no se obtiene sin el estudio. **2.** No debemos limitarnos ni a la escritura ni a la lectura; la primera, la escritura continua, ensombrecerá nuestras fuerzas y las agotará; la otra hará que nuestras fuerzas se vuelvan flácidas y aguadas. Es mejor recurrir a ellas alternativamente, y mezclar una con la otra, de modo que los frutos de nuestra lectura puedan ser reducidos a forma concreta por la pluma.

3. Debemos seguir, dicen los hombres, el ejemplo de las abejas, que revolotean y recogen las flores aptas para producir miel, y luego ordenan y clasifican en sus celdas todo lo que han traído; estas abejas, como dice nuestro Virgilio,

envasar la miel que fluye,

E hinchan sus células con dulce néctar.[579]

4. No se sabe con certeza si el jugo que obtienen de las flores se convierte inmediatamente en miel, o si transforman lo que han

---

[578] Una parte considerable de esta carta se encuentra en el prefacio a las Saturnalia de Macrobio, sin ningún reconocimiento de deuda.
[579] *Eneida*, i. 432 y ss.

recogido en este delicioso objeto mezclando algo con él y por una cierta propiedad de su aliento. Pues algunas autoridades creen que las abejas no poseen el arte de hacer miel, sino sólo de recolectarla; y dicen que en la India se ha encontrado miel en las hojas de ciertos juncos, producida por un rocío peculiar de ese clima, o por el jugo del junco mismo, que tiene una dulzura y riqueza inusuales.[580] Y en nuestras propias hierbas también, dicen, existe la misma cualidad, aunque menos clara y menos evidente; y una criatura nacida para cumplir tal función podría cazarla y recogerla. Otros sostienen que los materiales que las abejas han recogido de las plantas más delicadas en flor se transforman en esta sustancia peculiar mediante un proceso de conservación y almacenamiento cuidadoso, ayudado por lo que podría llamarse fermentación, por lo que los elementos separados se unen en una sustancia.

5. Pero no debo desviarme hacia otro tema que el que estamos discutiendo. También nosotros, digo, deberíamos copiar a estas abejas, y tamizar todo lo que hayamos recogido de un variado curso de lectura, porque tales cosas se conservan mejor si se mantienen separadas; entonces, aplicando el cuidado supervisor con el que nuestra naturaleza nos ha dotado, -en otras palabras, nuestros dones naturales-, deberíamos mezclar esos diversos sabores en un delicioso compuesto que, aunque traicione su origen, sin embargo es claramente una cosa diferente de aquella de la que procede. Esto es lo que vemos que la naturaleza hace en nuestros propios cuerpos sin ningún trabajo por nuestra parte; **6.** el alimento que hemos comido, mientras conserve su calidad original y flote en nuestros estómagos como una masa sin diluir, es una carga;[581] pero pasa

---

[580] Cf. *mel in harundinibus collectum* (de la India) en Plinio, *N. H.* xii. 32 (Summers).

[581] La misma figura se utiliza en referencia a la lectura, en Ep. ii. 2 ss., *non prodest cibus nec corpori accedit, qui statim sumptus emittitur*, etc.

a los tejidos y a la sangre sólo cuando ha sido cambiado de su forma original. Lo mismo ocurre con el alimento que nutre nuestra naturaleza superior, - debemos procurar que lo que hayamos absorbido no permanezca inalterado, o no formará parte de nosotros. **7.** Debemos digerirlo; de lo contrario, sólo entrará en la memoria y no en el poder de razonamiento. Acojamos lealmente tales alimentos y hagámoslos nuestros, para que algo que es uno se forme de muchos elementos, igual que un número se forma de varios elementos cuando, según nuestro cálculo, se juntan sumas menores, cada una diferente de las otras. Esto es lo que debe hacer nuestra mente: ocultar todos los materiales por los que se ha ayudado, y sacar a la luz sólo lo que ha hecho de ellos. **8.** Aunque aparezca en ti una semejanza con aquel que, a causa de tu admiración, ha dejado una profunda impresión en ti, quisiera que te parecieras a él como un niño se parece a su padre, y no como un cuadro se parece a su original; porque un cuadro es una cosa sin vida.

"¿Qué?", dirás, "¿no se verá de quién es el estilo que imitan, el método de razonamiento, los dichos punzantes?". Yo creo que a veces es imposible que se vea a quién se imita, si la copia es verdadera; porque una copia verdadera imprime su propia forma a todos los rasgos que ha tomado de lo que podemos llamar el original, de tal manera que se combinan en una unidad. **9.** ¿No ves cuántas voces hay en un coro? Sin embargo, de todas ellas sólo resulta una voz. En ese coro una voz toma el tenor, otra el bajo, otra el barítono. También hay mujeres, así como hombres, y la flauta se mezcla con ellos. En ese coro se ocultan las voces de los cantantes individuales; lo que oímos son las voces de todos juntos. **10.** Para estar seguros, me estoy refiriendo al coro que los filósofos de antaño conocían; en nuestras exhibiciones actuales[582] tenemos un mayor número de cantantes que el que solía haber de espectadores en los teatros

---

[582] *Commissio* significa entretenimiento o concierto; cf. Plinio, *Panegírico* 54, *ludis et commissionibus*.

de antaño. Todos los pasillos están llenos de filas de cantantes; instrumentos de metal rodean el auditorio; el escenario resuena con flautas e instrumentos de todo tipo; y sin embargo, de los sonidos discordantes se produce una armonía.

Quisiera que mi mente tuviera tal calidad; debería estar equipada con muchas artes, muchos preceptos y patrones de conducta tomados de muchas épocas de la historia; pero todos deberían fundirse armoniosamente en uno. **11.** "¿Cómo", te preguntarás, "puede lograrse esto?". Mediante un esfuerzo constante, y no haciendo nada sin la aprobación de la razón. Y si estás dispuesto a escuchar su voz, ella te dirá: "Abandona los afanes que hasta ahora te han hecho correr de aquí para allá. Abandona las riquezas, que son un peligro o una carga para quien las posee. Abandona los placeres del cuerpo y de la mente; sólo te ablandan y debilitan. Abandona la búsqueda de cargos; es una cosa hinchada, ociosa y vacía, una cosa que no tiene meta, tan ansiosa de que nadie la supere como de que nadie le pise los talones. Está afligido por la envidia, y en verdad por una envidia doble; y ya ves cuán miserable es la situación de un hombre si el que es objeto de envidia siente también envidia."

12. ¿Contemplas aquellas casas de los grandes, aquellos umbrales alborotados por las riñas de los que quieren presentar sus respetos? Tienen muchos insultos[583] para ti cuando entras por la puerta, y aún más después de que has entrado. Pasad de largo los escalones que conducen a las casas de los ricos, y los pórticos que se vuelven peligrosos por la inmensa muchedumbre, pues allí los encontrarás no sólo al borde de un precipicio, sino también sobre un suelo resbaladizo. En lugar de esto, dirige tu rumbo hacia la sabiduría y busca sus caminos, que son caminos de paz y abundancia extraordinarias. **13.** Todo

---

[583] Para tal tratamiento cf. Juvenal iii. 152 s.-.
Nil habet infelix paupertas durius in se
Quam quod ridiculos homines facit, etc.

lo que parece conspicuo en los asuntos de los hombres -por insignificante que sea en realidad y prominente sólo por contraste con los objetos más bajos- se alcanza, sin embargo, por un camino difícil y penoso. Es un camino áspero el que conduce a las alturas de la grandeza; pero si deseas escalar esta cima, que se encuentra muy por encima de la cordillera de la Fortuna, ciertamente mirarás desde arriba todo lo que los hombres consideran más elevado, pero sin embargo puedes proceder a la cima por terreno llano. Adiós.

LXXXV. Sobre algunos silogismos vanos

1. Me había inclinado a ahorrárselo, y había omitido los problemas espinosos que aún quedaban por discutir; me contentaba con darles una especie de muestra de las opiniones sostenidas por los hombres de nuestra escuela, que desean probar que la virtud es por sí misma suficientemente capaz de redondear la vida feliz. Pero ahora me pides que incluya todo el grueso de nuestros propios silogismos o de los que han sido ideados[584] por otras escuelas con el propósito de menospreciarnos. Si estoy dispuesto a hacerlo, el resultado será un libro, en lugar de una carta. Y declaro una y otra vez que no me complacen tales pruebas. Me avergüenza entrar en la arena y emprender la batalla en nombre de dioses y hombres armado sólo con un punzón.[585]

2. "El que posee prudencia es también autocontrolado; el que posee autocontrol es también inquebrantable; el que es inquebrantable es imperturbable; el que es imperturbable está libre de tristeza; el que está libre de tristeza es feliz. Por lo tanto, el hombre prudente es feliz, y la prudencia es suficiente para constituir la vida feliz."

3. Algunos de los peripatéticos[586] responden a este silogismo interpretando "imperturbable", "inquebrantable" y "libre de tristeza" de tal manera que "imperturbable" significa alguien que rara vez se perturba y sólo en un grado moderado, y no alguien que nunca se perturba. Del mismo modo, dicen que se llama "libre de tristeza" a una persona que no está sujeta a la tristeza, a una que cae en este estado objetable no a menudo ni

---

[584] Como la de Ep. xxxiii. 9 (construido, sin embargo, por el propio Séneca) *dormienti nemo secretum sermonem committit*, etc. Véase ad loc. y n.

[585] Cf. Ep. lxxxii. 24 *subula leonem excipis?*

[586] E. V. Arnold (*Roman Stoicism*, p.333) llama la atención sobre la pasión de la ira, por ejemplo, que los peripatéticos creían que debía mantenerse bajo control, pero no erradicarse.

en un grado demasiado grande. No es, dicen, propio de la naturaleza humana que el espíritu de un hombre esté exento de tristeza, o que el sabio no es vencido por la pena, sino que simplemente es tocado por ella, y otros argumentos de este tipo, todos de acuerdo con las enseñanzas de su escuela. **4.** De este modo no suprimen las pasiones; sólo las moderan. Pero ¡qué mezquina es la superioridad que atribuimos al sabio, si sólo es más valiente que el más cobarde, más feliz que el más abatido, más dueño de sí mismo que el más desenfrenado y más grande que el más humilde! ¿Presumiría Ladas de su rapidez al correr comparándose con el parado y el débil?

Porque podía rozar las hojas de maíz más altas

Y no los toques, ni lastimes las tiernas orejas;
Ni viajes sobre los mares, bien asentada sobre
Las crecidas inundaciones, ni sumerjas sus pies voladores En las aguas del océano.[587]

Esta es la velocidad estimada por su propio estándar, no la que gana elogios por comparación con la que es más lenta. ¿Llamarías sano a un hombre que tiene un ligero caso de fiebre? No, pues buena salud no significa enfermedad moderada. **5.** Dicen: "Al sabio se le llama imperturbable en el sentido en que a las granadas se les llama melosas: no es que no haya dureza alguna en sus semillas, sino que la dureza es menor que antes." Ese punto de vista es erróneo; porque no me refiero a la eliminación gradual de los males en un hombre bueno, sino a la ausencia completa de males; no debería haber en él ningún mal en absoluto, ni siquiera ninguno pequeño. Porque si los hay, crecerán y, a medida que crezcan, le obstaculizarán. Así como una catarata grande y completa[588] ciega por completo los ojos, una catarata mediana embota su visión.

---

[587] Virgilioio, *Eneida*, vii. 808 ss. Los versos describen a Camila, la guerrera-cazadora volscana

[588] Séneca utiliza *suffusio* de ictericia en Ep. xcv. 16. Celso, vii. 7. 14, explica la causa de las cataratas, *vel ex morbo vel ex ictu concrescit*

6. Si, según tu definición, el sabio tiene cualquier tipo de pasiones, su razón no será rival para ellas y se verá arrastrada velozmente, por así decirlo, por una corriente impetuosa, sobre todo si le asignas, no una pasión con la que deba luchar, sino todas las pasiones. Y una multitud de ellas, aunque sean moderadas, pueden afectarle más que la violencia de una pasión poderosa. **7.** Tiene ansia de dinero, aunque en grado moderado. Tiene ambición, pero aún no se ha despertado del todo. Tiene mal genio, pero se puede apaciguar. Tiene inconstancia, pero no del tipo que es muy caprichoso o fácil de poner en movimiento. Tiene lujuria, pero no del tipo violento. Podríamos tratar mejor a una persona que poseyera un vicio en toda regla, que a otra que poseyera todos los vicios, pero ninguno de ellos en forma extrema. **8.** Además, no importa cuán grande sea la pasión; no importa cuál sea su tamaño, no conoce la obediencia y no acepta consejos.[589] Así como ningún animal, ya sea salvaje o domesticado y manso, obedece a la razón, puesto que la naturaleza lo hizo sordo a los consejos; así las pasiones no siguen ni escuchan, por leves que sean. Los tigres y los leones nunca apagan su fiereza; a veces la moderan, y entonces, cuando menos preparado estás, su fiereza suavizada se despierta hasta la locura. Los vicios nunca se domestican de verdad. **9.** Además, si prevalece la razón, las pasiones ni siquiera se pondrán en marcha; pero si se ponen en marcha contra la voluntad de la razón, se mantendrán contra la voluntad de la razón. Pues es más fácil detenerlas al principio que dominarlas cuando cobran fuerza. En consecuencia, este término medio es engañoso e inútil; debe considerarse igual que la declaración de que debemos estar "moderadamente" locos, o "moderadamente" enfermos. **10.** Sólo la virtud posee moderación; los males que afligen la mente no admiten moderación. Es más fácil extirparlos que dominarlos. ¿Se puede dudar de que los vicios de la mente humana, cuando se han

---

humor, y esboza el tratamiento.
[589] Otra respuesta a la pretensión peripatética del § 3.

vuelto crónicos e insensibles ("enfermedades" los llamamos), están fuera de control, como, por ejemplo, la avaricia, la crueldad y el desenfreno? Por lo tanto, las pasiones también están fuera de control; porque es de las pasiones que pasamos a los vicios. **11.** Además, si concedes algún privilegio a la tristeza, al miedo, al deseo y a todos los demás impulsos erróneos, dejarán de estar bajo nuestra jurisdicción. ¿Por qué? Sencillamente porque los medios de excitarlos están fuera de nuestro poder. En consecuencia, aumentarán en proporción a que las causas que los susciten sean mayores o menores. El miedo crecerá en proporciones mayores, si aquello que causa el terror es visto como de mayor magnitud o más cercano; y el deseo crecerá más agudamente en proporción a que la esperanza de una mayor ganancia lo haya llamado a la acción. **12.** Si la existencia de las pasiones no está bajo nuestro propio control, tampoco lo está la extensión de su poder; porque si una vez les permites tener un comienzo, aumentarán junto con sus causas, y serán de cualquier extensión que lleguen a ser. Además, por pequeños que sean estos vicios, crecen más. Lo que es dañino nunca se mantiene dentro de los límites. Por insignificantes que sean las enfermedades al principio, avanzan rápidamente, y a veces el menor aumento de la enfermedad abate el cuerpo debilitado.

13. Pero ¡qué locura es, cuando los comienzos de ciertas cosas se sitúan fuera de nuestro control, creer que sus finales están bajo nuestro control! ¿Cómo tengo el poder de llevar algo a su fin, cuando no he tenido el poder de controlarlo al principio? Porque es más fácil mantener una cosa fuera que mantenerla debajo después de haberla dejado entrar. **14.** Algunos hombres han hecho una distinción como sigue, diciendo: "Si un hombre tiene dominio de sí mismo y sabiduría, está ciertamente en paz en cuanto a la actitud y el hábito de su mente, pero no en cuanto al resultado. Porque, en lo que concierne a su hábito mental, no está perturbado, ni triste, ni temeroso; pero hay muchas causas extrañas que le golpean y le traen perturbación." **15.** Lo que quieren decir es lo siguiente: "Fulano no es, en efecto, un hombre de temperamento colérico, pero aun así a veces cede a la cólera", y "No es, en efecto, inclinado al miedo, pero aun así a veces experimenta miedo"; en otras palabras, está libre de la falta, pero no está libre de la pasión del miedo. Sin embargo, si una vez se le da entrada al miedo, por el uso frecuente pasará a convertirse en vicio;[590] y la ira, una vez admitidas en la mente, alterarán el hábito anterior de una mente que antes estaba libre de ira. **16.** Además, si el hombre sabio, en lugar de despreciar todas las causas que vienen de fuera, nunca teme nada, cuando llegue el momento de ir valientemente al encuentro de la lanza, o de las llamas, en nombre de su país, de sus leyes y de su libertad, saldrá de mala gana y con espíritu vacilante. Sin embargo, tal inconsistencia mental no se ajusta al carácter de un hombre sabio.

17. Además, debemos procurar que no se confundan dos principios que deben ser examinados separadamente. Porque independientemente se llega a la conclusión de que sólo es bueno lo que es honorable, y de nuevo independientemente a la conclusión de que la virtud es suficiente para la vida feliz. Si sólo es bueno lo que es honorable, todos están de acuerdo en que la virtud es suficiente para vivir felizmente; pero, por el contrario, si sólo la virtud hace felices a los hombres, no se admitirá que sólo es bueno lo que es honorable. **18.** Xenocrates[591] y Speusippus[592] sostienen que un hombre puede llegar a ser feliz incluso por la sola virtud, no, sin embargo, que lo que es honorable es el único bien. **19.** Epicuro decide también[593] que quien posee la virtud es feliz, pero que la virtud por sí misma no es suficiente para la vida feliz, porque el placer que resulta de la

---

[590] Para este tema de las emociones como posibles fuentes de los vicios cf. Cicerón, *Tusc.* iv. 10 *ex perturbationibus autem primum morbi conficiuntur. . . . Hoc loco nimium operae consumitur a Stoicis*
[591] Representar las opiniones de la escuela académica.
[592] Representar las opiniones de la escuela académica.
[593] Frag. 508 Usener.

virtud, y no la virtud misma, hace feliz. Se trata de una distinción inútil. Pues el mismo filósofo declara que la virtud nunca existe sin el placer; y por lo tanto, si la virtud está siempre conectada con el placer y es siempre inseparable de él, la virtud es suficiente por sí misma. Pues la virtud mantiene al placer en su compañía, y no existe sin él, ni siquiera cuando está sola. **19.** Pero es absurdo decir que un hombre será feliz por la virtud sola, y sin embargo no absolutamente feliz. No puedo descubrir cómo puede ser eso, ya que la vida feliz contiene en sí misma un bien que es perfecto y no puede ser superado, Si un hombre tiene este bien, la vida es completamente feliz.

Ahora bien, si la vida de los dioses no contiene nada más grande ni mejor, y la vida feliz es divina, entonces no hay más altura a la que el hombre pueda elevarse. **20.** Además, si a la vida feliz no le falta nada, entonces toda vida feliz es perfecta; es feliz y al mismo tiempo felicísima. ¿Tienes alguna duda de que la vida feliz es el bien supremo? Por consiguiente, si posee el bien supremo, es supremamente feliz. Así como el bien supremo no admite aumento (pues ¿qué será superior a lo que es supremo?), exactamente así tampoco la vida feliz puede ser aumentada; pues no es sin el Bien Supremo. Si, pues, traes a un hombre que sea "más feliz" que otro, traerás también a otro que sea "mucho más feliz"; entonces estarás haciendo innumerables distinciones en el bien supremo; aunque yo entiendo por bien supremo aquel bien que no admite ningún grado por encima de sí mismo. **21.** Si una persona es menos feliz que otra, se deduce que desea ansiosamente la vida de ese otro hombre más feliz con preferencia a la suya. Pero el hombre feliz no prefiere la vida de otro hombre a la suya propia. Cualquiera de estas dos cosas es increíble: que al hombre feliz le quede algo que desear con preferencia a lo que es, o que no prefiera lo que es mejor que lo que ya tiene. Porque, ciertamente, cuanto más prudente sea, más se esforzará por conseguir lo mejor, y deseará alcanzarlo por todos los medios posibles. Pero ¿cómo puede ser feliz quien todavía puede, o más bien quien todavía está obligado, a desear otra cosa? **22.** Te diré cuál es la fuente de este error: los hombres no comprenden que la vida feliz es una unidad; pues es su esencia, y no su extensión, lo que establece tal vida en el plano más noble. De ahí que haya completa igualdad entre la vida que es larga y la que es corta, entre la que se extiende y la que está confinada, entre aquella cuya influencia se deja sentir en muchos lugares y en muchas direcciones, y la que está restringida a un solo interés. Los que cuentan la vida por números, medidas o partes, la despojan de su cualidad distintiva. Ahora bien, en la vida feliz, ¿cuál es la cualidad distintiva? Es su plenitud.[594] **23.** La saciedad, creo, es el límite de nuestro comer o beber. A come más y B come menos; ¿qué diferencia hay? Cada uno ya está saciado. O A bebe más y B bebe menos; ¿qué diferencia hay? Cada uno ya no tiene sed. Una vez más, A vive muchos años y B menos; no importa, si sólo los muchos años de A han traído tanta felicidad como los pocos años de B. Aquel a quien sostienen que es "menos feliz" no es feliz; la palabra no admite disminución.

24. "El que es valiente es intrépido; el que es intrépido está libre de tristeza; el que está libre de tristeza es feliz". Es nuestra propia escuela la que ha formulado este silogismo; ellos intentan refutarlo con esta respuesta, a saber, que nosotros, los estoicos, damos por admitida una premisa que es falsa y claramente controvertida: que el hombre valiente es intrépido. "¿Qué!", dicen, "¿el hombre valiente no tendrá miedo de los males que le amenazan? Esa sería la condición de un loco, un lunático, más que la de un hombre valiente. El hombre valiente sentirá, es cierto, miedo en un grado muy leve; pero no está absolutamente libre de miedo." **25.** Ahora bien, los que afirman esto están volviendo a su antiguo argumento, en el sentido de que consideran los vicios de menor grado como equivalentes a las virtudes.[595] En efecto, el hombre que siente temor, aunque

---

[594] La vida feliz constituye la virtud; y la virtud, como tantas veces dice Séneca, es absoluta, no permite ni aumento ni disminución.

[595] Es decir, permitiendo el mencionado aumento o disminución en

lo sienta raras veces y en grado leve, no está libre de la maldad, sino que sólo la padece en forma más leve. "No es así", es la respuesta, "porque sostengo que un hombre está loco si no teme los males que penden sobre su cabeza". Lo que dices es perfectamente cierto, si las cosas que amenazan son realmente males; pero si él sabe que no son males y cree que el único mal es la bajeza, estará obligado a afrontar los peligros sin ansiedad y a despreciar cosas que otros hombres no pueden evitar temer. O, si es propio de un necio y de un loco no temer los males, tanto más temerá tales cosas cuanto más sabio sea un hombre. **26.** "Es doctrina de ustedes los estoicos, entonces", replican, "que un hombre valiente se expondrá a los peligros". En absoluto; simplemente no los temerá, aunque los evitará. Es propio de él ser cuidadoso, pero no temeroso.[596] "Entonces, ¿qué? ¿No ha de temer la muerte, la prisión, la hoguera y todos los demás misiles de la fortuna?". En absoluto, pues sabe que no son males, sino que sólo lo parecen. Considera todas estas cosas como los bichos de la existencia del hombre. **27.** Píntale un cuadro de esclavitud, latigazos, cadenas, necesidad, mutilación por enfermedad o por tortura, o cualquier otra cosa que quieras mencionar; él contará todas esas cosas como terrores causados por la perturbación de la mente. Estas cosas sólo deben ser temidas por aquellos que son temerosos. ¿O consideras un mal aquello a lo que algún día podemos vernos obligados a recurrir por nuestra propia voluntad?

28. ¿Qué es, pues, el mal? Es ceder a esas cosas que se llaman males; es entregar la propia libertad a su control, cuando en realidad deberíamos sufrir todas las cosas para preservar esta libertad. La libertad se pierde a menos que despreciemos aquellas cosas que ponen el yugo sobre nuestros cuellos. Si los hombres supieran lo que es la valentía, no tendrían dudas sobre cuál debe ser la conducta de un hombre valiente. Porque la

---

virtud.
[596] Para el argumento, compárese Ep. lxxxii. 7 ss. - el tema, *contra mortem te praeparare*.

valentía no es la temeridad irreflexiva, ni el amor al peligro, ni el cortejo de objetos que inspiran miedo; es el conocimiento que nos permite distinguir entre lo que es malo y lo que no lo es.[597] La valentía tiene el mayor cuidado de sí misma, y del mismo modo soporta con la mayor paciencia todas las cosas que tienen una falsa apariencia de ser males. **29.** "Entonces, ¿qué?" es la pregunta; "si la espada es blandida sobre el cuello de tu valiente, si es traspasado en este lugar y en aquel continuamente, si ve sus entrañas en su regazo, si es torturado de nuevo después de haber sido mantenido esperando para que pueda así sentir la tortura más agudamente, y si la sangre fluye de nuevo de las entrañas donde ha dejado de fluir recientemente, ¿no tiene miedo? ¿Dirás que tampoco ha sentido dolor?" Sí, ha sentido dolor; pues ninguna virtud humana puede librarse de los sentimientos. Pero no tiene miedo; invicto mira desde lo alto sus sufrimientos. ¿Me preguntas qué espíritu le anima en estas circunstancias? Es el espíritu de quien consuela a un amigo enfermo.

30. "Lo que es malo hace daño; lo que hace daño empeora al hombre. Pero el dolor y la pobreza no empeoran al hombre; por lo tanto, no son males." "Tu proposición", dice el objetor, "es errónea; porque lo que hace daño a uno no necesariamente lo hace peor. La tormenta y la borrasca hacen daño al piloto, pero no por eso lo hacen peor piloto." **31.** Algunos de la escuela estoica responden a este argumento de la siguiente manera: "El piloto se vuelve peor piloto a causa de las tormentas o borrascas, en la medida en que no puede llevar a cabo su propósito y mantener su rumbo; en lo que se refiere a su arte, no se vuelve peor piloto, pero en su trabajo sí se vuelve peor." A esto replican los peripatéticos: "Por tanto, la pobreza empeorará incluso al hombre sabio, y también el dolor, y

---

[597] Además de esta definición (una definición estoica estándar) de la tercera virtud cardinal, también encontramos "un conocimiento de qué elegir y qué evitar", "saber soportar las cosas" y, por último, "la voluntad de emprender grandes empresas".

cualquier otra cosa por el estilo. Pues, aunque esas cosas no le robarán su virtud, sin embargo, obstaculizarán la obra de la virtud." **32.** Ésta sería una afirmación correcta, si no fuera por el hecho de que el piloto y el sabio son dos clases diferentes de persona. El propósito del hombre sabio al conducir su vida no es lograr a todo riesgo lo que intenta, sino hacer todas las cosas correctamente; el propósito del piloto, sin embargo, es llevar su barco a puerto a todo riesgo. Las artes son siervas;[598] deben cumplir lo que prometen hacer. Pero la sabiduría es dueña y señora. Las artes prestan a la vida el servicio de un esclavo; la sabiduría da las órdenes.

33. Por mi parte, sostengo que debería darse una respuesta diferente: que el arte del piloto nunca empeora con la tormenta, ni tampoco la aplicación de su arte. El piloto te ha prometido, no un viaje próspero, sino un desempeño útil de su tarea, es decir, un conocimiento experto del gobierno de un barco. Y cuanto más se ve obstaculizado por el estrés de la fortuna, tanto más se pone de manifiesto su conocimiento. Quien ha sido capaz de decir: "Neptuno, nunca hundirás este barco si no es sobre una quilla uniforme",[599] , ha cumplido los requisitos de su arte; la tormenta no interfiere en el trabajo del piloto, sino sólo en su éxito. **34.** "¿Qué, pues", dirás, "no perjudica a un piloto cualquier circunstancia que no le permite llegar a puerto, frustra todos sus esfuerzos, y lo lleva mar adentro, o sujeta el barco con grilletes, o le desarbola los mástiles?". No, no le perjudica como piloto, sino sólo como viajero; de lo contrario, no es piloto. De hecho, está tan lejos de obstaculizar el arte del piloto que incluso lo exhibe; porque

---

[598] Cf. Diógenes Laercio, ii. 79 τοὺς τῶν ἐγκυκλίων παιδευμάτων μετασχόντας, φιλοσοφίας δὲ ἀπολειφθέντας, ὁμοίους ἔλεγεν εἶναι τοῖς τῆς Πηνελόπης μνηστῆρσιν.

[599] La figura del piloto es frecuente en filosofía, desde Platón. Véase Séneca, Ep. viii. 4. El mismo argumento, aplicado al músico, se encuentra en Ep. lxxxvii. 12 ss.

cualquiera, en palabras del proverbio, es piloto en un mar en calma. Estos contratiempos obstaculizan el viaje, pero no al timonel *qua* timonel. **35.** El piloto tiene un doble papel: uno lo comparte con todos sus compañeros de viaje, pues él también es pasajero; el otro le es propio, pues él es el piloto. La tempestad le perjudica como pasajero, pero no como piloto. **36.** Además, el arte del piloto es un bien ajeno: concierne a sus pasajeros como el arte del médico concierne a sus pacientes. Pero el bien del sabio es un bien común: pertenece tanto a aquellos en cuya compañía vive como a sí mismo. De ahí que nuestro piloto tal vez se vea perjudicado, ya que sus servicios, que han sido prometidos a otros, se ven obstaculizados por la tormenta; **37.** pero el sabio no se ve perjudicado por la pobreza, ni por el dolor, ni por ninguna otra de las tormentas de la vida. Porque todas sus funciones no se detienen, sino sólo las que pertenecen a los demás; él mismo está siempre en acción, y su rendimiento es mayor precisamente en el momento en que la fortuna le ha bloqueado el camino. Porque entonces está realmente ocupado en el negocio de la sabiduría; y esta sabiduría ya he declarado que es, tanto el bien de los demás, como también el suyo propio. **38.** Además, no está impedido de ayudar a otros, incluso en el momento en que las circunstancias le presionan. A causa de su pobreza, no puede mostrar cómo se debe gobernar el Estado, pero enseña cómo se debe gobernar la pobreza. Su trabajo continúa durante toda su vida.

Así, ninguna fortuna, ninguna circunstancia externa, puede apartar al sabio de la acción. Porque lo que atrae su atención le impide ocuparse de otras cosas. Está preparado para cualquier resultado: si trae bienes, los controla; si males, los vence. **39.** Es decir, se ha educado a sí mismo tan a fondo que manifiesta su virtud tanto en la prosperidad como en la adversidad, y mantiene sus ojos en la virtud misma, no en los objetos con los que trata la virtud. De ahí que ni la pobreza, ni el dolor, ni cualquier otra cosa que desvíe a los inexpertos y los lleve de cabeza, lo refrenen de su curso. **40.** ¿Supones que le pesan los males? Se sirve de ellos. No era sólo de marfil de lo que Fidias sabía hacer estatuas; también hacía estatuas de bronce. Si le hubieras dado mármol, o un material aún más mezquino, habría hecho con él la mejor estatua que el material le hubiera permitido. Así, el hombre sabio desarrollará la virtud, si puede, en medio de la riqueza, o, si no, en la pobreza; si es posible, en su propio país - si no, en el exilio; si es posible, como comandante - si no, como soldado raso; si es posible, con buena salud - si no, debilitado. Cualquiera que sea la fortuna que encuentre, logrará algo digno de mención.

41. Los domadores de animales son infalibles; toman a los animales más salvajes, que bien pueden aterrorizar a quienes los encuentran, y los someten a la voluntad del hombre; no contentos con haber ahuyentado su ferocidad, incluso los domestican para que habiten en la misma morada. El domador mete la mano en la boca del león; [600] el tigre es besado por su cuidador. El pequeño etiópico ordena al elefante que se ponga de rodillas o que camine por la cuerda.[601] Del mismo modo, el sabio es hábil para domar los males. El dolor, la necesidad, la desgracia, el encarcelamiento, el exilio, son universalmente temidos; pero cuando se encuentran con el hombre sabio, son domados. Adiós.

---

[600] Cf. De Ben. i. 5 leonum ora a magistris inpune tractantur.
[601] Cf. Suet. Galba 6: en la Floralia Galba novum spectaculi genus elephantos funambulos edidit; también id. Nerón, 11, y Plinio, N. H. viii. 2.

LXXXVI. Sobre la villa de Escipión

1. Estoy descansando en la casa de campo que una vez perteneció al mismísimo Escipión Africano[602] ; y te escribo después de rendir reverencia a su espíritu y a un altar que me inclino a pensar que es la tumba[603] de aquel gran guerrero. Estoy convencido de que su alma ha regresado a los cielos, de donde vino, no porque comandara ejércitos poderosos -pues Cambises también tenía ejércitos poderosos, y Cambises era un loco[604] que hizo un uso exitoso de su locura- sino porque mostró moderación y sentido del deber hasta un punto maravilloso. Considero este rasgo en él más admirable después de su retirada de su tierra natal que mientras la defendía; porque existía la alternativa: Escipión debía permanecer en Roma, o Roma debía permanecer libre. **2.** "Es mi deseo", dijo, "no infringir en lo más mínimo nuestras leyes ni nuestras costumbres; que todos los ciudadanos romanos tengan los mismos derechos. Oh patria mía, aprovecha el bien que he hecho, pero sin mí. He sido la causa de su libertad, y seré también su prueba; ¡parto al exilio, si es verdad que he crecido más allá de lo que les conviene!"

3. ¿Qué puedo hacer sino admirar esta magnanimidad, que le llevó a retirarse al exilio voluntario y aliviar el estado de su carga? Las cosas habían llegado tan lejos que, o la libertad perjudicaba a Escipión, o Escipión a la libertad. Cualquiera de estas cosas estaba mal a los ojos del cielo. Así que cedió a las leyes y se retiró a Liternum, pensando en hacer al estado deudor de su propio exilio no menos que del exilio de Aníbal.[605]

---

[602] Véase Ep. li. 11.

[603] Cf. Livio xxxvii. 53 *morientem rure eo ipso loco sepeliri se iussisse ferunt monumentumque ibi aedificari.*

[604] Heródoto iii. 25 ἐμμανής τε ἐὼν καὶ οὐ φρενήρης.

[605] El relato de Livio (véase más arriba) se detiene más en la falta de voluntad de Escipión y sus amigos para permitir que el gran conquistador sufriera las indignidades de un juicio.

4. He inspeccionado la casa, que está construida de piedra labrada; la muralla que encierra un bosque; las torres también, contrafuertes a ambos lados con el fin de defender la casa; el pozo, oculto entre edificios y arbustos, lo suficientemente grande como para mantener abastecido a todo un ejército; y el pequeño baño, enterrado en la oscuridad de acuerdo con el estilo antiguo, ya que nuestros antepasados no pensaban que uno pudiera tener un baño caliente si no era en la oscuridad. Fue, pues, un gran placer para mí contrastar las costumbres de Escipión con las nuestras. **5.** Piensa que en este pequeño rincón el "terror de Cartago",[606] , a quien Roma debería dar las gracias por no haber sido capturada más de una vez, solía bañar un cuerpo agotado por el trabajo en el campo. Pues acostumbraba a mantenerse ocupado y a cultivar la tierra con sus propias manos, como acostumbraban a hacer los buenos y viejos romanos. Bajo este mugriento techo se encontraba; y este suelo, por mezquino que sea, soportaba su peso.

6. Pero, ¿quién soportaría bañarse así en nuestros días? Nos consideramos pobres y mezquinos si nuestras paredes no están resplandecientes con grandes y costosos espejos; si nuestros mármoles de Alejandría[607] no están decorados con mosaicos de piedra de Numidia,[608] si sus bordes no están revestidos por todos lados con diseños difíciles, dispuestos en muchos colores como pinturas; si nuestros techos abovedados no están recubiertos de cristal; si nuestras piscinas no están revestidas de mármol de Thasian,[609] una vez un espectáculo raro y maravilloso en cualquier templo - piscinas en las que dejamos caer nuestros cuerpos después de haber sido drenados débiles

---

[606] Frase frecuente en la literatura romana; véase Lucrecio iii. 1034 *Scipiadas, belli fulmen, Carthaginis horror*.
[607] Pórfido, basalto, etc.
[608] Es decir, el llamado *giallo antico*, con predominio de tintes rojos y amarillos.
[609] Una variedad blanca, procedente de Thasos, una isla de la costa tracia.

por la transpiración abundante; y, por último, si el agua no ha vertido de espitas de plata. **7.** Hasta ahora he hablado de los baños ordinarios; ¿qué diré cuando llegue a los de los libertos? ¡Qué cantidad de estatuas, de columnas que no sostienen nada, sino que están construidas para decorar, simplemente para gastar dinero! Y ¡qué masas de agua que caen estrepitosamente de un nivel a otro! Nos hemos vuelto tan lujosos que no tendremos más que piedras preciosas sobre las que caminar.

8. En este baño de Escipión hay pequeños resquicios -no se les puede llamar ventanas- cortados en la pared de piedra de tal manera que permiten la entrada de luz sin debilitar las fortificaciones; sin embargo, hoy en día, la gente considera que los baños son sólo aptos para las polillas si no se han dispuesto de tal manera que reciban el sol durante todo el día a través de la más amplia de las ventanas, si los hombres no pueden bañarse y broncearse al mismo tiempo, y si no pueden mirar desde sus bañeras a extensiones de tierra y mar.[610] Así sucede; los establecimientos que habían atraído a multitudes y se habían ganado la admiración cuando se abrieron por primera vez son evitados y devueltos a la categoría de venerables antigüedades tan pronto como el lujo ha ideado algún nuevo artificio, para su propia perdición final. **9.** En los primeros tiempos, sin embargo, había pocos baños, y no estaban equipados con ninguna ostentación. Porque, ¿por qué habrían de equipar con lujo algo que sólo cuesta un penique y que fue inventado para el uso y no para el mero deleite? A los bañistas de entonces no se les vertía el agua encima, ni salía siempre fresca como de un manantial caliente; y no creían que importara en absoluto lo perfectamente pura que fuera el agua en la que iban a dejar su suciedad. **10. Ustedes**, dioses, ¡qué placer es entrar en ese baño oscuro, cubierto con una especie de techo común, sabiendo que en él su héroe Catón, como edil, o Fabio Máximo, o uno de los Cornelios, ha calentado el agua

---

[610] Cf. Plinio, *Ep.* ii. 17. 12 *piscina, ex qua natantes mare aspiciunt.*

con sus propias manos! Porque éste también solía ser el deber de los ediles más nobles: entrar en estos lugares a los que recurría el populacho y exigir que se limpiaran y calentaran al calor requerido por consideraciones de uso y salud, y no al calor que los hombres han puesto de moda recientemente, tan grande como una conflagración, ¡tanto es así que ahora un esclavo condenado por algún delito criminal debería ser *bañado* vivo! Me parece que hoy en día no hay diferencia entre "el baño está ardiendo" y "el baño está caliente".

11. ¡Cuántas personas condenan hoy en día a Escipión como un grosero porque no dejaba entrar la luz del día en su cuarto de perspiración a través de amplias ventanas, o porque no se asaba a la fuerte luz del sol y se entretenía hasta que podía guisar en el agua caliente! "Pobre tonto", dicen, "¡no sabía cómo vivir! No se bañaba en agua filtrada; a menudo estaba turbia, y después de fuertes lluvias, casi turbia". Pero a Escipión no le importaba mucho si tenía que bañarse de esa manera; él iba allí a lavarse el sudor, no el ungüento. **12.** ¿Y cómo supones que me responderán ciertas personas? Dirán: "No envidio a Escipión; eso sí que era vida de exiliado: ¡aguantar baños como esos!". Amigo, si fueras más sabio, sabrías que Escipión no se bañaba todos los días. Se dice en[611] que los romanos sólo se lavaban los brazos y las piernas a diario -porque eran los miembros que acumulaban suciedad en su trabajo diario- y que sólo se bañaban una vez a la semana. Alguien replicará: "Sí, eran unos tipos muy sucios. Cómo debían de oler". Pero olían a campamento, a granja y a heroísmo. Ahora que se han inventado los establecimientos de baño, los hombres están más sucios que antaño. **13.** ¿Qué dice Horacio Flaco cuando quiere describir a un canalla famoso por su lujo extremo? Dice: "Buccillus[612] huele a perfume". Muéstrenme un Buccillus en estos días; su olor sería el verdadero olor a cabra - tomaría el

---

[611] Por ejemplo, Varrón, en el *Catus: balneum non cotidianum*.
[612] Horacio lo llama Rufillus (Sat. i. 2. 27): pastillos Rufillus olet, Gargonius hircum.

lugar del Gargonius con quien Horacio en el mismo pasaje lo contrastó. Hoy en día no basta con usar ungüento, a menos que se ponga una capa nueva dos o tres veces al día, para evitar que se evapore en el cuerpo. Pero, ¿por qué ha de presumir un hombre de este perfume como si fuera suyo?

14. Si lo que estoy diciendo te parece demasiado pesimista, cárgalo contra la casa de campo de Escipión, donde he aprendido una lección de Egialo, un padre de familia muy cuidadoso y ahora el dueño de esta finca; él me enseñó que un árbol puede ser trasplantado, no importa lo lejos que esté en años. Los viejos debemos aprender este precepto, pues no hay ninguno de nosotros que no esté plantando un olivar para su sucesor. Yo los he visto dar fruto a su tiempo, después de tres o cuatro años de improductividad.[613] **15.** Y a ustedes también les dará sombra el árbol que

Crece lentamente, pero da sombra para alegrar

Tus nietos en los años lejanos,[614]

como dice nuestro poeta Virgilioio. Sin embargo, Virgilioio no buscaba lo más cercano a la verdad, sino lo más apropiado, y su objetivo no era enseñar al agricultor, sino complacer al lector. **16.** Por ejemplo, omitiendo todos los demás errores suyos, citaré el pasaje en el que hoy me correspondía detectar una falta:

En la primavera sembrar frijoles entonces, también, O planta de trébol,

Te dan la bienvenida los surcos que se desmoronan; y
el mijo exige cuidados anuales.[615]

---

[613] Este parece ser el sentido general del pasaje.
[614] Geórgicas, ii. 58.
[615] Geórgicas, i. 215 y ss.

Juzga por el siguiente incidente si esas plantas deben sembrarse al mismo tiempo, o si ambas deben sembrarse en primavera. En el momento de escribir estas líneas estamos en junio, y nos acercamos a julio; y he visto en este mismo día a agricultores cosechando judías y sembrando mijo.

17. Pero volviendo de nuevo a nuestro olivar. Lo vi plantado de dos maneras. Si los árboles eran grandes, Egialo tomaba sus troncos y le cortaba las ramas a la longitud de un pie cada una; luego trasplantaba junto con el cepellón, después de cortar las raíces, dejando sólo la parte gruesa de la que cuelgan las raíces. Untó ésta con estiércol, y la introdujo en el hoyo, no sólo amontonando la tierra a su alrededor, sino pisándola y presionándola. **18.** No hay nada, dice, más eficaz que este proceso de embalaje;[616] en otras palabras, mantiene alejados el frío y el viento. Además, el tronco no se sacude tanto, y por esta razón el embalaje hace posible que las raíces jóvenes salgan y se afiancen en el suelo. Éstas son necesariamente todavía blandas; sólo tienen una ligera sujeción, y una pequeña sacudida las arranca de raíz. Además, Aegialus limpia este cepellón antes de cubrirlo. Pues sostiene que de todas las partes esquiladas brotan nuevas raíces. Además, el tronco mismo no debe sobresalir más de tres o cuatro pies del suelo. De este modo se obtendrá de inmediato un crecimiento espeso desde el fondo, y no quedará un gran tocón, todo seco y marchito, como ocurre con los olivares viejos. **19.** El segundo modo de arrancarlos fue el siguiente: arrancó de la misma manera ramas fuertes y de corteza blanda, como suelen ser las de los árboles jóvenes. Éstas crecen un poco más despacio, pero, como proceden prácticamente de un esqueje, no presentan ninguna aspereza ni fealdad.

20. Esto también lo he visto recientemente: una vid vieja trasplantada de su propia plantación. En este caso, también hay

---

[616] En Vitruvio vii. 1 G se lee pinsatione, refiriéndose al golpeteo de piedras para pavimentar.

que juntar las fibras, si es posible, y luego cubrir el tallo de la vid más generosamente, para que las raíces puedan brotar incluso de la cepa. He visto plantaciones de este tipo hechas no sólo en febrero, sino a finales de marzo; las plantas se agarran y abrazan a olmos ajenos. **21.** Pero todos los árboles, declara, que son, por así decirlo, de "tallo grueso",[617] deben ser asistidos con agua de tanque; si tenemos esta ayuda, somos nuestros propios hacedores de lluvia.

No pretendo contarte más de estos preceptos, no sea que, como hizo Egialo conmigo, te esté entrenando para ser mi competidor. Adiós.

---

[617] Término agrícola que no se encuentra en ninguna otra parte.

LXXXVII. Algunos argumentos a favor de la vida sencilla

1. "Naufragué antes de subir a bordo".[618] No añadiré cómo sucedió, para que no lo consideres también como otra de las paradojas estoicas;[619] y, sin embargo, siempre que estén dispuestos a escucharme, es más, aunque no lo estén, les demostraré que estas palabras no son en absoluto falsas, ni tan sorprendentes como uno pensaría a primera vista. Mientras tanto, el viaje me ha enseñado lo siguiente: cuánto poseemos que es superfluo; y con qué facilidad podemos decidirnos a prescindir de cosas cuya pérdida, cuando es necesario desprenderse de ellas, no sentimos.

2. Mi amigo Máximo y yo hemos pasado dos días de lo más felices, llevando con nosotros muy pocos esclavos -un carruaje- y ninguna parafernalia excepto lo que llevábamos encima. El colchón yace en el suelo, y yo sobre el colchón. Hay dos alfombras: una para extender debajo de nosotros y otra para cubrirnos. **3.** No se podría haber restado nada a nuestro almuerzo; no tardamos más de una hora en prepararlo, y en ninguna parte nos faltaron higos secos, ni nunca tabletas para escribir.[620] Si tengo pan, uso los higos como condimento; si no, los considero un sustituto del pan. De ahí que todos los días me traigan un banquete de Año Nuevo,[621] y hago que el Año Nuevo sea feliz y próspero con buenos pensamientos y grandeza de alma; porque el alma nunca es más grande que cuando ha dejado a un lado todas las cosas ajenas, y se ha asegurado la paz no temiendo nada, y la riqueza no ansiando riquezas. **4.** El vehículo en que me he sentado es un carro de labrador. Sólo caminando demuestran las mulas que están vivas. El conductor

---

[618] Es decir, en mi viaje viajé con un equipo casi tan exiguo como el de un náufrago.

[619] Cf. Ep. lxxxi. 11 y nota.

[620] Como hacía Plinio el Viejo (un hombre del mismo espíritu inquisitivo) en sus viajes, Plinio, *Ep.* iii. 5. 15.

[621] *Las caricas* se enviaban como regalo de Año Nuevo, dando a entender por su dulzura los buenos deseos del remitente.

va descalzo, y no porque sea verano. Apenas puedo obligarme a desear que los demás piensen que este carro es mío. Mi falso pudor acerca de la verdad aún persiste, como ve; y cada vez que nos encontramos con un grupo más suntuoso me ruborizo a pesar mío, prueba de que esta conducta que apruebo y aplaudo aún no ha ganado una morada firme y estable dentro de mí. El que se sonroja al montar en una ratonera se jactará cuando monte con estilo.

5. Así que mis progresos siguen siendo insuficientes. Aún no tengo el valor de reconocer abiertamente mi tacañería. Aún me molesta lo que otros viajeros piensan de mí. Pero, en vez de esto, hubiera tenido que expresar una opinión contraria a la que la humanidad cree, diciendo: "¡Están locos, están engañados, su admiración se dedica a cosas superfluas! No estiman a ningún hombre en su verdadero valor. Cuando se trata de la propiedad, calculas de esta manera con el cálculo más escrupuloso a aquellos a quienes prestarás dinero o beneficios; porque ahora también anotas los beneficios como pagos en tu libro de contabilidad. **6.** Dices: "Sus bienes son amplios, pero sus deudas son grandes". Tiene una bonita casa, pero la ha construido con capital prestado'. Ningún hombre desplegará un séquito más brillante a corto plazo, pero no puede hacer frente a sus deudas".[622] "Si paga a sus acreedores, no le quedará nada". Así te sentirás obligado a hacer en todos los demás casos también, - averiguar por eliminación la cantidad de las posesiones reales de cada hombre.

7. Supongo que llamas rico a un hombre sólo porque su placa de oro va con él incluso en sus viajes, porque cultiva tierras en todas las provincias, porque despliega un gran libro de cuentas, porque posee fincas cerca de la ciudad tan grandes que los hombres le envidiarían que las tuviera en las tierras baldías de

---

[622] En este sentido, *nomen* significa, en primer lugar, el nombre inscrito en el libro de contabilidad y, en segundo lugar, la partida o transacción con la que se relaciona el nombre.

Apulia. Pero después de haber mencionado todos estos hechos, es pobre. ¿Por qué? Está endeudado. "¿Hasta qué punto?" preguntarás. Por todo lo que tiene. O acaso piensas que importa si uno ha pedido prestado a otro hombre o a la fortuna. **8.** ¿Qué hay de bueno en mulas enjaezadas con librea uniforme? O en carros decorados y

Corceles engalanados con púrpura y con tapices,

Con arneses de oro colgando de sus cuellos,

Mordiendo sus partes amarillas, todos vestidos de oro?[623]

Ni el amo ni la mula mejoran con tales atavíos.

9. Marco Catón el Censor, cuya existencia ayudó al Estado tanto como la de Escipión, pues mientras Escipión luchaba contra nuestros enemigos, Catón luchaba contra nuestra mala moral, solía montar un asno, y un asno, además, que llevaba alforjas con las necesidades del amo. ¡Oh, cómo me gustaría verle encontrarse hoy en el camino con uno de nuestros coxcombs,[624] con sus jinetes y númidas, y una gran nube de polvo ante él! Su dandi parecería sin duda refinado y bien atendido en comparación con Marco Catón, -su dandi, que, en medio de toda su lujosa parafernalia, se preocupa sobre todo de si volver la mano a la espada o al cuchillo de caza.[625] **10.** ¡Oh, qué gloria para los tiempos en que vivió, que un general que había celebrado un triunfo, un censor, y lo que es más digno de mención de todos, un Catón, se contentara con un solo jamelgo, ¡y con menos de un jamelgo entero! Pues una parte del animal estaba adelantada por el equipaje que colgaba a ambos flancos. ¿No preferirías, pues, el corcel de Catón, ese único corcel, ensillado por el propio Catón, a todo el séquito de rollizos ponis,

---

[623] Virgilioio, *Eneida*, vii. 277 y ss., que describe los regalos enviados por el rey Latino a Eneas.
[624] Para *trossuli* cf. Ep. lxxvi. 2, y nota a pie de página.
[625] Es decir, si convertirse en gladiador o *bestiarius*.

mazorcas españolas,[626] y trotones del coxcomb?[627] **11.** Veo que no habrá fin en tratar tal tema a menos que yo mismo lo haga. Así que ahora me callaré, al menos en lo que se refiere a cosas superfluas como éstas; sin duda, el hombre que las llamó por primera vez "estorbos"[628] tuvo un presentimiento profético de que se convertirían en el tipo de cosas que ahora son. En este momento me gustaría presentarles los silogismos, todavía muy pocos, que pertenecen a nuestra escuela y que se refieren a la cuestión de la virtud, que, en nuestra opinión, es suficiente para la vida feliz.

12. "Lo que es bueno hace buenos a los hombres. Por ejemplo, lo que es bueno en el arte de la música hace al músico. Pero los sucesos fortuitos no hacen al hombre bueno; luego los sucesos fortuitos no son bienes." Los peripatéticos replican a esto diciendo que la premisa es falsa; que los hombres no se hacen buenos en todos los casos por medio de lo que es bueno; que en la música hay algo bueno, como una flauta, un arpa o un órgano adecuados para acompañar el canto; pero que ninguno de estos instrumentos hace al músico. **13.** Responderemos entonces: "No comprendes en qué sentido hemos empleado la expresión 'lo que hay de bueno en la música'. Pues no nos referimos a lo que equipa al músico, sino a lo que hace al músico; tú, sin embargo, te refieres a los instrumentos del arte, y no al arte mismo.[629] Sin embargo, si algo en el arte de la música es bueno, eso hará en todo caso al músico." **14.** Y quisiera exponer esta idea aún más claramente. Definimos lo bueno en el arte de la música de dos maneras: primero, aquello por lo que la actuación del músico es asistida, y segundo,

---

[626] "Amblers" de Asturia en España.

[627] Caballos de paso rápido, comparados con los gradarii, "de paso lento", cf. Ep. xl. 11.

[628] El significado literal de *impedimenta*, "equipaje".

[629] Cf. Platón, *Fedón* 86, donde Sócrates contrapone la lira material a la armonía "incorpórea, bella, divina" que hace la música.

aquello por lo que su arte es asistido. Ahora bien, los instrumentos musicales tienen que ver con su ejecución, como las flautas, los órganos y las arpas; pero no tienen que ver con el arte mismo del músico. Pues el músico es un artista incluso sin ellos; tal vez carezca de la habilidad para practicar su arte. Pero el bien en el hombre no es de la misma manera doble; porque el bien del hombre y el bien de la vida son lo mismo.

15. "Lo que puede caer en suerte de cualquier hombre, por vil o despreciado que sea, no es un bien. Pero la riqueza cae en la suerte del vividor y del entrenador de gladiadores; luego la riqueza no es un bien." "Otra premisa errónea", dicen, "pues observamos que los bienes caen en la suerte de la clase más baja de hombres, no sólo en el arte del erudito, sino también en el arte de curar o en el arte de navegar." **16.** Estas artes, sin embargo, no hacen profesión de grandeza de alma; no se elevan a ninguna altura ni fruncen el ceño ante lo que pueda deparar la fortuna.[630] Es la virtud la que eleva al hombre y lo coloca por encima de lo que los mortales estiman; la virtud ni ansía demasiado ni teme en exceso lo que se llama bueno o lo que se llama malo. Quelidón, uno de los eunucos de Cleopatra, poseía grandes riquezas; y recientemente Natalis -un hombre cuya lengua era tan desvergonzada como sucia, un hombre cuya boca solía realizar los oficios más viles- fue heredero de muchos, y también hizo herederos suyos a muchos. ¿Qué fue entonces? ¿Fue su dinero lo que le ensució, o fue él mismo quien ensució su dinero? El dinero cae en manos de ciertos hombres como cae un chelín por una alcantarilla. **17.** La virtud está por encima de todas esas cosas. Se valora en moneda de su propia acuñación;[631] y no considera buena ninguna de estas ganancias fortuitas. Pero la medicina y la navegación no se prohíben a sí mismas ni a sus seguidores maravillarse de tales cosas. Quien no es un buen hombre puede, sin embargo, ser

---

[630] Véase la Ep. lxxxviii, dedicada al desarrollo de este pensamiento.
[631] Es decir, a su propio valor.

médico, o piloto, o erudito, -sí, ¡tan bien como puede ser cocinero! Aquel a quien le toca en suerte poseer algo que no es del azar, no puede ser llamado un hombre del azar; una persona es del mismo tipo que aquello que posee. **18.** Una caja fuerte vale lo que contiene, o mejor dicho, es un mero accesorio de lo que contiene. ¿Quién pone precio a un monedero lleno si no es el precio establecido por el recuento del dinero depositado en él? Esto vale también para los propietarios de grandes haciendas: no son más que accesorios e incidentales de sus posesiones.

¿Por qué, entonces, es grande el sabio? Porque tiene un alma grande. En consecuencia, es cierto que no es un bien lo que le cae en suerte ni siquiera a la persona más despreciable. **19.** Así pues, nunca debería considerar la inactividad como un bien, pues incluso la rana y la pulga poseen esta cualidad.[632] Tampoco debería considerar el descanso y la ausencia de problemas como un bien, pues ¿qué hay más tranquilo que un gusano? ¿Preguntas qué es lo que produce al hombre sabio? Lo que produce un dios.[633] Debes conceder que el hombre sabio tiene en sí un elemento de piedad, de celestialidad, de grandeza. El bien no llega a todos, ni permite que lo posea cualquier persona al azar. **20.** He aquí:

Qué frutos da, o no dará, cada país;

Aquí el maíz, y allí la vid, crecen más ricos.
Y en otros lugares el tierno árbol y la hierba
se visten de verde sin ser prohibidos. Ves
cómo Tmolus envía sus perfumes de azafrán,
y el marfil viene de Ind; la suave Saba envía
su incienso, y la desnuda Calibes
su hierro.[634]

---

[632] Cf. el argumento en lxxvi. 9 ss.
[633] Es decir, la razón perfecta y la obediencia a la naturaleza.
[634] Virgilio, *Georg.* i. 53 y ss.

21. Estos productos se reparten en distintos países para que los seres humanos se vean obligados a traficar entre sí, buscando cada uno a su vez algo de su vecino. Así, el Bien Supremo tiene también su propia morada. No crece donde crece el marfil o el hierro. ¿Preguntas dónde habita el Bien Supremo? En el alma. Y a menos que el alma sea pura y santa, no hay lugar en ella para Dios.

22. "El bien no resulta del mal. Pero las riquezas resultan de la avaricia; por lo tanto, las riquezas no son un bien." "No es verdad", dicen, "que el bien no resulte del mal. Pues el dinero procede del sacrilegio y del robo. Por consiguiente, aunque el sacrilegio y el robo son malos, sólo lo son porque producen más mal que bien. Pues traen ganancia; pero la ganancia va acompañada de miedo, ansiedad y tortura de la mente y del cuerpo." **23.** Quien dice esto, tiene que admitir forzosamente que el sacrilegio, aunque sea un mal porque obra mucho mal, es, sin embargo, en parte bueno porque realiza una cierta cantidad de bien. ¿Qué puede ser más monstruoso que esto? Sin duda, hemos convencido al mundo de que el sacrilegio, el robo y el adulterio deben considerarse como bienes. ¡Cuántos hombres hay que no se ruborizan ante el robo, cuántos que se jactan de haber cometido adulterio! Porque el pequeño sacrilegio es castigado, pero el sacrilegio a gran escala es honrado con una procesión triunfal. **24.** Además, el sacrilegio, si es totalmente bueno en algún aspecto, será también honorable y se llamará conducta recta; porque es conducta que nos concierne a nosotros mismos. Pero ningún ser humano, pensándolo seriamente, admite esta idea.

Por lo tanto, los bienes no pueden surgir del mal. Pues si, como objetan, el sacrilegio es un mal por la sola razón de que acarrea muchos males, si tan sólo absolvieras al sacrilegio de su castigo y le otorgaras inmunidad, el sacrilegio será totalmente bueno. Y, sin embargo, el peor castigo del crimen está en el crimen mismo. **25.** Te equivocas, sostengo, si te propones reservar tus castigos para el verdugo o la prisión; el crimen es castigado inmediatamente después de que se comete; mejor dicho, en el momento en que se comete. Por lo tanto, el bien no brota del mal, como tampoco los higos crecen de los olivos. Las cosas que crecen corresponden a su semilla; y los bienes no pueden apartarse de su clase. Así como lo honorable no nace de lo vil, tampoco el bien nace del mal. Pues lo honorable y lo bueno son idénticos.[635]

26. Algunos de nuestra escuela se oponen a esta afirmación de la siguiente manera: "Supongamos que el dinero tomado de cualquier fuente es un bien; aunque sea tomado por un acto de sacrilegio, el dinero no deriva por ello su origen del sacrilegio. Puedes entender lo que quiero decir a través de la siguiente ilustración: En la misma vasija hay una pieza de oro y una serpiente. Si sacas el oro de la vasija, no es sólo porque la serpiente también está allí, digo, que la vasija me da el oro -porque también contiene la serpiente-, sino que me da el oro a pesar de contener también la serpiente. Del mismo modo, la ganancia resulta del sacrilegio, no sólo porque el sacrilegio es un acto vil y maldito, sino porque también contiene ganancia. Como la serpiente en la vasija es un mal, y no el oro que yace allí, al lado de la serpiente; así en un acto de sacrilegio es el crimen, y no la ganancia, lo que es malo." **27.** Pero yo difiero de estos hombres, porque las condiciones en cada caso no son en absoluto las mismas. En un caso puedo tomar el oro sin la serpiente, en el otro no puedo obtener la ganancia sin cometer el sacrilegio. La ganancia en este último caso no está junto al crimen; está mezclada con el crimen.

28. "Aquello que, mientras deseamos alcanzarlo, nos envuelve en muchos males, no es un bien. Pero mientras deseamos alcanzar riquezas, nos vemos envueltos en muchos males; por lo

---

[635] El bien es absoluto. Los estoicos sostenían que la virtud y el valor moral eran idénticos, aunque los que siguieron el argumento hasta su conclusión lógica tuvieron que explicar muchas incoherencias aparentes. Cf. Ep. lxxxv. 17.

tanto, las riquezas no son un bien",[636] . "Tu primera premisa", dicen, "contiene dos significados; uno es: nos vemos envueltos en muchos males mientras deseamos alcanzar riquezas. Pero también nos vemos envueltos en muchos males mientras deseamos alcanzar la virtud. Un hombre, mientras viaja para proseguir sus estudios, sufre un naufragio, y otro es llevado cautivo. **29.** El segundo significado es el siguiente: aquello por lo que nos vemos envueltos en males no es un bien. Y de nuestra proposición no se sigue lógicamente que nos veamos envueltos en males por las riquezas o por el placer; de otro modo, si es por las riquezas por lo que nos vemos envueltos en muchos males, las riquezas no sólo no son un bien, sino que son positivamente un mal. Tú, sin embargo, sostienes simplemente que no son un bien. Es más," dice el objetor, "concedes que las riquezas son de alguna utilidad. Las consideras entre las ventajas; y, sin embargo, sobre esta base ni siquiera pueden ser una ventaja, porque es por la búsqueda de riquezas que sufrimos muchas desventajas." **30.** Ciertos hombres responden a esta objeción de la siguiente manera: "Te equivocas si atribuyes desventajas a las riquezas. Las riquezas no dañan a nadie; es la propia insensatez del hombre, o la maldad de su prójimo, lo que le daña en cada caso, del mismo modo que una espada por sí misma no mata; es meramente el arma usada por el asesino. Las riquezas por sí mismas no te dañan, sólo porque es a causa de las riquezas que sufres daño."

31. Creo que es mejor el razonamiento de Posidonio, quien sostiene que las riquezas son causa del mal, no porque por sí mismas produzcan algún mal, sino porque incitan a los hombres a que estén dispuestos a hacer el mal. Porque una cosa es la causa eficiente, que necesariamente produce el mal de una vez,

---

[636] Que las riquezas no son un bien, sino meramente una ventaja, era una de las paradojas estoicas. En otro pasaje (*Dial.* vii. 24. 5) Séneca habla de ellas de un modo más amable: *divitias nego bonum esse; nam si essent, bonos facerent. Ceterum et habendas esse et utiles et magna commoda vitae adferentis fateor.* Cf. § 36 de esta carta.

y otra cosa es la causa antecedente. Es esta causa antecedente la que es inherente a las riquezas; ellas hinchan el espíritu y engendran el orgullo, provocan la impopularidad e inquietan la mente hasta tal punto que la mera reputación de poseer riquezas, aunque está destinada a perjudicarnos, sin embargo, nos proporciona deleite. **32.** Sin embargo, todos los bienes deben estar libres de culpa; son puros, no corrompen el espíritu y no nos tientan. Es cierto que elevan y ensanchan el espíritu, pero sin envanecerlo. Las cosas que son bienes producen confianza, pero las riquezas producen desvergüenza. Las cosas que son bienes nos dan grandeza de alma, pero las riquezas nos dan arrogancia. Y la arrogancia no es otra cosa que una falsa ostentación de grandeza.

33. "Según ese argumento", dice el objetor, "las riquezas no sólo no son un bien, sino que son un mal positivo". Ahora bien, serían un mal si hicieran daño por sí mismas, y si, como he observado, fuera la causa eficiente la que les es inherente; de hecho, sin embargo, es la causa antecedente la que es inherente a las riquezas, y, en efecto, es esa causa la que, lejos de limitarse a excitar el espíritu, lo arrastra realmente por la fuerza. Sí, las riquezas derraman sobre nosotros una apariencia del bien, que se parece a la realidad y gana crédito a los ojos de muchos hombres. **34.** La causa antecedente es inherente también a la virtud; ésta es la que produce la envidia, pues muchos hombres se hacen impopulares a causa de su sabiduría, y muchos hombres a causa de su justicia. Pero esta causa, aunque inherente a la virtud, no es el resultado de la virtud misma, ni una mera semblanza de la realidad; antes bien, mucho más semejante a la realidad es aquella visión que destella la virtud en los espíritus de los hombres, llamándolos a amarla y maravillarse de ella.

35. Posidonio opina que el silogismo debería formularse de la siguiente manera: "Las cosas que no otorgan al alma grandeza ni confianza ni libertad de cuidados no son bienes. Pero las riquezas y la salud y condiciones similares no hacen ninguna de estas cosas; por lo tanto, las riquezas y la salud no son bienes." Luego amplía este silogismo de la siguiente manera: "Las cosas que no otorgan al alma grandeza, confianza o libertad de cuidados, pero que, por el contrario, crean en ella arrogancia, vanidad e insolencia, son males. Pero las cosas que son don de la Fortuna nos conducen a estos malos caminos. Por tanto, estas cosas no son bienes". **36.** "Pero", dice el objetor, "con semejante razonamiento, las cosas que son don de la fortuna ni siquiera serán ventajas." No, ventajas y bienes se hallan cada uno en situación distinta. Una ventaja es aquello que contiene más de utilidad que de molestia. Pero un bien debe ser sin mezcla y sin ningún elemento en él de nocividad. Una cosa no es buena si contiene más beneficio que perjuicio, sino sólo si no contiene nada más que beneficio. **37.** Además, las ventajas pueden predicarse de los animales, de los hombres que no son perfectos y de los necios. De ahí que lo ventajoso pueda tener mezclado un elemento de desventaja, pero la palabra "ventajoso" se usa del compuesto porque se juzga por su elemento predominante. El bien, sin embargo, sólo puede predicarse del sabio; está obligado a ser sin aleación,

38. Anímate; sólo te queda un nudo[637] por desenredar, aunque es un nudo para un Hércules: "El bien no resulta del mal. Pero las riquezas resultan de numerosos casos de pobreza; por lo tanto, las riquezas no son un bien." Este silogismo no es reconocido por nuestra escuela, pero los peripatéticos lo inventan y dan su solución. Posidonio, sin embargo, señala que esta falacia, que se ha difundido entre todas las escuelas de dialéctica, es refutada por Antípatro[638] de la siguiente manera: **39.** "La palabra 'pobreza' se usa para denotar, no la posesión[639]

---

[637] El "nudo de Hércules" se asocia con el *caduceo* (serpientes enroscadas) en Macrob. *Sat.* i. 19. 16; y en Plinio, *N. H.* xxviii. 63, tiene propiedades mágicas para vendar heridas.
[638] Frag. 54 von Arnim.
[639] *Per possessionem traduce* el griego καθ᾽ ἕξιν, como *per orbationem*

de algo, sino la no posesión o, como los antiguos han dicho, la privación, (pues los griegos usan la frase 'por privación', que significa 'negativamente'). La pobreza no es lo que un hombre tiene, sino lo que no tiene. Por consiguiente, no puede haber plenitud resultante de una multitud de vacíos; muchas cosas positivas, y no muchas deficiencias, componen la riqueza. Tienes, dice, "una noción equivocada del significado de lo que es la pobreza. Porque pobreza no significa la posesión de poco, sino la no posesión de mucho; se usa, por tanto, no de lo que un hombre tiene, sino de lo que le falta." **40.** Podría expresar mi significado más fácilmente si hubiera una palabra latina que pudiera traducir la palabra griega que significa "no-poseer." Antípatro asigna esta cualidad a la pobreza, pero por mi parte no veo qué otra cosa es la pobreza sino la posesión de poco. Si alguna vez tenemos mucho tiempo libre, investigaremos la cuestión: Cuál es la esencia de la riqueza, y cuál la esencia de la pobreza; pero cuando llegue el momento, consideraremos también si no es mejor tratar de mitigar la pobreza, y aliviar a la riqueza de su arrogancia, que discutir sobre las palabras como si la cuestión de las cosas estuviera ya decidida.

41. Supongamos que hemos sido convocados a una asamblea; se ha presentado a la reunión una ley que trata de la abolición de las riquezas. ¿Estaremos apoyándola u oponiéndonos a ella si utilizamos estos silogismos? ¿Nos ayudarán estos silogismos a conseguir que el pueblo romano exija la pobreza y la alabe -la pobreza, fundamento y causa de su imperio- y, por otra parte, se retraiga temeroso de su riqueza actual, reflexionando que la ha encontrado entre las víctimas de sus conquistas, que la riqueza es la fuente de la que la búsqueda de cargos y el soborno y el desorden[640] han irrumpido en una ciudad que una

---

(o *detractionem*) traduce κατὰ στέρησιν.

[640] Séneca estalla aquí en una diatriba sobre la corrupción de Roma, un hábito que encontramos en muchos otros de sus escritos, especialmente en las *Naturales Quaestiones*.

vez se caracterizó por la mayor escrupulosidad y sobriedad, y que debido a la riqueza se hace una exhibición demasiado pródiga de los despojos de las naciones conquistadas; ¿reflexionando, finalmente, que lo que un pueblo ha arrebatado a todos los demás puede aún más fácilmente ser arrebatado por todos a uno solo? Más aún, sería mejor apoyar esta ley con nuestra conducta y someter nuestros deseos mediante el asalto directo en lugar de eludirlos mediante la lógica. Si podemos, hablemos con más audacia; si no, hablemos con más franqueza.

LXXXVIII. Sobre los estudios liberales y vocacionales

1. Tú has estado deseando conocer mis puntos de vista con respecto a los estudios liberales.[641] Mi respuesta es la siguiente: No respeto ningún estudio, y no considero bueno ningún estudio, que resulte en ganar dinero. Tales estudios son ocupaciones lucrativas, útiles sólo en la medida en que dan a la mente una preparación y no la ocupan permanentemente. Uno debe detenerse en ellos sólo mientras la mente no pueda ocuparse de nada más importante; son nuestro aprendizaje, no nuestro verdadero trabajo. **2.** De ahí que vean por qué los "estudios liberales" se llaman así; es porque son estudios dignos de un caballero nacido libre. Pero sólo hay un estudio realmente liberal, el que da al hombre su libertad. Es el estudio de la sabiduría, y eso es elevado, valiente y de alma grande. Todos los demás estudios son insignificantes y pueriles. ¿No creerán que hay algo bueno en ninguna de las asignaturas cuyos profesores son, como vein, hombres de la calaña más innoble y vil? No deberíamos aprender tales cosas; deberíamos dejar de aprenderlas.

Ciertas personas han llegado a la conclusión de que lo que se discute en relación con los estudios liberales es si éstos hacen buenos a los hombres; pero ni siquiera profesan o se proponen un conocimiento de este tema en particular. **3. 3.** El erudito[642] se ocupa de investigar el lenguaje y, si desea ir más lejos, se

---

[641] Los estudios regulares, ἐγκύκλιος παιδεία, como la gramática, la música, la geometría, la aritmética, la astrología y ciertas fases de la retórica y la dialéctica, se contraponen en esta carta a los estudios liberales, que tienen por objeto la búsqueda de la virtud. De este modo, Séneca interpreta *los studia liberalia en* un sentido más elevado de lo que esperarían sus contemporáneos. Compárese la definición de universidad de J. R. Lowell, "un lugar donde no se enseña nada útil".

[642] *Grammaticus* en griego clásico significa "el que está familiarizado con el alfabeto"; en la época alejandrina un "estudiante de literatura"; en la época romana el equivalente de *litteratus*. Séneca significa aquí un "especialista en ciencia lingüística".

dedica a la historia o, si quiere ampliar su campo hasta los límites más lejanos, a la poesía. Pero, ¿cuál de ellas allana el camino a la virtud? Pronunciar sílabas, investigar palabras, memorizar obras de teatro o hacer reglas para la escansión de la poesía, ¿qué hay en todo esto que nos libre del miedo, desarraigue el deseo o frene las pasiones? **4.** La pregunta es: ¿enseñan tales hombres la virtud, o no? Si no la enseñan, tampoco la transmiten. Si la enseñan, son filósofos. ¿Quieres saber cómo es que no han tomado la cátedra para enseñar la virtud? Observa cuán diferentes son sus temas; y, sin embargo, sus temas se parecerían entre sí si enseñaran lo mismo.[643]

5. Puede ser, tal vez, que te hagan creer que Homero era un filósofo,[644] aunque lo refuten con los mismos argumentos con los que pretenden demostrarlo. En efecto, unas veces hacen de él un estoico, que no aprueba otra cosa que la virtud, evita los placeres y se niega a renunciar al honor incluso al precio de la inmortalidad; otras, un epicúreo, que alaba la condición de un estado en reposo, que pasa sus días en fiestas y canciones; otras, un peripatético, que clasifica la bondad en tres formas;[645] otras, un académico, que sostiene que todas las cosas son inciertas. Está claro, sin embargo, que ninguna de estas doctrinas debe ser engendrada sobre Homero, sólo porque están todas allí; porque son irreconciliables entre sí. Podemos admitir a estos hombres, de hecho, que Homero era un filósofo; sin embargo, sin duda se convirtió en un hombre sabio antes de

---

[643] Es decir, la filosofía (virtud).

[644] Esta teoría fue aprobada por Demócrito, Hipias de Elis y los intérpretes alegóricos; Jenófanes, Heráclito y el propio Platón condenaron a Homero por sus supuestas fabricaciones poco filosóficas.

[645] La *tria genera bonorum del De Fin* v. 84 de Cicerón. Cf. *ib*. 18, donde los tres objetos propios de la búsqueda del hombre se dan como el deseo de placer, la evitación del dolor y la consecución de bienes naturales como la salud, la fuerza y la solidez mental. Los estoicos sostenían que el bien era absoluto.

que él tenía ningún conocimiento de la poesía. Aprendamos, pues, las cosas particulares que hicieron sabio a Homero.

6. No es más importante, por supuesto, para mí investigar si Homero o Hesíodo era el poeta más viejo, que saber por qué Hécuba, aunque más joven que Helena,[646] mostraba sus años tan lamentablemente. ¿Qué sentido tendría, en tu opinión, digo yo, tratar de determinar las edades respectivas de Aquiles y Patroclo? **7.** ¿Planteas la cuestión de "por qué regiones se extravió Ulises" en vez de tratar de evitar extraviarnos en todo momento? No tenemos tiempo para oír disertaciones sobre la cuestión de si estuvo perdido en el mar entre Italia y Sicilia, o fuera de nuestro mundo conocido (en efecto, tan largo vagabundeo no pudo tener lugar dentro de sus estrechos límites); nosotros mismos nos encontramos con tormentas del espíritu, que nos zarandean a diario, y nuestra depravación nos lleva a todos los males que preocuparon a Ulises. Para nosotros nunca falta la belleza que tiente nuestros ojos, ni el enemigo que nos asalte; de este lado están los monstruos salvajes que se deleitan con la sangre humana, de aquel lado los traicioneros atractivos del oído, y allá está el naufragio y toda la variada categoría de desgracias.[647] Muéstrame más bien, con el ejemplo de Ulises, cómo he de amar a mi patria, a mi esposa, a mi padre, y cómo, aun después de sufrir un naufragio, he de navegar hacia estos fines, por honorables que sean. **8.** ¿Por qué intentar descubrir si Penélope era un modelo de pureza,[648] o si se reía de sus contemporáneos? ¿O si sospechó que el hombre en su presencia era Ulises, antes de saber que era él? Enséñame más bien qué es la pureza, y cuán grande es el bien que tenemos en ella, y si está situada en el cuerpo o en el alma.

---

[646] Summers compara Lucian, *Gall.* 17. Séneca, sin embargo, no se toma en serio tales habladurías.
[647] Esta frase alude a Calipso, Circe, los cíclopes y las sirenas.
[648] Comentario desfavorable de Lycophron, y de Cicero, *De Nat. Deor.* iii. 22 *(Mercurius) ex quo et Penelopa Pana natum ferunt*.

9. Ahora transferiré mi atención al músico. Usted, señor, me está enseñando cómo los agudos y los graves[649] están de acuerdo entre sí, y cómo, aunque las cuerdas producen notas diferentes, el resultado es una armonía; más bien ponga mi alma en armonía consigo misma, y no deje que mis propósitos desafinen. Me estás mostrando cuáles son las teclas lúgubres[650]; muéstrame más bien cómo, en medio de la adversidad, puedo evitar emitir una nota lúgubre. **10.** El matemático me enseña a establecer las dimensiones de mis propiedades; pero más bien debería enseñarme a establecer lo que es suficiente para que un hombre posea. Me enseña a contar, y adapta mis dedos a la avaricia; pero preferiría que me enseñara que no tiene sentido hacer tales cálculos, y que uno no es más feliz por cansar a los tenedores de libros con sus posesiones; o más bien, cuán inútil es la propiedad para cualquier hombre que encontraría la mayor desgracia si se le exigiera calcular, por su propio ingenio, la cantidad de sus posesiones. **11.** ¿De qué me sirve saber repartir un terreno, si no sé compartirlo con mi hermano? ¿De qué me sirve calcular con exactitud las dimensiones de un acre, y detectar el error si un trozo se me ha escapado por poco de la vara de medir, si me amargo cuando un vecino malhumorado se limita a raspar un trozo de mi tierra? El matemático me enseña cómo no perder ninguno de mis límites; yo, sin embargo, trato de aprender a perderlos todos con un corazón ligero. **12.** "Pero", viene la respuesta, "¡me están echando de la finca que poseían mi padre y mi abuelo!". ¿Y bien? ¿Quién era el dueño de la tierra antes que tu abuelo? ¿Puedes explicar qué personas (no diré qué persona) la poseían originalmente? No entraste en ella como amo, sino como mero arrendatario. ¿Y de quién es usted arrendatario? Si su reclamación prospera, usted es arrendatario del heredero. Los abogados dicen que la propiedad pública no puede ser adquirida privadamente por posesión;[651] lo

---

[649] Con *acutae* y *graves* suministrar *voces*.
[650] Quizá el equivalente a un "menor".
[651] Es decir, por un determinado plazo de años; véase R. W. Leage,

que usted tiene y llama suyo es propiedad pública - de hecho, pertenece a la humanidad en general. **13.** ¡Qué maravillosa habilidad! Sabes medir el círculo; encuentras el cuadrado de cualquier forma que se te proponga; calculas las distancias entre las estrellas; no hay nada que no entre en el ámbito de tus cálculos. Pero si eres un verdadero maestro de tu profesión, ¡mídeme la mente del hombre! Dime cuán grande es o cuán insignificante. Sabes lo que es una línea recta; pero ¿de qué te sirve si no sabes lo que es recto en esta vida nuestra?

14. Vengo a continuación a la persona que se jacta de su conocimiento de los cuerpos celestes, que sabe

Donde se esconde la escalofriante estrella de Saturno,

Y por qué órbita se desvía Mercurio.[652]

¿De qué me servirá saber esto? ¿Que me turbe porque Saturno y Marte estén en oposición, o cuando Mercurio se ponga al atardecer a la vista de Saturno, en vez de aprender que esos astros, dondequiera que estén, son propicios,[653] y que no están sujetos a cambio? **15.** Son conducidos por una ronda interminable del destino, en un curso del cual no pueden desviarse. Vuelven en épocas determinadas; o ponen en movimiento, o marcan los intervalos de la obra del mundo entero. Pero si son responsables de todo lo que sucede, ¿de qué te servirán para conocer los secretos de lo inmutable? O si sólo

---

Roman Private Law, págs. 133 y ss. Compárese también Lucrecio iii. 971, y Horacio, *Ep.* ii. 2. 159.

[652] Virgilio, *Georg.* i. 336 f.

[653] Saturno y Marte se consideraban astros de mala suerte. La astrología, que se remonta más allá del año 3000 a.C. en Babilonia, fue desarrollada por los griegos de la época alejandrina y se afianzó en Roma en el siglo II a.C., floreciendo enormemente bajo Tiberio. Cf. Horacio, *Od.* i. 11. 1 y ss.; Juv. iii. 42 y ss., y F. Cumont, *Astrología y religión entre griegos y romanos* (trad.), especialmente pp. 68 y ss. y 84 y ss.

dan indicaciones, ¿de qué sirve prever lo que no se puede evitar? Tanto si conoces estas cosas como si no, tendrán lugar.

16. Contempla el sol fugaz,

Las estrellas que siguen su estela, y tú,
nunca encontrarás que el mañana te juegue una mala pasada,
ni que te engañen las noches sin nubes.[654]

Sin embargo, ha sido suficiente y plenamente ordenado que estaré a salvo de cualquier cosa que pueda engañarme. **17.** "¿Qué", dices, "el 'mañana nunca me juega en falso'? Cualquier cosa que suceda sin mi conocimiento me juega en falso". Yo, por mi parte, no sé lo que ha de ser, pero sí sé lo que puede llegar a ser. No tendré recelos en este asunto; espero el futuro en su totalidad; y si hay alguna disminución en su severidad, la aprovecho al máximo. Si el mañana me trata amablemente, es una especie de engaño; pero ni siquiera en eso me engaña. Porque, así como sé que todas las cosas pueden suceder, también sé que no sucederán en todos los casos. Estoy preparado para los acontecimientos favorables en todos los casos, pero también estoy preparado para el mal.

18. En esta discusión debes tener paciencia conmigo si no sigo el curso regular. Porque no consiento en admitir la pintura en la lista de las artes liberales, como tampoco la escultura, el trabajo del mármol y otras ayudas al lujo. También excluyo de los estudios liberales la lucha libre y todo conocimiento que esté compuesto de aceite y barro;[655] de lo contrario, me vería obligado a admitir también a los perfumistas, y a los cocineros, y a todos los demás que prestan su ingenio al servicio de nuestros placeres. **19.** Porque, ¿qué elemento "liberal" hay en estos voraces consumidores de eméticos, cuyos cuerpos son alimentados hasta la gordura mientras sus mentes son flacas y embotadas? [656] ¿O es que realmente creemos que la formación

---

[654] Virgilio, Georg. i. 424 ss.
[655] Una alusión a la arena y el aceite del ring de lucha.

que imparten es "liberal" para los jóvenes de Roma, a quienes nuestros antepasados solían enseñar a mantenerse erguidos y arrojar una lanza, a blandir una pica, a guiar un caballo y a manejar las armas? Nuestros antepasados no enseñaban a sus hijos nada que pudiera aprenderse estando tumbado. Pero ni el nuevo sistema ni el antiguo enseñan ni alimentan la virtud. ¿De qué nos sirve guiar a un caballo y controlar su velocidad con el freno, y luego descubrir que nuestras propias pasiones, totalmente descontroladas, se desbocan con nosotros? ¿O vencer a muchos adversarios en la lucha libre o en el boxeo, y luego descubrir que nosotros mismos somos vencidos por la ira?

20. "Entonces", dirás, "¿los estudios liberales no aportan nada a nuestro bienestar?". Mucho en otros aspectos, pero nada en absoluto en lo que se refiere a la virtud. Porque incluso estas artes de las que he hablado, aunque ciertamente de un grado bajo -dependiendo como dependen del trabajo manual- contribuyen en gran medida al equipamiento de la vida, pero sin embargo no tienen nada que ver con la virtud. Y si preguntas: "¿Por qué, entonces, educamos a nuestros hijos en los estudios liberales?"[657] no es porque puedan otorgar virtud, sino porque preparan el alma para la recepción de la virtud. Así como ese "curso primario",[658] como lo llamaban los antiguos, de gramática, que daba a los muchachos su formación elemental, no les enseña las artes liberales, sino que prepara el terreno para su temprana adquisición de estas artes, así las artes liberales no conducen al alma por todo el camino hacia la virtud, sino que meramente la ponen en marcha en esa dirección.

---

[656] Cf. Ep. xv. 3 *copia ciborum subtilitas inpeditur*.

[657] En sentido estricto; no, como en § 2, como Séneca piensa que debería definirse realmente el término: el estudio "liberal", es decir, la búsqueda de la sabiduría.

[658] Para la πρώτη ἀγωγή véase Quintiliano, ii. 1. 4.

21. Posidonio[659] divide las artes en cuatro clases: en primer lugar tenemos las que son comunes y bajas, luego las que sirven para divertirse, después las que se refieren a la educación de los muchachos y, por último, las artes liberales. Las comunes pertenecen a los obreros y son meros trabajos manuales; se ocupan de equipar la vida; no hay en ellas ninguna pretensión de belleza ni de honor. **22.** Las artes de la diversión son las que tienen por objeto agradar a la vista y al oído. A esta clase se pueden asignar los maquinistas escénicos, que inventan andamios que se elevan por sí mismos, o pisos que se elevan silenciosamente en el aire, y muchos otros dispositivos sorprendentes, como cuando los objetos que encajan se separan, o los objetos que están separados se unen automáticamente, o los objetos que se mantienen erguidos se derrumban gradualmente. El ojo del inexperto se asombra de estas cosas; porque tales personas se maravillan de todo lo que ocurre sin previo aviso, porque no conocen las causas. **23.** Las artes que pertenecen a la educación de los muchachos, y que son algo semejantes a las artes liberales, son las que los griegos llaman "ciclo de estudios",[660] pero que nosotros los romanos llamamos "liberales". Sin embargo, sólo son realmente liberales -o más bien, para darles un nombre más verdadero, "libres"- aquellas cuya preocupación es la virtud.

24. "Pero", se dirá, "al igual que hay una parte de la filosofía que tiene que ver con la naturaleza, y una parte que tiene que ver con la ética, y una parte que tiene que ver con el razonamiento, este grupo de artes liberales también reclama para sí un lugar en la filosofía. Cuando se abordan cuestiones que tienen que ver con la naturaleza, se llega a una decisión mediante una

---

[659] No sabemos de qué obra de Posidonio está citando aquí Séneca; puede ser de las Προτρεπτικά, o *Exhortaciones*, que indican la formación previa a la filosofía.

[660] Véase la nota § 1.

palabra del matemático. Por tanto, las matemáticas son un departamento de esa rama a la que ayudan".[661] **25.** Pero muchas cosas nos ayudan y, sin embargo, no forman parte de nosotros mismos. Es más, si lo fueran, no nos ayudarían. La comida es una ayuda para el cuerpo, pero no es parte de él. Recibimos alguna ayuda del servicio que nos prestan las matemáticas; y las matemáticas son tan indispensables para la filosofía como el carpintero lo es para el matemático. Pero la carpintería no forma parte de las matemáticas, ni las matemáticas forman parte de la filosofía. **26.** Además, cada una tiene sus propios límites; pues el sabio investiga y aprende las causas de los fenómenos naturales, mientras que el matemático sigue y computa sus números y sus medidas.[662] El sabio conoce las leyes por las cuales los cuerpos celestes persisten, qué poderes les pertenecen y qué atributos; el astrónomo simplemente nota sus idas y venidas, las reglas que gobiernan sus puestas y sus salidas, y los períodos ocasionales durante los cuales parecen detenerse, aunque de hecho ningún cuerpo celeste puede detenerse. **27.** El sabio sabrá lo que causa el reflejo en un espejo; pero el matemático sólo puede decirte a qué distancia debe estar el cuerpo del reflejo, y qué forma de espejo producirá un reflejo dado.[663] El filósofo demostrará que el sol es un cuerpo grande, mientras que el astrónomo calculará cuán grande es, progresando en el conocimiento por su método de ensayo y experimento; pero para progresar, debe recurrir a la ayuda de ciertos principios. Ningún arte, sin embargo, se basta a sí mismo, si la base sobre la que descansa depende de un mero favor. **28.** Ahora bien, la filosofía no pide favores a ninguna otra fuente; lo construye todo en su propio suelo; pero

---

[661] Es decir, las matemáticas son un departamento de la *philosophia naturalis*.

[662] Esta línea de argumentación se asemeja inversamente a la crítica de Séneca a Posidonio en Ep. xc. - según la cual las invenciones de la ciencia primitiva no pueden considerarse propiamente parte de la filosofía.

[663] Véase *N. Q.* i. 4 ss.

la ciencia de los números es, por decirlo así, una estructura construida en tierra ajena, construye en suelo extraño.[664] Acepta los primeros principios y, gracias a ellos, llega a otras conclusiones. Si pudiera marchar sin ayuda hacia la verdad, si fuera capaz de comprender la naturaleza del universo, diría que ofrecería mucha ayuda a nuestras mentes; porque la mente crece por el contacto con las cosas celestiales, y atrae hacia sí algo de lo alto. Sólo hay una cosa que lleva al alma a la perfección: el conocimiento inalterable del bien y del mal. Pero no hay otro arte[665] que investigue el bien y el mal.

Quisiera pasar revista a las diversas virtudes. **29.** La valentía es escarnecedora de las cosas que inspiran miedo; desprecia, desafía y aplasta los poderes del terror y todo lo que quiera someter nuestra libertad al yugo. Pero, ¿refuerzan esta virtud los "estudios liberales"[666]? La lealtad es el bien más sagrado del corazón humano; ninguna coacción la obliga a traicionar y ninguna recompensa la soborna. La lealtad grita: "¡Quémame, mátame, mátame! No traicionaré mi confianza; y cuanto más urgentemente busque la tortura encontrar mi secreto, más profundamente en mi corazón lo enterraré". ¿Pueden las "artes liberales" producir tal espíritu en nosotros? La templanza controla nuestros deseos; a algunos los odia y los desvía, a otros los regula y los restaura a una medida saludable, y nunca se acerca a nuestros deseos por su propio bien. La templanza sabe que la mejor medida de los apetitos no es lo que se quiere tomar, sino lo que se debe tomar. **30.** La bondad te prohíbe ser prepotente con tus asociados, y te prohíbe ser codicioso. En palabras, hechos y sentimientos se muestra amable y cortés con todos los hombres. No considera ningún mal como exclusivo de otro. Y la razón por la que ama su propio bien es principalmente porque algún día será el bien de otro. ¿Enseñan los "estudios

---

[664] Según el derecho romano, *superficies solo cedit*, "el edificio va con el suelo".
[665] Excepto la filosofía.
[666] Es decir, en el sentido más comúnmente aceptado del término.

liberales" a un hombre un carácter como éste? No; no más de lo que enseñan la sencillez, la moderación y el autocontrol, el ahorro y la economía, y esa bondad que perdona la vida del prójimo como si fuera la propia y sabe que no es propio del hombre hacer un uso derrochador de sus semejantes.

31. "Pero", dice uno, "puesto que declaras que la virtud no puede alcanzarse sin los "estudios liberales", ¿cómo es que niegas que ofrezcan ayuda alguna a la virtud?".[667] Porque tampoco se puede alcanzar la virtud sin el alimento; y, sin embargo, el alimento no tiene nada que ver con la virtud. La madera no ayuda a construir un barco, aunque un barco sólo puede construirse con madera. No hay razón, digo, para que pienses que algo se hace con la ayuda de aquello sin lo cual no puede hacerse. **32.** Podríamos incluso afirmar que es posible alcanzar la sabiduría sin los "estudios liberales"; pues, aunque la virtud es algo que debe aprenderse, sin embargo, no se aprende por medio de estos estudios.

¿Qué razón tengo, sin embargo, para suponer que quien ignora las letras no será nunca un sabio, puesto que la sabiduría no se encuentra en las letras? La sabiduría comunica hechos[668] y no palabras; y puede ser verdad que se dependa más de la memoria cuando no tiene apoyo fuera de sí misma. **33.** La sabiduría es algo grande y espacioso. Necesita mucho espacio libre. Hay que aprender sobre las cosas divinas y humanas, el pasado y el futuro, lo efímero y lo eterno; y hay que aprender sobre el tiempo.[669] Mira cuántas preguntas surgen en relación

---

[667] Este uso no es infrecuente en latín; cf. Petronio, *Sat.* 42 *neminem nihil boni facere oportet*; *id. ib.* 58; Verg. *Ecl.* v. 25, etc. Véase Draeger, *Hist. Syn.* ii. 75, y Roby, ii. 2246 ss.

[668] Cf. Epp. xxxi. 6 y lxxxi. 29 *aestimare res, de quibus . . . cum rerum natura deliberandum est*.

[669] Los antiguos estoicos definían el tiempo como "extensión del movimiento del mundo". Se decía que las estaciones estaban "vivas" porque dependían de condiciones materiales. Pero los estoicos reconocían realmente que el tiempo era inmaterial. El mismo

con el tiempo por sí solo: en primer lugar, si es algo en y por sí mismo; en segundo lugar, si existe algo antes del tiempo y sin tiempo; y de nuevo, ¿empezó el tiempo junto con el universo, o, puesto que había algo incluso antes de que empezara el universo, también existía entonces el tiempo? **34.** Son innumerables las cuestiones que se refieren únicamente al alma: de dónde viene, cuál es su naturaleza, cuándo comienza a existir y cuánto tiempo existe; si pasa de un lugar a otro y cambia de morada, siendo transferida sucesivamente de una forma animal a otra, o si es esclava una sola vez, vagando por el universo después de ser liberada; si es corpóreo o no; qué será de él cuando deje de utilizarnos como su medio; cómo empleará su libertad cuando haya escapado de esta prisión presente; si olvidará todo su pasado, y en ese momento comenzará a conocerse a sí mismo cuando, liberado del cuerpo, se haya retirado a los cielos.

35. Así pues, cualquiera que sea la fase de las cosas humanas y divinas que hayas aprehendido, te fatigará el vasto número de cosas que hay que responder y de cosas que hay que aprender. Y para que estas múltiples y poderosas materias puedan tener libre entretenimiento en tu alma, debes eliminar de ella todas las cosas superfluas. La virtud no se entregará a estos estrechos límites nuestros; un gran tema necesita un amplio espacio en el que moverse. Que todas las demás cosas sean expulsadas, y que el pecho se vacíe para recibir a la virtud.

36. "Pero es un placer conocer muchas artes". Por tanto, conservemos de ellas sólo lo indispensable. ¿Consideras censurable a aquel hombre que pone las cosas superfluas al mismo nivel que las útiles, y en su casa hace ostentación fastuosa de objetos costosos, pero no lo consideran censurable a aquel que se ha dejado absorber por el mobiliario inútil de la erudición? Este deseo de saber más de lo suficiente es una especie de intemperancia. **37.** ¿Por qué? Porque esta

---

problema de la corporeidad se discutía con respecto al "bien".

indecorosa búsqueda de las artes liberales convierte a los hombres en aburridos molestos, habladores, faltos de tacto y satisfechos de sí mismos, que no aprenden lo esencial sólo porque han aprendido lo no esencial. El erudito Dídimo escribió cuatro mil libros. Me daría pena si hubiera leído el mismo número de volúmenes superfluos. En estos libros investiga el lugar de nacimiento de Homero,[670] quién fue en realidad la madre de Eneas, si Anacreonte era más bribón o más borracho, si Safo era una mala suerte,[671] y otros problemas cuyas respuestas, si se encontraban, debían olvidarse inmediatamente. Vamos, ¡no me digas que la vida es larga! **38.** No, cuando llegues a considerar también a nuestros propios compatriotas, puedo mostrarte muchas obras que deberían ser cortadas con el hacha.

Es a costa de un enorme gasto de tiempo y de una enorme incomodidad para los oídos de los demás que nos ganamos elogios como éste: "¡Qué sabio es usted!" Contentémonos con esta recomendación, aunque menos citadino: "¡Qué buen hombre eres!". **39.** ¿Lo digo en serio? Bueno, ¿quieres que desenrolle los registros de la historia del mundo y trate de averiguar quién escribió poesía por primera vez? ¿O, en ausencia de registros escritos, debo hacer una estimación del

---

[670]Compárese con el maestro de Juvenal (vii. 234 y ss.), que debe saber
Nutricem Anchisae, nomen patriamque novercae
Anchemoli, dicat quot Acestes vixerit annis, etc,
y la nota de Friedländer.

[671] Una tradición, probablemente iniciada por los historietistas griegos, y explicada por el profesor Smyth (*Greek Melic Poets*, pp. 227 y ss.) como debida a la posición más independiente de las mujeres entre los eolios. *Nota del transcriptor: Gummere ha traducido aquí eufemísticamente Séneca. El latín es "in his an Sappho publica fuerit", y el sustantivo femenino "publica" significa "mujer pública", es decir, cortesana o prostituta. Así que la traducción de Gummere "si Safo era una mala suerte" se traduce más exactamente como "si Safo era una prostituta".*

número de años que median entre Orfeo y Homero? ¿O estudiaré los absurdos escritos de Aristarco, en los que tacha el texto[672] de versos de otros hombres, y desgastaré mi vida en sílabas? ¿Me revolcaré entonces en el polvo del geómetra?[673] ¿He olvidado tanto aquella útil sierra "Ahorra tu tiempo"? ¿Debo saber estas cosas? ¿Y qué puedo elegir no saber?

40. Apión, el erudito, que atraía a multitudes a sus conferencias por toda Grecia en los días de Cayo César y era aclamado un Homerid[674] por todos los estados, solía sostener que Homero, cuando había terminado sus dos poemas, la *Ilíada* y la *Odisea*, añadió un poema preliminar a su obra, en la que abarcaba toda la guerra de Troya.[675] El argumento que Apión aducía para probar esta afirmación era que Homero había insertado a propósito en la línea inicial dos letras que contenían una clave del número de sus libros. **41.** Un hombre que desee saber muchas cosas debe saber cosas como éstas, y no debe pensar en todo el tiempo que se pierde por la mala salud, los deberes públicos, los deberes privados, los deberes diarios y el sueño. Aplica la medida a los años de tu vida; en ellos no caben todas estas cosas.

42. He estado hablando hasta ahora de estudios liberales; ¡pero piensen cuánta materia superflua y poca práctica contienen los filósofos! Por su propia voluntad han descendido también a establecer bonitas divisiones de sílabas, a determinar el verdadero significado de conjunciones y preposiciones; han tenido envidia de los eruditos, envidia de los matemáticos. Ellos

---

[672] Marcaba las líneas supuestamente espurias con el *obelus* y utilizaba otros signos para indicar variaciones, repeticiones e interpolaciones. Prestó especial atención a Homero, Píndaro, Hesíodo y los trágicos.

[673] Los geómetras dibujaban sus figuras en el polvo o la arena.

[674] Originalmente, rapsodas que recitaban a Homero; en general, "intérpretes y admiradores -en resumen, toda la 'parentela espiritual'- de Homero" (D. B. Monro).

[675] Antigua explicación de la autoría (hoy refutada) de Homero de poemas como *la Cipria*, la *Pequeña Ilíada*, *el Saqueo de Troya*, etc.

han asumido en su propio arte todas las superfluidades de estas otras artes; el resultado es que saben más de hablar con cuidado que de vivir con cuidado. **43.** ¡Déjame decirte qué males se deben a la exactitud excesiva y qué enemiga es de la verdad! Protágoras declara que se puede tomar partido por cualquiera de las dos partes en cualquier cuestión y debatirla con igual éxito, incluso sobre esta misma cuestión, si todo tema puede ser debatido desde cualquiera de los dos puntos de vista. Nausífanes sostiene que en las cosas que parecen existir no hay diferencia entre existencia e inexistencia. **44.** Parménides sostiene que nada existe de todo esto que parece existir, excepto el universo solo[676] Zenón de Elea eliminó todas las dificultades quitando una; pues declara que nada existe. Las escuelas pirrónicas, megárica, etriana y académica se dedican prácticamente a la misma tarea; han introducido un nuevo conocimiento, el no conocimiento. **45.** Puedes barrer todas estas teorías con las tropas superfluas de los estudios "liberales"; una clase de hombres me da un conocimiento que no me será de ninguna utilidad, la otra clase acaba con cualquier esperanza de alcanzar el conocimiento. Es mejor, por supuesto, saber cosas inútiles que no saber nada. Un grupo de filósofos no ofrece ninguna luz por la que pueda dirigir mi mirada hacia la verdad; el otro me saca los ojos y me deja ciego. Si me adhiero a Protágoras, no hay nada en el esquema de la naturaleza que no sea dudoso; si sostengo a Nausífanes, sólo estoy seguro de esto: de que todo es inseguro; si estoy con Parménides, no hay nada excepto el uno;[677] si estoy con Zenón, ni siquiera existe el uno.

46. ¿Qué somos entonces? ¿Qué es de todas esas cosas que nos rodean, nos sostienen, nos apoyan? El universo entero es entonces una sombra vana o engañosa. No puedo decir fácilmente si estoy más disgustado con aquellos que quieren

---

[676] En otras palabras, el Ser inmutable y perfecto del universo se contrapone al No-Ser mutable de la opinión y la irrealidad.
[677] Es decir, el universo.

que no sepamos nada, o con aquellos que no nos dejan ni siquiera este privilegio. Adiós.

LXXXIX. Sobre las partes de la filosofía [678]

1. Es un hecho útil que deseas conocer, uno que es esencial para aquel que se apresura tras la sabiduría - a saber, las partes de la filosofía y la división de su enorme volumen en miembros separados. Porque estudiando las partes podemos comprender más fácilmente el todo. Quisiera que la filosofía se presentara ante nuestros ojos en toda su unidad, tal como se extiende para que la contemplemos toda la extensión del firmamento. Sería un espectáculo muy parecido al del firmamento. Porque entonces seguramente la filosofía embriagaría a todos los mortales de amor por ella;[679] deberíamos abandonar todas aquellas cosas que, en nuestra ignorancia de lo que es grande,

---

[678] Véanse los §§ 9 y siguientes, que presentan la división normal.
[679] Véase Platón, especialmente *Symposium* 211 ss.

creemos que son grandes. Sin embargo, como esto no puede correspondernos, debemos contemplar la filosofía como los hombres contemplan los secretos del firmamento.

2. La mente del sabio, sin duda, abarca todo el marco de la filosofía, examinándolo con una mirada no menos rápida que nuestros ojos mortales examinan los cielos; nosotros, sin embargo, que debemos atravesar la penumbra, cuya visión falla incluso para lo que está cerca, se nos puede mostrar con mayor facilidad cada objeto por separado, aunque todavía no podamos comprender el universo. Cumpliré, pues, con tu exigencia, y dividiré la filosofía en partes, pero no en retazos. Pues es útil que la filosofía esté dividida, pero no troceada. Así como es difícil abarcar lo que es indefinidamente grande, también es difícil abarcar lo que es indefinidamente pequeño. **3.** El pueblo se divide en tribus, el ejército en centurias. Cualquier cosa que haya crecido hasta alcanzar un tamaño mayor es más fácil de identificar si se divide en partes; pero las partes, como he señalado, no deben ser incontables en número y diminutas en tamaño. Porque el análisis excesivo es tan defectuoso como la falta de análisis; lo que se corta tan fino que se convierte en polvo es tan bueno como volver a mezclarlo en una masa.[680]

4. En primer lugar, por lo tanto, si lo apruebas, estableceré la distinción entre sabiduría y filosofía. La sabiduría es el bien perfecto de la mente humana; la filosofía es el amor a la sabiduría y el esfuerzo por alcanzarla. La segunda se esfuerza por alcanzar la meta que la primera ya ha alcanzado. Y está claro por qué se llamó así a la filosofía. Pues reconoce por su mismo nombre el objeto de su amor.[681] **5.** Algunos han definido la sabiduría como el conocimiento de las cosas divinas y humanas.[682] Otros dicen: "Sabiduría es conocer las cosas divinas

---

[680] Es decir, una *divisio* infinitamente pequeña es lo mismo que su opuesto - *confusio*.

[681] "Amor de Sabiduría".

[682] Θείων τε καὶ ἀνθρωπίνων ἐπιστήμη, citado por Plutarco, *De Plac.*

y las humanas, y también sus causas".[683] Esta frase añadida me parece superflua, ya que las causas de las cosas divinas y humanas forman parte del sistema divino. La filosofía también ha sido definida de diversas maneras; algunos la han llamado "el estudio de la virtud",[684] otros se han referido a ella como "un estudio del modo de enmendar la mente",[685] y algunos la han denominado "la búsqueda de la recta razón." **6.** Una cosa está prácticamente establecida: que hay alguna diferencia entre filosofía y sabiduría. Ni siquiera es posible que lo que se busca y lo que busca sean idénticos. Así como hay una gran diferencia entre la avaricia y la riqueza, siendo una el sujeto del deseo y la otra su objeto, también la hay entre la filosofía y la sabiduría. Pues una es resultado y recompensa de la otra. La filosofía hace el camino, y la sabiduría es la meta. **7.** La sabiduría es lo que los griegos llaman σοφία. Los romanos también solían usar esta palabra en el sentido en que ahora usan también "filosofía". Esto se demostrará a su satisfacción por nuestras antiguas obras nacionales, así como por el epitafio que está tallado en la tumba de Dossennus:[686]

Haz una pausa, forastero, y lee la sabiduría de Dossennus.

8. Algunos de nuestra escuela, sin embargo, aunque la filosofía significaba para ellos "el estudio de la virtud", y aunque la virtud era el objeto buscado y la filosofía el buscador, han sostenido, no obstante, que ambos no pueden separarse. Porque la

---

Phil. 874 E.
[683] Cicerón, *De Off.* ii. 2. 5.
[684] La ἄσκησις ἀρετῆς de los primeros estoicos. Séneca (Frag. 17) también la llama *recta vivendi ratio*.
[685] Es decir, hacer una *bona mens* de una *mala mens*.

[686] Es dudoso si éste era el nombre de una persona real, o un mero tipo "Joe Miller" de la Fabula Atellana. El personaje de Horacio, *Ep.* ii. 1. 173, es sin duda este último; y el testimonio de Plinio (*N. H.* xiv. 15), que cita una línea de una obra llamada *Acharistio*, no es fiable.

filosofía no puede existir sin la virtud, ni la virtud sin la filosofía. La filosofía es el estudio de la virtud, por medio, sin embargo, de la virtud misma; pero ni la virtud puede existir sin el estudio de sí misma, ni el estudio de la virtud puede existir sin la virtud misma. Pues no es como intentar dar en un blanco a larga distancia, donde el tirador y el objeto a abatir se encuentran en lugares distintos. Tampoco, como los caminos que conducen a una ciudad, los accesos a la virtud están situados fuera de la virtud misma; el camino por el que se llega a la virtud conduce a través de la virtud misma; la filosofía y la virtud están estrechamente unidas.

9. Los más grandes autores, y el mayor número de autores, han sostenido que hay tres divisiones de la filosofía: moral, natural y racional.[687] La primera mantiene el alma en orden; la segunda investiga el universo; la tercera elabora los significados esenciales de las palabras, sus combinaciones y las pruebas que impiden que la falsedad se cuele y desplace a la verdad. Pero también ha habido quien ha dividido la filosofía, por un lado, en menos divisiones y, por otro, en más. **10.** Algunos de la escuela peripatética han añadido una cuarta división, la "filosofía civil", porque exige una esfera especial de actividad y se interesa por una materia distinta. Algunos han añadido un departamento para el que utilizan el término griego "economía",[688] la ciencia de administrar el propio hogar. Otros han creado una rúbrica distinta para los diversos tipos de vida.[689] Sin embargo, no hay ninguna de estas subdivisiones que no se encuentre bajo la rama llamada filosofía "moral".

11. Los epicúreos[690] sostenían que la filosofía era doble, natural y moral; suprimieron la rama racional. Luego, cuando se vieron

---

[687] Es decir, la lógica.
[688] Es decir, "la gestión del hogar".
[689] Es decir, de las diversas artes que se ocupan de los departamentos de la vida, como el generalato, la política, los negocios, etc.
[690] Frag. 242 Usener.

obligados por los hechos mismos a distinguir entre las ideas equívocas y a desenmascarar las falacias que se ocultaban bajo el manto de la verdad, ellos mismos introdujeron también una rúbrica a la que dan el nombre de "forense y regulativa",[691] que es meramente "racional" bajo otro nombre, aunque sostienen que esta sección es accesoria al departamento de la filosofía "natural". **12.** La escuela cirenaica [692] abolió tanto el departamento natural como el racional, y se contentó sólo con el lado moral; y, sin embargo, estos filósofos incluyen también bajo otro título aquello que han rechazado. Pues dividen la filosofía moral en cinco partes: (1) Qué evitar y qué buscar, (2) Las pasiones, (3) Las acciones, (4) Las causas, (5) Las pruebas. Ahora bien, las causas de las cosas pertenecen realmente a la división "natural", las pruebas a la "racional." **13.** Aristo[693] de Quíos señaló que lo natural y lo racional no sólo eran superfluos, sino también contradictorios. Incluso limitó la "moral", que era todo lo que le quedaba; pues abolió el epígrafe que abarcaba el consejo, sosteniendo que era asunto del pedagogo, y no del filósofo - ¡como si el sabio fuera otra cosa que el pedagogo del género humano!

14. Puesto que, por lo tanto, la filosofía es triple, comencemos primero a poner en orden el lado moral. Se ha convenido en dividirla en tres partes. En primer lugar, tenemos la parte especulativa[694] , que asigna a cada cosa su función particular y pondera el valor de cada una; es la más elevada en punto a

---

[691] Séneca por *de iudicio* está traduciendo el adjetivo griego δικανικός, "lo que tiene que ver con los tribunales de justicia", y por *de regula* la palabra κανονικός, "lo que tiene que ver con las reglas", aquí las reglas de la lógica. Los epicúreos usaban para la lógica κανονική, en contraste con Aristóteles y sus sucesores, que usaban λογική. El latín *rationalis* es una traducción de este último.

[692] Liderados por Aristipo de Cirene. Así como los cínicos se convirtieron en estoicos, los cirenaicos se convirtieron en epicúreos.

[693] Frag. 357 von Arnim.

[694] Séneca traduce θεωρητική.

utilidad. Pues ¿qué hay tan indispensable como dar a cada cosa su justo valor? La segunda tiene que ver con el impulso,[695] la tercera con las acciones.[696] Pues el primer deber es determinar separadamente lo que valen las cosas; el segundo, concebir con respecto a ellas un impulso regulado y ordenado; el tercero, hacer que tu impulso y tus acciones armonicen, para que en todas estas condiciones seas coherente contigo mismo. **15.** Si alguno de estos tres es defectuoso, hay confusión también en el resto. Pues, ¿de qué te sirve haber valorado todas las cosas, cada una en sus debidas relaciones, si te excedes en tus impulsos? ¿Qué beneficio hay en haber controlado tus impulsos y en tener tus deseos bajo tu propio control, si cuando pasas a la acción no eres consciente de los tiempos y las estaciones apropiadas, y si no sabes cuándo, dónde y cómo debe llevarse a cabo cada acción? Una cosa es comprender los méritos y los valores de los hechos, otra cosa es conocer el momento preciso para la acción, y otra aún frenar los impulsos y proceder, en lugar de precipitarse, hacia lo que debe hacerse. Por lo tanto, la vida sólo está en armonía consigo misma cuando la acción no ha abandonado el impulso, y cuando el impulso hacia un objeto surge en cada caso del valor del objeto, siendo lánguido o más ansioso según el caso, de acuerdo con los objetos que lo despiertan que valen la pena buscar.

16. El lado natural de la filosofía es doble: corporal y no corporal.[697] Cada una se divide en sus propios grados de importancia, por así decirlo. El tema relativo a los cuerpos trata, en primer lugar, de estos dos grados: lo creador y lo creado;[698] y las cosas creadas son los elementos. Ahora bien, este mismo

---

[695] Ὁρμητική; el ὁρμαί, *ímpetu*, en la filosofía estoica, son los instintos naturales, que requieren entrenamiento y regulación antes de poder confiar en ellos.
[696] Πρακτική.
[697] Σωματική y ἀσώματος
[698] Ποιητικά y παθητικά.

tema de los elementos, como sostienen algunos escritores, es integral;[699] como sostienen otros, se divide en materia, la causa que mueve todas las cosas, y los elementos.

17. Me queda dividir la filosofía racional en sus partes. Ahora bien, todo discurso es o bien continuo, o bien dividido entre el que pregunta y el que responde. Se ha convenido en llamar retórica a la primera y dialéctica a la segunda. La retórica se ocupa de las palabras, de los significados y de la ordenación. La dialéctica se divide en dos partes: las palabras y sus significados, es decir, en las cosas que se dicen y las palabras con las que se dicen. Luego viene una subdivisión de cada una, y es de gran extensión. Por lo tanto, me detendré en este punto, y

Pero trata el clímax de la historia;[700]

porque si se me antojara dar las subdivisiones, ¡mi carta se convertiría en un manual de polemista! **18.** No trato de disuadirte, excelente Lucilio, de leer sobre este tema, con la única condición de que relates prontamente a la conducta todo lo que hayas leído.

Es tu conducta la que debes mantener bajo control; debes despertar lo que está lánguido en ti, atar lo que se ha relajado, conquistar lo que es obstinado, perseguir tus apetitos, y los apetitos de la humanidad, tanto como puedas; y a aquellos que dicen: "¿Hasta cuándo durará esta interminable charla?" responde con las palabras: **19.** "Yo debería preguntarles: "¿Hasta cuándo durarán estos interminables pecados suyos?". ¿Realmente deseas que mis remedios se detengan ante tus vicios? Pero yo seguiré hablando de mis remedios, y sólo porque tú pongas objeciones seguiré hablando. La medicina comienza a hacer bien en el momento en que un toque hace que el cuerpo enfermo sienta un cosquilleo de dolor. Pronunciaré palabras que ayudarán a los hombres incluso en

---

[699] Es decir, no tiene subdivisiones.
[700] Virgilio, *Eneida*, i. 342.

contra de su voluntad. A veces debes permitir que lleguen a sus oídos palabras que no sean cumplidos, y ya que como individuos no est+an dispuestos a escuchar la verdad, escúchenla colectivamente. **20.** ¿Hasta dónde extenderán los límites de sus haciendas? Una hacienda que contuviera una nación es demasiado estrecha para un solo señor. ¿Hasta dónde haréis avanzar vuestros campos arados, ustedes que no os contentáis con confinar la medida de sus granjas ni siquiera dentro de la amplitud de las provincias?[701] Tienes nobles ríos que fluyen a través de sus terrenos privados; tienes poderosos arroyos -fronteras de poderosas naciones- bajo su dominio desde su nacimiento hasta su desembocadura. Esto también es poco para ti, a menos que rodees mares enteros con tus propiedades, a menos que tu mayordomo domine al otro lado de los mares Adriático, Jónico y Egeo, a menos que las islas, hogares de célebres jefes, sean consideradas por ti como la más insignificante de las posesiones. Extiéndelas tanto como quieras, con tal de tener como "granja" lo que una vez se llamó reino; haz tuyo todo lo que puedas, ¡con tal de que sea más que lo de tu vecino!

21. Y ahora unas palabras contigo, cuyo lujo se extiende tan ampliamente como la codicia de aquellos a quienes acabo de referirme. A ustedes les digo: "¿Continuará esta costumbre hasta que no haya lago sobre el que no se eleven los pináculos de sus casas de campo? ¿Hasta que no haya un río cuyas orillas no estén bordeadas por sus estructuras señoriales? Dondequiera que las aguas calientes broten en arroyos, allí haréis surgir nuevos complejos de lujo. Dondequiera que la costa se doble en una bahía, allí pondrás enseguida los cimientos, y, no contento con cualquier tierra que no haya sido hecha por el arte, traerás el mar dentro de tus límites.[702] Por

---

[701] Para este pensamiento, compárese Petronio, *Sat.* 48 *nunc coniungere agellis Siciliam volo, ut, cum Africam libuerit ire, per meos fines navigem.*

[702] Es decir, construyendo terraplenes, etc. Cf. Horacio, *Od.* ii. 18. 22

todas partes relampaguean al sol las cimas de sus casas, ahora asentadas en los picos de las montañas desde donde dominan el mar y la tierra, ahora elevadas desde la llanura hasta la altura de las montañas; construye sus múltiples estructuras, sus enormes pilares, ¡sin embargo no son más que individuos, y enclenques! ¿De qué te sirven sus muchas alcobas? duermes en una. Ningún lugar es tuyo donde no estés tu mismo". 22. "A continuación paso a ustedes, cuyas fauces sin fondo e insaciables exploran por un lado los mares, por otro la tierra, con enorme trabajo cazando sus presas, ora con anzuelo, ora con lazo, ora con redes de diversas clases; ningún animal tiene paz sino cuando estas empalagados con él. Y ¡qué pequeña porción de esos banquetes tuyos, preparados para ti por tantas manos, saboreas con tu paladar hastiado de placer! ¿Qué pequeña porción de toda esa caza, cuya captura estaba llena de peligros, saborea el estómago enfermo y aprensivo del amo? ¿Qué pequeña porción de todos esos mariscos, importados de tan lejos, se desliza por ese insaciable gaznate? Pobres desgraciados, ¿no saben que sus apetitos son mayores que sus estómagos?".

23. Habla de esta manera con otros hombres, - siempre que mientras hables también escuches; escribe de esta manera, - siempre que mientras escribas leas, recordando que todo[703] lo que oigas o leas, debe ser aplicado a la conducta, y al alivio de la furia de la pasión. Estudia, no para añadir algo a tus conocimientos, sino para mejorarlos. Adiós.

---

parum locuples continente ripa.
[703] Cf. § 18.

XC. Sobre el papel de la filosofía en el progreso del hombre

1. ¿Quién puede dudar, mi querido Lucilio, que la vida es el don de los dioses inmortales, pero que vivir bien[704] es el don de la filosofía? De ahí que la idea de que nuestra deuda con la filosofía es mayor que nuestra deuda con los dioses, en la medida en que una buena vida es más beneficiosa que la mera vida, se consideraría correcta, si la filosofía misma no fuera un don que los dioses nos han concedido. A nadie han dado el conocimiento de ella, pero a todos la facultad de adquirirla. **2.** Porque si hubieran hecho de la filosofía también un bien general, y si hubiéramos sido dotados de entendimiento al nacer, la sabiduría habría perdido su mejor atributo: que no es uno de los dones de la fortuna. Pues tal como es, la preciosa y noble característica de la sabiduría es que no avanza a nuestro encuentro, que cada hombre se debe a sí mismo por ella, y que no la buscamos en manos de otros.

¿Qué habría en la filosofía digno de tu respeto, si ella fuera una cosa que viniera por generosidad? **3.** Su única función es descubrir la verdad sobre las cosas divinas y humanas. De su lado no se aparta jamás la religión, ni el deber, ni la justicia, ni ninguna de todas las virtudes que se unen en estrecho compañerismo. La filosofía nos ha enseñado a adorar lo que es divino, a amar lo que es humano;[705] nos ha dicho que con los dioses está el dominio, y entre los hombres, la comunión. Esta comunión permaneció intacta durante mucho tiempo, hasta que la avaricia desgarró la comunidad y se convirtió en la causa de la pobreza, incluso en el caso de aquellos a quienes ella misma había enriquecido más. Porque los hombres dejan de

---

[704] Cf. Platón, *Crito* 48, "no la vida en sí, sino una buena vida, es lo principal que debe desearse".
[705] Compárese el "conocimiento de las cosas divinas y humanas" del lxxxix. 5.

poseer todas las cosas en el momento en que desean todas las cosas para sí mismos.

4. Pero los primeros hombres y los que surgieron de ellos, aún vírgenes, siguieron a la naturaleza, teniendo a un hombre como su líder y su ley, confiándose al control de uno mejor que ellos mismos. Pues la naturaleza tiene la costumbre de someter al más débil al más fuerte. Incluso entre los animales mudos, los más grandes o los más fieros son los que dominan. No es un toro débil el que lidera la manada; es uno que ha vencido a los otros machos por su fuerza y su músculo. En el caso de los elefantes, el más alto va primero; entre los hombres, el mejor es considerado el más alto. Por eso se asignó un gobernante a la mente; y por esa razón la mayor felicidad recayó en aquellos pueblos entre los cuales un hombre no podía ser el más poderoso a menos que fuera el mejor. Porque aquel hombre que piensa que no puede hacer nada excepto lo que debe hacer, puede lograr con seguridad lo que quiere.

5. Por consiguiente, en esa época que se mantiene como la edad de oro,[706] Posidonio[707] sostiene que el gobierno estaba bajo la jurisdicción de los sabios. Mantenían las manos bajo control y protegían a los más débiles de los más fuertes. Daban consejos, tanto para hacer como para no hacer; mostraban lo que era útil y lo que era inútil. Su previsión hacía que a sus súbditos no les faltara de nada; su valentía les protegía de los

---

[706] El motivo de la "Edad de Oro" era frecuente en la literatura latina. Compárese, por ejemplo, Tibulo, i. 3. 35 y ss., el pasaje que comienza:
Quam bene Saturno vivebant rege, priusquam
¡Tellus in longas est patefacta vias!
Cf. § 46, que resume el mensaje de la carta de Séneca.

[707] Aunque la filosofía moderna probablemente estaría más del lado de Séneca que del de Posidonio, es interesante conocer la opinión de Macaulay, quien sostiene (*Essay on Bacon*) que hay mucho en común entre Posidonio y el filósofo inductivo inglés, y piensa muy poco de las ideas de Séneca sobre el tema. Cf. W. C. Summers, *Select letters of Seneca*, p. 312.

peligros; su bondad enriquecía y adornaba a sus súbditos. Para ellos gobernar era un servicio, no un ejercicio de la realeza. Ningún gobernante ponía a prueba su poder contra aquellos a quienes debía el comienzo de su poder; y nadie tenía la inclinación, o la excusa, para hacer el mal, ya que el gobernante gobernaba bien y el súbdito obedecía bien, y el rey no podía proferir mayor amenaza contra los súbditos desobedientes que la de que se marcharan del reino.

6. Pero cuando el vicio se apoderó de los reinos y los transformó en tiranías, surgió la necesidad de leyes; y estas mismas leyes fueron a su vez elaboradas por los sabios. Solón, que estableció Atenas sobre una base firme mediante leyes justas, fue uno de los siete hombres famosos por su sabiduría.[708] Si Licurgo hubiera vivido en la misma época, se habría añadido un octavo a ese sagrado número de siete. Se alaban las leyes de Zaleuco y Charondas; no fue en el foro ni en los despachos de hábiles consejeros, sino en el silencioso y santo retiro de Pitágoras, donde estos dos hombres aprendieron los principios de justicia que habrían de establecer en Sicilia (que en aquella época era próspera) y en toda la Italia griega.

7. Hasta este punto estoy de acuerdo con Posidonio; pero me niego a admitir que la filosofía descubriera las artes de las que la vida hace uso en su ronda diaria[709], ni le atribuiré la gloria de un artesano. Posidonio dice: "Cuando los hombres estaban dispersos por la tierra, protegidos por cuevas o por el refugio excavado de un acantilado o por el tronco de un árbol hueco, fue la filosofía la que les enseñó a construir casas." Pero yo, por mi parte, no sostengo que la filosofía haya ideado estas astutas viviendas nuestras que se levantan piso tras piso, donde la ciudad se amontona contra la ciudad, como tampoco que haya

---

[708] Cleóbulo de Rodas, Periandro de Corinto, Pittacus de Mitilene, Bias de Priene, Tales de Mileto, Chilón de Esparta y Solón de Atenas. Para algunos de ellos se han hecho sustituciones en ciertas listas.

[709] Cf. Ep. LXXXVIII. 20 *ad alia multum, ad virtutem nihil*.

inventado las reservas de pescado, que se encierran con el propósito de salvar la gula de los hombres de tener que correr el riesgo de las tormentas, y con el fin de que, no importa cuán embravecido esté el mar, el lujo pueda tener sus puertos seguros en los que engordar razas de peces de lujo. **8.** ¿Qué? ¿Fue la filosofía la que enseñó el uso de llaves y cerrojos? No, ¿qué fue eso sino dar una pista a la avaricia? ¿Fue la filosofía la que erigió todos estos altos edificios, tan peligrosos para las personas que los habitan? ¿No bastaba con que el hombre se proveyera de un techo de cualquier revestimiento fortuito, y se las ingeniara algún refugio natural sin la ayuda del arte y sin problemas? Créeme, ¡aquella fue una época feliz, antes de los días de los arquitectos, antes de los días de los constructores! **9.** Todo esto nació cuando nacía el lujo, esto de cortar maderas a escuadra y hendir una viga con mano infalible a medida que la sierra se abría paso sobre la línea marcada.

El hombre primitivo con cuñas partió su madera.[710]

No estaban preparando un techo para un futuro banquete, pues para nada llevaban los pinos o los abetos a lo largo de las temblorosas calles[711] con una larga hilera de carretas, simplemente para sujetar en ellos techos de paneles pesados con oro. **10.** Las casas estaban sostenidas por postes con horquillas erigidos a ambos lados. Con ramas apiñadas y hojas amontonadas y colocadas en declive, se las ingeniaban para drenar incluso las lluvias más torrenciales. Bajo esas viviendas vivían, pero vivían en paz. Un techo de paja cubría antaño a los hombres libres; bajo el mármol y el oro habita la esclavitud.

---

[710] Virgilio, *Georg.* I. 144.
[711] Cf. Juvenal, III. 254 y ss.:
Longa coruscat
Serraco veniente abies, atque altera pinum
Plaustra vehunt, nutant alte populoque minantur.
Compárense también las "viviendas elevadas" del artículo 8.

11. En otro punto también difiero de Posidonio, cuando sostiene que las herramientas mecánicas fueron invención de los sabios. Pues sobre esa base se podría sostener que eran sabios los que enseñaban las artes

De poner trampas para la caza y encalar ramas

Para los pájaros, y ciñendo bosques poderosos con perros. [712]

Fue el ingenio del hombre, no su sabiduría, el que descubrió todos estos artilugios. **12.** Y también difiero de él cuando dice que los sabios descubrieron nuestras minas de hierro y cobre, "cuando la tierra, abrasada por los incendios forestales, fundió las vetas de mineral que yacían cerca de la superficie e hizo brotar el metal".[713] No, la clase de hombres que descubren tales cosas son la clase de hombres que se ocupan de ellas. **13.** Tampoco considero esta cuestión tan sutil como Posidonio piensa, a saber, si el martillo o las tenazas fueron los primeros en usarse. Ambos fueron inventados por algún hombre cuya mente era ágil y aguda, pero no grande ni excelsa; y lo mismo vale para cualquier otro descubrimiento que sólo puede hacerse por medio de un cuerpo doblado y de una mente cuya mirada está en el suelo.

El sabio era de vida fácil. ¿Y por qué no? Incluso en nuestros tiempos preferiría estar lo menos cargado posible. **14.** ¿Cómo puedes admirar a Diógenes y a Dédalo? ¿Cuál de estos dos te parece un hombre sabio: el que ideó la sierra o el que, al ver a un niño beber agua del hueco de su mano, sacó inmediatamente su vaso de la cartera y lo rompió, reprendiéndose a sí mismo con estas palabras:[714] "¡Idiota de mí,

---

[712] Virgilio, *Georg.* i. 139 y ss.

[713] Cf. T. Rice Holmes, *Ancient Britain*, pp. 121 y ss., quien concluye que el descubrimiento de la fundición de minerales fue accidental.

[714] Cf. Diog. Laert. vi. 37 θεασάμενός ποτε παιδίον ταῖς χερσὶ ἐξέρριψε τῆς πήρας τὴν κοτύλην, εἰπών, Παιδίον με νενίκηκεν εὐτελείᾳ.

por haber estado llevando equipaje superfluo todo este tiempo!" y luego se acurrucó en su bañera y se echó a dormir? **15.** En nuestros tiempos, ¿a qué hombre consideras más sabio: al que inventa un proceso para rociar perfumes de azafrán a una altura tremenda desde tuberías ocultas, al que llena o vacía canales con un súbito torrente de agua, al que construye tan hábilmente un comedor con un techo de paneles móviles que presenta un diseño tras otro, cambiando el techo tan a menudo como los platos?[715] - ¿O el que demuestra a los demás, así como a sí mismo, que la naturaleza no nos ha impuesto ninguna ley severa y difícil cuando nos dice que podemos vivir sin el marmolista y el ingeniero, que podemos vestirnos sin traficar con telas de seda, que podemos tener todo lo que es indispensable para nuestro uso, siempre que nos contentemos con lo que la tierra ha puesto en su superficie? Si la humanidad estuviera dispuesta a escuchar a este sabio, sabría que el cocinero le es tan superfluo como el soldado. **16.** Fueron hombres sabios, o en todo caso como los sabios, los que encontraron en el cuidado del cuerpo un problema fácil de resolver. Las cosas indispensables no requieren grandes esfuerzos para su adquisición; sólo los lujos exigen trabajo. Sigue a la naturaleza y no necesitarás artesanos expertos.

La naturaleza no deseaba acosarnos. Para lo que nos obligó, nos equipó. "Pero el frío no puede ser soportado por el cuerpo desnudo". ¿Entonces qué? ¿No hay pieles de bestias salvajes y de otros animales que pueden protegernos lo suficiente, y más que suficiente, del frío? ¿No cubren muchas tribus sus cuerpos con la corteza de los árboles? ¿No se cosen las plumas de los pájaros para vestirse? Incluso en nuestros días, ¿no se viste una gran parte de la tribu escita con pieles de zorros y ratones, suaves al tacto e impermeables a los vientos? **17.** "Por todo eso,

---

[715] Compárense los salones de Nerón que Séneca puede haber tenido en mente: (Suet. *Nero* 31) *cenationes laqueatae tabulis eburneis versatilibus . . . praecipua cenationum rotunda, quae perpetuo diebus ac noctibus vice mundi circumageretur.*

los hombres deben tener alguna protección más gruesa que la piel, para resguardarse del calor del sol en verano". ¿Entonces qué? ¿No ha producido la antigüedad muchos retiros que, ahuecados ya sea por el daño causado por el tiempo o por cualquier otro suceso que se quiera, se han abierto en cavernas? ¿Entonces qué? ¿Acaso los primeros pobladores no tomaban ramitas[716] y las tejían a mano en esteras de mimbre, las untaban con barro común y luego con rastrojos y otras hierbas silvestres construían un techo, y así pasaban sus inviernos seguros, llevándose las lluvias por medio de los frontones inclinados? ¿Qué ocurre entonces? ¿Acaso los pueblos de las orillas del Syrtes no habitan en casas excavadas y, de hecho, todas las tribus que, debido a la excesiva intensidad del sol, no poseen protección suficiente contra el calor, excepto el propio suelo reseco?

18. La naturaleza no era tan hostil al hombre que, cuando dio a todos los demás animales un papel fácil en la vida, hizo imposible que sólo él viviera sin todos estos artificios. Ninguno de ellos nos fue impuesto por ella; ninguno de ellos tuvo que ser penosamente buscado para que nuestras vidas pudieran ser prolongadas. Todas las cosas estaban preparadas para nosotros al nacer; somos nosotros los que nos lo hemos complicado todo, por nuestro desdén hacia lo fácil. Casas, refugio, comodidades, alimentos y todo lo que ahora se ha convertido en la fuente de grandes problemas, estaba a mano, libre para todos, y se podía obtener por dolores insignificantes. Porque el límite correspondía en todas partes a la necesidad; somos nosotros los que hemos hecho valiosas todas esas cosas, los que las hemos hecho admiradas, los que hemos hecho que se las

---

[716] Cf. Ovidio, *Met.* i. 121 y ss:
Domus antra fuerunt
Et densi frutices et vinctae cortice virgae.
Entre los muchos relatos de escritores romanos sobre el hombre primitivo, compárese este pasaje de Ovidio y el del quinto libro de Lucrecio.

busque con amplios y múltiples artificios. **19.** La naturaleza basta para lo que exige. El lujo ha vuelto la espalda a la naturaleza; cada día se expande, en todas las épocas ha ido cobrando fuerza, y con su ingenio promoviendo los vicios. Al principio, el lujo comenzó a codiciar lo que la naturaleza consideraba superfluo, luego lo que era contrario a la naturaleza, y finalmente hizo del alma un esclavo del cuerpo, y la hizo completamente esclava de los deseos del cuerpo. Todos estos oficios con los que se patrulla la ciudad, o mejor dicho, se la mantiene alborotada, no hacen sino ocuparse de los asuntos del cuerpo; hubo un tiempo en que todas las cosas se ofrecían al cuerpo como a un esclavo, pero ahora se preparan para él como para un amo. De ahí los talleres de tejedores y carpinteros; de ahí los sabrosos olores de los cocineros profesionales; de ahí el desenfreno de quienes enseñan posturas desenfrenadas y cantos desenfrenados y afectados. Porque la moderación que prescribe la naturaleza, que limita nuestros deseos mediante recursos restringidos a nuestras necesidades, ha abandonado el campo; ahora se ha llegado a esto: que querer sólo lo suficiente es señal tanto de grosería como de indigencia absoluta.

20. Es difícil de creer, mi querido Lucilio, con qué facilidad el encanto de la elocuencia gana incluso a los grandes hombres lejos de la verdad. Tomemos, por ejemplo, a Posidonio -quien, en mi opinión, es de los que más han contribuido a la filosofía- cuando quiere describir el arte de tejer. Cuenta cómo, en primer lugar, algunos hilos se retuercen y otros se extraen de la masa blanda y suelta de lana; a continuación, cómo la urdimbre erguida mantiene los hilos estirados por medio de pesos colgantes; luego, cómo el hilo insertado de la trama, que suaviza la dura textura de la red que lo sujeta por ambos lados, es forzado por el listón a hacer una unión compacta con la urdimbre. Sostiene que incluso el arte del tejedor fue descubierto por hombres sabios, olvidando que el arte más complicado que describe fue inventado en días posteriores - el arte en el que

La red está unida al marco; ahora está separada

El junco parte la urdimbre. Entre los hilos,
la trama es lanzada por lanzaderas puntiagudas;
los anchos dientes dentados del peine la llevan a su lugar.[717]

Supongamos que hubiera tenido la oportunidad de ver el tejido de nuestros días, que produce la ropa que no oculta nada, la ropa que proporciona, no diré ninguna protección al cuerpo, ¡pero ninguna siquiera a la modestia!

21. Posidonio pasa luego al agricultor. Con no menos elocuencia describe el suelo que se rotura y se atraviesa de nuevo con el arado, para que la tierra, así aflojada, permita un juego más libre a las raíces; luego se siembra la semilla y se arrancan a mano las malas hierbas, no sea que surja algún brote fortuito o alguna planta silvestre que estropee la cosecha. Este oficio también, declara, es creación de los sabios, - ¡como si los cultivadores de la tierra no descubrieran aún en nuestros días innumerables métodos nuevos para aumentar la fertilidad del suelo! **22.** Además, no limitando su atención a estas artes, llega a degradar al sabio enviándolo al molino. Pues nos cuenta cómo el sabio, imitando los procesos de la naturaleza, comenzó a hacer pan. "El grano", dice[718], "una vez llevado a la boca, es triturado por los dientes de piedra, que se encuentran en un encuentro hostil, y cualquier grano que se escapa de la lengua vuelve a los mismos dientes. Luego se mezcla en una masa, para que pueda pasar más fácilmente por la garganta resbaladiza. Cuando esto ha alcanzado el estómago, es digerido por el calor ecuánime del estómago; entonces, y no hasta entonces, se

---

[717] Ovidio, *Met.* vi. 55 ss.
[718] El profesor Summers llama la atención sobre la similitud de este pasaje y Cicerón, *De Nat. Deor.* ii. 134 ss. *dentibus manditur . . a lingua adiuvari videtur . . in alvo . . calore . . . in reliquum corpus dividantur.*

asimila con el cuerpo. **23.** Siguiendo este modelo", prosigue, "alguien colocó dos piedras ásperas, una encima de la otra, a imitación de los dientes, un conjunto de las cuales está inmóvil y espera el movimiento del otro conjunto. Entonces, por el roce de una piedra contra la otra, el grano es triturado y devuelto una y otra vez, hasta que por el frotamiento frecuente queda reducido a polvo. A continuación, este hombre rociaba la harina con agua y, mediante una manipulación continuada, sometía la masa y moldeaba la hogaza. Esta hogaza se cocía, al principio, con cenizas calientes o con una vasija de barro incandescente; más tarde se fueron descubriendo los hornos y los demás artilugios cuyo calor hará obedecer la voluntad del sabio." Posidonio estuvo a punto de declarar que incluso el oficio de zapatero era un descubrimiento del sabio.

24. La razón, en efecto, ideó todas estas cosas, pero no fue la recta razón. Fue el hombre, pero no el sabio, quien las descubrió; del mismo modo que inventaron los barcos, en los que cruzamos ríos y mares -barcos provistos de velas con el fin de atrapar la fuerza de los vientos, barcos con timones añadidos en la popa con el fin de desviar el rumbo de la nave en una u otra dirección. El modelo seguido fue el del pez, que se gobierna a sí mismo por la cola, y con su menor movimiento de un lado o a otro, dobla su veloz rumbo. **25.** "Pero", dice Posidonio, "el sabio descubrió, en efecto, todas estas cosas; eran, sin embargo, demasiado insignificantes para que pudiera ocuparse de ellas él mismo, por lo que las confió a sus ayudantes más mezquinos." No es así; estos primeros inventos no fueron pensados por otra clase de hombres que los que hoy los tienen a su cargo. Sabemos que ciertos dispositivos han salido a la luz sólo dentro de nuestra propia memoria - como el uso de ventanas que admiten la luz clara a través de azulejos transparentes,[719] y tales como los baños abovedados, con

---

[719] Además del *lapis specularis* (cristal de ventana), los romanos utilizaban para este fin el alabastro, la mica y las conchas.

tuberías introducidas en sus paredes con el fin de difundir el calor que mantiene una temperatura uniforme en sus espacios más bajos, así como en sus espacios más altos. ¿Por qué mencionar el mármol con el que resplandecen nuestros templos y nuestras casas privadas? ¿O las masas de piedra redondeadas y pulidas con las que erigimos columnatas y edificios lo bastante amplios para albergar naciones? ¿O nuestros signos[720] para palabras enteras, que nos permiten anotar un discurso, por muy rápido que se pronuncie, igualando la velocidad de la lengua con la velocidad de la mano? Todo esto ha sido ideado por los esclavos de más baja categoría. **26.** El asiento de la sabiduría está más alto; ella no entrena las manos, sino que es la señora de nuestras mentes.

¿Quieres saber lo que la sabiduría ha sacado a la luz, lo que ha logrado? No son las graciosas posturas del cuerpo, ni las variadas notas producidas por el cuerno y la flauta, mediante las cuales se recibe el aliento y, al salir o atravesar, se transforma en voz. No es la sabiduría la que construye armas, o muros, o instrumentos útiles para la guerra; es más, su voz es para la paz, y llama a toda la humanidad a la concordia. **27.** Sostengo que no es ella la artesana de nuestros indispensables instrumentos de uso diario. ¿Por qué le asignas cosas tan insignificantes? Ves en ella a la hábil artesana de la vida. Las otras artes, es verdad, la sabiduría las tiene bajo su control; porque aquel a quien sirve la vida es también servido por las cosas que equipan la vida. Pero el curso de la sabiduría es hacia el estado de felicidad; hacia allí nos guía, hacia allí nos abre el camino. **28.** Ella nos muestra qué cosas son malas y qué cosas son aparentemente malas; ella despoja nuestras mentes de vanas ilusiones. Nos otorga una grandeza que es sustancial, pero reprime la grandeza que es

---

[720] Suetonio nos dice que un tal Ennio, gramático de la época de Augusto, fue el primero en desarrollar la taquigrafía sobre una base científica, y que Tiro, liberto de Cicerón, había inventado el proceso. También menciona a Séneca como la autoridad más científica y enciclopédica en la materia

inflada, y vistosa pero llena de vacío; y no permite que ignoremos la diferencia entre lo que es grande y lo que no es más que hinchado; es más, nos entrega el conocimiento de toda la naturaleza y de su propia naturaleza. Nos revela qué son los dioses y de qué clase son; cuáles son los dioses inferiores, las deidades domésticas y los espíritus protectores; cuáles son las almas que han sido dotadas de vida duradera y han sido admitidas en la segunda clase de divinidades,[721] dónde está su morada y cuáles son sus actividades, poderes y voluntad.

Tales son los ritos de iniciación de la sabiduría, por medio de los cuales se abre, no un santuario aldeano, sino el vasto templo de todos los dioses - el universo mismo, cuyas verdaderas apariciones y verdaderos aspectos ella ofrece a la mirada de nuestras mentes. Pues la visión de nuestros ojos es demasiado opaca para vistas tan grandiosas. **29.** Luego se remonta a los comienzos de las cosas, a la razón eterna[722] que fue impartida al todo, y a la fuerza que reside en todas las semillas de las cosas, dándoles el poder de modelar cada cosa según su especie. Entonces la sabiduría comienza a indagar sobre el alma, de dónde viene, dónde mora, cuánto tiempo permanece, en cuántas divisiones cae. Finalmente, ha dirigido su atención de lo corpóreo a lo incorpóreo, y ha examinado de cerca la verdad y las marcas por las que se conoce la verdad, preguntando a continuación cómo puede distinguirse lo que es equívoco de la verdad, ya sea en la vida o en el lenguaje; pues en ambos hay elementos de lo falso mezclados con lo verdadero.

30. En mi opinión, el sabio no se ha retirado, como piensa Posidonio, de las artes de las que hablábamos, sino que no las ha retomado nunca.[723] Porque habría juzgado que no valía la

---

[721] Posiblemente los *manes* o los *indigitamenta* de la primitiva religión romana.
[722] Es decir, λόγος.
[723] Séneca, él mismo uno de los observadores científicos más agudos de la historia (véase *Nat. Quaest.*, Epp. LVII., LXXIX., etc.), lleva su

pena descubrir nada que después no juzgara que valía la pena usar siempre. Él no tomaría cosas que tendrían que ser dejadas de lado.

31. "Pero Anacharsis", dice Posidonio, "inventó el torno de alfarero, cuyo giro da forma a los recipientes".[724] Entonces, como el torno de alfarero se menciona en Homero, ¡la gente prefiere creer que los versos de Homero son falsos antes que el relato de Posidonio! Pero yo sostengo que Anacharsis no fue el creador de este torno; y aunque lo fuera, aunque era un sabio cuando lo inventó, no lo inventó *como* "sabio", del mismo modo que hay muchas cosas que los sabios hacen como hombres y no como sabios. Supongamos, por ejemplo, que un sabio es extremadamente veloz; superará a todos los corredores de la carrera por el hecho de ser veloz, no por su sabiduría. Me gustaría mostrar a Posidonio un soplador de vidrio que con su aliento moldea el vidrio en múltiples formas que difícilmente podrían ser moldeadas por la mano más hábil. No, estos descubrimientos se han hecho desde que los hombres hemos dejado de descubrir la sabiduría.

32. Pero Posidonio vuelve a señalar: "Se dice que Demócrito descubrió el arco,[725] cuyo efecto fue que la línea curva de

---

argumento muy lejos en esta carta. Su mensaje es bastante claro; pero la combinación moderna de ciencia natural, psicología y filosofía muestra que Posidonio tenía alguna justificación para sus teorías. Cf. también Lucrecio, v. 1105-7 ss.

[724] A este príncipe escita y amigo de Solón, que visitó Atenas en el siglo VI a.C., también se le atribuye la invención del fuelle y del ancla. Véase, sin embargo, *Ilíada XVIII*. 600 f. ὡς ὅτε τις τροχὸν ἄρμενον ἐν παλάμῃσιν ἑζόμενος κεραμεὺς πειρήσεται, y el comentario de Leaf: "El torno de alfarero era conocido en tiempos pre-micénicos, y era un invento muy antiguo para los poetas épicos más antiguos". Séneca tiene razón.

[725] Séneca (véase la siguiente frase) vuelve a tener razón. El arco era conocido en Caldea y en Egipto antes del año 3000 a.C. Las tumbas griegas en forma de colmena, las puertas etruscas y los primeros

piedras, que se inclinan gradualmente unas hacia otras, está unida por la clave". Me inclino a declarar falsa esta afirmación. Pues debió de haber, antes de Demócrito, puentes y puertas en los que la curvatura no comenzaba hasta más o menos la parte superior. **33.** Parece que se te ha olvidado que este mismo Demócrito descubrió cómo se podía ablandar el marfil, cómo, hirviendo, se podía transformar un guijarro en una esmeralda,[726] - ¡el mismo proceso que se utiliza hoy en día para colorear las piedras que se encuentran susceptibles de este tratamiento! Puede que haya sido un sabio quien descubrió todas estas cosas, pero no las descubrió en virtud de ser un sabio; porque hace muchas cosas que vemos hechas igual de bien, o incluso con más habilidad y destreza, por hombres que carecen por completo de sagacidad.

34. Preguntas, pues, ¿qué ha descubierto el sabio y qué ha sacado a la luz? En primer lugar, está la verdad, y la naturaleza; y a la naturaleza no la ha seguido como los demás animales, con ojos demasiado embotados para percibir lo divino que hay en ella. En segundo lugar, está la ley de la vida, y ha hecho que la vida se ajuste a principios universales; y nos ha enseñado, no sólo a conocer a los dioses, sino a seguirlos, y a acoger los dones del azar precisamente como si fueran mandatos divinos. Nos ha prohibido prestar atención a las falsas opiniones y ha sopesado el valor de cada cosa según un verdadero patrón de apreciación. Ha condenado aquellos placeres con los que se entremezclan los remordimientos, y ha alabado aquellos bienes que siempre satisfacen; y ha difundido la verdad de que es más feliz quien no

---

restos romanos atestiguan su uso inmemorial.

[726] Los antiguos juzgaban las piedras preciosas sólo por su color; su *smaragdus* incluía también malaquita, jade y varios tipos de cuarzo. La exposición al calor altera el color de algunas piedras; y los alquimistas creían que la "piedra angélica" convertía los pedernales comunes en diamantes, rubíes, esmeraldas, etc. Véase G. F. Kunz, *The Magic of Jewels and Charms*, p. 16. También era una antigua superstición que las esmeraldas se producían a partir del jaspe.

tiene necesidad de felicidad, y que es más poderoso quien tiene poder sobre sí mismo.

35. No estoy hablando de esa filosofía que ha colocado al ciudadano fuera de su país y a los dioses fuera del universo, y que ha otorgado la virtud al placer,[727] sino más bien de esa filosofía que no considera nada bueno excepto lo que es honorable, - uno que no puede ser engatusado por los dones ni del hombre ni de la fortuna, uno cuyo valor es que no puede ser comprado por ningún valor. Me niego a creer que esta filosofía existiera en una época tan ruda, cuando las artes y los oficios eran aún desconocidos y cuando las cosas útiles sólo podían aprenderse con el uso.

36. Luego vino el período favorecido por la fortuna, cuando las bondades de la naturaleza estaban abiertas a todos, para el uso indiscriminado de los hombres, antes de que la avaricia y el lujo rompieran los lazos que mantenían unidos a los mortales, y éstos, abandonando su existencia comunitaria, se separaran y se dedicaran al saqueo. Los hombres de la segunda edad no eran sabios, aunque hicieran lo que los sabios debían hacer.[728] **37.** De hecho, no hay otra condición de la raza humana que alguien pudiera considerar más altamente; y si Dios comisionara a un hombre para formar criaturas terrenales y otorgar instituciones a los pueblos, este hombre no aprobaría otro sistema que el que se obtuvo entre los hombres de esa edad, cuando

Ningún labrador labraba la tierra, ni estaba bien

Repartir o ligar los bienes de uno.
Los hombres compartían sus ganancias, y la tierra daba más

---

[727] Es decir, los epicúreos, que se apartaban de la vida civil y consideraban que los dioses no tomaban parte en los asuntos de los hombres.
[728] Es decir, vivir de acuerdo con la naturaleza.

libremente
sus riquezas a sus hijos que no las buscaban.[729]

38. ¿Qué raza de hombres fue jamás más dichosa que aquella? Disfrutaban de toda la naturaleza en sociedad. La naturaleza les bastaba, ahora guardiana, como antes era la progenitora, de todo; y este su don consistía en la posesión asegurada por cada hombre de los recursos comunes. ¿Por qué no llamar a esa raza la más rica entre los mortales, ya que no se podía encontrar una persona pobre entre ellos?

Pero la avaricia irrumpió en una condición tan felizmente ordenada, y, por su afán de desprenderse de algo y convertirlo en su propio uso privado, hizo que todas las cosas fueran propiedad de otros, y se redujo a sí misma de una riqueza ilimitada a una estrecha necesidad. Fue la avaricia la que introdujo la pobreza y, por apetecer mucho, lo perdió todo. **39.** Y así, aunque ahora intente compensar su pérdida, aunque añada una propiedad a otra, desalojando a un vecino ya sea comprándolo o agraviándolo, aunque extienda sus tierras hasta el tamaño de provincias y defina la propiedad como un extenso viaje a través de la propia propiedad, a pesar de todos estos esfuerzos suyos, ninguna ampliación de nuestras fronteras nos devolverá a la condición de la que hemos partido.

Cuando ya no podamos hacer nada más, poseeremos mucho; ¡pero si antes poseíamos el mundo entero! **40.** La misma tierra era más productiva cuando no se labraba, y rendía más que suficiente para los pueblos que se abstenían de despojarse unos a otros. Cualquiera que fuese el don que la naturaleza había producido, los hombres encontraban tanto placer en revelarlo a otro como en haberlo descubierto. Ningún hombre podía superar a otro ni quedar por debajo de él; lo que había, se repartía entre amigos indiscutibles. Todavía no había empezado el más fuerte a poner las manos sobre el más débil; todavía no

---

[729] Verg. *Georg.* i. 125 ss.

había empezado el avaro, ocultando lo que tenía ante sí, a apartar a su prójimo incluso de las necesidades de la vida; cada uno se preocupaba tanto de su prójimo como de sí mismo. 41. La armadura yacía inutilizada, y la mano, sin mancharse de sangre humana, había volcado todo su odio contra las fieras. Los hombres de aquel tiempo, que habían encontrado en algún denso bosquecillo protección contra el sol, y seguridad contra la severidad del invierno o de la lluvia en sus mezquinos escondrijos, pasaban la vida bajo las ramas de los árboles y transcurrían noches tranquilas sin un suspiro. Los cuidados nos atormentan en la púrpura, y nos sacan de la cama con los más agudos azotes; pero ¡qué suave era el sueño que la dura tierra concedía a los hombres de aquel día! 42. No colgaban sobre ellos techos con grecas y paneles, sino que, mientras yacían bajo el cielo abierto, las estrellas se deslizaban silenciosamente sobre ellos, y el firmamento, el noble desfile de la noche, marchaba velozmente, llevando a cabo su poderosa tarea en silencio. Para ellos, tanto de día como de noche, las visiones de esta gloriosa morada eran libres y abiertas. Era su alegría observar las constelaciones cuando se hundían desde el medio del cielo, y otras, de nuevo, cuando se elevaban desde sus moradas ocultas. 43. ¿Qué otra cosa podía ser, sino alegría, vagar entre las maravillas que salpicaban los cielos a lo largo y a lo ancho? Pero ustedes, los de hoy, se estremecen con cada ruido que hacen sus casas, y cuando se sientan entre vuestros frescos, el menor crujido les hace encogeros de terror. No tenían casas tan grandes como las ciudades. El aire, las brisas que soplaban libres a través de los espacios abiertos, la sombra parpadeante de los peñascos o los árboles, los manantiales cristalinos y los arroyos no estropeados por el trabajo del hombre, ya fuera por la tubería de agua[730] o por cualquier confinamiento del canal, sino que corrían a su antojo, y los

---

[730] Cf. Horacio, *Ep.* i. 10. 20 f.:
Purior in vicis aqua tendit rumpere plumbum
¿Quam quae per pronum trepidat cum murmure rivum?

prados hermosos sin el uso del arte, en medio de tales escenas estaban sus rústicas casas, adornadas con mano rústica. Tal morada estaba de acuerdo con la naturaleza; en ella era una alegría vivir, sin temer ni por la morada misma ni por su seguridad. En estos días, sin embargo, nuestras casas constituyen una gran parte de nuestro temor.

44. Pero por excelente e intachable que fuera la vida de los hombres de aquella época, no eran sabios; pues ese título está reservado a los logros más elevados. Aun así, no negaría que eran hombres de espíritu elevado y -puedo usar la frase- recién salidos de los dioses. Pues no cabe duda de que el mundo produjo una progenie mejor antes de que se agotara. Sin embargo, no todos estaban dotados de facultades mentales de la más alta perfección, aunque en todos los casos sus poderes nativos eran más robustos que los nuestros y más aptos para el trabajo. Pues la naturaleza no otorga la virtud; es un arte llegar a ser bueno. **45.** Al menos no buscaban oro en las heces más bajas de la tierra, ni tampoco plata o piedras transparentes; y todavía eran misericordiosos incluso con los animales mudos, ¡tan lejos estaba aquella época de la costumbre de matar al hombre por el hombre, no por ira o por miedo, sino sólo para hacer espectáculo! Todavía no tenían vestidos bordados ni tejían telas de oro; ni siquiera se extraía oro.

46. ¿Cuál es, pues, la conclusión del asunto? Por su ignorancia de las cosas, los hombres de aquellos días eran inocentes; y hay mucha diferencia entre no querer pecar o no saber pecar.[731] Desconocían la justicia, la prudencia, el dominio de sí mismos y la valentía; pero su ruda vida poseía ciertas cualidades afines a todas estas virtudes. La virtud no es concedida a un alma a menos que haya sido entrenada y enseñada, y llevada a la perfección por la práctica incesante. Hemos nacido para alcanzar este don, pero no para poseerlo; e incluso en los

---

[731] Porque la virtud depende de la razón, y sólo los actos voluntarios merecen alabanza o reproche.

mejores hombres, antes de que los refinen mediante la instrucción, no hay más que la materia de la virtud, no la virtud misma. Adiós.

XCI. Sobre la lección que debe extraerse de la quema de Lyon [732]

1. Nuestro amigo Liberalis[733] está abatido, pues acaba de enterarse del incendio que ha arrasado la colonia de Lyon. Semejante calamidad podría trastornar a cualquiera, por no hablar de un hombre que ama entrañablemente a su patria. Pero este incidente le ha servido para interrogarse sobre la fuerza de su propio carácter, que ha entrenado, supongo, sólo para afrontar situaciones que pensaba que podían causarle temor. No me sorprende, sin embargo, que se haya sentido libre de aprensión al tocar un mal tan inesperado y prácticamente inaudito como éste, ya que carece de precedentes. El fuego ha dañado muchas ciudades, pero no ha aniquilado ninguna. Incluso cuando el fuego ha sido arrojado contra las murallas por la mano de un enemigo, la llama se apaga en muchos lugares, y aunque se renueva continuamente, rara vez devora tan completamente como para no dejar nada para la espada. Incluso un terremoto casi nunca ha sido tan violento y destructivo como para derribar ciudades enteras. Finalmente, ninguna conflagración ha ardido antes tan salvajemente en ninguna ciudad que no quedara nada para un segundo. **2.** Tantos edificios hermosos, cualquiera de los cuales haría famosa a una sola ciudad, fueron destruidos en una noche. En tiempos de tan profunda paz ha tenido lugar un acontecimiento peor de lo que los hombres pueden temer incluso en tiempos de guerra. ¿Quién puede creerlo? Cuando las armas descansan en todas partes, y cuando la paz reina en todo el mundo, ¡falta Lyon, orgullo de la Galia!.[734]

---

[732] A pesar del *centesimus annus* del § 14 (q.v.), la fecha más probable de esta carta, basada en Tac. *Ann.* xvi. 13 y otras pruebas generales, es julio-septiembre del 64 d.C. El 58 d.C. sería demasiado pronto por muchas razones, entre ellas que "paz en todo el mundo" no sería una afirmación verdadera hasta enero del 62. (Véase la monografía de Jonas, O. Binder, Peiper y Schultess).

[733] Probablemente Aebutius Liberalis, a quien se dedicó el tratado De Beneficiis.

Por lo general, la fortuna ha permitido a todos los hombres, cuando los ha asaltado colectivamente, tener un presentimiento de lo que estaban destinados a sufrir. A toda gran creación se le ha concedido un período de indulto antes de su caída; pero en este caso, sólo transcurrió una noche entre la ciudad en su apogeo y la ciudad inexistente. En resumen, tardo más en decirte que ha perecido que lo que tardó la ciudad en perecer.

3. Todo esto ha afectado a nuestro amigo Liberalis, doblegando su voluntad, que suele ser tan firme y erguida ante sus propias pruebas. Y no sin razón ha sido sacudido; porque es lo inesperado lo que pone la carga más pesada sobre nosotros. La extrañeza se añade al peso de las calamidades, y todo mortal siente el mayor dolor como resultado de aquello que también trae sorpresa.

4. Por lo tanto, nada debe ser inesperado para nosotros. Nuestras mentes deberían adelantarse para afrontar todos los problemas, y deberíamos considerar, no lo que suele suceder, sino lo que puede suceder. Porque ¿qué hay en la existencia que la fortuna, cuando así lo ha querido, no arrastre desde la misma cima de su prosperidad? ¿Y qué hay que no asalte más violentamente cuanto más brilla? ¿Qué es laborioso o difícil para ella? **5.** No siempre ataca de la misma manera, ni siquiera con toda su fuerza; en un momento dado convoca nuestras propias manos contra nosotros; en otro momento, contenta con sus propios poderes, no hace uso de ningún agente para idear peligros para nosotros. Ningún momento está exento; en medio de nuestros mismos placeres surgen causas de sufrimiento. La guerra surge en medio de la paz, y aquello de lo que

---

[734] Que Lyon, situada en la confluencia del Arar y el Ródano, ocupaba un lugar destacado en la Galia, se deduce también del hecho de que contaba con una ceca gubernamental y el *Ara Augusti*, un santuario establecido para el culto anual de todos los estados galos. Además, el emperador Claudio pronunció su famoso discurso en esta ciudad (véase Tac. *Ann.* xi. 23 y ss.).

dependíamos para protegernos se transforma en causa de temor; el amigo se convierte en enemigo, el aliado en enemigo. La calma del verano se convierte en tormentas repentinas, más salvajes que las tormentas del invierno.[735] Sin enemigo a la vista, somos víctimas de los destinos que los enemigos infligen, y si otras causas de desastre fallan, la buena fortuna excesiva las encuentra por sí misma. Los más templados son asaltados por la enfermedad, los más fuertes por la enfermedad fulminante, los más inocentes por el castigo, los más apartados por la turba ruidosa.

El azar elige alguna nueva arma con la que hacer valer su fuerza contra nosotros, creyendo que la hemos olvidado. **6.** Cualquier estructura que haya sido levantada por una larga secuencia de años, a costa de un gran esfuerzo y a través de la gran bondad de los dioses, es dispersada por un solo día. No, quien ha dicho "un día" ha concedido un aplazamiento demasiado largo a la desgracia que se avecina; ¡una hora, un instante de tiempo, bastan para el derrocamiento de los imperios! Sería un consuelo para la debilidad de nosotros mismos y de nuestras obras, si todas las cosas perecieran tan lentamente como nacen; pero así es, los aumentos son de lento crecimiento, pero el camino a la ruina es rápido. **7.** Nada, ni público ni privado, es estable; los destinos de los hombres, no menos que los de las ciudades, están en un torbellino. En medio de la mayor calma surge el terror, y aunque no hay agentes externos que provoquen la conmoción, los males estallan de las fuentes de donde menos se esperaban. Tronos que han resistido el choque de guerras civiles y extranjeras se derrumban, aunque nadie los hace tambalear. ¡Cuán pocos son los Estados que han llevado su buena fortuna hasta el final!

Por lo tanto, debemos reflexionar sobre todas las contingencias, y fortificar nuestras mentes contra los males que posiblemente

---

[735] Cf. Ep. iv. 7, especialmente las palabras *noli huic tranquillitati confidere; momento mare evertitur*.

puedan sobrevenir. **8.** El destierro, la tortura de la enfermedad, las guerras, el naufragio, - debemos pensar en ellos.[736] El azar puede arrancarte de tu patria o tu patria de ti, o puede desterrarte al desierto; este mismo lugar, donde las multitudes se sofocan, puede convertirse en un desierto. Pongamos ante nuestros ojos en su totalidad la naturaleza de la suerte del hombre, y si no queremos sentirnos abrumados, o incluso aturdidos, por esos males insospechados, como si fueran una novedad, convoquemos de antemano a nuestras mentes, no un mal tan grande como a menudo sucede, sino el mayor mal que posiblemente pueda suceder. Debemos reflexionar sobre la fortuna plena y completamente.

9. ¡Cuántas ciudades de Asia! , ¡cuántas de Acaya, han sido abatidas por un solo temblor de tierra! ¡Cuántas ciudades de Siria, cuántas de Macedonia, han sido devoradas! ¡Cuántas veces este tipo de devastación ha dejado a Chipre[737] en ruinas! ¡Cuántas veces se ha derrumbado Pafos! No pocas veces nos llegan noticias de la destrucción total de ciudades enteras; sin embargo, ¡qué pequeña es la parte del mundo a la que a menudo llegan tales noticias!

Levantémonos, pues, para hacer frente a las operaciones de la fortuna, y pase lo que pase, tengamos la seguridad de que no es tan grande como lo anuncian los rumores. **10.** Una rica ciudad ha sido reducida a cenizas, la joya de las provincias, contada como una de ellas y sin embargo no incluida con ellas;[738] rica

---

[736] El pasaje se parece mucho a las palabras de Teseo en una obra desconocida de Eurípides (Nauck. Frag. 964) citadas por Cicerón, *Tusc.* iii. 14. 29 y por Plutarco, Consolación a Apolonio 112d. 29, y por Plutarco, *Consolación a Apolonio*, 112d.

[737] Séneca (*N. Q.* vi. 26) habla de Pafos (en la isla de Chipre) como si hubiera sido devastada más de una vez. Sabemos de dos accidentes de este tipo: uno bajo Augusto y otro bajo Vespasiano. Véase el mismo pasaje para otras sacudidas sísmicas en diversos lugares.

[738] Lyon ocupaba una posición excepcional en relación con las tres provincias galas; era una ciudad libre, que no pertenecía a ninguna y,

como era, sin embargo estaba asentada sobre una sola colina,[739] y eso que no era muy grande en extensión. Pero de todas esas ciudades, de cuya magnificencia y grandeza oyes hablar hoy, el tiempo borrará las mismas huellas. ¿No ves cómo, en Acaya, los cimientos de las ciudades más famosas ya se han derrumbado hasta desaparecer, de modo que no queda rastro alguno que demuestre que alguna vez existieron?[740] **11.** No sólo lo que ha sido hecho con las manos se tambalea en el suelo, no sólo lo que ha sido establecido en su lugar por el arte del hombre y los esfuerzos del hombre es derribado por el paso de los días; más aún, los picos de las montañas se disuelven, extensiones enteras se han asentado, y los lugares que una vez estuvieron lejos de la vista del mar ahora están cubiertos por las olas. La poderosa fuerza de los incendios ha devorado las colinas a través de cuyas laderas solían brillar, y ha nivelado hasta el suelo picos que una vez fueron altísimos, el solaz del navegante y su faro. Las obras de la naturaleza misma están acosadas; por eso debemos soportar con ánimo tranquilo la destrucción de las ciudades. **12.** No están en pie sino para caer. Puede ser que alguna fuerza interna, y ráfagas de violencia que son tremendas porque su camino está bloqueado, arrojen el peso que las mantiene abajo; o que un torbellino de corrientes furiosas, más poderosas porque están ocultas en el seno de la tierra, rompan lo que resiste su poder; o que la vehemencia de las llamas romperá el armazón de la corteza terrestre; o que el tiempo, del que nada está a salvo, las reducirá poco a poco; o que un clima pestilente ahuyentará a sus habitantes y el moho corroerá sus muros desiertos. Sería tedioso relatar todos los caminos por los que puede venir el destino; pero una cosa sé: todas las obras del hombre mortal han sido condenadas a la mortalidad, y en

---

sin embargo, era su capital, muy parecida a la ciudad de Washington en relación con los Estados Unidos.
[739] Un hecho mencionado simplemente para sugerir Roma con sus siete colinas.
[740] Por ejemplo, Micenas y Tirinto.

medio de las cosas que han sido destinadas a morir, ¡nosotros vivimos!

13. Por lo tanto, son pensamientos como estos, y de este tipo, los que ofrezco como consuelo a nuestro amigo Liberalis, que arde en un amor por su país más allá de lo creíble. Tal vez su destrucción se ha producido sólo para que pueda ser levantado de nuevo a un destino mejor. A menudo, un revés no ha hecho más que dar paso a una fortuna más próspera. Muchas estructuras han caído sólo para elevarse a una altura mayor. Timagenes,[741] que tenía rencor contra Roma y su prosperidad, solía decir que la única razón por la que se entristecía cuando ocurrían conflagraciones en Roma era su conocimiento de que surgirían edificios mejores que los que habían caído en las llamas. **14.** Y probablemente en esta ciudad de Lyon, también, todos sus ciudadanos se esforzarán fervientemente para que todo sea reconstruido mejor en tamaño y seguridad que lo que han perdido. Que se construya para perdurar y, bajo auspicios más felices, para una existencia más larga. De hecho, este es el centésimo año desde que se fundó esta colonia, ni siquiera el límite de la vida de un hombre.[742] Guiada por Plancus, las ventajas naturales de su emplazamiento la han hecho crecer y alcanzar el número de habitantes que tiene hoy en día; y, sin embargo, ¡cuántas calamidades de la mayor gravedad ha soportado en el espacio de la vida de un anciano!

---

[741] Probablemente el escritor y amigo íntimo de Augusto, que comenzó su vida en Roma como cautivo de Egipto. Al caer en desgracia con el emperador, se refugió con el descontento Asinio Polión en Tusculum, y posteriormente murió en Oriente. Cf. Séneca, *De Ira*, iii. 23.

[742] Fue en el año 43 a.C. cuando Planco expulsó a los colonos, en su mayoría ciudadanos romanos expulsados de Viena. Séneca habría sido más exacto si hubiera dicho "ciento octavo (o séptimo)". Buecheler y Schultess corregirían (innecesariamente) para que dijera *centesimus septimus*. Pero Séneca utilizaba números redondos.

15. Por lo tanto, que la mente sea disciplinada para comprender y soportar su propia suerte, y que tenga el conocimiento de que no hay nada a lo que la fortuna no se atreva - que ella tiene la misma jurisdicción sobre los imperios que sobre los emperadores, el mismo poder sobre las ciudades que sobre los ciudadanos que las habitan. No debemos gritar ante ninguna de estas calamidades. En tal mundo hemos entrado, y bajo tales leyes vivimos. Si te gusta, obedece; si no, vete a donde quieras. Grita de cólera si se toman medidas injustas con referencia a ti individualmente; pero si esta ley inevitable es obligatoria tanto para el más alto como para el más bajo, reconcíliate con el destino, por el cual todas las cosas se disuelven. **16.** No debes estimar nuestro valor por nuestros túmulos funerarios o por estos monumentos de tamaño desigual que bordean el camino; ¡sus cenizas nivelan a todos los hombres! Somos desiguales al nacer, pero somos iguales al morir. Lo que digo de las ciudades lo digo también de sus habitantes: Ardea fue capturada al igual que Roma.[743] El gran fundador de la ley humana no ha hecho distinciones entre nosotros sobre la base de un alto linaje o de nombres ilustres, excepto mientras vivimos. Sin embargo, cuando llegamos al fin que aguarda a los mortales, dice: "¡Aparta, ambición! A todas las criaturas que pueblan la tierra aplícales una misma ley[744]". Porque soportando todas las cosas, somos iguales; nadie es más frágil que otro, nadie está más seguro de su propia vida al día siguiente.

---

[743] Ardea, la antigua capital del Lacio, y Roma, la actual capital del imperio. Séneca se refiere probablemente a la captura y destrucción de Ardea por los samnitas en el siglo IV; Roma fue capturada por los celtas en el 390 a.C. La antigua grandeza de Ardea fue celebrada por Virgilioio, *Eneida*, vii. 411 y ss:
et nunc magnum manet Ardea nomen,
Sed fortuna fuit.
[744] Siremps (o sirempse - Plaut. Amph. 73), un antiguo término legal, es derivado por Festus de similis re ipsa; pero Corssen lo explica como de sic rem pse.

17. Alejandro, rey de Macedonia, comenzó a estudiar geometría;[745] ¡Infeliz hombre, porque así aprendería cuán insignificante era aquella tierra de la que se había apoderado sólo de una fracción! Hombre infeliz, repito, porque estaba obligado a comprender que llevaba un título falso. Porque, ¿quién puede ser "grande" en lo que es insignificante? Las lecciones que le estaban enseñando eran intrincadas y sólo podían aprenderse mediante una asidua aplicación; no eran del tipo que puede comprender un loco, que deja que sus pensamientos se extiendan más allá del océano.[746] "Enséñame algo fácil", grita, pero su maestro le responde: "Estas cosas son iguales para todos, tan difíciles para uno como para otro". **18.** Imagina que la naturaleza nos dice: "Esas cosas de las que te quejas son iguales para todos. No puedo dar nada más fácil a ningún hombre, pero quien quiera se facilitará las cosas a sí mismo." ¿De qué manera? Mediante la ecuanimidad. Deben sufrir dolor, y sed, y hambre, y también vejez, si se os concede una estancia más larga entre los hombres; deben enfermar, y deben sufrir la pérdida y la muerte. **19.** Sin embargo, no debes creer a aquellos cuyo ruidoso clamor os rodea; ninguna de estas cosas es un mal, ninguna está más allá de su poder de soportar, ni es gravosa. Sólo por la opinión común hay en ellas algo formidable. Tu temor a la muerte es, pues, como tu temor a los chismes. Pero, ¿qué hay más necio que un hombre temeroso de las palabras? Nuestro amigo Demetrio[747] suele expresarlo ingeniosamente cuando dice: "Para mí, las habladurías de los hombres ignorantes son como los ruidos que salen del vientre". Pues", añade, "¿qué más me da que tales estruendos provengan de arriba o de abajo?". **20.** ¡Qué locura es temer el descrédito en el juicio de los descréditos! De la misma manera que no has

---

[745] Es decir, agrimensura. Véase Ep. lxxxviii. 10.

[746] Es decir, Ὠκεανός, la corriente que rodea la tierra.

[747] Este filósofo de vida sencilla y lenguaje llano aparece también en Epp. xx. 9 y lxii. 3. Séneca se refiere a él como *seminudum, quanto minus quam stramentis incubantem*.

tenido motivo para encogerte de terror ante las habladurías de los hombres, tampoco tienes ahora motivo para encogerte ante estas cosas, que nunca temerías si sus habladurías no te obligaran a temerlas. ¿Acaso hace algún daño a un hombre bueno ser mancillado por chismes injustos? **21.** Pues que este género de cosas tampoco dañe a la muerte en nuestra estimación; también la muerte está en mal olor. Pero ninguno de los que calumnian a la muerte la ha puesto a prueba.

Mientras tanto, es temerario condenar aquello que se ignora. Una cosa, sin embargo, sí sabes: que la muerte es útil para muchos, que libera a muchos de torturas, necesidades, dolencias, sufrimientos y cansancio. No estamos en poder de nada cuando una vez tenemos la muerte en nuestro propio poder. Adiós.

XCII. Sobre la vida feliz [748]

1. Tú y yo estaremos de acuerdo, creo, en que las cosas externas se buscan para la satisfacción del cuerpo, que el cuerpo se cuida por consideración al alma, y que en el alma hay ciertas partes que nos sirven, permitiéndonos movernos y sostener la vida, que nos han sido otorgadas sólo por el bien de nuestra parte primaria.[749] En esta parte primaria hay algo irracional y algo racional. Lo primero obedece a lo segundo, mientras que lo segundo es lo único que no se remite a otro, sino que remite todas las cosas a sí mismo. Pues también la razón divina está puesta en el mando supremo sobre todas las cosas, y ella misma no está sujeta a ninguna; e incluso esta razón que poseemos es la misma, porque deriva de la razón divina. **2.** Ahora bien, si estamos de acuerdo en este punto, es natural que lo estemos también en el siguiente, a saber, que la vida feliz depende de esto y sólo de esto: de que alcancemos la razón perfecta. Porque no es otra cosa sino esto lo que impide que el alma se doblegue, lo que la mantiene firme frente a la fortuna; cualquiera que sea la condición de sus asuntos, mantiene a los hombres imperturbables. Y sólo esto es un bien que nunca está sujeto a menoscabo. Aquel hombre, declaro, es feliz a quien nada hace menos fuerte de lo que es; se mantiene en las alturas, sin apoyarse en nadie más que en sí mismo; porque quien se sostiene por cualquier apoyo puede caer. Si el caso es otro, entonces las cosas que no nos pertenecen comenzarán a tener gran influencia sobre nosotros. Pero,

---

[748] El lector encontrará este tema tratado más extensamente en el *De Vita Beata* de Séneca.

[749] Es decir, el alma. Véase Aristóteles, *Eth.* 1. 13: "Se afirma que el alma tiene dos partes, una irracional y otra que posee razón". Aristóteles subdivide además la parte irracional en (1) la que hace crecer y aumentar, y (2) el deseo (que, sin embargo, obedecerá a la razón). En este pasaje, Séneca utiliza el término "alma" en su sentido más amplio.

¿quién desea que la Fortuna tenga la sartén por el mango, o qué hombre sensato se enorgullece de lo que no es suyo?

3. ¿Qué es la vida feliz? Es la paz de espíritu y la tranquilidad duradera. Esto será tuyo si posees grandeza de alma; será tuyo si posees la firmeza que se aferra resueltamente a un buen juicio recién alcanzado. ¿Cómo alcanza el hombre esta condición? Adquiriendo una visión completa de la verdad, manteniendo, en todo lo que hace, el orden, la medida, la idoneidad y una voluntad inofensiva y bondadosa, que se atiene a la razón y nunca se aparta de ella, que inspira al mismo tiempo amor y admiración. En resumen, para daros el principio en breve compendio, el alma del sabio debe ser tal como sería propia de un dios. **4.** ¿Qué más puede desear quien posee todas las cosas honorables? Porque si las cosas deshonrosas pueden contribuir al mejor estado, entonces existirá la posibilidad de una vida feliz bajo condiciones que no incluyan una vida honorable. Y ¿qué hay más ruin o insensato que relacionar el bien de un alma racional con las cosas irracionales? **5.** Sin embargo, hay ciertos filósofos que sostienen que el Bien Supremo admite aumento porque apenas es completo cuando los dones de la fortuna son adversos.[750] Incluso Antípatro,[751] uno de los grandes líderes de esta escuela, admite que atribuye alguna influencia a lo externo, aunque sólo una influencia muy leve. Sin embargo, ya veis qué absurdo es no contentarse con la luz del día a menos que la aumente un pequeño fuego. ¿Qué importancia puede tener una chispa en medio de esta clara luz del sol? **6.** Si no te contentas sólo con lo que es honorable, debe deducirse que deseas además o bien el tipo de tranquilidad que los griegos llaman "imperturbabilidad", o bien el placer. Pero lo primero puede alcanzarse, en cualquier caso. Porque la mente está libre de perturbaciones cuando es plenamente libre para

---

[750] Ciertos de la escuela peripatética y académica.
[751] Probablemente debido a la crítica de los estoicos por Carneades, que decía que todo lo que es conforme a la naturaleza debe clasificarse entre los bienes.

contemplar el universo, y nada la distrae de la contemplación de la naturaleza. El segundo, el placer, es simplemente el bien del ganado. No hacemos más que añadir[752] lo irracional a lo racional, lo deshonroso a lo honorable. Una sensación física agradable afecta a esta vida nuestra; **7.** ¿por qué, pues, vacilas en decir que todo está bien con un hombre sólo porque todo está bien con su apetito? ¿Y calificas, no diré entre los héroes, sino entre los hombres, a la persona cuyo bien supremo es cuestión de sabores y colores y sonidos? No, que se retire de las filas de ésta, la clase más noble de seres vivos, sólo superada por los dioses; que se rebañe con los brutos mudos, ¡un animal cuyo deleite es el forraje!

8. La parte irracional del alma es doble:[753] una parte es fogosa, ambiciosa, incontrolada; su asiento está en las pasiones; la otra es baja, perezosa y devota al placer. Los filósofos han descuidado la primera, que, aunque desenfrenada, es todavía mejor, y es ciertamente más valerosa y más digna del hombre, y han considerado la segunda, sin nervio e innoble, como indispensable para la vida feliz. **9.** Han ordenado a la razón que sirva a esta última; han hecho del bien supremo del ser viviente más noble un asunto abyecto y mezquino, y también un híbrido monstruoso, compuesto de varios miembros que no armonizan sino mal. Pues como dice nuestro Virgilioio, describiendo a Escila[754]

Arriba, un rostro humano y un pecho de doncella, -

Un pecho bello, - abajo, un monstruo enorme
De bulto y sin forma, con una cola de delfín
Unida a un vientre de lobo.

---

[752] Si llamamos placer a un bien
[753] Cf. § 1 de esta carta. Platón da tres divisiones - el λογιστικόν, el ἐπιθυμητικόν, y el θυμοειδές que obedece al primero o al segundo. Véase su *República*, 440.
[754] *Eneida*, iii. 426 ss.

Y a esta Escila se añaden las formas de animales salvajes, terribles y veloces; ¡pero de qué formas monstruosas han compuesto la sabiduría estos sabios! **10.** El arte primario del hombre es la virtud misma; a ésta se une la carne inútil y fugaz, apta sólo para recibir alimento, como observa Posidonio. Esta virtud divina termina en suciedad, y a las partes superiores, que son adorables y celestiales, se sujeta un animal perezoso y fofo. En cuanto al segundo desiderátum -la tranquilidad-, aunque en sí mismo no sería beneficioso para el alma, la libraría de obstáculos; el placer, por el contrario, la destruye y ablanda todo su vigor. ¿Qué elementos tan inarmónicos como éstos pueden encontrarse unidos? A lo que es más vigoroso se une lo que es más perezoso, a lo que es austero lo que está lejos de ser serio, a lo que es más santo lo que es desenfrenado hasta la impureza. **11.** "¿Qué, entonces", viene la réplica, "si la buena salud, el descanso y la ausencia de dolor no son susceptibles de entorpecer la virtud, no buscarás todo esto?". Por supuesto que los buscaré, pero no porque sean bienes, - los buscaré porque están de acuerdo con la naturaleza y porque se adquirirán mediante el ejercicio del buen juicio por mi parte. ¿Qué habrá, pues, de bueno en ellos? Sólo esto: que es bueno elegirlos. Pues cuando me pongo un atuendo adecuado, o camino como debo, o ceno como debo cenar, no es mi cena, o mi paseo, o mi vestido lo que son bienes, sino la elección deliberada que muestro respecto a ellos, al observar, en cada cosa que hago, un medio conforme a la razón. **12.** Permítaseme añadir también que la elección de un vestido aseado es un objeto adecuado de los esfuerzos de un hombre; porque el hombre es por naturaleza un animal aseado y bien arreglado. Por lo tanto, la elección de un atuendo pulcro, y no el atuendo pulcro en sí mismo, es un bien; ya que el bien no está en la cosa seleccionada, sino en la cualidad de la selección. Nuestras acciones son honorables, pero no las cosas mismas que hacemos. **13.** Y puedes suponer que lo que he dicho sobre el vestido se aplica también al cuerpo. Porque la naturaleza ha rodeado nuestra alma con el cuerpo como con una especie de vestidura; el cuerpo es su manto. Pero, ¿quién ha calculado alguna vez el valor de los vestidos por el armario que los contenía? La vaina no hace que la espada sea buena o mala. Por lo tanto, con respecto al cuerpo te responderé lo mismo: que, si puedo elegir, elegiré la salud y la fuerza, pero que el bien implicado será mi juicio con respecto a estas cosas, y no las cosas en sí mismas.

14. Otra réplica es: "Se admite que el hombre sabio es feliz; sin embargo, no alcanza el bien supremo que hemos definido, a menos que los medios que la naturaleza proporciona para su consecución estén a su alcance. Así, mientras que uno que posee la virtud no puede ser infeliz, sin embargo, uno no puede ser perfectamente feliz si carece de tales dones naturales como la salud, o la solidez de los miembros." **15.** Pero al decir esto, concedes la alternativa que parece más difícil de creer: que el hombre que está en medio de un dolor extremo e incesante no es desdichado, es más, incluso es feliz; y niegas lo que es mucho menos grave: que es completamente feliz. Y, sin embargo, si la virtud puede evitar que un hombre sea desdichado, le será más fácil hacerlo completamente feliz. Porque la diferencia entre la felicidad y la felicidad completa es menor que entre la desdicha y la felicidad. ¿Puede ser posible que algo que es tan poderoso como para arrebatar a un hombre del desastre y colocarlo entre los felices, no pueda también lograr lo que queda y hacerlo supremamente feliz? ¿Falla su fuerza en la cima de la escalada? **16.** Hay en la vida cosas que son ventajosas y desventajosas, - ambas fuera de nuestro control. Si un hombre bueno, a pesar de estar agobiado por toda clase de desventajas, no es desdichado, ¿cómo no va a ser sumamente feliz, aunque carezca de ciertas ventajas? En efecto, así como la carga de sus desventajas no lo lleva a la desdicha, tampoco la falta de ventajas lo aparta de la felicidad suprema; es más, es tan sumamente feliz sin las ventajas como libre de la desdicha, aunque esté bajo la carga de sus desventajas. De lo contrario, si su bien puede ser menoscabado, puede serle arrebatado por completo.

17. Un poco más arriba,[755] comenté que un pequeño fuego no aumenta la luz del sol. Porque, debido a la luminosidad del sol, cualquier luz que brille aparte de la luz del sol es borrada. "Pero", se dirá, "hay ciertos objetos que se interponen incluso a la luz del sol". El sol, sin embargo, no se ve afectado ni siquiera en medio de los obstáculos, y, aunque un objeto se interponga y nos impida verlo, el sol se atiene a su trabajo y sigue su curso. Cuando brilla en medio de las nubes, no es más pequeño, ni menos puntual, que cuando está libre de nubes; ya que hay mucha diferencia si sólo hay algo en el camino de su luz o algo que interfiere con su brillo. **18.** Del mismo modo, los obstáculos no quitan nada a la virtud; no es más pequeña, sino que simplemente brilla con menos fulgor. A nuestros ojos, tal vez sea menos visible y menos luminosa que antes; pero en cuanto a sí misma es la misma y, como el sol cuando se eclipsa, sigue, aunque en secreto, emitiendo su fuerza. Los desastres, por lo tanto, y las pérdidas, y los agravios, sólo tienen el mismo poder sobre la virtud que una nube tiene sobre el sol.

19. Nos encontramos con una persona que sostiene que un hombre sabio que se ha encontrado con la desgracia corporal no es ni desdichado ni feliz. Pero también él está en un error, porque está poniendo los resultados de la casualidad a la par con las virtudes, y está atribuyendo sólo la misma influencia a las cosas que son honorables que a las que están desprovistas de honor. Pero ¡qué hay más detestable y más indigno que poner las cosas despreciables en la misma clase que las cosas dignas de reverencia! Porque la reverencia se debe a la justicia, al deber, a la lealtad, a la valentía y a la prudencia; por el contrario, son despreciables aquellos atributos con los que los hombres más despreciables son a menudo bendecidos en mayor medida, -como una pierna robusta, unos hombros

---

[755] § 5.

fuertes, una buena dentadura y unos músculos sanos y sólidos. **20.** Además, si el hombre sabio cuyo cuerpo es una prueba para él no se considera ni desdichado ni feliz, sino que se le deja en una especie de posición intermedia, su vida tampoco será ni deseable ni indeseable. Pero, ¿qué hay tan necio como para decir que la vida del sabio no es deseable? ¿Y qué está tan fuera de los límites de la credibilidad como la opinión de que cualquier vida no es ni deseable ni indeseable? Además, si los males corporales no hacen desdichado a un hombre, en consecuencia, le permiten ser feliz. Porque las cosas que no tienen el poder de cambiar su condición para peor, tampoco tienen el poder de perturbar esa condición cuando está en su mejor momento.

21. "Pero", dirá alguien, "sabemos lo que es frío y lo que es caliente; una temperatura tibia está en medio. Del mismo modo, A es feliz, y B es desdichado, y C no es ni feliz ni desdichado". Deseo examinar esta figura, que se pone en juego contra nosotros. Si añado al agua tibia una mayor cantidad de agua fría, el resultado será agua fría. Pero si vierto una mayor cantidad de agua caliente, el agua finalmente se convertirá en caliente. En el caso, sin embargo, de tu hombre que no es desgraciado ni feliz, por mucho que yo añada a sus problemas, no será desgraciado, según tu argumento; de ahí que tu figura no ofrezca ninguna analogía. **22.** Supongamos también que te presento a un hombre que no es desgraciado ni feliz. Si añado la ceguera a sus desgracias, no será desgraciado. Si lo dejo inválido, no se vuelve infeliz. Yo añado aflicciones que son incesantes y severas; él no se vuelve infeliz. Por lo tanto, aquel cuya vida no se convierte en miseria por todos estos males, tampoco es arrastrado por ellos de su vida de felicidad. **23.** Entonces, si, como dices, el sabio no puede caer de la felicidad a la desdicha, tampoco puede caer en la no felicidad. Pues ¿cómo, si uno ha comenzado a resbalar, puede detenerse en un lugar determinado? Lo que le impide rodar hasta el fondo, le mantiene en la cima. ¿Por qué, insistes, no es posible que una vida feliz se destruya? Ni siquiera puede ser desarticulada; y por esa razón la virtud es en sí misma suficiente para la vida feliz.[756]

24. "Pero", se dice, "¿no es más feliz el sabio que ha vivido más tiempo y no ha sido distraído por ningún dolor, que el que siempre se ha visto obligado a lidiar con la mala fortuna?". Respóndeme ahora: ¿es mejor o más honorable? Si no lo es, tampoco es más feliz. Para vivir más feliz, debe vivir más rectamente; si no puede hacerlo, tampoco puede vivir más feliz. La virtud no se puede tensar más,[757] y, por tanto, tampoco la vida feliz, que depende de la virtud. Porque la virtud es un bien tan grande que no se ve afectada por asaltos tan insignificantes contra ella como la brevedad de la vida, el dolor y las diversas vejaciones corporales. Pues el placer no merece que la virtud le eche siquiera una ojeada. **25.** Ahora bien, ¿qué es lo principal en la virtud? Es la cualidad de no necesitar ni un solo día más allá del presente, y de no contar los días que son nuestros; en el menor momento de tiempo posible la virtud completa una eternidad de bienes. Estos bienes nos parecen increíbles y trascienden la naturaleza del hombre; pues medimos su grandeza con el rasero de nuestra propia debilidad, y llamamos a nuestros vicios con el nombre de virtud. Además, ¿no parece igualmente increíble que un hombre, en medio de un sufrimiento extremo, diga: "Soy feliz"? Y, sin embargo, esta afirmación se oyó en la misma fábrica del placer, cuando Epicuro dijo:[758] "¡Hoy y otro día han sido los más felices de todos!", aunque en un caso estaba torturado por la estranguria, y en el otro por el dolor incurable de un estómago ulcerado. **26.** ¿Por qué, pues, han de ser increíbles a los ojos de nosotros, que cultivamos la virtud, los bienes que ésta otorga, cuando se encuentran incluso en quienes reconocen al placer como su

---

[756] Contestación a la objeción planteada en el § 14.

[757] Cf. Ep. lxxi. 16 *non intenditur virtus*. La idea estoica de *tensión* puede combinarse aquí con la elevación de una nota a un tono más alto.

[758] Frag. 138 Usener. Cf. Sen. Ep. lxvi. 47.

señora? También éstos, por innobles y viles que sean, declaran que, aun en medio de excesivo dolor y desgracia, el sabio no será ni desdichado ni feliz. Y, sin embargo, esto también es increíble, - no, aún más increíble que el otro caso. Porque no entiendo cómo, si la virtud cae desde lo alto, puede evitar ser arrojada hasta el fondo. O bien debe mantenernos en la felicidad, o bien, si nos expulsa de esta posición, no evitará que seamos infelices. Si la virtud sólo se mantiene firme, no puede ser expulsada del campo; debe vencer o ser vencida.

27. Pero algunos dicen: "Sólo a los dioses inmortales les es dada la virtud y la vida feliz; nosotros no podemos alcanzar sino la sombra, por así decirlo, y la apariencia de tales bienes como los suyos. Nos acercamos a ellos, pero nunca los alcanzamos". La razón, sin embargo, es un atributo común tanto de los dioses como de los hombres; en los dioses está ya perfeccionada, en nosotros es susceptible de ser perfeccionada. **28.** Pero son nuestros vicios los que nos llevan a la desesperación; porque la segunda clase de ser racional, el hombre, es de un orden inferior, - un guardián, por así decirlo, que es demasiado inestable para aferrarse a lo que es mejor, su juicio todavía vacilante e incierto. Puede necesitar las facultades de la vista y del oído, buena salud, un exterior corporal que no sea repugnante y, además, una mayor duración de los días unida a una constitución intacta. **29.** Aunque por medio de la razón puede llevar una vida que no le traiga remordimientos, sin embargo, reside en esta criatura imperfecta, el hombre, un cierto poder que hace la maldad, porque posee una mente que es fácilmente movida a la perversidad. Supongamos, sin embargo, que la maldad que está a la vista, y que ha sido previamente movida a la actividad, sea eliminada; el hombre todavía no es un hombre bueno, pero está siendo moldeado hacia la bondad. Sin embargo, aquel en quien falta cualquier cualidad que contribuya a la bondad, es malo.

30. Pero

Aquel en cuyo cuerpo habita la virtud y el espíritu

E'er presente[759]

es igual a los dioses; consciente de su origen, se esfuerza por volver a él. Ningún hombre hace mal en intentar recuperar las alturas de las que una vez bajó. ¿Y por qué no has de creer que existe algo de divinidad en quien es parte de Dios? Todo este universo que nos abarca es uno, y es Dios; somos asociados de Dios; somos sus miembros. Nuestra alma tiene capacidades, y es llevada allí,[760] si los vicios no la sujetan. Así como la naturaleza de nuestros cuerpos es permanecer erguidos y mirar hacia el cielo, así el alma, que puede extenderse tanto como quiera, fue concebida por la naturaleza con este fin, para que deseara la igualdad con los dioses. Y si hace uso de sus poderes y se estira hacia arriba en su región apropiada, no es por un camino ajeno que lucha hacia las alturas. **31.** Sería una gran tarea viajar hacia el cielo; el alma no hace más que volver allí. Una vez que ha encontrado el camino, marcha audazmente, desdeñando todas las cosas. No echa una mirada retrospectiva a la riqueza; el oro y la plata -cosas que son plenamente dignas de la penumbra en la que una vez yacieron- no los valora por el brillo que hiere los ojos de los ignorantes, sino por el fango de los días antiguos, de donde nuestra codicia los desprendió y desenterró por primera vez.

Afirmo que el alma sabe que las riquezas se guardan en otra parte que en los tesoros amontonados de los hombres; que es el alma, y no la caja fuerte, la que debe llenarse. **32.** Es el alma la que los hombres pueden poner en dominio sobre todas las cosas, y la que pueden instalar como dueña del universo, de modo que pueda limitar sus riquezas sólo por las fronteras de Oriente y Occidente, y, como los dioses, pueda poseer todas las cosas; y que pueda, con sus propios vastos recursos, mirar

---

[759] Virgilio, *Eneida*, v. 363. Virgilio MSS. lee *pectore*.
[760] es decir, a la participación en la existencia divina.

desde lo alto a los ricos, ninguno de los cuales se regocija tanto en su propia riqueza como se resiente de la riqueza de otro. **33.** Cuando el alma se ha transportado a esta elevada altura, considera también al cuerpo, puesto que es una carga que debe soportar, no como una cosa que amar, sino como una cosa que vigilar; ni está supeditada a aquello sobre lo que se ha establecido su dominio. Ningún hombre es libre si es esclavo de su cuerpo. En efecto, omitiendo todos los demás amos que surgen por el excesivo cuidado del cuerpo, el dominio que el cuerpo mismo ejerce es capcioso y fastidioso. **34.** De este cuerpo sale el alma, ora con ánimo imperturbable, ora con exultación, y, una vez que ha salido, no pregunta cuál será el fin de la arcilla desierta. No; así como no nos preocupamos de los recortes del cabello y de la barba, así tampoco esa alma divina, cuando está a punto de salir del hombre mortal, considera el destino de su recipiente terrenal -ya sea consumido por el fuego, o encerrado por una piedra, o enterrado en la tierra, o desgarrado por bestias salvajes- como algo que no le concierne más de lo que le concierne la placenta a un niño que acaba de nacer. Y ya sea que este cuerpo sea arrojado y despedazado por las aves, o devorado cuando

arrojados a los lobos de mar como presa,[761]

¿qué le importa eso a quien no es nada? **35.** No, incluso cuando está entre los vivos, el alma no teme nada de lo que pueda sucederle al cuerpo después de la muerte; pues aunque tales cosas puedan haber sido amenazas, no fueron suficientes para aterrorizar al alma antes del momento de la muerte. Dice: "No me asusta el garfio del verdugo,[762] ni la repugnante mutilación del cadáver que se expone al escarnio de los que presencian el espectáculo. No pido a nadie que me administre la

---

[761] Virgilio, *Eneida*, ix. 485.
[762] Cf. Juvenal, x. 65 *Seianus ducitur unco spectandus*. Los cuerpos de los criminales eran arrastrados por el gancho a través de la ciudad hasta *las Scalae Gemoniae,* por las que eran arrojados.

extremaunción; no confío mis restos a nadie. La naturaleza ha dispuesto que nadie quede insepulto. El tiempo se llevará a quien la crueldad ha desechado". Fueron palabras elocuentes las que pronunció Mecenas:

No quiero tumba, pues la naturaleza me la proporciona

Para enterrar cadáveres de parias.[763]

Se podría imaginar que esto lo decía un hombre de principios estrictos. Era, en efecto, un hombre de nobles y robustas dotes nativas, pero en la prosperidad las menoscabó por su laxitud.[764] Adiós.

Volumen 3
XCIII. Sobre la calidad de la vida en contraste con su duración

1. Mientras leía la carta en la que te lamentabas de la muerte del filósofo Metronax[765] como si hubiera podido, y de hecho

---

[763] Frag. 6 Lunderstedt.

[764] La figura está tomada de la vestimenta romana: la persona "ceñida" (*alte cinctus*), dispuesta a caminar vigorosamente, contrasta con la persona ceñida (*discinctus*), indolente o afeminada. Sobre el carácter de Mecenas véase Epp. cxiv. 4 ss., xix. 9, cxx. 19.

debería, haber vivido más tiempo, eché de menos el espíritu de equidad que abunda en todas tus discusiones sobre los hombres y las cosas, pero que falta cuando abordas un solo tema, como de hecho es el caso de todos nosotros. En otras palabras, he observado a muchos que tratan con justicia a sus semejantes, pero a ninguno que lo haga con los dioses. Nos quejamos todos los días contra el Destino, diciendo: "¿Por qué se ha llevado a A. en medio de su carrera? ¿Por qué no se lleva a B. en su lugar? ¿Por qué ha de prolongar su vejez, que es una carga tanto para él como para los demás?".

2. Pero dime, por favor, ¿consideras más justo que tú obedezcas a la naturaleza, o que la naturaleza te obedezca a ti? ¿Y qué importa cuán pronto te marches de un lugar del que debes partir tarde o temprano? Deberíamos esforzarnos, no por vivir mucho, sino por vivir correctamente;[766] porque para lograr una larga vida sólo necesitas el destino, pero para vivir correctamente necesitas el alma. Una vida es realmente larga si es una vida plena; pero la plenitud no se alcanza hasta que el alma se ha prestado a sí misma su Bien propio,[767] es decir, hasta que ha asumido el control sobre sí misma. **3.** ¿Qué provecho saca este anciano de los ochenta años que ha pasado en la ociosidad? Una persona como él no ha vivido; simplemente se ha demorado un poco en la vida. Tampoco ha muerto tarde en la vida; simplemente ha estado mucho tiempo muriendo. Ha vivido ochenta años, ¿verdad? Eso depende de la fecha a partir de la cual cuentes su muerte. Tu otro amigo,[768] sin embargo, partió en la flor de la edad adulta. **4.** Pero había cumplido todos los deberes de un buen ciudadano, un buen amigo, un buen hijo; en ningún aspecto se había quedado corto. Su edad puede

---

[765] Filósofo de Nápoles, del que se dice que daba conferencias allí: cf. Ep. lxxvi. 4.
[766] Es decir, "adecuadamente", equivalente a ὡς δεῖ.
[767] Para una definición completa del Bien Supremo cf. Ep. lxxi. 4 ss.
[768] Es decir, el Metronax mencionado anteriormente.

haber sido incompleta, pero su vida fue completa. El otro hombre ha vivido ochenta años, ¿verdad? No, ha existido ochenta años, a menos que por "ha vivido" entiendan lo mismo que cuando decimos que un árbol "vive".

Te ruego, querido Lucilio, que procuremos que nuestras vidas, como joyas de gran precio, sean dignas de mención no por su anchura, sino por su peso.[769] Midámoslas por su rendimiento, no por su duración. ¿Quieres saber cuál es la diferencia entre este hombre robusto que, despreciando a la fortuna, ha servido en todas las campañas de la vida y ha alcanzado el bien supremo de la vida, y aquella otra persona por cuya cabeza han pasado muchos años? El primero existe incluso después de su muerte; el segundo ha muerto incluso antes de estar muerto.[770]

5. Por lo tanto, debemos alabar y contar entre los bienaventurados a aquel hombre que ha invertido bien la porción de tiempo, por pequeña que sea, que le ha sido asignada; porque tal hombre ha visto la verdadera luz. No ha sido uno más del rebaño común. No sólo ha vivido, sino que ha florecido. A veces ha disfrutado de cielos despejados; a veces, como sucede a menudo, sólo a través de las nubes le ha llegado el resplandor de la poderosa estrella.[771] ¿Por qué preguntas: "Cuánto tiempo vivió"? Todavía vive. De un salto ha pasado a la posteridad y se ha consignado a la tutela de la memoria.

6. Y, sin embargo, no por eso declinaría para mí algunos años más; aunque, si el espacio de mi vida se acorta, no diré que me ha faltado nada de lo que es esencial para una vida feliz. Porque no he planeado vivir hasta el último día que mis codiciosas esperanzas me habían prometido; es más, he considerado cada día como si fuera el último. ¿Por qué preguntar la fecha de mi nacimiento, o si todavía estoy inscrito en el registro de los

---

[769] Para la misma frase, véase Ep. lxvi. 30 y nota a pie de página.
[770] Cf. Ep. lx. 4 *mortem suam antecesserunt.*
[771] Es decir, el Sol

hombres más jóvenes?[772] Lo que tengo es mío. **7.** Así como uno de pequeña estatura puede ser un hombre perfecto, así una vida de pequeño compás puede ser una vida perfecta. La edad es una de las cosas externas.[773] No me corresponde a mí decidir cuánto tiempo voy a existir, pero sí cuánto tiempo voy a seguir existiendo en mi forma actual. Esto es lo único que tienes derecho a exigirme: que deje de medir una edad ingloriosa como si fuera en la oscuridad, y me dedique a vivir en lugar de dejarme llevar por la vida pasada.

8. ¿Y cuál es, te preguntarás, la plenitud de la vida? Es vivir hasta poseer la sabiduría. Quien ha alcanzado la sabiduría ha llegado, no a la meta más lejana, sino a la más importante. Tal persona puede exultar con valentía y dar gracias a los dioses -sí, y a sí mismo también- y puede considerarse acreedor de la naturaleza por haber vivido. Tendrá derecho a hacerlo, pues le ha devuelto una vida mejor que la que recibió. Ha establecido el modelo de un buen hombre, mostrando la calidad y la grandeza de un buen hombre. Si se hubiera añadido un año más, simplemente habría sido como el pasado.

9. ¿Y hasta cuándo vamos a seguir viviendo? Hemos tenido la dicha de aprender la verdad sobre el universo. Sabemos de qué principios surge la naturaleza; cómo ordena el curso de los cielos; mediante qué cambios sucesivos hace retroceder el año; cómo ha puesto fin a todas las cosas que han existido, y se ha establecido a sí misma como el único fin de su propio ser.[774] Sabemos que las estrellas se mueven por su propio movimiento, y que nada excepto la tierra permanece quieto, mientras que todos los demás cuerpos corren con ininterrumpida rapidez.[775]

---

[772] Como en la *comitia centuriata original*, los hombres de edades comprendidas entre los diecisiete y los cuarenta y seis años
[773] Como la riqueza, la salud, etc.
[774] Es decir, la Naturaleza misma es eterna.
[775] Véase, sin embargo, Séneca, *N. Q.* vii. 2. 3 *sciamus utrum mundus terra stante circumeat an mundo stante terra vertatur*. Para dudas y

Sabemos cómo la luna adelanta al sol; por qué el más lento deja atrás al más veloz; de qué manera recibe su luz, o la pierde de nuevo; qué es lo que produce la noche, y qué es lo que devuelve el día. A ese lugar debes ir para tener una visión más cercana de todas estas cosas. **10.** "Y sin embargo", dice el sabio, "no parto más valerosamente por esta esperanza - porque juzgo que el camino está despejado ante mí hacia mis propios dioses. En verdad me he ganado la admisión a su presencia, y de hecho ya he estado en su compañía; les he enviado mi alma como ellos me habían enviado antes la suya. Pero supongamos que soy aniquilado por completo, y que después de la muerte no queda nada mortal; no tengo menos valor, aunque, cuando parta, mi camino no me lleve a ninguna parte."

"Pero", dices, "no ha vivido tantos años como podría haber vivido". **11.** Hay libros que contienen muy pocas líneas, admirables y útiles a pesar de su tamaño; y también están los *Anales de Tanusius*[776] - ya sabes lo voluminoso que es el libro, y lo que los hombres dicen de él. Este es el caso de la larga vida de ciertas personas, ¡un estado que se asemeja a los Anales *de Tanusius*! **12.** ¿Consideras más afortunado al combatiente que muere el último día de los juegos que al que va a la muerte en medio de los festejos? ¿Crees que alguien es tan estúpidamente codicioso de la vida que prefiere ser degollado en el vestuario que en el anfiteatro? No es por un intervalo más largo que éste que nos precedemos unos a otros. La muerte visita a todos y cada uno; el asesino pronto sigue al asesinado. Es una nimiedad insignificante, después de todo, lo que la gente discute con tanta preocupación. Y de todos modos, ¿qué importa por cuánto tiempo evites aquello de lo que no puedes escapar? Adiós.

---

descubrimientos cf. Arnold, *Roman Stoicism*, pp. 178 y ss.
[776] Véase el índice de nombres propios.

XCIV. Sobre el valor de los consejos[777]

1. Ese departamento de la filosofía que suministra preceptos[778] apropiados al caso individual, en lugar de enmarcarlos para la humanidad en general -que, por ejemplo, aconseja cómo debe comportarse un marido hacia su esposa, o cómo un padre debe educar a sus hijos, o cómo un amo debe gobernar a sus esclavos- este departamento de la filosofía, digo, es aceptado por algunos como la única parte significativa, mientras que los otros departamentos son rechazados sobre la base de que se desvían más allá de la esfera de las necesidades prácticas - ¡como si alguien pudiera dar consejos relativos a una porción de la vida sin haber adquirido primero un conocimiento de la suma de la vida como un todo!

2. Pero Aristo el Estoico, por el contrario, cree que[779] el departamento antes mencionado es de poca importancia - sostiene que no se hunde en la mente, teniendo en ella nada más que preceptos de viejas, y que el mayor beneficio se deriva de los dogmas reales de la filosofía y de la definición del bien supremo. Cuando un hombre ha adquirido una comprensión completa de esta definición y la ha aprendido a fondo, puede enmarcar por sí mismo un precepto que dirija lo que debe hacerse en un caso dado. **3.** Al igual que el estudiante de lanzamiento de jabalina sigue apuntando a un blanco fijo y así entrena la mano para dar dirección al proyectil, y cuando, por la instrucción y la práctica, ha adquirido la habilidad deseada, puede entonces emplearla contra cualquier blanco que desee (habiendo aprendido a golpear no cualquier objeto al azar, sino precisamente el objeto al que ha apuntado), - el que se ha equipado para toda la vida no necesita ser aconsejado acerca de cada elemento por separado, porque ahora está entrenado para

---

[777] Para los términos técnicos de Epp. xciv. y xcv. véase el Apéndice.

[778] Véase Cicerón, *De Off.* i. 3. 7 ss. para una discusión completa de principios y deberes. Como era de esperar, los romanos estaban más interesados en los preceptos prácticos que los griegos.

[779] Frag. 358 von Arnim.

hacer frente a su problema como un todo; pues no sólo sabe cómo debe vivir con su esposa o su hijo, sino cómo debe vivir correctamente. En este conocimiento se incluye también la manera correcta de vivir con la esposa y los hijos.

4. Cleantes sostiene que este departamento de la sabiduría es ciertamente útil, pero que es una cosa débil a menos que se derive de principios generales, es decir, a menos que se base en un conocimiento de los dogmas reales de la filosofía y sus principales encabezamientos. Este tema es, por lo tanto, doble, y conduce a dos líneas separadas de investigación: primero, ¿es útil o inútil? y, segundo, ¿puede por sí misma producir un hombre bueno? - En otras palabras, ¿es superflua o hace superfluos todos los demás departamentos?

5. Quienes defienden la opinión de que este departamento es superfluo argumentan lo siguiente: "Si un objeto que se sostiene delante de los ojos interfiere con la visión, debe ser retirado. Mientras estorbe, es una pérdida de tiempo ofrecer preceptos como éstos: 'Camina así y así; extiende tu mano en esa dirección'. Del mismo modo, cuando algo ciega el alma de un hombre y le impide ver con claridad una línea del deber, de nada sirve aconsejarle: 'Vive así y así con tu padre, así y así con tu mujer'. Porque de nada servirán los preceptos mientras la mente esté nublada por el error; sólo cuando la nube se disipe quedará claro cuál es el deber de cada uno en cada caso. De lo contrario, no harás más que mostrar al enfermo lo que debería hacer si estuviera bien, en lugar de curarle. **6.** Supone que tratas de revelar al pobre el arte de "hacerse el rico"; ¿cómo podrás lograrlo mientras su pobreza permanezca inalterada? Tratas de explicar a un muerto de hambre de qué manera debe actuar como alguien con el estómago bien lleno; el primer requisito, sin embargo, es aliviarle del hambre que le atenaza.

"Lo mismo, os lo aseguro, vale para todas las faltas; las faltas mismas deben ser eliminadas, y no deben darse preceptos que no puedan ser llevados a cabo mientras las faltas permanezcan.

A menos que expulses las falsas opiniones bajo las cuales sufrimos, el avaro nunca recibirá instrucción en cuanto al buen uso de su dinero, ni el cobarde en cuanto a la manera de despreciar el peligro". **7.** Debes hacer saber al avaro que el dinero no es ni un bien ni un mal;[780] muéstrale hombres ricos que son miserables hasta el último grado. Debes hacer saber al cobarde que las cosas que generalmente nos asustan son menos temibles de lo que los rumores las anuncian, ya sea que el objeto del temor sea el sufrimiento o la muerte; que cuando llega la muerte -fijada por ley para que todos la suframos- a menudo es un gran consuelo reflexionar que nunca puede volver; que en medio del sufrimiento la determinación del alma será tan buena como una cura, porque el alma hace más liviana cualquier carga que soporta con obstinado desafío. Recuerda que el dolor tiene esta excelente cualidad: si se prolonga no puede ser severo, y si es severo no puede prolongarse;[781] y que debemos aceptar valientemente cualquier orden que las inevitables leyes del universo nos impongan.

8. "Cuando, por medio de tales doctrinas, hayas hecho que el hombre errante se dé cuenta de su propia condición, cuando haya aprendido que la vida feliz no es la que se ajusta al placer, sino la que se ajusta a la naturaleza, cuando se haya enamorado profundamente de la virtud como único bien del hombre y haya evitado la bajeza como único mal del hombre, y cuando sepa que todas las demás cosas -riqueza, oficio, salud, fuerza, dominio- están en medio y no deben contarse ni entre los bienes ni entre los males, entonces no necesitará un monitor para cada acción, que le diga: 'Camina así y así, come así y así'. Esta es la conducta propia de un hombre y aquella de una mujer; esta de un casado y aquella de un soltero.' **9.** De hecho, las personas que más se esfuerzan en dar tales consejos son

---

[780] Es decir, que es una de las cosas "externas", *mediáticas*, *indiferentes*.

[781] Compárese, entre pasajes similares, Ep. xxiv. 14 *levis es, si ferre possum, brevis es, si ferre non possum*.

incapaces de ponerlos en práctica. Es así como el pedagogo aconseja al niño, y la abuela a su nieto; es el maestro de escuela más irascible el que sostiene que nunca hay que perder los estribos. Vayan a cualquier escuela elemental, y aprenderán que tales pronunciamientos, emanados de filósofos de alto nivel, se encuentran en el libro de lecciones para niños.

10. "¿Ofrecerás, pues, preceptos claros o preceptos dudosos? Los que son claros no necesitan consejero, y los preceptos dudosos no ganan credibilidad; así que dar preceptos es superfluo. En efecto, debes estudiar el problema de esta manera: si aconsejas a alguien sobre un asunto de claridad dudosa y de sentido dudoso, debes completar tus preceptos con pruebas; y si debes recurrir a pruebas, tus medios de prueba son más eficaces y más satisfactorios en sí mismos. **11.** 'Así debes tratar a tu amigo, así a tu conciudadano, así a tu socio'. ¿Y por qué? Porque es justo'. Sin embargo, puedo encontrar todo ese material incluido bajo el título de justicia. Encuentro allí que el juego limpio es deseable en sí mismo, que no nos vemos obligados a él por el miedo ni contratados a tal fin por una paga, y que ningún hombre es justo si se siente atraído por algo en esta virtud que no sea la virtud misma. Después de convencerme de esta opinión y asimilarla a fondo, ¿qué bien puedo obtener de tales preceptos, que sólo enseñan a quien ya está formado? A quien sabe, es superfluo darle preceptos; a quien no sabe, es insuficiente. Pues no sólo se le debe decir qué es lo que se le instruye, sino también por qué. **12.** Repito, ¿son útiles tales preceptos al que tiene ideas correctas sobre el bien y el mal, o al que no las tiene? Este último no recibirá ningún beneficio de ti; porque alguna idea que choca con tu consejo ya ha monopolizado su atención. El que ha tomado una decisión cuidadosa en cuanto a lo que debe buscar y lo que debe evitar, sabe lo que debe hacer, sin una sola palabra tuya. Por lo tanto, todo ese departamento de la filosofía puede ser abolido.

13. "Hay dos razones por las que nos extraviamos: o hay en el alma una cualidad maligna que ha sido provocada por opiniones erróneas, o, aunque no esté poseída por ideas falsas, el alma es propensa a la falsedad y se corrompe rápidamente por alguna apariencia externa que la atrae en la dirección equivocada. Por esta razón, es nuestro deber o bien tratar cuidadosamente la mente enferma y liberarla de las faltas, o bien tomar posesión de la mente cuando aún está desocupada y todavía inclinada a lo que es malo. Ambos resultados pueden ser alcanzados por las principales doctrinas de la filosofía; por lo tanto, el dar tales preceptos es inútil. **14.** Además, si damos preceptos a cada individuo, la tarea es estupenda. Pues una clase de consejos debe darse al financiero, otra al agricultor, otra al hombre de negocios, otra al que cultiva las buenas gracias de la realeza, otra al que buscará la amistad de sus iguales, otra al que cortejará a los de rango inferior. **15.** En el caso del matrimonio, aconsejarás a una persona cómo debe comportarse con una esposa que antes de casarse era una doncella, y a otra cómo debe comportarse con una mujer que antes había estado casada con otro; cómo debe actuar el marido de una mujer rica, u otro hombre con una esposa sin poder. ¿O no crees que hay alguna diferencia entre una mujer estéril y una que tiene hijos, entre una de edad avanzada y una simple muchacha, entre una madre y una madrastra? No podemos incluir todos los tipos, y sin embargo cada tipo requiere un tratamiento separado; pero las leyes de la filosofía son concisas y obligan en todos los casos. **16.** Además, los preceptos de la sabiduría deben ser definidos y seguros: cuando las cosas no pueden ser definidas, están fuera de la esfera de la sabiduría; porque la sabiduría conoce los límites propios de las cosas.

"Debemos, pues, suprimir este departamento de preceptos, porque no puede ofrecer a todos lo que promete sólo a unos pocos; la sabiduría, en cambio, abarca a todos". **17.** Entre la locura de la gente en general y la locura sujeta a tratamiento médico no hay diferencia, salvo que la segunda padece de enfermedad y la primera de falsas opiniones.[782] En un caso, los síntomas de la locura pueden atribuirse a la mala salud; en el otro, a la mala salud de la mente. Si uno le diera preceptos a un loco -cómo debe hablar, cómo debe caminar, cómo debe comportarse en público y en privado-, sería más lunático que la persona a la que aconseja. Lo que realmente es necesario es tratar la bilis negra[783] y eliminar la causa esencial de la locura. Y esto es lo que debe hacerse también en el otro caso, el de la mente enferma. Hay que sacudirse la locura misma; de lo contrario, tus palabras de consejo se desvanecerán en el aire".

18. Esto es lo que dice Aristo; y responderé a sus argumentos uno por uno. En primer lugar, en contra de lo que dice sobre la obligación de quitar lo que tapa el ojo y dificulta la visión. Admito que tal persona no necesita preceptos para ver, sino que necesita tratamiento para curar su vista y deshacerse del estorbo que la incapacita. Pues es la naturaleza la que nos da la vista; y quien elimina los obstáculos devuelve a la naturaleza su función adecuada. Pero la naturaleza no nos enseña nuestro deber en todos los casos. **19.** Además, si se cura la catarata de un hombre, no puede, inmediatamente después de su curación, devolver la vista también a otros hombres; pero cuando nos liberamos del mal podemos liberar también a los demás. No hay necesidad de estímulo, ni siquiera de consejo, para que el ojo sea capaz de distinguir diferentes colores; el blanco y el negro pueden diferenciarse sin necesidad de que otro se lo indique. La mente, en cambio, necesita muchos preceptos para ver lo que debe hacer en la vida; aunque también en el tratamiento de la vista el médico no sólo realiza la cura, sino que además da consejos. **20.** Dice: "No hay razón por la que debas exponer inmediatamente tu débil visión a un peligroso resplandor; comienza con la oscuridad, y luego pasa a la penumbra, y finalmente sé más audaz, acostumbrándote gradualmente a la

---

[782] Para la misma figura, en la misma conexión, véase Ep. lxviii. 8 *in pectore ipso collectio et vomica est*.
[783] Por medio del eléboro, lat. *veratrum*, el catártico favorito de los antiguos.

brillante luz del día. No hay razón para que estudies inmediatamente después de comer; no hay razón para que impongas tareas duras a tus ojos cuando están hinchados e inflamados; evita los vientos y las fuertes ráfagas de aire frío que soplan en tu cara", - y otras sugerencias del mismo tipo, que son tan valiosas como los propios medicamentos. El arte del médico complementa los remedios con consejos.

21. "Pero", viene la respuesta, "el error es la fuente del pecado;[784] los preceptos no eliminan el error, ni desvían nuestras falsas opiniones sobre el tema del Bien y del Mal". Admito que los preceptos por sí solos no son eficaces para derribar las creencias erróneas de la mente; pero no por ello dejan de ser útiles cuando van acompañados también de otras medidas. En primer lugar, refrescan la memoria; en segundo lugar, cuando se ordenan en sus clases apropiadas, los asuntos que se mostraron en una masa desordenada cuando se consideraron en conjunto, pueden considerarse en esto con mayor cuidado. Según la teoría de nuestros oponentes,[785] se podría incluso decir que la consolación y la exhortación son superfluas. Sin embargo, no son superfluas; por lo tanto, tampoco lo es el consejo.

22. "Pero es una locura", replican, "prescribir lo que debe hacer un enfermo, como si estuviera sano, cuando en realidad deberías devolverle la salud; porque sin salud los preceptos no valen nada". Pero, ¿no tienen algo en común los enfermos y los sanos, respecto de lo cual necesitan continuos consejos? Por ejemplo, no aferrarse ávidamente a la comida, y evitar cansarse demasiado. Pobres y ricos tienen ciertos preceptos que les convienen a ambos. **23.** "Cura, pues, su avidez", dice la gente, "y no necesitarás sermonear ni al pobre ni al rico, siempre que en el caso de cada uno de ellos el ansia haya remitido." Pero, ¿no

---

[784] Esto está en armonía con la idea de Sócrates; el pecado es una falta de conocimiento sobre lo que es verdadero y lo que es falso.
[785] Es decir, Aristo y otros.

es una cosa estar libre del ansia de dinero y otra cosa saber utilizar ese dinero? Los avaros no conocen los límites adecuados en materia de dinero, pero incluso los que no son avaros no comprenden su uso. Entonces viene la respuesta: "Elimina el error y tus preceptos serán innecesarios". Eso es erróneo; pues supongamos que se afloja la avaricia, que se limita el lujo, que se refrena la temeridad y que se aguijonea la pereza; aun después de eliminados los vicios, debemos seguir aprendiendo lo que debemos hacer y cómo debemos hacerlo.

24. "Nada", se dice, "se logrará aplicando consejos a las faltas más graves". No; y ni siquiera la medicina puede dominar las enfermedades incurables; sin embargo, se emplea en algunos casos como remedio, en otros como alivio. Ni siquiera el poder de la filosofía universal, aunque convoque todas sus fuerzas al efecto, extirpará del alma lo que ahora es una enfermedad pertinaz y crónica. Pero la Sabiduría, por el mero hecho de no poder curarlo todo, no es incapaz de hacer curas. **25.** La gente dice: "¿De qué sirve señalar lo obvio?". De mucho; porque a veces conocemos los hechos sin prestarles atención. Los consejos no son enseñanzas, sino que atraen la atención y nos despiertan, concentran la memoria y evitan que se pierda. Nos perdemos mucho de lo que se nos pone delante de los ojos. El consejo es, de hecho, una especie de exhortación.[786] La mente a menudo trata de no darse cuenta ni siquiera de lo que está ante nuestros ojos; por lo tanto, debemos forzarla a conocer cosas que son perfectamente conocidas. Se podría repetir aquí el dicho de Calvus sobre Vatinius:[787] "Todos saben que ha habido sobornos, y todos saben que ustedes lo saben." **26.** Sabes que la amistad debe ser escrupulosamente honrada, y sin embargo no

---

[786] *monitio* incluye *consolatio, dissuasio, obiurgatio, laudatio* y *hortatio*. Cf. § 39 de esta carta

[787] Citado también por Quintiliano, vi. 1. 13. Entre los años 58 y 54 a.C. Calvus, amigo del poeta Catulo, procesó en tres famosos discursos a Vatinius, una de las criaturas de César que había obtenido cargos ilegalmente.

la tenéis en honor. Sabes que un hombre hace mal en exigir castidad a su esposa mientras él mismo intriga con las esposas de otros hombres; sabes que, así como tu esposa no debe tener tratos con un amante, tampoco tú mismo debes tenerlos con una amante; y, sin embargo, no actúas en consecuencia. Por lo tanto, debes recordar continuamente estos hechos; porque no deben estar almacenados, sino listos para su uso. Y todo lo que es sano debe ser discutido a menudo y traído a menudo ante la mente, para que no sólo nos sea familiar, sino que también esté a mano. Y recuerda, también, que de esta manera lo que está claro a menudo se vuelve más claro.

27. "Pero si", viene la respuesta, "tus preceptos no son obvios, estarás obligado a añadir pruebas; de ahí que las pruebas, y no los preceptos, sean útiles." Pero, ¿acaso no puede servir la influencia del monitor incluso sin pruebas? Es como las opiniones de un jurista, que valen aunque no se den las razones que las sustentan. Además, los preceptos que se dan tienen un gran peso en sí mismos, tanto si se tejen en el tejido de una canción, como si se condensan en proverbios en prosa, como la famosa *Sabiduría de Catón*[788] "No compres lo que necesitas, sino lo que debes tener. Lo que no necesitas, es caro hasta un cuarto de penique". O esas respuestas oraculares u oraculares, como **28.** "¡Sé ahorrativo con el tiempo!" "¡Conócete a ti mismo!" ¿Necesitas que te expliquen el significado cuando alguien te repite frases como éstas?

Olvidar los problemas es la forma de curarlos.[789]

La fortuna favorece a los valientes, pero al cobarde le frustra su débil corazón.[790]

---

[788] *Catonis Reliq.* p. 79 Iordan.
[789] De Publilius Syrus - Frag. 250 Ribbeck.
[790] Un verso compuesto de Virgilio, *Aen.* x. 284, y un autor desconocido.

Tales máximas no necesitan un defensor especial; van directamente a nuestras emociones, y nos ayudan simplemente porque la naturaleza está ejerciendo su función apropiada. **29.** El alma lleva en sí la semilla de todo lo que es honorable, y esta semilla es estimulada a crecer por el consejo, como una chispa que es avivada por una suave brisa desarrolla su fuego natural. La virtud se despierta con un toque, una sacudida. Además, hay ciertas cosas que, aunque están en la mente, no están listas, pero comienzan a funcionar fácilmente tan pronto como se ponen en palabras. Ciertas cosas yacen dispersas en varios lugares, y es imposible para la mente inexperta ordenarlas. Por lo tanto, debemos unirlas, para que sean más poderosas y más elevadoras para el alma. **30.** O, si los preceptos no sirven para nada, entonces todo método de instrucción debe ser abolido, y debemos contentarnos sólo con la naturaleza.

Los que sostienen este punto de vista[791] no comprenden que un hombre es vivo y despierto de ingenio, otro perezoso y torpe, mientras que ciertamente algunos hombres tienen más inteligencia que otros. La fuerza del ingenio es alimentada y mantenida en crecimiento por los preceptos; añade nuevos puntos de vista a los que son innatos y corrige las ideas depravadas. **31.** "Pero supongamos", replica la gente, "que un hombre no es poseedor de dogmas sólidos, ¿cómo puede ayudarle el consejo cuando está encadenado por dogmas viciosos?". En esto, ciertamente, es liberado; porque su disposición natural no ha sido aplastada, sino ensombrecida y mantenida abajo. De la misma manera se esfuerza por levantarse de nuevo, luchando contra las influencias que hacen el mal; pero cuando gana apoyo y recibe la ayuda de los preceptos, se fortalece, siempre que el problema crónico no haya corrompido o aniquilado al hombre natural. Porque en tal caso, ni siquiera el entrenamiento que proviene de la filosofía, esforzándose con todas sus fuerzas, hará la restauración. ¿Qué

---

[791] Es decir, que aboliría los preceptos.

diferencia, en efecto, - hay entre los dogmas de la filosofía y los preceptos, a no ser ésta - que los primeros son generales y los segundos especiales? Ambos se ocupan del consejo, el uno a través de lo universal, el otro a través de lo particular.

32. Algunos dicen: "Si uno está familiarizado con dogmas rectos y honorables, será superfluo aconsejarle". De ninguna manera; porque esta persona ha aprendido, en efecto, a hacer las cosas que debe hacer; pero no ve con suficiente claridad cuáles son estas cosas. Porque no sólo nuestras emociones nos impiden realizar acciones loables, sino también la falta de práctica para descubrir las exigencias de una situación particular. Nuestras mentes están a menudo bajo buen control, y sin embargo al mismo tiempo son inactivas y no están entrenadas para encontrar el camino del deber, - y el consejo lo hace claro. **33.** De nuevo, está escrito: "Desecha todas las opiniones falsas sobre el bien y el mal, y sustitúyelas por opiniones verdaderas; entonces el consejo no tendrá ninguna función que desempeñar". Indudablemente, el orden en el alma puede establecerse de este modo; pero no son los únicos modos. Aunque podamos deducir por medio de pruebas lo que son el bien y el mal, los preceptos tienen su propia función. La prudencia y la justicia consisten en ciertos deberes; y los deberes se ordenan mediante preceptos. **34.** Además, el juicio sobre el bien y el mal se fortalece por el cumplimiento de nuestros deberes, y los preceptos nos conducen a este fin. Porque ambos están de acuerdo entre sí; ni pueden los preceptos tomar la delantera a menos que los deberes los sigan. Observan su orden natural; de ahí que los preceptos sean claramente lo primero.

35. "Los preceptos", se dice, "son innumerables". Error de nuevo. Pues no son innumerables en lo que se refiere a las cosas importantes y esenciales. Por supuesto que hay ligeras distinciones, debidas al tiempo, o al lugar, o a la persona; pero aun en estos casos, se dan preceptos que tienen una aplicación general. **36.** "Nadie, sin embargo", se dice, "cura la locura por preceptos, y por tanto tampoco la maldad". Hay una distinción; porque si se libra a un hombre de la locura, vuelve a estar cuerdo, pero si hemos eliminado las opiniones falsas, no se sigue de inmediato la perspicacia en la conducta práctica. Aunque así sea, el consejo confirmará la opinión correcta sobre el bien y el mal. Y también es erróneo creer que los preceptos no sirven para nada a los locos. Porque, aunque por sí mismos no sirvan de nada, son una ayuda para la curación.[792] Tanto el regaño como el castigo frenan al lunático. Nótese que aquí me refiero a lunáticos cuyo juicio está perturbado, pero no irremediablemente perdido.

37. "Con todo", se objeta, "las leyes no siempre nos hacen hacer lo que debemos hacer; ¿y qué otra cosa son las leyes sino preceptos mezclados con amenazas?". Ahora bien, en primer lugar, las leyes no persuaden sólo porque amenazan; los preceptos, en cambio, en vez de coaccionar, corrigen a los hombres suplicándoles. Además, las leyes atemorizan para que no se cometa un delito, mientras que los preceptos impulsan al hombre a cumplir con su deber. Además, también las leyes ayudan a la buena conducta, en todo caso si además de mandar instruyen. **38.** En este punto no estoy de acuerdo con Posidonio, quien dice: "No creo que a las *Leyes* de Platón se les deban añadir los preámbulos[793] . Porque una ley debe ser breve, para que los no iniciados puedan comprenderla con mayor facilidad. Debe ser una voz, por así decirlo, enviada desde el cielo; debe ordenar, no discutir. Nada me parece más aburrido ni más tonto que una ley con un preámbulo. Adviérteme, dime lo que quieres que haga; no estoy aprendiendo, sino obedeciendo". Pero las leyes así formuladas son útiles; por eso notarás que un Estado con leyes defectuosas tendrá una moral defectuosa. **39.** "Pero", se dice, "no son útiles en todos los casos". Pues tampoco lo es la

---

[792] Otra respuesta a la objeción del § 17 anterior, donde se sostiene que toda locura es curable mediante tratamiento físico.
[793] Véase, por ejemplo, el Libro V, que se abre con las observaciones preliminares del Forastero ateniense (pp. 726-34 St.).

filosofía; y, sin embargo, la filosofía no es por eso ineficaz e inútil en la formación del alma. Además, ¿no es la filosofía la Ley de la Vida? Concedamos, si queremos, que las leyes no sirven; no se sigue necesariamente que el consejo tampoco deba servir. Sobre esta base, deberías decir que el consuelo no sirve, y la advertencia, y la exhortación, y el regaño, y el elogio; puesto que todas son variedades de consejo. Es por tales métodos que llegamos a una condición perfecta de la mente. **40.** Nada es más eficaz para ejercer influencias honorables sobre la mente, o para enderezar el espíritu vacilante que es propenso al mal, que la asociación con hombres buenos.[794] Porque el verlos y oírlos con frecuencia, poco a poco se hunde en el corazón y adquiere la fuerza de los preceptos.

En efecto, nos elevamos por el mero hecho de conocer a hombres sabios; y uno puede ser ayudado por un gran hombre incluso cuando está en silencio. **41.** No podría decirte fácilmente cómo nos ayuda, aunque estoy seguro del hecho de que he recibido ayuda de esa manera. El Fedón[795] dice: "Ciertos animales diminutos no dejan ningún dolor cuando nos pican; tan sutil es su poder, tan engañoso para hacer daño. La picadura se revela por una hinchazón, e incluso en la hinchazón no hay herida visible." Esa será también tu experiencia al tratar con sabios, no descubrirás cómo ni cuándo te llega el beneficio, pero descubrirás que lo has recibido. **42.** "¿Qué sentido tiene esta observación?", preguntarás. Es que los buenos preceptos, a menudo acogidos en ti, te beneficiarán tanto como los buenos ejemplos. Pitágoras declara que nuestras almas experimentan un cambio cuando entramos en un templo y contemplamos cara a cara las imágenes de los dioses, y esperamos las expresiones de un oráculo. **43.** Por otra parte, ¿quién puede negar que incluso los más inexpertos son efectivamente golpeados por la fuerza de ciertos preceptos? Por ejemplo, por

---

[794] Un pensamiento frecuente en Séneca, cf. Ep. xxv. 6, lii. 8, etc.
[795] Presumiblemente Fedón, amigo de Platón y alumno de Sócrates, autor de diálogos parecidos a los de Platón.

sierras tan breves pero de tanto peso como: "Nada en exceso", "La mente codiciosa no se satisface con ninguna ganancia", "Debes esperar ser tratado por los demás como tú mismo los has tratado".[796] Recibimos una especie de conmoción cuando oímos tales dichos; a nadie se le ocurre dudar de ellos o preguntar "¿Por qué?". Tan fuertemente, en efecto, nos atrae la mera verdad, no acompañada de razón. **44.** Si la reverencia refrena el alma y frena el vicio, ¿por qué no puede hacer lo mismo el consejo? Además, si la represión da vergüenza, ¿por qué el consejo no tiene el mismo poder, aunque se sirva de preceptos desnudos? El consejo que ayuda a la sugestión mediante la razón -que añade el motivo para hacer una cosa determinada y la recompensa que espera a quien cumple y obedece tales preceptos es- más eficaz y se instala más profundamente en el corazón. Si los mandatos son útiles, también lo son los consejos. Pero a uno le ayudan los mandamientos; por lo tanto, también le ayudan los consejos.

45. La virtud se divide en dos partes: la contemplación de la verdad y la conducta. La formación enseña la contemplación, y la amonestación enseña la conducta. Y la recta conducta practica y revela la virtud. Pero si, cuando un hombre está a punto de actuar, es ayudado por el consejo, también es ayudado por la amonestación. Por tanto, si la recta conducta es necesaria para la virtud, y si, además, la amonestación pone de manifiesto la recta conducta, también la amonestación es algo indispensable. **46.** Hay dos fuertes apoyos para el alma - la confianza[797] en la verdad y la confianza; ambos son el resultado de la amonestación. Porque los hombres creen en ella, y cuando se establece la creencia, el alma recibe una gran inspiración y se llena de confianza. Por lo tanto, la amonestación no es superflua.

---

[796] Com. incert., Frag. 81 Ribbeck, y Pub. Syrus, Frag. 2 Ribbeck.
[797] Es decir, la creencia.

Marco Agripa, hombre de gran alma, la única persona entre aquellos a quienes las guerras civiles elevaron a la fama y al poder cuya prosperidad ayudó al Estado, solía decir que estaba muy en deuda con el proverbio "La armonía hace crecer las cosas pequeñas; la falta de armonía hace decaer las grandes."[798]

47. Sostenía que él mismo se había convertido en el mejor de los hermanos y el mejor de los amigos en virtud de este refrán. Y si proverbios de tal clase, cuando son acogidos íntimamente en el alma, pueden moldear esta misma alma, ¿por qué no puede poseer igual influencia el departamento de filosofía que consiste en tales proverbios? La virtud depende en parte de la formación y en parte de la práctica; primero hay que aprender y luego reforzar lo aprendido con la acción. Si esto es cierto, no sólo nos ayudan las doctrinas de la sabiduría, sino también los preceptos, que frenan y destierran nuestras emociones mediante una especie de decreto oficial.

48. Se dice: "La filosofía se divide en conocimiento y estado mental. Para aquel que ha aprendido y comprendido lo que debe hacer y evitar,[799] no es un hombre sabio hasta que su mente se metamorfosea en la forma de aquello que ha aprendido. Este tercer departamento -el de los preceptos- se compone de los otros dos, de los dogmas de la filosofía y del estado mental. De ahí que sea superfluo en lo que concierne al perfeccionamiento de la virtud; las otras dos partes son suficientes para el propósito." **49.** Sobre esta base, por lo tanto, incluso la consolación sería superflua, ya que ésta también es una combinación de las otras dos, como también lo son la exhortación, la persuasión, e incluso la prueba[800] misma. Porque la prueba también se origina en una actitud mental bien ordenada y firme. Pero, aunque estas cosas resultan de un sano

---

[798] De Sallust, *Jugurtha*, x. 6.
[799] Cf. Ep. xciv. 12 *exactum indicium de fugiendis petendisque*.
[800] El último estadio del conocimiento -el asentimiento completo- según la visión estoica, que iba más allá de la mera teoría de la sensación de Epicuro.

estado mental, sin embargo, el sano estado mental también resulta de ellas; es a la vez creador de ellas y resultante de ellas. **50.** Además, lo que mencionas es la marca de un hombre ya perfecto, de alguien que ha alcanzado la cima de la felicidad humana. Pero la aproximación a estas cualidades es lenta, y mientras tanto, en los asuntos prácticos, el camino debe ser señalado en beneficio de uno que todavía está lejos de la perfección, pero está progresando. La sabiduría, por su propia acción, puede tal vez mostrar este camino sin la ayuda de la admonición; porque ella ha llevado al alma a una etapa en la que sólo puede ser impulsada en la dirección correcta. Los caracteres más débiles, sin embargo, necesitan que alguien les preceda, que les diga: "Evita esto" o "Haz aquello". **51.** Además, si uno espera el momento en que pueda saber por sí mismo cuál es la mejor línea de acción, a veces se extraviará y, al extraviarse, se verá impedido de llegar al punto en que es posible estar contento consigo mismo. Por consiguiente, el alma debe ser guiada en el mismo momento en que empieza a ser capaz de guiarse a sí misma.[801] Los niños estudian según la dirección. Sus dedos son sostenidos y guiados por otros para que puedan seguir los contornos de las letras; después, se les ordena imitar una copia y basarse en ella para crear un estilo de caligrafía. Del mismo modo, se ayuda a la mente si se le enseña según una dirección. **52.** Hechos como éstos demuestran que este departamento de la filosofía no es superfluo.

A continuación, se plantea la cuestión de si esta parte basta por sí sola para hacer sabios a los hombres. El problema será tratado a su debido tiempo; pero por el momento, omitiendo todos los argumentos, ¿no está claro que necesitamos a alguien a quien podamos llamar como nuestro preceptor en oposición a los preceptos de los hombres en general? **53.** No hay palabra

---

[801] En toda esta discusión Séneca es un estoico mucho más sólido que Aristo y la oposición. La siguiente carta (Ep. xcv.) desarrolla aún más la función preceptiva de la filosofía - a través de προκοπή (progreso) a μεταβολή (conversión).

que llegue a nuestros oídos sin hacernos daño; nos hieren tanto los buenos deseos como las maldiciones. Las oraciones airadas de nuestros enemigos nos infunden falsos temores; y el afecto de nuestros amigos nos echa a perder por sus deseos bondadosos. Porque este afecto nos hace andar a tientas tras bienes lejanos, inseguros y vacilantes, cuando en realidad podríamos abrir el almacén de la felicidad en casa. **54.** Sostengo que no se nos permite viajar por un camino recto. Nuestros padres y nuestros esclavos nos arrastran al mal. Nadie confina sus errores a sí mismo; la gente esparce la locura entre sus vecinos, y la recibe de ellos a su vez. Por esta razón, en un individuo se encuentran los vicios de las naciones, porque la nación se los ha dado al individuo. Cada hombre, al corromper a otros, se corrompe a sí mismo; imbuye, y luego imparte, maldad el resultado es una vasta masa de maldad, porque lo peor de cada persona separada se concentra en una masa.[802]

55. Deberíamos, por tanto, tener un guardián, por así decirlo, que nos tire continuamente de la oreja y disipe los rumores y proteste contra los entusiasmos populares. Porque te equivocas si supones que nuestros defectos son innatos en nosotros; han venido de fuera, se han amontonado sobre nosotros. Por eso, recibiendo frecuentes amonestaciones, podemos rechazar las opiniones que bullen en torno a nuestros oídos. **56.** La naturaleza no nos alía con ningún vicio; nos produjo en salud y libertad. No puso ante nuestros ojos ningún objeto que pudiera despertar en nosotros la picazón de la codicia. Puso oro y plata bajo nuestros pies, e hizo que esos pies pisotearan y aplastaran todo lo que nos hace ser pisoteados y aplastados. La naturaleza elevó nuestra mirada hacia el cielo y quiso que mirásemos hacia arriba para contemplar sus obras gloriosas y maravillosas. Ella nos dio el sol naciente y el sol poniente, el curso giratorio del mundo en marcha que revela las cosas de la tierra durante el

---

[802] Este tema se desarrolla cuidadosamente en la Ep. vii, "Sobre las multitudes": "No hay persona que no nos haga atractivo algún vicio, o nos lo imprima, o nos manche inconscientemente con él" (§ 2).

día y los cuerpos celestes por la noche, los movimientos de las estrellas, que son lentos si los comparas con el universo, pero muy rápidos si reflexionas sobre el tamaño de las órbitas que describen con velocidad incesante; nos mostró los eclipses sucesivos de sol y de luna, y otros fenómenos, maravillosos porque se producen regularmente o porque, por causas repentinas saltan a la vista - como las estelas nocturnas de fuego, o los destellos en los cielos abiertos no acompañados de golpe o sonido de trueno, o las columnas y haces y los diversos fenómenos de las llamas.[803] **57.** Ella ordenó que todos estos cuerpos procedieran por encima de nuestras cabezas; pero el oro y la plata, con el hierro que, a causa del oro y la plata, nunca trae la paz, los ha escondido, como si fueran cosas peligrosas para confiarlas a nuestra custodia. Somos nosotros mismos los que los hemos arrastrado a la luz del día para poder luchar por ellos; somos nosotros mismos los que, arrancando la tierra suprayacente, hemos desenterrado las causas y los instrumentos de nuestra propia destrucción; somos nosotros mismos los que hemos atribuido nuestras propias fechorías a la fortuna, y no nos avergonzamos de considerar como los objetos más elevados los que antaño yacían en las profundidades de la tierra. **58.** ¿Quieren saber cuán falso es el brillo[804] que ha engañado sus ojos? En realidad, no hay nada más sucio ni más envuelto en tinieblas que estas cosas de la tierra, hundidas y cubiertas durante tanto tiempo en el fango al que pertenecen. Por supuesto que están sucias; han sido sacadas a través de un largo y turbio pozo minero. No hay nada más feo que estos metales durante el proceso de refinamiento y separación del mineral. Además, observen a los mismos obreros que deben manipular y cribar el grado estéril de suciedad, el tipo que viene del fondo; ¡vean lo embadurnados de hollín que están! **59.** Y, sin

---

[803] Estas cuestiones se tratan en profundidad en las *Naturales Quaestiones* de Séneca, una obra casi contemporánea de las Cartas.

[804] Tanto en sentido literal como figurado: el brillo del metal y el resplandor de la falsa idea.

embargo, la materia que manejan ensucia más el alma que el cuerpo, y hay más suciedad en el dueño que en el obrero.

Por lo tanto, es indispensable que seamos amonestados, que tengamos algún defensor de mente recta y que, en medio de todo el alboroto y el estrépito de la falsedad, oigamos una sola voz. Pero, ¿qué voz será ésta? Seguramente una voz que, en medio de todo el tumulto del egoísmo, susurre palabras sanas al oído ensordecido, diciendo: **60.** "No tienes por qué sentir envidia de aquellos a quienes el pueblo llama grandes y afortunados; los aplausos no tienen por qué perturbar tu actitud serena y tu cordura de espíritu; no tienes por qué disgustarte de tu espíritu tranquilo porque veas a un gran hombre, vestido de púrpura, protegido por los conocidos símbolos de la autoridad;[805] no tienes por qué juzgar más feliz al magistrado para quien el camino está despejado que a ti mismo, a quien su oficial empuja del camino. Si quieres ejercer un mando provechoso para ti y no perjudicial para nadie, quita del camino tus propias faltas. **61.** Hay muchos que incendian ciudades, que asaltan guarniciones que han permanecido inexpugnables durante generaciones y seguras durante numerosas edades, que levantan montículos tan altos como las murallas que asedian, que con arietes y máquinas destrozan torres levantadas a una altura portentosa. Hay muchos que pueden enviar sus columnas por delante y presionar destructivamente sobre la retaguardia del enemigo, que pueden alcanzar el Gran Mar[806] chorreando sangre de naciones; pero incluso estos hombres, antes de poder conquistar a su enemigo, fueron conquistados por su propia codicia. Nadie resistió su ataque; pero ellos mismos no pudieron resistir el deseo de poder y el impulso a la crueldad; en el momento en que parecían estar acosando a otros, ellos mismos estaban siendo acosados. **62.** Alejandro fue acosado en la desgracia y

---

[805] es decir, el haz de varas y hachas que llevaban los asistentes de un magistrado romano.

[806] Nombre que suele aplicarse al extremo oriental del Mediterráneo.

enviado a países desconocidos por un loco deseo de asolar el territorio de otros hombres. ¿Crees que estaba en sus cabales el hombre que pudo empezar por devastar Grecia, la tierra donde recibió su educación? ¿Aquel que arrebató a cada nación su más preciado tesoro, ordenando a los espartanos que fueran esclavos y a los atenienses que se callaran? No contento con la ruina de todos los estados que Filipo había conquistado o sobornado para esclavizarlos,[807] derrocó a varias mancomunidades en diversos lugares y llevó sus armas por todo el mundo; su crueldad se cansó, pero nunca cesó, como una bestia salvaje que hace pedazos más de lo que su hambre exige.

63. Ya ha unido muchos reinos en uno solo; ya griegos y persas temen al mismo señor; ya naciones que Darío había dejado libres se someten al yugo:[808] aún pasa más allá del Océano y del Sol, considerando vergonzoso que desvíe su rumbo de victoria de los caminos que Hércules y Baco habían recorrido;[809] amenaza con violencia a la propia naturaleza. No quiere irse, pero no puede quedarse; es como un peso que cae de cabeza y sólo termina su curso cuando se queda inmóvil.

64. No fue la virtud ni la razón lo que persuadió a Gneo Pompeyo a participar en guerras civiles y extranjeras; fue su loco deseo de gloria irreal. Ahora atacaba a España y a la facción de Sertorio;[810] ahora salía para encadenar a los piratas y someter los mares.[811] No eran más que excusas y pretextos para extender su poder. **65.** ¿Qué le llevó a África, al norte, contra Mitrídates, a Armenia y a todos los rincones de Asia?[812]

---

[807] Especialmente Tebas en 335 a.C., que saqueó. Atenas y Esparta fueron tratadas con más consideración.

[808] es decir, los hircanios, y otras tribus atacadas durante y después del 330 a.C.

[809] Heracles, en sus diversas formas, se extiende desde Tiro hasta el océano Atlántico; Dioniso, desde la India hasta Grecia, pasando por Lidia, Tracia y el Mediterráneo oriental.

[810] 76 A.C.

[811] 67 A.C.

Seguramente fue su ilimitado deseo de engrandecerse, pues sólo a sus propios ojos no era lo bastante grande. ¿Y qué impulsó a Cayo César a la ruina combinada de sí mismo y del Estado? El renombre, el egoísmo y el no poner límites a la preeminencia sobre todos los demás hombres. No podía permitir que una sola persona lo superara, aunque el Estado permitía que dos hombres estuvieran a su cabeza. **66.** ¿Crees que Cayo Mario, que una vez fue cónsul[813] (recibió este cargo en una ocasión, y lo robó en todas las demás) cortejó todos sus peligros por la inspiración de la virtud cuando estaba masacrando a los teutones y a los cimbrios, y persiguiendo a Jugurtha por las tierras salvajes de África?[814] Marius comandaba ejércitos, ambición Marius.

67. Cuando hombres como estos[815] perturbaban al mundo, ellos mismos se perturbaban - como ciclones que arremolinan lo que han agarrado, pero que primero son arremolinados ellos mismos y por esta razón pueden precipitarse con toda la fuerza, sin tener control sobre sí mismos; por lo tanto, después de causar tal destrucción a otros, sienten en su propio cuerpo la fuerza ruinosa que les ha permitido causar estragos a muchos. Nunca debes creer que un hombre puede llegar a ser feliz a través de la infelicidad de otro. **68.** Debemos desentrañar todos los casos[816] que se imponen ante nuestros ojos y se atiborran en nuestros oídos; debemos limpiar nuestros corazones, pues están llenos de malas habladurías. La virtud debe ser conducida al lugar que éstas han ocupado, un tipo de virtud que puede desarraigar la falsedad y las doctrinas que contravienen la verdad, o puede separarnos de la multitud, en la que ponemos demasiada confianza, y puede devolvernos a la posesión de

---

[812] A partir de la aprobación de la Ley Maniliana del 66 a.C.
[813] 107 a.C. (también 104, 103, 102, 101, 100 y 86).
[814] 102 y 101 a.C. en Aquae Sextiae y Vercellae; la guerra Jugurthine duró de 109 a 106 a.C.
[815] Es decir, como Pompeyo, César, Mario.
[816] Es decir, como Pompeyo, César, Mario.

opiniones sanas. Pues esto es la sabiduría: un retorno a la naturaleza y un restablecimiento de la condición de la que los errores del hombre nos han expulsado. **69.** Es una gran parte de la salud haber abandonado a los consejeros de la locura y haber huido lejos de una compañía que es mutuamente nefasta.

Para que conozcan la verdad de mi observación, vean cuán diferente es la vida de cada individuo ante el público de la de su yo interior. Una vida tranquila no da por sí misma lecciones de conducta recta; el campo no enseña por sí mismo a vivir con sencillez; no, pero cuando se alejan los testigos y los curiosos, las faltas que maduran en la publicidad y la exhibición se hunden en el fondo. **70.** ¿Quién se pone la túnica púrpura para ostentarla a los ojos de nadie? ¿Quién usa platos de oro cuando cena solo? ¿Quién, cuando se echa a la sombra de algún rústico árbol, exhibe en soledad el esplendor de su lujo? Nadie se pone elegante sólo para su propia mirada, ni siquiera para la admiración de unos pocos amigos o parientes. Más bien despliega sus vicios bien dotados en proporción al tamaño de la muchedumbre admiradora. **71.** Así es: los claqueurs y los testigos son irritantes de todas nuestras locuras. Pueden hacer que dejemos de desear, si tan sólo hacen que dejemos de exhibir. La ambición, el lujo y el capricho necesitan un escenario donde actuar; curarás todos esos males si buscas el retiro.

72. Por lo tanto, si nuestra morada está situada en medio del bullicio de una ciudad, debería haber un consejero cerca de nosotros. Cuando los hombres alaban las grandes rentas, él debería alabar a la persona que puede ser rica con un patrimonio escaso y mide su riqueza por el uso que hace de él. Frente a los que glorifican la influencia y el poder, debería recomendar por propia voluntad un ocio dedicado al estudio, y un alma que ha dejado lo externo y se ha encontrado a sí misma. **73.** Debe señalar a las personas, felices en la estimación popular, que se tambalean en sus envidiadas alturas de poder, que están consternadas y tienen de sí mismas una opinión muy diferente de la que los demás tienen de ellas. Lo que otros consideran elevado, para ellos es un precipicio. De ahí que se asusten y se agiten cada vez que miran hacia abajo por la abrupta pendiente de su grandeza. Porque reflexionan que hay varias maneras de caer y que el punto más alto es el más resbaladizo. **74.** Entonces temen aquello por lo que se esforzaron, y la buena fortuna que les hizo pesados a los ojos de los demás pesa más sobre ellos mismos. Entonces alaban el ocio fácil y la independencia; odian el espejismo y tratan de escapar mientras su fortuna sigue intacta. Entonces, por fin, se les puede ver estudiando filosofía en medio de su miedo, y cazando buenos consejos cuando su fortuna se tuerce. Porque estas dos cosas están, por así decirlo, en polos opuestos: la buena fortuna y el buen sentido; por eso somos más sabios cuando estamos en medio de la adversidad. Es la prosperidad la que quita la sensatez. Adiós.

XCV. Sobre la utilidad de los principios básicos

1. Sigues pidiéndome que te explique sin aplazamientos[817] un tema que una vez señalé que debía aplazarse hasta el momento oportuno, y que te informe por carta si este departamento de la filosofía que los griegos llaman *paraenética*,[818] y nosotros los romanos llamamos "preceptorial", es suficiente para darnos la sabiduría perfecta. Ahora bien, sé que tomarás a bien que me niegue a hacerlo. Pero acepto tu petición de muy buena gana, y me niego a que el dicho común pierda su sentido:

No pidas lo que desearás no tener.

2. Porque a veces buscamos con esfuerzo lo que deberíamos rechazar si se nos ofreciera voluntariamente. Llámese eso inconstancia o llámese mezquindad,[819] - debemos castigar el hábito con la pronta conformidad. Hay muchas cosas que queremos que los hombres piensen que deseamos, pero que en realidad no deseamos. A veces, un conferenciante sube al estrado un enorme trabajo de investigación, escrito con letra diminuta y doblado muy apretadamente; después de leer una gran parte, dice: "Me detendré, si lo desean"; y se levanta un grito: "¡Siga leyendo, siga leyendo!" de los labios de aquellos que están ansiosos de que el orador calle en ese momento. A menudo queremos una cosa y rogamos por otra, sin decir la verdad ni siquiera a los dioses, mientras que éstos, o bien no nos escuchan, o bien se apiadan de nosotros. **3.** Pero yo me vengaré sin piedad y cargaré sobre tus hombros una carta enorme; por tu parte, si la lees con desgana, podrás decir: Por tu parte, si la lees a regañadientes, podrás decir: "Esta carga me la he buscado yo solo", y podrás incluirte entre aquellos

---

[817] Literalmente, pagar dinero en el acto o realizar una tarea sin demora.

[818] Es decir, el departamento de "consejo por preceptos", tratado en la carta anterior desde otro ángulo. El término griego es el más próximo a la subdivisión latina *hortatio*.

[819] Es decir, la pertinacia de un esclavo casero (*verna*).

hombres cuyas esposas demasiado ambiciosas los vuelven frenéticos, o aquellos a quienes las riquezas acosan, ganadas con el sudor extremo de la frente, o aquellos que son torturados con los títulos que han buscado con toda clase de artimañas y trabajos, y todos los demás que son responsables de sus propias desgracias.

4. Pero debo dejar este preámbulo y abordar el problema que nos ocupa. Los hombres dicen: "La vida feliz consiste en una conducta recta; los preceptos le guían a uno a una conducta recta; por lo tanto, los preceptos son suficientes para alcanzar la vida feliz." Pero no siempre nos guían a una conducta recta; esto ocurre sólo cuando la voluntad es receptiva; y a veces se aplican en vano, cuando opiniones erróneas obsesionan el alma. **5.** Además, un hombre puede actuar rectamente sin saber que actúa rectamente. Pues nadie, a menos que esté entrenado desde el principio y dotado de una razón completa, puede desarrollarse hasta alcanzar proporciones perfectas, comprendiendo cuándo debe hacer ciertas cosas, y en qué medida, y en compañía de quién, y cómo, y por qué. Sin esa formación, un hombre no puede esforzarse de todo corazón por lo que es honorable, ni siquiera con firmeza o alegría, sino que siempre estará mirando hacia atrás y vacilando.

6. También se dice: "Si la conducta honorable resulta de los preceptos, entonces los preceptos son ampliamente suficientes para la vida feliz; pero la primera de estas afirmaciones es verdadera; por lo tanto, la segunda también lo es." Responderemos a estas palabras que la conducta honorable es, sin duda, producida por los preceptos, pero no sólo por los preceptos. **7.** "Entonces", viene la réplica, "si las otras artes se contentan con preceptos, también la sabiduría se contentará con ellos; porque la sabiduría misma es un arte de vivir. Y, sin embargo, el piloto se forma mediante preceptos que le indican cómo debe girar la caña del timón, desplegar las velas, aprovechar el viento favorable, virar, sacar el mejor partido de las brisas cambiantes y variables, todo ello de la manera adecuada. Otros artesanos también son instruidos por preceptos; por lo tanto, los preceptos podrán lograr el mismo resultado en el caso de nuestro artesano en el arte de vivir." **8.** Ahora bien, todas estas artes tienen que ver con las herramientas de la vida, pero no con la vida en su totalidad.[820] De ahí que haya mucho que obstruya estas artes desde fuera y las complique, como la esperanza, la codicia, el miedo. Pero a ese arte[821] que profesa enseñar el arte de la vida no se le puede prohibir por ninguna circunstancia que ejerza sus funciones; porque se sacude las complicaciones y atraviesa los obstáculos. ¿Quieres saber en qué se diferencia de las demás artes? En el caso de estas últimas, es más perdonable errar voluntariamente que por accidente; pero en el caso de la sabiduría la peor falta es cometer el pecado voluntariamente. **9.** Quiero decir algo así: Un erudito se sonrojará de vergüenza, no si comete un error gramatical intencionadamente, sino si lo hace sin querer; si un médico no reconoce que su paciente está fallando, es mucho peor practicante que si reconoce el hecho y oculta su conocimiento. Pero en este arte de vivir un error voluntario es el más vergonzoso.

Además, muchas artes, sí y las más liberales de todas, tienen sus doctrinas especiales, y no meros preceptos de consejo - la profesión médica, por ejemplo. Existen las diferentes escuelas de Hipócrates, de Asclepíades, de Themison.[822] **10.** Y además, ningún arte que se ocupe de teorías puede existir sin sus propias doctrinas; los griegos las llaman *dogmas*, mientras que nosotros los romanos podemos usar el término "doctrinas", o "principios", o "principios adoptados",[823] - como los que

---

[820] El argumento aquí es similar al de Ep. lxxxviii. 20 *hae . . artes ad instrumenta vitae plurimum conferunt, tamen ad virtutem non pertinent.*

[821] Es decir, la filosofía.

[822] Hipócrates pertenecía a la Escuela "Clínica"; Asclepíades y su alumno Themison a la "Metódica". Véase el índice de nombres propios.

encontrarás en geometría o astronomía. Pero la filosofía es a la vez teórica y práctica; contempla y al mismo tiempo actúa. Te equivocas si piensas que la filosofía no te ofrece más que ayuda mundana; sus aspiraciones son más elevadas que eso. Ella clama: "Investigo el universo entero, ni me contento, manteniéndome dentro de una morada mortal, con darte consejos favorables o desfavorables. Los grandes asuntos invitan y están muy por encima de ti. En palabras de Lucrecio:[824]

11. A ti te revelaré los caminos del cielo

Y los dioses, extendiendo ante tus ojos
los átomos, de donde nacen todas las cosas,
Aumentadas y fomentadas por el poder creador,
y que llegan a su fin cuando la naturaleza las desecha.

La filosofía, pues, siendo teórica, debe tener sus doctrinas. **12.** ¿Y por qué? Porque ningún hombre puede realizar debidamente acciones rectas si no se le ha confiado la razón, que le permitirá, en todos los casos, cumplir todas las categorías del deber. Estas categorías no puede observarlas a menos que reciba preceptos para cada ocasión, y no sólo para el presente. Los preceptos por sí mismos son débiles y, por así decirlo, carecen de raíz si se asignan a las partes y no al todo. Son las doctrinas las que nos fortalecerán y sostendrán en la paz y la calma, las que abarcarán simultáneamente toda la vida y el universo en su totalidad. Entre las doctrinas y los preceptos filosóficos existe la misma diferencia que entre los elementos y los miembros;[825] los segundos dependen de los primeros, mientras que los primeros son la fuente tanto de los segundos como de todas las cosas.

13. La gente dice: "La sabiduría de antaño sólo aconsejaba lo que se debía hacer y evitar;[826] y, sin embargo, los hombres de

---

[823] "Axiomas" y "postulados".
[824] i. 54 y ss.
[825] Es difícil saber si *elementa* y *membra* significan "letras y cláusulas" o "materia y formas de la materia".

antaño eran mejores hombres con diferencia. Cuando han aparecido los sabios, los sabios se han vuelto raros. Por eso la virtud franca y simple se ha transformado en conocimiento oculto y astuto; se nos enseña cómo debatir, no cómo vivir." **14.** Por supuesto, como dices, la sabiduría antigua, sobre todo en sus comienzos, era tosca; pero también lo eran las demás artes, en las que la destreza se desarrollaba con el progreso. Tampoco en aquellos días había necesidad de curas cuidadosamente planeadas. La maldad aún no había alcanzado un punto tan alto, ni se había dispersado tanto. Los vicios simples podían ser tratados con curas simples; ahora, sin embargo, necesitamos defensas erigidas con mayor cuidado, debido a los poderes más fuertes por los que somos atacados. **15.** En otro tiempo, la medicina consistía en el conocimiento de unos pocos remedios simples, para detener el flujo de sangre o curar heridas; luego, poco a poco, alcanzó su actual estado de complicada variedad. No es de extrañar que en los primeros tiempos la medicina tuviera menos que hacer. Los cuerpos de los hombres estaban todavía sanos y fuertes; su comida era ligera y no estaba estropeada por el arte y el lujo, mientras que cuando empezaron a buscar platos no para quitar, sino para despertar el apetito, e idearon innumerables salsas para despertar su glotonería, -entonces lo que antes era alimento para un hombre hambriento se convirtió en una carga para el estómago lleno. **16.** De ahí la palidez, el temblor de los músculos empapados de vino y una delgadez repugnante, debida más bien a la indigestión que al hambre. De ahí pasos débiles y tambaleantes, y un andar tambaleante como el de la embriaguez. De ahí la hidropesía, extendiéndose bajo toda la piel, y el vientre creciendo hasta formar una panza por el mal hábito de tomar más de lo que puede contener. De ahí la ictericia amarilla, los semblantes descoloridos, y los cuerpos que se pudren interiormente, y los dedos que se hacen nudos cuando las

---

[826] Es decir, antes de la llegada de cualquier filosofía teórica.

articulaciones se agarrotan, y los músculos que se entumecen y sin poder de sentir, y la palpitación del corazón con su latido incesante. **17.** ¿Por qué mencionar los mareos? ¿O hablar de dolor en el ojo y en el oído, picor y dolor[827] en el cerebro febril, y úlceras internas en todo el sistema digestivo? Además de estos, hay innumerables tipos de fiebre, algunos agudos en su malignidad, otros que se arrastran sobre nosotros con un daño sutil, y aún otros que nos abordan con escalofríos y ague severa. **18.** ¿Por qué mencionar las otras innumerables enfermedades, las torturas que resultan de la vida elevada?

Los hombres solían estar libres de tales males, porque aún no habían debilitado su fuerza por la indulgencia, porque tenían control sobre sí mismos y satisfacían sus propias necesidades.[828] Endurecían sus cuerpos mediante el trabajo y la verdadera fatiga, agotándose al correr, cazar o labrar la tierra. Se refrescaban con alimentos que sólo un hombre hambriento podía disfrutar. Por lo tanto, no había necesidad de toda nuestra poderosa parafernalia médica, de tantos instrumentos y pastilleros. Por razones simples disfrutaban de una salud simple; se necesitaban cursos elaborados para producir enfermedades elaboradas. **19.** Fíjate en la cantidad de cosas -todas para pasar por una sola garganta- que el lujo mezcla, después de devastar la tierra y el mar. Tantos platos diferentes deben seguramente estar en desacuerdo; se atornillan con dificultad y se digieren con dificultad, cada uno empujando contra el otro. Y no es de extrañar que las enfermedades que resultan de una alimentación mal combinada sean variables y múltiples; debe haber un desbordamiento cuando se mezclan tantas combinaciones antinaturales. De ahí que haya tantas maneras de enfermar como de vivir. **20.** El ilustre fundador del gremio y profesión de la medicina[829] observó que las mujeres nunca

---

[827] *verminatio*, definida por Festo como *cum corpus quodam minuto motu quasi a vermibus scindatur.*
[828] Para este tipo de reminiscencias del Siglo de Oro, véase Ep. xc. 5 ss. y nota.

perdían el cabello ni sufrían de dolor en los pies; y, sin embargo, hoy en día les falta el cabello y están aquejadas de gota. Esto no significa que el físico de la mujer haya cambiado, sino que ha sido conquistado; al rivalizar con las indulgencias masculinas también han rivalizado con los males de los que son herederos los hombres. **21.** No son menos dadas a vomitar por los estómagos distendidos y a descargar así de nuevo todo su vino; ni van a la zaga de los hombres en roer hielo, como alivio de sus digestiones febriles. E incluso igualan a los hombres en sus pasiones, aunque fueron creadas para sentir amor pasivamente (¡que los dioses y diosas las confundan!). Idean las variedades más imposibles de la impudicia, y en compañía de los hombres hacen el papel de hombres. ¡Qué maravilla, pues, que podamos hacer tropezar la declaración del más grande y hábil médico, cuando tantas mujeres son gotosas y calvas! A causa de sus vicios, las mujeres han dejado de merecer los privilegios de su sexo; han renunciado a su naturaleza femenina y, por lo tanto, están condenadas a sufrir las enfermedades de los hombres.

22. Los médicos de antaño no sabían nada de prescribir alimentos frecuentes ni de reforzar el pulso débil con vino; no comprendían la práctica de las sangrías ni de aliviar las dolencias crónicas con baños de sudor; no entendían cómo, vendando tobillos y brazos, recuperar en las partes externas la fuerza oculta que se había refugiado en el centro. No estaban obligados a buscar muchas variedades de alivio, porque las variedades de sufrimiento eran muy pocas en número. **23.** Sin embargo, hoy en día, ¡hasta qué punto han avanzado los males de la mala salud! Es el interés que pagamos por los placeres que hemos codiciado más allá de lo razonable y justo. No hay que asombrarse de que las enfermedades sean incontables: ¡cuenten los cocineros! Todos los intereses intelectuales están en suspenso; los que siguen la cultura dan conferencias en salas vacías, en lugares apartados. Los salones del profesor y del

---

[829] Hipócrates.

filósofo están desiertos; ¡pero qué gentío hay en los cafés! ¡Cuántos jóvenes asedian las cocinas de sus glotones amigos! **24.** No mencionaré las tropas de muchachos sin suerte que deben soportar otros tratos vergonzosos una vez terminado el banquete. No mencionaré las tropas de catamitas, clasificados según la nación y el color, que deben tener todos la misma piel tersa, y la misma cantidad de plumón juvenil en las mejillas, y la misma forma de peinarse, para que ningún muchacho con mechones lacios pueda meterse entre los de cabezas rizadas. Tampoco mencionaré la mezcla de panaderos y el número de camareros que a una señal determinada se apresuran a llevar los platos. ¡Dioses! ¡Cuántos hombres se mantienen ocupados para alimentar una sola barriga! **25.** ¿Qué? ¿Te imaginas que esas setas, el veneno del epicúreo, no producen malos resultados en secreto,[830] aunque no hayan tenido un efecto inmediato? ¿Qué? ¿Crees que su nieve de verano no endurece el tejido del hígado? ¿Qué? ¿Supones que esas ostras, un alimento perezoso engordado con limo, no le pesan a uno con una pesadez engendrada por el barro? ¿Qué? ¿No crees que la llamada "Salsa de las Provincias",[831] el costoso extracto de pescado venenoso, quema el estómago con su putrefacción salada? ¿Qué? ¿Juzgas que los platos corrompidos que un hombre traga casi ardiendo del fuego de la cocina, se apagan en el aparato digestivo sin hacer daño? ¡Qué repulsivos y malsanos son sus eructos, y qué disgustados se sienten los hombres consigo mismos cuando exhalan los humos del libertinaje de ayer! Puedes estar seguro de que su comida no se digiere, sino que se pudre.

26. Recuerdo que una vez oí chismes sobre un famoso plato en el que se había amontonado todo aquello sobre lo que a los epicúreos les gusta perder el tiempo; había dos clases de mejillones y ostras cortadas por la línea donde son comestibles,

---

[830] Las setas, como en el caso del emperador Claudio, eran una ayuda frecuente para el asesinato secreto.
[831] La mejor variedad de *garum se* obtenía de la caballa española.

y a intervalos había erizos de mar; el conjunto estaba flanqueado por salmonetes cortados y servidos sin espinas. **27.** En estos días nos avergonzamos de las comidas separadas; la gente mezcla muchos sabores en uno solo. La mesa hace el trabajo que debería hacer el estómago. ¡Lo próximo que espero es que la comida se sirva masticada! Y ¡qué poco nos alejamos ya de ella cuando recogemos cáscaras y huesos y el cocinero realiza el oficio de los dientes!

Dicen: "Es demasiada molestia tomar nuestros lujos uno a uno; hagamos que todo se sirva al mismo tiempo y se mezcle en un mismo sabor. ¿Por qué debería servirme un solo plato? Que vengan muchos a la vez a la mesa; que se combinen y confundan los manjares de varios platos". **28.** Aquellos que solían declarar que esto se hacía por ostentación y notoriedad, deberían comprender que no se hace por ostentación, sino que es una oblación a nuestro sentido del deber. Comamos a la vez, empapados en la misma salsa, los platos que habitualmente se sirven por separado. Que no haya diferencias: que las ostras, los erizos, los mariscos y los salmonetes se mezclen y se cocinen en el mismo plato". Ningún alimento vomitado podría estar más revuelto. **29.** Y como la comida misma es complicada, así las enfermedades resultantes son complejas, inexplicables, múltiples, abigarradas; la medicina ha comenzado a hacer campaña contra ellas de muchas maneras y con muchas reglas de tratamiento.

Ahora les declaro que la misma afirmación se aplica a la filosofía. Antes era más simple porque los pecados de los hombres eran de menor escala, y podían curarse con muy poca molestia; sin embargo, frente a todo este alboroto moral, los hombres no deben dejar ningún remedio sin probar. Y ¡ojalá que esta plaga fuera por fin vencida! **30.** Estamos locos, no sólo individualmente, sino a nivel nacional. Controlamos el homicidio y los asesinatos aislados; pero ¿qué decir de la guerra y del tan cacareado crimen de masacrar pueblos enteros? No hay límites para nuestra codicia, ni para nuestra crueldad. Y mientras tales crímenes se cometan a hurtadillas y por individuos, son menos dañinos y menos portentosos; pero las crueldades se practican de acuerdo con las leyes del senado y de la asamblea popular, y se pide al público que haga lo que está prohibido al individuo. **31.** Hechos que serían castigados con la pérdida de la vida cuando se cometen en secreto, son alabados por nosotros porque generales uniformados los han llevado a cabo. El hombre, naturalmente la clase más gentil de ser, no se avergüenza de deleitarse con la sangre de otros, de hacer la guerra, y de confiar el hacer la guerra a sus hijos, cuando incluso las bestias mudas y las bestias salvajes mantienen la paz entre sí. **32.** Contra esta locura dominante y generalizada, la filosofía se ha convertido en una cuestión de mayor esfuerzo, y ha cobrado fuerza en proporción a la fuerza que ganan las fuerzas opositoras.

Solía ser fácil regañar a los hombres que eran esclavos de la bebida y que buscaban alimentos más lujosos; no se requería un gran esfuerzo para devolver el espíritu a la sencillez de la que se había apartado sólo ligeramente. Pero ahora

33. Se necesita la mano rápida, la maestría.[832]

Los hombres buscan el placer en cualquier fuente. Ningún vicio permanece dentro de sus límites; el lujo se precipita en la codicia. Nos abruma el olvido de lo que es honorable. Nada que tenga un valor atractivo, es vil. El hombre, objeto de reverencia a los ojos del hombre, es ahora masacrado por broma y deporte; y aquellos a quienes solía ser impío entrenar con el propósito de infligir y soportar heridas, son arrojados expuestos e indefensos; y es un espectáculo satisfactorio ver a un hombre hecho cadáver.

34. En medio de esta condición alterada de la moral, se necesita algo más fuerte que lo usual, - algo que sacuda estos males crónicos; para desarraigar una creencia profundamente

---

[832] Virgilio, Aen. viii. 442.

arraigada en ideas erróneas, la conducta debe ser regulada por doctrinas. Sólo cuando añadimos a éstas preceptos, consuelo y estímulo, pueden prevalecer; por sí solas son ineficaces. **35.** Si queremos mantener firmemente atados a los hombres y arrancarlos de los males que los atenazan, deben aprender lo que es malo y lo que es bueno. Deben saber que todo, excepto la virtud, cambia de nombre y se convierte ahora en bueno y ahora en malo. Así como el primer lazo de unión del soldado es su juramento de lealtad y su amor por la bandera, y el horror a la deserción, y así como, después de esta etapa, se le pueden exigir fácilmente otros deberes, y se le pueden otorgar confianzas una vez que el juramento[833] ha sido administrado; lo mismo sucede con aquellos a quienes quieres llevar a la vida feliz: los primeros cimientos deben ser puestos, y la virtud debe ser trabajada en estos hombres. Que se sientan atraídos por una especie de culto supersticioso a la virtud; que la amen; que deseen vivir con ella y se nieguen a vivir sin ella.

36. "¿Pero qué, entonces", dice la gente, "no han ganado ciertas personas su camino a la excelencia sin un entrenamiento complicado? ¿No han hecho grandes progresos obedeciendo sólo a preceptos desnudos?".[834] Muy cierto; pero sus temperamentos eran propicios, y arrebataron la salvación como por el camino. Porque así como los dioses inmortales no aprendieron la virtud, habiendo nacido con la virtud completa y conteniendo en su naturaleza la esencia de la bondad, así también ciertos hombres están dotados de cualidades inusuales y alcanzan sin un largo aprendizaje lo que ordinariamente es materia de enseñanza, acogiendo las cosas honorables tan pronto como las oyen. De ahí vienen las mentes selectas que se apoderan rápidamente de la virtud, o bien la producen desde dentro de sí mismas. En cambio, al hombre torpe y perezoso, al que sus malos hábitos le impiden avanzar, hay que frotarle

---

[833] Cf. Ep. xxxvii. 1 *uri, vinciri, ferroque necari* y nota.
[834] Es decir, no reforzados por dogmas generales.

incesantemente esta herrumbre del alma. **37.** Ahora bien, así como los primeros, que se inclinan hacia el bien, pueden ser elevados a las alturas más rápidamente, así los espíritus más débiles serán ayudados y liberados de sus malas opiniones si les confiamos los principios aceptados de la filosofía; y puedes comprender cuán esenciales son estos principios de la siguiente manera. Ciertas cosas se hunden en nosotros, volviéndonos perezosos en algunas cosas y precipitados en otras. Estas dos cualidades, la una de imprudencia y la otra de pereza, no pueden ser respectivamente controladas o despertadas a menos que eliminemos sus causas, que son la admiración equivocada y el miedo equivocado. Mientras estemos obsesionados por tales sentimientos, pueden decirnos: "Debes este deber a tu padre, este a tus hijos, este a tus amigos, este a tus invitados"; pero la codicia siempre nos frenará, por más que lo intentemos. Un hombre puede saber que debe luchar por su país, pero el miedo le disuadirá. Un hombre puede saber que debe sudar hasta la última gota de energía en nombre de sus amigos, pero el lujo se lo prohibirá. Un hombre puede saber que tener una amante es la peor clase de insulto a su esposa, pero la lujuria lo llevará en la dirección opuesta. **38.** De nada servirá, pues, dar preceptos si antes no se suprimen las condiciones que pueden estorbarlos; no servirá más que poner armas a tu lado y acercarte al enemigo sin tener las manos libres para usar esas armas. El alma, para ocuparse de los preceptos que le ofrecemos, debe primero ser liberada. **39.** Supongamos que un hombre actúa como debe; no podrá mantenerlo de manera continua o consecuente, puesto que no conocerá la razón de actuar así. Parte de su conducta resultará correcta debido a la suerte o a la práctica; pero no tendrá en su mano ninguna regla por la que pueda regular sus actos, y en la que pueda confiar para que le diga si lo que ha hecho es correcto. Quien es bueno por mera casualidad no dará promesa de conservar tal carácter para siempre. **40.** Además, los preceptos quizá te ayuden a hacer lo que se debe hacer; pero no te ayudarán a hacerlo del modo debido; y si no te ayudan a este fin, no te conducen a la virtud. Te concedo que, si se le advierte, el hombre hará lo que debe; pero eso no basta, ya que el mérito no está en el hecho en sí, sino en el modo de hacerlo. **41.** ¿Qué hay más vergonzoso que una comida costosa que consume los ingresos incluso de un caballero? ¿O qué tan digno de la condena del censor[835] como estar siempre complaciéndose a uno mismo y a su "hombre interior",[836] si se me permite hablar como lo hacen los glotones? Y, sin embargo, ¡a menudo una cena inaugural le ha costado al hombre más cuidadoso un millón de dólares! La misma suma que se califica de vergonzosa si se gasta en el apetito, es irreprochable si se gasta con fines oficiales. Porque no es lujo, sino un gasto sancionado por la costumbre.

42. Un salmonete de tamaño monstruoso fue presentado al emperador Tiberio. Dicen que pesaba cuatro libras y media (¿y por qué no hacer cosquillas al paladar de ciertos epicúreos mencionando su peso?). Tiberio ordenó enviarlo a la pescadería y ponerlo a la venta: "Me sorprenderá, amigos míos, si Apicio[837] o P. Octavio[838] no compran ese salmonete". La suposición se cumplió más allá de sus expectativas: los dos hombres pujaron, y Octavio ganó, adquiriendo así una gran reputación entre sus íntimos por haber comprado por cinco mil sestercios un pescado que el Emperador había vendido, y que ni siquiera Apicio consiguió comprar. Pagar semejante precio fue vergonzoso para Octavio, pero no para el individuo que compró el pez para regalárselo a Tiberio, -aunque me inclinaría a culpar también a este último-; pero en cualquier caso admiró un regalo del que consideraba digno al César.

---

[835] La *nota* era la marca de deshonra que el censor registraba cuando tachaba el nombre de un hombre de la lista de senadores o caballeros.
[836] El *genio* era propiamente el alter ego o "mejor yo" de un hombre: cada hombre tenía su *genio*. Para el uso coloquial, compárese el "*indulge genio*" de los poetas romanos.
[837] Véase el índice de nombres propios.
[838] Véase el índice de nombres propios.

Cuando la gente se sienta junto a la cama de sus amigos enfermos, honramos sus motivos. **43.** Pero cuando la gente hace esto con el propósito de obtener un legado,[839] son como buitres esperando carroña. Un mismo acto puede ser vergonzoso u honorable: la finalidad y el modo marcan la diferencia. Ahora bien, cada uno de nuestros actos será honorable si declaramos lealtad al honor y juzgamos que el honor y sus resultados son el único bien que puede corresponder al hombre; pues las demás cosas sólo son buenas temporalmente. **44.** Pienso, pues, que debe estar profundamente implantada una creencia firme que se aplique a la vida en su conjunto: es lo que yo llamo una "doctrina". Y según sea esta creencia, así serán nuestros actos y nuestros pensamientos. Según sean nuestros actos y nuestros pensamientos, así será nuestra vida. No basta, cuando un hombre está arreglando su existencia como un todo, darle consejos sobre los detalles. **45.** Marco Bruto, en el libro que ha titulado *Sobre el deber*,[840] da muchos preceptos a padres, hijos y hermanos; pero nadie cumplirá su deber como debe, a menos que tenga algún principio al que pueda referir su conducta. Debemos poner ante nuestros ojos la meta del Bien Supremo, hacia la cual podemos esforzarnos, y a la cual todos nuestros actos y palabras pueden tener referencia - así como los marineros deben guiar su curso de acuerdo a una estrella determinada. **46.** La vida sin ideales es errática: tan pronto como se quiere establecer un ideal, comienzan a ser necesarias las doctrinas. Estoy seguro de que admitirán que no hay nada más vergonzoso que una conducta incierta y vacilante, que el hábito de una retirada timorata. Esta será nuestra experiencia en todos los casos, a menos que eliminemos lo que frena el espíritu y lo obstruye, y le impide hacer un intento y tratar con todas sus fuerzas.

---

[839] Un vicio frecuente bajo el Imperio, apodado *captatio*.

[840] Περὶ καθήκοντος, - un tema tratado por Panaetius, y por Cicero (*De Officiis*).

47. Se suelen dar preceptos sobre cómo se debe adorar a los dioses. Pero prohibamos que se enciendan lámparas en sábado, ya que los dioses no necesitan luz, ni los hombres se complacen en el hollín. Prohibamos que los hombres ofrezcan el saludo matutino y que se agolpen a las puertas de los templos; las ambiciones mortales se sienten atraídas por tales ceremonias, pero a Dios lo adoran quienes lo conocen de verdad. Prohibamos llevar toallas y rascadores de carne a Júpiter, y ofrecer espejos a Juno;[841] pues Dios no busca siervos. Por supuesto que no; él mismo hace servicio a la humanidad, en todas partes y a todos los que está a mano para ayudar. **48.** Aunque un hombre oiga qué límite debe observar en el sacrificio, y hasta dónde debe retroceder de supersticiones gravosas, nunca progresará lo suficiente hasta que haya concebido una idea correcta de Dios, - considerándolo como uno que posee todas las cosas, y reparte todas las cosas, y las otorga sin precio. **49.** ¿Y qué razón tienen los dioses para hacer obras de bondad? Es su naturaleza. Quien piense que no están dispuestos a hacer daño, se equivoca; *no pueden* hacer daño. Ellos no pueden recibir o infligir daño; porque hacer daño está en la misma categoría que sufrir daño. La naturaleza universal, todo gloriosa y todo bella, ha hecho incapaces de infligir mal a aquellos a quienes ha alejado del peligro de enfermar.

50. La primera forma de adorar a los dioses es creer en ellos; la siguiente, reconocer su majestad, reconocer su bondad sin la cual no hay majestad. También, saber que son comandantes supremos en el universo, que controlan todas las cosas con su poder y que actúan como guardianes de la raza humana, aunque a veces no tengan en cuenta al individuo. No dan ni tienen el mal, pero castigan y restringen a ciertas personas e imponen castigos, y a veces castigan concediendo lo que parece bueno exteriormente. ¿Quieres ganarte a los dioses? Entonces

---

[841] es decir, los rasgos significativos del atletismo y el adorno para hombres y mujeres, respectivamente.

sé un buen hombre. Quien los imita, los está adorando suficientemente. **51.** Luego viene el segundo problema: cómo tratar a los hombres. ¿Cuál es nuestro propósito? ¿Qué preceptos les ofrecemos? ¿Debemos pedirles que se abstengan de derramar sangre? **52.** ¡Qué poca cosa es no dañar a quien se debe ayudar! En verdad es digno de gran alabanza cuando el hombre trata al hombre con bondad. ¿Aconsejaremos tender la mano al marinero náufrago, o señalar el camino al vagabundo, o compartir un mendrugo con el hambriento? Sí, si pudiera deciros primero todo lo que se debe dar o negar; mientras tanto, puedo establecer para la humanidad una regla, en breve compás, para nuestros deberes en las relaciones humanas: **52.** todo lo que contemplas, lo que comprende tanto a dios como al hombre, es uno: somos las partes de un gran cuerpo. La naturaleza nos produjo relacionados unos con otros, puesto que nos creó de la misma fuente y con el mismo fin. Ella engendró en nosotros el afecto mutuo, y nos hizo propensos a la amistad. Ella estableció la equidad y la justicia; según su dictamen, es más miserable cometer que sufrir injuria. Por sus órdenes, que nuestras manos estén listas para todo lo que necesite ser ayudado. **53.** Que este versículo esté en tu corazón y en tus labios:

Soy un hombre; y nada en la suerte del hombre

Me parecen extrañas.[842]

Poseamos las cosas en común; pues el nacimiento es nuestro en común. Nuestras relaciones mutuas son como un arco de piedra, que se derrumbaría si las piedras no se sostuvieran mutuamente, y que se sostiene de esta misma manera.

54. A continuación, después de considerar a los dioses y a los hombres, veamos cómo debemos hacer uso de las cosas. Es inútil que hayamos pronunciado preceptos, si no empezamos por reflexionar qué opinión debemos tener de cada cosa: de la

---

[842] Terencio, *Heautontimorumenos*, 77.

pobreza, de la riqueza, de la fama, de la desgracia, de la ciudadanía, del destierro. Desterremos el rumor y fijemos un valor a cada cosa, preguntando qué es y no cómo se llama.

55. Pasemos ahora a considerar las virtudes. Algunas personas nos aconsejarán que valoremos mucho la prudencia, que apreciemos la valentía y que nos apeguemos más, si es posible, a la justicia que a todas las demás cualidades. Pero esto no nos servirá de nada si no sabemos qué es la virtud, si es simple o compuesta, si es una o más de una, si sus partes están separadas o entrelazadas unas con otras; si quien posee una virtud posee también las otras virtudes; y cuáles son las distinciones entre ellas. **56.** El carpintero no necesita indagar sobre su arte a la luz de su origen o de su función, como tampoco una pantomima necesita indagar sobre el arte de la danza; si estas artes se comprenden a sí mismas, nada les falta, pues no se refieren a la vida en su conjunto. Pero la virtud significa el conocimiento de otras cosas además de ella misma: si queremos aprender la virtud debemos aprender todo sobre la virtud. **57.** La conducta no será recta si no lo es la voluntad de obrar; pues ésta es la fuente de la conducta. Tampoco puede ser recta la voluntad sin una recta actitud mental, pues ésta es la fuente de la voluntad. Más aún, tal actitud mental no se encontrará ni siquiera en el mejor de los hombres, a menos que haya aprendido las leyes de la vida como un todo y haya elaborado un juicio correcto acerca de todo, y a menos que haya reducido los hechos a un estándar de verdad. La paz mental sólo la disfrutan aquellos que han alcanzado una norma de juicio fija e inmutable; el resto de la humanidad fluctúa continuamente en sus decisiones, flotando en una condición en la que alternativamente rechazan las cosas y las buscan. **58.** ¿Y cuál es la razón de este vaivén? Porque no tienen nada claro, porque se sirven de un criterio muy inseguro: el rumor. Si deseas siempre las mismas cosas,[843] debes desear la verdad.

---

[843] Cf. Ep. xciv. 12 y nota.

Pero no se puede alcanzar la verdad sin doctrinas; porque las doctrinas abarcan toda la vida. Lo bueno y lo malo, lo honorable y lo deshonroso, lo justo y lo injusto, lo que se debe y lo que no se debe, las virtudes y su práctica, la posesión de comodidades, el valor y el respeto, la salud, la fuerza, la belleza, la agudeza de los sentidos, todas estas cualidades requieren de alguien que sea capaz de valorarlas. **59.** Porque a veces uno se engaña y cree que ciertas cosas valen más de lo que realmente valen; de hecho, uno se engaña tanto, que se dará cuenta de que debería valorar en un mero penique aquellas cosas que los hombres consideramos que valen más que todo, por ejemplo, las riquezas, la influencia y el poder.

Nunca comprenderas esto a menos que hayas investigado la norma real por la que se califican relativamente tales condiciones. Como las hojas no pueden florecer por sus propios esfuerzos, sino que necesitan una rama a la que aferrarse y de la que extraer savia, así tus preceptos, cuando se toman solos, se marchitan; deben ser injertados en una escuela de filosofía. **60.** Además, los que eliminan las doctrinas no comprenden que éstas se prueban con los mismos argumentos con que parecen refutarlas. Pues ¿qué dicen estos hombres? Están diciendo que los preceptos son suficientes para desarrollar la vida, y que las doctrinas de la sabiduría (en otras palabras, los dogmas) son superfluas. Y, sin embargo, esta misma afirmación suya es una doctrina, como si yo dijera ahora que hay que prescindir de los preceptos porque son superfluos, que hay que servirse de las doctrinas y que nuestros estudios deben dirigirse únicamente a este fin; así, por mi misma afirmación de que los preceptos no deben tomarse en serio, estaría pronunciando un precepto. **61.** Hay en filosofía ciertas cosas que necesitan amonestación; hay otras que necesitan pruebas, y muchas pruebas, porque son complicadas y apenas pueden aclararse con el mayor cuidado y la mayor habilidad dialéctica. Si las pruebas son necesarias, también lo son las doctrinas; porque las doctrinas deducen la verdad mediante el razonamiento. Algunas cosas son claras y otras vagas: las que pueden abarcar los sentidos y la memoria son claras; las que están fuera de su alcance son vagas.

Pero la razón no se satisface con los hechos evidentes; su función más elevada y noble es ocuparse de las cosas ocultas. Las cosas ocultas necesitan prueba; la prueba no puede venir sin doctrinas; por lo tanto, las doctrinas son necesarias. **62.** Lo que conduce a un acuerdo general, y asimismo perfecto,[844] es una creencia segura en ciertos hechos; pero si, faltando esta seguridad, todas las cosas están a la deriva en nuestras mentes, entonces las doctrinas son indispensables; porque dan a nuestras mentes los medios de una decisión inquebrantable. **63.** Además, cuando aconsejamos a un hombre que considere a sus amigos tan altamente como a sí mismo, que reflexione que un enemigo puede llegar a ser un amigo,[845] para estimular el amor en el amigo y frenar el odio en el enemigo, añadimos: "Esto es justo y honorable." Ahora bien, el elemento justo y honorable de nuestras doctrinas está comprendido por la razón; de ahí que la razón sea necesaria; pues sin ella las doctrinas tampoco pueden existir. **64.** Pero unamos ambas cosas. Porque, en efecto, las ramas son inútiles sin sus raíces, y las raíces mismas se fortalecen por los crecimientos que han producido. Todo el mundo puede comprender la utilidad de las manos; es evidente que nos ayudan. Pero el corazón, la fuente del crecimiento, la fuerza y el movimiento de las manos, está oculto. Y lo mismo puedo decir de los preceptos: son manifiestos, mientras que las doctrinas de la sabiduría están ocultas. Y como sólo los iniciados[846] conocen la parte más sagrada de los ritos, así en filosofía las

---

[844] Es decir, progresar de una φαντασία en general a una φαντασία καταληπτική.

[845] Séneca ignora característicamente la mitad unplesant del proverbio: φιλεῖν ὡς μισήσων καὶ μισεῖν ὡς φιλήσων.

[846] por ejemplo, en los misterios de Eleusis, etc.

verdades ocultas sólo se revelan a los que son miembros y han sido admitidos en los ritos sagrados. Pero los preceptos y otros asuntos semejantes son familiares incluso a los no iniciados.

65. Posidonio sostiene que no sólo es necesario dar preceptos (nada me impide usar esta palabra), sino también persuadir, consolar y alentar. A esto añade la *investigación de las causas* (pero no veo por qué no debería atreverme a llamarla *etiología*, ya que los eruditos que montan guardia sobre la lengua latina utilizan el término como si tuvieran derecho a hacerlo). Señala que también será útil ilustrar cada virtud particular; esta ciencia Posidonio la llama *etología*, mientras que otros la llaman *caracterización*.[847] Da los signos y marcas que pertenecen a cada virtud y vicio, para que por ellos se pueda distinguir entre cosas semejantes. **66.** Su función es la misma que la del precepto. Pues el que pronuncia preceptos dice: "Si quieres tener dominio de ti mismo, actúa así y así". El que ilustra, dice: "El hombre que actúa así y así, y se abstiene de ciertas otras cosas, posee autodominio." Si preguntas cuál es la diferencia, te diré que uno da los preceptos de la virtud, el otro su encarnación. Estas ilustraciones, o, por emplear un término comercial, estas *muestras*, tienen, lo confieso, cierta utilidad; basta ponerlas para exhibición bien recomendada, y encontrarán hombres que las copien. **67.** ¿Considerarías, por ejemplo, que es una cosa útil tener pruebas que os permitan reconocer un caballo de pura sangre, y no ser engañados en su compra o perder su tiempo con un animal de baja raza?[848] Pero, ¡cuánto más útil es conocer los rasgos de un alma extraordinariamente fina, rasgos que uno puede apropiarse de otro!

---

[847] Para estos términos, véase Spengel, *Rhet. Graec.* passim. Quintiliano i. 9. 3 dice *ethologia personis continetur*; y Cicerón, *De Orat.* iii. 205, en una lista de figuras con las que el orador debe estar familiarizado, incluye *characterismos*, o *descriptio*.

[848] Para la misma figura, aplicada de forma similar, véase Ep. lxxx. 9 y nota.

68. Inmediatamente el potro de la alta raza condujo, amamantado en los pastos,

Marcha con paso enérgico, y pisa con movimiento delicado;
Primero en el camino peligroso y en el río amenazador,
Confiando en sí mismo en el puente desconocido, sin miedo a sus crujidos,

Cuello en alto en el aire, y la cabeza clara, y un vientre
Spare, la espalda redondeada, y el pecho abundante en coraje y músculo.
Él, cuando se oye a lo lejos el ruido de las armas,
salta de su sitio, agudiza el oído y, temblando, derrama
el fuego contenido en sus fosas nasales.[849]

69. La descripción de Virgilio, aunque se refiera a otra cosa, podría ser perfectamente el retrato de un hombre valiente; en cualquier caso, yo mismo no elegiría otro símil para un héroe. Si tuviera que describir a Catón, que no se inmutó en medio del fragor de la guerra civil, que fue el primero en atacar a los ejércitos que ya se dirigían a los Alpes, que se lanzó de frente al conflicto civil, éste es exactamente el tipo de expresión y actitud que le daría. **70.** Seguramente nadie podría "marchar con paso más brioso" que aquel que se levantó contra César y Pompeyo al mismo tiempo y, cuando unos apoyaban al partido de César y otros al de Pompeyo, lanzó un desafío a ambos líderes,[850] mostrando así que la república también tenía algunos partidarios. Porque no basta con decir de Catón "sin miedo a sus chirridos". ¡Claro que no tiene miedo! No se acobarda ante ruidos reales e inminentes; frente a diez legiones, auxiliares galos y una variopinta hueste de ciudadanos y extranjeros,

---

[849] Virgilio, *Georg.* iii. 75 ss.

[850] Por ejemplo, Catón se opuso desde el principio a cualquier asunción de poder ilegal, objetando el consulado de Pompeyo y Craso en el 55 a.C., y la conducta de César en todo momento. Su desaprobación de ambos simultáneamente se insinúa en *Catón el Joven* de Plutarco, liv. 4.

pronuncia palabras cargadas de libertad, animando a la República a no fracasar en la lucha por la libertad, sino a probar todos los riesgos; declara que es más honroso caer en la servidumbre que alinearse con ella. **71.** ¡Qué fuerza y energía! ¡Qué confianza muestra en medio del pánico general! Sabe que es el único cuya posición no se cuestiona, y que los hombres no preguntan si Catón es libre, sino si sigue estando *entre* los libres. De ahí su desprecio por el peligro y la espada. Qué placer, es decir, en admiración por la firmeza inquebrantable de un héroe que no se tambaleó cuando todo el estado estaba en ruinas:

¡Un pecho rebosante de valor y músculo!

72. Será útil no sólo exponer cuál es la cualidad habitual de los hombres buenos, y esbozar sus figuras y rasgos, sino también relatar y exponer qué hombres ha habido de este tipo. Podríamos imaginar aquella última y valerosa herida de Catón, por la que expiró la Libertad; o al sabio Laelio y su armoniosa vida con su amigo Escipión; o las nobles hazañas del anciano Catón en casa y en el extranjero; o los divanes de madera de Túbero, extendidos en un banquete público, pieles de cabra en lugar de tapices, y vasijas de barro dispuestas para el banquete ante el mismo santuario de Júpiter. ¿Qué otra cosa era esto sino consagrar la pobreza en el Capitolio? Aunque no conozco ningún otro hecho suyo por el que se le pueda clasificar con los Catos, ¿no es éste suficiente? Fue una censura, no un banquete.[851] **73.** ¡Qué lamentable es que los que codician la gloria no comprendan qué es la gloria, ni de qué manera debe buscarse! Aquel día, el pueblo romano contempló el mobiliario de muchos hombres; ¡sólo se maravilló del de uno! El oro y la plata de todos los demás se ha roto y fundido veces sin número; pero la loza de Tubero perdurará por toda la eternidad. Adiós.

---

[851] El término latino apenas puede reproducirse, aunque "no regateaba sino que regulaba" se le acerca. El acto de Tubero fue el de un verdadero *censor morum*.

XCVI. Sobre cómo afrontar las dificultades.

1. A pesar de todo, ¿aún te lamentas y te quejas, sin comprender que, en todos los males a los que te refieres, en realidad sólo hay uno: el hecho *de que* te lamentas y te quejas? Si me preguntas, creo que para un *hombre* no hay miseria a menos que haya algo en el universo que él considere miserable. No me soportaré a mí mismo el día en que encuentre algo insoportable.

Estoy enfermo, pero eso forma parte de mi suerte. Mis esclavos han enfermado, mis ingresos se han esfumado, mi casa está desvencijada, me han asaltado pérdidas, accidentes, trabajo y miedo; esto es algo común. No, eso era quedarse corto; era algo inevitable. **2.** Tales asuntos vienen por orden, y no por accidente. Si me crees, son mis emociones más íntimas las que te estoy revelando ahora: cuando todo parece ir duro y cuesta arriba, me he entrenado no sólo para obedecer a Dios, sino para estar de acuerdo con Sus decisiones. Le sigo porque mi alma lo desea, y no porque deba hacerlo.[852] Nunca me sucederá nada que reciba con mal humor o con cara irónica. Pagaré todos mis impuestos de buena gana. Ahora bien, todas las cosas que nos hacen gemir o retroceder son parte del impuesto de la vida, cosas, mi querido Lucilio, de las que nunca deberías esperar ni tratar de escapar.

3. Era la enfermedad de la vejiga lo que te hacía temer; te llegaban cartas abatidas; empeorabas continuamente; tocaré la verdad más de cerca, y diré que temías por tu vida. Pero vamos, ¿no sabías, cuando rezabas por una larga vida, que eso era lo que rezabas? Una larga vida incluye todos estos problemas, como un largo viaje incluye el polvo y el barro y la lluvia. **4.** "Pero", clamas, "yo deseaba vivir, y al mismo tiempo ser inmune a todos los males". Un grito tan femenino no hace honor a un hombre. Considera en qué actitud recibirás esta oración mía (la

---

[852] Cf. las palabras *ducunt volentem fata, nolentem trahunt* de Ep. cvii. 11.

ofrezco no sólo con un espíritu bueno, sino noble): "¡Que dioses y diosas por igual prohíban que la Fortuna os mantenga en el lujo!". **5.** Pregúntate voluntariamente qué elegirías si algún dios te diera a elegir: la vida en un café o la vida en un campamento.

Y, sin embargo, la vida, Lucilio, es realmente una batalla. Por esta razón, aquellos que son zarandeados en el mar, que avanzan cuesta arriba y cuesta abajo por peñascos y alturas penosas, que emprenden campañas que entrañan el mayor peligro, son héroes y luchadores de primera fila; pero las personas que viven en el lujo podrido y la facilidad mientras otros trabajan, son meras tórtolas a salvo sólo porque los hombres las desprecian. Adiós.

XCVII. Sobre la degeneración de la época

1. Te equivocas, mi querido Lucilio, si piensas que el lujo, el descuido de las buenas costumbres y otros vicios de los que cada hombre acusa a la época en que vive, son especialmente característicos de nuestra propia época; no, son los vicios de la humanidad y no de las épocas. Ninguna época de la historia ha estado libre de culpa. Es más, si una vez empiezas a tener en cuenta las irregularidades pertenecientes a cualquier época en particular, encontrarás -para vergüenza del hombre sea dicho- que el pecado nunca acechó más abiertamente que en la misma presencia de Catón. **2.** ¿Alguien creería que el dinero cambió de manos en el juicio cuando Clodio fue acusado de adulterio secreto con la esposa del César, cuando violó[853] el ritual de ese sacrificio que se dice que se ofrece en nombre del pueblo cuando todos los varones son tan rigurosamente retirados fuera del recinto, que incluso las imágenes de todas las criaturas masculinas están cubiertas? Y, sin embargo, se daba dinero al jurado y, más bajo aún que semejante trato, se exigían delitos sexuales a las mujeres casadas y a los jóvenes nobles como una especie de contribución adicional.[854] **3.** La acusación implicaba menos pecado que la absolución; pues el acusado de adulterio repartía los adulterios, y no estaba seguro de su propia seguridad hasta que había convertido al jurado en criminales como él. Todo esto se hizo en el juicio en el que Catón testificó, aunque esa fue su única parte en el mismo.

Citaré las palabras reales de Cicerón,[855] porque los hechos son tan malos que no se pueden creer: **4.** "Hizo asignaciones, promesas, súplicas y regalos. Y más que esto (¡cielos misericordiosos, qué estado de abandono!) a varios del jurado, para redondear su recompensa, incluso les concedió el disfrute de ciertas mujeres y encuentros con jóvenes nobles." **5.** Es

---

[853] Para el mejor relato de este escándalo, véase Plutarco, *César*, ix. f.

[854] De *stilla* "una gota". La frase equivale a nuestra proverbial "gota que colma el vaso".

[855] *Epp. ad Atticum*, i. 16.

superfluo escandalizarse por el soborno; los añadidos al soborno fueron peores. "¿Quieres a la mujer de ese mojigato, A.? Muy bien. ¿O de B., el millonario? Te garantizo que te acostarás con ella. Si no cometes adulterio, condena a Clodio. Esa belleza que deseas te visitará. Te aseguro una noche en compañía de esa mujer sin demora; mi promesa se cumplirá fielmente dentro del tiempo legal de aplazamiento." Significa más parcelar tales crímenes que cometerlos; significa chantajear a dignas matronas. **6.** Estos jurados en el juicio de Clodio habían pedido al Senado una guardia, un favor que sólo habría sido necesario para un jurado a punto de condenar al acusado; y su petición había sido concedida. De ahí el ingenioso comentario de Catulo tras la absolución del acusado: "¿Por qué nos pediste la guardia? ¿Tenías miedo de que te robaran el dinero?". Y, sin embargo, en medio de burlas como éstas salió impune quien antes del juicio era un adúltero, durante el juicio un alcahuete, y que escapó a la condena más vilmente de lo que la merecía.

7. ¿Creen ustedes que puede haber algo más vergonzoso que tales normas morales, cuando la lujuria no podía mantener sus manos alejadas ni del culto religioso ni de los tribunales de justicia, cuando, en la misma investigación que se celebró en sesión especial por orden del Senado, se cometieron más delitos de los que se investigaron? La cuestión en cuestión era si se podía estar a salvo después de cometer adulterio; ¡se demostró que no se podía estar a salvo sin cometer adulterio! **8.** Todo este regateo tuvo lugar en presencia de Pompeyo y César, de Cicerón y Catón, -sí, ese mismo Catón cuya presencia, se dice, hizo que el pueblo se abstuviera de exigir las habituales ocurrencias y chascarrillos de actrices desnudas en la Floralia,[856] - ¡si se puede creer que los hombres fueran más estrictos en su conducta en un festival que en la sala de un tribunal! Tales

---

[856] Fiesta plebeya, celebrada el 28 de abril, en honor de Flora, divinidad italiana relacionada con Ceres y Venus. Para la historia de Catón (55 a.C.), véase Valer. Max. ii. 10. 8.

cosas se harán en el futuro, como se han hecho en el pasado; y el libertinaje de las ciudades disminuirá a veces por la disciplina y el miedo, nunca por sí mismo.

9. Por lo tanto, no tienes por qué creer que somos nosotros los que más hemos cedido a la lujuria y menos a la ley. Porque los jóvenes de hoy viven vidas mucho más sencillas que las de una época en que un acusado se declaraba inocente de un cargo de adulterio ante sus jueces, y sus jueces lo admitían ante el acusado, cuando se practicaba el libertinaje para asegurar un veredicto, y cuando Clodio, amistado por los mismos vicios de los que era culpable, hacía de alcahuete durante la propia vista del caso. ¿Se puede creer esto? Aquel a quien un solo adulterio acarreó la condena, fue absuelto a causa de muchos. **10.** Todas las épocas producirán hombres como Clodio, pero no todas las épocas hombres como Catón. Degeneramos fácilmente, porque no nos faltan guías ni asociados en nuestra maldad, y la maldad sigue por sí misma, aun sin guías ni asociados. El camino del vicio no es sólo cuesta abajo, sino empinado; y muchos hombres se hacen incorregibles por el hecho de que, mientras en todos los demás oficios los errores avergüenzan a los buenos artesanos y causan vejación a los que se extravían, los errores de la vida son una fuente positiva de placer. **11.** El piloto no se alegra cuando su barco es arrojado sobre sus cabos; el médico no se alegra cuando entierra a su paciente; el orador no se alegra cuando el acusado pierde un caso por culpa de su abogado; pero en cambio cada hombre disfruta con sus propios crímenes. A. se deleita en una intriga, pues fue precisamente la dificultad lo que le atrajo a ella. B. se deleita en la falsificación y el robo, y sólo se disgusta con su pecado cuando éste no ha dado en el blanco. Y todo esto es el resultado de hábitos pervertidos.

12. A la inversa, sin embargo, para que sepas que hay una idea de buena conducta presente subconscientemente en las almas que han sido llevadas incluso a los caminos más depravados, y que los hombres no ignoran lo que es el mal sino que son indiferentes - digo que todos los hombres ocultan sus pecados, y, aunque el resultado sea exitoso, disfrutan de los resultados mientras ocultan los pecados mismos. Una buena conciencia, sin embargo, desea salir y ser vista de los hombres; la maldad teme a las mismas sombras. **13.** Por eso me parece muy acertada la frase de Epicuro[857] : "Que el culpable permanezca oculto es posible, que esté seguro de permanecer oculto no es posible", o, si crees que el sentido puede quedar más claro de esta manera: "La razón por la que no es ventajoso para los malhechores permanecer ocultos es que aunque tengan la suerte no tienen la seguridad de permanecer así". Esto es lo que quiero decir: los delitos pueden estar bien guardados; libres de ansiedad no pueden estarlo.

14. Este punto de vista, sostengo, no está en desacuerdo con los principios de nuestra escuela, si se explica así. ¿Por qué? Porque la primera y peor pena del pecado es haberlo cometido; y el crimen, aunque la fortuna lo engalane con sus favores, aunque lo proteja y lo tome a su cargo, nunca puede quedar impune; puesto que el castigo del crimen está en el crimen mismo. Sin embargo, estas segundas penas pisan los talones a las primeras: miedo constante, terror constante y desconfianza en la propia seguridad.

¿Por qué, entonces, he de librar a la maldad de tal castigo? ¿Por qué no he de dejarla siempre temblando en la balanza? **15.** No estemos de acuerdo con Epicuro en un punto, cuando declara que no existe la justicia natural, y que el crimen debe evitarse porque no se puede escapar al miedo que de él se deriva; estemos de acuerdo con él en el otro: que las malas acciones son azotadas por el látigo de la conciencia, y que la conciencia es torturada en grado sumo porque una ansiedad interminable la impulsa y la azota, y no puede confiar en los garantes de su propia tranquilidad. Pues ésta, Epicuro, es la prueba misma de que somos por naturaleza reacios a delinquir, porque incluso en

[857] Epic., Frag. 532 Usener.

circunstancias de seguridad no hay nadie que no sienta miedo. **16.** La buena suerte libra a muchos hombres del castigo, pero a ninguno del miedo. ¿Y por qué habría de ser así si no fuera porque tenemos arraigado en nosotros el aborrecimiento por aquello que la naturaleza ha condenado? De ahí que ni siquiera los hombres que ocultan sus pecados pueden contar con permanecer ocultos; porque su conciencia los condena y se los revela a sí mismos. Pero es propio de la culpa estar en el temor. Nos hubiera ido mal, debido a los muchos crímenes que escapan a la venganza de la ley y a los castigos prescritos, si no fuera porque esas graves ofensas contra la naturaleza deben pagar la pena en dinero contante y sonante, y que en lugar de sufrir el castigo viene el miedo. Adiós.

XCVIII. Sobre la inconstancia de la fortuna

1. Nunca creas que alguien que depende de la felicidad es feliz. Es un apoyo frágil este deleite en las cosas adventicias; la alegría que entró de fuera algún día se irá. Pero la alegría que brota enteramente de uno mismo es leal y sólida; aumenta y nos acompaña hasta el final; mientras que todas las demás cosas que provocan la admiración de la multitud no son más que bienes temporales. Usted puede replicar: "¿Qué quieres decir? ¿No pueden tales cosas servir tanto para la utilidad como para el deleite?". Por supuesto que sí. Pero sólo si dependen de nosotros, y no nosotros de ellas. **2.** Todas las cosas que mira la fortuna llegan a ser productivas y agradables, sólo si el que las posee está en posesión también de sí mismo, y no está en poder de lo que le pertenece.[858] Porque los hombres cometen un error, mi querido Lucilio, si sostienen que algo bueno, o malo, nos es concedido por la fortuna; es simplemente la materia prima de los bienes y los males que ella nos da - las fuentes de las cosas que, en nuestro poder, se convertirán en buenas o malas. Porque el alma es más poderosa que cualquier tipo de fortuna; por su propia agencia guía sus asuntos en cualquier dirección, y por su propio poder puede producir una vida feliz, o una miserable.

3. Un hombre malo hace que todo sea malo, incluso las cosas que habían llegado con la apariencia de lo que es mejor; pero el hombre recto y honesto corrige los males de la fortuna, y suaviza las dificultades y amarguras porque sabe cómo soportarlas; asimismo, acepta la prosperidad con aprecio y moderación, y se levanta contra los problemas con firmeza y coraje. Aunque un hombre sea prudente, aunque conduzca todos sus intereses con juicio bien equilibrado, aunque no intente nada más allá de sus fuerzas, no alcanzará el bien que es inalienable y está fuera del alcance de las amenazas, a menos

---

[858] Compárese el ἔχω ἀλλ' οὐκ ἔχομαι de Aristipo, y el (igualmente epicúreo) *mihi res, non me rebus subiungere* de Horacio, *Epp.* i. 1. 19.

que sea seguro al tratar con lo que es inseguro. **4.** Porque tanto si prefieres observar a otros hombres (y es más fácil decidirse cuando se juzgan los asuntos de otros), como si te observas a ti mismo, con todos los prejuicios dejados a un lado, percibirás y reconocerás que no hay utilidad en todas estas cosas deseables y amadas, a menos que te equipes en oposición a la inconstancia del azar y sus consecuencias, y a menos que te repitas a ti mismo a menudo y sin quejarte, en cada contratiempo, las palabras: "¡El Cielo lo decretó de otro modo!".[859] **5.** No, más bien, para adoptar una frase que es más valiente y más cercana a la verdad -una en la que puedes apoyar tu espíritu con más seguridad-, dite a ti mismo, siempre que las cosas resulten contrarias a tus expectativas: "¡El Cielo lo decretó *mejor!*"

Si estás así aplomado, nada te afectará, y un hombre estará así aplomado si reflexiona sobre los posibles altibajos de los asuntos humanos antes de sentir su fuerza, y si llega a considerar a los hijos, o a la esposa, o a la propiedad, con la idea de que no necesariamente los poseerá siempre y que no será más desdichado sólo porque deje de poseerlos. **6.** Es trágico para el alma estar aprensiva del futuro y desdichada en previsión de la desdicha, consumida por un ansioso deseo de que los objetos que le proporcionan placer permanezcan en su posesión hasta el final. Porque un alma así nunca estará tranquila; esperando el futuro perderá las bendiciones presentes que podría disfrutar. Y no hay diferencia entre la pena por algo perdido y el temor de perderlo.

7. Pero no por ello les aconsejo que seas indiferentes. Más bien aparta de ti lo que pueda causarte temor. Asegúrate de prever todo lo que pueda preverse planificando. Observa y evita, mucho antes de que suceda, todo lo que pueda perjudicarte. Para ello, tu mejor ayuda será un espíritu de confianza y una mente firmemente resuelta a soportar todas las cosas. Quien

---

[859] Virgilio, *Aen.* ii. 428.

puede soportar la Fortuna, también puede cuidarse de la Fortuna. En cualquier caso, no hay olas cuando el mar está en calma. Y no hay nada más desdichado e insensato que el miedo prematuro. ¡Qué locura es anticiparse a los problemas! **8.** En fin, para expresar mis pensamientos en breve compás y retratarte a esos entrometidos y auto-torturadores - son tan incontrolables en medio de sus problemas como lo son ante ellos. Sufre más de lo necesario quien sufre antes de que sea necesario; tales hombres no sopesan la cuantía de sus sufrimientos, por la misma falta que les impide estar preparados para ellos; y con la misma falta de moderación se imaginan cariñosamente que su suerte durará para siempre, y se imaginan cariñosamente que sus ganancias están destinadas a aumentar, así como meramente a continuar. Olvidan este trampolín[860] en el que se mecen las cosas mortales, y se garantizan exclusivamente una continuidad constante de los dones del azar.

9. Por esta misma razón considero excelente el dicho[861] de Metrodoro, en una carta de consuelo a su hermana por la pérdida de su hijo, un muchacho de gran promesa: "Todo el bien de los mortales es mortal". Se refiere a aquellos bienes hacia los que los hombres se precipitan en cardúmenes. Porque el verdadero bien no perece; es cierto y duradero y consiste en la sabiduría y la virtud; es lo único inmortal que cae en suerte de los mortales. **10.** Pero los hombres son tan caprichosos, y tan olvidadizos de su meta y del punto hacia el que cada día los empuja, que se sorprenden de perder algo, aunque algún día están destinados a perderlo todo. Cualquier cosa de la que tengas derecho a ser dueño está en tu poder, pero no es tuya; porque no hay fuerza en lo que es débil, ni nada duradero e invencible en lo que es frágil. Hemos de perder la vida con tanta seguridad como perdemos la propiedad, y esto, si

---

[860] Es decir, una especie de plataforma para montadores o acróbatas, - aplicado figuradamente a la Vanity Fair de la vida.
[861] Frag. 35 Körte

comprendemos la verdad, es en sí mismo un consuelo. Piérdela con ecuanimidad, pues también has de perder la vida.

11. ¿Qué recurso encontramos, pues, ante estas pérdidas? Sencillamente éste: conservar en la memoria las cosas que hemos perdido, y no permitir que el goce que hemos obtenido de ellas desaparezca con ellas. Tener puede sernos arrebatado, haber tenido, nunca. Un hombre es ingrato en grado sumo si, después de perder algo, no siente ninguna obligación por haberlo recibido. El azar nos roba la cosa, pero nos deja su uso y su disfrute, y lo hemos perdido si somos tan injustos como para lamentarnos. **12.** Dígase a sí mismo: "De todas estas experiencias que parecen tan espantosas, ninguna es insuperable. Pruebas separadas han sido superadas por muchos: el fuego por Mucio, la crucifixión por Régulo, el veneno por Sócrates, el exilio por Rutilio, y una muerte infligida con espada por Catón; por lo tanto, superemos también algo." **13.** De nuevo, aquellos objetos que atraen a la multitud bajo la apariencia de belleza y felicidad, han sido despreciados por muchos hombres y en muchas ocasiones. Fabricio cuando era general rechazó las riquezas,[862] y cuando era censor las tachó de desaprobación. Tubero consideró la pobreza digna tanto de sí mismo como de la deidad del Capitolio cuando, mediante el uso de platos de barro en un festival público, demostró que el hombre debía conformarse con aquello que los dioses aún podían utilizar.[863] El mayor de los Sextilos rechazó los honores del cargo;[864] había nacido con la obligación de participar en los asuntos públicos, y sin embargo no quiso aceptar la banda ancha ni siquiera cuando el deificado Julio se la ofreció. Pues comprendía que lo que se puede dar también se puede quitar.

Realicemos también nosotros, por tanto, algún acto valeroso por nuestra propia voluntad; incluyámonos entre los tipos

---

[862] Es decir, cuando rechazó el soborno de Pirro, 280 a.C.
[863] Cf. Ep. xcv. 72 f. *omnibus saeculis Tuberonis fictilio durabunt*.
[864] Cf. Ep. lix. 7 y nota b (vol. i.).

ideales de la historia. **14.** ¿Por qué hemos sido flojos? ¿Por qué nos desanimamos? Lo que podría hacerse, puede hacerse, si tan sólo purificamos nuestras almas y seguimos a la naturaleza; porque cuando uno se aleja de la naturaleza se ve obligado a ansiar, y a temer, y a ser esclavo de las cosas del azar. Podemos volver al verdadero camino; podemos ser restaurados a nuestro propio estado; seamos pues así, para que podamos soportar el dolor, en cualquier forma que ataque nuestros cuerpos, y decir a la Fortuna: "Tienes que vértelas con un *hombre*; ¡busca a alguien a quien puedas conquistar!".

15. Con estas palabras,[865] y otras parecidas, se apacigua la malignidad de la úlcera; y espero de veras que pueda reducirse y curarse o detenerse, y envejecer junto con el propio paciente. Sin embargo, estoy tranquilo con respecto a él; lo que estamos discutiendo ahora es nuestra propia pérdida, la pérdida de un anciano excelente. Porque él mismo ha vivido una vida plena, y cualquier cosa adicional puede ser anhelada por él, no por su propio bien, sino por el bien de aquellos que necesitan sus servicios. **16.** Al seguir viviendo, actúa con generosidad. Cualquier otra persona podría haber puesto fin a estos sufrimientos; pero nuestro amigo considera que no es menos vil huir de la muerte que huir hacia la muerte. "Pero", viene la respuesta, "si las circunstancias lo justifican, ¿no debe partir?". Por supuesto, si ya no puede ser útil a nadie, si todo su negocio consistirá en ocuparse del dolor. **17.** Esto, mi querido Lucilio, es lo que se entiende por estudiar la filosofía aplicándola, practicándola sobre la verdad: fíjate qué valor posee un hombre prudente contra la muerte, o contra el dolor, cuando la una se acerca y el otro pesa. Lo que debe hacerse debe aprenderse de quien lo hace. **18.** Hasta ahora nos hemos ocupado de los argumentos: si algún hombre puede resistir el dolor, o si la

---

[865] El testimonio de un antiguo gramático y el cambio de tema en el texto pueden indicar, como afirma Hense, que se ha perdido un pasaje considerable y que aquí comienza otra letra. Cf. el *senex egregius* del § 15.

proximidad de la muerte puede abatir incluso a las grandes almas. ¿Por qué seguir discutiendo? He aquí un hecho inmediato que debemos abordar: la muerte no hace a nuestro amigo más valiente para enfrentarse al dolor, ni el dolor para enfrentarse a la muerte. Más bien confía en sí mismo frente a ambos; no sufre con resignación porque espere la muerte, ni muere alegremente porque esté cansado de sufrir. El dolor lo soporta, la muerte la espera. Adiós.

XCIX. Sobre el consuelo a los afligidos

1. Adjunto una copia de la carta que escribí a Marullus[866] en el momento en que había perdido a su pequeño hijo y se le acusaba de ser bastante femenino en su dolor - una carta en la que no he observado la forma habitual de condolencia: porque yo no creía que debiera ser tratado con suavidad, ya que en mi opinión merecía críticas en lugar de consuelo. Cuando un hombre es golpeado y le resulta muy difícil soportar una herida grave, hay que animarle durante un tiempo; dejarle que satisfaga su pena o, en todo caso, que pase el primer susto; **2.** pero aquellos que han asumido una indulgencia en el dolor deben ser reprendidos de inmediato, y deben aprender que hay ciertas locuras incluso en las lágrimas.

[867]"¿Es consuelo lo que buscas? Deja que te regañe. Eres como una mujer en la forma en que tomas la muerte de tu hijo; ¿qué harías si hubieras perdido a un amigo íntimo? Ha muerto un hijo, un niño pequeño de promesa desconocida; se ha perdido un fragmento de tiempo. **3.** Buscamos excusas para el dolor; incluso nos quejamos injustamente de la fortuna, ¡como si la fortuna nunca nos diera motivos para quejarnos! Pero yo creía que usted tenía el espíritu suficiente para enfrentarse a los problemas concretos, por no hablar de los problemas sombríos por los que los hombres se lamentan por la fuerza de la costumbre. Si hubieras perdido a un amigo (que es el mayor golpe de todos),[868] habrías tenido que esforzarte más en alegrarte porque lo tenías que en lamentarte porque lo habías perdido.

---

[866] Posiblemente Iunius Marullus, cónsul *designatus* en 62 d.C. (Tac. *Ann.* xiv. 48).

[867] Como señaló Lipsius, el resto de la carta de Séneca consiste en la carta citada a Marulo.

[868] La opinión romana difiere de la moderna, del mismo modo que esta Carta es bastante más severa que la Ep. lxiii. (sobre la muerte de Flaccus, amigo de Lucilio).

4. "Pero muchos hombres dejan de contar cuán múltiples han sido sus ganancias, cuán grandes sus regocijos. Una pena como la tuya tiene, entre otros males, éste: no sólo es inútil, sino ingrata. Entonces, ¿ha sido en vano que hayas tenido un amigo así?. Durante tantos años, en medio de asociaciones tan estrechas, después de tan íntima comunión de intereses personales, ¿no se ha logrado nada? ¿Se entierra la amistad junto con un amigo? ¿Y por qué lamentarse de haberlo perdido, si de nada sirve haberlo poseído? Créeme, una gran parte de los que hemos amado, aunque el azar haya alejado sus personas, aún permanece con nosotros. El pasado es nuestro, y nada hay más seguro para nosotros que lo que ha sido. **5.** Somos ingratos por las ganancias pasadas, porque esperamos el futuro, como si el futuro -si es que algún futuro es nuestro- no se mezclara rápidamente con el pasado. La gente pone un límite estrecho a sus placeres si se complacen sólo en el presente; tanto el futuro como el pasado sirven para nuestro deleite - el uno con anticipación, y el otro con recuerdos, pero el uno es contingente y puede no llegar a suceder, mientras que el otro debe haber sido.

"¿Qué locura es, pues, perder el asidero de lo que es lo más seguro de todo? Démonos por satisfechos con los placeres que hemos bebido en días pasados, si al menos, mientras los bebíamos, el alma no quedaba agujereada como un colador, sólo para volver a perder lo que había recibido". **6.** Hay innumerables casos de hombres que han enterrado sin lágrimas a hijos en la flor de la edad viril, hombres que han regresado de la pira funeraria a la cámara del Senado, o a cualquier otro deber oficial, y se han ocupado inmediatamente de otra cosa. Y con razón, porque, en primer lugar, es ocioso lamentarse si el dolor no ayuda. En segundo lugar, es injusto quejarse de lo que le ha sucedido a un hombre, pero que está reservado para todos. Además, es insensato lamentarse por la pérdida de uno, cuando hay tan poco intervalo entre el perdido y el perdedor.

De ahí que debamos tener un espíritu más resignado, porque seguimos de cerca a los que hemos perdido.

7. "Observa la rapidez del tiempo, la más veloz de las cosas; considera la brevedad del curso a lo largo del cual nos apresuramos a toda velocidad; observa esta multitud de humanidad, todos esforzándose hacia el mismo punto con brevísimos intervalos entre ellos, incluso cuando parecen los más largos; aquel que tú consideras que ha pasado, simplemente se ha adelantado.[869] ¿Y qué hay más irracional que lamentarse por tu predecesor, cuando tú mismo debes emprender el mismo viaje? **8.** ¿Se lamenta un hombre por un acontecimiento que sabía que iba a ocurrir? O, si no pensó en la muerte como destino del hombre, no ha hecho más que engañarse a sí mismo. ¿Se lamenta un hombre de un acontecimiento que ha admitido como inevitable? Quien se queja de la muerte de alguien, se queja de que era un hombre. Todos están ligados por los mismos términos: quien tiene el privilegio de nacer, está destinado a morir. **9.** Los periodos de tiempo nos separan, pero la muerte nos nivela. El período que media entre nuestro primer día y el último es cambiante e incierto: si lo calculas por sus problemas, es largo incluso para un muchacho, si lo calculas por su velocidad, es escaso incluso para un canoso. Todo es resbaladizo, traicionero y más cambiante que cualquier tiempo. Todas las cosas son sacudidas y cambian en sus opuestos a la orden de la fortuna; en medio de tal agitación de asuntos mortales nada más que la muerte está seguramente reservado para cualquiera. Y, sin embargo, todos los hombres se quejan de la única cosa en la que ninguno de ellos se engaña. **10.** "Pero murió siendo niño". Todavía no estoy dispuesto a decir que el que llega pronto al final de su vida tiene las de ganar; pasemos a considerar el caso del que ha llegado a la vejez. ¡Qué poco supera al niño![870] Pon ante los ojos de tu

---

[869] Lenguaje casi idéntico a las palabras finales de Ep. lxiii: *quem putamus perisse, praemissus est.*

[870] Para un argumento similar, véase Ep. xii. 6 ss.

mente la vasta extensión del abismo del tiempo, y considera el universo; y luego contrasta nuestra llamada vida humana con el infinito: entonces verás cuán escasa es aquella por la que oramos, y que buscamos alargar. **11.** ¡Cuánto tiempo dedicamos al llanto, cuánto a la preocupación! ¡Cuánto con oraciones por la muerte antes de que llegue, cuánto con nuestra salud, cuánto con nuestros temores! ¡Cuánto ocupan nuestros años de inexperiencia o de esfuerzos inútiles! Y la mitad de este tiempo se pierde durmiendo. Añade, además, nuestros trabajos, nuestras penas, nuestros peligros... y comprenderás que incluso en la vida más larga vivir de verdad es la menor parte de ella. **12.** Sin embargo, ¿quién admitiría algo como: *¿No es* mejor el hombre al que se le permite volver pronto a casa, cuyo viaje se completa antes de que se canse? La vida no es ni un bien ni un mal; es simplemente el lugar donde existen el bien y el mal. Por lo tanto, este niño no ha perdido nada, excepto un peligro en el que la pérdida estaba más asegurada que la ganancia. Pudo haber salido templado y prudente; pudo, con tu cuidado de crianza, haber sido moldeado a un mejor estándar; pero (y este temor es más razonable) pudo haberse convertido igual que muchos. **13.** Fíjate en los jóvenes del más noble linaje cuya extravagancia los ha arrojado a la arena;[871] fíjate en esos hombres que satisfacen las pasiones de sí mismos y de los demás en la lujuria mutua, cuyos días no pasan nunca sin embriaguez o algún acto vergonzoso señalado; así te quedará claro que había más que temer que esperar.

"Por eso no deben invocar excusas para el dolor ni agravar las ligeras cargas indignándose". **14.** No te estoy exhortando a que te esfuerces y te eleves a grandes alturas; porque mi opinión de ti no es tan baja como para hacerme pensar que es necesario que hagas acopio de todas tus virtudes para hacer frente a este problema. Lo tuyo no es dolor; es un simple aguijón, y eres tú mismo quien lo está convirtiendo en dolor.

---

[871] Es decir, que han tenido que convertirse en gladiadores.

"¡Seguro que la filosofía te ha hecho mucho servicio si puedes soportar con valentía la pérdida de un niño que hasta ahora era más conocido por su nodriza que por su padre! **15.** ¿Y entonces? Ahora, en este momento, ¿te estoy aconsejando que seas duro de corazón, deseando que mantengas tu semblante impasible en la misma ceremonia fúnebre, y no permitiendo que tu alma sienta siquiera el pellizco del dolor? De ninguna manera. Eso significaría falta de sentimientos más que virtud: contemplar las ceremonias fúnebres de tus seres queridos con la misma expresión con que contemplabas sus formas vivas, y no mostrar emoción alguna por la primera pérdida en tu familia. Pero supongamos que te prohíbo mostrar emoción; hay ciertos sentimientos que reclaman sus propios derechos. Las lágrimas caen, por más que intentemos contenerlas, y al derramarse alivian el alma. **16.** ¿Qué debemos hacer, pues? Dejemos que caigan, pero no les ordenemos que lo hagan; lloremos según la emoción inunde nuestros ojos, pero no tanto como exija la mera imitación. No añadamos nada al dolor natural, ni lo aumentemos siguiendo el ejemplo de otros. La exhibición de la pena exige más que la pena misma: ¡qué pocos hombres están tristes en su propia compañía! Las personas reservadas y silenciosas cuando están solas, se conmueven con nuevos paroxismos de lágrimas cuando ven a otros cerca de ellas. En tales momentos se ponen las manos violentamente sobre sus propias personas, aunque podrían haberlo hecho más fácilmente si no hubiera nadie presente para detenerlos; en tales momentos ruegan por la muerte; en tales momentos se arrojan de sus sofás. Pero su dolor disminuye con la partida de los espectadores. **17.** En este asunto, como en otros, estamos obsesionados por este defecto: ajustarnos al modelo de la mayoría y considerar la convención más que el deber. Abandonamos la naturaleza y nos rendimos a la multitud, que nunca es buena consejera en nada, y en este aspecto, como en todos los demás, es de lo más incoherente. La gente ve a un hombre que soporta su pena con valentía: le llaman poco servicial y de corazón salvaje; ven a un hombre que se derrumba y se aferra a sus muertos: le llaman mujeriego y débil. **18.** Todo, pues, debe remitirse a la razón. Pero nada es más insensato que cortejar la reputación de tristeza y sancionar las lágrimas; pues sostengo que con un hombre sabio algunas lágrimas caen por consentimiento, otras por su propia fuerza.

"Explicaré la diferencia de la siguiente manera: Cuando la primera noticia de alguna amarga pérdida nos ha conmocionado, cuando abrazamos la forma que pronto pasará de nuestros brazos a las llamas fúnebres - entonces las lágrimas son arrancadas de nosotros por la necesidad de la naturaleza, y la fuerza vital, golpeada por el golpe del dolor, sacude tanto el cuerpo entero, como también los ojos, de los que presiona y hace fluir la humedad que yace en su interior". **19.** Lágrimas como éstas caen por un proceso de forzamiento, contra nuestra voluntad; pero diferentes son las lágrimas que dejamos escapar cuando reflexionamos en memoria de aquellos a quienes hemos perdido. Y hay en ellas una cierta tristeza dulce cuando recordamos el sonido de una voz agradable, una conversación genial, y los deberes ocupados de antaño; en tal momento los ojos se aflojan, por así decirlo, con alegría. Este tipo de llanto nos lo permitimos; el anterior nos vence.

20. "No hay, pues, ninguna razón para que, sólo porque un grupo de personas esté en tu presencia o sentado a tu lado, debas contener o derramar tus lágrimas; ya sean contenidas o derramadas, nunca son tan vergonzosas como cuando son fingidas. Deja que fluyan con naturalidad. Pero es posible que las lágrimas broten de los ojos de quienes están tranquilos y en paz. A menudo fluyen sin perjudicar la influencia del hombre sabio, con tal moderación que no muestran falta de sentimiento ni de amor propio. **21.** Les aseguro que podemos obedecer a la naturaleza y conservar nuestra dignidad. He visto a hombres dignos de reverencia, durante el entierro de sus seres queridos, con semblantes en los que el amor estaba claramente escrito, incluso después de que todo el aparato del luto fuera retirado, y que no mostraban otra conducta que la permitida a la emoción genuina. Hay belleza incluso en el dolor. Esto debe cultivarlo el hombre sabio; incluso en las lágrimas, como también en otros asuntos, hay una cierta suficiencia; es con el imprudente con quien las penas, como las alegrías, se desbordan.

22. "Acepta con espíritu imperturbable lo que es inevitable. ¿Qué puede ocurrir que esté más allá de lo creíble? ¿O qué hay de nuevo? ¡Cuántos hombres en este mismo momento están haciendo preparativos para los funerales! ¡Cuántos están comprando ropa para la tumba![872] ¡Cuántos están de luto, cuando tú mismo has terminado de llorar! Tan a menudo como reflexionas que tu niño ha dejado de ser, reflexiona también sobre el hombre, que no tiene promesa segura de nada, a quien la fortuna no escolta inevitablemente a los confines de la vejez, sino que le deja marchar en el momento que le parece oportuno. **23.** Sin embargo, puedes hablar a menudo del difunto y conservar su recuerdo en la medida de tus fuerzas. Este recuerdo volverá a ti tanto más a menudo si acoges su venida sin amargura; porque nadie disfruta conversando con alguien que está triste, y mucho menos con la tristeza misma. Y cualesquiera palabras, cualesquiera bromas suyas, por muy niño que fuera, que te haya complacido oír, quisiera que las recordaras una y otra vez; asegúrate con confianza de que pudo haber cumplido las esperanzas que tú, su padre, habías abrigado. **24.** En efecto, olvidar a los muertos queridos, enterrar su memoria junto con sus cuerpos, llorarlos con abundancia y después pensar en ellos escasamente, ésta es la marca de un alma inferior a la del hombre. Porque así es como las aves y las bestias aman a sus crías; su afecto se despierta rápidamente y casi llega a la locura, pero se enfría por completo cuando su objeto muere. Esta cualidad no es propia de un hombre sensato; debe seguir recordando, pero debe dejar de llorar. **25.** Y de ninguna manera apruebo la observación de Metrodoro de que hay un cierto placer afín a la tristeza, y que uno debería

---

[872] Es decir, un sudario para el lecho funerario, *lectus vitalis*.

perseguirlo en momentos como estos. Cito las palabras de Metrodoro[873] **26.** No me cabe duda de cuáles serán tus sentimientos al respecto, pues ¿qué hay más vil que "perseguir" el placer en medio del luto -más aún, por medio del luto- e incluso en medio de las lágrimas buscar aquello que nos proporcione placer? Estos[874] son los hombres que nos acusan a[875] de ser demasiado estrictos, calumniando nuestros preceptos por su supuesta dureza - porque (dicen ellos) declaramos que el dolor no debe tener lugar en el alma en absoluto, o bien debe ser expulsado inmediatamente. Pero, ¿qué es más increíble o inhumano: no sentir pena por la pérdida de un amigo, o ir en busca del placer en medio de la pena? **27.** Lo que los estoicos aconsejamos es honroso; cuando la emoción ha provocado un flujo moderado de lágrimas y, por así decirlo, ha cesado de efervescer, el alma no debe entregarse al dolor. Pero, ¿qué quieres decir, Metrodoro, con que con nuestro mismo dolor debe haber una mezcla de placer? Ése es el método dulce de apaciguar a los niños; ¡ésa es la manera en que calmamos los llantos de los infantes, vertiendo leche en sus gargantas!

"Incluso en el momento en que el cuerpo de tu hijo está en la pira, o tu amigo exhalando su último suspiro, ¿no sufrirás que cese tu placer, en lugar de hacer cosquillas con placer a tu misma pena? ¿Qué es más honorable, alejar la pena de tu alma o admitir el placer incluso en compañía de la pena? ¿He dicho "admitir"? No, quiero decir "perseguir", y también de manos de la misma pena. **28.** Metrodoro dice: "Hay un cierto placer que se relaciona con la tristeza". Nosotros los estoicos podemos decir eso, pero tú no. El único Bien que tú[876] reconoces, es el placer, y el único mal, el dolor; y ¿qué relación puede haber

---

[873] Este pasaje, que Buecheler corrigió en varios lugares, se omite en el inglés, porque Séneca ya lo ha traducido literalmente. M. se dirigía a su hermana

[874] Es decir, hombres como Metrodoro.

[875] Es decir, los estoicos.

[876] Es decir, los epicúreos

entre un bien y un mal? Pero supongamos que tal relación existe; ahora, precisamente ahora, ¿hay que erradicarla?[877] ¿Examinaremos también el dolor, y veremos con qué elementos de deleite y placer está rodeado? **29.** Ciertos remedios, que son benéficos para algunas partes del cuerpo, no pueden aplicarse a otras partes porque éstas son, en cierto modo, repugnantes e impropias; y lo que en ciertos casos obraría un buen fin sin ninguna pérdida para el respeto de uno mismo, puede volverse indecoroso a causa de la situación de la herida. ¿No os da vergüenza curar la pena con el placer? No, esta llaga debe ser tratada de una manera más drástica. Esto es lo que debes aconsejar preferentemente: que ninguna sensación de mal pueda alcanzar a quien está muerto; pues si puede alcanzarle, no está muerto. **30.** Y yo digo que nada puede herir a quien está como nada; pues si un hombre puede ser herido, está vivo. ¿Piensas que está mal porque ya no es, o porque todavía existe como alguien? Y, sin embargo, ningún tormento puede venirle del hecho de que ya no es, pues ¿qué sentimiento puede pertenecer a alguien que no existe? - ni del hecho de que exista, pues ha escapado a la mayor desventaja de la muerte, a saber, la inexistencia.

31. "Digámosle también esto al que llora y echa de menos a los muertos prematuros: que todos nosotros, jóvenes o viejos, vivimos, en comparación con la eternidad, al mismo nivel en cuanto a nuestra brevedad de vida. Porque de todos los tiempos nos llega menos de lo que cualquiera podría llamar menos, ya que "menos" es en todo caso alguna parte; pero esta vida nuestra es casi nada, y sin embargo (¡qué tontos somos!), ¡la desplegamos a lo grande!

32. "Estas palabras te las he escrito, no con la idea de que esperes de mí una curación en fecha tan tardía -pues me es claro que tú mismo te has dicho todo lo que leerás en mi carta-,

---

[877] Es decir, la pena no debe ser sustituida por el placer; de lo contrario, la pena dejará de existir.

sino con la idea de que te reprenda incluso por el ligero retraso durante el cual te apartaste de tu verdadero ser, y te anime para el futuro, para que despiertes tu espíritu contra la fortuna y estés atento a todos sus misiles, no como si posiblemente pudieran llegar, sino como si estuvieran destinados a llegar."
Adiós.

C. Sobre los escritos de Fabiano

1. Me escribes que has leído con el mayor entusiasmo la obra de Fabiano Papirio titulada *Los deberes del ciudadano*, y que no ha estado a la altura de tus expectativas; luego, olvidando que estás tratando con un filósofo, procedes a criticar su estilo.

Supongamos, ahora, que su afirmación es cierta, que vierte sus palabras en lugar de colocarlas; permítame, sin embargo, decirle de entrada que este rasgo del que habla tiene un encanto peculiar, y que es una gracia apropiada para un estilo que se desliza suavemente. Porque, sostengo, importa mucho si sale a trompicones o fluye. Además, también en este aspecto hay mucha diferencia, como le aclararé: **2.** Fabiano me parece que no tiene tanto un "efluvio" como un "flujo" de palabras:[878] tan copioso es, sin confusión, y sin embargo no sin velocidad. Esto es, en efecto, lo que su estilo declara y anuncia: que no ha empleado mucho tiempo en trabajar su materia y darle forma. Pero aun suponiendo que los hechos sean como tú los quieres, el hombre estaba construyendo el carácter más que las palabras, y estaba escribiendo esas palabras para la mente más que para el oído. **3.** Además, si las hubiera dicho en su propia persona, no habrías tenido tiempo de considerar los detalles; toda la obra te habría arrastrado. Porque, por regla general, lo que agrada por su rapidez tiene menos valor cuando se toma en la mano para leerlo.

Sin embargo, esta misma cualidad de atraer a primera vista es una gran ventaja, independientemente de que una investigación cuidadosa pueda descubrir algo criticable. **4.** Si me preguntan, diría que quien ha forzado la aprobación es más grande que quien se la ha ganado; y sin embargo, sé que este último es más seguro, sé que puede dar garantías más seguras para el futuro. Una manera meticulosa de escribir no conviene al filósofo; si es tímido en cuanto a las palabras, ¿cuándo será valiente y firme, ¿cuándo demostrará realmente su valía? **5.** El

---

[878] Es decir, su estilo es como un río en lugar de un torrente.

estilo de Fabiano no era descuidado, era seguro. Por eso no encontraréis en su obra nada de mala calidad: sus palabras están bien escogidas, pero no buscadas; no están insertadas e invertidas de manera antinatural, según la moda actual, sino que poseen distinción, aunque estén tomadas del habla ordinaria. Ahí tienes ideas honorables y espléndidas, no encadenadas en aforismos, sino dichas con mayor libertad. Por supuesto, notaremos pasajes que no están suficientemente podados, no construidos con suficiente cuidado, y que carecen de la pulcritud que está en boga hoy en día; pero después de considerar el conjunto, verás que no hay sutilezas fútiles de argumentación. 6. Puede, sin duda, que no haya variedad de mármoles, ni un suministro de agua[879] que fluya de un apartamento a otro, ni "cuartos de indigentes",[880] o cualquier otro dispositivo que el lujo añade cuando se contenta mal con simples encantos; pero, en la frase vulgar, es "una buena casa para vivir".

Además, las opiniones varían con respecto al estilo. Algunos desean pulirlo de toda aspereza; y otros se complacen tanto en la forma abrupta que romperían intencionadamente cualquier pasaje que por casualidad pudiera extenderse más suavemente, dispersando las palabras finales de tal manera que las frases resulten inesperadas. 7. Lee a Cicerón: su estilo tiene unidad; se mueve con un ritmo modulado, y es suave sin ser degenerado. El estilo de Asinio Polión, en cambio, es "desigual", brusco, y se va cuando menos te lo esperas.[881] Por último, Cicerón siempre

---

[879] *Concisura*: de *concido*, "cortar en secciones", "distribuir" (de pipas de agua).

[880] Cf. Ep. xviii. 7, y Marcial iii. 48:
Pauperis extruxit cellam, sed vendidit Olus
praedia; nunc cellam pauperis Olus habet.
A veces, los ricos acondicionaban en sus palacios una imitación de la "cabaña del pobre" para contrastar con sus otras habitaciones o como un gesto hacia la vida sencilla; Séneca utiliza la frase en sentido figurado para ciertos dispositivos en la composición.

[881] Quintiliano x. 1. 113 dice: *multa in Asinio Pollione inventio, summa*

se detiene gradualmente, mientras que Pollio se interrumpe, salvo en contados casos en los que se ciñe a un ritmo definido y a un único patrón.

8. Además de esto, dices que todo en Fabiano te parece vulgar y carente de elevación; pero yo mismo sostengo que está libre de tal defecto. Porque su estilo no es vulgar, sino simplemente tranquilo y ajustado a su mente pacífica y bien ordenada, no en un nivel bajo, sino en un plano uniforme. Le faltan el brío y el acicate del orador (que es lo que usted busca), y una repentina descarga de epigramas.[882] Pero fíjese, por favor, en toda la obra, en lo bien ordenada que está: hay una distinción en ella. Su estilo no posee, pero sugerirá, dignidad.

9. Menciona a alguien que puedas situar por delante de Fabiano. Digamos Cicerón, cuyos libros de filosofía son casi tan numerosos como los de Fabiano. Concederé este punto; pero no es poca cosa ser menos que el más grande. O Asinio Polión, digamos. Cederé de nuevo y me contentaré con responder: "Es una distinción ser el tercero en un campo tan grande". También se puede incluir a Livio; porque Livio escribió tanto diálogos (que deben ser clasificados como historia no menos que como filosofía), como obras que profesadamente tratan de filosofía. Cederé también en el caso de Livio. Pero considera a cuántos escritores supera Fabiano, si sólo es superado por tres, ¡y esos tres son los más grandes maestros de la elocuencia!

10. Pero, puede decirse, no lo ofrece todo: aunque su estilo es elevado, no es fuerte; aunque fluye copiosamente, carece de fuerza y extensión; no es translúcido, pero sí lúcido. "No se encontraría en él -insiste usted- ninguna dura denuncia del vicio, ninguna palabra valerosa ante el peligro, ningún orgulloso

---

diligentia, adeo ut quibusdam etiam nimia videatur; et consilii et animi satis; a nitore et iucunditate Ciceronis ita longe abest, ut videri possit saeculo prior.

[882] La redacción se parece mucho a la del anciano Séneca, *Controv.* ii. pr. 2 *deerat illi* (sc. *Fabiano*) *oratorium robur et ille pugnatorius mucro.*

desafío a la fortuna, ninguna desdeñosa amenaza contra el egoísmo. Deseo ver el lujo reprendido, la lujuria condenada, el descarrío aplastado. Que nos muestre la agudeza de la oratoria, la altivez de la tragedia, la sutileza de la comedia". Ustedes quieren que se apoye en lo más insignificante, la fraseología; pero él ha jurado lealtad a la grandeza de su tema y atrae la elocuencia tras él como una especie de sombra, pero no de propósito fijo.

11. Sin duda, nuestro autor no investigará cada detalle, ni lo someterá a análisis, ni inspeccionará y subrayará cada palabra por separado. Esto lo admito. Muchas frases se quedarán cortas, o no darán en el blanco, y a veces el estilo se deslizará con indolencia; pero habrá mucha luz en toda la obra; habrá largos trechos que no cansarán al lector. Y, por último, tendrá la cualidad de dejar claro que lo que escribió iba en serio. Comprenderás que su objetivo era que supieras lo que le complacía a él, más que complacerte a ti. Toda su obra aboga por el progreso y la cordura, sin buscar el aplauso.

12. No dudo de que sus escritos sean del tipo que he descrito, aunque me remonte a él más que conservar un recuerdo seguro de él, y aunque el tono general de sus escritos permanezca en mi mente, no a partir de una lectura cuidadosa y reciente, sino a grandes rasgos, como es natural después de un conocimiento de hace mucho tiempo. Pero ciertamente, cada vez que le oía dar una conferencia, su obra me parecía así, no sólida sino completa, del tipo que inspiraría a los jóvenes prometedores y despertaría su ambición de llegar a ser como él, sin desesperar de superarle; y este método de estímulo me parece el más útil de todos. Porque es descorazonador inspirar en un hombre el deseo y quitarle la esperanza de emularle. En cualquier caso, su lenguaje era fluido, y aunque uno no aprobara cada detalle, el efecto general era noble. Adiós.

CI. Sobre la inutilidad de planificar con antelación

1. Cada día y cada hora nos revelan la nada que somos, y nos recuerdan con alguna nueva evidencia que hemos olvidado nuestra debilidad; luego, mientras planeamos la eternidad, nos obligan a mirar por encima del hombro a la muerte.

¿Me preguntas qué significa este preámbulo? Se refiere a Cornelio Senecio, un distinguido y capaz caballero romano, a quien tú conociste: desde humildes comienzos había avanzado hasta la fortuna, y el resto del camino ya estaba cuesta abajo ante él. Porque es más fácil crecer en dignidad que empezar; **2.** y el dinero tarda mucho en llegar donde hay pobreza; hasta que puede salir de ella, va a paso vacilante. Senecio ya estaba al borde de la riqueza, ayudado en esa dirección por dos activos muy poderosos: saber cómo hacer dinero y cómo mantenerlo también; cualquiera de estos dones podría haberlo convertido en un hombre rico. **3.** He aquí una persona que vivía de la manera más sencilla, cuidando tanto de la salud como de la riqueza. Me había visitado, como de costumbre, por la mañana, temprano, y después había pasado todo el día, incluso hasta el anochecer, junto a la cama de un amigo que estaba grave e irremediablemente enfermo. Después de una confortable cena, le sobrevino repentinamente un agudo ataque de sarampión y, con el aliento atascado en su inflamada garganta, apenas pudo vivir hasta el amanecer. Así, pocas horas después de haber estado cumpliendo con todas las obligaciones de un hombre sano y saludable, falleció. **4.** Aquel que realizaba inversiones por tierra y por mar, que también había entrado en la vida pública y no había dejado negocio sin probar, durante la misma realización del éxito financiero y durante la misma avalancha de dinero que afluía a sus arcas, ¡fue arrebatado del mundo!

¡Injerta ahora tus peras, Melibeo, y coloca tus vides en su orden![883]

---

[883] Virgilio, *Ecl.* i. 74

Pero, ¡qué insensato es trazar la propia vida, cuando ni siquiera se es dueño del día siguiente! ¡Oh, qué locura es trazar esperanzas de largo alcance! Decir: "Compraré y construiré, prestaré y pediré dinero, ganaré títulos de honor, y luego, viejo y lleno de años, me entregaré a una vida fácil." **5.** Créeme cuando te digo que todo es dudoso, incluso para los que son prósperos. Nadie tiene derecho a dibujar por sí mismo el futuro. Lo mismo que agarramos se nos escapa de las manos, y el azar corta la hora real que tan llena tenemos. El tiempo avanza, en efecto, según una ley fija, pero como en la oscuridad; ¿y qué me importa a mí que el curso de la Naturaleza sea seguro, cuando el mío es inseguro?

6. Planeamos viajes lejanos y regresos a casa largamente pospuestos después de vagar por costas extranjeras, planeamos el servicio militar y las lentas recompensas de duras campañas, hacemos campaña para las gobernaciones[884] y las promociones de un cargo tras otro - y todo el tiempo la muerte está a nuestro lado; pero como nunca pensamos en ella excepto cuando afecta a nuestro prójimo, los casos de mortalidad nos presionan día a día, para permanecer en nuestras mentes sólo mientras despiertan nuestro asombro.

7. Sin embargo, ¿qué hay más insensato que preguntarse si algo que puede suceder todos los días ha sucedido un día cualquiera? Hay, en efecto, un límite fijado para nosotros, justo donde la ley implacable del Destino lo ha fijado; pero ninguno de nosotros sabe cuán cerca está de este límite. Por lo tanto, ordenemos nuestras mentes como si hubiéramos llegado al final. No pospongamos nada. Hagamos cada día el balance de la vida. **8.** El mayor defecto de la vida es que siempre es imperfecta, y que cierta parte de ella se pospone. A quien cada día da los últimos toques a su vida, nunca le falta tiempo. Y, sin embargo, de esta falta surgen el miedo y un ansia de futuro que

---

[884] Tal vez una alusión a Lucilio, que en ese momento era procurador en Sicilia.

carcome la mente. No hay nada más desdichado que preocuparse por el resultado de los acontecimientos futuros; en cuanto a la cantidad o la naturaleza de lo que queda, nuestras mentes atribuladas se agitan con un miedo inexplicable.

9. ¿Cómo, entonces, evitaremos esta vacilación? De una sola manera: si nuestra vida no avanza, si se repliega sobre sí misma. Porque sólo está ansioso por el futuro aquel a quien el presente no le es provechoso. Pero cuando he pagado a mi alma lo que le corresponde, cuando una mente bien equilibrada sabe que un día no difiere en nada de la eternidad - cualesquiera que sean los días o los problemas que el futuro pueda traer - entonces el alma mira hacia adelante desde las alturas y se ríe de corazón cuando piensa en la incesante sucesión de las edades. Pues, ¿qué perturbación puede resultar de los cambios y de la inestabilidad del azar, si se está seguro frente a lo que es inseguro?

10. Por lo tanto, mi querido Lucilio, comienza de una vez a vivir, y cuenta cada día por separado como una vida separada. Aquel que se ha preparado así, aquel cuya vida diaria ha sido un todo redondo, tiene la mente tranquila; pero aquellos que viven sólo para la esperanza descubren que el futuro inmediato siempre se les escapa de las manos y que la codicia ocupa su lugar, y el miedo a la muerte, una maldición que echa una maldición sobre todo lo demás. De ahí la más degradada de las oraciones, en la que Mecenas[885] no se niega a sufrir debilidad, deformidad y, como colofón, el dolor de la crucifixión, con tal de poder prolongar el aliento de vida en medio de estos sufrimientos:[886]

11. Fórmame con una mano paralizada,

---

[885] Frag. 1, p. 35 Lunderstedt.
[886] Horacio, su íntimo amigo, escribió Od. ii. 17 para animar al abatido Mecenas; y Plinio (N. H. vii. 54) menciona sus fiebres y su insomnio - perpetua febris. . . . Eidem triennio supremo nullo horae momento contigit somnus.

Débil de pies, y tullido;
Construye sobre mí una joroba de lomo torcido;
Sacude mis dientes hasta que traqueteen;
Todo está bien, si mi vida permanece.
Sálvala, oh, sálvala, te lo ruego,
¡Aunque me siente en la cruz punzante!

12. ¡Ahí está, orando por lo que, si le hubiera sucedido, sería la cosa más lamentable del mundo! Y buscando un aplazamiento del sufrimiento, ¡como si pidiera la vida! Yo lo consideraría de lo más despreciable si hubiera deseado vivir hasta el mismo momento de la crucifixión: "No", clama, "¡puedes debilitar mi cuerpo si sólo dejas el aliento de vida en mi maltrecho e ineficaz cadáver! Mutílenme si quieren, pero déjenme, por deforme que sea, un poco más de tiempo en el mundo. Pueden clavarme y sentarme en la cruz punzante". ¿Vale la pena pesar sobre la propia herida, y colgar empalado en una horca, para que uno pueda posponer algo que es el bálsamo de los problemas, el fin del castigo? ¿Vale la pena todo esto para poseer el aliento de vida sólo para renunciar a él? **13.** ¿Qué pedirían para Mecenas sino la indulgencia del Cielo? ¿Qué quiere decir con versos tan femeninos e indecentes? ¿Qué quiere decir pactando con el miedo pánico? ¿Qué quiere decir suplicando tan vilmente por la vida? No puede haber oído nunca a Virgilio leer las palabras:

Dime, ¿es la Muerte tan miserable como eso?[887]

Pide el clímax del sufrimiento, y -lo que es aún más difícil de soportar- la prolongación y extensión del sufrimiento; ¿y qué gana con ello? Simplemente la bendición de una existencia más larga. Pero, ¿qué clase de vida es una muerte prolongada? **14.** ¿Se puede encontrar a alguien que prefiera consumirse en el dolor, morir miembro a miembro, o dejar escapar su vida gota a gota, antes que expirar de una vez por todas? ¿Se puede encontrar a alguien dispuesto a ser atado al árbol maldito,[888]

---

[887] *Eneida* xii. 646

largo tiempo enfermizo, ya deformado, hinchado con tumores feos en el pecho y los hombros, y extraer el aliento de la vida en medio de una agonía prolongada? Creo que tendría muchas excusas para morir incluso antes de subir a la cruz.

Niega, ahora, si puedes, que la Naturaleza sea muy generosa al hacer inevitable la muerte. **15.** Muchos hombres han estado dispuestos a hacer tratos aún más vergonzosos: traicionar a los amigos para vivir ellos más tiempo, o degradar voluntariamente a sus hijos y gozar así de la luz del día que es testigo de todos sus pecados. Hay que deshacerse de esa ansia de vivir, y aprender que no importa cuándo llegue tu sufrimiento, porque en algún momento estás obligado a sufrir. La cuestión no es cuánto tiempo vives, sino con qué nobleza vives. Y a menudo este vivir noblemente significa que no puedes vivir mucho tiempo. Adiós.

---

[888] *Infelix lignum* (o *enramada*) es la cruz.

CII. Sobre los presentimientos de nuestra inmortalidad

1. De la misma manera que un hombre es molesto cuando despierta a un soñador de sueños agradables (porque está estropeando un placer que puede ser irreal pero que, sin embargo, tiene apariencia de realidad), también su carta me ha hecho un daño. Porque me ha hecho volver bruscamente, absorto como estaba en agradables meditaciones y dispuesto a proseguir aún más si se me hubiera permitido. **2.** Me complacía en investigar la inmortalidad de las almas, es más, en creer esa doctrina. Pues prestaba oídos a las opiniones de los grandes autores, que no sólo aprueban, sino que prometen esta condición tan agradable. Me entregaba a tan noble esperanza; porque ya estaba cansado de mí mismo, comenzando ya a despreciar los fragmentos de mi destrozada existencia,[889] y sintiendo que estaba destinado a pasar a esa infinidad del tiempo y a la herencia de la eternidad, cuando me despertó de repente la recepción de su carta, y perdí mi encantador sueño. Pero, si una vez puedo disponer de ti, volveré a buscarlo y lo rescataré.

3. Al principio de su carta, usted observó que yo no había explicado todo el problema, en el que me esforzaba por demostrar una de las creencias de nuestra escuela, que el renombre que le toca a uno en suerte después de la muerte es un bien; porque yo no había resuelto el problema con el que normalmente nos enfrentamos: "Ningún bien puede consistir en cosas distintas y separadas; sin embargo, el renombre consiste en tales cosas". **4.** Lo que preguntas, querido Lucilio, pertenece a otro tema de la misma materia, y por eso había aplazado los argumentos, no sólo sobre este tema, sino sobre otros temas que también abarcaban el mismo terreno. Porque, como sabes, ciertas cuestiones lógicas se mezclan con las éticas. En consecuencia, me ocupé de la parte esencial de mi tema que

---

[889] Séneca, agotado por sus experiencias políticas, tenía entonces no menos de sesenta y siete años.

tiene que ver con la conducta: si es insensato e inútil ocuparse de lo que hay más allá de nuestro último día, o si nuestros bienes mueren con nosotros y no queda nada de aquel que ya no es, o si se puede obtener o intentar obtener algún provecho de antemano de aquello que, cuando llegue, no seremos capaces de sentir.

5. Todas estas cosas tienen por objeto la conducta, y por eso se han incluido en el tema correspondiente. Pero las observaciones de los dialécticos en oposición a esta idea tuvieron que ser tamizadas, y en consecuencia fueron dejadas de lado. Ahora que exiges una respuesta a todas ellas, examinaré todas sus afirmaciones, y luego las refutaré individualmente. **6.** Sin embargo, si no hago una observación preliminar, será imposible entender mis refutaciones. ¿Y cuál es esa observación preliminar? Simplemente esto: hay ciertos cuerpos continuos, como un hombre; hay ciertos cuerpos compuestos, - como barcos, casas, y todo lo que es el resultado de la unión de partes separadas en una suma total: hay algunos otros formados por cosas que son distintas,[890] cada miembro permanece separado - como un ejército, un populacho, o un senado. Porque las personas que componen tales cuerpos están unidas en virtud de la ley o de la función; pero por su naturaleza son distintas e individuales. Bien, ¿qué otras observaciones preliminares deseo hacer? **7.** Simplemente esto: creemos que nada es un bien, si está compuesto de cosas que son distintas. Porque un solo bien debe ser controlado y controlado por una sola alma; y la cualidad esencial de cada bien debe ser única. Esto puede demostrarse por sí mismo cuando se desee; mientras tanto, sin embargo, hubo que dejarlo de lado, porque nuestras propias armas[891] se nos están lanzando.

---

[890] Séneca está quizá popularizando las combinaciones estoicas, - παράθεσις (yuxtaposición), μῖξις (mezcla) o κρᾶσις (fusión), y σύγχυσις (mezcla química). Cf. E. V. Arnold, *Estoicismo romano*, p. 169.

[891] Es decir, los argumentos de los estoicos.

8. Los oponentes hablan así: "Dices, ¿verdad, que ningún bien puede estar constituido por cosas distintas? Sin embargo, este renombre, del que hablas, es simplemente la opinión favorable de hombres buenos. Porque, así como la reputación no consiste en los comentarios de una persona, y como la mala reputación no consiste en la desaprobación de una persona, así el renombre no significa que simplemente hayamos complacido a una persona buena. Para constituir renombre, es necesario el acuerdo de muchos hombres distinguidos y dignos de alabanza. Pero esto resulta de la decisión de un número, es decir, de personas que son distintas. Por lo tanto, no es un bien. **9.** Dices también que el renombre es la alabanza que los hombres buenos tributan a un hombre bueno. La alabanza significa palabra, y la palabra es una expresión con un significado particular; y la expresión, incluso de labios de hombres buenos, no es un bien en sí misma. Porque cualquier acto de un hombre bueno no es necesariamente un bien; él grita su aplauso y silba su desaprobación, pero uno no llama bueno al grito o al silbido - aunque toda su conducta pueda ser admirada y alabada- más de lo que uno aplaudiría un estornudo o una tos. Por lo tanto, la notoriedad no es un bien. **10.** Por último, dinos si el bien pertenece a quien alaba o a quien es alabado: si dices que el bien pertenece a quien es alabado, estás en una búsqueda tan insensata como si sostuvieras que la buena salud de mi prójimo es la mía. Pero alabar a hombres dignos es una acción honorable; por tanto, el bien es exclusivamente del hombre que alaba, del hombre que realiza la acción, y no de nosotros, que somos alabados. Y, sin embargo, ésta era la cuestión que se discutía".

11. Ahora responderé apresuradamente a las objeciones separadas. La primera pregunta sigue siendo si algún bien puede consistir en cosas que son distintas, y hay votos emitidos por ambas partes. Una vez más, ¿necesita el renombre muchos votos? El renombre puede satisfacerse con la decisión de un hombre bueno: es un hombre bueno el que decide que somos buenos. **12.** Entonces la réplica es: "¿Qué? ¿Definirías la reputación como la estima de un individuo, y la mala reputación como la cháchara rencorosa de un hombre? Consideramos que la gloria está más extendida, pues exige el acuerdo de muchos hombres." Pero la posición de "muchos" es diferente de la de "uno". ¿Y por qué? Porque, si el hombre bueno piensa bien de mí, equivale prácticamente a que todos los hombres buenos piensen bien de mí; porque todos pensarán lo mismo, si me conocen. Su juicio es igual e idéntico; el efecto de la verdad sobre él es igual. No pueden discrepar, lo que significa que todos sostendrían la misma opinión, siendo incapaces de sostener opiniones diferentes. **13.** "La opinión de un hombre", dices, "no basta para crear gloria o reputación". En el primer caso,[892] un juicio es un juicio universal, porque todos, si se les preguntara, sostendrían una misma opinión; en el otro caso, sin embargo, hombres de carácter disímil emiten juicios divergentes. Todo es dudoso, inconstante, indigno de confianza. ¿Y puedes suponer que todos los hombres son capaces de sostener una misma opinión? Ni siquiera un individuo mantiene una sola opinión. Con el hombre bueno es la verdad la que causa la creencia, y la verdad no tiene más que una función y una semejanza; mientras que entre la segunda clase de la que he hablado, las ideas con las que están de acuerdo son poco sólidas. Además, los que son falsos nunca son firmes: son irregulares y discordantes. **14.** "Pero la alabanza", dice el objetor, "no es más que una expresión, y una expresión no es un bien". Cuando en[893] se dice que el renombre es la alabanza concedida al bueno por el bueno, a lo que se refieren no es a una expresión, sino a un juicio. Pues un hombre bueno puede permanecer en silencio; pero si decide que cierta persona es digna, de alabanza, esa persona es objeto de alabanza. **15.** Además, una cosa es la alabanza y otra la alabanza. Por eso no se habla de "alabanza fúnebre", sino de "alabanza", pues su

---

[892] Es decir, del *unus vir bonus*, en contraste con los muchos.
[893] Es decir, los estoicos.

función depende de la palabra. Y cuando decimos que un hombre es digno de alabanza, le aseguramos bondad humana, no con palabras, sino con juicio. Así que la buena opinión, incluso de quien en silencio siente aprobación interior de un hombre bueno, es alabanza.

16. De nuevo, como he dicho, la alabanza es un asunto de la mente más que de la palabra; porque la palabra saca la alabanza que la mente ha concebido, y la publica a la atención de muchos. Juzgar a un hombre digno de alabanza, es alabarlo. Y cuando nuestro poeta trágico[894] nos canta que es maravilloso "ser alabado por un héroe bien alabado", quiere decir "por alguien que es digno de alabanza". De nuevo, cuando un bardo igualmente venerable dice:[895] "La alabanza nutre las artes", no se refiere a dar alabanzas, pues eso estropea las artes. Nada ha corrompido tanto la oratoria y todos los demás estudios que dependen del oído como la aprobación popular.[896] **17.** La reputación exige necesariamente palabras, pero el renombre puede contentarse con los juicios de los hombres, y bastar sin la palabra hablada. Se satisface no sólo en medio de la aprobación silenciosa, sino incluso ante la protesta abierta. Hay, en mi opinión, esta diferencia entre renombre y gloria - esta última depende de los juicios de muchos; pero el renombre de los juicios de los hombres buenos. **18.** Viene la réplica: "Pero ¿de quién es este renombre, esta alabanza rendida a un hombre bueno por hombres buenos? ¿Es del alabado o del que alaba?". De ambos, digo yo. Es mi propio bien, en cuanto que soy alabado, porque he nacido naturalmente para amar a todos los hombres, y me regocijo de haber hecho buenas obras y me felicito de haber encontrado hombres que expresan sus ideas

---

[894] Naevius, citado por Cicerón, *Tusc. Disp.* iv. 31 (de Héctor):
laetus sum
laudari me abs te, pater, laudato viro.'
[895] Un sentimiento común, que se encuentra, por ejemplo, en Cicerón, *Tusc. Disp.* i. 2. 4.
[896] Cf. Ep. xl. 4 *haec popularis (oratio) nihil habet veri.*

de mis virtudes con gratitud; que sean agradecidos, es un bien para los muchos, pero es un bien también para mí. Pues mi espíritu está tan ordenado que puedo considerar como mío el bien de los demás hombres, en todo caso de aquellos de cuyo bien yo mismo soy causa. **19.** Este bien es también el bien de los que lo alaban, porque se aplica por medio de la virtud; y todo acto de virtud es un bien. Mis amigos no habrían podido encontrar esta bendición si yo no hubiera sido un hombre de recta estampa. Por lo tanto, es un bien que pertenece a ambas partes -este ser alabado cuando uno lo merece- tan verdaderamente como una buena decisión es el bien de aquel que toma la decisión y también de aquel en cuyo favor se dio la decisión. ¿Dudas de que la justicia es una bendición para su poseedor, así como para el hombre a quien se pagó lo justo? Alabar al que lo merece es justicia; por lo tanto, el bien pertenece a ambas partes.

20. Esta será una respuesta suficiente para tales traficantes de sutilezas. Pero no debe ser nuestro propósito discutir las cosas astutamente y arrastrar la filosofía de su majestad a tan mezquinas argucias. ¡Cuánto mejor es seguir el camino abierto y directo, que trazarse uno mismo una ruta tortuosa que hay que desandar con infinitos problemas! Pues tal argumentación no es más que el deporte de hombres que hacen hábiles malabarismos unos con otros. **21.** ¡Dime más bien hasta qué punto está de acuerdo con la naturaleza dejar que la mente se extienda hacia el universo ilimitado! El alma humana es algo grande y noble; no admite más límites que los que pueden compartir incluso los dioses. En primer lugar, no consiente un lugar de nacimiento humilde, como Éfeso o Alejandría, o cualquier tierra que esté aún más densamente poblada que éstas, y más ricamente sembrada de viviendas. La patria del alma es todo el espacio que rodea la altura y la anchura del firmamento, toda la cúpula redondeada dentro de la cual se encuentran la tierra y el mar, dentro de la cual el aire superior que separa lo humano de lo divino también los une, y donde todas las estrellas centinelas están tomando su turno de servicio. **22.** Además, el alma no soportará una existencia estrecha. "Todos los años", dice el alma, "son míos; ninguna época está cerrada a las grandes mentes; todo el tiempo está abierto para el progreso del pensamiento. Cuando llegue el día de separar lo celestial de su mezcla terrenal, dejaré el cuerpo aquí donde lo encontré, y por mi propia voluntad me entregaré a los dioses. Ahora no estoy separado de ellos, sino meramente detenido en una pesada y terrenal prisión." **23.** Estos retrasos de la existencia mortal son un preludio de la vida más larga y mejor. Así como el vientre de la madre nos contiene durante diez meses, preparándonos, no para el vientre mismo, sino para la existencia a la que parecemos ser enviados cuando por fin estamos preparados para respirar y vivir al aire libre; así también, a lo largo de los años que se extienden entre la infancia y la vejez, nos estamos preparando para otro nacimiento. Un comienzo diferente, una condición diferente, nos esperan. **24.** Todavía no podemos, salvo en raras ocasiones, soportar la luz del cielo; por lo tanto, espera sin miedo la hora señalada,[897] - la última hora del cuerpo, pero no del alma. Examina todo lo que hay a tu alrededor, como si fuera equipaje en una cámara de invitados: debes seguir viajando. La naturaleza te desnuda tanto a tu partida como a tu entrada. **25.** No puedes llevarte más de lo que trajiste; es más, debes deshacerte de la mayor parte de lo que trajiste contigo a la vida: serás despojado de la misma piel que te cubre, que ha sido tu última protección; serás despojado de la carne, y perderás la sangre que está impregnada y circula por tu cuerpo; serás despojado de los huesos y tendones, el armazón de estas partes transitorias y débiles.

26. Ese día, que temes como el fin de todas las cosas, es el cumpleaños de tu eternidad. Deshazte de tu carga -¿por qué

---

[897] Metáfora de la arena: *las decretoria* eran verdaderas armas decisivas con las que se enfrentaba a la muerte, frente a las *lusoria*, armas "simuladas". Cf. Sen. Ep. cxvii. 25.

demorarlo? - como si antes no hubieras abandonado el cuerpo que era tu escondite. Te aferras a tu carga, luchas; también en tu nacimiento fue necesario un gran esfuerzo por parte de tu madre para liberarte. Lloras y te lamentas; y, sin embargo, este mismo llanto se produce también al nacer; pero entonces era excusable, porque viniste al mundo totalmente ignorante e inexperto. Cuando abandonaste la cálida y acogedora protección del vientre de tu madre, un aire más libre sopló en tu rostro; entonces te estremeciste al contacto de una mano áspera, y miraste con asombro objetos desconocidos, todavía delicado e ignorante de todas las cosas.

27. Pero ahora no es nada nuevo para ti ser separado de aquello de lo que antes has formado parte; suelta con resignación tus miembros ya inútiles y prescinde de ese cuerpo en el que has habitado durante tanto tiempo. Será despedazado, enterrado y consumido. ¿Por qué abatirse? Esto es lo que sucede de ordinario: cuando nacemos, la placenta siempre perece. ¿Por qué amar tal cosa como si fuera tu propia posesión? No era más que tu cubierta. Llegará el día que te arrancará y te alejará de la compañía del vientre inmundo y ruidoso. **28.** Retírate de él también ahora[898] tanto como puedas, y apártate del placer, excepto de aquel que pueda estar ligado a cosas esenciales e importantes; aléjate de él incluso ahora, y reflexiona sobre algo más noble y elevado. Algún día los secretos de la naturaleza te serán revelados, la niebla será sacudida de tus ojos, y la luz brillante fluirá sobre ti desde todos los lados.

Imagínate cuán grande es el resplandor cuando todas las estrellas mezclan sus fuegos; ninguna sombra perturbará el cielo claro. Toda la extensión del cielo brillará uniformemente, pues el día y la noche sólo se intercambian en la atmósfera más baja. Entonces dirán que han vivido en las tinieblas, después de haber visto, en su estado perfecto, la luz perfecta, esa luz que

---

[898] La salida de la vida se compara con la salida del útero. También es posible que la palabra *"venter" tenga* un doble significado.

ahora contemplan oscuramente con visión estrecha hasta el último grado. Y, sin embargo, por lejana que esté, ya la contemplan con asombro; ¿qué crees que será la luz celestial cuando la hayas visto en su esfera propia?

29. Tales pensamientos no permiten que nada mezquino se instale en el alma, nada bajo, nada cruel. Sostienen que los dioses son testigos de todo. Nos ordenan que contemos con la aprobación de los dioses, que nos preparemos para unirnos a ellos en algún momento futuro y que hagamos planes para la inmortalidad. Aquel que ha comprendido esta idea no se encoge ante ningún ejército atacante, no se aterroriza ante el toque de trompeta y no se deja intimidar por ninguna amenaza. **30.** ¿Cómo no va a sentir miedo el hombre que espera la muerte? También quien cree que el alma sólo permanece mientras está encadenada al cuerpo, la dispersa inmediatamente cuando se disuelve, para que pueda ser útil incluso después de la muerte. Porque, aunque sea arrebatado de la vista de los hombres, todavía

A menudo nuestros pensamientos se remontan al héroe, y a menudo la gloria

Ganado por su carrera vuelve a la mente.[899]

Considera cuánto nos ayuda el buen ejemplo; así comprenderás que la presencia de un hombre noble no es de menos servicio que su recuerdo. Adiós.

CIII. Sobre los peligros de la asociación con nuestros semejantes[900]

1. ¿Por qué buscas problemas que tal vez te sobrevengan, pero que de hecho pueden no sobrevenirte en absoluto? Me refiero

---
[899] Virgilio, Aen. iv. 3 f.

a incendios, caídas de edificios y otros accidentes de ese tipo que son meros acontecimientos y no complots contra nosotros. Más bien ten cuidado y evita esos problemas que persiguen nuestros pasos y extienden sus manos contra nosotros. Los accidentes, aunque pueden ser graves, son pocos, como naufragar o ser arrojado del carruaje; pero el peligro cotidiano de un hombre proviene de sus semejantes. Prepárate para ello; vigílalo con ojo atento. No hay mal más frecuente, ni mal más persistente, ni mal más insinuante. **2.** Hasta la tempestad, antes de arreciar, avisa; las casas crujen antes de estrellarse; y el humo es precursor del fuego. Pero el daño del hombre es instantáneo, y cuanto más se acerca más cuidadosamente se oculta.

Te equivocas al fiarte de los semblantes de los que te encuentras. Tienen aspecto de hombres, pero alma de brutos; la diferencia es que sólo las bestias te hacen daño al primer encuentro; a los que han pasado de largo no los persiguen. Porque nada las impulsa a hacer daño, excepto cuando la necesidad las obliga: es el hambre o el miedo lo que las fuerza a pelear. Pero el hombre se deleita en arruinar al hombre.

3. Sin embargo, debes reflexionar así sobre el peligro que corres a manos del hombre, para que puedas deducir cuál es el deber del hombre. Procura, en tu trato con los demás, no dañar, para que no te dañen a ti. Debes alegrarte con todos en sus alegrías y compadecerte de ellos en sus penas, recordando lo que debes ofrecer y lo que debes negar. **4.** ¿Y qué puedes conseguir viviendo una vida así? No necesariamente librarte del daño de sus manos, pero al menos librarte del engaño. Sin embargo, en la medida de tus posibilidades, refúgiate en la filosofía: ella te acogerá en su seno y en su santuario estarás a salvo o, en todo caso, más seguro que antes. Las personas sólo chocan cuando recorren el mismo camino. **5.** Pero esta misma filosofía nunca debe ser alardeada por ti; porque la filosofía cuando se emplea

---

[900] Compárese t his con la Séptima carta (vol. i.)

con insolencia y arrogancia ha sido peligrosa para muchos. Deja que te despoje de tus faltas, en lugar de ayudarte a censurar las faltas de los demás. Que no se mantenga al margen de las costumbres de la humanidad, ni se ocupe de condenar lo que ella misma no hace. Un hombre puede ser sabio sin ostentación y sin despertar enemistades. Adiós.

CIV. Sobre el cuidado de la salud y la tranquilidad

1. Me he escapado a mi villa en Nomentum, ¿con qué propósito, supones? ¿Para escapar de la ciudad? No; para sacudirme una fiebre que seguramente se estaba abriendo camino en mi organismo. Ya se había apoderado de mí. Mi médico insistía en que cuando la circulación estaba alterada e irregular, perturbando el equilibrio natural, la enfermedad estaba en marcha. Por lo tanto, ordené que prepararan mi carruaje de inmediato e insistí en partir, a pesar de los esfuerzos de mi esposa Paulina[901] por detenerme; pues recordé las palabras de mi maestro Galión[902], cuando comenzó a desarrollar fiebre en Acaya y se embarcó de inmediato, insistiendo en que la enfermedad no era del cuerpo sino del lugar. **2.** Eso es lo que le comenté a mi querida Paulina, que siempre me insta a cuidar mi salud. Sé que su aliento vital va y viene con el mío, y estoy empezando, en mi preocupación por ella, a ser solícito conmigo mismo. Y aunque la vejez me ha hecho más valiente para soportar muchas cosas, estoy perdiendo gradualmente esta bendición que la vejez otorga. Porque se me ocurre que en este anciano hay también juventud, y la juventud necesita ternura. Por eso, ya que no puedo convencerla de que me ame más heroicamente, me convence de que me cuide más. **3.** A veces, incluso a pesar de razones de peso, hay que recuperar el aliento de la vida y mantenerlo en nuestros labios incluso al precio de un gran sufrimiento, por el bien de aquellos a quienes apreciamos; porque el hombre de bien no debe vivir tanto como le plazca, sino tanto como deba. El que no valora lo suficiente a su esposa

---

[901] Pompeya Paulina, segunda esposa de Séneca; cf. Tac. *Ann.* xv. 60. Aunque mucho más joven que su marido, fue un modelo de devoción, y permaneció leal a él durante toda la persecución neroniana.

[902] Hermano mayor de Séneca, cuyo nombre antes de ser adoptado por Lucio Iunio Galio era Anneo Novato. Fue gobernador de Acaya del 1 de julio del 51 al 1 de julio del 52 d.C. Véase *Hechos* xviii. 11 y ss., y Duff, *Tres diálogos de Séneca*, p. xliii.

o a su amigo como para prolongar su vida, el que se obstina en morir, es un voluptuoso.

El alma debe también imponerse a sí misma este mandamiento siempre que las necesidades de sus parientes lo exijan; debe detenerse y humillar a sus allegados, no sólo cuando desea, sino incluso cuando ha comenzado, a morir. **4.** Es prueba de un gran corazón volver a la vida por el bien de los demás; y los hombres nobles lo han hecho a menudo. Pero este procedimiento también indica, a mi juicio, el tipo más elevado de bondad: que aunque la mayor ventaja de la vejez es la oportunidad de ser más negligente respecto a la autoconservación y de usar la vida con más audacia, uno debe velar por su vejez con un cuidado aún mayor si sabe que tal acción es agradable, útil o deseable a los ojos de una persona a la que aprecia. **5.** Esto también es fuente de alegría y provecho, pues ¿qué hay más dulce que ser tan apreciado por la propia esposa que uno se vuelve más valioso para sí mismo por esta razón? De ahí que mi querida Paulina sea capaz de hacerme responsable, no sólo de sus temores, sino también de los míos.

6. ¿Tienen curiosidad por saber el resultado de esta receta de viaje? Tan pronto como escapé de la atmósfera opresiva de la ciudad, y de ese horrible olor de las cocinas apestosas que, cuando están en uso, despiden un ruinoso amasijo de vapor y hollín, percibí en seguida que mi salud se recuperaba. Y ¡cuánto más fuerte creéis que me sentí cuando llegué a mis viñedos! Cuando, por así decirlo, me dejaron pastar, ¡acudí regularmente a mis comidas! De modo que vuelvo a ser el mismo de antes, sin sentir ahora languidez vacilante en mi organismo, ni pereza en mi cerebro. Empiezo a trabajar con toda mi energía.

7. Pero el mero lugar sirve de poco para este propósito, a menos que la mente sea totalmente dueña de sí misma, y pueda, a su gusto, encontrar reclusión incluso en medio de los negocios; el hombre, sin embargo, que siempre está seleccionando lugares de descanso y buscando ocio, encontrará algo que distraiga su mente en cualquier lugar. Se cuenta que Sócrates contestó, cuando cierta persona se quejó de no haber recibido ningún beneficio de sus viajes: "¡Te lo mereces! Viajaste en tu propia compañía!".[903] **8.** ¡Oh, qué bendición sería para algunos hombres alejarse de sí mismos! Tal como están las cosas, se causan a sí mismos vejaciones, preocupaciones, desmoralización y miedo. ¿Qué provecho hay en cruzar el mar y en ir de una ciudad a otra? Si quieres escapar de tus problemas, no necesitas otro lugar, sino otra personalidad. Quizá hayas llegado a Atenas, o quizá a Rodas; elige cualquier estado que te apetezca, ¿qué importa cuál sea su carácter? Le estarás aportando el tuyo propio.

9. Supongamos que consideras la riqueza como un bien: entonces la pobreza te angustiará, y, lo que es más lamentable, será una pobreza imaginaria. Porque puedes ser rico y, sin embargo, porque tu vecino es más rico, suponerte pobre exactamente en la misma medida en que te quedas corto con respecto a tu vecino. Puedes considerar que la posición oficial es un bien; serás vejado por el nombramiento o nuevo nombramiento de otro para el cargo de cónsul; estarás celoso cada vez que veas un nombre varias veces en los registros del estado. Tu ambición será tan frenética que te considerarás el último en la carrera si hay alguien delante de ti. **10.** O puedes considerar la muerte como el peor de los males, aunque en realidad no hay ningún mal en ella, excepto el que precede a la llegada de la muerte: el miedo. Te asustarás mucho, no sólo por los peligros reales, sino también por los imaginarios, y serás sacudido para siempre en el mar de la ilusión. ¿De qué te serviría

Has enhebrado todas las ciudades de Argolis,

¿Un fugitivo a través de la presión de los enemigos?[904]

---

[903] Cf. Ep. x. 1 "*Mecum loquor*". "*Cave, rogo, et diligenter adtende; cum homine malo loqueris*".

Porque la paz misma proporcionará más aprensión. Incluso en medio de la seguridad no tendrás confianza si tu mente ha recibido una vez un shock; una vez que ha adquirido el hábito del pánico ciego, es incapaz de proveer incluso para su propia seguridad. Porque no evita el peligro, sino que huye. Sin embargo, estamos más expuestos al peligro cuando le damos la espalda.

11. Puedes juzgar como el más grave de los males el perder a alguno de los que amas; pero, de todos modos, esto no sería menos insensato que llorar porque los árboles que encantan tu vista y adornan tu casa pierden su follaje. Considera todo lo que te agrada como si fuera una planta floreciente; aprovéchalo al máximo mientras esté en hojas, porque las diferentes plantas en diferentes estaciones deben caer y morir. Pero así como la pérdida de las hojas es algo ligero, porque vuelven a nacer, lo mismo sucede con la pérdida de aquellos a quienes amas y consideras como el deleite de tu vida; porque pueden ser reemplazados aunque no puedan nacer de nuevo. **12.** "Los nuevos amigos, sin embargo, no serán los mismos". No, ni tú mismo seguirás siendo el mismo; cambias con cada día y cada hora. Pero en otros hombres se ve más fácilmente lo que el tiempo despoja; en tu propio caso el cambio está oculto, porque no tendrá lugar visiblemente. A otros se les arrebata de la vista; a nosotros mismos se nos arrebata sigilosamente. No pensarás en ninguno de estos problemas, ni aplicarás remedios a estas heridas. Por tu propia voluntad estarás sembrando una cosecha de problemas al esperar y desesperar alternativamente. Si eres sabio, mezcla estos dos elementos: no esperes sin desesperar, ni desesperes sin esperanza.

13. ¿Qué beneficio ha podido dar a alguien el viaje por sí mismo? Ningún freno al placer, ningún freno al deseo, ningún freno al mal humor, ningún aplastamiento de los asaltos salvajes de la pasión, ninguna oportunidad de librar al alma del

---

[904] Virgilio, *Aen.* iii. 282 y ss.

mal. Viajar no puede darnos juicio, ni sacudirnos de nuestros errores; se limita a retener nuestra atención un momento por cierta novedad, como los niños se detienen a maravillarse ante algo desconocido. **14.** Además, nos irrita, por la vacilación de una mente que sufre un ataque agudo de enfermedad; el mismo movimiento la hace más inestable y nerviosa. De ahí que los lugares que habíamos buscado con más ahínco los abandonemos con más ahínco aún, como pájaros que revolotean y se alejan tan pronto como se han posado. **15.** Lo que el viaje te dará es familiaridad con otras naciones: te revelará montañas de extraña forma, o extensiones desconocidas de llanura, o valles que son regados por manantiales siempre fluyentes, o las características de algún río que llame nuestra atención. Observamos cómo el Nilo se eleva y se hincha en verano, o cómo el Tigris desaparece, corre bajo tierra por espacios ocultos, y luego aparece con incesante barrido; o cómo el Maeander,[905] ese tema tantas veces ensayado y juguete de los poetas, gira en frecuentes recodos, y a menudo al serpentear se acerca a su propio cauce antes de reanudar su curso. Pero este tipo de información no nos hará mejores ni más sensatos.[906]

16. Deberíamos más bien emplear nuestro tiempo en el estudio, y cultivar a aquellos que son maestros de sabiduría, aprendiendo algo que ha sido investigado, pero no resuelto; por este medio la mente puede ser aliviada de la más miserable servidumbre, y ganada para la libertad. En efecto, mientras ignores lo que debes evitar o buscar, o lo que es necesario o superfluo, o lo que está bien o mal, no estarás viajando, sino simplemente vagando. **17.** De nada te servirán las prisas, pues viajas con tus emociones y te siguen tus aflicciones. ¡Ojalá te siguieran! En ese caso, estarían más lejos; tal como están las

---

[905] Véase el índice de nombres propios
[906] Aunque Séneca estaba profundamente interesado en tales asuntos, como demuestran la Ep. lxxix, las *Naturales Quaestiones* y un temprano trabajo sobre la geografía de Egipto.

cosas, tú las llevas y no las conduces. Por eso te rodean por todas partes, molestándote y fastidiándote continuamente. Es la medicina, no el paisaje, lo que el enfermo debe buscar. **18.** Supongamos que alguien se ha roto una pierna o se ha dislocado una articulación: no toma un carruaje o un barco para ir a otras regiones, sino que llama al médico para que le arregle el miembro fracturado, o para que lo vuelva a colocar en su sitio en el encaje. ¿Qué sucede entonces? Cuando el espíritu está roto o desgarrado en tantos lugares, ¿crees que el cambio de lugar puede curarlo? La dolencia está demasiado arraigada para curarla con un viaje. **19.** Los viajes no hacen al médico ni al orador; ningún arte se adquiere por el mero hecho de vivir en un lugar determinado.

¿Dónde reside entonces la verdad? ¿Puede la sabiduría, la mayor de todas las artes, adquirirse en un viaje? Te aseguro que, viajes lo que viajes, nunca podrás establecerte más allá del alcance del deseo, más allá del alcance del mal genio, o más allá del alcance del miedo; si hubiera sido así, hace tiempo que la raza humana se habría unido y habría peregrinado al lugar. Tales males, mientras lleves contigo sus causas, te cargarán y te preocuparán hasta la piel y los huesos en tus andanzas por tierra y mar. **20.** ¿Te extrañas de que no sirva de nada huir de ellos? Aquello de lo que huyes, está dentro de ti. En consecuencia, reforma tu propio ser, quítate la carga de encima y mantén dentro de límites seguros los antojos que deberían ser eliminados. Borra de tu alma todo rastro de pecado. Si quieres disfrutar de tus viajes, haz que la salud sea tu compañera de viaje. Mientras este compañero sea avaro y mezquino, la avaricia se te pegará; y mientras te juntes con un hombre prepotente, tus maneras hinchadas también se te pegarán. Vive con un verdugo, y nunca te librarás de tu crueldad. Si un adúltero es tu compañero de club, encenderá las más bajas pasiones. **21.** Si quieres ser despojado de tus faltas, deja muy atrás los modelos de las faltas. El avaro, el estafador, el matón, el tramposo, que te harán mucho daño con sólo estar cerca de ti, están *dentro de* ti.

Cambia, pues, a mejores asociaciones: vive con los Catos, con Laelio, con Tubero. O, si también te gusta vivir con griegos, pasa tu tiempo con Sócrates y con Zenón: el primero te enseñará cómo morir si es necesario; el segundo cómo morir antes de que sea necesario. **22.** Vive con Crisipo, con Posidonio:[907] ellos te harán conocer las cosas terrenales y las celestiales; te ordenarán que trabajes duro en algo más que pulcros giros del lenguaje y frases pronunciadas para entretener a los oyentes; te ordenarán que seas valiente de corazón y que te eleves por encima de las amenazas. El único puerto seguro contra las tormentas de esta vida es el desprecio del futuro, una posición firme, una disposición a recibir los misiles de la fortuna de lleno en el pecho, sin esconderse ni dar la espalda. **23.** La naturaleza nos ha hecho valientes de espíritu, y así como ha implantado en ciertos animales un espíritu de ferocidad, en otros de astucia, en otros de terror, así nos ha dotado de un espíritu aspirante y elevado, que nos impulsa a buscar una vida del mayor honor, y no de la mayor seguridad, que más se asemeja al alma del universo, a la que sigue e imita en la medida en que nuestros pasos mortales lo permiten. Este espíritu se empuja hacia adelante, confiado en el encomio y la estima. **24.** Es superior a todo, monarca de todo lo que estudia; por esto no debe someterse a nada, no encontrando ninguna tarea demasiado pesada, ni nada bastante fuerte para oprimir los hombros de un hombre.

Formas que da miedo mirar, de trabajo o muerte[908]

---

[907] Estos hombres son modelos o intérpretes de las virtudes. Los tres primeros representan respectivamente el valor, la justicia y el autocontrol. Sócrates es el sabio ideal, Zenón, Crisipo y Posidonio son a su vez el fundador, el clasificador y el modernizador del estoicismo.
[908] *Eneida*, vi. 277.

no son en absoluto espantosas, si uno es capaz de contemplarlas con mirada inquebrantable, y es capaz de traspasar las sombras. Muchas imágenes que se consideran terroríficas durante la noche, se convierten en ridículas durante el día. "Formas espantosas a la vista, de trabajo o muerte": nuestro Virgilioio ha dicho excelentemente que estas formas son espantosas, no en realidad, sino sólo "a la vista" - en otras palabras, parecen terribles, pero no lo son. **25.** Y en estas visiones, ¿qué hay, digo, que inspire tanto miedo como el rumor ha proclamado? ¿Por qué, mi querido Lucilio, debería un hombre temer el trabajo o una muerte mortal? Se me ocurren innumerables casos de hombres que piensan que es imposible lo que ellos mismos son incapaces de hacer, que sostienen que pronunciamos palabras que son demasiado grandes para que la naturaleza del hombre las lleve a cabo. **26.** Pero ¡cuánto más tengo en alta estima a estos hombres! Ellos pueden hacer estas cosas, pero declinan hacerlas. ¿A quién que lo haya intentado alguna vez le han parecido falsas estas tareas? ¿A qué hombre no le han parecido más fáciles al hacerlas? Nuestra falta de confianza no es el resultado de la dificultad; la dificultad viene de nuestra falta de confianza.

27. Sin embargo, si deseas un modelo, toma como ejemplo a Sócrates, un anciano muy sufrido, que fue mareado en medio de todas las dificultades y, sin embargo, no fue vencido ni por la pobreza (que sus problemas en el hogar hacían más pesada) ni por el trabajo, incluida la monotonía del servicio militar. En su hogar fue sometido a muchas pruebas, tanto si pensamos en su esposa, una mujer de modales ásperos y lengua arpía, como en los hijos, cuya obstinación demostraba que se parecían más a su madre que a su padre.[909] Y si consideramos los hechos, vivió en tiempos de guerra, o bajo tiranos, o bajo una democracia, que

---

[909] Primero escultor, luego buscador independiente de la verdad, cuyas necesidades se reducen al mínimo. Esposo de la arpía Xántipe y padre del aburrido e inútil Lamprocles. Valiente soldado en Potidaea, Délium y Anfípolis.

es más cruel que las guerras y los tiranos. **28.** La guerra duró veintisiete años;[910] entonces el estado se convirtió en víctima de los Treinta Tiranos, de los cuales muchos eran sus enemigos personales. Al final llegó el clímax de la condena bajo los cargos más graves: le acusaron de perturbar la religión del estado y corromper a la juventud,[911] pues declararon que había influido en la juventud para que desafiara a los dioses, desafiara al consejo y desafiara al estado en general. Luego vino la prisión y la copa de veneno.[912] Pero todas estas medidas cambiaron tan poco el alma de Sócrates que ni siquiera cambiaron sus facciones. ¡Qué maravillosa y rara distinción! Mantuvo esta actitud hasta el final, y nadie vio jamás a Sócrates demasiado eufórico o demasiado deprimido. En medio de todas las perturbaciones de la Fortuna, él se mantuvo imperturbable.

29. ¿Deseas otro caso? Toma el del más joven Marco Catón, con quien la fortuna trató de un modo más hostil y más persistente. Pero él la resistió, en todas las ocasiones, y en sus últimos momentos, a punto de morir, demostró que un hombre valiente puede vivir a pesar de la fortuna, puede morir a pesar de ella. Toda su vida transcurrió en la guerra civil o bajo un régimen político que pronto engendraría la guerra civil. Y se puede decir que, al igual que Sócrates, declaró su lealtad a la libertad en medio de la esclavitud, a menos que se piense que Pompeyo, César y Craso[913] eran aliados de la libertad. **30.** Nadie vio nunca cambiar a Catón, por mucho que cambiara el estado: se mantuvo igual en todas las circunstancias: en el pretorio,[914] en la derrota, bajo acusación,[915] en su provincia, en el estrado, en

---

[910] 431-404 a.C. (Guerra del Peloponeso).
[911] Véase la *Apología* de Platón, 23 D. Antes le habían dirigido una ley que prohibía la enseñanza de la dialéctica.
[912] 399 A.C.
[913] Triunviros en el 60 a.C. y rivales en la adquisición del poder inconstitucional.
[914] 54 A.C.
[915] Tal vez una referencia a su misión en Chipre (58-56 a.C.) y su

el ejército, en la muerte. Además, cuando la república estaba en una crisis de terror, cuando César estaba de un lado con diez legiones asediadas a su disposición, ayudado por tantas naciones extranjeras, y cuando Pompeyo estaba del otro, satisfecho de permanecer solo contra todos los que vinieran, y cuando los ciudadanos se inclinaban hacia César o Pompeyo, sólo Catón estableció un partido definido para la República. **31.** Si queréis haceros una idea de aquella época, imaginad por un lado al pueblo y a todo el proletariado ansiosos de revolución; por otro, a los senadores y caballeros, los hombres elegidos y honrados de la mancomunidad; y entre ellos sólo quedaban estos dos: la República y Catón.

Te digo que te maravillarás cuando veas

El hijo de Atreo, Príamo y Aquiles, furiosos contra ambos.[916]

Como Aquiles, desprecia y desarma a cada facción. **32.** Y éste es el voto que emite respecto a ambos: "Si César vence, me mato; si Pompeyo, me exilio". ¿Qué debía temer un hombre que, en la derrota o en la victoria, se había asignado a sí mismo un destino que podrían haberle asignado sus enemigos en su máxima furia? Así que murió por decisión propia.

33. Ya ves que el hombre puede soportar el trabajo: Catón, a pie, condujo un ejército a través de los desiertos africanos. Ves que se puede soportar la sed: marchó por colinas abrasadas por el sol, arrastrando los restos de un ejército derrotado y sin tren de provisiones, sufriendo la falta de agua y llevando una pesada armadura; siempre el último en beber de los pocos manantiales que por casualidad encontraban. Ya ves que el honor, y también la deshonra, pueden despreciarse: pues cuentan que el mismo día en que Catón fue derrotado en las elecciones, jugó una partida de pelota. Ved también que el hombre puede estar libre del temor a los que están por encima de él en rango: pues

---

posterior comparecencia ante Clodio.
[916] Virgilio, *Aen.* i. 458.

Catón atacó a César y a Pompeyo simultáneamente, en un momento en que nadie se atrevía a caer mal ante uno sin esforzarse por obligar al otro. Ya ves que se puede despreciar la muerte tanto como el exilio: Catón se infligió el exilio a sí mismo y finalmente la muerte,[917] y la guerra todo el tiempo.

34. Y así, si tan sólo estamos dispuestos a retirar nuestros cuellos del yugo, podemos mantener un corazón tan robusto contra tales terrores como éstos. Pero, ante todo, debemos rechazar los placeres; nos debilitan y nos vuelven femeninos; nos imponen grandes exigencias y, además, nos hacen imponer grandes exigencias a la fortuna. En segundo lugar, debemos desdeñar la riqueza: la riqueza es el diploma de la esclavitud. Abandonad el oro y la plata, y todo lo que sea una carga para nuestros hogares ricamente amueblados; la libertad no puede ganarse a cambio de nada. Si valoras mucho la libertad, debes valorar poco todo lo demás. Adiós.

---

[917] En Utica, en el 46 a.C.

CV. Enfrentarse al mundo con confianza

1. Ahora te diré ciertas cosas a las que debes prestar atención para vivir más seguro. Sin embargo, -tal es mi juicio- escucha mis preceptos como si yo te aconsejara que mantuvieras a salvo tu salud en tu casa de campo en Ardea.

Reflexiona sobre las cosas que incitan al hombre a destruir al hombre: encontrarás que son la esperanza, la envidia, el odio, el miedo y el desprecio. **2.** Ahora bien, de todas ellas, el desprecio es la menos dañina, tanto que muchos se han escudado en ella como en una especie de cura. Cuando un hombre te desprecia, te hace daño, sin duda, pero pasa de largo; y nadie hace daño persistentemente o con un propósito determinado a una persona a la que desprecia. Incluso en la batalla se desprecia a los soldados postrados: los hombres luchan con los que se mantienen firmes. **3.** Y puedes evitar las envidiosas esperanzas de los malvados mientras no tengas nada que pueda despertar los malos deseos de los demás, y mientras no poseas nada notable. Pues la gente anhela incluso las cosas pequeñas, si éstas llaman la atención o son de rara ocurrencia.

Te librarás de la envidia si no te impones a la vista del público, si no alardeas de tus posesiones, si sabes cómo disfrutar de las cosas en privado. El odio proviene o bien de faltar al respeto a los demás, y esto puede evitarse no provocando nunca a nadie, o bien es innecesario, y el sentido común[918] te mantendrá a salvo de él. Sin embargo, ha sido peligroso para muchos; algunas personas han sido odiadas sin haber tenido enemigo. **4.** En cuanto a no ser temido, una fortuna moderada y una disposición fácil te lo garantizarán; los hombres deben saber que eres la clase de persona que puede ser ofendida sin peligro; y tu reconciliación debe ser fácil y segura. Además, es tan molesto ser temido en casa como fuera; es tan malo ser temido por un esclavo como por un caballero. Pues todos tienen fuerza suficiente para hacerte algún daño. Además, quien es temido,

---

[918] Es decir, tacto.

también teme; nadie ha sido capaz de despertar el terror y vivir tranquilo.

5. Queda por hablar del desprecio. Aquel que ha hecho de esta cualidad un aditamento de su propia personalidad, que es despreciado porque desea ser despreciado y no porque *deba* ser despreciado, tiene la medida del desprecio bajo su control. Cualquier inconveniente a este respecto puede ser disipado por ocupaciones honorables y por amistades con hombres que tengan influencia con una persona influyente; con estos hombres le convendrá comprometerse, pero no enredarse, no sea que el remedio le cueste más que el riesgo. **6.** Sin embargo, nada te ayudará tanto como quedarte quieto, hablando muy poco con los demás y lo más que puedas contigo mismo. Porque hay una especie de encanto en la conversación, algo muy sutil y persuasivo, que, como la embriaguez o el amor, extrae secretos de nosotros. Nadie se guarda para sí lo que oye. Nadie contará a otro sólo lo que ha oído. Y quien cuenta historias, también cuenta nombres. Todo el mundo tiene a alguien a quien confiar exactamente lo que se le ha confiado. Aunque controle su propia garrulidad y se contente con un solo oyente, traerá consigo una nación, si lo que poco antes era un secreto se convierte en conversación común.

7. La contribución más importante a la paz mental es no hacer nunca el mal. Los que carecen de autodominio llevan vidas perturbadas y tumultuosas; sus delitos se equilibran con sus temores, y nunca están tranquilos. Porque tiemblan después del acto, y se sienten avergonzados; su conciencia no les permite ocuparse de otros asuntos, y les obliga continuamente a dar una respuesta. Quien espera castigo, lo recibe, pero quien lo merece, lo espera. **8.** Donde hay mala conciencia algo puede traer seguridad, pero nada puede traer alivio; porque un hombre imagina que, aunque no esté bajo arresto, pronto puede ser arrestado. Su sueño se turba; cuando habla del crimen de otro, reflexiona sobre el suyo, que le parece no suficientemente borrado, no suficientemente oculto a la vista.

Un malhechor a veces tiene la suerte de escapar a la noticia, pero nunca la seguridad de ello. Adiós.

CVI. Sobre la corporeidad de la virtud

1. Mi tardanza en responder a su carta no se debe a la presión de los negocios. No escuches ese tipo de excusas; estoy en libertad, y también lo está cualquiera que desee estarlo. Nadie está a merced de los asuntos. Se enreda en ellos por su propia voluntad, y luego se halaga pensando que estar ocupado es una prueba de felicidad. Muy bien; sin duda querrás saber por qué no te he contestado antes a la carta. El asunto sobre el que me consultaste estaba siendo reunido en el tejido de mi volumen.[919] **2.** Porque sabes que me propongo abarcar toda la filosofía moral y resolver todos los problemas que le conciernen. Por eso dudé si hacerte esperar hasta que llegara el momento oportuno para este tema, o pronunciar un juicio fuera del orden lógico; pero me pareció más amable no hacer esperar a quien viene de tan lejos.[920] **3.** Así que propongo tanto escoger esto fuera de la secuencia apropiada del asunto correlacionado, como enviarte, sin esperar a que me preguntes, lo que tenga que ver con cuestiones del mismo tipo.

¿Preguntas cuáles son? Preguntas respecto a qué conocimiento agrada más que beneficia; por ejemplo, tu pregunta sobre si el bien es corpóreo.[921] **4.** Ahora bien, el bien es activo: porque es beneficioso; y lo que es activo es corpóreo. El bien estimula la mente y, en cierto modo, moldea y abarca lo esencial del cuerpo. Los bienes del cuerpo son corpóreos; así deben ser, por tanto, los bienes del alma. Pues también el alma es corpórea. **5.** *Ergo*, el bien del hombre debe ser corpóreo, puesto que el hombre mismo es corpóreo. Estoy tristemente extraviado si los elementos que sostienen al hombre y preservan o restauran su salud, no son corpóreos; por lo tanto, su bien es un cuerpo. No tendrás duda, estoy seguro, de que las emociones son cosas

---

[919] Presumiblemente (cf. Ep. cviii. § 1) en esta colección de Epístolas.
[920] Como Lucilio, en su carta, ha venido de lejos.
[921] Este tema se trata con más detalle en Ep. cxiii. Para una exposición clara de toda la cuestión del "cuerpo", véase Arnold, *Roman Stoicism*, pp. 157 ss.

corporales (si se me permite meter la cuña en otro tema que no es objeto de discusión inmediata), como la ira, el amor, la severidad; a menos que duden de si cambian nuestros rasgos, anudan nuestras frentes, relajan el semblante, extienden el rubor o ahuyentan la sangre... Entonces, ¿qué? ¿Crees que tan evidentes marcas del cuerpo nos las imprime otra cosa que el cuerpo? **6.** Y si las emociones son corporales, también lo son las enfermedades del espíritu, como la avaricia, la crueldad y todas las faltas que se endurecen en nuestras almas, hasta tal punto que llegan a un estado incurable. Por eso también lo es el mal, y todas sus ramas - rencor, odio, orgullo; **7.** y también lo son los bienes, primero porque son polos opuestos del mal, y segundo porque os manifestarán los mismos síntomas. ¿No ves cómo el espíritu de valentía hace brillar los ojos? ¿Cómo la prudencia tiende a la concentración? ¿Cómo la reverencia produce moderación y tranquilidad? ¿Cómo la alegría produce calma? ¿Cómo la severidad engendra rigidez? ¿Cómo la dulzura produce relajación? Estas cualidades son, pues, corporales; porque cambian los tonos y las formas de las sustancias, ejerciendo su propio poder en sus propios reinos.

Ahora bien, todas las virtudes que he mencionado son bienes, y también lo son sus resultados. **8.** ¿Tienes alguna duda de que todo lo que se puede tocar es corpóreo?

Sólo el cuerpo puede tocar o ser tocado,

como dice Lucrecio[922] . Además, los cambios que he mencionado no podrían afectar al cuerpo sin tocarlo. Por lo tanto, son corporales. **9.** Además, cualquier objeto que tenga poder de mover, forzar, restringir o controlar, es corpóreo. Vamos. ¿No nos detiene el miedo? ¿No nos impulsa la audacia? ¿La valentía nos espolea y nos impulsa? ¿No nos frena y nos hace retroceder la contención? ¿La alegría nos levanta el ánimo? ¿La tristeza nos abate? **10.** En resumen, cualquier acto

---

[922] *De Rerum Nat.* i. 304.

por nuestra parte se realiza a las órdenes de la maldad o de la virtud. Sólo un cuerpo puede controlar o afectar por la fuerza a otro cuerpo. El bien del cuerpo es corporal; el bien de un hombre está relacionado con su bien corporal; por lo tanto, es corporal.

11. Ahora que he complacido sus deseos, me anticiparé a su comentario, cuando diga: "¡Qué juego de peones!"[923] Embotamos nuestro fino filo con tales afanes superfluos; estas cosas hacen a los hombres inteligentes, pero no buenos. **12.** La sabiduría es una cosa más sencilla que eso; es más, es claramente mejor usar la literatura para el mejoramiento de la mente, en vez de desperdiciar la filosofía misma como desperdiciamos otros esfuerzos en cosas superfluas. Así como sufrimos por exceso en todas las cosas, también sufrimos por exceso en la literatura; así aprendemos nuestras lecciones, no para la vida, sino para la sala de conferencias. Adiós.

---

[923] Los romanos tenían un *ludus latrunculorum*, con características que se asemejaban tanto a las damas como al ajedrez. Las piezas (*calculi*) eran quizás de valores diferentes: el *latrunculus* puede haber sido una especie de "rover", cf. Marcial, *Epig.* vii. 72.

CVII. Sobre la obediencia a la voluntad universal

1. ¿Dónde está tu sentido común? ¿Dónde está esa destreza para examinar las cosas? ¿Esa grandeza de alma? ¿Has llegado a atormentarte por una nimiedad? Tus esclavos consideraban tu absorción en los negocios como una oportunidad para huir. Pues bien, si tus amigos te engañaran (pues por todos los medios que tengan el nombre que erróneamente les otorgamos, y así los llamamos, para que incurran en más vergüenza por no ser tales amigos) -si tus amigos, repito, te engañaran, a todos tus asuntos les faltaría algo; tal como están las cosas, sólo te faltan hombres que perjudicaron tus propios esfuerzos y te consideraron una carga para tus vecinos. **2.** Ninguna de estas cosas es insólita ni inesperada. Es tan absurdo desanimarse por tales acontecimientos como quejarse de ser salpicado en la calle o de ensuciarse en el barro. El programa de la vida es el mismo que el de un balneario, una multitud o un viaje: a veces te tirarán cosas y a veces te golpearán por accidente. La vida no es un asunto delicado. Has emprendido un largo viaje; estás destinado a resbalar, chocar, caer, cansarte y gritar: "¡Oh, la muerte!" - o lo que es lo mismo, decir mentiras. En una etapa dejarás atrás a un camarada, en otra enterrarás a alguien, en otra sentirás aprensión. Es entre tropiezos de este tipo que debes recorrer este accidentado viaje.

3. ¿Desea uno morir? Que la mente esté preparada para enfrentarse a todo; que sepa que ha alcanzado las alturas alrededor de las cuales suena el trueno. Que sepa que ha llegado a donde...

La pena y el Cuidado vengador han puesto su sofá,

Y palidece la enfermedad, y lúgubre la vejez.[924]

Con tales compañeros debes pasar tus días. No puedes evitarlos, pero puedes despreciarlos. Y los despreciarás, si a menudo reflexionas y te anticipas al futuro. **4.** Todo el mundo se

---

[924] Virgilio, *Aen.* vi. 274 y ss.

acerca valerosamente a un peligro para el que se ha preparado mucho antes, y soporta incluso las dificultades si ha practicado previamente cómo afrontarlas. Pero, por el contrario, el que no está preparado siente pánico hasta ante las cosas más insignificantes. Debemos asegurarnos de que no nos sobrevenga nada imprevisto. Y como las cosas son tanto más graves cuanto más desconocidas, la reflexión continua te dará el poder, sea cual sea el mal, de no jugar al niño sin escuela.

5. "¡Mis esclavos han huido de mí!" Sí, otros hombres han sido robados, chantajeados, asesinados, traicionados, pisoteados, atacados por veneno o por calumnias; no importa qué problema menciones, a muchos les ha sucedido. Además, hay muchas clases de proyectiles que se nos lanzan. Algunos están plantados en nosotros, otros están siendo blandidos y en este mismo momento están en camino, algunos que estaban destinados a otros hombres nos rozan en su lugar. **6.** No debemos manifestar sorpresa ante ningún tipo de condición en la que nacemos, y que no debe ser lamentada por nadie, simplemente porque está igualmente ordenada para todos. Sí, digo, igualmente ordenada; porque un hombre podría haber experimentado incluso aquello de lo que ha escapado. Y una ley igual consiste, no en lo que todos han experimentado, sino en lo que está establecido para todos. Asegúrate de prescribir para tu mente este sentido de equidad; debemos pagar sin queja el impuesto de nuestra mortalidad.

7. El invierno trae el frío y tenemos que temblar. Vuelve el verano, con su calor, y tenemos que sudar. El tiempo intempestivo trastorna la salud, y debemos caer enfermos. En ciertos lugares podemos encontrarnos con bestias salvajes, o con hombres que son más destructivos que cualquier bestia. Las inundaciones o los incendios nos causarán pérdidas. Y no podemos cambiar este orden de cosas; pero lo que sí podemos hacer es adquirir corazones robustos, dignos de hombres de bien, soportando así valientemente el azar y poniéndonos en armonía con la naturaleza. **8.** Y la naturaleza modera este reinomundo que ves, por sus estaciones cambiantes: el tiempo claro sigue al nublado; después de una calma, viene la tormenta; los vientos soplan por turnos; el día sucede a la noche; algunos de los cuerpos celestes salen, y otros se ponen. La eternidad consiste en opuestos.

9. A esta ley deben ajustarse nuestras almas, a ésta deben seguir, a ésta deben obedecer. Suceda lo que suceda, asume que tenía que suceder, y no estés dispuesto a reprender a la naturaleza. Lo que no puedas reformar, es mejor soportarlo, y atender sin quejarte al Dios bajo cuya guía todo progresa; pues es un mal soldado el que refunfuña cuando sigue a su comandante. **10.** Por esta razón debemos acoger nuestras órdenes con energía y vigor, y no dejar de seguir el curso natural de este hermosísimo universo, en el que se entretejen todos nuestros sufrimientos futuros.

Dirijámonos a Júpiter, el piloto de este mundo-masa, como hizo nuestro gran Cleantes en esas líneas tan elocuentes, líneas que me permitiré traducir al latín, siguiendo el ejemplo del elocuente Cicerón. Si te gustan, aprovéchalas; si te disgustan, comprenderás que simplemente he seguido la práctica de Cicerón:

11. Guíame, oh Señor de los altos cielos,

Padre mío, donde quieras.
 No vacilaré, sino que obedeceré con presteza.
Y aunque no quisiera, iré, y sufriré,
En pecado y dolor lo que podría haber hecho
en noble virtud. Sí, al alma dispuesta
el destino la guía, pero a la que no quiere la arrastra.[925]

---

[925] Cleantes, Frag. 527 von Arnim. En Epicteto (*Ench.* 53) estos versos se asignan a Cleantes (omitiendo la última línea); mientras que San Agustín (*Civ. Dei.* v. 8) los cita como de Séneca: *Annaei Senecae sunt, nisi fallor, hi versus.* Wilamowitz y otros siguen esta última opinión.

12. Vivamos así y hablemos así; que el destino nos encuentre preparados y alerta. He aquí tu gran alma: el hombre que se ha entregado al Destino; por otra parte, ese hombre es un débil y un degenerado que lucha y maligna el orden del universo y preferiría reformar a los dioses antes que reformarse a sí mismo. Adiós.

CVIII. Sobre los enfoques de la filosofía

1. El tema sobre el que me pregunta es uno de aquellos en los que nuestra única preocupación por el conocimiento es tener el conocimiento. Sin embargo, como nos concierne tanto, tiene usted prisa; no está dispuesto a esperar los libros que en este momento estoy preparando para usted, y que abarcan todo el departamento de la filosofía moral.[926] Le enviaré los libros en seguida; pero antes le escribiré para decirle cómo debe regularse este afán de aprender, con el que le veo inflamado, para que no se interponga en su propio camino. **2.** Las cosas no deben recogerse al azar; tampoco deben atacarse con avidez en masa; se llegará al conocimiento del todo estudiando las partes. La carga debe ser adecuada a tus fuerzas, ni debes abordar más de lo que puedas manejar adecuadamente. No absorbas todo lo que desees, sino todo lo que puedas sostener. Ten sólo una mente sana, y entonces serás capaz de retener todo lo que desees. Porque cuanto más recibe la mente, más se expande.

3. Recuerdo que éste fue el consejo que me dio Attalus[927] en los días en que prácticamente asediaba su aula, siendo el primero en llegar y el último en marcharme. Mientras él se paseaba de un lado a otro, yo le retaba a varias discusiones, pues no sólo se mantenía accesible a sus alumnos, sino que se encontraba con ellos a mitad de camino. Sus palabras eran: "El mismo propósito debe poseer tanto al maestro como al alumno: la ambición en un caso de promover, y en el otro de progresar." **4.** El que estudia con un filósofo debe llevarse algo bueno cada día: debe volver a casa cada día como un hombre más sano, o en vías de serlo. Y así volverá; porque una de las funciones de la filosofía es ayudar no sólo a los que la estudian, sino también a los que

---

[926] Cf. Ep. cvi. 2 *scis enim me moralem philosophiam velle conplecti*, etc.

[927] El primer y más convincente maestro de estoicismo de Séneca, a quien esta carta rinde homenaje. El más hábil de los filósofos contemporáneos, fue desterrado durante el reinado de Tiberio. Véase el índice de nombres propios.

se asocian con ella. Aquel que camina bajo el sol, aunque no lo haga con ese propósito, debe necesariamente quemarse. El que frecuenta la tienda del perfumista y se detiene, aunque sea por poco tiempo, llevará consigo el aroma del lugar. Y el que sigue a un filósofo está obligado a obtener algún beneficio de él, que le ayudará, aunque sea negligente. Fíjate en lo que digo: "negligente", no "recalcitrante".

5. "¿Qué, pues?", dirás, "¿no conocemos a ciertos hombres que se han sentado durante muchos años a los pies de un filósofo y, sin embargo, no han adquirido el más mínimo matiz de sabiduría?". Por supuesto que conozco hombres así. Hay, en efecto, caballeros perseverantes que se aferran a ello; yo no los llamo alumnos de los sabios, sino simplemente "ocupantes."[928] **6.** Algunos de ellos vienen a oír y no a aprender, de la misma manera que somos atraídos al teatro para satisfacer los placeres del oído, ya sea por un discurso, por una canción o por una obra de teatro. Esta clase, como se verá, constituye una gran parte de los oyentes, que consideran la sala de conferencias del filósofo simplemente como una especie de lugar de descanso para su ocio. No se proponen despojarse allí de ningún defecto, ni recibir una regla de vida con la que poner a prueba su carácter; sólo desean disfrutar al máximo de los placeres del oído. Y algunos llegan incluso con cuadernos, no para anotar la materia, sino sólo las palabras,[929] para poder repetirlas luego a otros con tan poco provecho para éstos como el que ellos mismos recibieron cuando las oyeron. **7.** Un cierto número de ellos se conmueven con frases altisonantes, y se adaptan a las emociones del orador con un vivo cambio de rostro y de mente, igual que los emasculados sacerdotes frigios[930] que suelen ser despertados por el sonido de la flauta y enloquecen al orden.

---

[928] Literalmente "inquilinos", "huéspedes", de tipo temporal.
[929] Cf. los peligros de tal *lusoria* (Ep. xlviii. 8) y *a rebus studium transferendum est ad verba* (Ep. xl. 14).
[930] Es decir, galos mendicantes, adoradores de Cibeles, la Magna Mater.

Pero el verdadero oyente se extasía y conmueve por la belleza del tema, no por el tintineo de palabras vacías. Cuando se ha pronunciado una palabra audaz desafiando a la muerte, o un lance descarado desafiando a la Fortuna, nos deleitamos actuando inmediatamente sobre lo que hemos oído. Los hombres quedan impresionados por tales palabras, y se convierten en lo que se les ordena ser, si la impresión permanece en la mente, y si el populacho, que desalienta las cosas honorables, no acecha inmediatamente para robarles este noble impulso; sólo unos pocos pueden llevar a casa la actitud mental con la que fueron inspirados. **8.** Es fácil despertar a un oyente para que anhele la rectitud; porque la Naturaleza ha puesto los cimientos y plantado las semillas de la virtud en todos nosotros. Y todos nacemos con estos privilegios generales; por eso, cuando se añade el estímulo, el buen espíritu se agita como si estuviera libre de ataduras. ¿No han notado cómo resuena el teatro cada vez que se pronuncian palabras cuya verdad apreciamos generalmente y confirmamos unánimemente?

9. Al pobre le falta mucho; al avaro le falta todo.[931]

Un hombre codicioso no hace bien a nadie; hace

Él más maldad para sí mismo.[932]

Ante versos como éstos, vuestro más mezquino avaro aplaude y se regocija al oír vituperar sus propios pecados. ¡Cuánto más crees que esto es verdad, cuando tales cosas dice un filósofo, cuando introduce versos entre sus sanos preceptos, para hacer así que esos versos se hundan más eficazmente en la mente del neófito! **10.** Cleantes solía decir:[933] "Como nuestro aliento produce un sonido más fuerte cuando pasa por la abertura larga y estrecha de la trompeta y escapa por un agujero que se

---

[931] *Syri Sententiae*, Frag. 236 Ribbeck.
[932] *Ib.*, Frag. 234 R.
[933] Frag. 487 von Arnim.

ensancha al final, así también las reglas encadenantes de la poesía aclaran nuestro sentido." Las mismas palabras son recibidas más descuidadamente y causan menos impresión en nosotros, cuando son pronunciadas en prosa; pero cuando se añade la métrica y cuando la prosodia regular ha comprimido una idea noble, entonces el mismo pensamiento viene, por así decirlo, lanzándose con más fuerza. **11.** Hablamos mucho de despreciar el dinero, y damos consejos sobre este tema en los discursos más largos, para que la humanidad crea que la verdadera riqueza existe en la mente y no en la cuenta bancaria, y que el hombre que se adapta a sus escasos medios y se hace rico con una pequeña suma, es el hombre verdaderamente rico; pero nuestras mentes son golpeadas más eficazmente cuando se repite un verso como éste:

Quien poco necesita, poco desea.

o,

Tiene su deseo, cuyo deseo no incluye nada

Guarda lo que sea suficiente.[934]

12. Cuando escuchamos palabras como éstas, somos conducidos hacia una confesión de la verdad.

Incluso hombres en cuya opinión nada es suficiente, se maravillan y aplauden cuando oyen tales palabras, y juran odio eterno contra el dinero. Cuando los veáis así dispuestos, golpead en casa, seguid con ellos, y encargadles este deber, dejando de lado todos los dobles sentidos, silogismos, sutilezas y demás espectáculos secundarios de ineficaz astucia. Predica contra la avaricia, predica contra la arrogancia; y cuando veas que has progresado y que has impresionado las mentes de tus oyentes, insiste aún más. No puedes imaginar cuánto progreso puede producir un discurso de esa naturaleza, cuando estás empeñado en curar a tus oyentes y estás absolutamente

---

[934] Pall. Incert. Fab. 65 y 66 Ribbeck.

dedicado a sus mejores intereses. Porque cuando la mente es joven, puede ser ganada más fácilmente para desear lo que es honorable y recto; la verdad, si puede obtener un defensor adecuado, pondrá sus manos fuertes sobre aquellos que todavía pueden ser enseñados, aquellos que han sido mimados sólo superficialmente.

13. En todo caso, cuando oía a Atalo denunciar el pecado, el error y los males de la vida, a menudo me compadecía de la humanidad y consideraba a Atalo como un ser noble y majestuoso, - por encima de nuestras alturas mortales. Él se llamaba a sí mismo rey,[935] pero yo lo consideraba más que un rey, porque tenía derecho a juzgar a los reyes. **14.** Y en verdad, cuando empezó a defender la pobreza y a mostrar lo inútil y peligroso que era todo lo que sobrepasaba la medida de nuestra necesidad, a menudo deseé salir pobre de su aula. Cada vez que fustigaba nuestra vida de búsqueda de placeres y ensalzaba la pureza personal, la moderación en la dieta y una mente libre de placeres innecesarios, por no decir ilícitos, me invadía el deseo de limitar mi comida y mi bebida. **15.** Y es por eso que algunos de estos hábitos han permanecido conmigo, Lucilio. Pues había planeado toda mi vida con grandes resoluciones. Y más tarde, cuando volví a los deberes de ciudadano, sí que cumplí algunos de estos buenos propósitos. Por eso he renunciado para siempre a las ostras y a las setas, que no son verdaderos alimentos, sino condimentos para incitar al estómago saciado a seguir comiendo, como les gusta a los sibaritas y a los que se atiborran más allá de su capacidad digestiva: ¡abajo con ello deprisa y arriba con ello deprisa! **16.** Por eso también he evitado durante toda mi vida los perfumes, porque el mejor perfume para una persona es no tener perfume.[936] Por eso mi estómago no conoce el vino. Por eso, a lo largo de mi vida he rehuido el baño, y he creído que enflaquecer el cuerpo y sudarlo hasta la

---

[935] Una paradoja estoica característica.
[936] Un dicho casi proverbial; cf. el *recte olet ubi nil olet* de Plauto (*Most.* 273), Cicerón y Marcial.

delgadez es a la vez poco provechoso y afeminado. Otras resoluciones han sido quebrantadas, pero después de todo de tal manera que, en los casos en que dejé de practicar la abstinencia, he observado un límite que, en efecto, está al lado de la abstinencia; tal vez sea incluso un poco más difícil, porque es más fácil para la voluntad cortar por completo con ciertas cosas que usarlas con moderación.

17. Ya que he comenzado a explicarte cuánto mayor fue mi impulso de acercarme a la filosofía en mi juventud que el de continuarla en mi vejez, no me avergonzaré de decirte qué ardiente celo me inspiró Pitágoras. Sotion[937] solía contarme por qué Pitágoras se abstenía de alimentos de origen animal, y por qué, en épocas posteriores, Sextius también lo hizo. En cada caso, la razón era diferente, pero era en cada caso una razón noble. **18.** Sexcio creía que el hombre tenía suficiente sustento sin recurrir a la sangre, y que se forma un hábito de crueldad cuando se practica la carnicería por placer. Además, pensaba que debíamos restringir las fuentes de nuestro lujo; sostenía que una dieta variada era contraria a las leyes de la salud y no era adecuada para nuestras constituciones. **19.** Pitágoras, por su parte, sostenía que todos los seres estaban interrelacionados y que existía un sistema de intercambio entre las almas que transmigraban de una forma corporal a otra. Si se le puede creer, ningún alma perece ni cesa en absoluto sus funciones, excepto durante un pequeño intervalo, cuando se vierte de un cuerpo a otro. Podemos preguntarnos en qué momento y después de qué estaciones de cambio el alma vuelve al hombre, cuando ha vagado por muchas moradas; pero mientras tanto, hizo a los hombres temerosos de la culpa y el parricidio, ya que podrían estar, sin saberlo, atacando el alma de un padre e hiriéndola con cuchillo o con dientes - ¡si, como es posible, el espíritu relacionado está morando temporalmente en este

---

[937] Filósofo pitagórico de la época de Augusto, y uno de los primeros maestros de Séneca.

pedazo de carne! **20.** Cuando Soción hubo expuesto esta doctrina, completándola con sus propias pruebas, decía: "¿No crees que las almas son asignadas, primero a un cuerpo y después a otro, y que nuestra llamada muerte no es más que un cambio de morada? ¿No crees que en el ganado, o en las bestias salvajes, o en las criaturas de las profundidades, puede permanecer el alma de quien una vez fue hombre? ¿No crees que nada en esta tierra se aniquila, sino que sólo cambia de morada? ¿Y que los animales tienen también ciclos de progreso y, por decirlo así, una órbita para sus almas, no menos que los cuerpos celestes, que giran en circuitos fijos? Grandes hombres han puesto su fe en esta idea; **21.** por lo tanto, mientras mantienes tu propio punto de vista, mantén toda la cuestión en suspenso en tu mente. Si la teoría es verdadera, es una señal de pureza abstenerse de comer carne; si es falsa, es economía. ¿Y qué daño le hace a usted dar tal credibilidad? Sólo te estoy privando del alimento que sustenta a leones y buitres".

22. Me impregné de esta enseñanza y empecé a abstenerme de alimentos de origen animal; al cabo de un año el hábito era tan agradable como fácil. Comenzaba a sentir que mi mente estaba más activa, aunque hoy no podría afirmar con seguridad si realmente lo estaba o no. ¿Preguntas cómo llegué a abandonar la práctica? Fue así: Los días de mi juventud coincidieron con la primera parte del reinado de Tiberio César. En aquella época se estaban inaugurando algunos ritos extranjeros[938], y la abstinencia de ciertos tipos de alimentos de origen animal se establecía como prueba de interés por el extraño culto. Así que, a petición de mi padre, que no temía ser procesado, pero detestaba la filosofía, volví a mis hábitos anteriores; y no fue muy difícil inducirme a cenar más cómodamente.

23. Atalo solía recomendar una almohada que no cediera al cuerpo; y ahora, viejo como soy, uso una tan dura que no deja

---

[938] 19 D.C. Cf. Tácito, *Ann.* ii. 85 *actum de sacris Aegyptiis Iudaicisque pellendis*.

rastro tras la presión. He mencionado todo esto para mostrarles cuán celosos son los neófitos respecto a sus primeros impulsos hacia los más altos ideales, siempre que alguien ponga de su parte para exhortarlos y encender su ardor. Hay, en efecto, errores cometidos por culpa de nuestros consejeros, que nos enseñan a debatir y no a vivir; hay también errores cometidos por los alumnos, que acuden a sus maestros para desarrollar, no su alma, sino su ingenio. Así, el estudio de la sabiduría se ha convertido en el estudio de las palabras.

24. Ahora bien, es muy diferente lo que uno tiene en mente cuando aborda un tema determinado. Si un hombre va a ser un erudito,[939] y está examinando las obras de Virgilio, no interpreta el noble pasaje

El tiempo vuela y no se puede recuperar[940]

en el siguiente sentido: "Debemos despertar; si no nos apresuramos, nos quedaremos atrás. El tiempo avanza velozmente y nos arrastra con él. Nos apresuramos ignorando nuestro destino; arreglamos todos nuestros planes para el futuro, y al borde de un precipicio estamos a nuestras anchas". En lugar de esto, llama nuestra atención sobre la frecuencia con que Virgilioio, al hablar de la rapidez del tiempo, utiliza la palabra "vuela" (*fugit*).

Los mejores días de la desdichada vida humana

Vuela primero; la enfermedad y la amarga vejez suceden,
y el trabajo, hasta que la dura muerte rudamente arrebata a todos.[941]

---

[939] En este pasaje Séneca difiere (como también en Ep. lxxxviii. § 3) de la idea romana anterior de *grammaticus* como *poetarum interpres*: está pensando en alguien que se ocupa de las expresiones verbales y del significado de las palabras. Cf. Sandys, *Hist. Class. Schol.* i. 8 ss.
[940] *Georg.* iii. 284.
[941] *Georg.* iii. 66 y ss.

25. El que considera estas líneas con espíritu filosófico comenta las palabras en su sentido propio: "Virgilioio nunca dice: 'El tiempo pasa', sino 'El tiempo vuela', porque este último es el tipo de movimiento más rápido, y en todos los casos nuestros mejores días son los primeros en ser arrebatados; ¿por qué, entonces, dudamos en esforzarnos para que podamos seguir el ritmo de esta cosa más rápida de todas las cosas rápidas?". Lo bueno pasa volando y lo malo ocupa su lugar. **26.** Así como el vino más puro fluye por la parte superior de la jarra y las heces más espesas se depositan en el fondo; así en nuestra vida humana, lo que es mejor viene primero. ¿Dejaremos que los demás beban lo mejor y nos quedaremos con el poso? Deja que esta frase se adhiera a tu alma; deberías sentirte satisfecho como si la hubiera pronunciado un oráculo:

Cada día de la desdichada vida humana

Primero las moscas.

27. ¿Por qué "el día más elegido"? Porque lo que está por venir es incierto. ¿Por qué "el mejor día"? Porque en nuestra juventud somos capaces de aprender; podemos inclinar hacia fines más nobles mentes que están preparadas y son todavía flexibles; porque éste es el tiempo del trabajo, el tiempo de mantener nuestras mentes ocupadas en el estudio y en ejercitar nuestros cuerpos con un esfuerzo útil; porque lo que queda es más perezoso y falto de espíritu - más cerca del fin.

Esforcémonos, pues, con todo valor, omitiendo las atracciones del camino; luchemos con un solo propósito, no sea que, cuando nos quedemos atrás, comprendamos demasiado tarde la velocidad del tiempo que vuela veloz, cuyo curso no podemos detener. Que cada día, tan pronto como llegue, sea bienvenido como si fuera el más selecto, y que lo hagamos nuestra propia posesión. **28.** Debemos atrapar lo que huye. Ahora bien, quien escudriña con ojo erudito las líneas que acabo de citar, no reflexiona que nuestros primeros días son los mejores porque la enfermedad se acerca y la vejez pesa sobre nosotros y se cierne sobre nuestras cabezas mientras aún pensamos en nuestra juventud. Piensa más bien en la habitual combinación de Virgilioio de *enfermedad y vejez*; y, de hecho, con razón. Pues la vejez es una enfermedad que no podemos curar. **29.** "Además", se dice a sí mismo, "piensa en el epíteto que acompaña a *eld*; Virgilioio lo llama *amargo*".

La enfermedad y la amargura triunfan.

Y en otra parte Virgilio dice:

Allí moran la pálida enfermedad y el amargo olmo.[942]

No hay razón para que te maravilles de que cada hombre pueda recoger de la misma fuente materia adecuada para sus propios estudios; pues en el mismo prado pasta la vaca, el perro caza la liebre y la cigüeña el lagarto. **30.** Cuando el libro de Cicerón *Sobre el Estado* es abierto por un filólogo, un erudito o un seguidor de la filosofía, cada uno prosigue su investigación a su manera. El filósofo se pregunta cómo es posible que en él se digan tantas cosas en contra de la justicia. El filólogo toma el mismo libro y comenta el texto de la siguiente manera: Hubo dos reyes romanos, uno sin padre y otro sin madre. Pues no podemos establecer quién fue la madre de Servius, y Ancus, el nieto de Numa, no tiene padre registrado.[943] **31.** El filólogo también señala que el oficial al que llamamos dictador, y sobre el que leemos en nuestras historias bajo ese título, se llamaba antiguamente *magister populi*; tal es el nombre que existe hoy en día en los registros augurales, probado por el hecho de que aquel a quien el dictador elegía como segundo al mando se llamaba *magister equitum*. Observará también que Rómulo encontró su fin durante un eclipse; que hubo un llamamiento al pueblo incluso por parte de los reyes (así consta en el registro

---

[942] *Aen.* vi. 275.
[943] Cicerón, *De re publica*, ii. 18 *Numae Pompili nepos ex filia rex a populo est Ancus Marcius constitutus . . . siquidem istius regis matrem habemus, ignoramus patrem.*

de los pontífices y es la opinión de otros, entre ellos Fenestella[944]) . **32.** Cuando el erudito desenrolla este mismo volumen, anota en su cuaderno las formas de las palabras, observando que Cicerón utiliza *reapse*, equivalente a *re ipsa,* y con la misma frecuencia *sepse*[945] , que significa *se ipse*. Luego se fija en los cambios en el uso corriente. Cicerón, por ejemplo, dice: "En la medida en que estamos convocados de nuevo desde el mismo calx por su interrupción." Ahora bien, la línea del circo que nosotros llamamos *creta*[946] era llamada calx por los hombres de antaño. **33.** De nuevo, reúne algunos versos de Ennio, especialmente los que se referían a Africanus:

Un hombre al que ni amigos ni enemigos podían dar

Meed debido por todos sus esfuerzos y su obra.[947]

De este pasaje el erudito declara que infiere que la palabra *opem* significaba antiguamente no sólo *ayuda*, sino *esfuerzos*. Pues Ennio debe querer decir que ni amigos ni enemigos podían pagar a Escipión una recompensa digna de sus esfuerzos. **34.** A continuación, se felicita por haber encontrado la fuente de las palabras de Virgilioio:

Sobre cuya cabeza la poderosa puerta del Cielo

Truenos,[948]

señalando que Ennio robó la idea de Homero, y Virgilioio de Ennio. Porque hay una copla de Ennio, conservada en este mismo libro de Cicerón, *Sobre el Estado*:[949]

---

[944] Fl. en época de Augusto. *Provocatio* es definida por Greenidge (*Rom. Pub. Life.* p. 64) como "un desafío de un acusado a un magistrado para que comparezca ante otro tribunal."

[945] Un sufijo, probablemente relacionado con el intensivo -pte

[946] Literalmente, la línea de gol marcada con tiza o cal.

[947] *Ennius* de Vahlen, p. 215.

[948] *Georg.* iii. 260 y ss.

[949] *Ennius* de Vahlen, p. 216.

Si es correcto para un mortal escalar las regiones del Cielo,

Entonces la inmensa puerta del cielo se abre en gloria para *mí*.

35. Pero para que yo también, mientras me dedico a otra tarea, no me deslice hacia el departamento del filólogo o del erudito, mi consejo es éste: que todo el estudio de la filosofía y toda la lectura se apliquen a la idea de vivir la vida feliz, que no busquemos palabras arcaicas o descabelladas y metáforas y figuras del lenguaje excéntricas, sino que busquemos preceptos que nos ayuden, expresiones de valor y espíritu que puedan convertirse inmediatamente en hechos. Debemos aprenderlos para que las palabras se conviertan en hechos. **36.** Y sostengo que ningún hombre ha tratado peor a la humanidad que aquel que ha estudiado filosofía como si fuera un oficio comerciable, que vive de una manera diferente a la que aconseja. Pues aquellos que son propensos a cada falta que castigan se anuncian a sí mismos como modelos de formación inútil. **37.** Un maestro así no puede ayudarme más de lo que un piloto mareado puede ser eficiente en una tormenta. Debe sostener el timón cuando las olas lo zarandean; debe luchar, por así decirlo, con el mar; debe enrollar las velas cuando arrecia la tempestad; ¿de qué *me* sirve un timonel asustado y vomitivo? Y ¡cuánto mayor, piensa tú, es la tempestad de la vida que la que zarandea cualquier barco! Hay que gobernar, no hablar.

Todas las palabras que estos hombres pronuncian y malabarean ante una multitud que les escucha, pertenecen a otros. **38.** Han sido dichas por Platón, dichas por Zenón, dichas por Crisipo o por Posidonio, y por toda una hueste de estoicos tan numerosa como excelente. Te mostraré cómo los hombres pueden probar que sus palabras son suyas: es haciendo aquello de lo que han estado hablando. Puesto que, por tanto, te he dado el mensaje que deseaba transmitirte, satisfaré ahora tu anhelo y reservaré para una nueva carta una respuesta completa a tu emplazamiento; para que no te acerques cansado a un tema que es espinoso y que debe seguirse con oído atento y esmerado. Adiós.

CIX. Sobre la comunidad de sabios

1. Has expresado el deseo de saber si un sabio puede ayudar a otro sabio. Porque decimos que el sabio está completamente dotado de todo bien y ha alcanzado la perfección; en consecuencia, surge la pregunta de cómo es posible que alguien ayude a una persona que posee el Bien Supremo.

Los hombres buenos se ayudan mutuamente, pues cada uno pone en práctica las virtudes del otro y mantiene así la sabiduría en su nivel adecuado. Cada uno necesita a alguien con quien pueda hacer comparaciones e investigaciones. **2.** Los luchadores hábiles se mantienen en forma mediante la práctica; un músico es estimulado a la acción por otro de igual destreza. También el sabio necesita que sus virtudes se mantengan en acción; y así como se incita a sí mismo a hacer cosas, así es incitado por otro sabio. **3.** ¿Cómo puede un sabio ayudar a otro sabio? Puede avivar sus impulsos y señalarle las ocasiones de actuar honradamente. Además, puede desarrollar algunas de sus propias ideas; puede impartir lo que ha descubierto. Porque incluso en el caso del sabio siempre quedará algo por descubrir, algo hacia lo que su mente pueda aventurarse de nuevo.

4. Los hombres malos dañan a los hombres malos; cada uno envilece al otro despertando su cólera, aprobando su grosería y alabando sus placeres; los hombres malos están en su peor estado cuando sus faltas están más completamente entremezcladas, y su maldad ha sido, por así decirlo, puesta en común. A la inversa, por lo tanto, un hombre bueno ayudará a otro hombre bueno. "¿Cómo?", te preguntarás. **5.** Porque alegrará al otro, fortalecerá su fe, y de la contemplación de su mutua tranquilidad aumentará el deleite de ambos. Además, se comunicarán mutuamente el conocimiento de ciertos hechos; porque el sabio no es omnisciente.[950] Y aunque lo supiera todo, alguien podría idear y señalar atajos, mediante los cuales se difunda más fácilmente todo el asunto. **6.** El sabio ayudará al

---

[950] Es decir, en posesión de una sabiduría perfecta, enciclopédica.

sabio, no, fíjate, por su propia fuerza meramente, sino por la fuerza del hombre a quien ayuda. Este último, es cierto, puede por sí mismo desarrollar sus propias partes; sin embargo, incluso el que corre bien es ayudado por alguien que lo anima.

"Pero el sabio no ayuda realmente al sabio; se ayuda a sí mismo. Déjame decirte esto: despoja al uno de sus poderes especiales, y el otro no logrará nada." **7.** Podrías también, sobre esa base, decir que la dulzura no está en la miel: porque es la propia persona que ha de comerla, la que está tan equipada, en cuanto a lengua y paladar, para degustar esta clase de alimentos, que el sabor especial le atrae, y cualquier otra cosa le desagrada. Porque hay ciertos hombres tan afectados por la enfermedad que consideran la miel como amarga. Ambos hombres deben gozar de buena salud, para que el uno pueda ser útil y el otro un sujeto apropiado para la ayuda. **8.** Otra vez dicen: "Cuando se ha alcanzado el más alto grado de calor, es superfluo aplicar más calor; y cuando se ha alcanzado el bien supremo, es superfluo tener un ayudante. ¿Acaso un agricultor completamente abastecido pide más provisiones a sus vecinos? ¿Necesita más armas un soldado suficientemente armado para ir bien pertrechado a la acción? Pues muy bien, tampoco el sabio; porque está suficientemente equipado y suficientemente armado para la vida." **9.** Mi respuesta a esto es, que cuando uno se calienta al grado más alto, uno debe tener calor continuado para mantener la temperatura más alta. Y si se objeta que el calor se mantiene por sí mismo, digo que hay grandes distinciones entre las cosas que estás comparando; porque el calor es una sola cosa, pero la ayuda es de muchas clases. Además, el calor no se ayuda añadiendo más calor, para estar caliente; pero el hombre sabio no puede mantener su nivel mental sin relacionarse con amigos de su misma clase, con los que puede compartir su bondad. **10.** Además, existe una especie de amistad mutua entre todas las virtudes.[951] Así, quien

---

[951] En otras palabras, la Sabiduría, la Justicia, el Valor y el Autocontrol,

ama las virtudes de algunos de sus semejantes, y a su vez exhibe las suyas para ser amado, es útil. Las cosas semejantes producen placer, sobre todo cuando son honorables y cuando los hombres saben que existe una aprobación mutua. **11.** Y además, nadie sino un sabio puede incitar inteligentemente el alma de otro sabio, como el hombre sólo puede ser incitado racionalmente por el hombre. Así como la razón es necesaria para incitar a la razón, para incitar a la razón perfecta es necesaria la razón perfecta.

12. Algunos dicen que nos ayudan incluso aquellos[952] que nos otorgan los llamados beneficios "indiferentes", como dinero, influencia, seguridad y todas las demás ayudas valiosas o esenciales para vivir. Si argumentamos así, se dirá que el más tonto ayuda a un sabio. Ayudar, sin embargo, significa realmente impulsar al alma de acuerdo con la naturaleza, tanto por la excelencia del impulsor como por la excelencia de aquel que es así impulsado. Y esto no puede tener lugar sin ventaja también para el que ayuda. Pues al educar la excelencia de otro, el hombre debe necesariamente educar la suya propia. **13.** Pero, para omitir de la discusión los bienes supremos o las cosas que los producen, los sabios pueden no obstante ser mutuamente útiles. Pues el mero descubrimiento de un sabio por otro sabio es en sí mismo un acontecimiento deseable; ya que todo lo bueno es naturalmente querido por el hombre bueno, y por esta razón uno se siente afín a un hombre bueno como se siente afín a sí mismo.

14. Es necesario que pase de este tema a otro, para probar mi punto. Porque se pregunta si el sabio sopesará sus opiniones o si pedirá consejo a otros. Ahora bien, se ve obligado a hacerlo cuando aborda los deberes del Estado y del hogar, todo lo que, por así decirlo, es mortal. Necesita consejo externo en tales

---

junto con las demás cualidades de sencillez, bondad, etc., al ser "avatares" de la propia Virtud, están interrelacionadas.
[952] Por ejemplo, algunos de la escuela peripatética.

asuntos, como lo necesita el médico, el piloto, el abogado o el abogado de casos. De ahí que el sabio ayude a veces al sabio; pues se persuadirán mutuamente. Pero también en estos asuntos de gran importancia -sí, de importancia divina, como los he llamado-, el sabio puede ser útil discutiendo en común cosas honorables, y aportando sus pensamientos e ideas. **15.** Además, es conforme a la naturaleza mostrar afecto por nuestros amigos y alegrarnos de su progreso como si fuera absolutamente nuestro. Porque si no lo hacemos así, ni siquiera la virtud, que sólo se fortalece ejercitando nuestras percepciones, permanecerá con nosotros. Ahora bien, la virtud nos aconseja que ordenemos bien el presente, que pensemos en el futuro, que deliberemos y apliquemos nuestras mentes; y quien lleva a un amigo consigo a un consejo, puede aplicar más fácilmente su mente y pensar su problema.

Por eso buscará al sabio perfecto o a uno que haya progresado hasta rozar la perfección. El sabio perfecto, además, nos ayudará si ayuda a nuestros consejos con el buen sentido común. **16.** Se dice que los hombres ven más lejos en los asuntos ajenos que en los propios. Un defecto de carácter causa esto en aquellos que están cegados por el amor propio, y cuyo miedo en la hora del peligro les quita la visión clara de lo que es útil; es cuando un hombre está más tranquilo y liberado del miedo que comenzará a ser sabio. Sin embargo, hay ciertos asuntos en los que incluso los hombres sabios ven los hechos más claramente en el caso de otros que en el suyo propio. Además, el sabio, en compañía de su compañero sabio, confirmará la verdad de aquel dulcísimo y honorable proverbio - "siempre deseando y siempre rehusando las mismas cosas": será un noble resultado cuando tiren de la carga "con igual yugo."[953]

---

[953] Sallust, *Cat.* xx. 4 *idem velle atque idem nolle, ea demum firma amicitia est.* Cf. el griego "ἴσῳ ζυγῷ", "uncidos por igual".

17. He respondido así a tu demanda, aunque entraba en el epígrafe de temas que incluyo en mis volúmenes *Sobre filosofía moral*.[954] Reflexiona, como suelo decirte, que en tales temas no hay para nosotros más que gimnasia mental. Porque vuelvo una y otra vez al pensamiento: "¿De qué me sirve esto? ¡Hazme ahora más valiente, más justo, más comedido! Aún no tengo la oportunidad de hacer uso de mi entrenamiento; pues todavía necesito al médico. **18.** ¿Por qué me pides un conocimiento inútil? Me has prometido grandes cosas; ¡pruébame, vigílame! Me aseguraste que no me aterrorizaría, aunque las espadas centellearan a mi alrededor, aunque la punta de la espada rozara mi garganta; me aseguraste que estaría tranquilo, aunque los fuegos ardieran a mi alrededor, o aunque un repentino torbellino arrebatara mi barco y lo llevara por todo el mar. Ahora hazme un tratamiento tal que pueda despreciar el placer y la gloria. Más tarde me enseñarás a resolver problemas complicados, a resolver puntos dudosos, a ver a través de lo que no está claro; ¡enséñame ahora lo que es necesario que sepa!" Adiós.

---

[954] Cf. Ep. cviii. 1 y nota.

CX. Sobre la verdadera y la falsa riqueza

1. Desde mi villa en Nomentum[955] te envío un saludo y te pido que mantengas un espíritu sano dentro de ti, en otras palabras, que obtengas la bendición de todos los dioses, pues quien se ha convertido en una bendición para sí mismo tiene asegurada su gracia y favor. Dejemos a un lado por el momento la creencia de ciertas personas de que a cada uno de nosotros se le asigna un dios como una especie de asistente, no un dios de rango normal, sino uno de un grado inferior, uno de esos a los que Ovidio llama "dioses plebeyos".[956] Sin embargo, dejando a un lado esta creencia, quiero que recuerdes que nuestros antepasados, que seguían tal credo, se han convertido en estoicos; pues han asignado un Genio o una Juno a cada individuo.[957] **2.** Más adelante investigaremos si los dioses tienen tiempo suficiente en sus manos para ocuparse de las preocupaciones de los particulares; mientras tanto, debes saber que tanto si se nos asignan guardianes especiales, como si se nos descuida y se nos consigna a la Fortuna, no se puede maldecir a un hombre con una maldición más pesada que rezar para que esté enemistado consigo mismo.

No hay razón, sin embargo, por la que debas pedir a los dioses que sean hostiles con alguien a quien consideres merecedor de castigo; ellos *son* hostiles con tal persona, sostengo, aunque parezca estar favorecida por su favor. **3.** Aplica una investigación cuidadosa, considerando cómo están realmente nuestros asuntos, y no lo que los hombres dicen de ellos; entonces comprenderás que es más probable que los males nos ayuden que nos perjudiquen. Porque ¡cuántas veces la llamada aflicción ha sido la fuente y el principio de la felicidad! Cuántas veces privilegios que acogimos con profundo agradecimiento

---

[955] Cf. Ep. civ. 1.
[956] *Metam.* i. 595, - una interpretación romana, en la línea de *los Di Indigetes*.
[957] Cada hombre tenía su Genio, y cada mujer su Juno. En el caso de los estoicos, Dios habitaba en cada alma.

han construido por sí mismos escalones hasta la cima de un precipicio, elevando todavía a hombres que ya eran distinguidos - ¡como si antes hubieran estado en una posición desde la que podían caer con seguridad! **4.** Pero esta misma caída no tiene nada de malo, si se tiene en cuenta el fin,[958] tras el cual la naturaleza no rebaja a ningún hombre. El límite universal está cerca; sí, está cerca de nosotros el punto donde el hombre próspero es trastornado, y el punto donde el desafortunado es liberado. Somos nosotros mismos quienes extendemos ambos límites, alargándolos con nuestras esperanzas y nuestros temores.

Sin embargo, si eres sabio, mide todas las cosas según el estado del hombre; restringe al mismo tiempo tus alegrías y tus temores. Además, vale la pena no alegrarse de nada por mucho tiempo, para no temer nada por mucho tiempo. **5.** Pero, ¿por qué limito el alcance de este mal? No hay razón para que supongas que hay que temer nada. Todas estas cosas que nos agitan y nos mantienen en vilo, son cosas vacías. Ninguno de nosotros ha escudriñado la verdad; nos hemos transmitido el miedo unos a otros; ninguno se ha atrevido a acercarse al objeto que le causaba pavor, y a comprender la naturaleza de su miedo, sí, el bien que hay detrás de él. Por eso la falsedad y la vanidad siguen ganando crédito: porque no son refutadas. **6.** Consideremos que vale la pena examinar detenidamente el asunto; entonces quedará claro cuán fugaces, inseguras e inofensivas son las cosas que tememos. La perturbación de nuestros espíritus es similar a la que detectó Lucrecio:

Como los niños que se acobardan asustados en la oscuridad,

Así que los adultos a la luz del día sienten miedo.[959]

¿Qué, pues? ¿No somos más tontos que cualquier niño, nosotros que "a la luz del día sentimos miedo"? **7.** Pero te

---

[958] Es decir, la muerte, en lenguaje estoico
[959] *De Rerum Nat.* ii. 55 f.

equivocabas, Lucrecio; no tenemos miedo a la luz del día; lo hemos convertido todo en un estado de oscuridad. No vemos ni lo que nos perjudica ni lo que nos beneficia; a lo largo de toda nuestra vida vamos dando tumbos, sin detenernos ni pisar con más cuidado por este motivo. Pero ya ves qué locura es precipitarse en la oscuridad. De hecho, estamos empeñados en que nos llamen de vuelta[960] desde una distancia mayor; y aunque no conocemos nuestra meta, sin embargo nos apresuramos con una velocidad salvaje en la dirección hacia la que nos estamos esforzando.

8. La luz, sin embargo, puede comenzar a brillar, siempre que estemos dispuestos. Pero tal resultado sólo puede producirse de una manera: si adquirimos por el conocimiento esta familiaridad con las cosas divinas y humanas, si no sólo nos inundamos, sino que nos empapamos de ellas, si un hombre repasa los mismos principios, aunque los comprenda y los aplica una y otra vez a sí mismo, si ha investigado lo que es bueno, lo que es malo y lo que falsamente se ha titulado así; y, finalmente, si ha investigado el honor y la bajeza, y la Providencia. **9.** El alcance de la inteligencia humana no está confinado dentro de estos límites; también puede explorar fuera del universo - su destino y su fuente, y la ruina hacia la que toda la naturaleza se apresura tan rápidamente. Hemos retirado el alma de esta contemplación divina y la hemos arrastrado a tareas mezquinas y bajas, para que sea esclava de la codicia, para que abandone el universo y sus confines y, bajo el mando de amos que ensayan todas las estratagemas posibles, hurgue bajo la tierra y busque qué mal puede desenterrar de ella, descontenta con lo que se le ofreció gratuitamente.

10. Ahora bien, Dios, que es el Padre de todos nosotros, ha puesto a nuestro alcance las cosas que quería para nuestro bien; no esperó ninguna búsqueda por nuestra parte, y nos las dio voluntariamente. Pero lo que sería perjudicial, lo enterró

---

[960] Es decir, al punto de partida.

profundamente en la tierra. No podemos quejarnos más que de nosotros mismos, pues hemos sacado a la luz los materiales para nuestra destrucción, en contra de la voluntad de la naturaleza, que nos los ocultó. Hemos entregado nuestras almas al placer, cuyo servicio es la fuente de todos los males; nos hemos entregado al egoísmo y a la reputación, y a otros fines igualmente ociosos e inútiles.

11. Entonces, ¿qué te animo a hacer ahora? Nada nuevo -no estamos tratando de encontrar curas para nuevos males-, sino esto en primer lugar: ver claramente lo que es necesario y lo que es superfluo. Lo necesario lo encontrarás en todas partes; lo superfluo hay que cazarlo siempre, y con gran empeño. **12.** Pero no hay razón para que te halagues demasiado si desprecias los sofás dorados y los muebles enjoyados. ¿Qué virtud hay en despreciar las cosas inútiles? El momento de admirar tu propia conducta es cuando has llegado a despreciar las necesidades. No haces gran cosa si puedes vivir sin la pompa real, si no sientes ansia por jabalíes que pesan mil libras, o por lenguas de flamenco, o por los otros absurdos de un lujo que ya se cansa de la caza cocinada entera, y escoge diferentes trozos de animales separados; Sólo los admiraré cuando hayas aprendido a despreciar incluso el pan común, cuando lo hayas hecho creer que la hierba crece tanto para las necesidades de los hombres como para las del ganado, cuando hayas descubierto que la comida de la copa del árbol[961] puede llenar el vientre, en el que metemos cosas de valor como si pudiera guardar lo que ha recibido. Debemos satisfacer nuestros estómagos sin ser excesivamente amables. ¿Qué importa lo que recibe el estómago, ya que debe perder lo que ha recibido? **13.** Disfrutas de los manjares cuidadosamente preparados que se pescan en tierra y mar; algunos son más agradables si se llevan frescos a la mesa, otros, si después de una larga alimentación y un engorde forzado casi se derriten y apenas pueden retener su propia

---

[961] Es decir, bellotas, etc.

grasa. A usted le gusta el sabor sutilmente ideado de estos platos. Pero os aseguro que platos tan cuidadosamente elegidos y tan variadamente condimentados, una vez que han entrado en el vientre, serán alcanzados por igual por una misma corrupción. ¿Despreciarías los placeres del comer? ¡Pues considera su resultado! **14.** Recuerdo unas palabras de Atalo, que suscitaron el aplauso general:

"Las riquezas me engañaron durante mucho tiempo. Solía aturdirme cuando captaba algún destello de ellas aquí y allá. Solía pensar que su influencia oculta coincidía con su espectáculo visible. Pero una vez, en cierto entretenimiento elaborado, vi trabajos en relieve en plata y oro que igualaban la riqueza de toda una ciudad, y colores y tapices diseñados para combinar con objetos que sobrepasaban el valor del oro o de la plata - traídos no sólo de más allá de nuestras propias fronteras, sino de más allá de las fronteras de nuestros enemigos; por un lado había niños esclavos notables por su entrenamiento y belleza, por el otro había multitudes de mujeres esclavas, y todos los demás recursos que un imperio próspero y poderoso podía ofrecer después de revisar sus posesiones. **15.** ¿Qué otra cosa es esto, me dije, sino una excitación de las apetencias del hombre, que son en sí mismas provocadoras de lujuria? ¿Qué sentido tiene todo este despliegue de dinero? ¿Acaso nos reuníamos sólo para aprender lo que era la codicia? Por mi parte, salí de allí con menos ansias que cuando entré. Llegué a despreciar las riquezas, no por su inutilidad, sino por su mezquindad. **16.** ¿Te has dado cuenta de cómo, en pocas horas, aquel programa, por muy lento y minuciosamente organizado que fuera, se había acabado? ¿Ha llenado toda nuestra vida un asunto que no podría llenar un día entero?

"Tuve también otro pensamiento: las riquezas me parecían tan inútiles para los poseedores como para los espectadores. **17.** En consecuencia, me digo a mí mismo, cada vez que un espectáculo de ese tipo deslumbra mis ojos, cada vez que veo un espléndido palacio con un bien cuidado cuerpo de asistentes y hermosas portadoras llevando una litera: ¿Por qué asombrarse? ¿Por qué quedarse boquiabierto? Todo es espectáculo; tales cosas se muestran, no se poseen; mientras agradan pasan. **18.** 18. Vuélvete más bien a las verdaderas riquezas. Aprende a contentarte con poco, y grita con valor y con grandeza de alma: "Tenemos agua, tenemos gachas; compitamos en felicidad con el mismo Júpiter". ¿Y por qué no, te lo ruego, hacer este desafío incluso sin gachas ni agua? Porque es vil hacer depender la vida feliz de la plata y del oro, e igualmente vil hacerla depender del agua y de las gachas. Pero, dirán algunos, ¿qué podría hacer yo sin tales cosas? 19. ¿Preguntáis cuál es el remedio contra la miseria? Es hacer que el hambre sacie el hambre; porque, siendo todo lo demás igual, ¿qué diferencia hay en la pequeñez o la grandeza de las cosas que te obligan a ser esclavo? ¿Qué importa lo poco que pueda negarte la fortuna? **20.** Tus mismas gachas y agua pueden caer bajo la jurisdicción de otro; y además, la libertad llega, no a aquel sobre quien la Fortuna tiene un ligero poder, sino a aquel sobre quien ella no tiene poder alguno. Esto es lo que quiero decir: no debes apetecer nada, si quieres competir con Júpiter; porque Júpiter no apetece nada."

Esto es lo que nos dijo Atalo. Si estás dispuesto a pensar a menudo en estas cosas, te esforzarás no en *parecer* feliz, sino en *ser* feliz, y, además, en parecer feliz a ti mismo más que a los demás. Adiós.

CXI. Sobre la vanidad de la gimnasia mental

1. Me has pedido que te dé una palabra latina para el griego *sophismata*. Muchos han intentado definir el término, pero ningún nombre ha cuajado. Esto es natural, en la medida en que la cosa en sí no ha sido admitida para uso general por nosotros; el nombre, también, ha encontrado oposición. Pero la palabra que utilizó Cicerón me parece la más adecuada: las llama *cavillationes*. **2.** Si un hombre se ha entregado a ellas, teje muchas sutilezas engañosas, pero no progresa hacia la verdadera vida; no se hace por ello más valiente, ni más comedido, ni más elevado de espíritu.

Sin embargo, quien ha practicado la filosofía para efectuar su propia curación, se vuelve altivo, lleno de confianza, invencible y más grande a medida que te acercas a él. **3.** Este fenómeno se observa en el caso de las altas montañas, que parecen menos elevadas cuando se contemplan desde lejos, pero que demuestran claramente lo altas que son sus cumbres cuando te acercas a ellas; así es, mi querido Lucilio, nuestro verdadero filósofo, verdadero por sus actos y no por sus trucos. Está en un lugar alto, digno de admiración, elevado y realmente grande. No se estira ni camina de puntillas como aquellos que buscan mejorar su estatura con engaños, deseando parecer más altos de lo que realmente son; él se contenta con su propia grandeza. **4.** ¿Y por qué no habría de contentarse con haber crecido hasta tal altura que la fortuna no pueda alcanzarlo con sus manos? Por lo tanto, está por encima de las cosas terrenales, es igual a sí mismo en todas las condiciones, tanto si la corriente de la vida corre libre, como si es zarandeado y viaja por mares turbulentos y desesperados; pero esta firmeza no puede ganarse a través de esos roces de cabellos que acabo de mencionar. La mente juega con ellos, pero no saca ningún provecho; la mente en tales casos simplemente arrastra a la filosofía desde sus alturas hasta el suelo llano.

5. No te prohibiría practicar tales ejercicios ocasionalmente; pero que sea en un momento en que no desees hacer nada. Sin embargo, la peor característica que presentan estas indulgencias es que adquieren una especie de encanto propio, ocupando y reteniendo el alma con un alarde de sutileza; aunque asuntos de tanto peso reclaman nuestra atención, y toda una vida parece apenas suficiente para aprender el único principio de despreciar la vida. "¿Qué? ¿No querías decir "controlar" en vez de "despreciar"? No; "controlar" es la segunda tarea; porque nadie ha controlado su vida correctamente a menos que primero haya aprendido a despreciarla. Adiós.

CXII. Sobre la reforma de los pecadores empedernidos

1. En verdad estoy ansioso de que tu amigo sea moldeado y entrenado, de acuerdo a tu deseo. Pero él ha sido tomado en un estado muy endurecido, o más bien (y este es un problema más difícil), en un estado muy blando, descompuesto por hábitos malos e inveterados.

Me gustaría darles una ilustración de mi propia artesanía.[962] **2.** No todas las cepas admiten el proceso de injerto; si son viejas y están podridas, o si son débiles y delgadas, la cepa no recibirá el esqueje, o no lo alimentará ni lo hará parte de sí misma, ni se acomodará a las cualidades y naturaleza de la parte injertada. Por eso solemos cortar la vid por encima del suelo, para que, si no obtenemos resultados a la primera, podamos probar una segunda vez y, en un segundo intento, injertarla por debajo del suelo.

3. Ahora bien, esta persona, acerca de la cual me has enviado tu mensaje por escrito, no tiene fuerza; porque ha mimado sus vicios. Se ha vuelto flácido y endurecido al mismo tiempo. No puede recibir la razón, ni puede alimentarla. "Pero", dices, "él desea la razón por su propia voluntad". No le crea. Por supuesto que no quiero decir que te esté mintiendo; porque realmente piensa que la desea. El lujo sólo le ha revuelto el estómago; pronto volverá a reconciliarse con él. **4.** "Pero dice que está harto de su anterior modo de vivir". Es muy probable. ¿Quién no lo está? Los hombres aman y odian sus vicios al mismo tiempo. Será el momento adecuado para juzgarle cuando nos haya dado garantías de que realmente odia el lujo; tal como está ahora, el lujo y él simplemente no se hablan. Adiós.

---

[962] Séneca era un viticultor extenso y próspero. Compárese Ep. civ. 6 y ss. para la descripción de su afición en el campo cerca de Nomentum. Hay muchas figuras que tratan de la vid esparcidas por las Cartas.

CXIII. Sobre la vitalidad del alma y sus atributos

1. Deseas que te escriba mi opinión acerca de esta cuestión que se ha planteado en nuestra escuela: si la justicia, el valor, la previsión y las demás virtudes son cosas vivas.[963] Con sutilezas como ésta, mi amado Lucilio, hemos hecho creer a la gente que aguzamos el ingenio con objetos inútiles y malgastamos nuestro tiempo libre en discusiones que no serán provechosas. Haré, sin embargo, lo que me pides, y expondré el tema tal como lo ve nuestra escuela. Por mi parte, confieso otra creencia: Sostengo que hay ciertas cosas que son propias de un portador de zapatos blancos y manto griego.[964] Pero cuáles son las creencias que han conmovido a los antiguos, o las que los antiguos han suscitado la discusión, yo las explicaré.

2. El alma, están de acuerdo los hombres, es una cosa viviente, porque por sí misma puede hacernos cosas vivientes, y porque las "cosas vivientes"[965] han derivado su nombre de ella. Pero la virtud no es otra cosa que un alma en cierta condición; por lo tanto, es una cosa viviente. Además, la virtud es activa, y ninguna acción puede tener lugar sin impulso. Y si una cosa tiene impulso, debe ser una cosa viviente; porque nadie excepto una cosa viviente posee impulso. **3.** Una respuesta a esto es: "Si la virtud es algo vivo, entonces la virtud misma posee virtud". Por supuesto que se posee a sí misma. Así como el sabio todo lo hace en razón de la virtud, así la virtud todo lo realiza en razón de sí misma. "En ese caso", dicen, "todas las artes también son cosas vivas, y todos nuestros pensamientos y todo lo que la mente comprende. Por lo tanto, se deduce que muchos miles de seres vivos habitan en el diminuto corazón del hombre, y que

---

[963] El cumplimiento de la promesa hecha en Ep. cvi. 3 (véase nota ad loc.).

[964] La alusión es sarcástica. El *faecasio era* un zapato blanco que llevaban los sacerdotes griegos y los gimnastas atenienses, a veces imitado por los romanos.

[965] Es decir, *animal* de *animus, anima* ("aliento de vida").

cada individuo entre nosotros consiste en, o al menos contiene, muchos seres vivos."

¿Está usted impaciente por obtener una respuesta a esta observación? Cada uno de ellos será un ser vivo; pero no serán muchos seres vivos separados. ¿Por qué? Te lo explicaré, si aplicas tu sutileza y tu concentración a mis palabras. **4.** Cada ser viviente debe tener una sustancia separada; pero como todas las cosas antes mencionadas tienen un alma única, en consecuencia, pueden ser seres vivientes separados, pero sin pluralidad. Yo mismo soy un ser vivo, y un hombre; pero no puedes decir que hay dos de mí por esa razón. ¿Por qué? Porque, si así fuera, tendrían que ser dos existencias separadas. Esto es lo que quiero decir: una tendría que separarse de la otra para producir dos. Pero siempre que tienes lo que es múltiple en un todo, cae en la categoría de una sola naturaleza, y por lo tanto es única.

5. Mi alma es un ser vivo, y yo también; pero no somos dos personas distintas. ¿Por qué? Porque el alma es parte de mí mismo. Sólo será considerada como una cosa definida en sí misma, cuando exista por sí misma. Pero mientras sea parte de otro, no puede ser considerada como diferente. ¿Por qué? Te lo diré: es porque lo que es diferente, debe ser personal y peculiar a sí mismo, un todo, y completo en sí mismo. **6.** Yo mismo he dejado constancia de que soy de otra opinión;[966] porque si uno adopta esta creencia, no sólo las virtudes serán cosas vivas, sino también sus vicios contrarios, y las emociones, como la ira, el miedo, la pena y la sospecha. Es más, el argumento nos llevará aún más lejos: todas las opiniones y todos los pensamientos serán cosas vivas. Esto no es en modo alguno admisible, puesto que todo lo que el hombre hace no es necesariamente el

---

[966] Es decir, de aquellos que sostienen que el hombre, el alma y las funciones del alma pueden clasificarse como entidades separadas; o incluso de aquellos que creen que vale la pena discutir el asunto en absoluto. Véase el § 1 de esta Carta.

hombre mismo. **7.** "¿Qué es la Justicia?", dice la gente. La Justicia es un alma que se mantiene en una determinada actitud. "Entonces, si el alma es un ser vivo, también lo es la Justicia". De ninguna manera. Pues la Justicia es en realidad un estado, una especie de poder del alma; y esta misma alma se transforma en diversas semejanzas y no se convierte en un ser viviente distinto cuantas veces actúa de manera diferente. Tampoco el resultado de la acción del alma es un ser vivo. **8.** Si la justicia, la valentía y las demás virtudes tienen vida real, ¿dejan de ser cosas vivas y vuelven a empezar la vida, o son *siempre* cosas vivas?

Pero las virtudes no pueden dejar de ser. Por lo tanto, hay muchas, no innumerables, cosas vivas, que habitan en esta única alma. **9.** "No", es la respuesta, "no muchas, porque todas están unidas a la una, siendo partes y miembros de un todo único". Entonces nos estamos representando una imagen del alma como la de una hidra de muchas cabezas: cada cabeza separada lucha y destruye independientemente. Y, sin embargo, no hay ningún ser vivo separado en cada cabeza; es la cabeza de un ser vivo, y la propia hidra es un único ser vivo. Nadie creyó jamás que la Quimera contuviera un león vivo o una serpiente viva;[967] éstos no eran más que partes de toda la Quimera; y las partes no son seres vivos. **10.** Entonces, ¿cómo puedes deducir que la Justicia es un ser vivo? "La Justicia", responde la gente, "es activa y útil; lo que actúa y es útil, posee impulso; y lo que posee impulso es un ser vivo." Cierto, si el impulso es propio; (pero en el caso de la justicia no es propio;) el impulso proviene del alma. **11.** Toda cosa viviente existe como empezó, hasta la muerte; un hombre, hasta que muere, es un hombre, un caballo es un caballo, un perro un perro. No pueden transformarse en otra cosa. Ahora bien, admitamos que la Justicia -que se define

---

[967] Homero, *Il.* vi. 181 πρόσθε λέων, ὄπιθεν δὲ δράκων, μέσση δὲ χίμαιρα. Esta es una ilustración frecuente del "todo y las partes" entre los filósofos antiguos.

como "un alma en una actitud determinada"- es un ser vivo. Supongamos que es así. Entonces la Valentía también está viva, siendo "un alma en cierta actitud". ¿Pero qué alma? ¿La que acabamos de definir como Justicia? El alma se mantiene dentro del ser nombrado en primer lugar, y no puede cruzar a otro; debe durar su existencia en el medio donde tuvo su origen. **12.** Además, no puede haber un alma para dos seres vivos, y mucho menos para muchos seres vivos. Y si la justicia, la valentía, la moderación y todas las demás virtudes son cosas vivas, ¿cómo van a tener una sola alma? Deben poseer almas separadas, o de lo contrario no son cosas vivientes. **13.** Varias cosas vivientes no pueden tener un solo cuerpo; esto es admitido por nuestros mismos oponentes. Ahora bien, ¿cuál es el "cuerpo"[968] de la justicia? "El alma", admiten. ¿Y el de la valentía? "El alma también". Y, sin embargo, no puede haber un solo cuerpo de dos seres vivos. **14.** "La misma alma, sin embargo", responden, "asume la apariencia de la Justicia, o de la Valentía, o de la Moderación". Esto sería posible si la valentía estuviera ausente cuando la justicia estuviera presente, y si la moderación estuviera ausente cuando la valentía estuviera presente; tal como está el caso ahora, todas las virtudes existen al mismo tiempo. Por lo tanto, ¿cómo pueden las virtudes separadas ser cosas vivas, si concedes que hay una sola alma,[969] que no puede crear más de una sola cosa viva?

15. De nuevo, ningún ser vivo es parte de otro ser vivo. Pero la Justicia es una parte del alma; por lo tanto, la Justicia no es un ser vivo. Parece como si estuviera perdiendo el tiempo con algo que es un hecho reconocido; porque uno debería denunciar tal tema en lugar de debatirlo. Y no hay dos seres vivos iguales.

---

[968] Es decir, la forma en la que está contenida.
[969] El alma es "cuerpo", "materia-mundo" (no "materia" en el sentido moderno). Es por tanto, según los estoicos, una entidad viva, una unidad; y la Virtud es una διάθεσις ψυχῆς, - una "disposición permanente del alma".

Considera los cuerpos de todos los seres: cada uno tiene su color, forma y tamaño particulares. **16.** Y entre las otras razones para maravillarse del genio del creador divino está, creo, ésta: - que en medio de toda esta abundancia no hay repetición; incluso cosas aparentemente similares son, al compararlas, diferentes. Dios ha creado todo el gran número de hojas que contemplamos: cada una, sin embargo, está estampada con su patrón especial. Todos los animales: ninguno se parece a otro en tamaño, ¡siempre hay alguna diferencia! El creador se ha dado a la tarea de hacer cosas distintas y desiguales que son diferentes; pero todas las virtudes, como afirma tu argumento, son iguales. Por lo tanto, no son seres vivos.

17. Todo ser viviente actúa por sí mismo; pero la virtud no hace nada por sí misma; debe actuar en conjunción con el hombre. Todos los seres vivos, o bien están dotados de razón, como los hombres y los dioses, o bien son irracionales, como las bestias y el ganado. Las virtudes, en todo caso, son racionales; y, sin embargo, no son ni hombres ni dioses; por tanto, no son seres vivos. **18.** Todo ser viviente dotado de razón es inactivo si antes no es movido por alguna impresión externa; luego viene el impulso, y finalmente el asentimiento confirma el impulso.[970] Ahora explicaré qué es el *asentimiento*. Supongamos que debo dar un paseo: Camino, pero sólo después de darme la orden a mí mismo y de aprobar esta opinión mía. O supongamos que debo sentarme; me siento, pero sólo después del mismo proceso. Este asentimiento no forma parte de la virtud. **19.** Pues supongamos que es Prudencia; ¿cómo asentirá Prudencia a la opinión: "Debo dar un paseo"? La naturaleza no lo permite. Pues la Prudencia mira por los intereses de su poseedor, y no por los suyos propios. La prudencia no puede caminar ni sentarse. Por consiguiente, no posee el poder de asentir, y no es

---

[970] La progresión habitual era αἴσθησις (*sensus*), φαντασία (*species*, "impresión externa"), συγκατάθεσις (*adsensus*), y κατάληψις (*comprehensio*). Véase Ep. xcv. 62 nota.

un ser vivo dotado de razón. Pero si la virtud es un ser vivo, es racional. Pero no es racional; por tanto, no es un ser vivo. **20.** Si la virtud es un ser vivo, y la virtud es un bien, ¿no es entonces todo bien un ser vivo? Lo es. Nuestra escuela lo profesa.

Ahora bien, salvar la vida de un padre es un Bien; también es un bien pronunciar juiciosamente la propia opinión en el senado, y es un bien emitir opiniones justas; por lo tanto, el acto de salvar la vida de un padre es una cosa viva, también el acto de pronunciar opiniones juiciosas. Hemos llevado este absurdo argumento tan lejos que no puedes evitar reírte a carcajadas: el silencio sabio es un Bien, y también lo es una cena frugal; por lo tanto, el silencio y la cena son cosas vivas.[971] **21.** En efecto, nunca dejaré de hacer cosquillas a mi mente y de divertirme con estas simpáticas tonterías. La justicia y la valentía, si son cosas vivas, son ciertamente de la tierra. Ahora bien, todo ser vivo terrenal tiene frío, hambre o sed; por lo tanto, la justicia tiene frío, la valentía tiene hambre y la bondad ansía beber.

22. ¿Y ahora qué? ¿No debería preguntar a nuestros honorables oponentes qué forma tienen estos seres vivos[972] ? ¿Es de hombre, de caballo o de bestia salvaje? Si se les da una forma redonda, como la de un dios, preguntaré si la avaricia y el lujo y la locura son igualmente redondos. Pues también éstas son "cosas vivas". Si encuentro que también les dan una forma redondeada, llegaré a preguntar si un modesto andar es un ser vivo; deben admitirlo, según su argumento, y proceder a decir que un andar es un ser vivo, ¡y un ser vivo redondeado, además!

23. Ahora bien, no crean que soy el primero de nuestra escuela que no habla a partir de reglas, sino que tiene su propia opinión: Cleantes y su alumno Crisipo no podían estar de acuerdo en definir el acto de caminar. Cleantes sostenía que era

---

[971] Este problema se trata desde otro ángulo en Ep. lviii. 16.
[972] Es decir, las virtudes.

el espíritu transmitido a los pies desde la esencia primigenia, mientras que Crisipo mantenía que era la esencia primigenia en sí misma.[973] ¿Por qué, entonces, siguiendo el ejemplo del mismo Crisipo, no debería cada hombre reclamar su propia libertad, y reírse de todas estas "cosas vivientes", - tan numerosas que el universo mismo no puede contenerlas? **24.** Se podría decir: "Las virtudes no son muchas cosas vivas, y sin embargo son cosas vivas. Porque, así como un individuo puede ser poeta y orador a la vez, así también estas virtudes son cosas vivas, pero no son muchas. El alma es la misma; puede ser al mismo tiempo justa y prudente y valiente, manteniéndose en una determinada actitud hacia cada virtud." **25.** Queda zanjada la controversia y, por tanto, estamos de acuerdo. Pues yo admitiré, mientras tanto, que el alma es un ser vivo con la salvedad de que más adelante podré emitir mi voto definitivo; pero niego que los actos del alma sean seres vivos. De lo contrario, todas las palabras y todos los versos estarían vivos; pues si el habla prudente es un bien, y todo bien un ser vivo, entonces el habla es un ser vivo. Un verso prudente es un bien; todo lo vivo es un bien; por tanto, el verso es un ser vivo. Y así, "Armas y hombre que canto", es una cosa viva; ¡pero no pueden llamarla redonda, porque tiene seis pies! **26.** "Toda esta proposición", dices, "que estamos discutiendo en este momento, es un tejido desconcertante". Me parto de risa cada vez que reflexiono que los solecismos y los barbarismos y los silogismos son cosas vivas, y, como un artista, doy a cada una una semejanza adecuada. ¿Es esto lo que discutimos con el ceño contraído y la frente arrugada? No puedo decir ahora, después de Caelius,[974] "¡Qué melancólica nimiedad!". Es más que eso; es absurdo. ¿Por qué

---

[973] Cleantes, Frag. 525 von Arnim; Crisipo, Frag. 836 von Arnim. El primero parece estar más de acuerdo con las opiniones estoicas generales.

[974] Caecilianum (la lectura de los últimos MSS.) haría referencia a Statius Caecilius, el escritor cómico del siglo II a.C. Caelianum (B y A) indicaría a M. Caelius Rufus, el orador y contemporáneo de Cicerón y Catulo.

no discutimos más bien algo que sea útil y saludable para nosotros mismos, buscando cómo podemos alcanzar las virtudes, y encontrando el camino que nos lleve en esa dirección?

27. Enséñame, no si la valentía es un ser vivo, sino pruébame que ningún ser vivo es feliz sin valentía, es decir, a menos que se haya hecho fuerte para oponerse a los peligros y haya vencido todos los golpes del azar ensayando y anticipando su ataque. ¿Y qué es la valentía? Es la fortaleza inexpugnable para nuestra debilidad mortal; cuando un hombre se ha rodeado de ella, puede resistir libre de angustia durante el asedio de la vida; porque se sirve de sus propias fuerzas y de sus propias armas. **28.** En este punto me gustaría citarte un dicho de nuestro filósofo Posidonio: "Nunca hay ocasiones en las que debas creerte seguro porque empuñas las armas de la fortuna; ¡lucha con las tuyas! La fortuna no proporciona armas contra sí misma; de ahí que los hombres equipados contra sus enemigos estén desarmados contra la propia fortuna."

29. Alejandro, sin duda, hostigó y puso en fuga a los persas,[975] a los hircanios, a los indios y a todas las demás razas que el Oriente extiende hasta el Océano;[976] pero él mismo, cuando mataba a un amigo o perdía a otro, yacía en la oscuridad lamentando a veces su crimen y a veces su pérdida;[977] ¡él, el conquistador de tantos reyes y naciones, estaba abatido por la ira y el dolor! Pues se había propuesto dominarlo todo, excepto sus emociones. **30.** ¡Oh, con qué grandes errores se obsesionan los hombres que desean llevar sus límites de imperio más allá de los mares, que se juzgan más prósperos cuando ocupan muchas provincias con su soldadesca y unen nuevos territorios a los antiguos! ¡Poco saben de aquel reino que está en igualdad

---

[975] 334-330 A.C.
[976] Véase Ep. xciv. 63 s., y notas.
[977] Por ejemplo, la ejecución de Parmenio en Media y el asesinato de Clito en Samarcanda.

con los cielos en grandeza! **31.** El autodominio es el mayor de todos los mandatos. Que me enseñe qué cosa sagrada es la Justicia que siempre considera el bien de otro y no busca nada para sí misma excepto su propio empleo. No debe tener nada que ver con la ambición y la reputación; debe satisfacerse a sí misma.

Que cada hombre se convenza de esto ante todo: "Debo ser justo sin recompensa". Y eso no basta; que se convenza también de esto: "Que me complazca dedicarme por mi propia voluntad a sostener esta nobilísima virtud". Que todos sus pensamientos se aparten lo más posible de los intereses personales. No es necesario que busque a su alrededor la recompensa de una acción justa; una acción justa ofrece en sí misma una recompensa aún mayor. **32.** Graba profundamente en tu mente lo que señalé un poco más arriba: que no importa cuántas personas conozcan tu rectitud. Los que desean que se haga publicidad de su virtud no buscan la virtud, sino la fama. ¿No estás dispuesto a ser justo sin ser famoso? No, de hecho a menudo debes ser justo y ser al mismo tiempo deshonrado. Y entonces, si eres sabio, deja que la mala reputación, bien ganada, sea un deleite. Adiós.

CXIV. El estilo como espejo del carácter

1. Me han estado preguntando por qué, durante ciertos períodos, un estilo degenerado de hablar pasa a primer plano, y cómo es que el ingenio de los hombres ha ido cuesta abajo hacia ciertos vicios - de tal manera que la exposición en un momento ha tomado una especie de fuerza hinchada, y en otro se ha vuelto cursi y modulada como la música de una pieza de concierto. Uno se pregunta por qué a veces se han favorecido las ideas audaces, más audaces de lo que uno podría creer, y por qué otras veces uno se encuentra con frases inconexas y llenas de insinuaciones, en las que hay que leer más significado del que se pretendía encontrar al oído. O por qué ha habido épocas que han mantenido el derecho a un uso descarado de la metáfora. Para responder, he aquí una frase que acostumbras a notar en el habla popular -una que los griegos han convertido en proverbio: "El habla del hombre es como su vida."[978] **2.** Exactamente como las acciones de cada hombre individual parecen hablar, así el estilo de hablar de la gente a menudo reproduce el carácter general de la época, si la moral del público se ha relajado y se ha entregado al afeminamiento. El desenfreno en el hablar es prueba de lujo público, si es popular y está de moda, y no se limita a uno o dos casos individuales. **3.** La habilidad de un hombre[979] no puede ser de una clase y su alma de otra. Si su alma es sana, ordenada, seria y moderada, su habilidad también es sana y sobria. Por el contrario, cuando una degenera, la otra también se contamina. ¿No ves que si el alma de un hombre se ha vuelto perezosa, sus miembros se arrastran y sus pies se mueven con indolencia? ¿Si es mujeriego, que se puede detectar el afeminamiento por su mismo andar? ¿Que un alma aguda y confiada acelera el paso? ¿Que la locura en el

---

[978] οἷος ὁ βίος, τοιοῦτος καὶ ὁ λόγος. El dicho es referido a Sócrates por Cicerón (*Tusc.* v. 47).

[979] Es decir, esa cualidad innata que se compone de carácter e inteligencia.

alma, o la cólera (que se parece a la locura), acelera nuestros movimientos corporales de caminar a correr?

Y ¡cuánto más crees que esto afecta a la capacidad de uno, que está enteramente entretejida con el alma, - siendo moldeada por ella, obedeciendo sus mandatos, y derivando de ella sus leyes! **4.** Cómo vivió Mecenas es demasiado conocido para el presente comentario. Sabemos cómo caminaba, cuán afeminado era y cómo deseaba exhibirse; también, cuán poco deseoso estaba de que sus vicios escaparan a la atención. Entonces, ¿qué? ¿No concuerda la soltura de su discurso con su atuendo sin faldas?[980] ¿Están sus hábitos, sus asistentes, su casa, su esposa,[981] menos claramente marcados que sus palabras? Hubiera sido un hombre de grandes poderes, si se hubiera puesto a su tarea por un camino recto, si no hubiera rehuido hacerse entender, si no hubiera sido también tan suelto en su estilo de hablar. Veréis, pues, que su elocuencia era la de un hombre embriagado: tortuosa, giratoria, ilimitada en su flojedad.

5. ¿Qué es más impropio que las palabras:[982] "Un arroyo y una ribera cubiertos de bosques de largos lomos"? Y ver cómo "los hombres aran el canal con barcas y, al revolver los bajíos, dejan jardines tras ellos". O: "Enrosca sus bucles de dama, y factura y arrulla, y comienza a suspirar, como un señor del bosque que ofrece plegarias con el cuello inclinado hacia abajo". O, "Una tripulación no regenerada, buscan a la gente en las fiestas, y asaltan los hogares con la copa de vino, y, por la esperanza, exigen la muerte." O, "Un genio difícilmente podría dar

---

[980] Cf. Suetonio, *Aug.* 86, donde el emperador *Maecenatem suum, cuius "myrobrechis", ut ait, "cincinnos"* ("rizos que chorrean ungüento" (Rolfe)) *usque quaque persequitur et imitando per iocum irridet.* Augusto se refiere aquí especialmente al estilo de Mecenas como escritor.

[981] Terentia. Para sus encantos, véase Horacio, *Od.* ii. 12; para sus defectos, véase *De prov.* iii. 10, donde Séneca la llama "petulante".

[982] Mecenas, Frag. 11 Lunderstedt.

testimonio de su propio festival"; o "hilos de pequeñas velas y comida crepitante"; "madres o esposas vistiendo el hogar".

6. ¿No los imaginas de inmediato, al leer estas palabras, que éste era el hombre que siempre desfilaba por la ciudad con una vaporosa túnica[983]? Pues, aunque estuviera desempeñando las funciones del emperador ausente, siempre iba desvestido cuando le pedían el refrendo. ¿O que éste era el hombre que, como juez en el tribunal, o como orador, o en cualquier acto público, aparecía con la capa envolviéndole la cabeza, dejando sólo las orejas al descubierto,[984] como los esclavos fugitivos del millonario en la farsa? ¿O que éste era el hombre que, en el mismo momento en que el Estado estaba inmerso en una lucha civil, cuando la ciudad estaba en dificultades y bajo la ley marcial, era atendido en público por dos eunucos, ambos más hombres que él? ¿O que éste era el hombre que sólo tenía una esposa y, sin embargo, se casó innumerables veces?[985] **7.** Estas palabras suyas, unidas de manera tan defectuosa, lanzadas tan descuidadamente, y dispuestas en tan marcado contraste con la práctica habitual, declaran que el carácter de su escritor era igualmente inusual, insano y excéntrico. Sin duda, le concedemos los mayores elogios por su humanidad; fue parco con la espada y se abstuvo de derramar sangre;[986] y sólo hizo alarde de su poder en el curso de su vida relajada; pero echó a perder, por tan absurda finura de estilo, este elogio genuino, que le correspondía. **8.** Porque es evidente que no era realmente gentil, sino afeminado, como lo prueban su engañoso orden de palabras, sus expresiones invertidas y los sorprendentes pensamientos que con frecuencia contienen algo

---

[983] En lugar de ceñirse adecuadamente - una marca de dejadez.
[984] Para una marca similar de dejadez, en el liberto de Pompeyo, Demetrio, véase Plutarco, *Pompeyo*, xl. 4.
[985] Es decir, a menudo repelido por su esposa Terentia, y luego restaurado a la gracia.
[986] Por ejemplo, en el Tratado de Brundisium (37 a.C.), y a menudo durante el Triunvirato.

650

grande, pero que al encontrar expresión se han vuelto sin nervio. Se diría que su cabeza estaba torcida por un éxito demasiado grande.

Este defecto se debe unas veces al hombre y otras a su época. **9.** Cuando la prosperidad ha extendido el lujo por todas partes, los hombres empiezan a prestar más atención a su aspecto personal. Luego se vuelven locos por los muebles. A continuación, dedican atención a sus casas: cómo ocupar más espacio con ellas, como si fueran casas de campo, cómo hacer que las paredes brillen con mármol importado de otros mares, cómo adornar un tejado con oro, para que haga juego con el brillo de los suelos con incrustaciones. Después, trasladan su exquisito gusto a la mesa, tratando de ganarse la aprobación de los comensales con novedades y desviaciones del orden habitual de los platos, para que los platos que solemos servir al final de la comida se sirvan primero, y para que los invitados que se marchan puedan disfrutar del tipo de comida que antiguamente se le ofrecía a su llegada.

10. Cuando la mente ha adquirido el hábito de despreciar las cosas usuales de la vida, y de considerar mezquino lo que antes era habitual, comienza a cazar novedades también en el habla; ahora convoca y exhibe palabras obsoletas y pasadas de moda; ahora acuña incluso palabras desconocidas o les da una forma incorrecta; y ahora un uso metafórico audaz y frecuente se convierte en una característica especial del estilo, de acuerdo con la moda que acaba de imponerse. **11.** Algunos acortan los pensamientos, con la esperanza de causar una buena impresión dejando el significado en duda y haciendo que el oyente sospeche de su propia falta de ingenio. Otros se detienen en ellas y las alargan. Otros, también, se acercan poco a la falta - pues un hombre debe realmente hacer esto si espera lograr un efecto imponente- pero en realidad aman la falta por sí misma. En resumen, siempre que observes que un estilo degenerado agrada a los críticos, puedes estar seguro de que el carácter también se ha desviado de la norma correcta.

Del mismo modo que los banquetes lujosos y los vestidos elaborados son indicios de enfermedad en el estado, del mismo modo un estilo laxo, si es popular, muestra que la mente (que es la fuente de la palabra) ha perdido su equilibrio. De hecho, no debería sorprenderte que el discurso corrupto sea bienvenido no sólo por la chusma más escuálida[987] sino también por nuestra multitud más culta; porque sólo difieren en su vestimenta y no en sus juicios. **12.** Te sorprenderá que no sólo los efectos de los vicios, sino incluso los vicios mismos, reciban aprobación. Porque siempre ha sido así: nunca se ha aprobado la habilidad de un hombre sin que se le haya perdonado algo. Muéstrame a cualquier hombre, por famoso que sea; puedo decirte qué fue lo que su edad perdonó en él, y qué fue lo que su edad pasó por alto a propósito. Puedo mostraros muchos hombres cuyos vicios no les han causado ningún daño, y no pocos que incluso han sido ayudados por estos vicios. Sí, les mostraré personas de la más alta reputación, puestas como modelos para nuestra admiración; y sin embargo, si tratas de corregir sus errores, los destruís; porque los vicios están tan entrelazados con las virtudes que arrastran a las virtudes con ellos. **13.** Además, el estilo no tiene leyes fijas; cambia según el uso de la gente, nunca es el mismo durante mucho tiempo. Muchos oradores se remontan a épocas anteriores para su vocabulario, hablando en el lenguaje de las Doce Tablas.[988] Graco, Craso y Curio, a sus ojos, son demasiado refinados y demasiado modernos; ¡así que de vuelta a Apio y Coruncanio![989] A la inversa, ciertos hombres, en su empeño por mantener nada más que usos trillados y comunes, caen en un estilo monótono. **14.** Estas dos clases, cada una a su manera, son degeneradas; y no es menos degenerado no usar palabras excepto aquellas que son conspicuas, altisonantes y poéticas, evitando lo que es familiar y de uso ordinario. Creo que una es tan defectuosa

---

[987] Es decir, el "anillo" de curiosos, el "foso".
[988] Siglo V a.C.
[989] Es decir, desde los siglos II y I a.C. hasta el siglo III.

como la otra: los de una clase son irrazonablemente elaborados, los de la otra son irrazonablemente negligentes; los primeros se depilan la pierna, los segundos ni siquiera la axila.[990]

15. Pasemos ahora a la disposición de las palabras. En este departamento, ¡qué innumerables variedades de faltas puedo mostrarlo! Algunos son partidarios de la brusquedad y la desigualdad de estilo, desordenando a propósito todo lo que parece tener un flujo suave de lenguaje. Quieren que haya sacudidas en todas sus transiciones; consideran fuerte y varonil todo lo que causa una impresión desigual en el oído. Con algunos otros no se trata tanto de un "arreglo" de palabras como de una puesta en música; tan seductor y suave es su estilo deslizante. **16.** ¿Y qué decir de esa disposición en la que las palabras se posponen y, después de haber sido largamente esperadas, sólo consiguen entrar al final de un período? O también de ese estilo suavemente conclusivo, a la manera de Cicerón,[991] con un descenso gradual y suavemente aplomado, ¡siempre igual y siempre con la disposición habitual del ritmo! El fallo tampoco está sólo en el estilo de las frases, si son mezquinas e infantiles, o degradantes, con más atrevimiento del que la modestia debería permitir, o si son floridas y empalagosas, o si terminan en el vacío, logrando un mero sonido y nada más.

17. Algún individuo pone de moda estos vicios, alguna persona que controla la elocuencia del día; los demás siguen su ejemplo y se comunican el hábito unos a otros. Así, cuando Sallust[992] estaba en su esplendor, las frases se cortaban, las palabras se

---

[990] Esta última es una marca razonable de buena educación, la primera es un poco ostentosa de afeminamiento. Summers cita a Ovidio, *A. A.* i. 506 "no frotes tus piernas suavemente con la piedra pómez que raspa".

[991] Así como Cicerón (véase Ep. xl. 11) era un ejemplo del estilo rítmico, Pollio es el representante de la manera *"bullosa" (salebrosa)* (Ep. c. 7).

[992] Flor. 40 A.C.

653

cerraban inesperadamente y la oscura concisión equivalía a elegancia. L. Arruncio, hombre de rara sencillez, autor de una obra histórica sobre la guerra púnica, era miembro y firme partidario de la escuela de Sallusto. Hay una frase en Sallust: *exercitum argento fecit*,[993] que significa con ello que *reclutó*[994] un ejército por medio del dinero. A Arruncio empezó a gustarle esta idea, por lo que insertó el verbo *facio en* todo su libro. Así, en un pasaje, *fugam nostris fecere*;[995] en otro, *Hiero, rex Syracusanorum, bellum fecit*;[996] y en otro, *quae audita Panhormitanos dedere Romanis fecere*.[997] **18.** Todo su libro está entretejido con cosas como éstas. Lo que Sallust reservaba para un uso ocasional, Arruntius lo convierte en un hábito frecuente y casi continuo -y había una razón: porque Sallust usaba las palabras tal y como se le ocurrían, mientras que el otro escritor las buscaba por todas partes. Así se ven los resultados de copiar los vicios de otro hombre. **19.** De nuevo, Sallust dijo: *aquis hiemantibus*.[998] Arruncio, en su primer libro sobre la guerra púnica, emplea las palabras: *repente hiemavit tempestas*.[999] Y

---

[993] Para estos fragmentos de Sallust véase la edición de Kritz, núm. 33, *Jug.* 37. 4 y 42; para Arruncio véase H. Peter, *Frag. Hist. Rom.* ii. pp. 41 f.
[994] Literalmente, "creado", "hecho".
[995] "Hizo huir a nuestros hombres"; "Hiero, rey de los siracusanos provocó la guerra"; "La noticia llevó a los hombres de Panormus" (actual Palermo, Sicilia) "al punto de rendirse a los romanos".
[996] "Hizo huir a nuestros hombres"; "Hiero, rey de los siracusanos provocó la guerra"; "La noticia llevó a los hombres de Panormus" (actual Palermo, Sicilia) "al punto de rendirse a los romanos".
[997] "Hizo huir a nuestros hombres"; "Hiero, rey de los siracusanos provocó la guerra"; "La noticia llevó a los hombres de Panormus" (actual Palermo, Sicilia) "al punto de rendirse a los romanos".
[998] "En medio de las aguas invernales"; "La tormenta se volvió invernal de repente"; "Todo el año era como el invierno"; "Entonces despachó sesenta transportes de calado ligero además de los soldados y los marineros necesarios en medio de una tormenta invernal".
[999] "En medio de las aguas invernales"; "La tormenta se volvió invernal de repente"; "Todo el año era como el invierno"; "Entonces despachó

en otro lugar, queriendo describir un año excepcionalmente frío, dice: *totus hiemavit annus*.[1000] Y en otro pasaje: *inde sexaginta onerarias leves praeter militem et necessarios nautarum hiemante aquilone misit*;[1001] y sigue reforzando muchos pasajes con esta metáfora. En cierto lugar, Sallust da las palabras: *inter arma civilia aequi bonique famas*[1002] *petit*; y Arruncio no puede contenerse de mencionar enseguida, en el primer libro, que hubo extensos "recordatorios" relativos a Régulo.

20. Estos y otros defectos semejantes, que la imitación imprime en el estilo, no son necesariamente indicios de falta de rigor o de mente degradada; porque han de ser personales y peculiares del escritor, permitiendo juzgar por ello el temperamento de un autor determinado; del mismo modo que un hombre colérico hablará de un modo colérico, un hombre excitable de un modo agitado, y un hombre afeminado con un estilo suave y sin resistencia. **21.** Esta tendencia se nota en los que se arrancan o afinan la barba, en los que se afeitan el labio superior conservando el resto del cabello y dejándolo crecer, en los que visten capas de colores extravagantes, en los que visten togas transparentes, en los que nunca se dignan hacer nada que escape a la atención general; se esfuerzan por excitar y atraer la atención de los hombres, y soportan incluso la censura, con tal

---

sesenta transportes de calado ligero además de los soldados y los marineros necesarios en medio de una tormenta invernal".

[1000] "En medio de las aguas invernales"; "La tormenta se volvió invernal de repente"; "Todo el año era como el invierno"; "Entonces despachó sesenta transportes de calado ligero además de los soldados y los marineros necesarios en medio de una tormenta invernal".

[1001] "En medio de las aguas invernales"; "La tormenta se volvió invernal de repente"; "Todo el año era como el invierno"; "Entonces despachó sesenta transportes de calado ligero además de los soldados y los marineros necesarios en medio de una tormenta invernal".

[1002] La peculiaridad aquí es el uso del plural en lugar de la forma singular. "En medio de la guerra civil busca recordatorios de justicia y virtud".

de que puedan hacerse publicidad. Ese es el estilo de Mecenas y de todos los demás que se desvían del camino, no por azar, sino consciente y voluntariamente. **22.** Este es el resultado de un gran mal en el alma. Como en el caso de la bebida, la lengua no tropieza hasta que la mente es vencida bajo su carga y cede o se traiciona a sí misma; así esa intoxicación de estilo -¿pues qué otra cosa puedo llamarla? - nunca da problemas a nadie a menos que el alma empiece a tambalearse. Por lo tanto, digo, cuida del alma; porque del alma salen nuestros pensamientos, del alma nuestras palabras, del alma nuestras disposiciones, nuestras expresiones y nuestro modo de andar. Cuando el alma es sana y fuerte, también el estilo es vigoroso, enérgico, varonil; pero si el alma pierde su equilibrio, todo lo demás se viene abajo en ruinas.

23. Si sólo el rey está a salvo, tu enjambre vivirá

Armonioso; si muere, las abejas se rebelan.[1003]

El alma es nuestro rey. Si está a salvo, las demás funciones permanecen en servicio y sirven con obediencia; pero la menor falta de equilibrio en el alma hace que vacilen junto con ella. Y cuando el alma ha cedido al placer, sus funciones y acciones se debilitan, y cualquier empresa proviene de una fuente sin nervio e inestable. **24.** Para insistir en mi uso de este símil, nuestra alma es a la vez un rey y un tirano. El rey, en la medida en que respeta las cosas honorables, vela por el bienestar del cuerpo que le ha sido confiado, y no da a ese cuerpo órdenes viles e innobles. Pero un alma descontrolada, apasionada y afeminada transforma la realeza en la cualidad más temible y detestable: la tiranía; entonces se convierte en presa de las emociones incontroladas, que persiguen sus pasos, eufóricas al principio, sin duda, como un populacho ociosamente saciado con una largueza que finalmente será su perdición, y echando a perder lo que no puede consumir. **25.** Pero cuando la

---

[1003] Virgilio, *Georg.* iv. 212 f

enfermedad ha carcomido poco a poco las fuerzas, y los hábitos de lujo han penetrado en la médula y en los tendones, tal alma se regocija a la vista de los miembros que, por su exceso de indulgencia, ha inutilizado; en lugar de sus propios placeres, contempla los de los demás; se convierte en intermediaria y testigo de las pasiones que, como resultado de la autogratificación, ya no puede sentir. La abundancia de delicias no es una cosa tan agradable para esa alma como amarga, porque no puede enviar todas las delicadezas de antaño a través de la garganta y el estómago sobrecargados, porque ya no puede arremolinarse en el laberinto de eunucos y amantes, y es melancólica porque una gran parte de su felicidad está cerrada, a través de las limitaciones del cuerpo.

26. ¿No es una locura, Lucilio, que ninguno de nosotros reflexione que es mortal? ¿O frágil? ¿O que no es más que un individuo? Mira nuestras cocinas, y a los cocineros, que se afanan sobre tantos fuegos; ¿crees tú que todo este ajetreo y preparación de alimentos se debe a un solo vientre? Mira las viejas marcas de vino y los almacenes llenos de las cosechas de muchas épocas; ¿es, piensa usted, un solo vientre que va a recibir el vino almacenado, sellado con los nombres de tantos cónsules, y recogido de tantos viñedos? Mira, y fíjate en cuántas regiones aran los hombres la tierra, y cuántos millares de labradores labran y cavan; ¿es, piensa tú, por un solo vientre que se plantan cosechas en Sicilia y en África? **27.** Seríamos más sensatos, y nuestras necesidades más razonables, si cada uno de nosotros se midiera a sí mismo, y midiera también sus necesidades corporales, y comprendiera cuán poco puede consumir, y durante cuán poco tiempo. Pero nada os ayudará tanto a la moderación como el pensamiento frecuente de que la vida es corta e incierta aquí abajo; hagas lo que hagas, ten en cuenta la muerte. Adiós.

CXV. Sobre las bendiciones superficiales

1. Desearía, mi querido Lucilio, que no fueras demasiado exigente con las palabras y su disposición; tengo asuntos más importantes que encomendarte. Deberías buscar qué escribir, más que cómo escribirlo, e incluso eso no con el propósito de escribir, sino de sentirlo, para que así puedas hacer más tuyo lo que has sentido y, por así decirlo, ponerle un sello. **2.** Siempre que observes un estilo demasiado cuidadoso y pulido, puedes estar seguro de que la mente también está absorta en cosas insignificantes. El hombre realmente grande habla de manera informal y fácil; diga lo que diga, habla con seguridad más que con dolor.

Conoces a los jóvenes dandis,[1004] arreglados en cuanto a barbas y mechones, recién salidos de la caja de la banda; nunca puedes esperar de ellos ni fuerza ni solidez. El estilo es la vestimenta del pensamiento: si está recortado, o teñido, o tratado, muestra que hay defectos y una cierta cantidad de fallas en la mente. La elegancia elaborada no es un atuendo varonil. **3.** Si tuviéramos el privilegio de mirar dentro del alma de un hombre bueno, ¡oh, qué rostro tan hermoso, santo, magnífico, gracioso y brillante contemplaríamos, radiante por un lado de justicia y templanza, por otro de valentía y sabiduría! Y, además de esto, la frugalidad, la moderación, la resistencia, el refinamiento, la afabilidad y -aunque cueste creerlo- el amor al prójimo, ese Bien que es tan raro en el hombre, todo esto derramaría su propia gloria sobre esa alma. Allí, también, la previsión combinada con la elegancia y, como resultado de éstas, una grandeza de alma muy excelente (la más noble de todas estas virtudes) - ¡en verdad qué encanto, oh cielos, qué autoridad y dignidad contribuirían! ¡Qué maravillosa combinación de dulzura y poder! Nadie podría llamar amable a un rostro así sin llamarlo también venerable. **4.** Si uno pudiera contemplar un rostro así,

---

[1004] En otros lugares (Epp. lxxvi. 2 y lxxxvii. 9) llamado *trossuli*, "petimetres".

más exaltado y más radiante de lo que el ojo mortal está acostumbrado a contemplar, ¿no se detendría uno como aturdido por una visita de lo alto, y pronunciaría una oración silenciosa, diciendo: "¡Que sea lícito haberla contemplado!"? Y luego, guiados por la bondad alentadora de su expresión, ¿no deberíamos inclinarnos y adorar? ¿No deberíamos, después de mucho contemplar un rostro muy superior, superando a los que estamos acostumbrados a mirar, de ojos suaves y, sin embargo, brillando con el fuego que da vida - no deberíamos entonces, digo, en reverencia y temor, pronunciar esas famosas líneas de nuestro poeta Virgilio:

5. ¡Oh doncella, las palabras son débiles! Tu rostro es más

Que mortal, y tu voz suena más dulce
que la del hombre mortal;...
Bendito seas; y, quienquiera que seas, alivia
nuestras pesadas cargas.[1005]

Y tal visión será en verdad una ayuda y un alivio presentes para nosotros, si estamos dispuestos a adorarla. Pero este culto no consiste en sacrificar toros cebados, ni en colgar ofrendas de oro o plata, ni en verter monedas en el tesoro de un templo; más bien consiste en una voluntad reverente y recta.

6. No hay ninguno de nosotros, os lo aseguro, que no ardería de amor por esta visión de la virtud, si tan sólo tuviera el privilegio de contemplarla; porque ahora hay muchas cosas que cortan nuestra visión, atravesándola con una luz demasiado fuerte, o tapándola con demasiada oscuridad. Sin embargo, si, como suele hacerse con ciertos medicamentos para agudizar y aclarar la vista, estamos dispuestos a liberar el ojo de nuestra mente de obstáculos, entonces podremos percibir la virtud, aunque esté enterrada en el cuerpo, aunque la pobreza se interponga en el camino, y aunque la bajeza y la desgracia bloqueen el sendero. Entonces, digo, contemplaremos la verdadera belleza, no

---

[1005] *Aen.* i. 327 ss.

importa si está sofocada por la falta de belleza. **7.** A la inversa, tendremos una visión del mal y de las influencias mortíferas de un alma cargada de dolor, a pesar del obstáculo que resulta del extendido brillo de las riquezas que destellan a nuestro alrededor, y a pesar de la falsa luz -de la posición oficial por un lado o del gran poder por el otro- que golpea despiadadamente al observador.

8. Entonces podremos comprender cuán despreciables son las cosas que admiramos, como los niños que consideran cualquier juguete como algo de valor, que aprecian los collares comprados al precio de un simple penique como más queridos que sus padres o que sus hermanos. ¿Y cuál es, entonces, como dice Aristo,[1006] la diferencia entre nosotros y estos niños, excepto que nosotros los mayores nos volvemos locos por las pinturas y las esculturas, y que nuestra locura nos cuesta más cara? A los niños les complacen los guijarros lisos y abigarrados que recogen en la playa, mientras que nosotros nos deleitamos con altas columnas de mármol veteado traídas de las arenas egipcias o de los desiertos africanos para sostener una columnata o un comedor lo bastante grande como para contener a la multitud de una ciudad; **9.** Admiramos las paredes enchapadas con una fina capa de mármol, aunque sabemos al mismo tiempo qué defectos oculta el mármol. Engañamos a nuestra propia vista, y cuando hemos recubierto nuestros techos con oro, ¿qué otra cosa es sino una mentira en la que tanto nos deleitamos? Porque sabemos que bajo todo ese dorado se esconde una fea madera.

Esta decoración superficial no se extiende sólo por paredes y techos; es más, todos los hombres famosos a los que ves pavonearse con la cabeza en alto, no tienen más que una prosperidad de pan de oro. Mira debajo, y sabrás cuánta maldad yace bajo esa delgada capa de títulos. **10.** Fíjense en esa misma mercancía que atrae la atención de tantos magistrados y

---

[1006] Frag. 372 von Arnim.

de tantos jueces, y que crea a la vez magistrados y jueces: ese dinero, digo, que desde que empezó a ser considerado con respeto, ha causado la ruina del verdadero honor de las cosas; Nos convertimos alternativamente en mercaderes y mercancías, y no preguntamos lo que una cosa es realmente, sino lo que cuesta; cumplimos los deberes si paga, o los descuidamos si paga, y seguimos un curso honorable mientras aliente nuestras expectativas, dispuestos a desviarnos hacia el curso opuesto si una conducta torcida promete más. **11.** Nuestros padres nos han inculcado el respeto por el oro y la plata; en nuestros primeros años se ha implantado el ansia, asentándose profundamente en nosotros y creciendo con nuestro crecimiento. Además, toda la nación, aunque en desacuerdo sobre cualquier otro tema, está de acuerdo en esto; esto es lo que consideran, esto es lo que piden para sus hijos, esto es lo que dedican a los dioses cuando quieren mostrar su gratitud, ¡como si fuera la mayor de todas las posesiones del hombre! Y finalmente, la opinión pública ha llegado a tal extremo que la pobreza es un silbido y un reproche, despreciada por los ricos y aborrecida por los pobres.

12. También se añaden al relato versos de poetas, versos que avivan nuestras pasiones, versos en los que se alaba la riqueza como si fuera el único mérito y gloria del hombre mortal. La gente parece pensar que los dioses inmortales no pueden dar ningún regalo mejor que la riqueza, ni siquiera poseer nada mejor:

13. El palacio del dios Sol, con altos pilares,

Y brillando con oro.[1007]

O describen el carro del Sol:[1008]

El oro era el eje, el alca dorada, el poste,

[1007] Ovidio, *Metam.* ii. 1 f.
[1008] *Id. ib.* ii. 107 ss.

Y de oro las llantas que ataban las ruedas giratorias,
Y de plata todos los radios dentro de las ruedas.

Y finalmente, cuando alaban una época como la mejor, la llaman la "Edad de Oro". **14.** Incluso entre los poetas trágicos griegos hay algunos que consideran que el dinero es mejor que la pureza, la solidez o la buena reputación:

Llámame sinvergüenza, ¡sólo llámame rico!

Todos preguntan cuán grandes son mis riquezas, pero ninguno

Si mi alma es buena.

Ninguno pregunta por los medios o el origen de su patrimonio,

Pero simplemente cómo suma.

Todos los hombres valen tanto como lo que poseen.

¿Qué es lo que más nos avergüenza poseer?

¡Nada!

Si las riquezas me bendijeran, me encantaría vivir;

Pero preferiría morir, si fuera pobre.

Un hombre muere noblemente en pos de la riqueza.[1009]

Dinero, esa bendición para la raza humana,

No puede ser igualado por el amor de una madre, ni por el ceceo
de los hijos, ni por el honor debido a su padre.
Y si la dulzura de la mirada del amante
es la mitad de encantadora, el amor despertará
la adoración de los corazones de los dioses y de los hombres.[1010]

[1009] Cf. Nauck, *Trag. Gr. fragg. adesp.* 181. 1 y 461.
[1010] Cf. id., Eurip. *Danaë*, Frag. 324, y la nota de Hense (ed. de 1914, p. 559).

15. Cuando se pronunciaron estas últimas líneas en una representación de una de las tragedias de Eurípides, todo el público se levantó al unísono para abuchear al actor y a la obra. Pero Eurípides se puso en pie de un salto, reclamó una audiencia y les pidió que esperasen a la conclusión y viesen el destino que le aguardaba a este hombre que iba tras el oro. Belerofonte, en ese drama en particular, iba a pagar la pena que se exige a todos los hombres en el drama de la vida. **16.** Porque hay que pagar la pena por todos los actos codiciosos, aunque la codicia es suficiente pena en sí misma. ¡Cuántas lágrimas y fatigas nos arrancan el dinero! La codicia es desdichada en lo que ansía y desdichada en lo que gana. Piensa además en la preocupación diaria que aflige a todo poseedor en proporción a la medida de su ganancia. La posesión de riquezas significa aún mayor agonía de espíritu que la adquisición de riquezas. Y cómo nos afligimos por nuestras pérdidas -¡pérdidas que caen pesadamente sobre nosotros, y sin embargo parecen aún más pesadas! Y finalmente, aunque la Fortuna deje intactos nuestros bienes, todo lo que no podamos ganar además, ¡es pura pérdida!

17. "Pero", me dirás, "la gente llama feliz y rico a aquel hombre; rezan para que algún día puedan igualarle en posesiones". Muy cierto. ¿Qué, pues? ¿Crees que hay suerte más lamentable en la vida que poseer también la miseria y el odio? Ojalá que aquellos que están obligados a ansiar la riqueza pudieran comparar sus notas con las del hombre rico. ¡Ojalá que aquellos que están obligados a buscar cargos políticos pudieran conferenciar con hombres ambiciosos que han alcanzado los honores más codiciados! Seguramente cambiarían sus oraciones, al ver que estos grandes siempre están a la caza de nuevas ganancias, condenando lo que ya ha quedado atrás. Pues no hay nadie en el mundo que se contente con su prosperidad, aunque le llegue a la carrera. Los hombres se quejan de sus planes y del resultado de sus planes; siempre prefieren lo que no han conseguido ganar.

18. Así que la filosofía puede resolver este problema para usted, y le proporcionará, en mi opinión, la mayor bendición que existe - la ausencia de arrepentimiento por su propia conducta. Esta es una felicidad segura; ninguna tormenta puede perturbarla; pero no puedes ser guiado con seguridad por ninguna palabra sutilmente tejida, ni por ningún lenguaje que fluya suavemente. Deja que las palabras procedan como les plazca, siempre que tu alma mantenga su propio orden seguro,[1011] siempre que tu alma sea grande y se mantenga imperturbable en sus ideales, satisfecha de sí misma a causa de las mismas cosas que disgustan a los demás, un alma que hace de la vida la prueba de su progreso, y cree que su conocimiento está en exacta proporción con su libertad del deseo y su libertad del miedo. Adiós.

[1011] Una obra sobre la *compositio* de la retórica.

CXVI. Sobre el autocontrol

1. A menudo se ha planteado la cuestión de si es mejor tener emociones moderadas o no tener ninguna.[1012] Los filósofos de nuestra escuela rechazan las emociones; los peripatéticos las mantienen bajo control. Yo, sin embargo, no comprendo cómo una enfermedad a medias puede ser saludable o útil. No temas; no te estoy robando ningún privilegio que no estés dispuesto a perder. Seré amable e indulgente con los objetos por los que se esfuerzan, aquellos que consideráis necesarios para nuestra existencia, o útiles, o agradables; simplemente despojaré del vicio. Pues, después de prohibiros los deseos, os permitiré que deseéis hacer las mismas cosas sin temor y con mayor exactitud de juicio, y que sintáis incluso los placeres más que antes; y ¡cómo no van a acudir estos placeres más fácilmente a vuestra llamada, si sois su señor y no su esclavo!

2. "Pero", objetas, "es natural que sufra cuando pierdo a un amigo; ¡concede algunos privilegios a las lágrimas que tienen derecho a fluir! También es natural que me afecten las opiniones de los hombres y que me abata cuando son desfavorables; entonces, ¿por qué no has de permitirme esa honrosa aversión a la mala opinión?".

No hay vicio que carezca de algún motivo; no hay vicio que al principio no sea modesto y fácil de tratar; pero después el problema se extiende más ampliamente. Si permites que comience, no puedes asegurarte de que cese. **3.** Toda emoción al principio es débil. Después, se despierta y gana fuerza por el progreso; es más fácil prevenirla que renunciar a ella. ¿Quién no admite que todas las emociones fluyen como de una cierta fuente natural? La naturaleza nos ha dotado de un interés por nuestro propio bienestar; pero este mismo interés, cuando se consiente en exceso, se convierte en un vicio. La naturaleza ha entremezclado el placer con las cosas necesarias, no para que

---

[1012] Para un análisis de ἀπάθεια, véase Epp. ix. 2 ss. y lxxxv. 3 ss.

busquemos el placer, sino para que la adición del placer haga atractivos a nuestros ojos los medios indispensables de la existencia. Si reclama derechos propios, es lujo.

Resistamos, pues, a estas faltas cuando exigen la entrada, porque, como he dicho, es más fácil negarles la admisión que hacerlas partir. **4.** Y si clamas: "A uno se le debe permitir una cierta cantidad de aflicción, y una cierta cantidad de miedo", te respondo que la "cierta cantidad" puede ser demasiado prolongada, y que se negará a detenerse cuando tú lo desees. El hombre sabio puede controlarse con seguridad sin volverse demasiado ansioso; puede detener sus lágrimas y sus placeres a voluntad; pero en nuestro caso, como no es fácil volver sobre nuestros pasos, es mejor no avanzar en absoluto. **5.** Creo que Panaetius[1013] dio una respuesta muy pulcra a cierto joven que le preguntó si el sabio debía convertirse en amante: "En cuanto al sabio, lo veremos más adelante; pero tú y yo, que aún estamos muy lejos de la sabiduría, no debemos confiar en caer en un estado desordenado, incontrolado, esclavizado a otro,[1014] despreciable para sí mismo. Si nuestro amor no es desdeñado, nos excita su bondad; si es desdeñado, nos enciende nuestro orgullo. Un amor fácil de ganar nos hiere tanto como uno difícil de conquistar; nos cautiva el que es complaciente, y luchamos con el que es difícil. Por eso, conociendo nuestra debilidad, callemos. No expongamos este espíritu inestable a las tentaciones de la bebida, o de la belleza, o de la adulación, o de cualquier cosa que engatusa y seduce."

6. Ahora bien, lo que Panaetius respondió a la pregunta sobre el amor puede aplicarse, creo, a todas las emociones. En la medida de nuestras posibilidades, alejémonos de los lugares resbaladizos; incluso en suelo seco es bastante difícil adoptar una postura firme. **7.** En este punto, lo sé, me confrontarás con

---

[1013] Frag. 56 Fowler.
[1014] Literalmente, "fuera de nuestra posesión" (de *mancipium*, "propiedad").

esa queja común contra los estoicos: "Sus promesas son demasiado grandes y aquellos consejos suyos demasiado duros. Somos meros maniquíes, incapaces de negarnos todo a nosotros mismos. Nos afligiremos, pero no en gran medida; sentiremos deseos, pero con moderación; cederemos a la ira, pero nos apaciguaremos." **8.** ¿Y sabes por qué no tenemos el poder de alcanzar este ideal estoico? Porque nos negamos a creer en nuestro poder. Es porque estamos enamorados de nuestros vicios, los mantenemos y preferimos excusarnos por ellos antes que deshacernos de ellos. Los mortales estamos dotados de fuerza suficiente por naturaleza, si tan sólo utilizáramos esta fuerza, si tan sólo concentráramos nuestros poderes y los pusiéramos todos en marcha para ayudarnos o, al menos, para no entorpecernos. La razón es la falta de voluntad, la excusa, la incapacidad. Adiós.

CXVII. Sobre la ética real como superior a las sutilezas silogísticas

1. Si me planteas cuestiones tan insignificantes como éstas, me crearás muchos problemas y me enredarás inconscientemente en una gran discusión y en una considerable molestia, pues al resolverlas no puedo estar en desacuerdo con mis compañeros estoicos sin menoscabar mi posición entre ellos, ni puedo suscribir tales ideas sin menoscabar mi conciencia. Tu pregunta es si es cierta la creencia estoica de que la sabiduría es un bien, pero que *ser sabio* no es un bien.[1015] Primero expondré el punto de vista estoico, y luego me atreveré a dar mi propia opinión.

2. Nosotros, los de la escuela estoica, creemos que el Bien es corpóreo, porque el Bien es activo, y todo lo que es activo es corpóreo. Lo que es bueno, es útil. Pero, para ser útil, debe ser activo; por tanto, si es activo, es corpóreo. Ellos (los estoicos) declaran que la sabiduría es un Bien; por tanto, se deduce que también hay que llamar corpórea a la sabiduría. **3.** Pero no creen que el *ser sabio* pueda calificarse sobre la misma base. Pues es incorpóreo y accesorio de otra cosa, es decir, de la sabiduría; por tanto, no es en modo alguno activo ni útil.

"¿Qué, entonces?" es la respuesta; "¿Por qué no decimos que *ser sabio* es un Bien?". Sí lo decimos; pero sólo refiriéndolo a aquello de lo que depende, es decir, a la sabiduría misma. **4.** Permíteme que les diga qué respuestas dan otros filósofos a estos objetores, antes de que yo mismo empiece a formar mi propio credo y a situarme enteramente en otro bando. "Juzgado así", dicen, "ni siquiera *vivir feliz* es un Bien". Quieras o no, tales personas deberían responder que la vida feliz es un Bien, pero que vivir *feliz* no es un Bien." **5.** Y esta objeción también se levanta contra nuestra escuela: "Deseas ser sabio. Por lo tanto, *ser sabio es una cosa a desear*. Y si es una cosa a desear es un bien". Así que nuestros filósofos se ven obligados a torcer sus palabras e insertar otra sílaba en la palabra "deseado", una

---

[1015] Para este tipo de discusión, véase Ep. CXIII. 1 ss.

sílaba que nuestro idioma normalmente no permite insertar. Pero, con su permiso, la añadiré. "Lo que es bueno", dicen, "es algo que se desea; lo *deseable*[1016] es aquello que nos toca en suerte después de haber alcanzado el Bien. Pues lo deseable no se busca como un Bien; es un accesorio del Bien después de haber alcanzado el Bien."

6. Yo mismo no soy de la misma opinión, y creo que nuestros filósofos[1017] han llegado a este argumento porque ya están atados por el primer eslabón de la cadena y por esa razón no pueden alterar su definición. La gente suele conceder mucho a las cosas que todos los hombres dan por sentadas; a nuestros ojos, el hecho de que todos los hombres estén de acuerdo en algo es una prueba de su verdad. Por ejemplo, inferimos que los dioses existen, por esta razón, entre otras - que hay implantada en todos, una idea concerniente a la deidad, y no hay pueblo tan fuera del alcance de las leyes y costumbres que no crea al menos en dioses de algún tipo. Y cuando discutimos la inmortalidad del alma, estamos influidos en no pequeña medida por la opinión general de la humanidad, que teme o adora a los espíritus del mundo inferior. Aprovecho esta creencia general: no se puede encontrar a nadie que no sostenga que la sabiduría es un Bien, y *ser sabio* también. **7.** No apelaré al populacho, como un gladiador vencido; vayamos a cuerpo a cuerpo, usando nuestras propias armas.

Cuando algo afecta a un objeto determinado, ¿está fuera del objeto al que afecta o está dentro del objeto al que afecta? Si está dentro del objeto al que afecta, es tan corpóreo como el objeto al que afecta. Pues nada puede afectar a otro objeto sin tocarlo, y lo que toca es corpóreo. Si está fuera, se retira después de haber afectado al objeto. Y retirarse significa

---

[1016] Este adjetivo *expetibilis* se encuentra en Tácito, *Ann.* xvi. 21, y en Boecio, *Cons.* ii. 6.
[1017] Es decir, los estoicos antes mencionados (con quienes Séneca discrepa a menudo en detalles menores).

movimiento. Y lo que posee movimiento, es corpóreo. **8.** Supongo que esperas que niegue que "carrera" difiere de "correr", que "calor" difiere de "estar caliente", que "luz" difiere de "dar luz". Concedo que estos pares varían, pero sostengo que no están en clases separadas. Si la buena salud es una cualidad indiferente[1018] , *entonces también lo es tener buena salud*; si la belleza es una cualidad indiferente, entonces también lo es *ser bello*. Si la justicia es un bien, también lo es *ser justo*. Y si la bajeza es un mal, entonces es un mal ser bajo, tanto como, si los ojos irritados son un mal, el estado de tener ojos irritados también es un mal. Ninguna de las dos cualidades, puedes estar seguro, puede existir sin la otra. El que es sabio es un hombre de sabiduría; el que es un hombre de sabiduría es sabio. Tan cierto es que no podemos dudar de que la cualidad de uno es igual a la cualidad del otro, que ambos son considerados por ciertas personas como uno y lo mismo.

9. Aquí hay una pregunta, sin embargo, que me gustaría plantear: concedido que todas las cosas son buenas o malas o indiferentes - ¿a qué clase pertenece el *ser sabio*? La gente niega que sea un bien; y, como evidentemente no es un mal, debe ser en consecuencia uno de los "medios". Pero entendemos por "medio" o cualidad "indiferente" aquello que puede caer en la suerte de los malos no menos que en la de los buenos, cosas tales como el dinero, la belleza o la alta posición social. Pero la cualidad de *ser sabio* sólo puede corresponder al hombre bueno; por tanto, *ser sabio* no es una cualidad indiferente. Tampoco es un mal, porque no puede corresponder al hombre malo; por lo tanto, es un Bien. Aquello que sólo el hombre bueno puede poseer, es un Bien; ahora bien, *ser sabio* es posesión sólo del hombre bueno; por tanto, es un bien. **10.** El objetor responde: "Es sólo un accesorio de la sabiduría". Muy bien, entonces, digo, esta cualidad que llamas ser *sabio*,

---

[1018] Es decir, las cosas externas; véase Ep. xciii. 7 y nota, - definidas más específicamente en § 9 infra.

¿produce activamente la sabiduría, o es un concomitante pasivo de la sabiduría? En ambos casos es corpórea. Porque aquello sobre lo que se actúa y aquello que actúa, son igualmente corpóreos; y, si son corpóreos, cada uno es un Bien. La única cualidad que podría impedirle ser un Bien, sería la incorpórea.

11. Los peripatéticos creen que no hay distinción entre la *sabiduría* y el *ser sabio*, ya que cualquiera de ellos implica también al otro. Ahora bien, ¿supones que alguien puede *ser sabio* si no posee sabiduría? ¿O que quien es sabio no posee sabiduría? **12.** Los antiguos maestros de la dialéctica, sin embargo, distinguen entre estas dos concepciones; y de ellos la clasificación ha llegado hasta los estoicos. Explicaré de qué clase de clasificación se trata: Una cosa es el campo y otra la posesión del campo; claro, porque "poseer el campo" se refiere al poseedor y no al campo mismo. Del mismo modo, una cosa es la sabiduría y otra el *ser sabio*. Concederás, supongo, que estas dos son ideas separadas: el poseído y el poseedor: la sabiduría es lo que uno posee, y el que *es sabio* es su poseedor. Ahora bien, la sabiduría es la Mente perfeccionada y desarrollada hasta el más alto y mejor grado. Pues es el arte de la vida. ¿Y qué es ser *sabio*? No puedo llamarlo "Mente perfeccionada", sino más bien aquello que le toca en suerte a quien posee una "mente perfeccionada"; así, una cosa es una buena mente y otra la supuesta posesión de una buena mente.

13. "Hay", se dice, "ciertas clases naturales de cuerpos; decimos: 'Esto es un hombre', 'esto es un caballo'. Luego, a las naturalezas corporales corresponden ciertos movimientos de la mente que declaran algo sobre el cuerpo. Y éstos tienen una cierta cualidad esencial que está separada del cuerpo; por ejemplo: "Veo a Catón caminando". Los sentidos indican esto, y la mente lo cree. Lo que veo es *el cuerpo*, y en él concentro mis ojos y mi mente. Otra vez digo: "Catón camina". Lo que yo digo", continúan, "no es cuerpo; es un cierto hecho declarativo concerniente al cuerpo, llamado de diversas maneras 'enunciado', 'declaración', 'enunciado'. Así, cuando decimos "sabiduría", queremos decir algo *que pertenece al cuerpo*; cuando decimos "*es sabio*", estamos *hablando del* cuerpo. Y hay una diferencia considerable si se menciona a la persona directamente o si se habla de la persona".

14. Suponiendo por el momento que se trate de dos concepciones separadas (pues todavía no estoy preparado para dar mi propia opinión), ¿qué impide la existencia de una tercera, que no deja de ser un bien? He observado hace un momento que una cosa es el "campo" y otra la "posesión de un campo"; por supuesto, pues poseedor y poseído son de distinta naturaleza; el segundo es la tierra, y el primero es el hombre que posee la tierra. Pero en cuanto al punto que ahora nos ocupa, ambos son de la misma naturaleza: el poseedor de la sabiduría y la sabiduría misma. **15.** Además, en un caso lo que se posee es una cosa, y quien lo posee es otra; pero en este caso lo poseído y el poseedor entran en la misma categoría. El campo se posee en virtud de la ley, la sabiduría en virtud de la naturaleza. El campo puede cambiar de manos y pasar a ser propiedad de otro; pero la sabiduría nunca se separa de su dueño. En consecuencia, no hay razón para que intentes comparar cosas tan distintas entre sí. Yo había empezado a decir que puede tratarse de dos concepciones separadas y que, sin embargo, ambas pueden ser Buenas; por ejemplo, la sabiduría y el sabio son dos cosas separadas y, sin embargo, tú las consideras igualmente buenas. Y así como no hay inconveniente en considerar como bienes tanto la sabiduría como el poseedor de sabiduría, tampoco hay inconveniente en considerar como bien tanto la sabiduría como la posesión de sabiduría, es decir, el *ser sabio*. **16.** Pues sólo deseo ser sabio para *ser sabio*. ¿Y entonces qué? ¿No es un bien aquello sin cuya posesión otra cosa no puede ser un bien? Seguramente admites que la sabiduría, si se da sin derecho a ser usada, no es de agradecer. ¿Y en qué consiste el uso de la sabiduría? En *ser sabio*; ése es su atributo más valioso; si retiras esto, la sabiduría se vuelve superflua. Si los procesos de tortura son malos, entonces ser torturado es un mal - con esta reserva, de hecho, que, si quitas las consecuencias, lo primero no es malo. La sabiduría es una condición de la "mente perfeccionada", y *ser sabio* es el empleo de esta "mente perfeccionada". ¿Cómo no va a ser un bien el empleo de aquello que sin empleo no es un bien? **17.** Si te pregunto si la sabiduría es deseable, admites que lo es. Si te pregunto si el empleo de la sabiduría es de desear, también admites el hecho; porque dices que no recibirás sabiduría si no se te permite emplearla. Ahora bien, lo que se desea es un bien. *Ser sabio es* el empleo de la sabiduría, como lo es de la elocuencia pronunciar un discurso, o de los ojos ver las cosas. Por lo tanto, ser *sabio es* el empleo de la sabiduría, y el empleo de la sabiduría es ser deseado. Por lo tanto, *ser sabio es algo que se* desea; y si es algo que se desea, es un bien.

18. Lo, estos muchos años me he estado condenando a mí mismo por imitar a estos hombres en el mismo momento en que los estoy acusando, y de gastar palabras en un tema que es perfectamente claro. Porque, ¿quién puede dudar de que, si el calor es un mal, también es un mal tener calor? ¿O que, si el frío es un mal, también es un mal tener frío? ¿O que, si la vida es un Bien, también lo es estar *vivo*? Todas esas cuestiones están en las afueras de la sabiduría, no en la sabiduría misma. Pero nuestra morada debe estar en la sabiduría misma. **19.** Podemos investigar la naturaleza de los dioses, el combustible que alimenta las constelaciones, o todos los variados cursos de las estrellas; podemos especular si nuestros asuntos se mueven en armonía con los de las estrellas, si el impulso al movimiento viene de allí a las mentes y cuerpos de todos, y si incluso estos eventos que llamamos fortuitos están sujetos a leyes estrictas y nada en este universo es imprevisto o no regulado en sus revoluciones. Tales temas han sido hoy en día retirados de la enseñanza de la moral, pero elevan la mente y la elevan a las dimensiones del tema que se discute; los asuntos, sin embargo, de los que estaba hablando hace un rato, desgastan y desgastan la mente, no (como tú y los tuyos[1019] sostienen) fortaleciéndola, sino debilitándola. **20.** Y yo os pregunto: ¿vamos a desperdiciar ese estudio necesario que debemos a temas más grandes y mejores, en discutir un asunto que tal vez esté equivocado y que ciertamente no sirve para nada? ¿De qué me sirve saber si una cosa es la sabiduría y otra el *ser sabio*? ¿De qué me servirá saber que una cosa es un bien y la otra no? Supongamos que me arriesgo y apuesto por esta oración: "¡Sabiduría para ti, y ser *sabio* para mí!" Saldremos empatados.

21. Trata más bien de mostrarme el camino por el que puedo alcanzar esos fines.[1020] Dime qué evitar, qué buscar, con qué estudios fortalecer mi mente tambaleante, cómo puedo rechazar las olas que me azotan y me desvían de mi curso, por qué medios puedo ser capaz de hacer frente a todos mis males, y por qué medios puedo librarme de las calamidades que se han precipitado sobre mí y en las que yo mismo me he precipitado. Enséñame a soportar la carga del dolor sin un gemido de mi parte, y a soportar la prosperidad sin hacer gemir a los demás; también, a no esperar el fin último e inevitable, y a batirme en retirada por mi propia voluntad, cuando me parezca oportuno hacerlo. **22.** Creo que no hay nada más bajo que rogar por la muerte. Porque si deseas vivir, ¿por qué rezas por la muerte? Y si no deseas vivir, ¿por qué pides a los dioses lo que te dieron al nacer? Porque así como, en contra de tu voluntad, se ha establecido que debes morir algún día, así también el momento en que desearás morir está en tus propias manos. Un hecho es para ti una necesidad, el otro un privilegio.

23. He leído últimamente una doctrina vergonzosísima, pronunciada (¡más vergüenza para él!) por un caballero erudito: "¡Así me muera cuanto antes!". ¡Tonto, estás rezando por algo que ya es tuyo! "¡Que me muera cuanto antes!" Tal vez envejeciste mientras pronunciabas estas palabras. En cualquier

---

[1019] Presumiblemente una alusión a los entusiastas del silogismo más que a Lucilio y similares.
[1020] Es decir, sabiduría o ser sabio.

caso, ¿qué te lo impide? Nadie te detiene, escapa por donde quieras. Escoge cualquier parte de la naturaleza, y pídele que te proporcione un medio de partida. Estos son los elementos, por los cuales el trabajo del mundo se lleva a cabo: agua, tierra, aire. Todos ellos no son más las causas de la vida que los caminos de la muerte. 24. "¡Que muera lo antes posible!" ¿Y cuál es tu deseo con respecto a este "lo antes posible"? ¿Qué día fijas para el acontecimiento? Puede que sea antes de lo que pide tu oración. Palabras como éstas provienen de una mente débil, de alguien que corteja la piedad con tales maldiciones; quien reza por la muerte no desea morir. Pide a los dioses vida y salud; si estás resuelto a morir, la recompensa de la muerte es haber acabado con las oraciones.

25. Es con tales problemas como éstos, mi querido Lucilio, que debemos tratar, por tales problemas que debemos moldear nuestras mentes. Esta es la sabiduría, esto es lo que significa *ser sabio*: no andarse con sutilezas vacías en discusiones ociosas y mezquinas. La fortuna ha puesto ante ti tantos problemas, que aún no has resuelto, ¿y sigues discutiendo? ¡Qué tontería es practicar golpes después de haber oído la señal de combate! Fuera todas esas armas de juguete; necesitas una armadura para luchar hasta el final. Dime cómo puedo evitar que la tristeza y el miedo perturben mi alma, cómo puedo librarme de esta carga de ansias ocultas. ¡Haz algo! **26.** "La sabiduría es un bien, pero *ser sabio* no es un bien"; semejante discurso nos lleva a juzgar que no somos sabios y a convertir en un hazmerreír todo este campo de estudio, porque desperdicia su esfuerzo en cosas inútiles. Supongamos que supieras que también se debate esta cuestión: si la sabiduría futura es un bien. Porque, os lo ruego, ¿cómo podría dudarse de si los graneros no sienten el peso de la cosecha que está por venir, y de si la niñez no tiene premoniciones de acercarse a la joven edad adulta con cualquier fuerza y poder? El enfermo, en el período intermedio, no es ayudado por la salud que está por venir, más de lo que un corredor o un luchador es refrescado por el período de reposo que seguirá muchos meses después. **27.** ¿Quién no sabe que lo que está por venir no es un bien, por la misma razón de que está por venir? Pues lo que es bueno es necesariamente útil. Y a menos que las cosas estén en el presente, no pueden ser útiles; y si una cosa no es útil, no es un bien; si es útil, ya lo es. Algún día seré un hombre sabio; y este bien será mío cuando sea un hombre sabio, pero mientras tanto es inexistente. Una cosa debe existir primero, luego puede ser de cierto tipo. **28.** ¿Cómo, te pregunto, puede ser ya un Bien lo que todavía no es nada? ¿Y de qué mejor manera quieres que se te pruebe que cierta cosa no es, que diciendo: "Todavía está por ser"? Pues es evidente que algo que está en camino aún no ha llegado. "Llegará la primavera": Sé que el invierno ya está aquí. "Seguirá el verano": Sé que no es verano. La mejor prueba para mí de que una cosa todavía no está presente es que todavía está por llegar. **29.** Espero ser sabio algún día, pero mientras tanto no lo soy. Pues si poseyera ese Bien, ahora estaría libre de este mal. Algún día seré sabio; por esto mismo puedes comprender que todavía no lo soy. No puedo vivir al mismo tiempo en ese estado de bien y en este estado de Mal; las dos ideas no armonizan, ni el mal y el bien existen juntos en la misma persona.

30. Dejemos a un lado todas estas tonterías ingeniosas y apresurémonos a lo que nos aportará una ayuda real. Ningún hombre que corra ansiosamente en busca de una comadrona para atender a su hija en el parto se detendrá a leer el edicto del pretor[1021] o el orden de los acontecimientos en los juegos. Nadie que se apresure a salvar su casa en llamas escudriñará un tablero de damas[1022] para especular cómo puede liberarse la pieza aprisionada. **31.** Pero, ¡válgame Dios! - en tu caso se anuncian por todas partes toda clase de noticias: tu casa en llamas, tus hijos en peligro, tu país en estado de sitio, tus bienes saqueados. Añade a esto naufragios, terremotos y todos los

---

[1021] Cf. Ep. xlviii. 10 y nota.
[1022] Cf. Ep. cvi. 11 y nota.

demás objetos de temor; acosado en medio de estos problemas, ¿tienes tiempo para asuntos que sirven meramente para el entretenimiento mental? ¿Te preguntas qué diferencia hay entre sabiduría y *ser sabio*? ¿Atas y desatas nudos mientras semejante ruina pende sobre tu cabeza? **32.** La naturaleza no nos ha dado un espacio de tiempo tan generoso y libre como para que tengamos el ocio de desperdiciarlo. Fíjate también cuánto se pierde incluso cuando los hombres son muy cuidadosos: a la gente le roba una cosa la mala salud y otra la enfermedad en la familia; en un momento privado, en otro público, los negocios absorben la atención; y todo el tiempo el sueño comparte nuestra vida con nosotros.

De este tiempo, tan corto y veloz, que nos lleva en su huida, ¿de qué sirve gastar la mayor parte en cosas inútiles? **33.** Además, nuestras mentes están acostumbradas a entretenerse más que a curarse, a hacer de la filosofía un placer estético, cuando la filosofía debería ser realmente un remedio. 34. No sé cuál es la diferencia entre la sabiduría y el *ser sabio*; pero sí sé que me es indiferente saber tales cosas o ignorarlas. Dime: cuando haya descubierto la diferencia entre sabiduría y ser *sabio*, ¿seré sabio?

¿Por qué entonces me ocupas con las palabras más que con las obras de la sabiduría? Hazme más valiente, hazme más tranquilo, hazme igual a la Fortuna, hazme su superior. Y puedo ser su superior, si aplico a este fin todo lo que aprendo. Adiós.

CXVIII. Sobre la vanidad de buscar un lugar

1. Usted ha estado exigiendo cartas más frecuentes de mí. Pero si comparamos las cuentas, no estarás en el lado acreedor.[1023]

En efecto, habíamos acordado que tu parte era la primera, que tú escribirías las primeras cartas y que yo respondería. Sin embargo, no seré desagradable; sé que es seguro confiar en ti, así que pagaré por adelantado, y aun así no haré como el elocuente Cicerón le pide a Ático que haga:[1024] "Aunque no tengas nada que decir, escribe lo que se te pase por la cabeza." **2.** Porque siempre tendré algo que escribir, aun omitiendo todas las clases de noticias con que Cicerón llena su correspondencia: qué candidato está en dificultades, quién se esfuerza con recursos prestados y quién con los suyos propios; quién es candidato a cónsul confiando en César, o en Pompeyo, o en su propia caja fuerte; qué usurero despiadado es Cecilio,[1025] de quien sus amigos no pueden sacar un céntimo por menos del uno por ciento cada mes.

Pero es preferible ocuparse de los males propios antes que de los ajenos: cribar uno mismo y ver para cuántas cosas vanas es candidato, y no votar por ninguna de ellas. **3.** Esto, mi querido Lucilio, es algo noble, esto trae paz y libertad - hacer campaña por nada, y pasar por todas las elecciones de la Fortuna. ¿Cómo puedes llamarlo placentero, cuando las tribus están reunidas y los candidatos están haciendo ofrendas en sus templos favoritos -algunos de ellos prometiendo regalos en dinero y otros haciendo negocios por medio de un agente, o desgastando sus manos con los besos de aquellos a quienes rehusarán el menor roce de sus dedos después de ser elegidos- cuando todos están esperando excitados el anuncio del heraldo, llamas placentero, digo, permanecer ocioso y mirar esta Feria de la Vanidad sin comprar ni vender? **4.** ¡Cuánto mayor alegría siente uno que mira sin preocupación, no sólo la elección de un pretor o de un cónsul, sino esa gran lucha en la que algunos

---

[1023] Es decir, *solvendo aeri alieno*, "en condiciones de pagar sus deudas".

[1024] *Ad Att.* i. 12. 4.

[1025] *Ad Att.* i. 12. 1: "Ni siquiera sus parientes pueden sacarle un céntimo a Cecilio a menos del 12%" (Winstedt).

buscan honores anuales, y otros poderes permanentes, y otros el triunfo y el próspero resultado de la guerra, y otras riquezas, o matrimonio y descendencia, o el bienestar propio y de sus parientes! Qué acción de gran alma es ser la única persona que no busca nada, que no ofrece oraciones a nadie y que dice: "fortuna, no tengo nada que hacer contigo. No estoy a tu servicio. Sé que hombres como Catón son despreciados por ti, y hombres como Vatinius hechos por ti.[1026] No te pido favores". Esta es la manera de reducir a fortuna a las filas.

5. Éstas son, pues, las cosas sobre las que podemos escribir sucesivamente, y éste es el material siempre fresco que podemos desenterrar mientras escudriñamos las inquietas multitudes de hombres, que, para alcanzar algo ruinoso, luchan de mal en mal, y buscan lo que en el presente deben rehuir o incluso hallar que les causa saciedad. 6. Porque, ¿quién se ha contentado alguna vez, después de haberlo alcanzado, con lo que se le presentaba grande mientras lo pedía? La felicidad no es, como piensan los hombres, una cosa codiciosa; es una cosa humilde; por esa razón nunca satura el deseo de un hombre. Ustedes consideran elevados los objetos que buscan, porque están en un nivel bajo y, por tanto, lejos de ellos; pero son mezquinos a los ojos de quien los ha alcanzado. Y estoy muy equivocado si él no desea subir aún más alto; lo que tú consideras la cima no es más que un peldaño de la escalera. 7. Ahora bien, todos los hombres sufren de ignorancia de la verdad; engañados por el informe común, hacen por estos fines como si fueran buenos, y luego, después de haber ganado su deseo, y sufrido mucho, los encuentran malos, o vacíos, o menos importantes de lo que esperaban. La mayoría de los hombres admiran lo que le engaña a distancia, y la multitud supone que las cosas buenas son grandes.

[1026] Sobre el carácter de Vatinius, véase Ep. xciv. 25 nota; para una comparación similar de V. con Catón véase Ep. cxx. 19

8. Ahora bien, para que esto no suceda también en nuestro caso, preguntémonos qué es el Bien. Se ha explicado de diversas maneras; diferentes hombres lo han descrito de diferentes maneras. Algunos lo definen de esta manera. "Aquello que atrae y llama al espíritu hacia sí es un Bien". Pero enseguida surge la objeción: ¿y si atrae, pero directamente a la ruina? Ya sabes lo seductores que son muchos males. Lo que es verdadero difiere de lo que se parece a la verdad; de ahí que el bien esté relacionado con lo verdadero, pues no es bueno a menos que también sea verdadero. Pero lo que atrae y seduce, sólo se *parece a la verdad*; roba tu atención, exige tu interés y te atrae hacia sí. **9.** Por eso, algunos han dado esta definición: "Es bueno lo que inspira deseo por sí mismo, o suscita hacia sí el impulso de un alma que lucha". A esta idea se opone la misma objeción; porque muchas cosas despiertan los impulsos del alma, y, sin embargo, la búsqueda de ellas es perjudicial para el que las busca. La siguiente definición es mejor: "Es bueno lo que despierta el impulso del alma hacia sí misma de acuerdo con la naturaleza, y vale la pena buscarlo sólo cuando empieza a valer la pena buscarlo por completo." En ese momento ya es algo honorable, pues es algo que vale la pena buscar por completo.

10. El presente tema me sugiere que establezca la diferencia entre lo bueno y lo honorable.[1027] Ahora bien, tienen una cierta cualidad que se mezcla con ambos y es inseparable de cualquiera de ellos: nada puede ser bueno a menos que contenga un elemento de lo honorable, y lo honorable es necesariamente bueno. ¿Cuál es, pues, la diferencia entre estas dos cualidades? Lo honorable es el bien perfecto, y con ello se realiza la vida feliz; por su influencia también se hacen buenas otras cosas. **11.** Quiero decir algo así: hay ciertas cosas que no son ni buenas ni malas, como el servicio militar o diplomático, o

---

[1027] Discutido en Ep. lxxi. 4 ss., lxxiv. 30, lxxvi. 16 ss. y especialmente lxxxvii. 25: *nam idem est honestum et bonum*. La escuela académica tendía a establecer más distinciones que la estoica, como en Ep. lxxxv. 17 ss.

el pronunciamiento de decisiones jurídicas. Cuando tales actividades se llevan a cabo honorablemente, comienzan a ser buenas y pasan de la clase "indiferente" a la buena. El Bien resulta de la asociación con lo honorable, pero lo honorable es bueno en sí mismo. El bien surge de lo honorable, pero éste de sí mismo. Lo que es bueno podría haber sido malo; lo que es honorable nunca podría haber sido otra cosa que bueno.

12. Algunos lo han definido de la siguiente manera: "Es bueno lo que es conforme a la naturaleza". Atiende ahora a mi propia afirmación: lo que es bueno es según la naturaleza, pero lo que es según la naturaleza no llega a ser también inmediatamente bueno; porque muchas cosas armonizan con la naturaleza, pero son tan insignificantes que no conviene llamarlas buenas. Pues carecen de importancia y merecen ser despreciadas. Pero no existe un bien muy pequeño y despreciable, pues, mientras es escaso, no es bueno, y cuando empieza a ser bueno, deja de ser escaso. ¿Cómo, entonces, puede reconocerse el Bien? Sólo si es completamente conforme a la naturaleza.

13. La gente dice: "Admites que lo que es bueno es conforme a la naturaleza, pues ésta es su cualidad peculiar. Admites, también, que hay otras cosas según la naturaleza que, sin embargo, no son buenas. ¿Cómo, pues, pueden ser buenas las primeras y no buenas las segundas? ¿Cómo puede haber una alteración en la cualidad peculiar de una cosa, cuando cada una tiene, en común con la otra, el atributo especial de ser conforme a la naturaleza?" **14.** Seguramente por su magnitud. No es nueva la idea de que ciertos objetos cambian a medida que crecen. Una persona, una vez niño, se convierte en joven; su cualidad peculiar se transforma; pues el niño no podía razonar, pero el joven posee la razón. Ciertas cosas no sólo crecen en tamaño a medida que se desarrollan, sino que crecen hasta convertirse en otra cosa. **15.** Algunos replican: "Pero lo que se hace más grande no necesariamente se hace diferente. No importa en absoluto si se vierte vino en un frasco o en una cuba; el vino conserva su cualidad peculiar en ambos recipientes. Pequeñas y grandes cantidades de miel no son distintas en sabor". Pero se trata de casos diferentes de los que mencionas; pues el vino y la miel tienen una calidad uniforme; por mucho que se aumente la cantidad, la calidad es la misma. **16.** Porque algunas cosas perduran según su especie y sus cualidades peculiares, aunque se aumenten.

Sin embargo, hay otras que, tras muchos incrementos, se ven alteradas por la última adición; en ellas se imprime un nuevo carácter, distinto del de antaño. Una piedra hace un arco - la piedra que une los lados inclinados y mantiene el arco unido por su posición en el medio. ¿Y por qué la última adición, aunque muy leve, marca una gran diferencia? Porque no aumenta, sino que llena. **17.** Algunas cosas, a través del desarrollo, abandonan su forma anterior y se alteran en una nueva figura.[1028] Cuando la mente ha desarrollado durante mucho tiempo alguna idea, y en el intento de captar su magnitud se ha cansado, esa cosa empieza a llamarse "infinita". Y entonces esto se ha convertido en algo muy distinto de lo que era cuando parecía grande pero finito. Del mismo modo hemos pensado en algo como difícil de dividir; al final, cuando la tarea se hace cada vez más ardua, se descubre que la cosa es "indivisible". Del mismo modo, a partir de lo que apenas o con dificultad podía ser movido hemos avanzado más y más, hasta llegar a lo "inamovible". Por el mismo razonamiento cierta cosa era según la naturaleza; su grandeza la ha alterado en alguna otra cualidad peculiar y la ha convertido en un bien. Adiós.

[1028] Este argumento (que la virtud completa es una especie de clímax transformador de la vida) no debe confundirse con la teoría de la *accessio* (término utilizado también en el derecho romano), o "adición"; pues la virtud no permite la *accessio*, ni la adición de ninguna ventaja externa. Véase Ep. lxvi. 9 *quid accedere perfecto potest?*

CXIX. Sobre la naturaleza como nuestro mejor proveedor

1. Cada vez que he hecho un descubrimiento, no espero a que grites "¡Comparte!". Me lo digo a mí mismo en tu nombre. Si quieres saber qué es lo que he encontrado, abre tu bolsillo; es un claro beneficio.[1029] Lo que voy a enseñarte es la capacidad de hacerte rico lo más rápidamente posible. ¡Qué ganas tienes de oír la noticia! Y con razón; te guiaré por un atajo hacia las mayores riquezas. Será necesario, sin embargo, que encuentres un préstamo; para poder hacer negocios, debes contraer una deuda, aunque no deseo que tramites el préstamo a través de un intermediario, ni que los corredores estén discutiendo tu calificación. **2.** Te proporcionaré un acreedor dispuesto, el famoso de Catón, que dice:[1030] "¡Préstate a ti mismo!". No importa cuán pequeño sea, será suficiente si podemos compensar el déficit con nuestros propios recursos. Porque, querido Lucilio, no importa si no deseas nada o si posees algo. El principio importante en ambos casos es el mismo: liberarse de la preocupación.

Pero no te aconsejo que le niegues nada a la naturaleza -porque la naturaleza es insistente y no puede ser vencida; ella exige lo que le corresponde-, pero debes saber que todo lo que exceda los deseos de la naturaleza es un mero "extra"[1031] y no es necesario. **3.** Si tengo hambre, debo comer. A la naturaleza no le importa si el pan es de la clase gruesa o del trigo más fino; ella no desea que el estómago se entretenga, sino que se llene. Y si tengo sed, a la Naturaleza no le importa si bebo agua del depósito más cercano, o si la congelo artificialmente hundiéndola en grandes cantidades de nieve. La naturaleza sólo ordena que se calme la sed; y no importa que sea una copa de oro, o de cristal, o murrina, o una copa de Tibur,[1032] o la mano hueca. **4.** Mira al fin, en todos los asuntos, y entonces desecharás las cosas superfluas. El hambre me llama; que extienda mi mano a lo que está más cerca; mi misma hambre ha

---

[1029] Séneca vuelve aquí a las metáforas monetarias de Epp. i.-xxxiii. - *lucellum, munusculum, diurna mercedula*, etc.

[1030] Frag. p. 79 Iordan.

[1031] Es decir, "algo para el tiempo libre"; cf. Ep. liii. 8 nota, *non est quod precario philosopheris*.

[1032] Es decir, de loza común

hecho atractivo a mis ojos todo lo que puedo asir. Un hombre hambriento no desprecia nada.

5. Preguntas, entonces, ¿qué es lo que me ha complacido? Es este noble dicho que he descubierto: "El hombre sabio es el más agudo buscador de las riquezas de la naturaleza." "¿Qué", preguntas, "me presentarás un plato vacío? ¿Qué quieres decir? Ya había arreglado mis arcas;[1033] ya estaba mirando a mi alrededor para ver alguna extensión de agua en la que pudiera embarcarme con fines comerciales, algunos ingresos estatales que pudiera manejar y alguna mercancía que pudiera adquirir. Eso es engaño: mostrarme pobreza después de prometerme riquezas". Pero, amigo, ¿consideras pobre a un hombre al que no le falta nada? "Es, sin embargo", respondes, "gracias a sí mismo y a su resistencia, y no gracias a su fortuna". ¿Sostienes, entonces, que tal hombre no es rico, sólo porque su fortuna nunca puede faltar? **6.** ¿Prefieres tener mucho o bastante? El que tiene mucho desea más, prueba de que aún no ha adquirido lo suficiente; pero el que tiene bastante ha alcanzado lo que nunca le tocó en suerte al rico, un punto de parada. ¿Crees que esta condición a la que me refiero no son las riquezas, sólo porque ningún hombre ha sido proscrito como resultado de poseerlas? ¿O porque los hijos y las esposas nunca han empujado veneno por la garganta de uno por esa razón? ¿O porque en tiempos de guerra estas riquezas no son molestadas? ¿O porque en tiempos de paz proporcionan ocio? ¿O porque no es peligroso poseerlas ni problemático invertirlas?

7. "Pero uno posee demasiado poco, si sólo está libre de frío, hambre y sed". Sin embargo, el propio Júpiter no está en mejor situación. Lo suficiente nunca es demasiado poco, y lo insuficiente nunca es demasiado. Alejandro era pobre incluso después de su conquista de Darío y las Indias. ¿Me equivoco? Él busca algo que realmente pueda hacer suyo, explorando mares desconocidos, enviando nuevas flotas sobre el Océano y, por así

[1033] Es decir, había preparado mis arcas para la riqueza prometida

decirlo, derribando los propios barrotes del universo. Pero lo que es suficiente para la naturaleza, no lo es para el hombre. **8.** Se han encontrado personas que anhelan algo más después de haberlo obtenido todo; tan ciego es su ingenio y tan fácilmente olvida cada hombre su comienzo después de haberse puesto en marcha. Aquel que[1034] era hasta hace poco el disputado señor de un rincón desconocido del mundo, se siente abatido cuando, después de alcanzar los límites del globo, debe marchar de regreso a través de un mundo que ha hecho suyo. **9.** El dinero nunca hizo rico a un hombre; por el contrario, siempre hiere a los hombres con una mayor ansia de sí mismo. ¿Preguntas la razón de esto? El que posee más, comienza a poder poseer aún más.

Para resumir, puedes traer para nuestra inspección a cualquiera de los millonarios cuyos nombres se mencionan cuando se habla de Craso y Licino. Que traiga su calificación y su propiedad actual y sus expectativas futuras, y que las sume todas: tal hombre, según mi creencia, es pobre; según la tuya, puede ser pobre algún día. **10.** Sin embargo, el que ha arreglado sus asuntos de acuerdo con las exigencias de la naturaleza, está libre del temor, así como de la sensación, de la pobreza. Y para que sepas lo difícil que es reducir los propios intereses a los límites de la naturaleza -incluso esta misma persona de la que hablamos, y a la que llamas pobre, posee algo realmente superfluo. **11.** La riqueza, sin embargo, ciega y atrae al populacho, cuando ven salir de la casa de un hombre una gran cantidad de dinero dispuesto, o incluso sus paredes cubiertas de abundancia de oro, o un séquito que es elegido por la belleza de su físico, o por el atractivo de su atuendo. La prosperidad de todos estos hombres mira a la opinión pública; pero el hombre ideal, a quien hemos arrebatado del control del pueblo y de la Fortuna, es feliz interiormente. **12.** En cuanto a esas personas, en cuyas mentes bulliciosas[1035] la pobreza ha robado

---

[1034] Alejandro el Grande.

erróneamente el título de riquezas - estos individuos tienen riquezas igual que decimos que "tenemos fiebre", cuando en realidad la fiebre nos tiene *a nosotros*. A la inversa, estamos acostumbrados a decir: "Una fiebre le atenaza". Y del mismo modo deberíamos decir: "La riqueza le agarra". Por lo tanto, no hay consejo -y de tales consejos nadie puede tener demasiado- que prefiera daros que éste: que midáis todas las cosas por las exigencias de la Naturaleza; porque estas exigencias pueden satisfacerse o bien sin costo alguno, o bien a muy bajo precio. Sólo que no mezcles ningún vicio con estas exigencias. **13.** ¿Por qué tienes que preguntar cómo debe servirse tu comida, en qué tipo de mesa, con qué tipo de plata, con qué jóvenes sirvientes bien emparejados y de rostro liso? La naturaleza no exige nada más que la mera comida.

¿Buscas, cuando la sed inflama tu garganta, una copa de oro?

¿Desprecias todo menos la carne de pavo real o el rodaballo cuando te entra el hambre?[1036]

14. El hambre no es ambiciosa; se contenta con llegar a su fin; tampoco le importa mucho qué alimento la lleve a su fin. Esas cosas no son más que los instrumentos de un lujo que no es "felicidad"; un lujo que busca cómo puede prolongar el hambre incluso después de la saciedad, cómo llenar el estómago, no llenarlo, y cómo despertar una sed que ha sido satisfecha con la primera bebida. Por eso son excelentes las palabras de Horacio cuando dice que para la sed no importa en qué costosa copa o con qué elaborada presentación se sirva el agua. Porque si crees que tiene importancia lo rizado que sea el pelo de tu esclavo, o lo transparente que sea la copa que te ofrece, no tienes sed.

15. Entre otras cosas, la naturaleza nos ha concedido esta bendición especial: libera a la pura necesidad de remilgos. Las cosas superfluas admiten elección; decimos: "Eso no es

---

[1035] Es decir, una "pobreza" que nunca se satisface.
[1036] Horacio, *Sat.* i. 2. 114 ss.

adecuado"; "esto no está bien recomendado"; "eso me hace daño a la vista". El Constructor del universo, que estableció para nosotros las leyes de la vida, dispuso que existiéramos en el bienestar, pero no en el lujo. Todo lo que conduce a nuestro bienestar está preparado y listo para nuestras manos; pero lo que el lujo requiere nunca puede conseguirse sino con desdicha y ansiedad.

16. Utilicemos, pues, este don de la Naturaleza contándolo entre las cosas de gran importancia; reflexionemos que el mejor título de la naturaleza para nuestra gratitud es que lo que queramos por pura necesidad lo aceptemos sin remilgos. Adiós.

CXX. Más sobre la virtud

1. En tu carta te preguntabas sobre varios pequeños problemas, pero finalmente te detuviste sólo en éste, pidiéndote una explicación: "¿Cómo se adquiere el conocimiento de lo que es bueno y de lo que es honorable?". En opinión de otras escuelas,[1037] estas dos cualidades son distintas; entre nuestros seguidores, sin embargo, simplemente están divididas. **2.** Esto es lo que quiero decir: Algunos creen que el Bien es lo que es útil; por consiguiente, otorgan este título a las riquezas, los caballos, el vino y los zapatos; tan barato consideran el Bien, y a usos tan viles lo dejan descender. Consideran honorable lo que está de acuerdo con el principio de la conducta correcta, como cuidar diligentemente de un padre anciano, aliviar la pobreza de un amigo, mostrar valentía en una campaña y expresar opiniones prudentes y equilibradas. **3.** Sin embargo, hacemos del bien y de lo honorable dos cosas, pero las hacemos de una: sólo lo honorable puede ser bueno; además, lo honorable es necesariamente bueno. Considero superfluo añadir la distinción entre estas dos cualidades, ya que la he mencionado tantas veces.[1038] Pero diré una cosa: que no consideramos bueno nada de lo que una persona pueda hacer un mal uso. Y tú mismo puedes ver qué mal uso hacen muchos hombres de sus riquezas, de su alta posición o de sus poderes físicos.

Volviendo al asunto sobre el que deseas información: "Cómo adquirimos primero el conocimiento de lo que es bueno y lo que es honorable". **4.** La naturaleza no pudo enseñarnos esto directamente; nos ha dado las semillas del conocimiento, pero no el conocimiento mismo. Algunos dicen que simplemente nos encontramos con este conocimiento; pero es increíble que una visión de la virtud se le haya podido presentar a alguien por mera casualidad. Nosotros creemos que se trata de una inferencia debida a la observación, una comparación de hechos

---

[1037] Es decir, las escuelas Peripatética y Académica.
[1038] Cf. Ep. cxviii. 10 y nota.

que han ocurrido con frecuencia; nuestra escuela de filosofía sostiene que lo honorable y lo bueno han sido comprendidos por analogía. Puesto que la palabra "analogía"[1039] ha sido admitida al rango de ciudadana por los eruditos latinos, no creo que deba ser condenada, pero sí creo que debería ser llevada a la ciudadanía que puede reclamar con justicia. Por lo tanto, haré uso de la palabra, no sólo como admitida, sino como establecida.

Ahora bien, en qué consiste esta "analogía", lo explicaré. **5.** Comprendimos lo que era la salud corporal: y de esta base dedujimos la existencia también de cierta salud mental. Conocíamos, también, la robustez corporal, y de esta base dedujimos la existencia de la robustez mental. Las acciones bondadosas, las acciones humanas, las acciones valientes, nos habían asombrado a veces; así que empezamos a admirarlas como si fueran perfectas. En el fondo, sin embargo, había muchos defectos, ocultos por la apariencia y el brillo de ciertos actos conspicuos; a éstos cerramos los ojos. La naturaleza nos obliga a amplificar las cosas loables: todo el mundo exalta el renombre más allá de la verdad. Y así, de tales hechos dedujimos la concepción de algún gran bien. **6.** Fabricio rechazó el oro del rey Pirro, estimando mayor que la corona de un rey poder despreciar el dinero de un rey. Fabricio también, cuando el médico real prometió dar veneno a su señor, advirtió a Pirro que tuviera cuidado con un complot. El mismo hombre tuvo la resolución de negarse a ser conquistado con oro o a vencer con veneno. Así admiramos al héroe, que no se dejó conmover ni por las promesas del rey ni contra el rey, que se aferró a un noble ideal y que - ¿hay algo más difícil? - era impecable en la guerra, pues creía que se podían cometer agravios incluso

---

[1039] Consulte Sandys, *Hist. Class. Schol.* i. pp. 148 y 175 y ss. Los "analogistas" alejandrinos se opusieron a los "anomalistas" pergaminenses en lo referente a las reglas que afectan a las formas de las palabras. De la controversia surgió el estudio científico de la gramática.

contra un enemigo, y en esa extrema pobreza que había convertido en su gloria, rehuía recibir riquezas como rehuía usar veneno. "¡Vive", gritó, "oh Pirro, gracias a mí, y alégrate, en vez de afligirte como hasta ahora, de que Fabricio no pueda ser sobornado!".[1040]

7. Horacio Cocles[1041] bloqueó solo el estrecho puente, y ordenó que le cortaran la retirada, para destruir el camino del enemigo; entonces resistió largamente a sus asaltantes hasta que el estrépito de las vigas, al derrumbarse con una enorme caída, resonó en sus oídos. Cuando miró hacia atrás y vio que su país, gracias a su propio peligro, estaba libre de peligro, "¡Quienquiera", gritó, "que quiera perseguirme por este camino, que venga!".[1042] Se lanzó de cabeza, cuidando tanto de salir armado de en medio del caudaloso canal del río como de salir ileso; regresó, conservando la gloria de sus armas conquistadoras, tan seguro como si hubiera vuelto por el puente.

8. Estos hechos y otros semejantes nos han revelado una imagen de la virtud. Añadiré algo que tal vez te asombre: las cosas malas han ofrecido a veces la apariencia de lo que es honorable, y lo que es mejor se ha manifestado a través de, su contrario. Porque hay, como sabes, vicios que están al lado de las virtudes; e incluso lo que está perdido y degradado puede parecerse a lo que es recto. Así, el derrochador imita falsamente al liberal, aunque importa mucho si un hombre sabe dar o no sabe ahorrar su dinero. Te aseguro, mi querido Lucilio, que hay muchos que no dan, sino que simplemente tiran; y yo no llamo liberal a un hombre que es malhumorado con su

---

[1040] Los dos relatos se refieren a los años 280 y 279 a.C., durante las campañas de Pirro en Italia.

[1041] Véase Livio, ii. 10.

[1042] Livio (loc cit.) cuenta que dijo: "*Tiberine pater, te sancte precor, haec arma et hunc militem propitio flumine accipias*". Macaulay, en su balada, traduce la cita de Livio casi literalmente.

dinero. El descuido parece facilidad, y la temeridad, valentía. **9.** Esta semejanza nos ha obligado a observar atentamente y a distinguir entre cosas que en apariencia exterior están estrechamente relacionadas, pero que en realidad están muy reñidas entre sí; y al observar a los que se han distinguido como resultado de algún noble esfuerzo, nos hemos visto obligados a observar qué personas han realizado alguna hazaña con noble espíritu y elevado impulso, pero la han hecho una sola vez. Hemos marcado a un hombre valiente en la guerra y cobarde en los asuntos civiles, soportando la pobreza con valor y la desgracia con vergüenza; hemos alabado la hazaña, pero hemos despreciado al hombre. **10.** También hemos señalado a otro hombre que es amable con sus amigos y comedido con sus enemigos, que se ocupa de sus asuntos políticos y personales con escrupulosa devoción, que no carece de paciencia cuando hay que soportar algo, ni de prudencia cuando hay que actuar. Le hemos visto dar con mano generosa cuando le correspondía hacer un pago, y, cuando tenía que trabajar, esforzarse resueltamente y aligerar su cansancio corporal con su resolución. Además, siempre ha sido el mismo, coherente en todas sus acciones, no sólo sensato en su juicio, sino entrenado por el hábito hasta tal punto que no sólo puede actuar correctamente, sino que no puede evitar actuar correctamente. Nos hemos formado la idea de que en un hombre así existe la virtud perfecta.

11. Hemos separado esta virtud perfecta en sus diversas partes. Había que refrenar los deseos, suprimir el miedo, organizar las acciones apropiadas, pagar las deudas; por lo tanto, hemos incluido el autocontrol, la valentía, la prudencia y la justicia, asignando a cada cualidad su función especial. ¿Cómo nos hemos formado entonces el concepto de virtud? La virtud se nos ha manifestado por el orden, la corrección, la firmeza, la absoluta armonía de acción y una grandeza de alma que se eleva por encima de todo. De ahí se ha derivado nuestra concepción de la vida feliz, que fluye con curso firme, completamente bajo su propio control. **12.** ¿Cómo, pues, hemos descubierto este hecho? Se lo diré: aquel hombre perfecto, que ha alcanzado la virtud, nunca maldijo su suerte, ni recibió con abatimiento los resultados del azar; se creyó ciudadano y soldado del universo, aceptando sus tareas como si fueran órdenes suyas. Ocurriera lo que ocurriera, no lo desdeñaba, como si fuera maligno y se lo impusiera el azar; lo aceptaba como si le hubiera sido asignado como un deber. "Sea lo que sea", dice, "es mi suerte; es áspera y dura, pero debo trabajar diligentemente en la tarea".

13. Necesariamente, pues, se ha mostrado grande el hombre que nunca se ha afligido en los días malos ni se ha lamentado de su destino; ha dado una clara concepción de sí mismo a muchos hombres; ha brillado como una luz en las tinieblas y ha vuelto hacia sí los pensamientos de todos los hombres, porque era manso y tranquilo y cumplía por igual las órdenes del hombre y de Dios. **14.** Poseía la perfección del alma, desarrollada hasta sus más altas capacidades, inferior sólo a la mente de Dios -de quien una parte desciende incluso a este corazón de mortal. Pero este corazón nunca es más divino que cuando reflexiona sobre su mortalidad, y comprende que el hombre nació con el propósito de cumplir su vida, y que el cuerpo no es una morada permanente, sino una especie de posada (con una breve estancia en eso) que debe dejarse atrás cuando uno percibe que es una carga para el anfitrión. **15.** La mayor prueba, como yo sostengo, mi querido Lucilio, de que el alma procede de alturas más elevadas, es si juzga que su situación actual es baja y estrecha, y no teme partir. Porque quien recuerda de dónde ha venido, sabe a dónde ha de partir. ¿No vemos cuántas incomodidades nos enloquecen, y cuán desordenada es nuestra comunión con la carne? **16.** Nos quejamos unas veces de nuestros dolores de cabeza, otras de nuestras malas digestiones, otras de nuestro corazón y de nuestra garganta. Unas veces nos molestan los nervios, otras los pies; ahora es la diarrea, y de nuevo el catarro;[1043] en un momento estamos llenos de sangre, en otro anémicos; ahora nos molesta esto, ahora aquello, y nos obliga a mudarnos: es justo lo que sucede a los que habitan en casa ajena.

17. Pero nosotros, a quienes tales cuerpos corruptibles han sido asignados, sin embargo, ponemos la eternidad ante nuestros ojos, y en nuestras esperanzas nos aferramos al máximo espacio de tiempo al que la vida del hombre puede extenderse, satisfechos sin ingresos y sin influencia. ¿Qué puede haber más desvergonzado o insensato que esto? Nada nos basta, aunque debamos morir algún día, o más bien, estemos muriendo ya; porque cada día estamos más cerca del borde, y cada hora del tiempo nos empuja hacia el precipicio por el que debemos caer. **18.** ¡Cuán ciega es nuestra mente! Lo que yo digo del futuro, está sucediendo en este momento, y una gran parte ya ha sucedido, porque consiste en nuestras vidas pasadas. Pero nos equivocamos al temer el último día, viendo que cada día, a medida que transcurre, cuenta igualmente para el crédito de la muerte.[1044] El paso fallido no produce, sino que simplemente anuncia, el cansancio. La última hora llega, pero cada hora se acerca, a la muerte. La muerte nos desgasta, pero no nos arremolina.

Por esta razón el alma noble, conociendo su mejor naturaleza, mientras cuida de conducirse honorable y seriamente en el puesto del deber donde está colocada, no cuenta ninguno de estos objetos extraños como propios, sino que los usa como si fueran un préstamo, como un visitante extranjero que se apresura en su camino. **19.** Cuando vemos a una persona de tal firmeza, ¿cómo podemos dejar de ser conscientes de la imagen de una naturaleza tan inusual? Sobre todo, si, como ya he señalado, se muestra como verdadera grandeza por su

---

[1043] Enfermedad crónica del propio Séneca. Véase el fragmento autobiográfico en Ep. lxxviii. 1 f.

[1044] Séneca desarrolla aquí el pensamiento esbozado en Ep. xii. 6 *unus autem dies gradus vitae est*.

coherencia. En efecto, es la constancia lo que perdura; las cosas falsas no perduran. Algunos hombres son como Vatinius o como Cato por turnos;[1045] a veces ni siquiera consideran a Curius lo suficientemente severo, o a Fabricio lo suficientemente pobre, o a Tubero lo suficientemente frugal y contento con las cosas sencillas; mientras que otras veces rivalizan con Licinus en riqueza, con Apicio en banquetes, o con Mecenas en delicadeza. **20.** La mayor prueba de una mente malvada es la inestabilidad y el continuo vacilar entre la pretensión de virtud y el amor al vicio.

Tendría a veces doscientos esclavos a mano

Y a veces diez. Hablaba de reyes y grandes
mogoles y nada más que grandeza. Luego decía:
"Dame una mesa de tres patas y una bandeja
con sal limpia y buena, y una bata de lana gruesa
para que no entre el frío". Si le pagaras
(¡tan parco y contento!) un millón de chelines,
en cinco días sería un tonto sin lápiz.[1046]

21. Los hombres de los que hablo son de esta calaña; son como el hombre que describe Horacio Flaco: un hombre que nunca es el mismo, que ni siquiera se parece a sí mismo; hasta tal punto divaga entre opuestos. ¿He dicho que muchos son así? Es el caso de casi todos. Todos cambian sus planes y sus oraciones día a día. Ahora querría tener una esposa, y ahora una amante; ahora querría ser rey, y otra vez se esfuerza por conducirse de modo que no hay esclavo más encogido; ahora se hincha hasta hacerse impopular; otra vez se encoge y contrae en mayor humildad que los que son realmente desenvueltos; una vez desparrama el dinero, y otra lo roba. **22.** Así es como se demuestra más claramente una mente necia: primero se

---

[1045] Para el mismo contraste cf. Ep. cxviii. 4 (y nota). Para los nombres siguientes véase Índice de nombres propios.
[1046] Horacio, *Sat.* i. 3. 11-17.

muestra de esta forma y luego de aquella, y nunca se parece a sí misma, lo cual es, en mi opinión, la más vergonzosa de las cualidades. Créanme, es un gran papel: representar el papel de un hombre. Pero nadie puede ser una sola persona, excepto el sabio; los demás cambiamos a menudo de máscara. A veces pensarás que somos ahorradores y serios, otras veces despilfarradores y ociosos. Cambiamos continuamente de carácter y representamos un papel contrario al que hemos descartado. Por tanto, debes obligarte a mantener hasta el final del drama de la vida el carácter que asumiste al principio. Procura que los hombres puedan alabarte; si no, que al menos te identifiquen. De hecho, con respecto al hombre que viste ayer, la pregunta puede hacerse correctamente: "¿Quién es?" ¡Tan grande ha sido el cambio! Adiós.

CXXI. Sobre el instinto en los animales

1. Me demandarán, estoy seguro, cuando les exponga el pequeño problema de hoy, con el que ya hemos lidiado bastante tiempo. Volverán a gritar: "¿Qué tiene esto que ver con el carácter?" Grita si quieres, pero permíteme, en primer lugar, emparejarte con otros oponentes,[1047] contra los que puedes entablar una demanda, como Posidonio y Arquidemo;[1048] estos hombres serán juzgados. A continuación, diré que todo lo que trata del carácter no produce necesariamente un buen carácter. **2.** El hombre necesita una cosa para su alimento, otra para su ejercicio, otra para su vestido, otra para su instrucción y otra para su placer. Todo, sin embargo, tiene referencia a las necesidades del hombre, aunque no todo lo hace mejor. El carácter es afectado por diferentes cosas de diferentes maneras: algunas cosas sirven para corregir y regular el carácter, y otras investigan su naturaleza y origen. **3.** Y cuando busco la razón por la cual la naturaleza dio a luz al hombre, y por qué lo puso por encima de los demás animales, ¿supones que he dejado el estudio del carácter en la retaguardia? No; eso es erróneo. Porque ¿cómo vas a saber qué carácter es deseable, a menos que hayas descubierto cuál es el más adecuado para el hombre? ¿O a menos que hayas estudiado su naturaleza? Sólo podrás saber lo que debes hacer y lo que debes evitar, cuando hayas aprendido lo que debes a tu propia naturaleza.

4. "Deseo", dices, "aprender cómo puedo ansiar menos y temer menos. Líbrame de mis creencias irracionales. Demuéstrame que la llamada felicidad es voluble y vacía, y que la palabra admite fácilmente el aumento de una sílaba."[1049] Cumpliré tu deseo, alentando tus virtudes y azotando tus vicios. La gente puede decidir que soy demasiado celoso y temerario en este particular; pero nunca dejaré de acosar la maldad, de frenar las

---

[1047] Es decir, además de mí mismo y confirmando mi declaración.
[1048] Frag. 17 von Arnim
[1049] Es decir, *felicitas* se convierte en *infelicitas*.

emociones más desenfrenadas, de suavizar la fuerza de los placeres que resultarán en dolor, y de gritar las oraciones de los hombres. Por supuesto que haré esto; porque son los mayores males por los que hemos rezado, y de aquello que nos ha hecho dar gracias viene todo lo que exige consuelo.

5. Mientras tanto, permítanme discutir a fondo algunos puntos que ahora pueden parecer bastante alejados de la presente investigación. Una vez estuvimos debatiendo si todos los animales tenían algún sentimiento acerca de su "constitución".[1050] Que esto es así lo prueba particularmente el hecho de que realicen movimientos de tal aptitud y agilidad que parecen estar entrenados para ello. Cada ser es hábil en su propia línea. El obrero hábil maneja sus herramientas con la facilidad que le da la experiencia; el piloto sabe gobernar su barco con destreza; el artista puede aplicar rápidamente los colores que ha preparado en gran variedad con el fin de representar el retrato, y pasa con ojo y mano listos de la paleta al lienzo. Del mismo modo, un animal es ágil en todo lo que concierne al uso de su cuerpo. **6.** Los bailarines hábiles nos maravillan porque sus gestos se adaptan perfectamente al sentido de la obra y a las emociones que la acompañan, y sus movimientos se adaptan a la velocidad del diálogo. Pero lo que el arte da al artesano, lo da la naturaleza al animal. Ningún animal maneja sus extremidades con dificultad, ningún animal se pierde cómo utilizar su cuerpo. Esta función la ejercen inmediatamente al nacer. Vienen al mundo con este conocimiento; nacen completamente entrenados.

7. Pero la gente responde: "La razón por la que los animales son tan diestros en el uso de sus miembros es que, si los mueven de forma antinatural, sentirán dolor. Están *obligados* a hacerlo así, según su escuela, y es el miedo y no la fuerza de voluntad lo que les mueve en la dirección correcta." Esta idea es errónea. Los cuerpos impulsados por una fuerza apremiante se mueven

---

[1050] Es decir, su constitución física, los elementos de su ser físico

lentamente; pero los que se mueven por voluntad propia poseen lucidez mental. La prueba de que no es el miedo al dolor lo que los impulsa así, es que incluso cuando el dolor los detiene se esfuerzan por realizar sus movimientos naturales. **8.** Así, el niño que trata de ponerse de pie y se acostumbra a soportar su propio peso, al comenzar a probar su fuerza, cae y se levanta una y otra vez con lágrimas hasta que mediante un doloroso esfuerzo se ha entrenado a sí mismo a las exigencias de la naturaleza. Y ciertos animales de caparazón duro, cuando se les pone boca arriba, se retuercen y manotean con las patas y hacen movimientos hacia los lados hasta que vuelven a su posición correcta. La tortuga boca arriba no sufre, pero está inquieta porque echa de menos su estado natural, y no deja de agitarse hasta que vuelve a ponerse de pie.

9. Así pues, todos estos animales tienen conciencia de su constitución física, y por esta razón pueden manejar sus miembros con tanta facilidad como lo hacen; tampoco tenemos mejor prueba de que llegan al ser dotados de este conocimiento que el hecho de que ningún animal es inhábil en el uso de su cuerpo. **10.** Pero algunos objetan lo siguiente: "Según tu argumento, la constitución de una persona consiste en un poder gobernante[1051] en el alma que tiene una cierta relación con el cuerpo. Pero, ¿cómo puede un niño comprender este principio intrincado y sutil, que apenas puedo explicarte incluso a ti? Todas las criaturas vivientes deberían nacer lógicas, ¡para poder entender una definición que es oscura para la mayoría de los ciudadanos romanos!" **11.** Tu objeción sería cierta si hablara de que las criaturas vivientes entienden "una definición de constitución", y no "su constitución real". La naturaleza es más

---

[1051] Es decir, el "alma del mundo", de la que forma parte cada alma viviente. Los estoicos creían que estaba situada en el corazón. Zenón lo llamaba ἡγεμονικόν, "poder gobernante"; mientras que los romanos utilizaban el término *principale* o *principatus*. El principio descrito es ὁρμή (impulso) o τόνος (tensión).

fácil de comprender que de explicar; por eso, el niño de quien hablábamos no comprende lo que es "constitución", sino que comprende su *propia constitución*. No sabe lo que es "un ser vivo", pero siente que es un animal. **12.** Además, esa misma constitución suya sólo la comprende confusa, superficial y oscuramente. También sabemos que poseemos alma, pero desconocemos la esencia, el lugar, la cualidad o la fuente del alma. Así como la conciencia de nuestras almas que poseemos, ignorantes como somos de su naturaleza y posición, así también todos los animales poseen una conciencia de sus propias constituciones. Porque necesariamente deben sentir esto, porque es la misma agencia por la cual sienten también otras cosas; necesariamente deben tener un sentimiento del principio al cual obedecen y por el cual son controlados. **13.** Cada uno de nosotros comprende que hay algo que despierta sus impulsos, pero no sabe lo que es. Sabe que tiene una sensación de esfuerzo, aunque no sabe lo que es ni su fuente. Así, incluso los niños y los animales tienen conciencia de su elemento primario, pero no está muy claramente esbozado o representado.

14. "¿Sostienes que todo ser viviente está adaptado desde el principio a su constitución, pero que la constitución del hombre es razonadora, y por tanto el hombre está adaptado a sí mismo no sólo como ser viviente, sino también como ser razonador? Pues el hombre es querido por sí mismo en aquello en que es hombre. ¿Cómo, pues, puede un niño, no estando todavía dotado de razón, adaptarse a una constitución razonadora?". **15.** Pero cada edad tiene su propia constitución, diferente en el caso del niño, del muchacho y del anciano; todos se adaptan a la constitución en la que se encuentran. El niño no tiene dientes, y está adaptado a esta condición. Luego le crecen los dientes, y también está adaptado a esa condición. La vegetación también, que se convertirá en grano y frutos, tiene una constitución especial cuando es joven y apenas asoma por encima de los surcos, otra cuando se fortalece y se yergue sobre un tallo que es suave pero lo suficientemente fuerte como para soportar su peso, y aún otra cuando el color cambia a amarillo, profetiza el tiempo de la trilla, y se endurece en la espiga - no importa cuál sea la constitución en la que la planta llega, la mantiene, y se ajusta a ella. **16.** Los períodos de la infancia, la niñez, la juventud y la vejez son diferentes; pero yo, que he sido niño, muchacho y joven, sigo siendo el mismo. Así, aunque cada uno tenga en diferentes épocas una constitución distinta, la adaptación de cada uno a su constitución es la misma. Pues la naturaleza no me consigna la niñez o la juventud, o la vejez; me consigna a mí a ellas. Por tanto, el niño está adaptado a la constitución que le corresponde en el momento presente de la infancia, no a la que le corresponderá en la juventud. Pues, aunque le esté reservada alguna fase superior en la que deba transformarse, el estado en que nace es también conforme a la naturaleza. **17.** En primer lugar, el ser vivo se adapta a sí mismo, pues debe existir un modelo al que puedan referirse todas las demás cosas. Busco el placer; ¿para quién? Para mí mismo. Busco, pues, por mí mismo. Huyo del dolor; ¿en beneficio de quién? Por mí mismo. Por lo tanto, miro por mí. Como mido todas mis acciones en función de mi propio bienestar, miro por mí antes que por nadie. Esta cualidad existe en todos los seres vivos, no es injertada sino innata.

18. La naturaleza cría a su propia prole y no la desecha; y como la seguridad más garantizada es la que está más cerca, cada hombre se ha confiado a sí mismo. Por lo tanto, como he señalado en el curso de mi correspondencia anterior, incluso los animales jóvenes, al salir del vientre de la madre o del huevo, saben de inmediato por sí mismos lo que es perjudicial para ellos, y evitan las cosas mortíferas.[1052] Incluso se encogen cuando ven la sombra de las aves de rapiña que revolotean sobre ellos.

[1052] Séneca es a la vez sensato y moderno en su descripción de la "inteligencia" animal. Es instintiva, debida a reacciones sensoriomotoras y dependiente en gran medida de la herencia tipológica.

Ningún animal, cuando entra en la vida, está libre del miedo a la muerte. **19.** La gente puede preguntar: "¿Cómo puede un animal al nacer tener una comprensión de las cosas sanas o destructivas?". La primera pregunta, sin embargo, es *si* puede tener tal comprensión, y no *cómo* puede comprender. Y está claro que tiene tal comprensión por el hecho de que, aunque se le añada comprensión, no actuará más adecuadamente que al principio. ¿Por qué la gallina no teme al pavo real ni al ganso y, sin embargo, huye del halcón, que es un animal mucho más pequeño que ni siquiera le es familiar? ¿Por qué las gallinas jóvenes temen a un gato y no a un perro? Es evidente que estas aves tienen un presentimiento de daño, que no se basa en experimentos reales, porque evitan una cosa antes de que puedan tener experiencia de ella. **20.** Además, para que no supongas que esto es fruto de la casualidad, no se asustan de otras cosas que se esperaría que temieran, ni olvidan nunca la vigilancia y el cuidado a este respecto; todas poseen por igual la facultad de evitar lo que es destructivo. Además, su miedo no aumenta a medida que se alarga su vida.

De ahí que sea evidente que estos animales no han alcanzado tal condición a través de la experiencia; se debe a un deseo innato de autoconservación. Las enseñanzas de la experiencia son lentas e irregulares; pero lo que la Naturaleza comunica pertenece a todos por igual, y llega inmediatamente. **21.** Sin embargo, si necesitas una explicación, ¿te digo cómo es que todo ser viviente trata de comprender lo que es perjudicial? Siente que está construido de carne; y así percibe hasta qué punto la carne puede ser cortada o quemada o aplastada, y qué animales están equipados con el poder de hacer este daño; es de los animales de este tipo de los que deriva una idea desfavorable y hostil. Estas tendencias están estrechamente ligadas, pues cada animal consulta al mismo tiempo su propia seguridad, busca lo que le ayuda y rehúye lo que le perjudica. Los impulsos hacia los objetos útiles, y la repulsión hacia los contrarios, son conformes a la naturaleza; sin ninguna reflexión que impulse la idea, y sin ningún consejo, se hace lo que la naturaleza ha prescrito.

22. ¿No ves lo hábiles que son las abejas construyendo sus celdas? ¿No ves la armonía con que comparten y soportan el trabajo? ¿No ves cómo la araña teje una tela tan sutil que la mano del hombre no puede imitarla? ; ¿Y qué tarea es ordenar los hilos, algunos dirigidos directamente hacia el centro, para que la tela sea sólida, y otros que corren en círculos y disminuyen de grosor, con el fin de enredar y atrapar en una especie de red a los insectos más pequeños para cuya ruina la araña tiende la tela? **23.** Este arte nace, no se enseña; y por esta razón ningún animal es más hábil que otro. Observarás que todas las telas de araña son igualmente finas, y que las aberturas de todas las celdillas de los panales tienen idéntica forma. Lo que el arte comunica es incierto y desigual; pero las asignaciones de la Naturaleza son siempre uniformes. La naturaleza no ha comunicado nada excepto el deber de cuidarse y la habilidad para hacerlo; por eso vivir y aprender comienzan al mismo tiempo. **24.** No es de extrañar que los seres vivos nazcan con un don cuya ausencia haría inútil el nacimiento. Se trata del primer equipamiento que la naturaleza les concedió para el mantenimiento de su existencia: la cualidad de la adaptabilidad y el amor propio. No podrían sobrevivir si no lo desearan. Tampoco este deseo por sí solo les habría hecho prosperar, pero sin él nada podría haber prosperado. En ningún animal se puede observar una baja estima, ni siquiera un descuido, de sí mismo. Las bestias mudas, perezosas en otros aspectos, son inteligentes para vivir. Así que verás que las criaturas que son inútiles para los demás están alerta para su propia preservación.[1053] Adiós.

[1053] Tema desarrollado por Cicerón (*De fin.* iii. 16): *placet . . . simul atque natum sit animal . . . ipsum sibi conciliari et commendari ad se conservandum.*

CXXII. Sobre la oscuridad como velo de la maldad

1. El día ya ha empezado a menguar. Se ha reducido considerablemente, pero aún nos dejará un buen espacio de tiempo si uno se levanta, por así decirlo, con el día mismo. Somos más laboriosos y mejores hombres si nos anticipamos al día y damos la bienvenida al amanecer; pero somos ruines si nos quedamos dormitando cuando el sol está alto en el cielo, o si nos despertamos sólo cuando llega el mediodía; e incluso entonces a muchos les parece que todavía no ha amanecido. **2.** Algunos han invertido las funciones de la luz y la oscuridad; abren los ojos empapados de la borrachera de ayer sólo cuando se acerca la noche. Es como la condición de aquellos pueblos que, según Virgilioio, la Naturaleza ha escondido y colocado en una morada directamente opuesta a la nuestra:

Cuando en nuestra cara el Alba con jadeantes corceles

Respira hacia abajo, para ellos la tarde rubicunda enciende
sus fuegos tardíos. [1054]

No es tanto el país de estos hombres como su vida lo que es "directamente opuesto" al nuestro. **3.** Puede que en esta misma ciudad nuestra habiten antípodas que, en palabras de Catón[1055] "nunca han visto salir ni ponerse el sol". ¿Crees que estos hombres *saben* vivir, si no saben *cuándo* vivir? ¿Temen estos hombres a la muerte, si se han enterrado vivos? Son tan extraños como los pájaros de la noche.[1056] Aunque pasen sus horas de oscuridad entre vino y perfumes, aunque pasen toda la extensión de sus antinaturales horas de vigilia comiendo cenas - y esas demasiado cocinadas por separado como para componer muchos platos- no están realmente banqueteando; están llevando a cabo sus propios servicios funerarios. Y los muertos al menos tienen sus banquetes a la luz del día.[1057]

[1054] Virgilio, *Georg.* i. 250 ss.
[1055] Catón, Frag. p. 110 Jordán.
[1056] Es decir, aves de mal agüero.

Pero, en verdad, para quien es activo ningún día es largo. Alarguemos, pues, nuestra vida; porque el deber y la prueba de la vida consisten en la acción. Acorta la noche; usa algo de ella para los asuntos del día. **4.** Los pájaros que se preparan para el banquete, para que engorden fácilmente por falta de ejercicio, se mantienen en la oscuridad; y del mismo modo, si los hombres vegetan sin actividad física, sus cuerpos ociosos se llenan de carne, y en su retiro autocomplaciente crece sobre ellos la grasa de la indolencia. Además, los cuerpos de los que han jurado fidelidad a las horas de oscuridad tienen un aspecto repugnante. Sus complexiones son más alarmantes que las de los inválidos anémicos; están displicentes y flácidos por la hidropesía; aunque todavía vivos, ya son carroña. Pero esto, en mi opinión, sería uno de los menores de sus males. ¡Cuánta más oscuridad hay en sus almas! Tal hombre está internamente aturdido; su visión está oscurecida; envidia a los ciegos. ¿Y qué hombre ha tenido ojos para ver en la oscuridad?

5. ¿Me preguntas cómo llega al alma esta depravación, este hábito de invertir la luz del día y entregar toda la existencia a la noche? Todos los vicios se rebelan contra la naturaleza; todos abandonan el orden establecido. El lema del lujo es gozar de lo que no es habitual, y no sólo apartarse de lo que es correcto, sino dejarlo tan atrás como sea posible, y finalmente incluso tomar una posición en oposición a ello. **6.** ¿No crees que viven en contra de la naturaleza los hombres que beben en ayunas,[1058] que toman vino en venas vacías, y pasan a su comida en estado de embriaguez? Y, sin embargo, éste es uno de los vicios populares de la juventud: perfeccionar sus fuerzas para beber en el mismo umbral del baño, en medio de los bañistas desnudos; ¡no, incluso, remojarse en vino y luego, inmediatamente, frotarse el sudor que han promovido con

---

[1057] En relación con *la Parentalia*, del 13 al 21 de febrero, y en otras observaciones de aniversario, las ceremonias se celebraron de día.

[1058] Vicio que Séneca aborrece especialmente; cf. Ep. xv. 3 *multum potionis altius ieiunio iturae*.

muchas copas de licor caliente! Para ellos, un vaso después de comer o uno después de cenar es *burgués*; es lo que hacen los escuderos del campo, que no son entendidos en placeres. Este vino sin mezclar les deleita sólo porque no hay comida que flote en él, porque se abre paso fácilmente en sus músculos; esta borrachera les complace sólo porque el estómago está vacío.

7. ¿No crees que viven en contra de la naturaleza los hombres que intercambian la moda de su atuendo con las mujeres?[1059] ¿No viven en contra de la naturaleza los hombres que se esfuerzan por parecer frescos y juveniles a una edad inadecuada para tal intento? ¿Qué podría ser más cruel o más desdichado? ¿No pueden el tiempo y el estado del hombre llevar a una persona así más allá de una niñez artificial?[1060] **8.** ¿No viven en contra de la naturaleza los hombres que desean rosas en invierno, o tratan de criar una flor primaveral como el lirio por medio de calentadores de agua caliente y cambios artificiales de temperatura? ¿No viven en contra de la naturaleza quienes cultivan árboles frutales en lo alto de un muro? ¿O levantan bosques ondulantes sobre los tejados y almenas de sus casas, cuyas raíces parten de un punto al que sería descabellado que llegaran las copas de los árboles? ¿No viven en contra de la Naturaleza los hombres que ponen los cimientos de los baños en el mar y no se imaginan que pueden disfrutar de su baño a menos que la piscina climatizada sea azotada como con las olas de una tormenta?

9. Cuando los hombres han comenzado a desear todas las cosas en oposición a los caminos de la Naturaleza, terminan por

---

[1059] Llevando vestidos de seda de material transparente.
[1060] No traducido literalmente. Para el mismo pensamiento, véase Ep. xlvii. 7, etc. *Nota del transcriptor: ¿El latín que Gummere se negó a traducir literalmente es "Numquam vir erit, ut diu virum pati possit? Et cum illum contumeliae sexus eripuisse debuerat, non ne aetas quidem eripiet?" o aproximadamente: "¿Nunca llegará a ser un hombre, para poder seguir siendo follado por los hombres? Y aunque su sexo debería ahorrarle este insulto, ¿no se lo ahorrará ni siquiera su edad?".*

abandonar por completo los caminos de la Naturaleza. Gritan: "Es de día, ¡vamos a dormir! Es la hora en que los hombres descansan: ¡ahora para el ejercicio, ahora para nuestro paseo, ahora para nuestro almuerzo! He aquí que se acerca el alba: ¡es la hora de la cena! No deberíamos hacer como la humanidad. Es bajo y mezquino vivir de la manera habitual y convencional. Abandonemos el día ordinario. Tengamos una mañana que sea una característica especial nuestra, ¡propia de nosotros mismos!". 10. En mi opinión, tales hombres están muertos. ¿Acaso no están presentes en un funeral, y además antes de tiempo, cuando viven entre antorchas y velas?[1061] Recuerdo que este tipo de vida estuvo muy de moda en una época: entre tales hombres como Acilio Buta, una persona de rango pretoriano, que corrió a través de una tremenda finca y al confesar su bancarrota a Tiberio, recibió la respuesta: "¡Te has despertado demasiado tarde!". 11. En cierta ocasión, Julio Montanus estaba leyendo un poema en voz alta; era un poeta medianamente bueno, famoso por su amistad con Tiberio, así como por su caída en desgracia. Siempre solía llenar sus poemas con una generosa salpicadura de amaneceres y atardeceres. Así, cuando cierta persona se quejaba de que Montanus había leído durante todo el día, y declaró que nadie debía asistir a ninguna de sus lecturas, Natta Pinarius[1062] comentó: "No podría hacer un trato más justo que este: ¡Estoy dispuesto a escucharle de sol a sol!". 12. Montanus estaba leyendo, y había llegado a las palabras:[1063]

'Gins la mañana brillante para extender sus llamas claras que arden; el amanecer rojo

Dispersa su luz; y la golondrina de ojos tristes[1064] regresa a sus polluelos,

---

[1061] Los símbolos de un funeral romano. Para la misma práctica, realizada a propósito, véase Ep. xii. 8 (y la nota de W. C. Summers).
[1062] Llamado por Tácito, *Ann.* iv. 34, a *Seiani cliens*.
[1063] Baehrens, *Frag. Poet. Rom.* p. 355.
[1064] Es decir, Procne, en el conocido mito del ruiseñor.

Trayendo la comida de los charlatanes, y con dulce factura compartiendo y sirviendo.

Entonces Varo, un caballero romano, parásito de Marco Vinicio,[1065] y gorrón en las cenas elegantes que se ganaba con su ingenio degenerado, gritó: "¡Hora de dormir para Buta!" **13.** Y más tarde, cuando Montanus declamó

He aquí que los pastores han aprisionado sus rebaños, y la lenta oscuridad

'Gins para difundir el silencio o'er tierras que se adormecen somnoliento,

este mismo Varus comentó: "¿Qué? ¿Ya es de noche? Iré a visitar a Buta por la mañana". Verás, nada era más notorio que el modo de vida al revés de Buta. Pero esta vida, como ya he dicho, estuvo de moda en una época. **14.** Y la razón por la que algunos hombres viven así no es porque piensen que la noche en sí misma ofrece mayores atractivos, sino porque lo que es normal no les proporciona ningún placer en particular; siendo la luz un enemigo acérrimo de la mala conciencia, y, cuando uno ansía o desprecia todas las cosas en proporción a lo mucho o poco que le han costado, la iluminación por la que uno no paga es objeto de desprecio. Además, la persona lujosa desea ser objeto de habladurías toda su vida; si la gente calla sobre él, piensa que está perdiendo el tiempo. De ahí que se sienta incómodo cada vez que alguna de sus acciones escapa a la notoriedad.

Muchos hombres devoran sus propiedades, y muchos hombres tienen amantes. Si quieres ganarte una reputación entre tales personas, debes hacer de tu programa no sólo uno de lujo, sino uno de notoriedad; porque en una comunidad tan ocupada la maldad no descubre el tipo ordinario de escándalo. **15.** Oí a

---

[1065] Hijo del P. Vinicio ridiculizado en Ep. xl. 9. Fue esposo de Julia, hija menor de Germánico, y fue envenenado por Mesalina.

Pedo Albinovanus, el más atractivo narrador de historias, hablar de su residencia en la casa de Sextus Papinius. Papinius pertenecía a la tribu de los que rehuyen la luz. "A eso de las nueve de la noche oigo el ruido de unos látigos. Pregunto qué pasa y me dicen que Papinio está revisando sus cuentas.[1066] Hacia las doce se oye un grito enérgico; pregunto qué pasa y me dicen que está ejercitando la voz. A eso de las dos de la madrugada pregunto qué significa el ruido de las ruedas; me dicen que ha salido a dar una vuelta. 16. Y al amanecer hay un tremendo alboroto: llamadas de esclavos y mayordomos, y pandemónium entre los cocineros. Pregunto el significado de esto también, y me dicen que ha llamado por su cordial y su aperitivo, después de salir del baño. Su cena -dijo Pedo- nunca iba más allá del día,[1067] pues vivía con mucha parsimonia; sólo se prodigaba por la noche. En consecuencia, si crees a los que le llaman tacaño y mezquino, le llamaréis también "esclavo de la lámpara."[1068]

17. No debes sorprenderte de encontrar tantas manifestaciones especiales de los vicios; porque los vicios varían, y hay innumerables fases de ellos, ni pueden clasificarse todas sus diversas clases. El método para mantener la rectitud es sencillo; el método para mantener la maldad es complicado, y tiene infinitas oportunidades de desviarse. Y lo mismo sucede con el carácter; si se sigue la naturaleza, el carácter es fácil de manejar, libre y con muy leves matices de diferencia; pero el tipo de persona que he mencionado posee un carácter mal torcido, fuera de armonía con todas las cosas, incluido él mismo. 18. La causa principal, sin embargo, de esta enfermedad me parece ser una revuelta remilgada contra la existencia

---

[1066] Es decir, castiga a sus esclavos por los errores en el trabajo del día.
[1067] Es decir, equilibrando la costumbre del romano ordinario, cuya cena nunca se prolongaba más allá del anochecer.
[1068] "'Un hígado a la luz de las velas', con un juego de palabras con λίχνος, 'lujoso'" (Summers).

normal. Del mismo modo que estas personas se distinguen de los demás por su forma de vestir, o por el elaborado arreglo de sus cenas, o por la elegancia de sus carruajes, así también desean hacerse peculiares por su manera de dividir las horas de su día. No están dispuestos a ser malvados en la forma convencional, porque la notoriedad es la recompensa de su tipo de maldad. Notoriedad es lo que buscan todos esos hombres que, por así decirlo, *viven al revés*.

19. Por esta razón, Lucilio, mantengámonos en el camino que la naturaleza nos ha trazado, y no nos desviemos de él. Si seguimos a la naturaleza, todo es fácil y sin obstáculos; pero si combatimos a la naturaleza, nuestra vida no difiere en nada de la de los hombres que reman contra la corriente. Adiós.

CXXIII. Sobre el conflicto entre el placer y la virtud

1. Cansado por la incomodidad más que por la duración de mi viaje, he llegado a mi villa de Alban a altas horas de la noche, y no encuentro nada preparado excepto a mí mismo. Así que me deshago del cansancio en mi mesa de escribir: Obtengo algo bueno de esta tardanza de mi cocinera y mi panadero. Porque estoy en comunión conmigo mismo sobre este mismo tema: que nada es pesado si uno lo acepta con un corazón ligero, y que nada necesita provocar la ira de uno si uno no añade a su pila de problemas el enfadarse. **2.** Mi panadero no tiene pan, pero el capataz, el criado o uno de mis inquilinos puede suministrármelo. "¡Mal pan!", dirás. Pero espéralo, que ya será bueno. El hambre hará que incluso ese pan se vuelva delicado y del mejor sabor. Por eso no debo comer hasta que el hambre me lo pida; así que esperaré y no comeré hasta que pueda conseguir buen pan o deje de tener remilgos al respecto. **3.** Es necesario que uno se acostumbre a comer poco: porque hay muchos problemas de tiempo y lugar que se cruzarán en el camino incluso del hombre rico y equipado para el placer, y le harán dar un rodeo. Tener todo lo que se desea no está en poder de nadie; está en su poder no desear lo que no tiene, sino emplear alegremente lo que le llega. Un gran paso hacia la independencia es un estómago de buen humor, que esté dispuesto a soportar un trato duro.

4. No puedes imaginarte cuánto placer me produce el hecho de que mi cansancio se reconcilie consigo mismo; no pido esclavos que me froten, ni baños, ni ningún otro reconstituyente excepto el tiempo. Porque lo que el trabajo ha acumulado, el descanso puede aligerarlo. Este banquete, cualquiera que sea, me dará más placer que un banquete inaugural.[1069] **5.** Porque he puesto a prueba mi espíritu de repente, una prueba más sencilla y más verdadera. De hecho, cuando un hombre ha hecho los

---

[1069] Es decir, una cena ofrecida por un funcionario cuando asumía (*adeo*) su cargo.

preparativos y se ha dado a sí mismo un llamamiento formal a ser paciente, no está igualmente claro cuánta fortaleza real de ánimo posee; las pruebas más seguras son las que uno exhibe de improviso, viendo los propios problemas no sólo con justicia sino con calma, sin entrar en arrebatos de temperamento o disputas verbales, supliendo las propias necesidades al no anhelar algo que realmente se debía, y reflexionando que nuestros hábitos pueden estar insatisfechos, pero nunca nuestro propio ser real. **6.** De cuántas cosas superfluas no nos damos cuenta hasta que empiezan a faltarnos; simplemente las usamos no porque las necesitábamos sino porque las teníamos. Y ¡cuántas cosas adquirimos simplemente porque nuestros vecinos han adquirido tales cosas, o porque la mayoría de los hombres las poseen! Muchos de nuestros problemas pueden explicarse por el hecho de que vivimos según un modelo y, en lugar de organizar nuestras vidas de acuerdo con la razón, nos dejamos llevar por las convenciones.

Hay cosas que, si las hicieran unos pocos, nos negaríamos a imitar; sin embargo, cuando la mayoría ha comenzado a hacerlas, las seguimos, ¡como si algo fuera más honorable porque es más frecuente! Además, las opiniones erróneas, cuando se han hecho prevalentes, alcanzan, a nuestros ojos, el estándar de la rectitud. **7.** Ahora todo el mundo viaja precedido de jinetes númidas, con una tropa de esclavos que le despejan el camino; ¡nos parece vergonzoso no tener acompañantes que aparten a codazos a las multitudes del camino, o que demuestren, mediante una gran nube de polvo, que se aproxima un alto dignatario! Todo el mundo posee ahora mulas cargadas de copas de cristal y mirra talladas por hábiles artistas de gran renombre; es vergonzoso que todo el equipaje consista en aquello que pueda sacudirse sin peligro. Todo el mundo tiene pajes que cabalgan con la cara cubierta de ungüentos, para que el calor o el frío no dañen sus tiernas tez; es vergonzoso que ninguno de tus esclavistas asistentes muestre una mejilla sana, no cubierta de cosméticos.

8. Debes evitar la conversación con todas esas personas: son del tipo que se comunican e injertan sus malos hábitos de unos a otros. Solíamos pensar que la peor variedad de estos hombres eran los que alardeaban de sus palabras; pero hay ciertos hombres que alardean de su maldad. Sus palabras son muy nocivas, pues, aunque no convencen de inmediato, dejan en el alma la semilla de la desgracia, y el mal, que sin duda brotará con nuevas fuerzas, nos persigue aun cuando nos hayamos separado de ellos. **9.** De la misma manera que los que han asistido a un concierto[1070] llevan en la cabeza las melodías y el encanto de las canciones que han oído -procedimiento que interfiere con su pensamiento y no les permite concentrarse en temas serios-, así también el discurso de los aduladores y entusiastas de lo depravado se queda en nuestra mente mucho tiempo después de haberles oído hablar. No es fácil deshacerse de la memoria de una melodía pegadiza; se queda con nosotros, perdura y vuelve de vez en cuando. En consecuencia, debes taparte los oídos contra las conversaciones perversas, y desde el principio, además; porque cuando tales conversaciones han ganado entrada y las palabras son admitidas y están en nuestra mente, se vuelven más desvergonzadas. **10.** Y entonces comenzamos a hablar de la siguiente manera: "Virtud, Filosofía, Justicia - esto es una jerga de palabras vacías. La única manera de ser feliz es hacer las cosas bien. Comer, beber y gastar tu dinero es la única vida real, la única manera de recordarte a ti mismo que eres mortal. Nuestros días fluyen y la vida -que no podemos restaurar- se aleja de nosotros a toda prisa. ¿Por qué dudar en entrar en razón? Esta vida nuestra no siempre admitirá placeres; mientras pueda hacerlo, mientras clame por ellos, ¿qué provecho hay en imponerle frugalidad? Por lo tanto, adelántate a la muerte, y deja que todo lo que la muerte te robe lo despilfarres ahora en ti mismo. No tienes amante, ni esclavo

---

[1070] Para la *sinfonía*, véase Ep. li. 4 y nota. Compárense también las *commissiones*, exhibiciones orquestales, compuestas de muchas voces, flautas e instrumentos de metal, Ep. lxxxiv. 10.

favorito que dé envidia a tu amante; estás sobrio cuando haces tu aparición diaria en público; cenas como si tuvieras que enseñar tu libro de cuentas a "papá"; pero *eso* no es vivir, es simplemente participar en la existencia de otro. **11.** Y ¡qué locura es velar por los intereses de tu heredero y negártelo todo a ti mismo, con el resultado de que conviertes a los amigos en enemigos por la enorme fortuna que pretendes dejar! Porque cuanto más deba recibir de ti el heredero, más se alegrará de que te vayas. A todos esos tipos amargados que critican la vida de los demás con espíritu mojigato y son verdaderos enemigos de su propia vida, jugando a ser maestros de escuela para el mundo, no deberías considerarlos dignos de un centavo, ni deberías dudar en preferir una buena vida a una buena reputación."

12. Éstas son voces que deberías evitar como hizo Ulises; no quiso navegar más allá de ellas hasta que estuvo amarrado al mástil. No son menos potentes; alejan a los hombres de la patria, de los padres, de los amigos y de los caminos virtuosos; y con una esperanza que, si no es vil, es malvada, los hacen naufragar en una vida de bajeza. ¡Cuánto mejor es seguir un camino recto y alcanzar una meta en la que las palabras "agradable" y "honorable" tengan el mismo significado![1071] **13.** Este fin nos será posible si comprendemos que hay dos clases de objetos que nos atraen o nos repelen. Nos atraen las riquezas, los placeres, la belleza, la ambición y otros objetos seductores y agradables; nos repelen el trabajo, la muerte, el dolor, la desgracia o la vida más frugal. Por lo tanto, debemos entrenarnos para evitar el miedo a lo uno o el deseo de lo otro. Luchemos a la inversa: alejémonos de los objetos que nos seducen y despertémonos para enfrentarnos a los objetos que nos atacan.

14. ¿No ves cuán diferente es el método para descender una montaña del que se emplea para subirla? Los hombres que

---

[1071] Es decir, vivir según el estoicismo y no según el epicureísmo.

descienden por una pendiente se inclinan hacia atrás; los que ascienden por un lugar escarpado se inclinan hacia delante. Pues, mi querido Lucilio, permitirse poner el peso del cuerpo hacia delante al bajar o, al subir, echarlo hacia atrás es cumplir con el vicio. Los placeres lo llevan a uno cuesta abajo, pero uno debe trabajar hacia arriba, hacia lo que es áspero y difícil de subir; en un caso echemos el cuerpo hacia adelante, en los otros pongámosle el freno.

15. ¿Crees que afirmo ahora que sólo aquellos hombres nos traen la ruina a los oídos, que alaban el placer, que nos inspiran miedo al dolor, ese elemento que es en sí mismo provocador del miedo? Creo que también nos hieren los que se disfrazan de estoicos y al mismo tiempo nos incitan al vicio. Se jactan de que sólo el sabio y el erudito es amante.[1072] "Sólo él tiene sabiduría en este arte; también el sabio es el más hábil en beber y festejar. Nuestro estudio debe ser sólo éste: ¡hasta qué edad puede perdurar la flor del amor!". **16.** Todo esto puede ser considerado como una concesión a las costumbres de Grecia; nosotros mismos deberíamos preferentemente dirigir nuestra atención a palabras como éstas: "Ningún hombre es bueno por casualidad. La virtud es algo que debe aprenderse. El placer es algo bajo, insignificante, que debe considerarse sin valor, compartido incluso por animales mudos, los más pequeños y mezquinos de los cuales vuelan hacia el placer. La gloria es algo vacío y fugaz, más ligero que el aire. La pobreza no es un mal para nadie, a menos que dé coces contra el aguijón.[1073] La muerte no es un mal; ¿por qué lo preguntas? Sólo la muerte es el mismo privilegio de la humanidad. La superstición es la idea equivocada de un lunático; teme a aquellos a quienes debería

---

[1072] Lo que significa, en consonancia con las paradojas estoicas, que sólo el sabio sabe estar correctamente enamorado.

[1073] *Nota del transcriptor: El latín es "Paupertas nulli malum est nisi repugnanti", es decir, "La pobreza no es un mal para nadie a menos que se resista". La extraña frase de Gummere "dar coces contra los aguijones" procede en realidad de la Biblia (Hechos 26:14)*

amar; es un ultraje para aquellos a quienes adora. ¿Qué diferencia hay entre negar a los dioses y deshonrarlos?"

17. Deberías aprender principios como éstos, es más, deberías aprenderlos de memoria; la filosofía no debería tratar de explicar el vicio. Porque un hombre enfermo, cuando su médico le ordena vivir imprudentemente, está condenado sin remedio. Adiós.

CXXIV. Sobre el verdadero bien alcanzado por la razón
1. Podría dar muchos preceptos antiguos,

¿No te encogiste, y sentiste vergüenza de aprender
tan humildes deberes.[1074]

Pero tú no te acobardas, ni te disuade ninguna sutileza del estudio. Porque tu mente cultivada no acostumbra a investigar temas tan importantes de manera libre y fácil. Apruebo su método en que hace que todo cuente para un cierto grado de progreso, y en que sólo se disgusta cuando nada puede lograrse con el mayor grado de sutileza. Y me esforzaré por demostrar que éste es también el caso ahora. Nuestra pregunta es si el bien es captado por los sentidos o por el entendimiento; y el corolario de ello es que no existe en los animales mudos o en los niños pequeños.

2. Los que consideran el placer como el ideal supremo sostienen que el Bien es un asunto de los sentidos; pero los estoicos sostenemos que es un asunto del entendimiento, y lo asignamos a la mente. Si los sentidos juzgaran lo que es bueno, nunca deberíamos rechazar ningún placer; pues no hay placer que no atraiga, ni placer que no agrade. A la inversa, no deberíamos sufrir ningún dolor voluntariamente; pues no hay dolor que no choque con los sentidos. **3.** Además, los que son demasiado aficionados al placer y los que temen en grado sumo el dolor no merecerían en ese caso reprobación. Pero condenamos a los hombres que son esclavos de sus apetitos y de sus concupiscencias, y despreciamos a los hombres que, por miedo al dolor, no se atreven a ninguna acción varonil. Pero, ¿qué mal podrían estar cometiendo tales hombres si miraran meramente a los sentidos como árbitros del bien y del mal? Porque es a los sentidos a quienes tú y los tuyos han confiado la prueba de las cosas que deben buscarse y las que deben evitarse.

[1074] Virgilio, *Georg.* i. 176 f.

4. La razón, sin embargo, es ciertamente el elemento que gobierna en un asunto como éste; como la razón ha tomado la decisión acerca de la vida feliz, y también acerca de la virtud y el honor, así ella ha tomado la decisión con respecto al bien y al mal. Porque con ellos[1075] se permite que la parte más vil dicte sentencia sobre la mejor, de modo que los sentidos -densos como son, y embotados, e incluso más perezosos en el hombre que en los demás animales- dictan sentencia sobre el Bien. **5.** Supongamos que uno deseara distinguir objetos diminutos por el tacto más que por la vista. No hay facultad especial más sutil y aguda que el ojo, que nos permita distinguir entre el bien y el mal. Ved, pues, en qué ignorancia de la verdad pasa el hombre sus días y cuán abyectamente ha derribado ideales elevados y divinos, si piensa que el sentido del tacto puede emitir un juicio sobre la naturaleza del bien supremo y del mal supremo. **6.** Él[1076] dice: "Así como cada ciencia y cada arte debe poseer un elemento que es palpable y capaz de ser captado por los sentidos (su fuente de origen y crecimiento), así también la vida feliz deriva su fundación y sus comienzos de cosas que son palpables, y de lo que cae dentro del alcance de los sentidos. Seguramente admites que la vida feliz toma sus comienzos de las cosas palpables a los sentidos." **7.** Pero definimos como "felices" aquellas cosas que están de acuerdo con la naturaleza. Y lo que está de acuerdo con la naturaleza es obvio y puede verse de inmediato, con la misma facilidad que lo que es completo. Lo que es conforme a la Naturaleza, lo que nos es dado como don inmediatamente al nacer, no es, sostengo, un bien, sino el principio de un bien. Tú, sin embargo, asignas el bien supremo, el placer, a meros bebés, de modo que el niño al nacer comienza en el punto al que llega el hombre perfeccionado. Estás colocando la copa del árbol donde debería estar la raíz. **8.** Si alguien dijera que el niño, escondido en el vientre de su madre, de sexo desconocido también, delicado,

---

[1075] Es decir, los epicúreos.
[1076] Es decir, el defensor de la teoría del "toque".

sin forma y sin figura - si uno dijera que este niño ya está en un estado de bondad, claramente parecería estar extraviado en sus ideas. Y, sin embargo, ¡qué poca diferencia hay entre el que acaba de recibir el don de la vida y el que todavía es una carga oculta en las entrañas de la madre! Están igualmente desarrollados, en lo que concierne a su comprensión del bien o del mal; y un niño no es todavía más capaz de comprender el Bien que un árbol o cualquier bestia muda.

Pero, ¿por qué el Bien no existe en un árbol o en una bestia muda? Porque allí tampoco hay razón. Por la misma causa, entonces, el Bien es inexistente en un niño, porque el niño tampoco tiene razón; el niño alcanzará el Bien sólo cuando alcance la razón.[1077] 9. Hay animales sin razón, hay animales aún no dotados de razón, y hay animales que poseen razón, pero sólo incompletamente;[1078] en ninguno de éstos existe el Bien, pues es la razón la que trae el Bien en su compañía. ¿Cuál es, pues, la distinción entre las clases que he mencionado? En lo que no posee razón, el Bien nunca existirá. En aquello que aún no está dotado de razón, el Bien no puede existir en ese momento. Y en aquello que posee razón, pero sólo incompletamente, el Bien es capaz de existir, pero todavía no existe. 10. Esto es lo que quiero decir, Lucilio: el bien no puede descubrirse en ninguna persona cualquiera, ni en ninguna edad cualquiera; y está tan lejos de la infancia como lo último de lo primero, o como lo que está completo de lo que acaba de nacer. Por lo tanto, no puede existir en el cuerpo delicado, cuando el pequeño armazón acaba de empezar a tejerse. Por supuesto que no, no más que en la semilla. 11. Concediendo la verdad de esto, entendemos que hay una cierta clase de bien en un árbol o en una planta; pero esto no es verdad de su primer crecimiento, cuando la planta apenas ha comenzado a brotar de

---

[1077] Según los estoicos (y también otras escuelas), las "nociones innatas", o bases del conocimiento, empiezan a estar sujetas a la razón cuando el niño alcanza los siete años.
[1078] Es decir, se limitan al "juicio práctico".

la tierra. Hay un cierto Bien en el trigo; sin embargo, no existe todavía en el tallo hinchado, ni cuando la espiga blanda está saliendo de la cáscara, sino sólo cuando los días de verano y su madurez señalada han madurado el trigo. Así como la naturaleza en general no produce su bien hasta que es llevada a la perfección, del mismo modo el Bien del hombre no existe en el hombre hasta que tanto la razón como el hombre son perfeccionados. **12.** ¿Y qué es este bien? Te lo diré: es una mente libre, una mente recta, que somete las demás cosas a sí misma y a sí misma a nada. Tan lejos está la infancia de admitir este Bien, que la niñez no tiene esperanza de él, e incluso la juventud acaricia la esperanza sin justificación; incluso nuestra vejez es muy afortunada si ha alcanzado este Bien después de un largo y concentrado estudio. Si esto, entonces, es el Bien, el bien es un asunto del entendimiento.

13. "Pero", viene la réplica, "tú admitiste que hay un cierto Bien en los árboles y en la hierba; entonces seguramente también puede haber un cierto Bien en un niño". Pero el verdadero bien no se encuentra en los árboles ni en los animales mudos el Bien que existe en ellos sólo se llama "bien" por cortesía.[1079] "Entonces, ¿qué es?", dirás. Simplemente aquello que está de acuerdo con la naturaleza de cada uno. El verdadero Bien no puede encontrar lugar en los animales mudos, de ninguna manera; su naturaleza es más bendita y es de una clase superior. Y donde no hay lugar para la razón, el Bien no existe. **14.** Hay cuatro naturalezas que debemos mencionar aquí: la del árbol, la del animal, la del hombre y la de Dios. Las dos últimas, que tienen el poder de razonar, son de la misma naturaleza, distintas sólo en virtud de la inmortalidad de la una y de la mortalidad de la otra. De una de ellas, pues, Dios, es la naturaleza la que perfecciona el bien; de la otra, el hombre, lo hacen el trabajo y el estudio. Todas las demás cosas son

---

[1079] Igual que los filósofos académicos y peripatéticos definían a veces como "bienes" lo que los estoicos llamaban "ventajas".

perfectas sólo en su naturaleza particular, y no verdaderamente perfectas, puesto que carecen de razón.

En resumen, sólo es perfecto lo que es perfecto según la naturaleza en su conjunto, y la naturaleza en su conjunto posee razón. Las demás cosas pueden ser perfectas según su especie. **15.** Lo que no puede contener la vida feliz no puede contener lo que produce la vida feliz; y la vida feliz sólo la produce el bien. En los animales mudos no hay ni rastro de la vida feliz, ni de los medios por los que se produce la vida feliz; en los animales mudos no existe el Bien. **16.** El animal mudo comprende el mundo presente que le rodea sólo a través de sus sentidos. Recuerda el pasado sólo cuando se encuentra con algo que recuerda a sus sentidos; un caballo, por ejemplo, recuerda el camino correcto sólo cuando se encuentra en el punto de partida. En su establo, sin embargo, no recuerda el camino, por muchas veces que lo haya recorrido. El tercer estado, el futuro, no está al alcance de las bestias mudas.

17. ¿Cómo, pues, podemos considerar perfecta la naturaleza de aquellos que no tienen experiencia del tiempo en su perfección? Porque el tiempo es triple: pasado, presente y futuro. Los animales sólo perciben el tiempo que es más importante para ellos dentro de los límites de su ir y venir: el presente. Raramente recuerdan el pasado, y eso sólo cuando se ven confrontados con recuerdos del presente. **18.** Por lo tanto, el bien de una naturaleza perfecta no puede existir en una naturaleza imperfecta, pues si esta última poseyera el bien, también lo tendría la mera vegetación. No niego, en efecto, que los animales mudos tengan impulsos fuertes y rápidos hacia acciones que parecen acordes con la naturaleza, pero tales impulsos son confusos y desordenados. El bien, sin embargo, nunca es confuso ni desordenado.

19. "¿Qué?", dirás, "¿los animales mudos se mueven de una manera perturbada y mal ordenada?". Yo diría que se mueven de manera perturbada y desordenada, si su naturaleza admitiera el orden; como es el caso, se mueven de acuerdo con su naturaleza. Porque se dice que está "perturbado" lo que en otro momento puede estar "no perturbado"; así también, se dice que está en un estado de perturbación lo que puede estar en un estado de paz. Ningún hombre es vicioso sino aquel que tiene la capacidad de la virtud; en el caso de los animales mudos su movimiento es tal como resulta de su naturaleza. **20.** Pero, para no cansarte, en un animal mudo se encontrará un cierto género de bien, y un cierto género de virtud, y un cierto género de perfección - pero ni el Bien, ni la virtud, ni la perfección en sentido absoluto. Pues esto es privilegio sólo de los seres razonadores, a quienes se permite conocer la causa, el grado y los medios. Por lo tanto, el bien sólo puede existir en aquel que posee la razón.

21. ¿Preguntas ahora hacia dónde tiende nuestro argumento, y qué beneficio será para tu mente? Te lo diré: ejercita y agudiza la mente, y asegura, ocupándola honorablemente, que logrará alguna clase de bien. E incluso es beneficioso lo que detiene a los hombres cuando se precipitan en la maldad. Sin embargo, también diré esto: No puedo serles de mayor provecho que revelándoles el Bien que les corresponde, sacándolos de la clase de los animales mudos y poniéndolos a la altura de Dios. **22.** ¿Por qué, por favor, fomentas y practicas tu fuerza corporal? La naturaleza ha concedido fuerza en mayor grado al ganado y a las bestias salvajes. ¿Por qué cultivas tu belleza? Después de todos tus esfuerzos, los animales mudos te superan en belleza. ¿Por qué te arreglas el pelo con tanta atención? Aunque te lo sueltes a la manera parta, o te lo ates al estilo alemán, o, como hacen los escitas, lo dejes suelto, verás una melena más espesa sobre cualquier caballo que elijas, y una melena de mayor belleza erizada sobre el cuello de cualquier león. E incluso después de entrenarte para la velocidad, no serás rival para la liebre. **23.** ¿No estás dispuesto a abandonar todos estos detalles -en los que debes reconocer la derrota, esforzándote como estás por algo que no es tuyo- y volver al bien que es realmente tuyo?

¿Y qué es este bien? Es una mente clara y sin defectos, que rivaliza con la de Dios,[1080] elevada muy por encima de las preocupaciones mortales, y que no cuenta con nada propio fuera de sí misma. Tú eres un animal que razona. ¿Qué Bien, entonces, yace dentro de ti? La razón perfecta. ¿Estás dispuesto a desarrollarla hasta sus límites más lejanos, hasta su mayor grado de incremento? **24.** Sólo considérate feliz cuando todas tus alegrías nazcan de la razón, y cuando - habiendo marcado todos los objetos a los que los hombres se aferran, o por los que rezan, o por los que velan - no encuentres nada que desees; ojo, no digo que *prefieras*. He aquí una breve regla por la que medirse, y por cuya prueba se puede sentir que se ha alcanzado la perfección: "Llegarás a la tuya cuando comprendas que aquellos a quienes el mundo llama afortunados son en realidad los más desafortunados de todos". Adiós.

[1080] Una de las paradojas estoicas más conspicuas sostenía que "el sabio es un Dios".

Apéndice

La Ep. xciv. trata, en general, de la cuestión de si las doctrinas sin preceptos son suficientes para el estudiante y el filósofo; la Ep. xcv. de si los preceptos sin doctrinas serán suficientes. Séneca concluye que ambos son necesarios y se complementan mutuamente, sobre todo en vista de la complicada vida que uno está llamado a vivir, con sus múltiples deberes y opciones. Los términos tratados, con algunas de las definiciones originales griegas, pueden resumirse como sigue: -.

(1) Las expresiones externas de la ἐπιστήμη (*scientia*, conocimiento) y de las κοιναὶ ἔννοιαι (*notiones communes*, προλήψεις, ideas innatas) se encuentran en forma de ἀξιώματα (*pronuntiata*, afirmaciones incontrovertibles), δόγματα (*placita, decreta, scita*, doctrinas, tenets, dogmas, principios). Determinadas por la ὅροι (*definitiones*, definiciones), son puestas a prueba por su ἀξία (*honestum*, valor moral), por la κριτήριον (*norma iudicii*, norma de juicio) o κανών (*lex, regula*, etc.), y por la ὀρθὸς λόγος (*recta ratio*, ley universal, etc.). De este modo se contraponen las doctrinas de la filosofía a la δόξα (*opinio*) y a una κατάληψις (*cognitio* o *comprehensio*) que no alcanza la plenitud y la perfección. La conducta que resulta de una comprensión y ejecución cabales de tales doctrinas es κατόρθωμα (τέλειον καθῆκον, *perfectum officium*, "deber absoluto".

(2) La *pars praeceptiva* (παραινετική) de la filosofía, que trata del "deber medio" (καθῆκον, *commune* o *medium officium*), es aprobada, entre otros, por Posidonio, Cicerón (véase el *De Officiis*) y Séneca. Se relaciona con la vida activa y con la ἀδιάφορα (*media* o *indifferentia*) (véase el Índice de Materias) que desempeñan un papel tan importante en la existencia diaria

del individuo. Este departamento de "consejo", "amonestación" o "consejo" tiene muchas formas. Para παραίνεσις (*monitio*) son necesarios: la λόγος προτρεπτικός (*exhortatio*), τόπος ὑποθετικός (*suasio*), ἀποτροπή (*dissuasio*), ἐπιτίμησις (*obiurgatio*), λόγος παραμυθητικός (*consolatio*), αἰτιολογία (*causarum inquisitio*), ἠθολογία (*descriptio*), y toda la gama de preceptos que van de la culpa al elogio. Estos se ven reforzados por ἀπόδειξις (*probatio, argumentum*, proof) y por ayudas como χρεῖαι, ἀπομνημονεύματα (*sententiae*, proverbios, máximas).

Por tales etapas de avance, προκοπή (*progressio*), y apoyándose en παραδείγματα (*exempla*), se asciende, mediante preceptos prácticos y la observancia de los deberes, al aprecio de las virtudes, al dominio contemplativo del universo y al bien supremo, la conformidad con la naturaleza (ὁμολογουμένως τῇ φύσει ζῆν, *vivere convenienter naturae*).

Índice de nombres propios

- A
  - Escuela académica de filosofía, sus elevados ideales, xxix. 11; definición de la felicidad, lxxi. 18; escepticismo de, lxxxviii. 44 f.
  - L. Accio (poeta romano, siglo II a.C.), lviii. 5
  - Acaya (provincia de Grecia), terremotos en, xci. 9 f.
  - Aqueronte (el lago), lv. 6
  - Aquiles, edad de, comparada con la de Patroclo, lxxxviii. 6
  - Aegialus, un agricultor de la antigua finca de Escipión, lxxxvi. 14 ss.
  - Aelio Sejano (primer ministro de Tiberio), peligros de conocerlo, lv. 3
  - Aetna, celebrada por los poetas, li. 1; ascensión propuesta por Lucilio, lxxix. 2 ss.
  - África, Pompeyo en, xciv. 65; marcha de Catón por los desiertos de, civ. 33; cosechas en, cxiv. 26; mármoles de, cxv. 8
  - Agamenón, su deseo de regresar a Micenas, lxvi. 26

- M. Vipsanio Agripa (consejero de Augusto) sobre la armonía en el gobierno, xciv. 46 f.
- Alban villa (de Séneca), visita a, cxxiii. 1 f.
- Alejandro Magno (356-323 a.C.), dichos de, liii. 10, lix. 12; crímenes y tragedia de Alejandro, debidos a la bebida, lxxxiii. 19 ss.; su deseo de conquistar el mundo, xci. 17; sus conquistas de Grecia, Persia y la India, xciv. 62 s.; cxiii. 29 s.; cxix. 7
- Alejandría, veleros rápidos de, lxxvii. 1 f.
- Anacharsis (filósofo escita, hacia 600 a.C.), considerado el inventor del torno de alfarero xc. 31
- Ancus Marcius (rey romano), de filiación dudosa, cviii. 30
- Antípatro (de Tarso, filósofo estoico, siglo II a.C.), refutación de un silogismo peripatético, lxxxvii. 38 y ss.; su opinión sobre lo no esencial, xcii. 5
- M. Antonio (amigo de César y rival de Augusto), arruinado por el vino y Cleopatra, lxxxiii. 25
- M. Gavio Apicio (epicúreo, época de Tiberio), extravagancia de, xcv. 42; gula de, cxx. 19
- Apión (gramático, siglo I d.C.), su opinión sobre la autoría del ciclo homérico, lxxxviii. 40 f.
- Appius Claudius Caecus (censor 312 a.C.), fuente del estilo oratorio arcaico, cxiv. 13
- Arquedemo (estoico de Tarso, siglo II a.C.), autoridad de, cxxi. 1

- Ardea (antigua ciudad del Lacio, capital de los Rutulios), toma de, xci. 16; lugar de residencia de Lucilio, cv. 1
- Argos (reino del Peloponeso), rey ficticio de, lxxx. 7
- Aristo (de Quíos, filósofo estoico, siglo III a.C.), dicho de, xxxvi. 3; elimina muchos departamentos de la filosofía, lxxxix. 13; sobre la superfluidad de los preceptos, xciv. 1 ss.; sobre la admiración de las cosas superfluas, cxv. 8 s.
- Aristo (filósofo, identidad desconocida), anécdotas de, xxix. 6
- Aristóteles (384-322 a.C.), deuda con Sócrates, vi. 6; sobre el *género* y la *especie,* lviii. 9; sobre la causa, la forma, la materia, etc., lxv. 4
- L. Arruncio (cos. 6 d.C.), imitador del estilo de Salustio, cxiv. 17 ss.
- Asclepíades (médico griego en Roma, siglo II a.C.), xcv. 9
- Asia, terremotos en, xci. 9
- Asinus Gallus (hijo de Asinus Pollio), peligros de la amistad con, lv. 3
- Atenodoro (de Tarso, bibliotecario en Pérgamo, amigo de Catón, sobre la franqueza hacia los dioses, x. 5
- Atenas, visitada por sabios de Oriente, lviii. 31
- Atalo (filósofo estoico, maestro de Séneca), sobre la amistad, ix. 7; sobre el recuerdo de los amigos perdidos, lxiii. 5; sobre el valor del dolor,

lxvii. 15; símil utilizado por, lxxii. 8; sobre "devolver el cáliz a nuestros propios labios", lxxxi. 22; sobre la ambición filosófica, cviii. *passim; sobre la* inutilidad de las riquezas, cx. 14 ss.

- T. Pomponio Ático, inmortalizado por la correspondencia de Cicerón, xxi. 4; regularidad de su correspondencia, cxviii. 1
- Augusto (emperador romano), confianza en los bebedores Piso y Cossus, lxxxiii. 14 s.; delega el poder en Mecenas, cxiv. 6

- B

  - Baba e Isio, inutilidad de, xv. 9
  - Liber (Baco), viajes de, xciv. 63
  - Baiae, lujos de, li. 1 y ss., lv. *passim*, lvii. 1
  - Aufidio Bajo (tal vez el historiador cuya obra continuó el anciano Plinio, véase Plin. *Ep.* iii. 5. 6), enfermedad de, xxx. 1 ss.
  - Decimus Iunius Brutus (c. 84-43 a.C., véase n.), muerte cobarde de, lxxxii. 12 s.
  - M. Iunius Brutus (autor, amigo de Cicerón y asesino de César), sobre los preceptos, xcv. 45
  - Acilio Buta (temp. Tiberio), vida nocturna de, cxxii. 10 ss.

- C

  - Caecilius (temp. Cicero), penuria de, cxviii. 2
  - Caelius (ver nota ad loc.) citado, cxiii. 26
  - César (Augusto, el Emperador). Véase *Augusto*.

- Cayo César (Calígula, emperador 31-41 d.C.), asesinado por Chaerea, iv. 7; ocurrencia de, lxxvii. 18
- C. Julio César, hostilidad a Catón, xiv. 12 s., xxiv. 8; villas de, li. 11; vencedor de Pompeyo, lxxxiii. 12, ambición de, xciv. 65 s.; relaciones con Catón el Joven, xcv. 70; participación en el proceso de Clodio, xcvii. 2, 8; civ. 29 s.; cxviii. 2
- Calixto (favorito del emperador Claudio), desdeña a su antiguo amo, xlvii. 9
- Licinio Calvo (véase nota ad loc.), xciv. 25
- Cambises (hijo de Ciro el Grande, rey de los medos y persas, siglo VI a.C.), locura de, lxxxvi. 1
- Campania, pensamientos inspirados por la vista de, xlix. 1; su efecto sobre Aníbal, li. 5; nostalgia del hogar, lv. 8
- Desierto de Candavia, xxxi. 9
- Canopus, vicios de, li. 3
- Capreae (moderna Capri, avanzadilla de la bahía de Nápoles), lxxvii. 2
- Cayo Casio (uno de los asesinos de César), costumbres templadas de lxxxiii. 12
- Catón, "sabiduría" de, citado, xciv. 27; cxix. 2
- M. Porcio Catón (el Viejo), efecto de la turba sobre, vii. 6; modelo de buena conducta, xi. 10; vida sencilla de Catón, lxxxvi. 10; su desprecio por los adornos, lxxxvii. 9 ss., xxv. 6; nobleza de, xcv. 72; civ. 21

- M. Porcio Catón (el Joven, m. 46 a.C.), su gloria, xiii. 14; valentía, xiv. 12 ss.; últimos momentos, xxiv. 6 ss.; desprecio de los vivos sueltos, li. 12; como especie, lviii. 12; merecedor de honor, lxiv. 10; suicidio heroico de, lxvii. 7, 13; lxx. 19, 22; derrota de, lxxi. 8, 10, 11; obediencia al destino, lxxi. 16 s.; dictamen de, lxxi. 15; su valor frente a César y Pompeyo, xcv. 69 ss.; su participación en el proceso de Clodio, xcvii. 1 ss.; heroísmo de, xcviii. 12; civ. 21; conducta durante la Guerra Civil, ib. 29 ss.; utilizado como ilustración dialéctica, cxvii. 13; contrastado con Vatinius, cxviii. 4 y cxx. 19; citado, cxxii. 2

- Catulo (cos. 78 a.C.), ocurrencia de, xcvii. 6

- Cerbero, falsas ideas al respecto, xxiv. 18 ss.

- Chaerea, Casio, asesino de Calígula, iv. 7

- Charinus, arconte en Atenas, xviii. 9

- Charondas (legislador siciliano, siglo VI a.C.), xc. 6

- Caribdis (entre Italia y Sicilia, frente a Escila), fenómenos de, lxxix. 1 f.

- Chelidón (eunuco de Cleopatra), riqueza de, lxxxvii. 16

- Chimaera (véase nota ad loc.), cxiii. 9 f.

- Crisipo (sucesor de Cleantes como jefe de la escuela estoica), dicho de, ix. 14; consejos de, xxii. 11, xxxiii. 4; civ. 22; pronuncia grandes palabras, cviii. 38; sobre el origen de la actividad muscular, cxiii. 23 y ss.

- Crisipo (desconocido), víctima de los saludos, lvi. 3

- M. Tullius Cicero, su tributo a la filosofía, xvii. 2; confiere la inmortalidad a Atticus, xxi. 4; su discurso deliberado, xl. 11; su opinión sobre los poetas líricos, xlix. 5; sobre el uso de *essentia*, lviii. 6; como *especie*, lviii. 12; citado a propósito del proceso de Clodio, xcvii. 3 ss.; estilo y rango de, c. 7 ss.; como traductor, cvii. 10; citado (del *De Re Publica*), cviii. 30 ss.; sobre sutilezas retóricas, cxi. 1; estilo de, cxiv. 16; consejo a Atticus, cxviii. 1 f.

- Tillius Cimber (uno de los conspiradores contra César), su desmesurada afición al licor, lxxxiii. 12 f.

- Claranus (amigo de Séneca), su conducta heroica durante la enfermedad, lxvi. 1-4

- Cleantes (sucesor de Zenón a la cabeza de la escuela estoica), discípulo de Zenón, vi. 6; dicta, xxxiii. 4 ss.; su humilde posición, xliv. 3; objeto de veneración, lxiv. 10; sobre la relación de los preceptos con los principios generales de la filosofía, xciv. 4 ss.; himno de, cvii. 10 s.; sobre las reglas de la poesía, cviii. 10; sobre la fuente de la actividad muscular, cxiii. 23 ss.

- P. Clodio Pulcher (m. 52 a.C.), acusado de adulterio, xcvii. 2 ss.

- Ti. Coruncanio (cos. 280 a.C.), fuente del estilo oratorio arcaico, cxiv. 13

- L. Licinio Craso (n. 140 a.C.), fuente de vocabulario oratorio, cxiv. 13

733

- M. Licinio Craso (el triunviro), muerte de, iv. 7; oponente de Catón, civ. 29; riquezas de, cxix. 9
- Crates (de Tebas, filósofo cínico c. 300 a.C.), su consejo a un joven, x. 1
- Creso, cautiverio de, xlvii. 12
- Cumas, lv. 2
- C. Scribonius Curio (cos. 76 a.C.), fuente de vocabulario oratorio, cxiv. 13
- Escuela Cínica de Filosofía, sus altos estándares, xxix. 11; libertad de expresión, xxix. 1
- Chipre, a menudo devastada por terremotos, xci. 9
- Escuela cirenaica (precursora del epicureísmo), eliminan la física y la lógica, y se contentan sólo con la ética, lxxxix. 12

- D
  - Dahae (véase n.), objeto de la conquista romana, lxxi. 37
  - Darío (rey de Persia), xciv. 63; cxix. 7
  - Darío, la madre de, en cautiverio, xlvii. 12
  - P. Decio Mus (padre e hijo, héroes de las guerras latinas, siglo IV a.C.), heroísmo y abnegación de, lxvii. 9
  - Demetrio Poliorcetes (adquirió el control de Atenas 307 a.C.), conversación de, ix. 18 f.
  - Demetrio (filósofo cínico y amigo de Séneca), coherente sencillez de, xx. 9; compañero de Séneca, lxii. 3; definición de una existencia

tranquila, lxvii. 14; su desprecio por las habladurías, xci. 19

- Demócrito (filósofo atómico griego, siglos V y IV a.C.), sobre la importancia del individuo, vii. 10; supuesta locura de, lxxix. 14; discutido como inventor del arco, xc. 32 f.
- M. Curius Dentatus (cos. 290 a.C.), severidad de, cxx. 19
- Dexter (el tribuno que ejecutó a Lépido), iv. 7
- Dídimo (apellidado "Brazen-Bowels", erudito de Alejandría, siglo I a.C.), sus voluminosos y variados escritos, sobre Eneas, Anacreonte, Safo, etc., lxxxviii. 37
- Diógenes (filósofo cínico, siglo IV a.C.), su libertad de expresión, xxix. 1; la esclavitud, xlvii. 12; contraste como filósofo con Dédalo el inventor, xc. 14
- Dossennus (antiguo escritor cómico latino, o un tipo en la farsa Atellane), inscripción en la tumba de, lxxxix. 7

- E

- Egipto, mármoles de, cxv. 8
- Egipcios, costumbres de los bandidos entre los, li. 13
- Q. Ennio (poeta romano, 239-169 a.C.), lviii. 5; versos sobre Escipión el Africano, cviii. 32 s.; deuda con Homero, ib. 34
- Epicúreo, el espíritu de un, xlviii. 1; una filosofía del ocio, lxviii. 10; vacío, lxxii. 9; definición de la filosofía como doble, lxxxix. 11

- Epicuro (fundador de la escuela, 342-279 a.C.), su influencia, vi. 6, xxi. 3; abnegación, xviii. 6 ss.; abordado, xx. 11; confiere gloria, xxi. 3 ss.; amplia aplicación de sus dichos, viii. 8, xxi. 9, xxxiii. 2; argumentos relativos a la mitología, xxiv. 18; valentía, xxxiii. 2; el estilo de Lucilio se parece al suyo, xlvi. 1; citado, ii. 5 s., iv. 10, vii. 11, viii. 7, ix. 1 y 20, xi. 8, xii. 10, xiii. 16, xiv. 17, xv. 9, xvi. 7, xvii. 11, xviii. 14, xix. 10, xx. 9, xxi. 3 ss., xxii. 6 y 14, xxiii. 9, xxiv. 22 y ss., xxv. 5 y ss., xxvi. 8, xxvii. 9, xxviii. 9, xxix. 10, xxx. 14, lii. 3 s.; sobre la alegría del sufrimiento, lxvi. 18, lxvii. 15; sobre el cuerpo indoloro y la mente serena, lxvi. 45; sobre las diferentes clases de bienes, lxvi. 47 y sigs.; sobre la fama tardía, lxxix. 15 s.; sobre el pago de las obligaciones, lxxxi. 11; declara que la virtud por sí sola no basta para la felicidad, lxxxv. 18; sobre la calma en medio del dolor, xcii. 25; citado, xcvii. 13, 15
- Escuela etriana (algo inclinada hacia la socrática), escepticismo de, lxxxviii. 44 f.
- Eurípides (poeta trágico griego), citado, xlix. 12; anécdota de, cxv. 15 y ss.

- **F**

  - Papirio Fabiano (consejero y maestro de Séneca), su modestia, xi. 4; estilo deliberado, xl. 12; tranquilidad de su auditorio, lii. 11; autoridad para el uso de la palabra *essentia*, lviii. 6; estilo de, c. *passim*
  - Fabii (clan famoso en la historia romana temprana), sacrificio en nombre del estado, lxxxii. 20

- Q. Fabio Máximo (héroe de la segunda guerra púnica), vida sencilla de, lxxxvi. 10
- C. Fabricio Luscino (temp. Pirro), autocontrol de, xcviii. 13; lealtad y templanza de, cxx. 6; sencillez de, cxx. 19
- Felicio, mascota esclava de Séneca, hijo de Filóstrato, xii. 3
- Fenestella (anticuario de Augusto) sobre la muerte de Rómulo, cviii. 31
- Flaco (amigo de Lucilio), muerte de, lxiii. 1 ss.
- Floralia (fiesta romana, del 28 de abril al 3 de mayo), tributos a Catón durante la, xcvii. 8

- **G**

  - Galión (hermano de Séneca), enfermedad de, en Acaya, civ. 1 y nota ad loc.
  - Genio (el "patrón" de los hombres romanos), cx. 1
  - Alemán (gladiador), suicidio repugnante de un, lxx. 20
  - Alemanes, pelo atado de, cxxiv. 22
  - Alemania, formación de niños en, xxxvi. 7
  - Julius Graecinus (hombre de carácter noble, asesinado por Calígula), ocurrencia de, xxix. 6
  - Alpes Graianos, xxxi. 9
  - C. Sempronio Graco (tribuno 123 a.C.), fuente de vocabulario oratorio, cxiv. 13
  - Griegos, la palabra *celo* utilizada por, lviii. 2; proverbios de, xxxiii. 7; estilo precipitado de, xl.

7; estilo precipitado de, xl. 11; como *especie* de hombre, lviii. 12; su idea del poeta, lviii. 17; su uso de las paradojas (*inopinata*) en filosofía, lxxxi. 11; futilidades de la dialéctica, lxxxii. 8 s.; su uso de *la indifferentia*, lxxxii. 10; artes encíclicas de la, lxxxviii. 23; definición de sabiduría, lxxxix. 7; definición de *orbatio,* lxxxvii. 39; sobre la calma, xcii. 6; un proverbio de la, cxiv. 1; filosofía preceptiva de, xcv. 1; ib. 10; asociación con sus filósofos, civ. 21; poetas trágicos, citados, cxv. 14 y ss.

- H

  - Aníbal, debilitado por los lujos campanos, li 5 s.; contrastado con Escipión, lxxxvi. 3

  - Harpaste, ceguera de, l. 2 f.

  - Q. Haterio (orador del Bajo Imperio), rapidez de, xl. 10

  - Hecato (filósofo de Rodas y alumno de Panaecio, c. 100 a.C.), sobre la esperanza y el miedo, v. 7; sobre el conocimiento de sí mismo, vi. 7; sobre el amor, ix. 6

  - Hécuba (reina de Troya), cautiverio de, xlvii. 12

  - Helena, edad de, comparada con la de Hécuba, lxxxviii. 6

  - Hefestión (región volcánica de Licia, en Asia Menor), lxxix. 3

  - Heráclito (filósofo de Éfeso, c. 500 a.C.), dichos de, xii. 7, lviii. 23

  - Hércules, viajes de, xciv. 63

- Hermarco (sucesor de Epicuro a la cabeza de la escuela), estrecha adhesión a Epicuro, vi. 6; dicta, xxxiii. 4; filósofo de tercer grado, lii. 4
- Heródoto (historiador griego, siglo V a.C.), reminiscencia de, vi. 5
- Hesíodo, reminiscencia de, i. 5; mal citado por Sabino, xxvii. 6; comparado con Homero en antigüedad, lxxxviii. 6
- Hipócrates ("Padre de la Medicina", siglo V a.C.), xcv. 9; sobre la salud de las mujeres, ib. 20
- Homero, llamado el poeta por los griegos, lviii. 17; sobre los estilos rápido y suave, xl. 2; citado erróneamente por Sabino, xxvii. 6; reivindicado por varias escuelas filosóficas como testigo a su favor, lxxxviii. 5 s.; en varias conexiones, lxxxviii. *passim;* menciona el torno de alfarero, xc. 31; deuda de Ennio con, cviii. 34
- Horacio (defensor de Roma contra los Tarquinos), heroísmo de, cxx. 7
- Q. Horacio Flaco (poeta romano, 65-8 a.C.), citado, lxxxvi. 13, cxix. 13 s.; cxx. 20 f.

- I
  - Idomeneo (destacado en asuntos de estado y contemporáneo de Epicuro), correspondencia con Epicuro, xxi. 3 y ss., xxii. 5
  - Ixión, tormentos de, en el mundo inferior, xxiv. 18 ss.

- J
  - Jugurtha (príncipe africano, conquistado por Mario), xciv. 66

- Juno, dedicatorias a, xcv. 47; patrona de las mujeres, cx. 1
- Júpiter, en medio de la conflagración estoica, ix. 16; felicidad de, xxv. 4; llamado popularmente el padre de Alejandro, lix. 12; comparación con el sabio ideal, lxxiii. 12 ss.; dedicatorias a, xcv. 47; ib. 72; tratado en el himno de Cleantes, cvii. 10 s.; felicidad de, cx. 18; independencia de, cxix. 7
- Juvenal, comparado, xiv. 9 n.

- L

  - Lacón, muchacho espartano que se negó a realizar servicios serviles, lxxvii. 14 f.
  - Lacones (espartanos bajo Leónidas en las Termópilas), lxxxii. 20 ss.
  - Ladas, corredor tradicionalmente veloz, lxxxv. 4
  - C. Laelius Sapiens (estadista y amigo de Escipión el Joven), efecto de la turba sobre, vii. 6; un modelo para la humanidad, xxv. 6; digno de honor, lxiv. 10; cordura de, xcv. 72; civ. 21
  - Lengua latina, límites estrechos de, lviii. *passim*; términos técnicos en, xcv. 65
  - Aemilio Lépido (favorito de Calígula, asesinado por él en 39 d.C.), iv. 7
  - Aebutius Liberalis (amigo de Séneca), desconsolado por la conflagración de Lyon del 64 d.C., xci. *passim*.
  - Druso Libo (engañado con sueños de imperio, se suicidó en 16 d.C.), contempló la autodestrucción de, lxx. 10

- Licino (originario de la Galia; nombrado gobernador en 15 a.C.), riquezas de, cxix. 9; cxx. 19
- Liternum (ciudad de la costa marítima de Campania, cerca de Cumas), morada de Escipión en el exilio, li. 11, lxxxvi. 3
- T. Livio (historiador, época de Augusto), comparación de su estilo con el de Lucilio, xlvi. 1; considerado a la vez historiador y filósofo, c. 9
- Lucilio, procurador en Sicilia, xxxi. 9 ss., li. 1; nacido en Pompeya o Nápoles, xlix. 1; caballero romano, xliv. 2 ss.; interesado por la filosofía, *passim*, esp. xl. 2; autor, xlvi. 1; poesía de, viii. 10, xxiv. 21. Véase Introducción, p. ix.
- T. Lucrecio Caro (poeta romano, siglo I a.C.), como *especie* del hombre, lviii. 12; citado xcv. 11; sobre la corporeidad, cvi. 8; sobre el miedo, cx. 6 f.
- Ostras lucrinas (de un lago cercano a la bahía de Nápoles), sabor delicado de, lxxviii. 23
- Lugudunum (capital de la Galia, actual Lyon), destrucción de, xci. *passim*
- Licurgo (de Esparta, siglo IX a.C.), legislador, xc. 6

- **M**

  - Macedonia, terremotos en, xci. 9
  - Maeander (río en Frigia, Asia Menor), curso tortuoso de, civ. 15

- C. Cilnio Mecenas (primer ministro de Augusto), carácter de, xix. 9 s.; citado, ib.; frase ingeniosa de, xcii. 35; su miedo femenino a la muerte, ci. 10 ss.; discurso descuidado de, cxiv. *passim;* delicadeza de, cxx. 19
- M. Tulio Marcelino (amigo de Séneca), faltas de, xxix. 1 ss.; suicidio de, lxxvii. 5 ss.
- C. Mario (rival de Sula), las matanzas de su época, xlvii. 10; villas de, li. 11; ambición política y marcial de, xciv. 66
- Iunius (?) Marullus (ver nota ad loc.), consuelo dirigido a, xcix. 1 ss.
- M. Valerio Mesala Corvino (estadista y hombre de letras, n. 59 a.C.) describe Aetna, li. 1
- Máximo (amigo de Séneca), lxxxvii. 2 ss.
- Medi, objeto de la conquista romana, lxxi. 37
- Escuela megárica, escepticismo de, lxxxviii. 44 f.
- Menelao (héroe homérico), actor que se hace pasar por, lxxx. 8
- Meta Sudans (véase ad loc.), guarida de ruidosos vendedores ambulantes, lvi. 4
- Q. Cecilio Metelo Numídico (general y estadista romano, retirado al exilio, 100 a.C.), conducta en el exilio, xxiv. 4
- Metrodoro (seguidor de Epicuro), vi. 6; xiv. 17; su vida sencilla, xviii. 9; dicta, xxxiii. 4; un genio de segundo grado, lii. 3; su modesta manera de vivir, lxxix. 15 s.; sobre el agradecimiento del sabio, lxxxi. 11; citado, xcviii. 9; sobre el placer de la tristeza, xcix. 25 ss.

- Metronax (filósofo), conferencias de, lxxvi. 4; muerte de, xciii. 1 (y nota)
- Mitrídates (rey del Ponto), conquistado por Pompeyo, xciv. 65
- Iulius Montanus (poeta y favorito de Tiberio), anécdota, cxxii. 11 y ss.
- Mucio Scaevola (héroe de las guerras romano-etruscas), mete la mano en las llamas, xxiv. 5; heroísmo de, xcviii. 12

- **N**

  - Cn. Naevius (antiguo dramaturgo romano) citado, cii. 16
  - Nápoles, recuerdos de, xlix. 1; viaje a, lvii. 1
  - P. Ovidius Naso (poeta romano, época de Augusto), citado, xxxiii. 4
  - Natalis (principios del Imperio), vileza y riqueza de, lxxxvii. 16
  - Pinarius Natta (véase nota ad loc.), cxxii. 11 y ss.
  - Nausifanes (discípulo de Pirro el Escéptico, siglo IV a.C.), sobre el parecer y el no ser, lxxxviii. 43 f.
  - Neápolis (hoy Nápoles), lugar de retiro, lxviii. 5; teatro, lxxvi. 4
  - Neptuno, el dios al que reza el marinero, lxxiii. 5; invocado por el piloto rodiano, lxxxv. 33
  - Nesis (islote de la bahía de Nápoles), liii. 1
  - Néstor (héroe homérico), larga vida de, lxxvii. 20

- o Nilo, el ruido molesto de sus aguas, lvi. 3; crecida en verano, civ. 15
- o Niobe, contención de, en su luto, lxiii. 2
- o Nomentum (ciudad latina a 14 m. al noreste de Roma), villa de Séneca, civ. 1 y ss., cx. 1
- o Jinetes númidas, cxxiii. 7

- O
  - o P. Ovidio Naso (poeta romano, 43 a.C.-18 d.C.), su descripción de Aetna, lxxix. 5; citado. xc. 20; sobre los dioses de orden inferior, cx. 1; sobre el oro, cxv. 13
  - o P. Octavio (gastrónomo, época de Tiberio), puja contra Apicio, xcv. 42

- P
  - o Pacuvio (vicegobernador de Siria bajo Tiberio), simulacros de funerales, xii. 8
  - o Panaecio (jefe de la escuela estoica, siglo II a.C.), dicta asignado a, xxxiii. 4; sobre el amor, cxvi. 5 s.
  - o Paphus (ciudad de la costa occidental de Chipre), a menudo asolada por terremotos, xci. 9
  - o Sextus Papinius (un noctámbulo del Bajo Imperio), cxxii. 15 f.
  - o Parménides (filósofo griego, hacia 500 a.C.), sobre el Uno, lxxxviii. 44 f.
  - o Partenope (otro nombre de Nápoles), lugar favorito de Lucilio, liii. 1

- Partia, reyes de, xvii. 11
- Partos (tribu al E. del Éufrates), alusión a la derrota y muerte de Craso, 53 a.C., iv. 7; formación de los niños partos, xxxvi. 7; como *especie* de hombre, lviii. 12; cabellos alborotados, cxxiv. 22
- Paulina (esposa de Séneca), civ. 2 ss., nota ad loc., e Introducción, vol. i.
- Pedo Albinovanus (poeta, contemporáneo de Ovidio), anécdota de, cxxii. 15 f.
- Penélope, carácter moral de, lxxxviii. 8
- Alpes Peninos, xxxi. 9
- Peripatéticos, su aversión por el rebaño común, xxix. 11; aludidos en broma, ibid. 6; su suavización de las paradojas estoicas, lxxxv. 3, 31, etc.; sus objeciones a los silogismos estoicos, lxxxvii. 12, 38; su establecimiento de la filosofía económica, lxxxix. 10; su interpretación de la emoción, cxvi. 1; sobre la sabiduría y el ser sabio, cxvii. 11 f.
- Persas, valentía de, xxxiii. 2; objetos de la conquista romana, lxxi. 37
- Cita de Fedón (contemporáneo de Platón), xciv. 41
- Phalaris, tirano de Agrigentum en Sicilia (siglo VI a.C.), el toro de bronce de, lxvi. 18
- Fario, marcapasos de Séneca, lxxxiii. 4
- Fidias (escultor ateniense, siglo V a.C.), ix. 5; variedad de sus materiales, lxxxv. 40

- Filipo (de Macedonia, padre de Alejandro), conquistas de, xciv. 62
- Sacerdotes frigios (adoradores de Cibeles), entusiasmo de, cviii. 7
- Lucio Piso (funcionario romano bajo Augusto), borrachera anormal de, lxxxiii. 14. f.
- L. Munatius Plancus (gobernador de la Galia transalpina, 43 a.C.), fundador de Lyon, xci. 14
- Platón (filósofo ateniense, 428-341 a.C.), deuda con Sócrates, vi. 6; leído por Catón, xxiv. 6; ennoblecido por la filosofía, xliv. 3 s.; cautivo, xlvii. 12; teoría de las ideas, lxv. 7; digno de honor, lxiv. 10; sobre el ser, lviii. 1 y *passim;* citado, xliv. 4 y *passim;* Leyes de, discutidas por Posidonio, xciv. 38; maestro de sabiduría, cviii. 38
- C. Asinio Polión (mecenas de Virgilioio), estilo y rango de, c. 7 ss.
- Polyaenus (corresponsal de Epicuro), influencia de Epicuro sobre, vi. 6, xviii. 9
- Policleto (escultor griego, siglo V a.C.), obras de, lxv. 5
- Pompeya, probable patria de Lucilio, xlix. 1; recuerda la infancia de Séneca, lxx. 1
- Gn. Pompeyo Magno (el triunviro), su timidez, xi. 4; muerte, iv. 7; villas, li. 11; en desacuerdo con Catón, xiv. 12 ss.; tres derrotas de sus fuerzas, lxxi. 8 ss.; ambiciosas campañas de, xciv. 64 s.; relaciones con Catón el Joven, xcv. 70; participación en el proceso de Clodio, xcvii. 8; civ. 29 ss.; cxviii. 2

- Pomponio (posiblemente Pomponio Segundo, contemporáneo de Séneca, escritor de tragedias y cartas), iii. 6
- Porsenna (rey etrusco), encuentro con Mucio, xxiv. 5, lxvi. 51 ss.
- Posidonio (filósofo estoico, alumno de Panaecio y amigo de Cicerón), dicta asignado a, xxxiii. 4; sobre la duración de la vida, lxxviii. 28; opinión sobre la embriaguez, lxxxiii. 10; definición de la riqueza, lxxxvii. 31 ss.; sobre las artes y oficios, lxxxviii. 21; sobre el sabio y el inventor, xc. 5 ss.; sobre la debilidad de la carne, xcii. 10; sobre las Leyes de Platón, xciv. 38; sobre los preceptos y otras ayudas a la virtud, xcv. 65 ss.; civ. 22; cviii. 38; sobre la independencia de la fortuna, cxiii. 28; cxxi. 1
- Prometeo, título de una obra de Mecenas, xix. 9
- Protágoras (filósofo griego de Abdera. siglo V a.C.), opinión sobre la flexibilidad de la dialéctica, lxxxviii. 43 f.
- Publilio Sirio (escritor de farsas y mimos, siglo I a.C.), grandeza de, viii. 8 ss.; citado, xciv. 28; cviii. 8 ss.
- Puteoli (una ciudad costera cerca de Nápoles en Campania), viaje de Séneca a, liii. 1; los ociosos de, lxxvii. 1
- Escuela pirrónica, escepticismo de, lxxxviii. 44 f.
- Pirro (rey de Epiro, siglo III a.C.), relaciones con Fabricio, cxx. 6
- Pitágoras (filósofo griego, siglo VI a.C.), reglas de, lii. 10; maestro de muchos legisladores

famosos, xc. 6; sobre las impresiones de la divinidad, xciv. 42; razones para abstenerse de alimentos de origen animal, cviii. 17 ss.

- Pitocles, amigo de Idomeneo, xxi. 7 f.

- **R**

  - M. Atilio Régulo (héroe de la primera guerra púnica), los sufrimientos de, lxvii. 7, 12; su promesa de honor, lxxi. 17; heroísmo de, xcviii. 12

  - Rodio (Telesforo el), palabras cobardes de, lxx. 6

  - Estilo romano, dignidad y lentitud de, xl. 11; los romanos como *especie* de hombre, lviii. 12

  - Roma, vida complicada en, l. 3

  - Rómulo (primer rey romano), muerte de, cviii. 31

  - P. Rutilio Rufo (orador y estadista, desterrado en 92 a.C.), exilio de, xxiv. 4, lxvii. 7; retiro de, lxxix. 14; heroísmo de, xcviii. 12

- **S**

  - Calvisio Sabino (un típico parvenu), su analfabetismo y mal gusto, xxvii. 5 ss.

  - Sallust, comparado, xx. 5; citado, lx. 4

  - C. Sallustius Crispus (historiador, final de la República), citado, cix. 16; imitado por historiadores posteriores por su estilo arcaico, cxiv. 17 ss.

  - Sarmacia (en el lado oriental de Escitia), vanidad de sus gobernantes, lxxx. 10

- Satellius Quadratus, ridicules Sabinus, xxvii. 7 ss.
- Saturnalia, descripción de la, xviii. 1
- Sattia, anécdota sobre la longevidad de, lxxvii. 20
- Gayo Mucio Scaevola (época legendaria romana), automutilación voluntaria de, lxvi. 51 ss.
- Mamercus Aemilius Scaurus (estadista prominente pero sin escrúpulos en el reinado de Tiberio), ocurrencia de, xxix. 6
- P. Cornelio Escipión (Africanus Major, vencedor de Aníbal), un modelo para la humanidad, xxv. 6; su exilio en Liternum, li. 11; adoración de Séneca en su casa y tumba, lxxxvi. 1 ss.; alabado por Ennio, cviii. 32 f.
- P. Cornelio Escipión (Africanus Minor, conquistador de Cartago en 146 a.C.), lxvi. 13; amistad con Laelio, xcv. 72
- P. Cornelio Escipión Nasica (almirante, derrotado por la flota de César. 46 a.C.), heroísmo de, lxx. 22; derrota de, lxxi. 10
- Q. Cecilio Metelo Pío Escipión (suegro de Pompeyo), heroísmo de, xxiv. 9 ss.
- Scribonia (véase n.), dicho ingenioso de, lxx. 10
- Escila (roca peligrosa en el lado italiano del estrecho de Sicilia), lxxix. 1 s., xcii. 9.
- Escitia (desde los Cárpatos hacia el este), vanidad de sus gobernantes, lxxx. 10; vestimenta de sus habitantes, xc. 16

- Escitas (tribu que habita las estepas del sur de Rusia), cabellos alborotados, cxxiv. 22
- L. Annacus Seneca, (ver Introducción, vol. i.), se dirige a sí mismo, lxviii. 10
- Cornelio Senecio (amigo de Séneca), muerte prematura de, ci. 1 ss.
- Serapio (desconocido), expresiones desordenadas de, xl. 2
- Annaeus Serenus (amigo y posiblemente pariente de Séneca; praefectus vigilum en Roma), pérdida de, lxiii. 14 f.
- Sertorio (s. I a.C.) conquistado por Pompeyo en España, xciv. 64
- Servio Tulio (rey romano), de filiación dudosa, cviii. 30
- Cornelio Severo (contemp. de Ovidio, autor de un Bellum Siculum), descripción de Aetna, lxxix. 5
- Q. Sexcio (el Viejo), escritos inspiradores de, lxiv. 2 ss.; un símil de, lix. 7; su comparación del sabio con Júpiter, lxxiii. 12, 15; rechaza el honor de la mano de César, xcviii. 13; vegetarianismo de, cviii. 17 f.
- Sicilia, peligros de Escila y Caribdis, xiv. 8, xxxi. 9, xlv. 2; viajes de Lucilio, lxxix. 1; cosechas en, cxiv. 26
- Sísifo, castigado en el Hades, xxiv. 18 ss.
- Sócrates, personalidad inspiradora de, vi. 6; efecto del populacho sobre, vii. 6; gloria de, xiii. 14; su dimisión, xxiv. 4; de trotamundos, xxviii.

2; frente a los Treinta Tiranos, xxviii. 8; nacimiento humilde, xliv. 3; digno de reverencia, lxiv. 10; bebe el veneno, lxvii. 7; dimisión de, lxx. 9, lxxi. 17; énfasis en el carácter, lxxi. 7; sobre la verdad y la virtud, lxxi. 16; renombre tardío, lxxix. 14; renuncia de, xcviii. 12; sobre los viajes inquietos, civ. 7; ib. 21; sufrimientos de, civ. 27 f.

o Solón (véase n. ad loc.), legislador de Atenas y uno de los siete sabios, xc. 6

o Soción (el pitagórico, contemporáneo de Séneca), recuerdos de, xlix. 2; sobre el vegetarianismo, cviii. 17 ss.

o Speusipo (siglo IV a.C., predecesor de Jenócrates al frente de la Academia), matiza la definición del *bonum*, lxxxv. 18

o Estilbo (filósofo megárico y de gran influencia en las escuelas cínica y estoica, hacia el siglo IV a.C.), atacado por Epicuro, ix. 1 ss.; maestro de Crates, x. 1; citado, ix. 18

o Estoico, cierto, que dio buenos consejos a Marcelino, lxxvii. 6

o Estoicos (escuela filosófica), acuerdo con Estilbo, ix. 19; audacia de su estilo, xiii. 4; su cautela, xxii. 7; sabios consejos de sus líderes, xxii. 11; sus elevados objetivos, xxix. 11; ideas libres, xxxiii. 4; teoría sobre el destino del alma al morir, lvii. 7; definiciones del *género* primario, lviii. 13 y siguientes; opiniones sobre el placer, lix. 1; sobre la causa y la materia, lxv. 2 y *passim;* recomendación de la vida tranquila, lxviii. 1; respuesta a los peripatéticos sobre la virtud, lxxxv. 31; paradojas de la, lxxxvii. 1;

sobre el valor de los preceptos, xciv. 2 ss.; sobre los límites del luto, xcix. 27 s.; sus muchos grandes maestros, cviii. 38; semejanza con los primeros romanos en su opinión sobre los dioses, cx. 1; sus líderes sobre la "animalidad" de las virtudes, cxiii. 1 ss.; sobre la esencia primigenia, cxiii. 23, sobre las emociones, cxvi. 1 ss. y 7; sobre la sabiduría y la corporeidad, cxvii. 1 ss.; sobre *bonum* y *honestum, cxx*. 1 ss.; ideas exageradas de omnisciencia, cxxiii. 15 f.

- Sulla (dictador de Roma, siglo I a.C.), cólera de, xi. 4; desobedecido por Rutilio, xxiv. 4
- Siria, gobernada por Pacuvio, xii. 8; terremotos en, xci. 9
- Syrtes (costa norte de África), arenas movedizas, xxxi. 9; casas-cueva de los habitantes de las, xc. 17

- T

  - Tanusius Geminus (historiador, siglo I a.C.), "pesadez" de, xciii. 11. Para la discusión de su identificación con Volusius ver edd. de Catullus, 36
  - Tarento (ciudad del sur de Italia), lugar de retiro, lxviii. 5
  - Tauromenio (actual Taormina) en Sicilia, lxxix. 1
  - P. Terentius Afer (escritor de comedias, siglo II a.C.) citado xcv. 53
  - Themison (alumno de Asclepíades, siglo I a.C.), xcv. 9

- Teofrasto (sucesor de Aristóteles al frente de la Escuela Peripatética), opiniones sobre la amistad, iii. 2

- Tiberio (emperador romano, 14-31 d.C.), mencionado con otras conexiones reales de Atticus, xxi. 4; su confianza en el borracho Cossus, lxxxiii. 15; subasta un pescado, xcv. 42; oposición a cultos extranjeros, cviii. 22; epigrama de, cxxii. 10

- Tibur (hoy Tívoli), loza de, cxix. 3

- Tigris, desaparición y reaparición de, civ. 15

- Timagenes (de Alejandría, historiador y antiguo amigo de Augusto), rencor contra Roma, xci. 13

- Timón, cenas como las de, xviii. 7

- Q. Aelio Tubero (s. II a.C.), sacrificio simple de, xcv. 72 s.; xcviii. 13; civ. 21; cxx. 19

- Doce Tablas, como fuente para los vocabularios de los oradores, cxiv. 13

- **U**

  - Ulises, tentaciones de, xxxi. 2; víctima del mareo, liii. 4; remedio contra los cantos de sirena, lvi. 15; añoranza del hogar, lxvi. 26; vagabundeo de, lxxxviii. 7 s.; autocontrol de, cxxiii. 12

- **V**

  - C. Valgio Rufo (poeta romano, 81 a.C.), describe Aetna, li. 1

  - P. Terencio Varrón (apellidado Atacino, poeta latino, 82-37 a.C.), citado, lvi. 6

- Varo (un parásito del Bajo Imperio), epigrama de, cxxii. 12 s.
- Servilio Vatia (rico hombre de ocio en el Imperio temprano), casa de campo de, lv. 2 ss.
- P. Vatinius (véase nota ad loc.), xciv. 25; cxviii. 4; cxx. 19
- P. Virgilioio Maro (poeta romano, 70-19 a.C.), inmortaliza a Niso y Euríalo, xxi. 5; la concepción del artista, lviii. 20; mencionado en la ilustración de palabras obsoletas, lviii. 2 ss.; citado, xii. 9, xviii. 12, xxi. 5, xxviii. 1 y 3, xxxi. 11, xxxvii. 3, xli. 2, xlviii. 11, xlix. 7, liii. 3, lvi. 12, lviii. 2 y ss., lix. 17, lxiv. 4, lxvii. 8, lxx. 2, lxxiii. 10 s., 15, lxxvii. 12, lxxviii. 15; descripción de Aetna, lxxix. 5; citado, lxxxii. 7, 16, 18, lxxxiv. 3, lxxxv. 4, lxxxvi. 15 s., lxxxvii. 20, lxxxviii. 14, 16, lxxxix. 17, xc. 9, 11, 37; sobre Escila, xcii. 9; citado, xcii. 29, 34, xciv. 28; xcv. 33, 68 s.; xcviii. 5; ci. 4; ib. 13; cii. 30; civ. 10; ib. 24; ib. 31 (comparación de Catón con Aquiles); cvii. 3; cviii. 24, 26, 29, 34 (deuda con Ennio); cxiv. 23; cxv. 4 s.; cxxii. 2; cxxiv. 1
- M. Vinicio (véase nota ad loc.), cxxii. 12
- P. Vinicio, ridiculizado por Asilio y Varo por su tartamudez, xl. 9 f.
- Virgo, el acueducto, una zambullida más fría que el Tíber, lxxxiii. 5

- X
  - Jenócrates (siglo IV a.C., sucesor de Espusipo al frente de la Academia), matiza la definición del *bonum*, lxxxv. 18

- Z
  - Zaleuco (de Magna Grecia, siglo VII a.C.), legislador, xc. 6
  - Zenón (fundador de la escuela estoica, fl. 300 a.C.), modelo para Cleantes, vi. 6; consejo de, xxii. 11; dicta de, xxxiii. 4 ss.; objeto de veneración, lxiv. 10; silogismo demasiado sutil de, lxxxii. 9, 19; objeciones a la embriaguez, lxxxiii. 9 ss.; sobre la muerte, civ. 21; maestro de sabiduría, cviii. 38
  - Zenón de Elea (filósofo dialéctico griego, siglo V a.C.), negación de todo, lxxxviii. 44 f.

Índice de materias

- A
  - *Accidens* (συμβεβηκός, "contingente a"), cxvii. 3 ss.
  - ἀδιάφορα (véase *medios*, cosas "indiferentes"), lxxxii. 10 ss.
  - *Adsensio*, cxiii. 18 y nota
  - Analogía, con respecto al conocimiento del bien, cxx. 4 s. y nota
  - Animales, instinto (ὁρμέ) de autoconservación en, cxxi. *passim*
  - ἀπάθεια, *impatientia*, ix. 1 ss., xiii. 4, lxxxv. 3 ss., cxvi. *passim*
  - Arco, invención del, xc. 32
  - Arcaísmos, en estilo y redacción, lviii. 1 y ss., cxiv. 17 y ss.
  - Artes, cuatro clases de, lxxxviii. 21 ss.; descubrimiento de las, xc. 7 ss.; en relación con las doctrinas y preceptos, xcv. 7 ss.
- B

- Baños, distracciones de los, lvi. 1 y ss.; lujo de, lxxxvi. 5 ss.
- El ser, único hecho existente, según Parménides, lxxxviii. 44
- Beneficios, lxxxi. *passim*
- Consideración del cuerpo, xiv. 1 ss.; cxxi. 5 ss.; en relación con la mente, cxvii. 13. etc.
- *bona* ("bienes"), de diversas clases, lxvi. 5 ss.; igualdad de, ib. 15 y ss., lxxi. 7 ss.; conveniencia de, lxvii. 3 ss.; falsamente llamados así, lxxiv. 12 ss.; variedades de, lxxxviii. 5
- *bonum* (el "bien"), xxiii. 6 ss.; definido, xxxi. 6; considerado por la Escuela Académica como variable, lxxi. 17 y ss., lxxvi. 11 ss.; ciertos silogismos sobre, lxxxvii. *passim;* corporeidad de la, cvi. 3 ss., cxvii. 2 ss.; ¿es una "cosa viva"? cxiii. 20 ss. (reduc. ad absurdum); definida de varias maneras, cxviii. 8 ss.; relación con el *honestum*, cxx. 1 ss.; derivado de los sentidos o del intelecto, cxxiv. 1 ss.; limitado al hombre que razona, cxxiv. 7 ss.
- Libros, minuciosidad en la lectura, ii. *passim*; xlv. 1-5; lectura selectiva de, lxxxiv. 1 ss.

- C

  - Calx, cviii. 32
  - Categorías, de Aristóteles, lxv. 3 ss. y notas
  - causa (en contraste con la materia), tal como lo discuten los estoicos, Aristóteles y Platón, lxv. 2 ss.

- - Círculos, como indicaciones del tiempo, pequeños y grandes, xii. 6 ss.
  - *compositio* (disposición de las palabras), cxiv. 15 ss.
  - Consolación, a los afligidos, lxiii., xcix.
  - El desprecio, como fuente de seguridad, cv. 2 ss.
  - Lugares campestres, de Séneca, xii. 1-4; de Escipión, lxxxvi. *passim*; civ. 1 y ss., cx. 1, cxxiii. 1 ss.

- D
  - Muerte, desprecio de, iv. 3 ss., xxii. 13 ss., xxiv. *passim*, xxvi. 4 ss.; anticipación de xxx. 4 ss., xxxvi. 8 ss., lxi., lxxxii. 16 ss., xciii. *passim,* repentino, ci. 1 ss.; renuncia de, cii. 26 ss.
  - *decreta* (dogmas), véase Apéndice A, Ep. xciv. 32, etc.; definición especial, xcv. 44; necesidad de, xcv. 61 s.
  - Degeneración de las costumbres, xcvii. *passim*
  - *distantia*, definida y contrastada con *continua* y *componia*, cii. 6 y nota.
  - *distinctio* (diferenciación) de Crisipo, ix. 14 f.
  - Borracheras, lxxxiii. *passim*

- E
  - Emociones expresadas por los rasgos, xi. *passim*; durante el peligro, lvii. 3 ss.; de las mujeres afligidas, lxiii. 13; sólo transitorias en el caso del sabio, lxxi. 29; definidas como "pasiones", lxxv. 11 ss.; sujetas a la razón, lxxxv.

2 ss.; corporeidad de las, cvi. 5 ss.; debe controlarse al principio, cxvi. 2 ss.

- *essentia* (οὐσία), comentado, lviii. 6 ss. y nota
- *exempla* (modelos de conducta y filosofía), vi. 5 y ss. 8 ss., xxv. 5 ss., lii. 7 ss., xciv. 55 ss., 72 ss., xcv. 69 ss., civ. 21 ss.
- Ejercicio, con moderación, xv. 1-6, lxxxiii. 3 ss.
- *expetibile*, a diferencia de *expetendum*, cxvii. 5
- Extractos (*flosculi*, resúmenes, máximas, *chriai*), xxxiii. *passim*, esp. 7 y nota, xxxix. 1 s. y nota; en forma proverbial, xciv. 27 f.

- **F**

  - Fama, xliii. 3, lxxix. 13 ss.; deseo equivocado de, xciv. 64 ss.; como bien, cii. 3 ss.
  - Destino, xvi. 4; quejas contra, xciii. 1 s.
  - Figuras retóricas, abuso de, cxiv. 8 ss.
  - Fortuna (Azar), traición de, viii. 3 s.; temor infundado, xiii. *passim*, xvi. 4, xviii. 6 s.; nos roba a nuestros amigos, lxiii. 7 ss.; regalos de, lxxii. 7 ss.; juego de, lxxiv. 6 ss.; su participación en el incendio de Lyon, xci. 2 ss.; inconstancia de, xcviii. *passim*; equipo contra, cxiii. 27 ss.; alicientes de, cxviii. 3 ss.
  - Amistad, distinciones en, iii. *passim*; aplicada al sabio, ix. *passim*, xix. 10 ss., xxxv., xlviii. 2 ss., lv. 9 ss.; imparcialidad de, lxvi. 24 ss.

- **G**

- o *Género,* en relación con *las especies,* lviii. 8 y ss. y notas
- o Combates de gladiadores, crueldad de, vii. 2 ss.; riguroso entrenamiento para, xxxvii. 1 s., lxxx. 1 ss.
- o Vidrio, invención de, xc. 25
- o Dios, xvi. 4; parentesco con, xviii. 12 ss., xxxi. 9 ss., xli., lxxxiii. 1; como Maestro Constructor del Universo, lviii. 27 s., lxv. 19 ss.; obediencia ante los obstáculos, xcvi. 2; como Creador, cxiii. 16
- o Dioses, comparados con sabios, lxxiii. 12 ss.; comparten la razón con los hombres, xcii. 27 ss.; creencia en, xcv. 50; popular, cx. 1
- o Edad de Oro, xc. 36 y ss.; sencillez y salud de la, xcv. 13 y ss.
- o *Grammaticus,* definido lxxxviii. 3 y nota; como crítico de Virgilio, cviii. 24 y nota

- H

- o Felicidad, dependiente de uno mismo, ix. 20 s.; definida, xcii. 3 ss.; resumen de todos los beneficios de la filosofía, xciv. 8; en su relación con los preceptos, xcv. 4 ss.
- o *Honestum,* lxvi. 9 ss. y nota, lxxi. 4, lxxiii. *passim,* lxxvi. 6 ss., lxxxv. 17 ss.; relación con *bonum,* cxviii. 10 ss., cxx. 1 ss.

- I

- o Idea (de Platón), lxv. 7 y nota
- o *idos* (εἶδος), lviii. 20 s., lxv. 4 y nota

- Enfermedad y muerte, liv. 1 ss.; valentía ante ellas, xxx. 1 ss., lxvi. 1 ss.; aliviado por la filosofía, lxxviii. 1 ss.; de Lucilio, xcvi. 3; civ. 1 ss.; de la mente, lxviii. 8 ss.
- *imaginar* (símiles), uso adecuado de, lix. 6 f.
- *incommoda* (desventajas), lxxii. 5

- **J**

  - Alegría (*gaudium*), xxiii. 4 ss.; en contraste con el placer común, lix. 1 ss., 14 ss.

- **K**

  - καθήκοντα (deberes), lxxxi. 9 ss.
  - Conocimiento (*passim*), discutido y definido, cxx. 3 ss.

- **L**

  - Aprendizaje, exceso en, xxvii. 5 ss.
  - Conferencias, efecto degradante de, lii. 8 ss.; sobre filosofía, lxxvi. 1 ss.; superficiales, cviii. 5 ss.
  - Estudios liberales, lxii. 1; definido, lxxxviii. 1 y ss. y nota
  - El amor, y otras emociones, en relación con la sabiduría, cxvi. 5 ss.

- **M**

  - *Magister populi*, cviii. 31
  - *malum* (mal), *passim*; definido, lxxxv. 28; discutido, ib. *passim*

- Matemáticas (en contraste con la filosofía), lxxxviii. 10 ss.
- Materia (en contraste con causa), lxv. 2 ss.
- *Media* (cosas "indiferentes", ni buenas ni malas), lxvi. 36 s., lxxxii. 10 ss., cix. 12 s.; "ser sabio" no es una cualidad "indiferente", cxvii. 9 f.
- El mimo (farsa), como reflector de la vida de los esclavos, xlvii. 14
- Filosofía moral, *passim*; libro proyectado de Séneca sobre, cvi. 2 y nota; cviii. 1, cix. 17
- Luto, reglas para, lxiii. 13 s.; límites, xcix. *passim*

- N
  - La naturaleza, encarnada en la pobreza satisfecha, ii. 6 ss., iv. 10 ss.; como vida sencilla, xviii. 5 ss. 7 ss., xxvii. 9, lxxxvii. 1 ss., etc.; vida según, xvi. 7 ss., xxv. 4 ss., xxx. 4, xli. 9, xciii. 2 ss., cvii. 7 ss., cxix. 2 ss.; en el caso del propio Séneca, cviii. 13 ss., cxxiii. 2 ss.; como fuente de la razón, lxvi. 39 ss., etc.; como explicación del carácter accidentado en los países montañosos, li. 10 f.

- O
  - οἰκονομική (con "civil", otra división de la filosofía), lxxxix. 10
  - Vejez, xii. *passim*, xxvi. 1 ss.; la debilidad de Séneca, lxvii. 1; como algo "externo", xciii. 7
  - ὁμολογία (conformidad, consistencia de la virtud), lxxiv. 30 ss.

- P
  - Dolor, como tortura, xiv. 8 ss., xxiv. 3 ss.; con referencia a la virtud, lxvi. 18 ss.; aguante, lxvii. 3 ss., lxxviii. 7 ss.; como soportado por Mecenas, ci. 10 ss.
  - παράδοξα, lxxxi. 11 y ss. y nota, lxxxvii. 1
  - *pauperum cellae*, xviii. 7 y nota, c. 6 y nota
  - *faecasio*, cxiii. 1 y nota
  - φιλητaί (alborotadores callejeros), li. 13 y nota
  - *filólogo*, sobre el De Re Publica de Cicerón, cviii. 30 f.
  - Filosofía y conformidad, v. 1 ss.; como refugio, xiv. 11 ss., xvi. *passim;* y riquezas, xvii. *passim;* beneficios de, xxxvii. 3 ss.; como crítica del valor humano, xliv. *passim;* inspiración de, liii. 8 ss.; exigencias de, lxxii. 3 ss.; como servicio público (activo o en retiro), lxxiii. 1 ss.; inexpugnabilidad, lxxxii. 5 ss.; como imaginado en Homero, lxxxviii. 5 ss.; dividida en física, lógica, ética, ib. 24 ss.; dividida y definida, lxxxix. 4 ss.; doble división epicúrea, ib. 11; única cirenaica, ib. 12; moral ib., 14 ss.; natural ib., 16; racional ib., 17 s.; en relación con el progreso humano, xc. *passim;* como escape de los peligros, ciii. 4 ss.; como ayuda, cviii. 4 ss.; como interpretación de la poesía, cviii. 25 ss.
  - Placer, en la vida sencilla, xxi. 10 f.; inestabilidad del, xxvii. 2 f., xxxix. 6 s.; transformación en vicio, li. 4 ss.; dos clases de, lxxviii. 22 ss.; artificios de, xc. 19; en la tristeza, xcix. 25 ss.; debe evitarse, civ. 34; devoción a la gula y a las

- horas tardías, cxxii. 2 ss.; seguidores del placer, limitan el bien a los sentidos, cxxiv. 2 ss.
- La poesía, como ayuda para las buenas ideas, viii. 8 ss., cviii. 8 ss.
- Rueda de alfarero, descubrimiento de la, xc. 31
- Oración, x. 5; de la clase equivocada, lx., cxvii. 28 ss.; de la clase correcta, lxvii. 7 ss.; como maldición sobre un enemigo, cx. 2 f.
- Preceptos (consejos, véase el Apéndice A), xciv. y xcv. *passim*, cix. 14 ss.
- *prima litteratura* (πρωτη ἀγωγή, enseñanza elemental), lxxxviii. 20
- *principale* (ἡγεμονικόν, "poder gobernante", una parte del alma-mundo que estimula la acción en los seres vivos), cxiii. 28, cxxi. 9 ss. y notas
- Producta (*commoda*, "ventajas"), lxxiv. 17 ss. y nota
- προκοπή (progreso), lxxi. 30, y nota, lxxii. 6 ss., lxxv. 8 ss.; proficiens, cix. 15
- *pseudomenos*, xlv. 10 y nota

- R

  - *Reapse*, cviii. 32
  - Razón (*ratio*), como freno de las pasiones, xxxvii. 4; definida, lxxi. 12 ss. y nota; fuente de la perfección y del bien, cxxiv. 23 s.
  - El retiro, en contraste con la participación en los asuntos, viii. 1 ss., x. 1 ss., xiv. 3 ss., xix. *passim*,

xxii. *passim*, xxxvi. *passim*, lvi. 1 ss; idea errónea de lv. 4 ss, xciv. 69 ss.; en el caso del propio Séneca, lvi. 9 ss., lxxiii. *passim*

- S

  - Sabio, doble composición de la, lxxi. 27 y nota
  - *sapere*, a diferencia de *sapientia*, cxvii. 1 ss.
  - Observación científica, sobre el Etna, li. 1; Etna y Sicilia, lxxix. 1 y ss.; xc. 10 ss.
  - Autosuficiencia, ix. 13 y ss., etc.
  - Sentidos, insuficiencia de los, lxvi. 35
  - *sepse*, cviii. 32
  - El pecado y su reforma, xxv. 1-3, cxii. *passim*; su eliminación mediante el conocimiento, xxviii. 9 ss., xxix. 4 ss., xlii. 1 ss., l. 4 ss.; lo propio, lxviii. 8 ss.; razones para xciv. 13 s., 21; y la conciencia, xcvii. 12 ss.
  - Esclavitud, xlvii. *passim*
  - Alma, definida, cxiii. 14 y nota; divinidad del, xli. 5 y ss.; su función contemplativa, lxv. 16 y ss.; fuente y destino, lxxxviii. 34; sustentador de la vida, xcii. 1 ss. y nota; partes de la xcii. 8 ss. y nota; unidad del, cxiii. 14 y nota; gobernante del cuerpo, cxiv. 23 ss.; indicador del carácter, cxiv. 1 ss.
  - El alma después de la muerte, diversas posibilidades, lxxi. 16 y nota; su liberación lxv. 16 y ss., lxxix. 12, xcii. 30 ss.; método de salida, lvii. 6 ss., lxxvi. 33; eternidad de la, cii. 21 ss., cxx. 17 ss.; transmigración, cviii. 17 ss.; reunión de amigos en otro mundo, lxxviii. 28

- *especies,* en relación con el *género*, lviii. 8 ss.
- Estilo, excéntrico en el caso de Mecenas, xix. 9 ss., cxiv. 4 ss.; rápido, xl. 2 ss.; características nacionales de, xl. 11 s.; de Lucilio, xlvi. 2, lix. 4 ss.; sencillez y sinceridad de, lxxxv. 3 ss.; de Fabiano, c. 1 ss.
- Suicidio, xxiv. 25, xxx. 15, lviii. 32 y ss., lxx. 4 ss. y nota, lxxvii. 5 ss.
- *supervacua*, xlii. 6 y ss., cx. 12 ss.
- Bien Supremo, definido, lxvi. 6 ss.; según Epicuro ib., 45 ss.; lxxi. *passim*, lxxii. 5, lxxiv. 16, 26; otra definición, lxxxv. 20; fuente de, lxxxvii. 21; xcii. 5 ss.; independencia de la, ix. 15, cix. 1 ss.
- Silogismos, inutilidad de, xiv. 8 ss.; como *interrogationes, quaestiunculae,* "posers", falacias lógicas, xlviii. 4 ss., xlix. 8 ss., lxxxii. 8 ss., 21 ss., lxxxiii. 8 ss., lxxxv. *passim*; sobre el Bien, la riqueza, la pobreza, etc., lxxxvii. *passim*; vanidad de, cii. 20 ss.; *cavilationes, sophismata,* cxi. *passim*, cxiii. 26, cxvii. 25 ss.

- T
  - *Tabellariae* (*naves*), paquebotes de Alejandría, lxxvii. 1 f.
  - Teatro, vacuidad de la profesión, lxxx. 7 f.
  - Tiempo, ahorro de, i. *passim*, xxxii. 3 s., xlix. 2 ss.; discutido, lxxxviii. 33 s. y nota
  - *translationes* (metáforas), uso adecuado de, lix. 6
  - Trasplante de olivos y vides, lxxxvi. 14 ss.

- o   Viajes y tranquilidad, xxviii. 1-8; dificultades de viajar por mar, liii. 1 ss.; por tierra, lvii. 1 ss.; vanidad de, lxix. 1 ss., civ. 13 ss.

- V

  - o   Virtud (*passim*), adquisición de, l. 7 ss.; poder de, lxiv. 6 ss., lxvi. 2 ss.; uniformidad de, lxxi. 8 ss., lxxix. 10 ss.; idéntico a la verdad, lxxi. 16; doble aspecto, xciv. 45 ss.; una visión de, cxv. 3 ss.; dividido en sus partes, cxx. 11 f.
  - o   Virtudes (prudencia, justicia, valentía, templanza), discutidas, lxvii. 3 ss., lxxxv. *passim*, lxxxviii. 29 ss.; prudencia, valentía, justicia, etc., xcv. 55 ss.; si poseen vida, cxiii. *passim*
  - o   Voz, entrenamiento de la, xv. 7 ss.

- W

  - o   La riqueza, como obstáculo para la filosofía, xvii. *passim*; como fuente de males, lxxxvii. 22 ss.; a evitar, civ. 34; desprecio, cviii. 11; vacío, cx. 14 ss.; la maldición de, cxv. 9 ss.; la verdadera variedad, cxix. 5 ss.
  - o   Sabiduría (sapientia, σοφια), definida, xx. 5, lxxxviii. 32 s.; como arte, xxix. 3; la herencia de, lxiv. 7 s.; definido por Sócrates, lxxi. 7, lxxxiv. 12 s.; distinguida de la filosofía, lxxxix. 4 ss.; sus logros, xc. 26 ss.; beneficios mutuos de, cix. 1 ss.